Kerstin Decker
Die Schwester

PIPER

Zu diesem Buch

Elisabeth und Friedrich Nietzsche. Ihr frühes Bündnis gegen die Zumutungen des Daseins schien unkündbar zu sein. Sie gab sich keine Mühe, einen Mann zu finden. Er gab sich keine Mühe, eine Frau zu finden. Bis doch eine zwischen sie trat, Elisabeth ihren Bruder verstieß und Friedrich Nietzsche die eigene Schwester zu seiner Fernsten erklärte. Zur Strafe heiratete sie: einen Antisemiten. »Du entkommst mir nicht!«, weiß Elisabeth, nachdem ihr Bruder in Turin verhaltensauffällig wird: Er hatte ein geprügeltes Droschkenpferd umarmt. Aber sein Ruhm wächst. Friedrich Nietzsche gilt noch immer als der beliebteste, meistgelesene und meistzitierte Philosoph weltweit. Dass erhalten ist, was er schrieb, ist nicht zuletzt Elisabeths Verdienst.
Drei Mal wird sie für den Nobelpreis vorgeschlagen, gar zur »ersten Frau Europas« erklärt. Friedrich Nietzsche hat seiner kleinen Schwester vieles zugetraut, aber auf den Gedanken, dass sie einmal seine Wirkungsgeschichte mitbestimmen würde, wäre er nie gekommen. In aller Beiläufigkeit widerlegt sie sein Frauenbild.

Kerstin Decker, geboren 1962 in Leipzig, promovierte Philosophin, ist Autorin des »Tagesspiegel«. Zahlreiche Buchveröffentlichungen, zuletzt erschienen »Lou Andreas-Salomé. Der bittersüße Funke Ich«, »Nietzsche und Wagner. Geschichte einer Hassliebe« und »Richard Wagner. Mit den Augen seiner Hunde betrachtet«. Zuletzt erschien von ihr »Meine Farm in Afrika. Das Leben der Frieda von Bülow« und »Franziska zu Reventlow. Eine Biografie.« Kerstin Decker lebt in Berlin.

Kerstin Decker

Die Schwester

Das Leben der Elisabeth Förster-Nietzsche

Mehr über unsere Autoren und Bücher:
www.piper.de

Von Kerstin Decker liegen im Piper Verlag vor:
Meine Farm in Afrika
Franziska zu Reventlow

Ungekürzte Taschenbuchausgabe
ISBN 978-3-492-31285-1
September 2018
© Berlin Verlag in der Piper Verlag GmbH, München 2016
Umschlaggestaltung: zero-media.net, München
Umschlagabbildung: ullstein bild und Time Life Pictures/getty images
Satz: Fagott, Ffm
Gesetzt aus der Dante und der Futura
Druck und Bindung: CPI books GmbH, Leck
Printed in the EU

Inhalt

3
Im Lamaland

4
Überlieschen oder
Die Rückkehr der Dschungelfrau

5
Das neue Weimar

6
Ernest Thiel oder Auftritt des Retters

7
»The Euro-Nietzschean War«
1914–1918

8
Il superuomo
Elisabeth und Mussolini

9
Nietzsches Spazierstock

Vorweg

Niemand hat sich an dem Andenken Nietzsches schwerer vergangen
als seine Schwester. Wer sich für die Schwester entscheidet,
entscheidet sich gegen Nietzsche.

Karl Schlechta, *Der Fall Nietzsche*

Die Schwester ist schuld!

Wie konnten Abertausende deutsche Soldaten mit dem *Zarathustra* im Gepäck in den Ersten Weltkrieg ziehen?

Die Schwester ist schuld!

Wie war es möglich, dass den Nationalsozialisten Nietzsches Bücher nicht nach dem dritten Satz aus der Hand fielen?

Die Schwester ist schuld!

Wer gab ein Werk heraus, das Nietzsche gar nicht geschrieben hatte?

Die Schwester ist schuld!

Alle Fehlleistungen der Nietzsche-Leser?

Die Schwester ist schuld.

Hätte Friedrich Nietzsche nicht seine Schwester gehabt, er wäre für seine Bücher am Ende selbst verantwortlich. Der Hinweis auf die Schwester ist längst zum großen Freispruch des Philosophen von seinen Missverständlichkeiten und seinen Unmissverständlichkeiten geworden. Elisabeth Förster-Nietzsche, mehr ein Gerücht als ein Mensch, gehört zu den Personen, über die man schon alles zu wissen meint, bevor man überhaupt etwas über sie weiß.

Die Schwester ist schuld.

Aber woran genau?

Welch hartes Los, ausgerechnet mit mir verwandt zu sein!, hatte Friedrich Nietzsche seiner Mutter und Elisabeth immer wieder versichert. Im letzten Herbst seiner bewussten Existenz kehrte er den Befund um: ... *mit solcher Canaille mich verwandt zu glauben, wäre eine Lästerung auf meine Göttlichkeit.*[1]

Der Philosoph lässt sich gehen. Und es kann nicht ganz verfehlt sein, hier von einem Sinneswandel zu sprechen.

Elisabeth lädt die schwerstmögliche Schuld im Nietzsche-Universum auf sich: Auch sie hat zuletzt nicht mehr an ihren Bruder geglaubt. Nicht einmal mehr sie?

Aber wer dann?

Denken wir es, prüfen wir es neu:

Friedrich und Elisabeth Nietzsche. Sie waren sich näher, als Geschwister es gewöhnlich sind. Ihr frühes Bündnis gegen die Zumutungen des Daseins, insbesondere gegen die Misslichkeiten dessen, was die Erwachsenen Erziehung nennen, schien unkündbar zu sein. Er war ihr Schutz, Vaterersatz, Mittelpunkt der Welt, Maß aller Dinge.

Sie gibt sich keine Mühe, einen Mann zu finden. Er gibt sich keine Mühe, eine Frau zu finden. Bis doch eine zwischen sie tritt, Elisabeth ihren Bruder verstößt und Friedrich Nietzsche die eigene Schwester zu seiner Fernsten erklärt. Zur Strafe heiratet sie und verwirklicht seinen Traum von einer Kolonie in Amerika: ohne ihn.

Du entkommst mir nicht!, weiß Elisabeth, nachdem ihr Bruder in Turin verhaltensauffällig wird: Er umarmt ein geprügeltes Droschkenpferd. Aber sein Ruhm wächst. Die Leute lesen offenbar lieber die Bücher eines verrückten Philosophen als die eines gesunden, bemerkt die Schwester, nimmt ihren kranken Bruder als Geisel und editiert seine Werke. Mit kleinen Korrekturen.

Sie gehören zusammen.

Elisabeth Förster-Nietzsche stellt ihren alten Bund wieder her, Puristen werden einmal von Fälschung sprechen.

Zum ersten Mal wird die intime Geschwisterbeziehung so dargestellt, dass der Leser sie mit- und nachvollziehen kann. Das ist wichtig, aus zwei Gründen. Der von Nietzsche genährte populäre Glaube, die Schwester habe sein Verhältnis zu Lou von Salomé zerstört, gilt noch immer als latent wahrheitsfähig. Zum anderen aber werden die brüderlichen Elisabeth-Schmähungen sofort als Waffe gegen sie eingesetzt. Bereits ihr erster Archiv-Mitarbeiter notiert die Stellen, auf die er mit Verblüffung stößt, in »Geheimexerpten«. Und droht, sie zu veröffentlichen. Sie werden weitergereicht.

Scheinbar unvermittelte Übergänge von der allerpersönlichsten Sphäre der Mitwirkenden ins beinahe Welthistorische mögen unser Gefühl befremden, entsprechen jedoch der Dynamik der Tatsachen.

Friedrich Nietzsche hat seiner Schwester vieles zugetraut, aber auf den Gedanken, dass sie einmal seine Wirkungsgeschichte mitbestimmen könnte, wäre er nie gekommen. In aller Beiläufigkeit widerlegt sie sein Frauenbild.

Können Frauen denken? Noch glaubt das fast keiner, aber die Absolventin einer Mädchenschule sammelt ungerührt einen ganzen Stab von Philosophen und Philologen unter ihrem Oberbefehl. Welche Demütigung.

Um 1900 wird das Weimarer Nietzsche-Archiv zum Treffpunkt der freien Geister Europas. Mit 89 Jahren wird Elisabeth Adolf Hitler den Spazierstock ihres Bruders schenken, aber zuvor steht sie am Beginn der Moderne in Weimar. Drei Mal wird sie für den Nobelpreis vorgeschlagen, gar zur »ersten Frau Europas« erklärt.

Wer war Elisabeth Förster-Nietzsche?

Dionysos 1943

Das Telefon klingelt zu oft im Weimarer Nietzsche-Archiv, auf einer Anhöhe über der Stadt gelegen, mit freiem Blick nach unten. Freier Blick nach unten: Das ist die Nietzsche-Perspektive, auch in Thüringen.

Ihr seht nach oben, wenn ihr nach Erhebung verlangt. Und ich sehe hinab, weil ich erhoben bin.[2]

Der Höhenvermesser ist zu diesem Zeitpunkt seit 43 Jahren tot, seine Schwester weilt seit acht Jahren nicht mehr unter den Lebenden.

Denkende Menschen verabscheuen Fernsprechapparate, sie zerreißen jeden Gedanken, falls einer sich sehen lässt, aber der Bahnhof ist schuldlos, er ruft eher selten an. Und der Vorsteher der Güterabfertigung schon gar nicht, aber jetzt ist er dran: Da sei etwas ungemein Großes, ungemein Schweres angekommen, ein griechischer Gott laut Transportschein, Dionysos mit Namen, keine Ahnung, wer das ist, Absender: Mussolini. Adressat: Nietzsche-Archiv Weimar. Also Sie! Was um Himmels willen solle er mit diesem Dionysos machen?

Stehenlassen oder ausladen?

Max Oehler ist alarmiert. Der Langerwartete, er ist also da. Dionysos, der Bürge der Philosophie seines am Ende verrückten Vetters. Der antike Gott des Rausches, des Todes und der Wiedergeburt, der Zerstörung und des Werdens.

Elisabeth hatte Oehler einst mit dem Titel *mein Lieblingsneffe* versehen, dabei war er ihr Cousin, doch so viel jünger, und kann man Cousins adoptieren? Sie hätte es gern getan, auch trüge ihr Nachfolger jetzt den viel passenderen Namen Max

Nietzsche statt Max Oehler. Dem Bahnbeamten ist es egal, ob Max Nietzsche oder Max Oehler den Gott abholt, Hauptsache er macht es gleich. Dionysos, dessen Anblick kein Sterblicher standhielte, wäre er nicht gebannt: im Kunstwerk, im Bildwerk. Und dessen Bürge wiederum Apoll ist, der Gegengott.

Aber was heißt Gegengott? Es gibt nur noch einen, und das ist der Krieg. Ein dionysischer Todesrausch. Die Sirenen heulen über Weimar. Oehler hört es vorm Haus, hört es im Fernsprecher. Der nächste Luftangriff beginnt.

Die Stimme des Vorstehers des Güterbahnhofs wird dringlicher: Was also solle er mit Dionysos machen? Wenn er überhaupt noch etwas machen könne, denn: sie bombardieren den Bahnhof!

Max Oehler, Major a. D., ist es gewohnt, Befehle zu geben. Oder vielmehr: er war es gewohnt. Das ist lange her, denn mit seiner Qualifikation ließ sich seit 1918 vorerst nichts mehr anfangen. Und schon zuvor hatte er gefühlt, dass das Militär vor allem eins ist: eine äußerste Geistesverlassenheit. Natürlich machen einem solche Wahrnehmungen den Dienst in einer Armee nicht leichter, wie auch immer, etwas in ihm erinnerte sich der alten Tonlage, in der man Befehle erteilt, und er bellte in den Hörer: Ausladen!

Ein Befehl ist nur dann ein Befehl, wenn die in ihm liegende Drohung die aller sonst noch existierenden Drohungen übertrifft, in diesem Fall die der Bomben.

Und nun? Bedeutet das nicht, dass jetzt er im Bombenhagel den Gott bergen muss? »Danach blieb mir nichts übrig, als durch die leeren Straßen zum Güterbahnhof zu eilen, während englische Weihnachtsbäume in bezaubernder Schönheit am Himmel brannten. Trotzdem schleppte eine Zugmaschine den Gott auf den Bahnhofsvorplatz.«[3]

Ab hier musste er den Schwerlaster führen. Der deutsche Oberbefehlshaber in Italien Generalfeldmarschall Kesselring hatte persönlich die Schutzherrschaft über Dionysos' Abreise übernommen, seine Ankunft nun lag allein bei ihm, Max Oehler, Mitglied der NSDAP seit 1931. Ob er sich manchmal fragt, wie tief Nietzsche ihn und seine Partei verachtet hätte?

Sie scheinen ganz allein auf der Welt, der Nationalsozialist und der Gott, dessen riesiges Marmorhaupt neben ihm ruht. Sie fahren durch den Sprengbombenhagel auf Weimar. Was Max Oehler über sich sieht, ist Schönheit, dionysische Schönheit, ist Untergang.

»Brüder, hinterm Sternenzelt muss ein gütiger Vater wohnen«, hatte mal ein anderer Sohn dieser Stadt gedichtet. Aber das ist lange her. Was wusste Schiller von Dionysos und von diesem Krieg?

Mag sein, es geht Max Oehler wie den uranfänglichen Menschen, die sich unter den Schutz der Götter stellten, die sie schufen. Aber darf er auf solchen Beistand hoffen, ausgerechnet vom Gott des Rausches, der Raserei, der Lust, des Krieges?

Unversehrt erreichen Mensch und Statue die Villa des Archivs. Dahinter erhebt sich dunkel und unvollendet die Weihestätte, die Adolf Hitler dem Philosophen errichten lässt, den er für den Vordenker des Nationalsozialismus hält. Über ihrem Portal steht: FRIEDR. NIETZSCHE ZUM GEDÄCHTNIS ERBAUT UNTER ADOLF HITLER IM VI. JAHRE DES DRITTEN REICHES. Am 15. Oktober 1944 muss alles fertig sein. Mit Mussolinis Dionysos in der Apsis. Am 15. Oktober 1944 würde die Welt den 100. Geburtstag Friedrich Nietzsches feiern. Die Welt?

Und dann, etwas später, bemächtigt sich Max Oehlers eine stille Verzweiflung: Der Gott hatte ihn, hatte sie beide gerettet, aber: Er passt nicht in die Apsis. Dionysos geht durch die Decke.

Die Gedenkhalle ist zu klein für den Gott.

1

»Fritz ist anders geworden ...«

Allein in Tautenburg
(Elisabeth)

Es ist unmöglich, aber wahr: Ihr Bruder liebt eine andere. Bis eben war sie die einzige Frau in seinem Leben, und nun? Sie hätte das nie geglaubt, *er ist nie von einem weiblichen Wesen nur halb so begeistert gewesen*[4], doch es ist geschehen.

Das ist Verrat.

Wann gab es ein Band zwischen Bruder und Schwester, so eng, so unauflöslich wie das ihre? Der unbedingte Beistandspakt zwischen ihnen, nie unterzeichnet und doch gültig von Ewigkeit zu Ewigkeit, er hat ihn gebrochen. Wegen einer Frau. Aber was heißt Frau? Wegen dieses Kuriosums von einem Weibe: *Dieselbe Größe wie ihre Mutter, dieselbe unmöglich dünne Taille, derselbe hochgewölbte Busen (so daß man beim Anblick dieses Oberkörpers immer im Zweifel war, ob der obere oder der untere Theil der unnatürlichste sei)* … Und das ist erst der Anfang von Elisabeths Lou-Porträt[5].

Dass Fritz einmal so werden konnte, wie er in diesem Sommer war, so – wie soll sie das nur sagen? – eben *so wie seine Bücher*. Ja, das ist wohl der erschütterndste Befund dieses August 1882, und sie sieht sich außerstande, es noch länger vor sich zu verbergen: *Fritz ist anders geworden er i s t so wie seine Bücher.*[6] Für alle, die in diesem Satz etwas vermissen, sei es gleich gesagt: Elisabeth Nietzsche setzt Kommas nur äußerst sparsam, eher gar nicht. Satzzeichen, weiß sie, sind Prothesen für Minderbegabte, die sich allein mit ihrer natürlichen Intelligenz in einem Text nicht zurechtfinden.

Die Schwester des Philosophen harrt weltverloren allein in einem thüringischen Kleinstort aus, und zwar so: *Ich bin halbe Tage-*

lang einsam in den dichtesten Wäldern herumgeirrt[7]. Es ist Ende August, fast alle Badegäste sind schon weg, auch ihr Bruder und das Mädchen, dem seine Teilnahme gilt. Drei Wochen lang war sie das dritte Rad am Wagen gewesen, aber nein, das ist ungenau: Dieser Wagen hatte von Anfang an nur zwei Räder, das Friedrich- und das Lou-Rad, sie waren Gleichrollende, 20 Tage lang.

Im anderen bei sich selber sein. Ein Meisterdenker, den ihr Bruder gern verspottet, Georg Wilhelm Friedrich Hegel, hat so einmal die Liebe definiert, so schön und trotzdem wahr. Für sie, Elisabeth, blieb bei dieser Seinsweise kein Platz, und wenn die beiden mit ihr sprachen, dann nur, um sich über sie lustig zu machen. So schien es ihr.

Wann hätte Friedrich jemals mit seiner Schwester geredet wie mit dieser 21-Jährigen, so als sei jedes Wort aus ihrem Munde eine Offenbarung?

Wir Neuen, Namenlosen, Schlechtverständlichen, wir Frühgeburten einer noch unbewiesenen Zukunft![8], wird er bald sagen. *Vorbereitende Menschen* nennt er den Lou-Typus, den Friedrich-Typus in seinem neuen Buch: *Menschen mit eigenen Festen, eigenen Werktagen, eigenen Trauerzeiten … gefährdetere, fruchtbarere Menschen, glücklichere Menschen! Denn, glaubt es mir! – das Geheimniss, um die grösste Fruchtbarkeit und den grössten Genuss vom Dasein einzuernten, heisst: GEFÄHRLICH LEBEN! Baut Eure Städte an den Vesuv! Schickt Eure Schiffe in unerforschte Meere!*[9]

Vielleicht ist es nicht falsch, vom Tautenburger Spätsommer 1882 nur für einen Augenblick nach Italien hinüberzuschauen. Denn in dem kleinen Ort Predappio, auf der Höhe Riminis landeinwärts gelegen, steht die Zeugung eines künftigen Nietzsche-Lesers unmittelbar bevor. Er wird das »Gefährlich leben!« zu seinem Wahlspruch machen, ja, man kann sagen, Friedrich Nietzsche wird diesen Mann erst schaffen, denn die Lektüre seiner Schriften bringt den jungen Sozialisten schließlich vom Sozialismus ab und auf seinen ureigenen Weg. Sein Name ist Benito Mussolini.[10]

Nur verwechselt mich nicht!, bittet Friedrich Nietzsche immer wieder, vergebens. Schon seiner eigenen Schwester scheint er plötzlich wie ein Fremder. Sie kennt ihn wie niemand sonst, und erkennt ihn doch nicht wieder.

Sie, die treue Gefährtin seines Lebens, rechnet er selbstredend nicht zu den maritimen Vesuvbewohnern. Eigentlich mag ihr Bruder gar keine Frauen, er hält sie für ein zu defizitäres Geschlecht. Aber für diese junge Russin machte er eine Ausnahme. Sie sei die Einzige, sagt er, die seine Philosophie wirklich verstehen könne. *Wer nicht von dieser Russin entzückt ist »dem fehlt der Blick für Größe« oder (er) »ist eifersüchtig«*[11], referiert Elisabeth mit Bitterkeit im Herzen den Standpunkt ihres Bruders. Wahrscheinlich hat er nicht einmal vergessen hinzuzufügen, dass die Eifersucht eine spezifisch weibliche Begabung sei.

Er hat sie benutzt.

Er brauchte sie als Anstandsdame, schließlich konnte er nicht allein mit einem jungen Mädchen im Wald wohnen. Es war so demütigend. Und sie hat diesen Ort auch noch für ihn gefunden, für ihn eingerichtet. Es war der schlimmste August ihres Lebens, es war der schlimmste Aufenthalt ihres Lebens. Auch sie müsste jetzt abreisen, endlich abreisen, den Schauplatz ihrer Erniedrigung verlassen, aber sie kann hier nicht weg, aus zwei Gründen. Sie weint die Tage und die Nächte durch, so kann sie nicht unter Menschen gehen, so kann sie nicht Zug fahren, so kann sie nicht nach Hause kommen. Der zweite Grund ist: Ihr Bruder ist dort, Fritz ist zu Hause. Er ist nach Naumburg gefahren, zur Mutter. Sie selbst hat ihn darum gebeten, kategorisch darum gebeten, gleich nachdem das Monstrum weg war. Sie halte es jetzt nicht aus, hat sie ihm gesagt, mit ihm am selben Ort zu sein, dieselbe Luft zu atmen.

Am 26. August 1882 brachte Friedrich Nietzsche die Petersburger Generalstochter nach Dornburg zum Bahnhof, und als er zurückkam, haben die Geschwister sehr gestritten. Er benahm sich, als sei nichts geschehen, als sei alles gut zwischen ihnen, wie immer, eher noch besser. Diese gute Laune, mit der er zurückkehrte, diese Zuversicht, schnitt ihr ins Herz. Elisabeth wusste, dass er wusste, wohin Lou fährt: zu Rée, direkt in die Arme seines besten Freundes. So ist dieses Mädchen.

Und Fritz will das nicht sehen. *Der arme Thor macht nur sich und seine Philosophie lächerlich*[12]. Und sie, seine Schwester, macht er auch lächerlich. Sollen sie so enden?

Wie er über ihre Schreibversuche gespottet hat. Elisabeth brüte *auf ihren kleinen Novelleneierchen*, hat er Lou mitgeteilt. Und ihr

Lou von Salomé, Paul Rée und Friedrich Nietzsche, Frühsommer 1882

selbst erklärte er, eine schreibende Schwester, ein schriftstellerndes Frauenzimmer also, wäre »seiner unwürdig«. Sie ist ihm peinlich vorm Angesicht der Welt? Weil es Frauenplunder ist, was sie zu Papier bringt? Weil sie zu viele Adjektive benutzt und jedes Mal die falschen? Oder weil Friedrich in ihrer Novelle die Hauptfigur ist, ein Philologieprofessor Mitte dreißig, der nicht heiraten will? Philosophen sind empfindlich, wenn man statt über ihre Gedanken über sie selber spricht, auch das hat sie in ihrer Novelle vermerkt: *Nichts ist Philosophen unangenehmer, als wenn man ihre philosophischen Bemerkungen ins Persönliche überleitet*[12]. Ihr Bruder macht da gar keine Ausnahme. Es ist schwer genug, im eigenen Leben vorzukommen, und jetzt auch noch in der Literatur seiner Schwester? Aber sie hatte keine Wahl. Jeder Autor sollte über etwas schreiben, das er wirklich gut kennt, und sie kennt nichts und niemanden auf dieser Welt besser als ihren Bruder. Georg Eichstedt heißt er in ihrer Erzählung, und natürlich benutzt sie Zitate aus Friedrichs Büchern, schließlich handelt die Geschichte von ihm.

Diese Frau ist schön und klug: ach, wie viel klüger aber würde sie geworden sein, wenn sie nicht schön wäre, heißt es im Aphorismus 282 der *Morgenröthe*. Bei Elisabeth liest sich das so: »*Du weißt aber*«, *fuhr er* – der ledige Professor Georg Eichstedt – *lebhaft fort*, »*daß das Hübschsein mir als keine gute Mitgabe für die Frauen erscheint, es hat meist einen abschwächenden Einfluß auf ihren Geist und Thätigkeitstrieb, und ich möchte wie jener Philosoph sagen, der, als man ihn mit einer Frau bekannt gemacht hatte, welche ebenso schön als klug war, betrübt ausrief: ›Oh, wie viel klüger würde sie noch sein, wenn sie nicht so schön wäre.‹*«[14]

Hat sie das nicht gut formuliert: … *einen abschwächenden Einfluß auf ihren Geist* …? Ironie ist eine Angelegenheit der Nuancen. Das den Bruder zitierende Alter Ego ihres Bruders bekommt an dieser Stelle Widerspruch von seinem Vater, einem verwitweten Oberst im Ruhestand, der die Berufswahl seines Sohnes immer missbilligt hat: »*Aber*«, *wand hier ein wenig ironisch lächelnd der Oberst ein*, »*Dein Philosoph scheint mir doch die Frauenwelt recht einseitig zu beurtheilen. Ich habe die hübschen Frauen immer geistreicher als die häßlichen gefunden. Das Bewußtsein eines angenehmen Äußeren giebt den Frauen …* Aber nein, Elisabeth Nietzsche hat jetzt wohl keine Freude mehr an ihrer Novelle, auch zum Schreiben gehört ein kleiner Übermut. Sie wird diesem Stück Literatur – vielleicht war es ihr Erstling – am Ende nicht einmal einen Namen geben. Hat Friedrich Nietzsche die Schriftstellerin Elisabeth Nietzsche auf dem Gewissen?

Was besonders kränkt: Sie schmäht er für ihre Schreibversuche, für Lou aber hat er in Tautenburg eine ganze Stillehre verfasst: *Der Takt des guten Prosaikers in der Wahl seiner Mittel besteht darin, DICHT an die Poesie heranzutreten, aber NIEMALS zu ihr überzutreten.* Oder: *Je abstrakter die Wahrheit ist, die man lehren will, um so mehr muß man erst die Sinne zu ihr verführen.*[15] Er kann das, Elisabeth leugnet es nicht. Noch im Juni hat sie ihm geholfen, das letzte seiner unverkäuflichen Bücher druckfertig zu machen. Er hat es *Die fröhliche Wissenschaft* genannt. Aber mit Wissenschaft hat das nichts zu tun, gar nichts, sie täuscht er nicht. Es ist eine Bibel der radikalen Selbstbezüglichkeit, er formuliert das nur viel schöner, damit niemand den Betrug gleich merkt: *Menschen mit eigenen Festen, eigenen Werktagen, eigenen Trauerzeiten …?* Pah!

Sie sagt gern Pah! Es klingt so definitiv.

Höherer Egoismus? Worte! Ist eine höhere Gemeinheit etwa keine Gemeinheit mehr? Schließlich gibt Friedrich selbst zu, dass Lou »böse« ist, sie sei *ein hervorragend böses Wesen,* sagt er, auch Voltaire sei böse gewesen und trotzdem ein großer Aufklärer. Aber Lou ist doch nicht Voltaire! Und überhaupt, *ein männlicher Schurke mag noch gehen aber ein weiblicher Schurke nützt nie etwas.*[16] So sieht sie das.

Lies die Bücher meines Bruders nicht, wird sie eine Freundin bitten, *sie sind für uns zu schrecklich, unsere Herzen wollen höher hinaus als zur Allbewunderung des Egoismus. Ach und gieb dir keine Mühe und quäle dich nicht diese Bücher mit dem früheren Nietzsche in Einklang zu bringen, es ist nicht möglich*[17].

Sie weiß nur zu genau, wer dieses Weib mit den beiden anatomisch inadäquaten Körperhälften ist: Sie ist *die PERSONIFICIERTE Philosophie meines Bruders*[18].

Seine Bücher haben, daran ist kein Zweifel, einen sehr schlechten Einfluss auf ihren Bruder. Aber dazu noch die Russin: Das, glaubt Elisabeth, ist mehr, als Friedrichs geistige Zurechnungsfähigkeit ertragen kann. *Er ist ganz verwandelt, gerade wie sein Freund Gersdorff als dieser unter dem Einfluß einer fragwürdigen Italienerin stand.*[19] Und wenn sie daran denkt, wie streng Fritz damals zu dem unglücklichen Gersdorff war!

Ja, sie haben sehr gestritten.

Sie wolle gar nicht über sich sprechen, erklärte sie, wahrscheinlich nicht ohne die selbstlose Pose der Märtyrerin einzunehmen, was ihn erbittert haben dürfte. Sie rede nicht über die Kränkungen, die sie erlitt … Wenn Friedrich Nietzsche etwas hasst, dann sind das Gespräche, die so beginnen. Alles Anklagen und Beschämenwollen ist ihm zuwider, am ersten Tag dieses Jahres hat er sich ein Versprechen gegeben, wie inzwischen jeder in seinem neuen Buch nachlesen kann: *Ich will nicht anklagen, ich will nicht einmal die Ankläger anklagen. WEGSEHEN sei meine einzige Verneinung. Und, Alles in Allem und Grossen: ich will irgendwann einmal nur noch ein Ja-sagender sein.*[20]

Aber der Jasager der Zukunft konnte jetzt nicht wegsehen, er konnte nichts tun, als seiner Schwester zuzuhören. Wenn sie auch über das Maß des ihr zugefügten Leids schweigen würde, über diese infame Person, das sagte sie Friedrich geradewegs ins Gesicht, über diese Larve von einem Menschen gedenke sie fürderhin nicht zu schweigen. Ob gefragt oder ungefragt, ließ sie offen. Die Wirkung ihrer Worte schildert Elisabeth der Freundin Clara Gelzer so: *Als ich aber erklärte daß ich über Lou die reine Wahrheit sagen würde, fing er gegen mich zu wüthen an*[21]. Sie solle sich in Acht nehmen! Sie solle sich nur in Acht nehmen, er meine es ernst.

Menschen, die lieben, leben jenseits der Vernunft. Das gilt auch für Philosophen. Wenn sie daran denkt, dass sie dieses Tautenburg für ihren Bruder erst gefunden hat. Dass sie es eingerichtet hat, für ihn und seinen Besuch. Wo wäre er denn ohne sie? Diese Russin wird ihn gewiss nicht pflegen, wenn er krank ist, und krank ist er meistens. Nichts wird sie für ihn tun, diese *Frühgeborene einer noch unbewiesenen Zukunft.*

Es ist, genau genommen, eine Frechheit, dass ein Mensch, der so sehr auf die Fürsorge seiner Umwelt angewiesen ist wie ihr Bruder, den Egoismus, den radikalen Selbstbezug verklärt. In der Welt, die er erdenkt, möchte sie nicht leben. *(E)s bricht mir das Herz diesen veränderten Menschen zu sehen und wie edel war er früher!*[11]

Und dann trat Elisabeth Nietzsche, 34 Jahre alt, unverheiratet, kinderlos, nicht ohne eine gewisse Feierlichkeit – soweit ihr verweintes Gesicht das zuließ – vor ihren Bruder hin, um ihm zu erklären, dass er keine Schwester mehr habe, solange er sich nicht lossage von dieser Frau.

Weiß sie, dass sie Unmögliches verlangt?

Wenn diese 21-jährige in der Tat *die PERSONIFICIERTE Philosophie* Friedrich Nietzsches sein sollte: Wie sagt man sich los von sich selbst?

Allein in Naumburg
(Friedrich)

Meine liebe Lou, einen Tag später als Sie gieng ich von Tautenburg weg, im Herzen s e h r stolz, s e h r muthig – wodurch eigentlich?, fragt Nietzsche die Freundin. Die Erkundigung, mehr an sich selbst als an die Empfängerin gerichtet, ist durchaus berechtigt, nicht nur in Anbetracht von Lous Reiseziel: Paul Rée.

Rée ist der einzige wahre Freund, den Friedrich Nietzsche noch hat seit seinem Abfall von Richard Wagner, Peter Gast und den alten Getreuen Overbeck nicht mitgezählt. Die übrigen sind etwas von ihm abgerückt; sie glauben, er und seine Philosophie befänden sich auf einem Irrweg, doch er werde gewiss zurückfinden. Zu sich selber, zu Wagner, zu ihnen, irgendwann.

Bei Rée, Nietzsche weiß es, wird Lou vorerst bleiben. Gefährlich leben! Natürlich wird sie nicht lange bei ihm bleiben, nur so lange, bis die beste Herbst-Winter-Residenz für ihren Dreierbund, ihre scheinheilige Trinität der *vorbereitenden Menschen* gefunden ist. Also ziemlich lange.

Zwei Wochen?

Eine leicht bestürzende Dimension besitzt dieser Gedanke schon, zumindest für gewöhnliche Temperamente, für die ewigen Kleinbürger des Lebens, die er so schwer erträgt. Er aber, der dem Urteil seiner Schwester zufolge neuerdings eine fatale Ähnlichkeit mit seinen Büchern aufweist, ist entschlossen, diese Prüfung mit Anstand zu bestehen.

Nein, Anstand ist das falsche Wort, es ist kleinbürgerlich, es ist äußerlich, Anstand hat man anderen gegenüber. Was er meint, und was seine Schwester wohl nie verstehen wird, ist etwas anderes: Es ist Großzügigkeit, es ist ein elementares Wohlwollen, gründend auf ihrem gemeinsamen Heimatrecht in einem überindividuellen Raum. Gefährlich leben! Alle geistig empfänglichen Menschen hat er dazu aufgefordert. Und mit sich selbst fängt er an. Er baut sein Haus schon jetzt an den Vesuv. Seine Ankunft in Naumburg fiel freilich ernüchternd aus. Argwöhnisch besah ihn die Mutter, wie man einen Schaden besieht.

Warum kommt er allein?

Wo ist Liesbeth?

Was macht sie noch in Tautenburg?

Sie schreibe? Das glaube er doch wohl selber nicht.

Seine Mutter ist das Gegenteil eines *vorbereitenden Menschen*. Als er sein Theologie-Studium begann, schickte sie ihm umgehend die Mahnung: »Verliebe dich nur nicht zu sehr in den schönen geistreichen Kunstgeschichtsprofessor, man hat hier schon seine Sorge ausgesprochen, daß Du einmal ›Belletrist‹ werden könntest, sobald Du Dir nicht ein festes Ziel stecktest. … ›Das aber wird mein Fritz nicht werden, war meine feste Antwort.‹«[23] Und es ist doch geschehen, das Schlimmste, ihr Sohn ist ein Belletrist geworden, näherhin ein kranker Belletrist, dessen Bücher kein Mensch liest. Wie soll er jetzt noch eine Frau finden? Hätte er doch geheiratet, als noch Zeit war, als er noch Professor war! Jetzt werfen sich ihm nur Abenteurerinnen an den Hals. Oder müsste sie richtiger sagen: Er wirft sich Abenteurerinnen an den Hals?

Franziska Nietzsche weiß nichts über Lou, aber dass es sich um ein Wesen höchster Fatalität handeln muss, ist ihr klar, sonst hätte er sie mitgebracht, sonst hätte er sie seiner Mutter vorgestellt. Natürlich haben ihre Kinder sich wieder gegen sie verschworen, sie kennt das, sie kennt das schon lange, aber diesmal muss irgendetwas schiefgelaufen sein.

Misstrauen. Es ist die hervorstechendste Eigenschaft schwacher Menschen, die nicht für sich selbst stehen können. Solcher Menschen wie seiner Mutter, deren Gegenwart alles klein macht. Es könnte hart werden, wenn er ab sofort nicht mehr nur die Mutter, sondern auch Elisabeth gegen sich hätte. Aber er kann sich jetzt nicht auf Naumburger Maß verkleinern. Ihm ist so groß zumute, ja mehr noch: Ihm ist, als müsse er sich ans Klavier setzen und komponieren. So ging es ihm seit Ewigkeiten nicht mehr. Er könnte den Zeitpunkt auch genauer angeben: Seit er Wagner den Rücken kehrte.

Lou hat ihm ein Gedicht geschenkt, beim Abschied auf dem Dornburger Bahnhof. Er las es mit großer Erschütterung, und nie wird er es ohne Tränen können. Ja, er will diesem Gedicht Töne geben, bis Lou ihm sagt, wie es weitergeht.

Er setzt sich ans Klavier. Franziska Nietzsche ist alarmiert: Liesbeth ist weg und ihr Sohn komponiert? Das ist nicht normal. Das ist im höchsten Maße abnorm.

Lou und Rée sind die beiden Menschen, die ihm im Augenblick am nächsten stehen auf Erden. Darf er ihrer temporären Gemeinsamkeit misstrauen? Im Herbst werden sie gemeinsam wohnen, arbeiten und studieren, zu dritt, in einer großen Stadt, in Wien oder Paris. Wahrscheinlich in Paris. Dieses Jahr soll das Jahr seiner Rückkehr zu den Menschen werden! Hatte er nicht seit fünf Jahren, seit seiner Abwendung von Wagner, an Leib und Seele mehr *einem Schlachtfeld* als einem Menschen geglichen? Er will kein Schlachtfeld mehr sein. *Mit meiner Schwester habe ich nur wenig noch gesprochen, doch genug, um das neue auftauchende Gespenst in das Nichts zurück zu schicken, aus dem es geboren war*[21], berichtet er der Freundin. Das Gespenst ist der ihm unerträgliche Gedanke, seine Schwester könne im Recht sein und Lou habe ihn der Lächerlichkeit preisgegeben in Bayreuth. Lou, wenn sie die letzten drei Wochen empfunden hat wie er, wird den Wink verstehen, sie wird ihm sagen, dass es nicht wahr ist. Lous Gedicht ist genau genommen ein ganz unmögliches Gedicht. Aber es spricht wie aus dem Zentrum seiner Existenz heraus. Er hat einen Mitwisser seines Schicksals, eine Mitwisserin von 21 Jahren.

Gebet an das Leben

Gewiß, so liebt ein Freund den Freund,
Wie ich Dich liebe, Rätselleben –
Ob ich in Dir gejauchzt, geweint,
ob Du mir Glück, ob Schmerz gegeben.

Ich l i e b e Dich samt Deinem Harme;
Und wenn Du mich vernichten mußt,
Entreiße ich mich Deinem Arme,
Wie Freund sich reißt von Freundesbrust.

Mit ganzer Kraft umfaß ich Dich!
Laß Deine Flammen mich entzünden,
Laß noch in Glut des Kampfes mich
Dein Rätsel tiefer nur ergründen.

Jahrtausende zu sein! zu denken!
Schließ mich in beide Arme ein:
Hast Du kein Glück mehr mir zu schenken –
Wohlan – noch hast Du Deine Pein.[25]

Franziska Nietzsche späht, Friedrich Nietzsche komponiert das in seinem Pathos, seiner Unbeholfenheit fast schon komische Gedicht. Und dazu dieser unmögliche Titel! Ob Frau Pastor Franziska Nietzsche es gelesen hat, heimlich vielleicht, wie Mütter das tun? Er versucht, sich nicht von ihr stören zu lassen. Frauen sind die ewigen Störenfriede des Daseins. Er kann das auch erklären, ungefähr so: Frauen sind Menschen, die ihren Zweck nicht in sich selber haben, sie sind bloße Reproduktionswerkzeuge der

Natur, Geschöpfe, die fortpflanzungsbedingt nie die Gelegenheit finden, ein ganzer Mensch zu werden und seelisch volljährig. Eben so wie seine Mutter.

Franziska

Aschenputtel hat zwei Schwestern, Franziska hat drei.

Wenn Adele, Sidonie und Cäcilie in die Kutsche steigen, um in die Welt hineinzufahren, bleibt sie am Tor des Pfarrhofs stehen und sieht ihnen lange nach. Meist ist es ein Sonntag. Adele, Sidonie und Cäcilie fahren auf Gesellschaften, sie fahren zum Kaffeetrinken bei fremden Leuten oder einfach auf »Landpartie«, und vielleicht sind sie sogar schon auf einem richtigen Ball gewesen. Jedes Mal, wenn Franziska allein zurückbleibt, kriechen eine kleine Einsamkeit und eine große Sehnsucht in ihr Herz. Oder ist es eine kleine Sehnsucht und eine große Einsamkeit? Einmal fragte sie die Mutter, ob nicht auch sie mitfahren dürfe. Die Mutter wiederum fragte Adele. Und Adele hat nein gesagt. Eigentlich mag sie Adele. Und Sidonie und Cäcilie ebenso. Sie sind auch keine Stiefschwestern, sondern ihre richtigen Schwestern, aber die Hand eines schweren Schicksals scheint auf ihnen zu liegen. Franziska könnte nicht sagen, wann das angefangen hat. Man nennt es auch das heiratsfähige Alter.

Es muss eine schwere Prüfung sein. Man kann sie bestehen oder durchfallen. Immerhin müssen Adele, Sidonie und Cäcilie diese Prüfung nicht allein bestehen. Sie gehen immer zu dritt los, einen Bräutigam zu suchen. Steht da in Mutters und Vaters Gesicht so ein unbestimmbarer Ausdruck, dem sie entnehmen könnte, dass es nicht unbedingt ein Vorteil ist, zu dritt einen Bräutigam zu suchen? Vielleicht bekommen die Gesuchten Angst vor der Übermacht, oder sie wissen nicht, welche der drei sie nehmen sollen, und nehmen vorsichtshalber gar keine. Franziska kann das nicht beurteilen, sie ist zu jung, eigentlich noch ein Kind. Bis eben ist sie mit ihren fünf Brüdern Schlitten gefahren, dem Alter nach ist sie die Mittlere zwischen ihnen.

Warum soll das Kind das auch schon mitmachen?, hat Adele zu ihrer Mutter gesagt, als diese fragte, ob Franziska mitkommen dürfe. Adele trug ihr Prüfungsgesicht, und es klang wie: Wir sind schließlich nicht zu unserem Vergnügen unterwegs. Na, sie weiß ja nicht. Und wenn man sie fragte, Franziska, was keiner tut, sie wüsste: So wird das nie was! Und ihr würde der Ausflug auf jeden Fall Spaß machen. Falls einer auf die Idee käme, sie zu heiraten, würde sie ihn einfach wieder wegschicken oder, noch besser, sie würde ihn Adele, Sidonie oder Cäcilie schenken.

Aber dass die Lage der drei ernst ist, begreift auch Franziska. Seit sie die Frauen der Nachbar-Pfarrei gesehen hat, besteht darüber kein Zweifel mehr. Nebenan in Röcken ist kürzlich ein neuer Pfarrer eingetroffen, der hat keine Frau, wahrscheinlich, weil er an den dreien, die er mitbrachte, schon genug hat. Die eine ist seine Mutter und die anderen beiden sind seine Schwestern. Franziska glaubt das eher nicht, weil die Schwestern fast so alt aussehen wie die Mutter. Adele, Sidonie und Cäcilie sagen, das sei eine Frage der Perspektive. Zumindest weiß Franziska nun, was passiert, wenn man durch die Prüfung fällt. Dann sieht man irgendwann aus wie Augusta und Rosalie Nietzsche. Aber es ist nicht ihr unvordenkliches Alter allein, es ist auch der Ausdruck ihres Gesichts, ihre Art zu sprechen. Als gehörten sie gar nicht hierher, als seien sie gleich wieder weg, als sei ihr Aufenthalt hier auf dem Land ohnehin ein Irrtum, dessen Korrektur sie täglich erwarten. Als seien sie »unter die Bauern gefallen«.

Franziska kann sich dabei nichts denken. Natürlich sind auch sie, die Oehlers, keine Bauern, zumindest nicht direkt, denn ihr Vater ist der Pastor von Pobles. Aber seine Herkunft ist durchaus bedenklich. Als Sohn eines armen Webers in Zeitz betrat er die Bühne der Welt, und hätte er rückwärts geschaut und seine Ahnenreihe begutachtet, so wäre er zu dem Ergebnis gelangt, dass wenig Grund zur Zuversicht besteht. Über Jahrhunderte hinweg, von 1600 bis 1880, waren die Oehlers Fleischhauer in Greiz. Und doch gelang David Oehler das in der Geschichte dieser Familie Einmalige: Er wurde zu einem, der sich statt durch blutige Arbeit, im Schlachthaus oder am Webstuhl, allein durch das Wort ernähren kann. Und mehr noch, es gelang ihm, eine leibhaftige Rittergutsbesitzerstochter zu heiraten.

Der Vater der Rittergutsbesitzerstochter war aber nicht nur Rittergutsbesitzer, sondern außerdem kurfürstlich-sächsischer Finanzkommissar, zwei Eigenschaften, die es ihm ermöglichten, seiner Tochter eine Equipage, Kutscher und Köchin mit in die Ehe zu geben. Allerdings muss ein Teil dieser Großzügigkeit wohl als Wiedergutmachung betrachtet werden, denn die Braut wies erhebliche Mängel auf. Sie war auf einem Auge blind und lahmte auf einem Bein.

Wie auch immer, eine Rittergutsbesitzerstochter gleicht Generationen von »Fleischhauern« aus, und Franziska und ihre zehn Geschwister, von denen sich drei Mädchen im riskantesten Alter ihres Lebens befinden, sind Pastorenkinder.

Auch wenn ihr Pfarrhof voller Scheunen und Ställe ist: Jeden Sonntag legt der Vater den schwarzen Talar an, und zu elft folgen sie ihm dann in die Kirche, vor den Bauernkindern. Immer vor den Bauernkindern, die kommen zuletzt, aber in mancher Hinsicht haben sie es auch gut. Sie müssen sich zum Beispiel nie um das Klavier ihres Vaters aufstellen, um eine *Eine feste Burg ist unser Gott* zu singen.

Wahrscheinlich würden den Nietzsche-Frauen die Ohren abfallen, könnten sie das hören. Sie sind sehr geräuschempfindlich. Möglich, sie wären lieber ohne Ohren geboren. Die Nietzsche-Frauen können bestimmt nicht singen, zumindest nicht so laut. Und »Eine feste Burg ist unser Gott« muss man laut und elfstimmig singen, sonst wird es keine Burg. Vielleicht glauben die Nietzsche-Schwestern auch nicht mehr daran, denn wäre Gott eine feste Burg, hätte er Augusta und Rosalie wohl einen Mann gegeben, als noch Zeit war.

Die neuen Nachbarinnen sprechen sehr leise, damit sie einander mit ihren Stimmen nicht wehtun, aber die phonetische Zärtlichkeit ist wohl nur ein Vorwand. Flüstern sie nicht, damit der liebe Gott sie nicht verstehen kann? Franziskas Schwestern sagen, es läge an ihrer Vornehmheit. Franziska, das Kind, hat nur eine undeutliche Vorstellung davon, was das ist, zumindest ist es nichts

Gesundes. Rosalie Nietzsche muss sogar manchmal eine Einladung ausschlagen: Sie litte an den Nerven, wird ihr Bruder, der neue Röckener Pfarrer, das begründen.

Die Nerven?

Franziska hat dieses Wort noch nie gehört.

Als es das erste Mal fällt, hätte sie sich beinahe erkundigt, was das sei, schluckte die Frage aber im letzten Augenblick hinunter. Sie kam sich so dumm vor, aber vielleicht ist eine verschluckte Dummheit schon eine halbe Klugheit? Sie fragte einfach hinterher ihre Mutter, doch, seltsam genug, die Rittergutsbesitzerstochter wusste es auch nicht. Sie dachte lange nach, um sich dann zu der Vermutung zu entschließen: *Ich glaube, das ist so eine allgemeine Schwäche.*[26]

Der Pfarrer Nietzsche ist ebenfalls schon sehr alt, gleich dreißig, sagen ihre Schwestern. Aber er soll sehr schön Klavier spielen können. Wenn sie nicht alles täuscht, sieht Carl Ludwig Nietzsche ein wenig verzweifelt aus. Es ist gewiss nicht einfach, mit drei Frauen zu leben, die glauben, sie seien unter die Bauern gefallen, und warten, dass sie wieder abreisen dürfen. Pfarrer Nietzsche hat versprochen, am Sonntag nach Pobles zu kommen, um am Klavier zu fantasieren. Er fantasiere wunderbar. Seine Mutter und die beiden Schwestern bringt er natürlich mit, vorausgesetzt, sie leiden nicht an den Nerven. Franziska freut sich schon auf den Sonntag. Natürlich wird sie dabei sein, natürlich wird sie zuhören dürfen. Sie glaubt, Adele, Sidonie und Cäcilie freuen sich auch.

Die drei bekommen ganz glänzende Augen, wenn sie von dem neuen Röckener Pastor sprechen. Carl Ludwig Nietzsche soll früher Prinzessinnenerzieher gewesen sein. Er hat die drei Altenburger Prinzessinnen Elisabeth, Therese und Alexandra erzogen, und zwischendurch spielte er für sie Klavier. Leider wurden Elisabeth, Therese und Alexandra erwachsen, und Carl Ludwig Nietzsche musste sich nach einer neuen Arbeit umsehen. Elisabeth wurde Großherzogin von Oldenburg, Alexandra wurde Großfürstin Konstantin von Russland und Carl Ludwig Nietzsche wurde Pastor in Röcken.

Aber der Stoff seiner Anzüge, sein ganzes Benehmen zeuge von seiner Vergangenheit, sagen ihre Schwestern. Solch »superfeine, schwarze, glänzende Tuchkleider« trage man gewiss »nur bei Hofe«. Und so ein vornehmer Mann, gewissermaßen ein Mann von Welt, kommt am Sonntag in seinem Superfeine-Welt-Anzug zu ihnen, um für sie Klavier zu spielen. Oder kommt er gar nicht wegen ihnen, sondern mehr wegen ihres Vaters? Pastor Oehler ist gewissermaßen der einzige Nicht-Bauer in der ganzen Leipziger Tiefebene zwischen Pobles und Röcken, der einzige Mann, mit dem man reden kann. Auf »Mann« liegt die Betonung. Und trotzdem.

Seltsam, sagen Adele, Sidonie und Cäcilie, dass er noch keine Frau genommen hat. Egal wie, Franziska ist schon sehr aufgeregt.

Adele, Sidonie und Cäcilie sind es auch.

Sich anlehnen dürfen

Die ungeheure Erwartung in Betreff der Geschlechtsliebe verdirbt den Frauen das Auge für alle fernen Perspektiven[27], hat Friedrich Nietzsche vor ein paar Tagen notiert, noch für Lou, noch in Tautenburg. Lou wollte von ihm wissen, was Frauen sind, weil sie einen philosophischen Roman schreiben möchte, in dem auch Frauen vorkommen. Lou, dem Mannkind, dessen Umriss die Natur mit allerkühnstem Schwung gezeichnet hat, als gelte es, den Schöpfungstag zu wiederholen, ist diese Spezies mindestens ebenso rätselhaft und befremdlich wie ihm.

Die ungeheure Erwartung … Ein Satz wie ein Paukenschlag. Die Wahrheit über ein ganzes Geschlecht, kaum zwei Zeilen lang? Und doch neigen diese zwei Zeilen zur Infamie, denn sie verkennen die Not Adeles, Cäcilies und Sidonies. Sie ignorieren, dass da keine Wahl ist, keine Horizonte offenstehen, nur dieser eine: Geheiratetwerden. Ihre Ehre, ihre soziale Stellung, alles hängt daran. Und Friedrich Nietzsche erklärt eine gesellschaftliche Nötigung zur Naturtatsache, zu der der Frau? Darf ein Philosoph denn so blind sein, ein Allesdurchschauer von Berufs wegen? Zur Eigenart eines großen Geistes, mag er meinen, gehören auch seine schwarzen Löcher, er wäre zu ausrechenbar sonst. Und Friedrich Nietzsche besitzt nun einmal eine gewisse Reserve diesem Geschlecht gegenüber.

Wahrscheinlich liebt er Lou auch dafür, dass sie an keiner Stelle in seine Definitionen der Frau passt. Er liebt sie für die Konsequenz, mit der sie seine Heiratsanträge ablehnt. Die Empfängerin des Perspektiven-Satzes hat er bestimmt am wenigsten überrascht, denn sie hielt sich schon an ihn, als sie dessen Autor noch gar nicht kannte. Sie habe ihr Liebesleben ein für alle Mal beendet, erklärte sie sowohl Nietzsche als auch Rée. Sie war für Offenheit in diesen Dingen. Sie streicht die eine Perspektive und hat dafür alle anderen!

Wie viel mag sie Rée und Nietzsche gesagt haben?

Den Namen Gillot kennen beide. Denn der Name des holländischen Pfarrers von St. Petersburg gehört mindestens ebenso zu Louise von Salomé wie ihr eigener. Gillot ist der Bürge ihrer Existenz. Bei diesem Gottesmann hat sie Privatunterricht in Theorie und Praxis des Atheismus genommen, studierte mit ihm Kant, Schopenhauer und Kierkegaard, aber auch Kirchengeschichte. Denn *De geschiedenes von den godsdienst* ist Henrik Gillots theoretisches Hauptwerk, es widmet sich dem Nachweis, dass Weniges so relativ ist wie die Verehrung Gottes, was den Gedanken zulässt, wenn nicht nahelegt, dass diese Verehrung eines Tages auch ganz enden könne.

Lou musste das alles wissen, genau wissen, denn im Alter von zehn Jahren, vielleicht war sie sogar noch jünger, wurde ihr von einem Augenblick auf den anderen bewusst, offenbarungsgleich, dass Gott nicht existiert. Seltsamerweise schien das sonst keinem aufzufallen. Mit Erstaunen sah sie die großen Kirchen, die man einem errichtet hatte, den es gar nicht gibt. Auch ihr geliebter Vater, der General Gustav von Salomé, gehörte zu denen, die einem Irrtum Mahnmale aus Stein errichten ließen.

Gustav von Salomé hatte beim Zaren um die Erlaubnis nachgesucht, eine »deutsch-reformierte Kirche« in Russland begründen zu dürfen, und sie erhalten. 1863 – Lou war zwei Jahre alt – begann der Bau der deutsch-reformierten Kirche am Mojka-Kanal von St. Petersburg. Friedrich Nietzsche, der Lou in diesem Sommer zu seinem *Geschwistergehirn* ernannt hatte, formulierte das Skandalon dieser Art von Immobilien gerade eben so: *Was sind denn diese Kirchen noch, wenn sie nicht die Grüfte und Grabmäler Gottes sind?*[20]

Konnte es sein, dass alle Erwachsenen irrten, dass die Architektur irrte und die Musik, dass ihre Familie irrte, Mutter, Vater und Brüder; und sie, ein Kind, dessen Alter man an zehn Fingern abzählen konnte, hatte recht?

Natürlich konnte das sein, wusste das Mädchen, das damals noch nicht Lou, sondern mit seinem russischen Kosenamen Lolja gerufen wurde.

Die Krisis kam, als Lolja konfirmiert werden sollte. Sie durfte das nicht zulassen, es ging gegen ihr intellektuelles Gewissen. Nur wem sollte sie das erklären? Kein Mensch glaubt, dass Frauen so etwas wie ein intellektuelles Gewissen besitzen und gar ein Mädchen? Friedrich Nietzsche ist soeben zu der Auffassung gekommen, dass selbst unter den *begabtesten Männern* und *edelsten Frauen* kaum ein Träger dieses hinderlichen Organons anzutreffen sei, das ihm als das höchste gilt. Jede Deutung des Verhältnisses Friedrich Nietzsches zu Louise von Salomé geht fehl, wenn sie nicht eins voraussetzt: Zuerst und zuletzt liebt er sie für dieses Gewissen, bedingungslos. Sein Vorgänger hierin war Henrik Gillot.

Dass dieser Holländer kein Mann ist, der Konsequenzen scheut, Gotteskonsequenzen, aber auch andere, bewies das quasi-lutherische Bekenntnis, mit dem der Familienvater von über vierzig Jahren seiner noch nicht volljährigen Schülerin eines Tages gegenübertrat: Hier stehe er, er könne nicht anders und wolle sie heiraten. Seine Familie könne von ihm aus zum Teufel gehen. Der Pfarrer formulierte das zwar etwas behutsamer, aber auf diese Konsequenz lief es hinaus.

Seine minderjährige Schülerin packte bei den Worten ihres Mentors ein wahres Entsetzen, gewiss meinte sie in diesem Augenblick erstmals zu verstehen, was die Religionen meinen, wenn sie vom Leibhaftigen sprechen. Es ist der vollkommen kontraproduktive Einbruch einer Logik in ein Feld anderer Logiken, auf dem sie absolut nichts zu suchen hat. Sie wollte einen Lehrer, keinen Bräutigam.

Das gilt übrigens noch immer, doch der Philosoph, der bald beginnen wird, mit dem Hammer zu philosophieren, mag diese Aussage nicht in letzter Konsequenz auf sich beziehen, womit wir wieder in den letzten Augusttagen im Naumburger Haus am Weingarten wären, wo Friedrich Nietzsche unter den argwöhnischen Blicken seiner Mutter begonnen hat, Lous *Lebensgebet* zu komponieren, und darauf wartet, dass der gemeinsame Studienherbst zu dritt endlich beginnt.

Vielleicht folgt dem Herbst zu dritt ja ein Frühjahr zu zweit?

Nicht dass er es darauf anlegen möchte, aber steckte in ihrem »Ja«, zu ihm nach Tautenburg zu kommen, nicht schon ein anderes, viel größeres »Ja«? Er ist konventionell genug, es so zu denken.

Franziska Nietzsche wird die Zuversicht und Wohlgemutheit ihres Sohnes kaum ohne wachsende Arglist beobachtet haben. Es gibt auch keinen Grund für eine abweichende Reaktion.

Sie hat zwei unverheiratete Kinder Mitte dreißig. Sie haben beide nicht geschafft, was noch der Dümmste fertigbringt: zu heiraten. In dem Alter, in dem ihre Kinder jetzt sind, sitzt der Mensch längst wohlversorgt unter seinem eigenen ehelichen Dach und hat seinen erotischen Lebensabend längst begonnen … Nein, das denkt Franziska Nietzsche natürlich nicht. Wo nie ein Morgen war, kann es auch nicht Abend werden. Vagabundierende Sinnlichkeit ist ihr kein Begriff, aber Tatsache ist: Ihre Kinder haben beide noch kein eigenes Dach über dem Kopf, sie haben keine Existenz begründet, fast muss sie sich schämen vor den rechtschaffenen Naumburger Bürgern. Sie könnte, nein, sie müsste längst Großmutter sein. Aber weil ihre Kinder nicht geheiratet haben, sitzt nun eins verzückt am Klavier, das andere aber allein im Wald.

Dass dieses Tautenburg nicht koscher war, muss ihr spätestens aufgefallen sein, als ihr der Sohn am 11. Juli von dort schrieb: *Es giebt viel zu thun. … Der Verschönerungs-Verein hat mir hier ZWEI*

NEUE BÄNKE in den Theilen des Waldes aufstellen lassen, wo ich gerne allein spaziere gehe.[29] Würde er dort wirklich allein spazieren gehen, hätte er geschrieben »Wo ich gern spaziere gehe ...«, aber nun gut, sie will nicht kleinlich sein, wirklich merkwürdig war der Fortgang: *Ich habe versprochen, zwei Täfelchen daran anbringen zu lassen. Willst Du die Güte haben und dies besorgen? Und sofort? Sprich mit einem Sachverständigen, WELCHE Art von Täfelchen und Aufschriften sich am besten HÄLT.*

Auf dem einen soll stehen: »Der todte Mann. F. N.«

Auf dem andern: »Die fröhliche Wissenschaft. F. N.«

Es muß etwas Feines und Hübsches sein, das mir Ehre macht. Mit herzlichem Gruß Dein Sohn Fritz.[30]

Der Tautenburger Verschönerungs-Verein will eine Bank aufstellen, auf der »Der todte Mann« steht, von dem Nonsens der zweiten zu schweigen? Sie weiß, dass ihre Kinder sie für nicht sehr gescheit halten, schon wegen ihres Umgangs mit dem lieben Gott, aber manchmal fragt sie sich, ob in dieser Familie nicht sie die Einzige ist, die noch Anspruch auf dieses Adjektiv hat.

Natürlich hat sie die Tafeln bestellt, sie ist es gewohnt zu tun, was ihr Sohn sagt, das ist mütterliche Fürsorge, und Männer sind Kinder, die können nichts allein. Wo wäre ihr Sohn, wenn sie ihm nicht regelmäßig Würste, Kuchen und Socken schickte an all die fremden Orte, an denen er sich herumtreibt und die sie oft nicht einmal dem Namen nach kennt. Im April etwa kam eine Postkarte aus Sizilien: *Wäsche im letzten Zustande! Ich pfeife auf zwei noch mögliche Hemden! Auch meine Kleidung ebenso schlicht als schlecht. Aber mein Zimmer 24 Fuß lang und 20 Fuß breit. Für 4 Pfennige 3 Apfelsinen.*[31] Immerhin kann er sich noch Apfelsinen kaufen, manchmal traut sie ihm nicht einmal das zu. Wenn es in Naumburg Apfelsinen gäbe, würde er sich wohl auch die Apfelsinen von zu Hause schicken lassen.

Ja, wenn er eine Frau hätte!

Aber er will ja keine. Wie viele hat sie ihm schon angeboten: »Komm zu mir; ich wüßte ein köstliches Frauchen für Dich, höchst liebenswürdig, gescheudt, hübsch, wohlhabend und dabei höchst einfach und sauber. Gestern ging ich mit ihr von den

Bahnhof bis zur Stadt und sie gefiel mir da wieder so.«[32] Er wollte nichts davon hören.

Ja, sie weiß schon, eine Frau, die ihr gefällt, kann ihm gar nicht gefallen. Auch sollte man junge Frauen vielleicht nicht wie Süßspeisen offerieren. Und man kann sie nicht wie diese einfach genießen und weg sind sie. Nein, die bleiben, und ebendeshalb kann Friedrich Nietzsche nicht heiraten, schon gar keine Frauen, die ihr, seiner Mutter, gefallen.

Aber wie soll sie sich eine vorstellen, die sich auf Bänke setzen möchte, auf der »Der todte Mann – F. N.« oder »Die fröhliche Wissenschaft« steht? Und wie verstimmt er war, als die Täfelchen nicht rechtzeitig fertig wurden.

Unser letzte Zusammenkunft, meine liebe Mutter, schrieb er ihr am 7. August, *lief etwas melancholisch ab; ob ich schon mit dem entgegengesetzten Wunsche gekommen war: mich bei Dir ein wenig zu erholen, da ich mich sehr angegriffen fühlte. – Daß die TÄFELCHEN immer noch nicht da sind ist ein Jammer: schließlich kommen sie, wenn alle Gäste fort und die Herbststürme vor der Thür sind.*[33] Ja, was heißt denn hier »alle Gäste«? Und wenn sich ein Herbststurm vor der Thür befinden sollte, dann ist es doch wohl dieses fatale fremde Weib.

Ihr Sohn wird Gründe haben, diese Ausländerin vor seiner Mutter zu verstecken. Liest er den Vorwurf in ihren Augen, wenn er vom Klavier aufschaut? Und Elisabeth kann die Fremde auch nicht gefallen haben, sonst wäre sie nach Hause gekommen.

Was um Himmels willen ist geschehen? Ihren Sohn kann sie nicht fragen, wenn sie ihren Sohn fragt, bekommt sie höchstens eine philosophische Antwort. Also gar keine.

Ja, es fasziniert Friedrich Nietzsche, dass Lou so gar keine Ähnlichkeit mit einer Frau hat. Äußerlich schon, äußerlich durchaus. Er hätte diese spezifische Oberkörper/Unterkörper-Relation gar nicht besser formulieren können als seine Schwester, manchmal hat sie beinahe Talent. Er muss damit rechnen, dass auch Freund Rée nicht entgangen ist, in welch schockierender Flasche dieser so faszinierend unweibliche Geist steckt.

Der Philosoph komponiert.

Paul Rée kann nicht komponieren, hier ist er klar im Vorteil. Das ist er ohnehin. Denn im Vergleich zu Rée ist er beinahe berühmt. Und Lous Naturell, ihr philosophisches Naturell, passt viel besser zu ihm, allen seinen Freunden hat er das schon erklärt. Ja, er ist noch weiter gegangen: *Aber vielleicht haben Sie auch ein Gefühl davon, daß ich, sowohl als »Denker« wie als »Dichter« eine gewisse Vorahnung von L gehabt haben muß*[34], fragte er Köselitz im Juli, um dann im August zu der Feststellung zu gelangen: *L und ich sind sich ALLZUSEHR ÄHNLICH, »BLUTSVERWANDT«*[35].

Hätte er geglaubt, dass er noch einmal so froh werden könnte?

Und er hat es das ganze Jahr schon gefühlt, bereits im Schöpfungsrausch des Januar, den er den *Sanctus Januarius* nannte, wie jetzt jeder der *Fröhlichen Wissenschaft* entnehmen kann. Schon als er dieses Mädchen noch gar nicht kannte, rief er Köselitz zu: *Lieber Freund, es lebe die Freiheit, Heiterkeit und Unverantwortlichkeit! Leben wir über uns, um mit uns leben zu können!*[36]

Aber wie lebt man über sich unter den tadelnden argwöhnischen Blicken der eigenen Mutter? In ihrer Gegenwart lebt er eigentlich immer unter sich. Sie teilen denselben Raum, aber sie bewohnen verschiedene Welten. Franziska Nietzsche lebt in der Welt des Weibes, also in der Welt der Schwäche, glaubt ihr Sohn. Auch das hat er Lou in Tautenburg erklärt, für ihren Roman.

Allerdings ist Lou noch immer nicht sicher, ob sie überhaupt schreiben kann. Doch er hat ihr gesagt – und Rée sagt das auch –, sie könne schreiben, denn wer denken könne, könne auch schreiben. Seine Mutter hingegen kann nicht denken. Denn an dem Punkt, wo sie anfangen müsste zu denken, beginnt sie zu beten. Das hat sie schon immer getan.

Eine Reaktion, symptomatisch für die Schwäche des Weibes. Die besondere Pointe dabei aber ist: Es gäbe diese Schwäche gar nicht ohne die vorauseilende Selbstdefinition des Weibes als schwaches Geschlecht. Er hat das für Lou so notiert: Das Weib *sucht nach Kraft, es blickt nach außen dabei, es will sich anlehnen, es ist ganz Fühlhorn für Alles, woran es sich anlehnen könnte; es schlingt sich verlangend auch um das, was zur Stütze ungeeignet ist und versucht*

*sich daran zu halten ... – es glaubt in dem Grade die Kraft außer sich
als es an die Schwäche in sich glaubt.*[37]

Friedrich Nietzsche war klar, dass die Empfängerin dieser Definition, sollte er recht haben, als Angehörige ihres Geschlechts
schon gar nicht mehr in Frage kommt. Die 21-Jährige aus St. Petersburg kennt bis auf diesen Tag nur einen Menschen, an den sie
sich bedingungslos anlehnt, und das ist sie selbst. Dafür liebt er
sie. Dem späteren Denker des Willens zur Macht ist sternenklar,
dass sein Wille, dem ihren ausgesetzt, gar nicht mehr zählt.

Ist das nicht großartig?

Er sei in allen *Dingen der That unerfahren und ungeübt*, erklärt
er Lou, und schon seit Jahren habe er sich für keine Handlung,
keine Absicht mehr vor anderen zu erklären oder zu rechtfertigen gehabt: *Meine PLÄNE lasse ich gern im Verborgenen; über meine
FACTA mag alle Welt reden! – Doch gab die Natur jedem Wesen verschiedene Verteidigungswaffen – und Ihnen gab sie Ihre herrliche Offenheit des Wollens. Pindar sagt einmal »WERDE der, der du BIST!«
Treulich und ergeben F. N.*[38]

Einmal, im Juni, hatte er versucht, seinen eigenen Willen
durchzusetzen. Er hatte versucht, sie in Berlin zu treffen, am
Anhalter Bahnhof, aber sie kam nicht, natürlich kam sie nicht.
Reumütig schrieb er nach seiner Rückkehr: *Liebe Freundin Also:
ich habe eine kleine anscheinend sehr thörichte Reise nach Berlin gemacht ...* Und der Brief endet: *Mein Wunsch in Betreff Wiens ist jetzt,
wie ein Paquetstück in ein Zimmerchen DES Hauses abgesetzt zu werden, in welchem Sie wohnen wollen. Oder im Hause nebenan, als Ihr
getreuer Freund und Nachbar F. N.*[39]

Er lässt sich so gern von ihr entmündigen. Bis vor kurzem
war er der Meinung, dass Rée, Lou und er schon im September
zu dritt in Wien sein werden, um zusammen zu wohnen und zusammen nachzudenken. Doch dann hat Lou es sich anders überlegt, wie, weiß sie selber noch nicht, und er kann nur warten,
bis sie ihm ihren endgültigen Entschluss mitteilt. Er weiß nicht,
wo er sein wird in diesem Herbst. Irgendwo am Vesuv, nur so
viel ist sicher.

Er hat sie zu seiner Stütze erwählt. Schwach sein! Sich anlehnen dürfen. An wem lehnte er lieber als an dem Mannkind Lou?

Manchmal glaubt er beinahe, es gäbe Religion und Moral, diese Krücken der Menschheit, überhaupt nur, weil es Frauen gibt. *Nicht nur in Beziehung auf die Männer, sondern auch in Beziehung auf Religion und Sitte: das schwache Weib glaubt an seine Unmöglichkeit, ungestützt stehen zu können und verwandelt alles, was es leiblich und geistig umgiebt, in Stützen*[40]. Er verdankt diese Erkenntnis nicht zuletzt dem aufmerksamen lebenslangen Studium seiner Mutter.

Das Kind heiratet

Es ist ein fast vollkommener Sommertag in der Leipziger Tiefebene. Und dort, wo sie einen kleinen Huckel bekommt, eine winzige Bodenunebenheit, vielleicht 20 Meter über dem Meeresspiegel, nicht der Rede wert, da liegt der Pfarrhof von Pobles. Die Nietzsche-Frauen und Carl Ludwig stehen auf dem Pobleser Gipfel und loben den legendären Rundblick. Zu sehen ist nichts als Sommerfelder. Aber nur Bauern und Franziska würden eine derart naive, ungebildete Ansicht äußern. Denn diese Felder sind in Wahrheit Schlachtfelder. Tausende tränkten durch die Jahrhunderte diese Erde mit ihrem Blut.

Hier schlug der Schwedenkönig Gustav Adolf an einem Novembertag des Jahres 1632 das kaiserliche Heer unter Wallenstein. Auch deshalb können Pastor Oehler und Pastor Nietzsche heute in ihren einfachen kargen Talaren in ihren einfachen kargen Kirchen auf ihren einfachen kargen Kanzeln stehen und ihr einfaches karges Vernunftchristentum predigen, das so wenig verspricht und so viel fordert, während durch die unbunten Fensterscheiben ihrer Kirchen ein einfaches karges Vernunftlicht fällt. Das alles, sie wissen es genau, haben sie dem König der Schweden zu verdanken, leider hat Gustav Adolf seinen Sieg nicht überlebt. Und fast zwei Jahrhunderte später kämpften preußische und russische Truppen genau hier gegen Napoleon, der gar nicht mehr gut aussah, seit er Moskau verlassen hatte. Er nannte es Rückzug, man könnte auch von einer Flucht sprechen. Seine beklagenswerte Armee befand sich längst in latenter Auflösung und war ohnehin zahlenmäßig unterlegen an diesem 2. Mai 1813. Und doch gelang es: Napoleon siegte. Leider war es das letzte Mal. Die Geschichtsbücher sprechen von der Schlacht bei Lützen.

Lützen? Es ist ungerecht, dass jedes Geschichtsbuch den Namen dieses Kleinstdorfes kennt, während es Pobles oder Röcken beharrlich verschweigt, dabei liegen sie auch gleich nebenan. Die Schlacht hätte ebenso die »Schlacht von Lützen« oder die »Schlacht von Röcken« heißen können. Noch im selben Frühjahr war Napoleon besiegt, in der Völkerschlacht bei Leipzig, und im Oktober wurde Carl Ludwig Nietzsche geboren.

Er würde nicht von Folgerichtigkeit sprechen, und doch neigt Carl Ludwig Nietzsche durchaus dazu, beim Gedanken an die temporäre Gleichursprünglichkeit seiner selbst und des Endes Napoleons eine gewisse welthistorische Befriedigung zu fühlen. Als er die Weltbühne betrat, war die Weltordnung wiederhergestellt, die alte Ordnung also, und jede Ordnung ist eine alte Ordnung, sonst wäre es keine Ordnung, und er, Carl Ludwig Nietzsche, würde sie, so gut er konnte, bewahren. Nieder mit der Revolution! Freiheit? Gleichheit? Brüderlichkeit? Es sind Illusionen. Einzig in Gott ist dieser Dreiklang möglich, nicht auf Erden.

Carl Ludwig Nietzsche mustert die Damengesellschaft. Kein Zweifel, sie sehen Getreidefelder, keine Schlachtfelder. Frauen haben kurze Gedanken, wird sein Sohn einmal vermuten. Und haben sie denn nicht recht? Dieser Sommertag weiß nichts vom Sterben. Die Welt riecht nicht nach Blut, sondern nach Kornfeldern und Ernte, näherhin riecht sie nach Kuchen und Kaffee. Die Tafel ist gedeckt.

Alle üben sich, so gut sie können, in der Kunst, mit möglichst vielen Worten möglichst wenig zu sagen. Man nennt das auch Konversation, gehobene Konversation, denn ohne eine gewisse Bildung kommt man in dieser Disziplin nicht weit. Vielleicht haben die drei unverheirateten Schwestern das Fränzchen ermahnt, in jedem Fall den Mund zu halten. Denn alles, was man in Gegenwart feiner Leute sagen kann, ist das Falsche, es ist eine merkwürdige Erfahrung, und das Kind müsse sie in ihrer aller Interesse nicht unbedingt heute machen. Nichts schockiert vornehme Menschen so sehr wie eine deplatzierte Natürlichkeit, und ist nicht jede Natürlichkeit deplatziert?

Die Teller werden abgeräumt. Alle sind froh, dass nun die Musik beginnt, denn ab jetzt ist Schweigen unverfänglich, ja erwünscht. Carl Ludwig Nietzsche weiß, was man von ihm erwartet. Mit feierlicher Bewegung nimmt er in seinen Superfeine-Welt-Kleidern am Klavier seines Amtsbruders Platz.

Schauen Adele, Sidonie und Cäcilie simultan auf die schönen Hände des Herrn Pastor, wie sie aus den Ärmeln von feinem Tuch

Die Mutter Franziska Nietzsche mit achtzehn Jahren

ragen? Auch bekommt man nicht oft Gelegenheit, alte Jungfern einem so ausführlichen Studium ihrer physiognomischen und sonstigen Eigenheiten unterziehen zu dürfen. Und wenn sie nur genau genug hinsieht, findet sie wohl auch die Nerven. Sie habe auch welche, haben ihre Schwestern gesagt, aber sie kann sich das nicht vorstellen. Sie weiß, wo ihr Bauch ist und wo die Lunge, aber die Nerven?

Carl Ludwig Nietzsche gibt sein Bestes. Er spielt lange, denn es ist einfacher, Klavier zu spielen, als mit drei jungen Damen zu reden, die einen Bräutigam suchen. Doch irgendwann ist der letzte Ton verklungen. Langer Beifall und die Stille danach.

Er könnte jetzt eine der Schwestern bitten, ihm den Garten zu zeigen. Aber wenn er Adele aufforderte, wie könnte er Cäcilie und Sidonie nachher in die Augen sehen? Drei Misslichkeiten. Es ist eine entschieden unangenehme Situation. Da tritt der frühere Prinzessinnenerzieher auf das Kind zu. Ob Franziska ihn wohl begleiten würde?

Noch nie ist die Siebzehnjährige so durch den Garten ihrer Kindheit gelaufen, diesen unvordenklichen Garten. Blumen für den Künstler! Doch von allein kommt sie nicht darauf, er bittet sie um einen Strauß.

Pflücken statt reden!

Franziska ist erleichtert. Fällt ihm jetzt schon auf, dass sie eine erstaunliche Ähnlichkeit besitzt mit seiner Altenburger Prinzessin Elisabeth? Rührt ihn die Unschuld, die Arglosigkeit dieses Halbkindes? Sie erwartet nichts von ihm, das ist eine gute Voraussetzung, eine sehr gute Voraussetzung. Und dann erreichen sie das Kräuterbeet.

Dill!

Wirklich und wahrhaftig: Das ist Dill. Könne sie sich einen Begriff davon machen, wie gern er Dill rieche? Dieses unvergleichliche, kräftige Aroma, zu kräftig, um noch erlesen zu sein, ganz und gar nicht fein, und doch. Und doch!

Um den Abstand zwischen der Nase des Pastors und dem Kraut zu verkürzen, schneidet Franziska ihm einen Stengel. Er riecht daran, ja, es ist Dill. Schaut er sie an dieser Stelle zum ersten Mal auf neue Art wissend an? Ein solches Aroma, einfach und kräftig, es fehlt auch in seinem Leben.

Er könnte das Gurkenkraut für einen Fingerzeig Gottes halten. Pastoren sind Menschen, die in dieser Hinsicht leicht beeinflussbar sind.

Der Blick von Adele, Sidonie und Cäcilie, als der Pfarrer und das Kind aus dem Garten kommen. Ihre Fragen danach. Über Blumen und eingelegte Gurken haben sie gesprochen? Die Schwestern lächeln. Das Fränzchen ist eben noch ein Kind.

In der Woche darauf kommt das Dienstmädchen des Pfarrers aus Röcken. Es hat Post für den Vater. Schauen sich Adele, Sidonie und Cäcilie vielsagend an? Nein, das Mädchen würde nicht gleich zurücklaufen. Es würde vielmehr warten. Es solle nicht wiederkommen ohne Antwort, hat Pfarrer Nietzsche gesagt.

Pastor Oehler besieht das Dienstmädchen. Dann liest er den Brief. Sein Amtsbruder fragt, ob er ihm Franziska zur Frau gäbe. Auf die Idee, Franziska könne eine Frau sein, ist der alte Oehler noch nicht gekommen, aber ganz dumm ist es nicht gedacht: Dass sie eine wird, steht immerhin fest, früher oder später … früher also. Warum nicht? Er ist dafür, im Sinne der Zukunft. Das Ewig-Weibliche zieht uns hinan. Fränzchen, wer hätte das gedacht? Und es stärkt die nachbarschaftlichen Bande.

Das Röckener Dienstmädchen wartet. Die Entscheidung des Pobleser Landpfarrers fällt, nun muss er nur noch die Betroffene in Kenntnis setzen.

Fränzchen steht stumm vor Staunen. Sie liest im Gesicht ihres Vaters, dass Zustimmung die rechte Antwort ist, wahrscheinlich schafft sie ein Nicken. Hohläugig schauen Adele, Sidonie und Cäcilie. Die Röckener Botin läuft über die Leipziger Tiefebene.

Was kann ein so kluger Herr, ein leibhaftiger Pfarrer, von ihr wollen? Fränzchen ist ratlos. Wie soll sie sich mit ihm, nun ja, unterhalten? Aber seit wann heiraten Männer, um mit ihren Frauen Gespräche zu führen? Es ist nicht überliefert, wie man dem Kind erklärt hat, was nun kommt. Die Hauptsache ohnehin nicht. Es ist nicht üblich. Man kann es auch nicht, denn es ist das Unaussprechliche, das unvordenklich Unaussprechliche. Wie auch die temporäre Verwandlung eines »superfeinen« lutherischen Pfarrers in ein Tier erklären? Franziskas Sohn wird einmal viel Sinn für diese spezielle Wissenslücke und ihre Tragweite entwickeln: *Es ist etwas ganz Erstaunliches und Ungeheures in der Erziehung der vornehmen Frauen, ja vielleicht gibt es nichts Paradoxeres. Alle Welt ist darüber einverstanden, sie in eroticis so unwissend wie möglich zu erziehen und ihnen eine tiefe Scham vor dergleichen und die äußerste Ungeduld und Flucht beim Andeuten solcher Dinge in die Seele zu geben.* Friedrich Nietzsche kennt auch den Fortgang: Die derart animalisch überraschten, schockierten Frauen *empfinden leicht ihre Männer als ein Fragezeichen ihrer Ehre und ihre Kinder als eine Apologie oder Busse, – sie bedürfen der Kinder und wünschen sie sich, in einem ganz anderen Sinne als ein Mann sich Kinder wünscht.*[41]

Nun ist Fränzchen keine vornehme Frau, aber sie hat im vergangenen Jahr noch mit Puppen gespielt und ist mit ihren Brüdern Schlitten gefahren. Es gibt Erfahrungen, die muss jede für sich machen. Es ist also beschlossen: Franziska wird das Kinderzimmer mit dem Ehebett vertauschen.

Vielleicht ist es kein Zufall, dass einer Sprache bestimmte Wörter abhandenkommen. Die Deutsche hat schon viele verloren, das Wort *Lenz* etwa, aber auch dieses: *bang.* Franziska ist bang. Das an sich schöne Wort hat einen starken Akzent auf dem Nicht-wissen-wovor und seiner Unvermeidbarkeit zugleich. Alle ringsum scheinen sie mit einer gewissen Schonung und einem etwas betretenen Mitgefühl anzusehen.

Es sei alles richtig, sagt die 17-jährige eines Abends zu ihrer Mutter, das einzig Falsche am Richtigen sei nur, dass sie noch so jung sei.

Und schnell muss es gehen. Der Bräutigam wird am 10. Oktober 1843 dreißig Jahre alt, und genau dieser Tag, so hat er beschlossen, soll der Tag seiner Hochzeit sein. Kein Gedanke, dass die noch nicht einmal begonnene Aussteuer bis dahin fertig werden könne.

Es ist nicht leicht vorstellbar, wie Carl Ludwig seiner Mutter die Wahl seiner Braut erklärt hat. Wie er ihre Zustimmung erlangt

hat. Ein Kind vom Lande soll bei ihnen einziehen? Wahrscheinlich macht sie Geräusche beim Leben, und wer weiß, was sie sonst
alles macht. Erdmuthe Nietzsche ist nicht die Frau, der man widerspricht. Und Carl Ludwig ist nicht der Sohn, der seiner Mutter widerspricht. Wir können nur ahnen, welche Erregtheiten im Hause
Nietzsche dem Brief an Pfarrer Oehler vorausgegangen sind. Er
wolle dieses Kind und wenn es das Letzte sei, was er wolle. Sagte
er auch, dass ein wenig Jugend diesem Veteranenhaushalt nur
bekömmlich sein könne? Und wenn er eines nötig habe, dann einen Menschen ohne Nerven in seiner Nähe. Vielleicht hat der Disput Carl Ludwigs Kräfte in einer ganz unverantwortlichen Weise
beansprucht, denn von nun an werden sie stetig abnehmen.

Nein, Franziska braucht sich keine Illusionen machen, in Röcken willkommen zu sein. Mit welchem Blick Erdmuthe Nietzsche sie ansieht. So als wolle sie sagen: Die ist doch noch gar nicht
fertig ausgebrütet! Und noch etwas steht darin: Solange sie, Erdmuthe Nietzsche, lebe, wird dieser Fall ganz gewiss nicht mehr
eintreten.

Die Getäuschte

Friedrich weint am Klavier, Elisabeth weint im Wald, doch sie hat
andere Motive. Sie weint um sich. Sie hätte wachsamer sein müssen, schon beim ersten Brief, der im April aus Rom kam. An dieser Stelle wird es zum ersten Mal schwierig, denn diesen Brief,
der im April aus Rom kam, hat Elisabeth mit an Sicherheit gren-
zender Wahrscheinlichkeit selbst geschrieben. Sie war wohl der
Ansicht, er sei notwendig, um den Fortgang der Dinge richtig zu
verstehen, einen ersten Eindruck der Widersacherin zu gewinnen und der Nachwelt den kontrafaktischen Sachverhalt vor Augen zu führen, dass ihr Bruder nie, niemals, ein Geheimnis vor
ihr hatte. Natürlich ist dieser Brief hier wiederzugeben, denn
wenn er auch fiktiv sein mag, so ist er doch umso echter: echt
elisabethanisch. Außerdem beginnt jeder Fälscher irgendwann
selbst, an die Echtheit der eigenen Fälschungen zu glauben, kein

Fälscher würde das Fälschen sonst aushalten, denn das Ziel einer jeden Fälschung ist die Echtheit. Woraus folgt: Fälscher sind die größten Verehrer der Echtheit, und Elisabeth Nietzsche macht hier keine Ausnahme.

Erzählen wir also doppelt, wie der Name der jungen »Russin« zum ersten Mal das schwesterliche Ohr traf, worin er als ewiger Misston des Daseins verharren würde.

1. Fassung. Mutmaßliche Autorin: Elisabeth.

Also Dein Wunsch ist erfüllt, schrieb der Bruder im April mit der Hand seiner Schwester: *Die verehrte Freundin … hat wirklich jemanden gefunden, der mir zu Hilfe kommen soll, – aber es ist kein »begeisterter Jüngling«, überhaupt kein junger Mann, sondern eine junge Dame!*[42]

Die »verehrte Freundin« ist Malwida von Meysenbug, eine große Wagnerianerin, die in der Güte ihres Herzens alle latent Verlorenen beheimatet, so Elisabeths Bruder, dessen Freund Paul Rée und zuletzt Lou, die bluthustende Züricher Studentin, in den Süden gesandt von ihrem Professor. Falls sie vorhabe, ihre Studien zu überleben, hatte er dem Mädchen mit den ungewöhnlichen akademischen Neigungen erklärt, so bedürfe es dringend des Südens.

Natürlich wäre ihm ein ernster junger Mann lieber gewesen, fährt der brüderliche Schwesterbrief fort, außerdem sei die junge Dame *unschön,* weshalb sie nach Art aller hässlichen Mädchen versucht habe, ihren Geist zu kultivieren. Elisabeth ist der Auffassung, dass die Nachwelt das wissen sollte. Und wenn ihr Bruder versäumt hat, diese Mitteilung zu machen, ist es da nicht ihre Pflicht, das Versäumte nachzuholen? Und wenn sie Lou unschön findet, wie sollte Friedrich anders urteilen, schließlich ist er ihr Bruder.

Vor allem aber, es sei wiederholt: Niemand darf glauben, Friedrich Nietzsche habe seine Schwester nicht sofort ins Vertrauen gezogen.

Dabei, sie weiß es nur zu gut, erfuhr sie erst kränkend spät von der Existenz des Fatums dieses Sommers. Wo waren nur ihre weiblichen Instinkte, als im Mai diese überraschende Postkarte eintraf: *Luzern 15. Mai 1882. Es klingt vielleicht unglaublich – aber wahr-scheinlich werde ich Mittwoch Nachmittag über Frankfurt zu Euch nach Naumburg kommen. In Liebe Euer F.*[43]

Sie hätte gleich misstrauisch werden müssen. Das Misstrauen ist die Klugheit der Frau.

2. Fassung. Mußmaßliche Autorin: Die Wirklichkeit.

Er hat nichts gesagt. Er hat lange nichts gesagt. Sie glaubte, er sei wegen seines neuen Buches so überraschend gekommen; sie glaubte, er brauche ihre Hilfe wie so oft, wie immer.

Die fröhliche Wissenschaft sollte das neue Buch heißen. Sie wuss-te, dass allein der Titel schon eine Spitze gegen Wagner war, er sollte ihm wehtun, aber sie konnte daran nichts ändern. Wissen-schaft statt Drama!, und das im Jahr der Uraufführung des *Parsi-fal*. Sie wusste, dass das kein Zufall war. Sie wusste, dass es Fried-richs Art war, dieses Jahr zu überstehen, dieses Ereignis, das er nicht erleben würde, er, der vielleicht beste Freund, den Wagner je hatte, und sein vorzüglichster Propagandist dazu. Sie weiß, dass er darunter leidet, dafür liebt sie ihn, sie, die ihn immer ge-warnt hatte, sich mittels seiner Bücher in die freiwillige Selbst-verbannung zu begeben.

Sie wird natürlich nach Bayreuth fahren, Richard Wagner per-sönlich hatte ihr einst den Patronatsschein geschenkt, sie gehört gewissermaßen zur Familie, noch immer und trotz ihres Bru-ders, den kein Mensch versteht, zumindest nicht in Bayreuth und Umkreis. Vor sechs Jahren, genau zu den ersten Festspielen, hat-te er noch *Richard Wagner in Bayreuth* veröffentlicht. Von *der ers-ten Weltumseglung im Reich der Kunst* hatte er gesprochen und Bayreuth, Wagner und den *Ring* gemeint, solche Worte fand er. Manchmal wollte sie fast glauben, solche Worte kann nur er fin-den. Leider hat sich sein Talent inzwischen zunehmend den fal-schen Gegenständen zugewandt, obwohl da Töne zu hören sind in dem neuen Buch, lyrische, versöhnliche, melancholische Tö-ne, die sie aufhorchen ließen, leider sind es nur Nebentöne.

Natürlich war sie gleich wieder ganz für ihn da. Wie soll er denn seine Manuskripte fertig machen, die halbblinden Augen können doch gar nicht lesen, was er geschrieben hat? Sie kann es zwar auch kaum, aber zu zweit kommen sie auf eine wahrhaft ingeniöse Idee: Sie engagieren einen *alten Kaufmann, der banquerott ist.*

Und nun ging es so: Elisabeth diktierte, die Hände des ruinierten Händlers, der sein Leben lang Sätze zu Papier gebracht hatte, deren Sinn ihm unmittelbar verständlich war, was sich jetzt anders verhielt, flogen über das Papier; Friedrich aber hörte zu, fing die Wortketten manchmal noch im Flug ab und korrigierte, so dass der merkantile Unglücksrabe gleich wieder streichen konnte, was er soeben aufgeschrieben hatte. Meist schüttelte er beim Schreiben den Kopf. So haben sie gearbeitet, in alter Bruder-Schwester-Eintracht. Und der Pleitier notierte Sentenz um Sentenz die unglaublichsten Dinge, etwa, dass Gott tot sei. Bruder und Schwester haben viel gelacht. Schauten auch Elisabeth und der Kaufmann sich mitunter vielsagend an? Es war ohne Risiko, Friedrich sieht nichts, zumindest nicht solche Details, wie Blicke es sind. Dafür nennt Nietzsche den Bankrotteur einen Esel, ja *den größten Esel aller Schreiber,* er kann so undankbar sein.

Elisabeth weiß, dass ihr Bruder menschenscheu geworden ist und wie er vermeidet, neue Bekanntschaften zu machen, weil ihm die Gesichter so undeutlich bleiben, die zu den Stimmen gehören, und weil man doch den Eindruck von beidem braucht, um jemanden beurteilen zu können. Umso unfassbarer ist es, wie rückhaltlos er sich diesem jungen Mädchen ausgeliefert hat.

Und dass er ihr nichts sagte. Aber sein neues Buch verriet ihn:

Sils-Maria
Hier sass ich, wartend, wartend, – doch auf Nichts,
Jenseits von Gut und Böse, bald des Lichts
Geniessend, bald des Schattens, ganz nur Spiel,
Ganz See, ganz Mittag, ganz Zeit ohne Ziel.

Da, plötzlich, Freundin! wurde Eins zu Zwei –
– Und Zarathustra gieng an mir vorbei …"

Freundin? Welche Freundin? In Sils Maria war er im letzten Sommer. Von der Begegnung mit einem Zarathustra hat er damals nichts geschrieben, aber etwas merkwürdig waren seine Briefe schon. Sie sollten sich keine Sorgen um sein Nervensystem machen, dank seiner, schrieb er, habe er *eines der muthigsten und erhabensten und besonnensten Bücher hervorgebracht, welche jemals aus menschlichem Gehirne und Herzen geboren sind.*[45] Er muss *Die Fröhliche Wissenschaft* gemeint haben. Und dann forderte er sie noch auf: *Schreibt mir GUTE Dinge hier hinauf, wo ich über der Zukunft der Menschheit brüte, und lassen wir alles das kleine persönliche Leiden und Sorgen bei Seite. Auch eine äußerst delikate Wurst würde zu den GUTEN Dingen gehören.*[46]

Was hat ihr Sohn mit der Zukunft der Menschheit zu schaffen?, fragte sich die Mutter, sollte er nicht an seine eigene denken? Die Basler Pension endet bald, für sechs Jahre war sie bewilligt, die Hälfte ist gleich um, und dann? Von einer Freundin, Elisabeth wäre das aufgefallen, war nirgends die Rede. Statt von einer Frau schrieb er mit leisem Tadel nach Hause, dass die umgehend abgesandte Wurst in der Mitte zerbrochen und etwas ausdörrt sei, und er posierte als Fachmann für Verpackungsfragen: *Ich würde vorschlagen, derlei Langes zwischen 2 glatte Hölzer zu packen.* Kurz darauf hatte er die Vision von der Ewigen Wiederkehr des Gleichen, die sie, Elisabeth, noch immer nicht ganz verstanden hat und auf die sich dieser Aphorismus beziehen muss, so viel ist klar. Aber eine *Freundin*?

Da, plötzlich, Schwester! wurde Eins zu Zwei – / – Und Zarathustra gieng an mir vorbei … Das hätte er schreiben sollen! Aber seit sie ihn hindern wollte, *Menschliches. Allzumenschliches* in den Druck zu geben, ist sie nicht mehr die selbstverständliche Vertraute seiner Gedanken, sie weiß es nur zu gut.

Und doch. Wie viel ist in seinen Büchern von Wahrhaftigkeit die Rede, und was tat er? Fasste hinter ihrem Rücken Billette der Heimlichkeit ab. Nur eine Woche nach seiner Ankunft in Naumburg, an den alten Freund Overbeck in Basel: *Ein Wort, mein lieber Freund! Inzwischen gieng es mir gut. Schönstes Wetter! In Bezug auf Lou tiefstes Stillschweigen. So ist es n ö t h i g.*[47] Er glaubte nicht, dass seine Schwester und seine Mutter der Nachricht von dem Lebens- und Geistesbund zu dritt, auch *unsere heilige Trinität* genannt, sittlich gewachsen sein könnten.

Als sie da in ihrem thüringischen Sibirien sitzt, festgehalten in der freiwilligen Selbstverbannung, weiß Elisabeth zwar noch nichts von diesen Korrespondenzen ihres Bruders, aber es mag sein, ihre weibliche Lebenskenntnis ahnt sie. Und eigentlich glaubt Friedrich Nietzsche selbst nicht, dass irgendjemand unter den Zeitgenossen der Nachricht von der geplanten Wohn- und Erkenntnisgemeinschaft zweier lediger, schon etwas angejahrter Männer mit einer jungen Studentin gewachsen sein könnte. *Auch gehören wir weder zu den Dümmsten, noch zu den Jüngsten*[48], meinte er Ida Overbeck erklären zu müssen.

Die Frau seines treuesten Freundes ist eingeweiht, vor allem in seinen Vorsatz, Lou aus dem Dreierbund einfach wegzuheiraten.

Wenn Elisabeth daran denkt, wie bereitwillig sie war, als er ihr schließlich anvertraute, dass da eine junge Frau sei, an der er ein näheres Interesse gefasst habe, ein Interesse an ihrer Intelligenz, und dass sie, seine Schwester, ihm beistehen müsse. Das Mädchen wohne im Augenblick bei der Familie seines Freundes Paul Rée – wo sich leider auch dieser selbst befinde –, aber nein, dieses »leider« muss gestrichen werden, das hätte Friedrich Nietzsche höchstens gedacht, aber nie gesprochen, denn es widerspräche seiner Philosophie.

Als er sie endlich zu seiner Verbündeten machte, verstand Elisabeth auch seine Unruhe, zumal diese plötzliche Reise nach Berlin: Er hatte versucht, das Mädchen in Berlin zu treffen, er hatte versucht, ihr seinen Willen aufzuzwingen, aber vergebens, ganz krank ist er wiedergekommen.

Dass Lou Ende Juli mit Rées Karte nach Bayreuth zum *Parsifal* fahren würde, stand inzwischen fest, und Friedrich Nietzsches Plan war: Könnten sie doch zusammen fahren, seine Schwester und Lou! Könnte Elisabeth ihn in Bayreuth vertreten, an Lous Seite. Und könnte sie Lou wieder zurückbringen, und zwar zu ihm, in den Wald.

Wenn sie wüsste, wie er Lou das angekündigt hatte: *Meine Schwester, über die Sie Rée befragen mögen, würde gern für diese Zeit nach Abgeschiedenheit verlangen, um auf ihren kleinen Novellen-Eierchen zu brüten. Es ist ihr ein äußerst angenehmer Gedanke, in Ihrer und meiner Nähe zu sein. – So! Und nun Aufrichtigkeit »bis zum Tod«! Meine liebe Freundin!*[49] »Aufrichtigkeit bis zum Tod«? Welche Frivolität!

Sie ist seine Schwester, nein, sie war seine Schwester, egal wie: Wie konnte sie ihm abschlagen, was er so sehr wünschte? Und ja, sie hat es sehr genossen, wie sanft, wie dankbar er war. So war er schon lange nicht mehr. Schicke mir dies!, Schicke mir das!, fordert er gewöhnlich und setzt nicht einmal ein »bitte« dazu. Vielleicht weil er glaubt, Frauen kommen als Dienstbotinnen zur Welt, und seine Schwester mache da keine Ausnahme. Er werde für seinen Komfort bestimmt drei Frauen brauchen, erklärte er einst seinem Freund Deussen, da ging er noch in Pforta zur Schule. Und bis auf den heutigen Tag hat er statt drei Frauen zu seinem Komfort nur sie, nur die Schwester.

Natürlich war da mitunter auch noch der alte Hier-sind-meine-Wünsche-eilt-sie-zu-erfüllen-Ton: *Zu Bett. Gewitter über Gewitter. Morgenschuh gefunden. Es fehlt Zucker und Salz. Auch etwas Fleischextrakt wäre nützlich, namentlich nach den Anfällen.*[50] Das schrieb er schon aus Tautenburg, nachdem sie alles für ihn vorbereitet hatte, aber da war er entschuldigt, da war er krank. Und wie er sich bedanken konnte: *Danke SEHR für die Kirschen. Ich aß seitdem keine Erdbeeren.*[51]

Das war der Brief, in dem er sie beschwor, Lou nun endlich persönlich einzuladen, denn so verlangt es die Form. Er konnte das nicht tun. Die Form verlangte, dass die beiden Frauen gemeinsam im Wald wohnen würden, und er sei als Bruder mehr oder minder versehentlich dabei. *Aber jetzt wirst Du doch an Lou schreiben?* Er bedrängte sie geradezu.

Gemeinsam mit diesem Fatum hat sie beim Tautenburger Pfarrer gewohnt. Aber Elisabeth weigert sich, der Existenzweise dieser Russin das Prädikat »wohnen« zuzuerkennen. *Ihre Lebensgewohnheiten*, formuliert Elisabeth mit Zartsinn, seien *von den unsrigen doch zu verschieden.* Ihr Bruder sei so ordentlich und so pünktlich, und Lou … Nein, Elisabeth Nietzsche war und ist absolut nicht einverstanden mit deren Art, in der Welt zu sein. Ihrer Auffassung nach steht sie auf einer anderen, einer *zu niedrigen Culturstufe*. Im Gegensatz zu Elisabeth hat diese Petersburger Generalstochter nie auch nur eine Ahnung davon gestreift, sie könne zum Saubermachen auf die Welt gekommen sein. Wenn Elisabeth sich vorstellt, dass diese Russin bald zu ihrer Familie gehören könnte: Nein, das kann sie sich nicht vorstellen. Es macht die Überzählige dieses Sommers auch sehr misstrauisch, dass Lou die Ohren einzeln bewegen kann und die Kopfhaut dazu. Deutet das nicht darauf, dass ihre tierische Abkunft noch nicht so lange zurückliegt wie beim gewöhnlichen Mitteleuropäer?

Lou bekam erstaunlich viel Post während der drei Wochen, vor allem von Rée.

Von Rée! Was konnte da drinstehen? War sie nicht verpflichtet, das zu wissen, um Schlimmes zu verhüten? Kluge Frauen lesen die Post ihrer Nächsten, aber nur im Dienste der Wahrheit. »Spionieren« ist ein leichtfertiger, moralisierender Ausdruck für propädeutische Lektüre.

Das Postgeheimnis behindert die Erkenntnis. Früher hatte Rée auch ihr geschrieben, recht oft sogar, Nachrichten vom Befinden ihres Bruders, jetzt aber schrieb er nur an Lou. Aber was? Hatte sie nicht ein Recht, das zu erfahren, schließlich war sie hier gewissermaßen die Gastgeberin.

Diese Russin benimmt sich immer, als hätte sie nichts zu verbergen. Wenn das wahr wäre, wäre es auch unverfänglich, ihre Post zu lesen. Hätte sie nicht recht, wäre es geradezu unumgänglich.

Dass Elisabeth Briefe veröffentlichte, die ihr Autor nie geschrieben hat, aber hätte schreiben sollen, steht fest. Dass sie fremde Briefe gelesen hat, steht nicht fest, und wir sind weit davon entfernt, es zu behaupten. Führen wir uns also vor Augen, was Elisabeth in Tautenburg alles hätte lesen können:

»Mein Liebstes, mein Schneckli – ein bischen habe ich jetzt immer so ein unsicheres Gefühl, wenn ich die alten Liebkosungsnamen auf Dich anwende. Lu in der großen Welt – die große Welt in Lu. Wer weiß, ob sie noch an ihre Hüsung denkt, ob sie noch darin sitzt oder ganz herausgekrochen ist?«[52] Was für ein Skandalon!

Rée sagt »Du« zu ihr. Ihr Bruder dagegen spricht dieses Frauenziefer[53] noch immer voller Ehrerbietung mit »Sie« an. Da hat sie es doch, schwarz auf weiß, wie lächerlich er sich macht. Und was für groteske Namen sie für einander haben: »Schneckli« und »Min Hüsung«. Haus und Schnecke. Eine Schnecke sollte nie ohne ihr Haus verreisen, aber er hat es zugelassen, und nun hat er Angst, dass sie sich vom Haus emanzipiert. Das ist gar kein so falscher Instinkt. Wie sie sich in Bayreuth benommen hat! Wie *leidenschaftlich gern* sie in Gesellschaft ging! Elisabeth darf gar nicht daran denken. Und vom Bühnenbildner des *Parsifal* hat sie sich ihr Kleid ändern lassen und zog es dafür gar nicht erst aus. Zumindest hat sie das gehört.

Diesem jungen Mädchen fehlt vollkommen das Gefühl, mit dem die menschliche Zivilisation recht eigentlich beginnt: Scham. Joukowsky – so heißt der Bühnenbildner – operierte also direkt an der Nahtstelle der Inkongruenz von Ober- und Unterhälfte. Lou fand das nicht bedenklich, schließlich sei Joukowsky auch Russe wie sie.

Es ist wahrhaft fatal, wie selbst ihre Kleider auf die Männer wirken. Schon im nächsten Rée-Brief, der in Tautenburg ankam, hätte Elisabeth das lesen können: »Liebstes, heute Nachmittag habe ich Dein Kleid von Tütz geholt«, schrieb Rée: »Ich packte es allein aus und war ganz erschüttert und gerührt. Wenn ich mich nicht vor mir selbst geniert hätte, so hätte ich die zierliche Taille in meine Arme geschlossen – schöne Geschichte –«[54]. Wurde sie schamrot, das zu lesen? Nein richtiger, redlicher: Wäre sie schamrot geworden, hätte sie es gelesen?

Paul Rée, der Freund ihres Bruders, dieser bekennende Nachfahr der französischen Moralisten, dieser Freigeist und Mit-Frauenverächter ist »erschüttert« beim Anblick eines Kleides? Und schreibt es ihr auch noch, wohl um ihre sinnliche Naivität auf die Probe zu stellen.

Das also sind die Befunde: Rée sagt »Du« zu ihr, einfach »Du«, während Friedrich Nietzsche die Freundin noch immer mit »Sie« anspricht. Welche Vertrautheit, welche niederschmetternde Vertrautheit. Und selbst das ist noch nicht alles. Rée schreibt »Lu«, nicht »Lou«. Welche Zärtlichkeit liegt in diesem einen weggelassenen Buchstaben! Es sind Liebesbriefe, die Rée ihr schickt, leicht versetzte Liebesbriefe. Er spielt mit Lous sinnlichem Analphabetismus, ihrer Unerfahrenheit und riskiert sich selbst dabei.

Und er hat Angst, dass sie nicht wiederkommt: »Aber ich denke es noch nicht ernstlich, Schneckli, und sicherlich, ich bin tolerant. Die Welt, in die Du doch erst wenig gekommen bist, für welche Du im besten Sinne geschaffen, für welche Du tausend Organe des Genusses hast, – sie muß Dich mächtig erregen, fesseln, zweitweise auch von mir entfernen. Denn ich glaube immer, schließlich kehrst Du doch in die alte Heimath zurück, – falls Du nicht dem unbekannten Gott begegnest.«[55] Wen meint er? Etwa ihren Bruder?

Rée hat Angst vor ihm, das ist offenkundig, seine Briefe werden immer wieder zu Beschwörungen: »Mein Liebstes, meine einzige, liebe Lu. Ich muß Dir doch noch einige Worte selbst nach Tautenburg und auf die Gefahr hin, dass es TRAUTENB. werden sollte, schreiben. ... Du hast mich wieder jung gemacht. Ich habe von Herzen gelacht, bin von Grund aus fröhlich gewesen – und viele Jahre sind schon vergangen, seitdem ich es war. Sei denn auch überzeugt, mein einzig Liebstes Du was ich auf der Welt habe, daß Du mich immer dankbar finden wirst. Ich will Dich sicherlich nie und um Nichts verlassen, – solange Du Deine Hüsung bewohnen magst.«[56]

Der aufmerksame Leser, die aufmerksame Leserin dieser Korrespondenz gelangt unschwer zu folgendem Fazit: Natürlich wäre es für Elisabeth in jedem Fall schwer gewesen, mit ihrem Bruder über ihre Lesefrüchte zu reden. Woher hat sie die? Aus Rées Briefen? Das ist, unter philologischem Gesichtspunkt betrachtet, eine ganz und gar zuverlässige Quelle, und doch, sie weiß es, nicht zitierbar. Wer ist der Wahrheit schon gewachsen? Ein Mensch wie ihr Bruder gewiss nicht.

Umso mehr muss sie ihm beistehen, ihn beschützen. Sie ist schließlich seine Schwester. Falsch. Sie war seine Schwester.

Elisabeth muss immer weinen beim Präteritum.

»Du bist eine Schande
für das Grab deines Vaters!«

Elisabeth war allein aus Bayreuth zurückgekommen, denn Lou konnte noch nicht reisen, sie hustete wieder Blut und musste liegen. Elisabeth beschwor ihren Bruder, Lou nicht kommen zu lassen. Sie habe ihn lächerlich gemacht vor allen Wagnerianern, ihn, den abgefallenen Propheten Bayreuths, der seitdem, wie man weiß, auf keinen grünen Zweig mehr kam. Lou habe jedem, der es sehen wollte, das groteske Foto gezeigt, auf dem sie mit Peitsche in einem Leiterwagen sitzt, zwei Philosophen vorn im Gespann: Die beiden würden ihr folgen, wohin sie wolle. Elisabeth wusste, dass sie den Bruder an seiner verletzlichsten Stelle traf. Ihn lächerlich gemacht in Bayreuth? Die Vorstellung ertrug er nicht.

Log Elisabeth? Andererseits haben Frauen ein feines Gespür in diesen Dingen. Und was ihn trifft, trifft ebenso seine Schwester. Ja, er musste Lou wohl absagen.

Musste er?

In den ersten Augusttagen erfuhr Köselitz von seiner Not: *Lieber Freund. Eines Tages flog ein Vogel an mir vorüber; und ich, abergläubisch wie alle einsamen Menschen, die an einer Wende ihrer Straße stehen, glaubte einen Adler gesehen zu haben. Nun bemüht sich alle Welt darum, mir zu beweisen, daß ich mich irre, – und es giebt einen artigen europäischen Klatsch darüber. Wer ist nun der Glücklichere – ich, »der Getäuschte«, wie man sagt, der einen ganzen Sommer ob dieses Vogelzeichens in einer höheren Welt der Hoffnung lebte – oder Jene, welche »nicht zu täuschen« sind? – Und so weiter. Amen.*[57]

Aber sind jene, »die nicht zu täuschen« sind, nicht am Ende die beklagenswertesten Menschen unter der Sonne? Er hatte an Lou schon einen schriftlichen Misstrauensantrag gestellt, sie schon gebeten, nicht zu kommen, als er im letzten Augenblick alles widerrief: *Kommen Sie ja, ich bin zu leidend, Sie leidend gemacht zu haben. Wir ertragen es miteinander besser.*[58]

Wahrscheinlich hat Elisabeth an dieser Stelle die Folgerichtigkeit moniert. Mit Lou wollte er überstehen, was sie verursacht hatte? Männliche Logik!

Aber ohne diese Logik wäre dieser August nicht dieser August geworden. Immer wieder war Friedrich Nietzsche stärker, als er war. Es gab Streit gleich nach Lous Ankunft, um ein Haar wäre sie am nächsten Morgen gleich wieder gefahren, aber er überwand sich, sie überwand sich. Die Menschen der Zukunft machen das so.

Und wo wäre er denn ohne diesen August? *Das Nützlichste …, was ich diesen Sommer gethan habe,* wird er dem treuen Freund Franz Overbeck berichten, *waren meine Gespräche mit Lou. Unsre Intelligenzen und Geschmäcker sind im Tiefsten VERWANDT – und es giebt andererseits der Gegensätze so viele, daß wir füreinander die lehrreichsten Beobachtungs-Objekte und -Subjekte sind.*[59]

Er habe noch niemanden kennengelernt, der seinen Erfahrungen so viel an objektiven Einsichten zu entnehmen wusste. Ja, es sei ein *langer reicher Sommer* gewesen, aber nicht einfach, im Gegenteil: *Es gab HARTE Ansprüche an meine Menschlichkeit, und ich bin mir im Schwersten genug geworden.*[60]

Er ist zufrieden mit sich. Er hat das Wort vom *Übermenschen* noch nicht gefunden, er hat es noch nicht nötig gehabt, aber so viel ist klar: Sie müssen alle drei genau das sein, wollen sie bestehen vor sich, vorm jeweils anderen und gegen eine feindliche Welt. Eine Trinität war noch niemals eine einfache Sache, vielleicht würde sogar Gott das bestätigen. *Von Herzen Ihrem Schicksale gewogen – denn ich liebe auch in Ihnen MEINE HOFFNUNGEN F. N.* So hat er den Lou-Brief geschlossen. Und schickt ihn nach – Stibbe, auf das Gut von Rées Eltern, wo Lou schon im Juli war, wo sie jetzt wieder ist.

Was für eine bedenkliche Adresse.

In Tautenburg stand Rées Bild auf Lous Schreibtisch, sie hat lauter Efeu-Blätter um den Rahmen gesteckt. Nietzsche lachte, als er das Porträt sah, was sonst hätte er tun können? Spätestens in diesem Augenblick muss ihm klargeworden sein, dass zwischen seinem Freund und diesem Mädchen ein Verhältnis besteht, von dessen Vertrautheit er nichts weiß. Undenkbar, sein Porträt stünde so in Stibbe. Dazu gehört mehr, das ahnt er, das weiß er, das fürchtet er.

Hätte er den Wortlaut der Wiedersehensfreude-Depeschen des Freundes gekannt, er wüsste warum. In irgendeinem letzten Winkel seines Herzens glaubte Paul Rée nicht, dass Lou aus Tautenburg noch einmal zurückkommen würde, nur so erklärt sich der Tonfall seiner Briefe: »Schlafe wohl, Liebstes, in 10 Tagen habe ich mein geliebtes Schneckli wieder, – wie wollen wir uns miteinander freuen, wie toll und weise wollen wir sein.« Und der Brief fährt fort: »Heute Dein Tagebuch, mein Liebstes, N. scheint Dich, merkwürdig genug, als seine Braut angesehen zu haben, sobald Du einwilligtest nach Tautenburg zu kommen? und in seiner Eigenschaft als Bräutigam machte er Dir Vorwürfe über Bayreuth-Geschichten? Wie sehne ich mich, Dich erst wieder zu haben, Liebstes; was für ein großes Stück Leben hast Du in diesen 4 Wochen gelebt!«[61] Natürlich, auch er hatte ihr Vorwürfe gemacht »über Bayreuth-Geschichten«, das macht sie zornig, also beeilte er sich, nicht allzu besitzergreifend dazustehen: »Der wesentliche Nutzen, den ich Dir gewähren kann, wird immer darin liegen, daß ich eben Deine Hüsung bin; daß Du in mir ein Heim hast, Jemanden auf den Du in der großen Welt Dich verlassen kannst, der, von seinem Buch abgesehen, Dich als seine einzige Lebensaufgabe betrachtet.«[62]

Für eine Nacht, hatte Rée ihr vorgeschlagen, könnten sie in Berlin bleiben, »um ins Theater zu gehen und uns überhaupt göttlich zu amüsiren, und am 27. nach Stibbe. Was meinst Du?«

Auch Friedrich Nietzsche schreibt jetzt an den Freund, zu Hause bei seiner Mutter in Naumburg. Ihm ist da etwas aufgefallen. Rée hat ihm keine Zeile gesandt, als Lou in Stibbe war. Und er hat Rée keine Zeile gesandt, als Lou bei ihm war.

Was hat das zu bedeuten?

Mein lieber Freund, beginnt er nun, *ich erinnere mich, einige Male darüber gegrübelt zu haben, daß Sie mir von dem Augenblicke an, wo L in Stibbe war, keinen Brief mehr schrieben. Nun habe ich es, ganz und gar ohne Absicht der Nachahmung, im gleichen Falle gleich gemacht – und ich bin überzeugt, daß SIE darüber nicht mehr gegrübelt haben. Es läßt sich über L nicht SCHREIBEN, es sei denn »über ihre Begabung« (und auch dies wäre nur eine Form des Nichtschreibens). Sehen wir zu, OB wir es einmal dazu bringen, über sie zu SPRECHEN! –*

Er spürt wohl, dass er dem Freund den Charakter der vergangenen drei Wochen etwas erläutern sollte, er versucht es so: *Im Übrigen habe ich mich in der ganzen Angelegenheit betragen, wie es MEINER PRIVAT-MORAL gemäß ist; und da ich dieselbe nicht zum Gesetz für Andere mache, so fehlt mir heute jeder Anlaß zum Loben und Tadeln – ein Grund mehr, KEINE Briefe zu schreiben! –*

Ich habe einige Schritte gethan zum Zweck der baldigen Übersiedelung nach Paris. –

Ist »die fröhliche Wissenschaft« in ihren Händen, das PERSÖNLICHSTE aller meiner Bücher? In Anbetracht, daß alles sehr Persönliche ganz eigentlich KOMISCH ist, erwarte ich in der That eine »fröhliche« Wirkung. – Lesen Sie doch den Sanctus Januarius einmal im Zusammenhang! Da steht meine Privat-Moral beisammen, als die Summe MEINER Existenzbedingungen, welche nur ein SOLL vorschreiben, falls ich mich selber WILL.

Ich lege ein Billet an UNSERE Lou bei.

Adieu, lieber alter Freund! Und mögen auch Ihnen »alle Erlebnisse nützlich, alle Tage heilig und alle Menschen göttlich sein« – so wie sie es mir sind.

Mit den herzlichsten Wünschen
Ihr F Nietzsche.[63]

Sie sind beide krank. Der Autor der *Fröhlichen Wissenschaft* wüsste gar nicht, wer von ihnen kränker ist. Als Lou ihm sagte, sie werde gewiss bald sterben, traten ihm Tränen in die Augen. Sie spuckt Blut, er spuckt beinahe seinen Magen aus, wenn die Anfälle kommen, diese stechenden Kopfschmerzen, die ihm fast das Bewusstsein nehmen. In Tautenburg lagen sie abwechselnd ganze Tage im Bett.

Wer passte denn besser zusammen als sie beide? Was können ihnen die übrigen Menschen sein mit ihrer rohen einfältigen Gesundheit? Auch Elisabeth ist viel zu gesund, sie ist geradezu skandalös gesund, darum hat sie so kranke Gedanken. Lou und er sind zwei Invaliden, zwei hochintelligente Invaliden, die sicherlich bald sterben werden, aber vorher wollen sie noch denken, sehr viel denken. Und heiraten. Vielleicht. Er weiß, diese junge Frau will nicht heiraten, aber hätte er etwa einer Frau einen Heiratsantrag machen sollen, die heiraten will? Niemanden graut es so sehr vor der Ehe wie ihm. Wenn er Menschen, die ihm nahe sind, vor dieser Institution warnen wollte, konnte er schon mal so beginnen: *Mein lieber Freund, die größte Trivialität ist der Tod, die zweitgrößte das Geborenwerden; dann aber kommt zu dritt das Heirathen*[64] ... Das galt Gersdorff. Und dass seine akut überalterte Schwester noch immer keinen Mann hat, geht gewiss nicht zuletzt auf seine inständigen Warnungen vor dieser fatalsten und vermeidbarsten Form der Abhängigkeit zurück. Nein, es bleibt dabei, wenn er schon heiraten sollte, dann nur eine Frau, die um keinen Preis heiraten will. Und natürlich würden sie beide mit Paul Rée befreundet bleiben.

Manchmal fragt er sich, warum Rée Lou nicht geheiratet hat, schließlich kannte er sie zuerst, er hätte ihn gar nicht erst auf dieses Mädchen hinweisen müssen. Andererseits kann er sich Rées Zurückhaltung schon ganz gut erklären: *Rée hätte sie heirathen sollen; u. ich meinerseits habe es wahrlich nicht an Zuspruch fehlen lassen! Aber es scheint mir eine verlorene Bemühung. Er ist in einem letzten Punkte unerschütterlicher Pessimist, und WIE er sich hierin treu geblieben ist, gegen alle Einwände seines Herzens u. meiner Vernunft, hat mir doch großen Respekt eingeflößt.*[65] Der Gedanke, dass er Beihilfe leisten solle zur Fortpflanzung der Menschheit, scheine Rée ganz und gar unverantwortlich. Wer dürfe die Zahl der Unglücklichen mehren? Friedrich Nietzsche versteht das, er versteht es durchaus, und doch: *Für meinen Geschmack hat er in diesem Punkte zu viel Mitleid u. zu wenig Hoffnungen.* Er vertraute diese Überlegungen einem Briefentwurf an Malwida von Meysenbug an. Wahrscheinlich wurde er nie abgeschickt.

Was er nicht weiß, ist: Auch Rée hatte versucht, Lou von Salomé zu heiraten. Auch er wurde abgewiesen.

Und dann bekommt Franziska Nietzsche Post von ihrer Tochter aus dem Wald. Der Brief ist an sie allein, und sollte er tausendmal auch zu Hause sein, Elisabeth hat keinen Bruder mehr. Es kann kein guter Brief sein, das sieht er wohl gleich. Franziska Nietzsche liest, vielleicht liest sie sogar lange, aber irgendwann ist sie doch fertig, und dann kommt es zu einem erbitterten Streit zwischen Mutter und Sohn. Wie konnte er seine Schwester im Wald zurücklassen? Der Wortwechsel gerät außer Kontrolle. Mit äußerster Verwunderung blickt Franziska Nietzsche auf ihr sonst so beherrschtes, sanftmütiges Kind. So hat sie ihn noch nie erlebt. Ist dieser rasende Mann überhaupt noch ihr Sohn? »Der Teufel soll sie holen! Der Teufel soll sie holen!«, ruft er ihr ins Gesicht. Und irgendwann spricht Franziska Nietzsche zu ihrem Sohn: »Du bist eine Schande für das Grab deines Vaters!« Plötzliches Schweigen.

Das Wort trifft ihn ins Mark. Schlimmer ist er nicht zu verletzen. Keinen einzigen Tag, ja *keine Minute* in den folgenden Monaten wird er diesen Satz vergessen können, genauer noch: nie mehr.

Er ist Professor in Basel, nun gut, pensionierter Professor, er ist ein akademischer Frührentner, ein intellektueller Streuner. Aber er hat vor gerade einem Jahr eine Eingebung gehabt, die alles in den Schatten stellt, was man bis jetzt über die Perspektiven des Menschengeschlechts zu wissen meinte. Und seine Mutter wagt es … Seine Mutter, die noch nie einen Gedanken hatte, der von ihr war.

Friedrich Nietzsche lässt seinen Koffer packen, er reist ab. Er weiß nicht wohin, aber das ist gleichgültig. Keinen Tag länger kann er mit dieser Frau unter demselben Dach leben. Es ist eine quasi elisabethanische Reaktion. Seltsam, gerade jetzt kommen zwei Postkarten an, die ihm Elisabeth zu Jahresbeginn nach Messina geschrieben hatte. Sie fanden ihn dort nicht mehr. Die Post schickte sie nach, über Rom und Basel bis nach Naumburg. So leicht, die Post macht es ihm vor, lässt man niemanden zurück.

Und doch, er wird gehen. Vielleicht endgültig. Wer weiß, ob er dieses Haus jemals wieder betreten wird.

Die Sprache kennt ein Vaterhaus, kein Mutterhaus. Vielleicht ist das kein Zufall. Das Andenken des Vaters ist ihm heilig. So müsste der entlaufene Pastorensohn das wohl formulieren, wenn er noch ein Recht hätte, solche Adjektive zu benutzen.

Das Schweigen des Philosophen

Was bewegt Erdmuthe Nietzsche bei Franziskas Anblick? Sagt sie sich, dass dieser Kobold vom Lande so alt ist wie die Kinder ihrer eigenen Töchter jetzt wären, hätten sie je welche bekommen? Nein, das Pobleser Pastorenkind hat keine Chance bei Erdmuthe Nietzsche.

Am Hochzeitstag – es ist Carl Ludwig Nietzsches 30. Geburtstag – will der Bräutigam allen Gästen seinen Dank aussprechen, als die Braut das Gefühl überkommt, dass auch sie den Anwesenden Dank schulde. Denn ist es nicht, irgendwie, auch ihre Hochzeit? So tritt das Kind, soeben siebzehn Jahre alt geworden, beherzt an die Seite des Mannes, der fortan ihr Mann sein soll. Doch zu zweit ist es zu eng in der Tür, der Pfarrer versucht, den rechten Flügel zu öffnen, da bricht die halbe Tür heraus. Franziska wird das immer für ein böses Omen halten. Hätten sie niemals Arm in Arm durch das Kräuterbeet gehen dürfen? Ihre Ehe ist von einem Gurkenkraut gestiftet worden. Die große Sehnsucht beginnt, als die Gäste gehen. Ihre Familie fährt zurück nach Pobles, zurück nach Hause. Und sie muss dableiben?

Das Röckener Pfarrhaus hat Fenster, die weit über die Felder sehen, die in Wirklichkeit Schlachtfelder sind. Hier wohnt Erdmuthe, nach vorn heraus, natürlich. Soll sie etwa umziehen, nur weil ihr Sohn sich verehelicht hat? Er könnte sie darum bitten, ja, er könnte es sogar von ihr verlangen, schließlich ist er der Pfarrer und Franziska ab sofort die Frau des Hauses. Aber wahrscheinlich hat Carl Ludwig Angst vor dem Widerschein der frevelnden

Frage in den Augen seiner Mutter. Er hat ja nicht einmal gewagt, ihr zu gestehen, dass er während seines Studiums eine gewisse Sympathie für das Gefühlschristentum, die Glaubensmode des Neu-Pietismus, gefasst habe. Ein guter Mensch in seinem dumpfen Drange ist sich des rechten Glaubens wohl bewusst? Er weiß, er braucht seiner Mutter, der strengen Lutheranerin, mit solchen theologischen Flausen gar nicht erst zu kommen.

Wenn er ein wenig Theologie treiben will, wendet er sich an Rosalie. Rosalie liebt theologische Disputationen, außerdem liest sie Zeitung, und zwar die *Vossische*. Eine Frau, die Zeitung liest! Wo hätte man so etwas schon gesehen? Tante Rosalie gilt als Kuriosum.

Auguste ist weniger theoretisch veranlagt, sie ist die Familienköchin, assistiert von Mine, dem Dienstmädchen. Am besten versteht sich die Neue mit Mine. Mine und Franziska, das letzte und das vorletzte Rad am Wagen. Franziska bekommt, wie die Magd, ein Zimmer zum Hof. Sie möchte weg, zurück nach Hause. Sie wagt nicht, es zu denken, aber sie fühlt es: Menschen, die nicht zu denken wagen, was sie fühlen, sind eine Misslichkeit für sich selbst und andere. Denn sie begegnen nie sich selbst. Allerdings ist das Pfarrhaus zu Röcken für solche Begegnungen ein denkbar ungeeigneter Ort. Und der Pfarrer liebt seine junge Frau, auf seine Weise. Manchmal sitzt sie bei ihm, in seinem Zimmer, und näht ihre Aussteuer, denn vor der Hochzeit hat sie das nicht geschafft. In solchen Augenblicken glaubt Franziska glücklich zu sein. Und dann geschieht es, kaum drei Monate nach der Hochzeit. Dem Fränzchen wird so anders zumute. Das Kind bekommt ein Kind.

Es ist ein Junge, am 15. Oktober 1844 wird er geboren. Nicht nur, dass Carl Ludwigs Sohn wie er im Oktober zur Welt kommt, in seinem Monat, in dem ihm sich alle Wege in seinem Leben bahnten, und mit seiner eigenen Geburt fing das an. Sein Sohn wird die Verklärung des Oktober fortsetzen, er ist ohne Zweifel noch etwas großartiger veranlagt, sein Geburtstag weist darauf hin. Es ist der Geburtstag des preußischen Königs! Es ist der Geburtstag Friedrich Wilhelm IV., des Romantikers auf dem Thron. Es gibt demnach nur einen Vornamen für seinen Sohn: Friedrich Wilhelm!

Das Kind ist kerngesund. Da ist kein Anlass zur Besorgnis, oder doch. Fünf Frauen und der Vater warten auf Friedrich Wilhelm Nietzsches erste Worte, spätestens, als es wieder Oktober wird. Das Sprechen wird sein Beruf sein, näherhin das Verkündigen. Schon in der Wiege ist der Lebensweg des noch vom Dasein nicht Belästigten, des leise in allen Mütterlichkeiten Gewiegten vorgezeichnet. Lobet den Herrn!

Aber Fritz spricht nicht. Warum sollte er auch? Seine Welt ist vollkommen. Jeder Wunsch ist ihm erfüllt, noch bevor er merkt, dass er ihn hat. Es gibt keinen Grund, in den allgemeinen Lärm einzustimmen, den die anderen beim Leben machen.

Wer glaubt, die Menschen sprächen zum Vergnügen, ist kein Philosoph. Zumindest haben die Menschen nicht so angefangen, auch wenn unsere Kommunikationsgesellschaft das Gegenteil nahelegt. Wahrscheinlich glauben deren Inhaftierte sogar an geschwätzige Paradiese. Je mehr die Menschen reden, desto dümmer werden sie, wird nicht nur Friedrich Nietzsche einmal glauben. Ist es denn ein Zufall, dass Frauen so viel reden?

Das Glück aber ist still. Die Zufriedenheit macht nicht viele Worte. Friedrich Nietzsche wird zwei Jahre alt. Nein, es gibt wirklich keinen Grund, dass er anfangen sollte zu sprechen. Traue nur einem Philosophen, der auch schweigen kann! Ja, fast könnte man sagen: Das Maß seines Schweigens ist das Maß seiner Größe. Viele Frauenaugen und ein Paar Männeraugen schauen erwartungsvoll auf ihn hernieder. Stumm blickt Fritz zurück.

Eines der Gesichter, die sich über ihn beugen, ist schön. Eigentlich ist es mehr ein Kindergesicht, zumindest ist es ein Mädchengesicht. Und hätte einer nicht mehr von dieser Welt gesehen als dieses Gesicht, er könnte sie nicht für ganz schlecht gehalten haben. Vielleicht weiß das auch der Philosoph in der Krippe. Warum diese Illusion zerstören? Sind die Gesichter der Frauen nicht Illusionen, Versprechen, die sie niemals halten können? Und warum beginnen sie erst viel später auszusehen wie leibhaftig gebrochene Versprechen?

Vielleicht möchte Friedrich Wilhelm auch erst auf seine Schwester warten, bevor er seinen Weltvorbehalt aufgibt, bevor er sich der Wirklichkeit auf eine derart riskante, unwiderrufliche Weise annähert, wie das Sprechen es ist. Mitten in sein charaktervolles Schweigen hinein wird ein Mädchen geboren, am 10. Juli 1846, bei Tagesanbruch, keine zwei Jahre nach ihm. Welchen Namen Franziska ihrer Tochter wohl geben will? Es ist unwichtig, es zählt nicht, selbst wenn sie einen wüsste. Es gibt nur einen Namen, sagt ihr Mann, nein, es sind drei: Elisabeth Therese Alexandra. Denn Elisabeth Therese und Alexandra hießen die drei Altenburger Prinzessinnen, die der Obhut ihres Erziehers längst entwachsen sind. Es ist eine Reminiszenz. Elisabeth wird nie vergessen, dass drei Prinzessinnen an ihrer Wiege gestanden haben.

Der Pastor hat nun zwei Kinder und eine sehr junge Frau. Hat er alle Lebenskraft außer sich gesetzt, dass ihm selbst nichts mehr bleibt?

Warum fällt er manchmal mitten im Satz in ein tiefes Schweigen? Will der Vater es gar seinem Sohn gleichtun? Er lehnt sich dann im Sessel zurück und scheint diese Welt verlassen zu wollen, bis Franziska ihn ins Leben zurückrüttelt.

Hier kann nur noch ein Arzt helfen. Er verordnet ihrem Ehemann Ruhe, denn er sei ein Mann mit überaus reizbaren Nerven, wie Franziska doch gewiss bewusst sei. Las er die Bestürzung in Franziskas Augen? Bei ihrem Sohn hingegen lägen die Dinge anders. Die Lösung heiße präventive Unterversorgung. Man könnte auch sagen: Der Anfang aller Mitteilung ist ein Mangel!

Der Arzt ist ein Philosoph.

Franziska kann nicht wissen, was sie tut, als sie beschließt, auch dieses Kind zum Reden zu bringen, welche Schleusen sie öffnet. Es würde so schnell nicht wieder aufhören. Es würde sich einmal um Kopf und Kragen reden, zumindest um seine bürgerliche Existenz. Es würde von Ewigkeit zu Ewigkeit sprechen, es würde wähnen, nur Mundstück zu sein einer fremden übermächtigen Macht, wenn es noch an eine solche glauben könnte. Im letzten Brief an seine Schwester, die jetzt neugeboren neben ihm liegt, wird es das einmal so formulieren: *Du hast nicht den gerings-*

ten Begriff davon, nächstverwandt mit dem Menschen zu sein, in dem sich die Frage von Jahrtausenden entschieden hat, – ich habe, ganz wörtlich geredet, die Zukunft der Menschheit in der Hand."[66] Man geht nicht fehl, einen gewissen Vorbehalt gegen Elisabeth Therese Alexandra aus diesen Zeilen herauszulesen, erschwert von einer Mission, die kein Mensch errät. Das ist der größte Unterschied zum Messias älteren Typs. Bei Jesus etwa wussten noch alle, dass er sich für den Erlöser hielt, Friedrich Nietzsches Sendung hingegen, von keinem höheren Wesen als ihm selbst autorisiert, begreifen nicht einmal seine engsten Freunde. Doch es wird nicht in der Absicht dieses Briefes liegen, seine Schwester anzuklagen, denn: *Ich kenne die menschliche Natur und bin unsäglich fern davon, in irgend einem einzelnen Falle zu verurtheilen, was das Verhängniß der Menschheit überhaupt ist; mehr noch: ich verstehe, wie gerade Du, aus vollkommner Unmöglichkeit, die Dinge zu sehn, in denen ich lebe, fast in den Gegensatz von mir hast flüchten müssen ... ich bitte vor Allem inständig darum, Dich von keiner freundlichen und in diesem Falle gerade gefährlicheren Neugierde verführen zu lassen, die Schriften, die jetzt von mir herauskommen, zu lesen.*[67]

Friedrich Nietzsches Vater hätte dafür großes Verständnis gehabt. Das Schicksalsjahr 1848 kommt, Friedrich Wilhelm wird vier, Elisabeth Therese Alexandra wird zwei. Und noch ein Sohn wird dem Pastor geboren, es freut ihn, doch vergisst er es immer wieder. Auch sonst versteht Carl Ludwig Nietzsche die Welt nicht mehr. Überall in den deutschen Kleinstreichen bricht Revolution aus.

Ihre Anführer fordern eine Verfassung, des weiteren Freiheit! Gleichheit! Brüderlichkeit! Carl Ludwig Nietzsche zufolge gibt es nur eine Verfassung für die Menschheit, und die hat sie längst empfangen: Die Verfassung Gottes. Er kann nur hoffen, dass der König die Aufrührer zusammenschießen lässt.

Carl Ludwig Nietzsche ist nicht der Einzige, den die Vorkommnisse empören. Ein etwas ungefüger Junker aus der Altmark, aus dem bislang nichts Rechtes werden wollte, ist geradewegs nach Berlin gefahren, um seinen König zu befreien, notfalls allein gegen eine Welt von Feinden. Er will den König raushauen.

Carl Ludwig Nietzsche kann an solche Unternehmungen nicht denken, er sucht Trost im Klavierspiel, soweit er sich noch an die Tasten erinnert, auch wird er immer wieder von Weinkrämpfen heimgesucht. Noch schlimmer ist, oft fallen ihm die Worte nicht mehr ein, die er sagen will. Dabei müsste er predigen, gerade jetzt in dieser schlimmen Zeit, und Konfirmandenunterricht erteilen. Doch wie kann er das, ohne Worte? Und die, die sich an die Oberfläche seines Bewusstseins wagen, entziehen sich zunehmend seiner Kontrolle. Seine junge Frau steht fassungslos vor ihrem Mann: Also auch er. Das sind sie, die Nerven! Sie hat einen Mann mit Nerven geheiratet.

Bald kann Carl Ludwig die eine Gesichtshälfte nicht mehr fühlen, dann sieht er sich außerstande, die Worte, die ihm noch einfallen, so auszusprechen, dass die anderen ihn verstehen können. Ein großer Schatten legt sich auf das Röckener Pfarrhaus.

Sein kleiner Sohn aber beginnt die Welt zu sehen, das schöne alte Haus mit den Dachgauben und den hohen Fenstern. Mit dem weiten Blick auf die Felder und die Akazien vorm Haus. Und dem großen Garten auf der einen, der Kirche auf der anderen Seite. Es ist eine kleine Welt, es ist eine genügsame Welt und eben in dieser Genügsamkeit unendlich. Die Frauen des Hauses mögen das anders sehen, aber was wissen die von Kinderwelten? Und doch liegt über diesem ersten kindlichen Gewahrwerden etwas Schweres, Unabwendbares. Er wird den Vater immer in seiner Seele tragen.

Friedrich wächst in eine Sterbewelt hinein, gegen die kein Gebet etwas vermag. Die Krankheit des Vaters war *das erste Ereignis, das bei wachsendem Bewußtsein mich traf.*

Viel später, kurz bevor auch er am Rand des Wahnsinns steht, wird er seinem frühen Empfinden Worte geben, über die kein Kind verfügt. *Zart, liebenswürdig und morbid* sei dieser Mann gewesen, *ein nur zum Vorübergehen bestimmtes Wesen, eher eine gütige Erinnerung an das Leben als das Leben selbst.*

Er wird diese Erinnerung im Oktober schreiben, zu seinem 44. Geburtstag, den er allein verbringt, mit sich selbst als einzigem Gast. Oder nein, auf seine Weise deckt Friedrich Nietzsche die Geburtstagstafel für alle, die einmal zu ihm gehörten. Es ist ein großer Geisterzug der abwesenden Gratulanten, und der erste ist sein Vater, das zweite Oktoberkind, es ist ein Doppelgeburtstag gewissermaßen. Alleingelassene Geburtstagskinder neigen zu hohen Tönen, sonst fingen sie leicht an zu weinen: *Ich betrachte es als ein grosses Vorrecht, einen solchen Vater gehabt zu haben: es scheint mir sogar, dass sich damit alles erklärt, was ich sonst an Vorrechten habe.*[68]

Nach einjährigem Leiden stirbt Carl Ludwig Nietzsche 1849 mit nur 36 Jahren.

Wird sein Begräbnis zur ersten metaphysischen Erfahrung des Sohnes?

Wie einer von einem Tag auf den anderen nicht mehr da sein kann, dabei steht sein Name in allen Gesichtern. Aber wo, wenn nicht hier, ist er dann?

Winter 1850. Seit einem halben Jahr schläft der Vater nun nicht mehr im Haus, sondern draußen vor der Kirche, in der er gepredigt hatte. Der Sohn träumt. Er hört aus der Kirche dumpfen Orgelton. Im Traum steht er auf, öffnet das Fenster und sieht, wie das Grab seines Vaters sich öffnet. Eine weiße Gestalt entsteigt ihm und wendet sich zur Kirche *Die Orgel spielt noch immer, mein Vater im Sterbekleid … kommt … mit einem kleinen Kinde im Arm wieder. Der Grabhügel öffnet sich, er steigt hinein und die Decke sinkt wieder auf die Öffnung. Sogleich schweigt der rauschende Orgelschall und ich erwache.*[69] Der Junge weiß, was der Vater im Arm trug, als er aus der Kirche kam. Es war ein Kind. Am Tag nach dieser Nacht, berichtet der Träumer, wird dem kleinen Bruder unwohl, er *bekommt die Krämpfe und stirbt in wenig Stunden*. Wenn es wirklich so war, wenn der Traum diesem Tod vorausging, wie dann den – metaphysischen – Gedanken abwenden, er habe diesen Tod herbeigeführt, indem er ihn »dachte«? Kaum ein halbes Jahr trennen den Tod des Vaters und des Bruders. *Die kleine Leiche wurde auch noch in die Arme des Vaters gelegt.*[70]

Josef heißt der kleine Bruder. Die Zeitform stimmt nicht. Er hieß Josef, sagen die Erwachsenen. Erwachsene, das sind von nun an nur: Frauen.

Er ist zu klein, um wahrzunehmen, dass auch sie einander ausgeliefert sind, genauer: Franziska, die junge Witwe, hat soeben mehr verloren als ihren Mann. Er konnte sie schützen, bis eben war sie die Frau des Hauses. Zumindest hätte sie Anspruch auf diesen Titel gehabt.

Nun ist sie doppelt einsam.

In Röcken können sie nicht bleiben. Mag sein, Rosalie, Abonentin der *Vossischen Zeitung* und theologisch ambitioniert, hätte die Lücke, die ihr Bruder hinterließ, auf ihre Weise ausgefüllt. Vielleicht hätte sie ihre Nerven viel weniger gespürt. Aber der Gedanke, dass eine Frau von einer Kanzel herab sprechen könnte, war so abstrus, dass niemand ihn überhaupt fasste. Auch nicht Rosalie.

Bald würde ein neuer Pfarrer mit seiner Familie nach Röcken kommen. Sie mussten gehen. Und Erdmuthe Nietzsche wusste auch, wohin: nach Naumburg. Dort kam sie her, dort waren die Menschen, die sie kannte, die sie für Menschen hielt in einem genaueren als dem biologischen Sinn. Kurz, sie würden zurückkehren in die Zivilisation.

Die Zivilisation ist ein Ort, an dem die junge Witwe Franziska Nietzsche noch nie war. Ob sie nicht erwogen hat, mit ihren Kindern einfach wieder nach Hause zu gehen, nach Pobles? Die Antwort auf die unstellbare Frage wird überdeutlich in Erdmuthe Nietzsches dunklen Augen gestanden haben. Die Kinder ihres Sohnes können unmöglich unter die Bauern fallen. Und Franziska, als, nun ja, biologische Bürgin ihrer Existenz, müsse man da wohl oder übel mitnehmen. Es ist eine Misslichkeit, sie ist nicht zustimmungspflichtig.

In der letzten Nacht in Röcken kann Friedrich nicht schlafen. Elisabeth ist zu klein, um schon nicht schlafen zu können. Kurz nach Mitternacht läuft er noch einmal nach draußen. Gibt sein toter Vater ihm ein Zeichen?

Doch das Grab bleibt verschlossen.

Kaum erhellte der dämmernde Tag die Fluren, da rollte der Wagen hin auf der Landstraße und führte uns Naumburg zu.[71]

Hätte sie ihrer Mutter nicht schreiben sollen, dass sie in Tautenburg die Philosophie ihres Bruders ins Leben treten sah? Gemein war das schon, Elisabeth weiß es.

Franziska Nietzsche liest die Bücher ihres Sohnes nicht. Er hat es ihr empfohlen und sie hält sich daran. Alles, was sie wissen muss, teilt Gott ihr mit. Sagt ihr kein Gefühl, dass sich Kinder einer Mutter entfremden, wenn diese ausdauernd an dem vorbeisieht, was die Mitte ihres Daseins ausmacht? Natürlich hat Franziska eine Begründung: Sie wird mit ihrem ungelehrten Frauenverstand kaum begreifen können, was ihr Sohn sagt. Wahrscheinlich aber ist es Vorsicht. Friedrich Nietzsches Mutter ahnt, dass sie sich gar nicht so viel bekreuzigen könnte, wie es nötig wäre bei dieser Lektüre.

Elisabeth schrieb ihrer Mutter aus dem Wald, dass sie das Gute liebe, Fritz aber das Böse, das habe sie auseinandergebracht. Also am Ende gar den Bösen? Elisabeth weiß, sie muss damit rechnen, dass die Frau Pastor es so versteht. Ja, sie war grausam.

Aber warum soll nur sie leiden? Ihr Bruder fährt seinem neuen Leben mit diesem Scheusal entgegen und sie muss schweigen? Im Gegenteil, sie muss reden, nur so wird sie diesen Alpdruck los, das ist Psychologie.

Natürlich war an dem Maß ihrer Enttäuschung auch das Maß ihrer Erwartung schuld. Wenn Friedrich sich für ein Mädchen begeisterte, musste es sich da nicht um eine Göttin in Menschengestalt handeln? *Ich hatte mir das edelste idealste Wesen vorgestellt. In Bayreuth lernte ich sie nun kennen ...*[12]

Louise von Salomé kann mit solchen Adjektiven nichts anfangen. Edel, mit Neigung zu Idealen? Die Ausländerin pflegt etwas gereizt auf solche Vokabeln zu reagieren. Elisabeth konnte nicht wissen wie sehr.

Dass die ganze Erwachsenenwelt skeptisch bis offen ablehnend ihrem Plan einer Lebens- und Erkenntnisgemeinschaft mit zwei älteren Männern gegenüberstand, machte die entlaufene Petersburger Generalstochter sehr ungehalten. Sogar Malwida und der

Petersburger Pfarrer, der Beihelfer zum Atheismus, versuchten ihr dieses Vorhaben auszureden. Es kann nicht falsch sein, an dieser Stelle die Fehlbare im Originalton zu hören, um zu begreifen, was Elisabeth an Lous Existenz- und Denkweise so empörte.

Louise von Salomé, die Jüngere, schrieb am 26. März dieses Jahres, noch aus Rom, an Hendrik Gillot in St. Petersburg: »Auch Malwida ist gegen unsern Plan, und dies thut mir ja leid, denn ich habe sie riesig lieb. Aber mir ist schon seit längerm klar, daß wir im Grunde stets Verschiedenes meinen, selbst wo wir übereinstimmen. Sie pflegt sich so auszudrücken: dies oder jenes dürfen ›wir‹ nicht thun, oder müssen ›wir‹ leisten, – und dabei hab ich doch keine Ahnung, wer dies ›wir‹ eigentlich wohl ist, – irgendeine ideale oder philosophische Parthei wahrscheinlich, – aber ich selber weiß doch nur was von ›ich‹. Ich kann weder Vorbildern nachleben, noch werde ich jemals ein Vorbild darstellen können für wen es auch sei, hingegen mein eignes Leben nach mir selber bilden, das werde ich ganz gewiß.«[73] Ganz ohne Prinzip. Ganz ohne Ideal. Auf diesem Wege leite sie etwas viel »Wundervolleres«: »etwas, das in Einem selber steckt und ganz heiß vor lauter Leben ist und jauchzt und heraus will«.[74]

Ganz heiß vor lauter Leben, und das will heraus? Ja, um Himmels willen! Franziska hätte sich an dieser Stelle gewiss bekreuzigt, Elisabeth war vor allem schockiert. Eine Frau hat solche Gefühle nicht. Eine Frau lebt nicht. Und wenn doch, dann würde sie es nie zugeben. Man nennt das auch gute Erziehung.

Wäre es ihr doch gelungen, sie auszuladen! Hätte Lou sich doch nicht so schnell erholt. Statt in aller Ruhe mit ihrem Bruder im Wald zu leben, wo sie ihre Novelle schreiben wollte und er ein neues seiner bedenklichen Bücher, musste sie nach Jena fahren, um das Schrecknis abzuholen. Fritz konnte das nicht tun, denn es wäre unschicklich gewesen.

Lou und Elisabeth besuchten bis zur Abfahrt nach Tautenburg noch eine Freundin in Jena, keine von beiden wird diesen Nachmittag je wieder vergessen. Elisabeth hielt es wohl für ihre Pflicht, die Jüngere über bestimmte unabdingbare Maximen weiblichen Verhaltens aufzuklären, natürlich auch darüber, dass eine Frau nichts zu verlieren habe als ihren guten Ruf. Aber Lou dachte anders. Sie hatte schon Gott verloren. Wenn sie ohne Gott auskommen konnte, dann konnte sie doch wohl erst recht ohne ihren guten Ruf auskommen, zumal sie dessen Anwesenheit nie bemerkt und ihn folglich auch noch nie vermisst hatte.

Klang Nietzsches Schwester nicht fast wie ihre Mutter, wie die Generalscha, mag die Jüngere sich gefragt haben. Kein Wunder, sie ist ja wohl auch ungefähr genauso alt, und Lou kann dieses Altfrauengesäusel nun mal nicht ertragen.

Elisabeth würde das Verhältnis zu ihrer Mutter keineswegs unkompliziert nennen, aber eine so offene Herablassung, wie sie Louise von Salomé die Jüngere für Louise von Salomé die Ältere empfindet, wäre ihr wohl unbegreiflich.

Lou versteht das Weltbild der Frauen nicht. Die Koordinaten, die darin eine Rolle spielen, scheinen ihr mindestens so illusionär zu sein wie der liebe Gott.

Natürlich hatte ihre Mutter sie um jeden Preis mit zurück nach Russland nehmen wollen, denn ein Mädchen kann nicht allein bleiben in der weiten Welt; ihre Denkspäße habe sie gehabt, nun sei es Zeit für den Ernst des Lebens, das Heiraten. Denn ein Frauenleben, irgendwann müsse die Tochter das doch begreifen, sei nun einmal kein Spaß, sondern bitterer, bitterer Ernst. Lou strebt die Denk-, Wohn- und Spaßgemeinschaft mit Rée und Nietzsche nicht nur an, weil sich von den beiden viel lernen lässt. In ihrem unbeirrten Engagement liegt auch ihre einzige Chance, St. Petersburg nicht so bald wiedersehen zu müssen.

Darum mussten Nietzsche und Rée die Schutzherrschaft über sie übernehmen, aber das hieß doch nicht, dass sie sich hier moralische Belehrungen von einer vom Leben sitzengelassenen Gans anhören muss. Das erklärte vielleicht die Heftigkeit, mit der sie Elisabeth das Wort abschnitt. Und es kann nicht falsch sein, eine spätere Notiz Nietzsches über Lous Temperament schon hier anzuführen: *im Affect immer krankhaft.*

Nicht aus ihrem Munde, wehrte sich Lou, sei das Streben nach gleichsam unbefleckter Erkenntnisgemeinschaft eine Unwahrheit, sie sei es eher im Munde der Männer. Und sie spreche da aus Erfahrung.

Elisabeth, geistesgegenwärtig: Das glaube sie gern. In Russland möge das gewiss so sein, aber sie spräche hier nicht von den Russen und ihren bedauernswerten Eigentümlichkeiten als vielmehr von ihrem hochgesinnten Bruder und seinen sittlichen Idealen. Für die unbedingte Authentizität des Fortgangs der Unterhaltung, die im Schlafzimmer der Gastgeberin stattfindet, verbürgt sich Elisabeth bei allem, was ihr heilig ist. Und das ist nun einmal, zuerst und zuletzt, ihr Bruder.

Lou zu Elisabeth: »Wer hat denn zuerst den Plan des Zusammenseins mit den niedrigsten Absichten beschmutzt, wer hat erst mit der Geistesfreundschaft angefangen als er mich nicht zu etwas Anderem haben konnte wer hat zuerst an eine wilde Ehe gedacht das ist dein Bruder!«[75] Elisabeth war außer sich. Ihr Bruder? Wäre sie ein Mann, sie würde Lou jetzt zum Duell fordern. Lou beleidigt die Ehre ihres Bruders! Sie kennt ihn seit genau 34 Jahren, diese impertinente Abenteurerin ist ihm erst vor ein paar Monaten begegnet und hat diese nicht einmal mit ihm verbracht.

Wahrscheinlich glaubt Elisabeth noch immer, die Anwürfe Lous seien Ausdruck ihres verwahrlosten Charakters und eines Hanges zur Niedertracht, wie er wohl nur aus den Nationaleigentümlichkeiten des Landes zu erklären ist, das sie zu ihrer aller Missvergnügen verlassen hatte. Es darf als unwahrscheinlich gelten, dass ihr Bruder sie aufgeklärt hat. Er hätte ihr zum Beispiel jenen Brief zitieren können, den er im März an Rée schrieb: *Grüssen Sie diese Russin von mir, wenn dies irgend einen Sinn hat: Ich bin nach dieser Gattung von Seelen lüstern. Ja ich gehe nächstens auf Raub darnach aus. – In Anbetracht dessen was ich in den nächsten 10 Jahren thun will brauche ich sie. Ein ganz anderes Capitel ist die Ehe – Ich könnte mich höchstens zu einer zweijährigen Ehe verstehen, und auch dies nur in Anbetracht dessen, was ich in den nächsten 10 Jahren zu thun habe.*[76] Das war frivol. Sollte Elisabeth wirklich glauben müssen, er sei frivol? In seinen Büchern vielleicht, aber doch nicht als Mensch. Aber doch nicht als ihr Bruder.

Und dann hatte es diese leibgewordene Schande ihres Geschlechts sogar noch fertig gebracht, ihr ins Gesicht zu sagen, sie könne wahrscheinlich mit ihrem Bruder in einer Kammer schlafen, ohne Opfer »aufrührerischer Gedanken« zu werden. Sprach es ohne

Elisabeth Nietzsche, Jena 1881

Erröten! Elisabeth Nietzsche hingegen wusste nicht, wohin sie zuerst wegblicken sollte.

Selbst Lou wird diese Unterredung in Clara Gelzers Schlafzimmer als »Katastrophe von Jena« in ihrem Tagebuch vermerken. Sie war wohl etwas weit gegangen.

Und Elisabeth schöpfte neue Hoffnung. Nach ihrer Ankunft in Tautenburg hatten ihr Bruder und Lou einen großartig furchtbaren Streit. Sie weiß nicht, was er ihr erklärt hat. Vielleicht, dass man nicht alles sagen darf, was man denkt. Danach kam er sehr bleich zu ihr, zu seiner Schwester, um ihr mitzuteilen, dass Lou am nächsten Morgen abfahre. Leider hat sie ihr Versprechen gebrochen.

Elisabeth hat sich immer für denkbar unkonventionell gehalten, potentielle Freier verstoßen, sogar die Ehe verachtet. Sie sei eine »Überkluge«, eine »Übersprőde«, solche Mädchen kriegen keinen Mann, hatte ihre Mutter gebarmt. Eine gewisse Vorliebe für die Präposition »über« scheint in der Familie zu liegen. Jetzt erfuhr Elisabeth, dass sie im Vergleich mit dieser jungen Frau und in deren Augen eine Spießerin war.

Und wenn sie Lou und ihren Bruder miteinander sprechen hörte, glaubte sie ihren Ohren nicht zu trauen: *Was war das für ein schreckliches Reden was die Beiden miteinander verführten! Was war eine Lüge? Nichts! Was war ein Vertrauensbruch? Nichts! Was war das schamloseste Reden über die schamhaftesten Gegenstände? Nichts. Was war Pflichterfüllung? Albernheit. Was war das geringschätzigste Reden über treue Freunde? Richtiges Urtheil. Was war Mitleid? Verächtlich! NIE habe ich meinen Bruder sammt seiner Philosophie so erbärmlich gesehen. Dabei rühmte sich Lou immer ihrer bösen Natur (das Böse ist ja eine größere Kraftquelle als das Gute) und nun macht sich der arme Fritz so böse als möglich.*[17]

Ja, wenn dieses unmögliche Mädchen sich doch respektvoll betragen hätte ihr gegenüber! Stattdessen sagte Lou ihr offen ins Gesicht, nicht gewusst zu haben, wie zurückgeblieben sie sei. Hätte sie geahnt, dass die Vorstellung einer wilden Ehe ihr Zartgefühl derart beleidige, sie wäre rücksichtsvoller gewesen. Hieß das, sie hätte Elisabeth geschont wie ein Kind? Ein Kind oder eine alte Jungfer, kam das nicht auf's Gleiche hinaus?

Und ihr Bruder lachte.

Diese entlaufene Generalstochter hat sie gezwungen, in den Spiegel zu sehen. Was Elisabeth darin erblickte, war höchst bedenklich.

Diese Russin ist jung, sie aber ist 34 Jahre alt. Sie ist demnach eine Frau, die ihre Zukunft schon hinter sich hat, obwohl ihr nie eine Gegenwart entsprach. Viele haben sich darüber gewundert, dass sie nicht schon längst in jenen Raum eingetreten ist, den die Kleinbürger des Lebens so feierlich »den Stand der Ehe« nennen. Und sie hat es genossen. Welcher Mann auch hätte es mit ihrem Bruder aufnehmen können?

Friedrich hatte sie immer vor der Ehe gewarnt. Die Frauen versprechen sich Selbstständigkeit von diesem Schritt und sind doch Ausgelieferte. Da wusste sie noch nicht, dass er bloß ein Verehrer des Egoismus ist.

Ihre Welt liegt in Scherben. Und der Mensch, für den sie lebte, hat sie verraten. Sie hat ihm ihr Leben geweiht. Etwas anderes bleibe ihr als alter Jungfer gar nicht übrig, befand Franziska. Der Sinn von Elisabeths Dasein ist Dienst am Bruder. Nein, er war es. Warum lebst du auch für andere, lebe doch für dich!, würde die Russin wohl sagen. Aber eine Frau lebt nun mal nicht für sich. Eine Frau ist Frau dadurch, dass sie für andere lebt. Das grenzt, Elisabeth könnte es bemerken, beinahe ans Philosophische.

Warum also sollte nicht auch sie die werden, die sie ist? Sein Ideal ist der Egoismus? Nun gut. Auch sie könnte sich in dieser Disziplin versuchen. Mag sein, sie ist begabt.

Werde, der Du bist! Für Frauen, glaubt ihr Bruder, gilt diese Empfehlung Pindars nicht. Ihnen fehlt dazu, nun, sagen wir, die Persönlichkeit. Frauen haben kein Halt in sich, sie sind mehr Exemplare als Individuen. Fritz wird sich wundern!

Vorerst wird sie hier im Wald bleiben, bis irgendjemand sie findet. Wahrscheinlich umgeht Elisabeth die beiden Bänke *Die fröhliche Wissenschaft F. N.* und *Der todte Mann* großräumig. Und wenn sie niemand findet, ist es auch gut. Falls sie das hier überlebt, wird sie auch etwas gegen diese Russin unternehmen, gegen diese Parodie ihres Geschlechts. Lous Mutter ist sehr unglücklich, dass sie ohne ihre Tochter nach Russland zurückkehren musste. Vielleicht kann sie ihr helfen.

Wäre Lou erst wieder in St. Petersburg, wüsste sie ihren Bruder in Sicherheit, und wer weiß, vielleicht wird Friedrich einmal wieder bessere Bücher schreiben. Dass etwas nicht stimmt mit seinen Büchern, ahnt er schließlich selbst, im Sommer des letzten Jahres hat er es sogar zugegeben: *Ich werde Dich schwerlich davon abhalten können, meine »Morgenröthe« zu lesen; so dachte ich über ein Mittel nach, auch dies für Dich und mich zum Besten zu wenden. Lies das Buch also, wenn ich bitten darf, unter einem Gesichtspunkt, den ich allen andern Lesern gerade WIDERRATHEN würde, aus einem ganz persönlichen Sehwinkel (Schwestern haben zuletzt auch Privilegien). Suche alles heraus, was Dir verräth, was im Grunde Dein Bruder am meisten braucht, am meisten nöthig hat, WAS er will und was er nicht will. Lies dazu namentlich das fünfte Buch, wo vieles zwischen den Zeilen steht. WOHIN ALLES bei mir noch strebt, ist nicht mit Einem Worte zu sagen – und hätte ich das Wort, ich würde es nicht sagen.*[78] So vertraut, so einsichtig hat er zu ihr gesprochen. Allerdings geriet ihm der Fortgang etwas prosaisch: *Versorge mich, mein liebes Lama, doch mit schönen Notizbüchern und lege eine Werkstatt dazu an – ich brauche jährlich mindestens 4; feinstes, sehr starkes Papier (weiß), ungefähr 100 Blätter in jedem Buche … In herzlicher Liebe und mit den besten Grüßen an unsere Mutter. Die Wurst ist doch sehr schön. Dein Bruder.*

Eigentlich ist sie zu jung, um Briefe zu bekommen, die so enden. Klingt das nicht, als wäre sie schon hundert Jahre verheiratet? Es muss sich vieles ändern, sehr vieles. Kein Mensch kauft die Bücher ihres Bruders. Und die, die sie doch kaufen, vielleicht aus alter Anhänglichkeit, wollen keine Aphorismen mehr von ihm lesen. Das sagt nicht sie, sie sagt das zwar auch, aber vor allem sagt es sein Verleger, und zwar in jedem Brief, den er seinem verirrten Autor schreibt[79]. Was soll werden, wenn seine Basler Pension ausläuft? Wovon sollen sie leben? Allein mit ihren Novellen wird sie ihn und sich nicht ernähren können.

Fritz muss wieder andere, bessere Bücher schreiben, solche wie früher.

»Also begann Zarathustras Untergang«

Also begann Zarathustras Untergang! Das hat Elisabeth ihrer Mutter geschrieben, als sie hörte, dass er Naumburg verlassen habe. Aber wer ist Zarathustra? Und Franziska teilt diesen merkwürdigen Satz ihrem Sohn mit: Er enthalte seine Zukunft aus Schwestersicht. Sie muss ihm das sagen, weil sie schließlich nicht nur Elisabeths, sondern auch seine Mutter ist. Er möge diesen Zarathustra als Warnung verstehen. Der Satz ist aus der *Fröhlichen Wissenschaft*.

Zitieren kann sie! Und warum auch sollte die Bosheit sein Privileg sein, ein Privileg des Philosophen? Außerdem, im letzten Punkt der Notizen *Vom Weibe* hat er festgehalten: 13. *Verneinen, zerstören, allein sein, kämpfen, verachten, sich rächen: warum das Weib in alledem BARBARISCHER ist als der Mann. usw. usw. usw.*[80] Seine Schwester scheint in Punkt 13 ihren ganzen Ehrgeiz setzen zu wollen. Ehrgeiz. Elisabeth behauptet unbeirrbar, dass Frauen diese Eigenschaft kennen.

Die ehrgeizige Frauennatur muss auf irgendeine Weise von sich reden machen, sie will bewundert werden, sonst drückt es ihr das Herz ab[81], heißt es in ihrem Novellenei, von dem er wünschte, sie hätte es nie gelegt. Mit ihm als Hauptfigur! Es ist zu unangenehm. Er kann nur wünschen, dass seine Schwester sich irrt. Der Ehrgeiz der Frau muss sein, ganz dem Ehrgeiz des Mannes zu dienen, und nichts außerdem. So wie sich Elisabeth bis zu diesem Tage – nein, bis vor ein paar Wochen – ganz der Beförderung seines Ehrgeizes verschrieben hatte. Der Gedanke, sie könnte einen Ehrgeiz entwickeln, der ihn nicht mehr enthält, ist über die Maßen bedenklich.

Also begann Zarathustras Untergang?

Er ist jetzt in Leipzig. Kein Mensch war auf ihn vorbereitet, kein Mensch war da. Und als er endlich ein Zimmer hatte, durchwachte er zwei Nächte und der alte Schmerz stach in den Augen. Er ist ein Wrack, kein Mensch. Er kann sich solche großspurigen Ich-reise-ab!-Auftritte gar nicht leisten. Immerhin, er hat es bis nach Leipzig geschafft. Und gleich wird er in Paris sein, mit Lou und Rée. Leipzig. Er könnte sich keinen besseren Ort für seine Abreise wünschen. Die Stadt ist ihm nah, sie hat ihn ausgezeichnet. Sie hat allen vor Augen geführt, was er längst ahnte: dass das Leben Großes mit ihm vorhat. Hier hat er zuerst gewusst, dass er entschieden zum Bedeutenden neigt.

Als er herkam, war er so alt wie Lou, gerade 21 Jahre.

Am 17. Oktober 1865 war der Student in Leipzig eingetroffen, fest entschlossen, diesmal alles anders zu machen. Sein Jahr in Bonn, er konnte es nicht anders sehen, war ein verfehltes, ein verlorenes Jahr gewesen. Er hatte sich redlich Mühe gegeben, doch besaß er nicht das Talent wie die anderen, hemmungslos zu verwildern. Mit diesen Worten hatte Richard Wagner einmal seine Jugend beschrieben.

Vor allem würde er diesmal studieren.

Kaum stand Friedrich Nietzsche auf Leipziger Boden, sandte er der Bonner Burschenschaft *Frankonia* ein hochmütiges Kündigungsschreiben, in dem er ihr wünschte, sie möge *recht bald das Entwicklungsstadium überstehen, in dem sie sich jetzt befinde*[81]. Dabei erweckten die Leipziger Studenten anfangs durchaus seinen Argwohn: *Sie sind zumeist knirpsartig und scheinen dumm*[83], stellte der Neuankömmling fest.

Am 19. Oktober schrieb er sich ein, das Datum war mit Bedacht gewählt, denn genau einhundert Jahre zuvor hatte Johann Wolfgang von Goethe das Gleiche getan. Aus diesem Grunde hielt der Rektor, nach Nietzsches Auskunft ein *kugelrundes Männchen*, näherhin Theologe, eine Gedenkrede, in der er sich bemühte deutlich zu machen, dass ein Genie auf seinen eigenen, unabänderlichen Bahnen wandle, welche aber für alle Nichtgenies ganz und gar unpassierbar seien, und dabei fasste er namentlich die Neuimmatrikulierten fest ins Auge. Er schüttelte schließlich auch Friedrich Nietzsche die Hand, worauf dieser – allerdings nicht dem Professor gegenüber – äußerte, die *bescheidene Hoffnung* zu hegen, *daß man nach wieder hundert Jahren auch unsrer Immatrikulation gedenkt.*[84]

Drei Tage darauf hielt Professor Friedrich Ritschl, der mit Wohlwollen die Bonner Studenten besah, die ihm nach Leipzig gefolgt waren, seine spektakuläre Antrittsvorlesung vor der unglaublichen Zahl von über 100 Hörern. Spektakulär war sie auch deshalb, weil die Kunde vom Bonner Philologenstreit, einer ausgewachsenen akademischen Intrige – Dauer: 10 Jahre – in aller Munde war. »Ach, da ist ja auch der Herr Nietzsche!«, hat der Professor bei seinem Einzug gerufen, zumindest in der Erinnerung des Studenten. Ritschl musste glauben, die Bonner Studenten seien wegen ihm hier, was in Nietzsches Fall nicht ganz stimmte: er war weniger Ritschl gefolgt als vor sich selbst davongelaufen.

Zu den vier Auserwählten, die schon Anfang Dezember 1865 zu Ritschl nach Hause eingeladen wurden, gehörte auch er. Der Professor regte die Gründung eines *Philologischen Vereins* an, gewissermaßen ein Streberoberseminar in studentischer Selbstverwaltung. So ungefähr das Gegenteil der *Frankonia*. Nietzsche war bereit.

Der *Philologische Verein* konstituierte sich in der *Deutschen Bierstube*, zählte bald 13 Mitglieder und tagte wöchentlich. Bereits in seiner zweiten Sitzung hielt Friedrich Nietzsche einen Vortrag, und zwar über die *Endredaktion der Sprüche des Theognis*. Das Thema hatte er bereits in Pforta bearbeitet und die Arbeit unmittelbar vor seiner Abreise nach Leipzig, noch zu Hause in Naumburg, wieder aufgenommen. Seinen letzten Vor-Leipzig-Brief unterzeichnete er: *Theognis, antiker Kleinstädter außer Dienst*[85] und bekannte: *Ich genieße die Stille und die Ausgeflogenheit einer Provincialstadt und schaue fleißig in die blaue reine Luft und meinen höchst geistlosen Theognis.*[86]

Dennoch waren seine Zuhörer über die Maßen beeindruckt und ermunterten ihn, Ritschl die Arbeit vorzulegen. Nur Tage später wurde er zu ihm gerufen, der Professor besah ihn aufmerksam, fragte nach Alter und Studienjahren, um ihm dann zu bekennen, *noch nie von einem Studierenden des dritten Semesters etwas*

Ähnliches der strengen Methode nach, der Sicherheit der Combination nach gesehen zu haben.[87]

Es war sein philologischer Ritterschlag.

Nietzsches Selbstgefühl wuchsen Flügel, sie trugen ihn die ganze Leipziger Zeit über. Die Freunde sahen ihn fortan mit neuen Augen, aus dem Sonderling wurde der Vordenker, der philologische Frontmann. Seinen Schopenhauer hatte Nietzsche da bereits gelesen, und das war die Melange, in der er lebte.

Er war ein Berufener, ein Berufener vor sich selbst. Philologen können nicht Berufene sein, sie sind nach Nietzsche die unschöpferischen Menschen schlechthin. Die Philologie ist die Grundlage, nicht das Ziel. Eine Gesamtanschauung des Altertums schwebte ihm vor, aber das, er wusste es, wäre keine philologische Arbeit mehr. Denn die Philologie stünde immer zu dicht vorm Bild, so dass sie immer nur den Ölfleck, aber nie das Gemälde erblicke.

Da ihre Reitstunden etwas ungünstig lagen, begannen sein Freund Rohde und er irgendwann, in Reitstiefeln und mit Peitsche zur Vorlesung zu erscheinen. Von sehr weit oben schauten sie auf die Welt und die gewöhnlichen Leipziger herab, wie es das Privileg der Jugend ist. Das Altertum und Schopenhauer waren auch darin ihre Lehrer.

Wenn er es genau nimmt, ereigneten sich in dieser Stadt alle wichtigen Weichenstellungen seines Lebens. Hier fand er Schopenhauer, hier begegnete er zum ersten Mal Richard Wagner.

Eigentlich hatte er Leipzig schon damals in Richtung Paris verlassen wollen. Mögen sie später auch den trockenen Staub der Wissenschaft fressen, rief er seinem Mitphilologen Erwin Rohde zu, *vorher aber lernen wir noch die göttliche Kraft des Cancan und üben uns, »gelbes Gift« zu trinken, um später würdig an der Spitze der Civilisation marschiren zu können.*[88] Zwischendurch würden sie in der Bibliothek arbeiten, aber nur, solange keine Revolution stattfinde. Jedes Genie muss einmal in Paris gewesen sein! Jedes Genie muss eine Revolution mitgemacht haben!

Auch Richard Wagner ist erst in Paris Richard Wagner geworden, das wusste der Komponist zwar damals noch nicht, aber dass Paris eine *Schule des Daseins* ist, das wusste er schon. Er hatte diese Schule dann doch nicht besuchen können, denn er wurde berufen, mit vierundzwanzig Jahren, ohne Promotion, ohne alles, was ihn als Inhaber eines Lehrstuhls legitimiert hätte, es sei denn die ungeheure Wertschätzung seines Professors. Als er von seiner Auszeichnung erfuhr, war er *Tannhäuser*-Melodien singend durch Leipzig gelaufen, obwohl er nicht gerade in den Venusberg berufen wurde. Als er die Stadt verließ, war er Professor für klassische Philologie in Basel.

Jetzt, bald fünfzehn Jahre später, wird er alles nachholen, was er damals versäumt hatte. Er wird sich wieder vergesellschaften. Es ist vielleicht zu spät, um gelbes Gift trinken zu lernen, und wahrscheinlich findet gerade keine Revolution statt, aber in Paris wird er lernen, wieder Mensch zu werden. Er glaubt wieder an die Menschen, an Paris, sogar an sich selber.

In Paris will er auf Rée und Lou warten. Es ist Anfang September, ein paar Tage bleibt er noch in Leipzig, dann ist er weg. Er wird durch Frankfurt kommen, dort wohnt dieser erstaunliche Arzt, der erste, den er wirklich schätzt, auch weil er seine Bücher liest, den besucht er noch auf der Durchreise, wie man das unter Freunden macht. Und dann ist er auch schon über die Grenze wie Heine vor ihm! Das sind seine Pläne.

Er muss nur noch Lous Zustimmung abwarten, denn der Friedrich-Wille, er weiß es genau, kommt gegen den Lou-Willen nicht in Betracht.

Und er muss seine Schwester zurückgewinnen, so gut er kann. Sie tut ihm leid. Aber Mitleid ist keine Kategorie, in der er denken oder fühlen will. Wagner und Schopenhauer sind die Propheten des Mitleids, es sei die edelste Regung des Menschen, sagen sie. Ist es nicht! Er ist der Überwinder Wagners und Schopenhauers. Zum Teufel mit dem Mitleid, aber er will, dass Elisabeth das Leben wieder bejahen kann. Und zwar ein Leben ohne ihn. Und ihn soll sie auch wieder bejahen, der Himmel bewahre ihn vor Punkt 13!

Er will diese Feindschaft nicht, er darf sich dieses Jahr nicht ruinieren lassen. Und ihre beiden durch halb Europa nachgeschickten Karten rühren ihn, das gibt er gern zu. Kann er nicht ebenso sein wie die Post, ebenso: verlässlich, großzügig? Er wird sich an ihrer sachlichen Fürsorglichkeit ein Beispiel nehmen. Friedrich Nietzsche entwirft einen langen Brief an seine Schwester im Wald: *Wenn ich Dir nur einen Begriff von meiner fröhlichen Zuversicht geben könnte, die mich in diesem Sommer beseelt hat! Es ist mir ALLES gelungen und Manches wider Erwarten – gerade da ich es mißlungen glaubte. Auch Lou ist sehr zufriedengestellt …*

Fliegenpilze suchen

… Auch Lou ist sehr zufriedengestellt, liest die Empfängerin im Wald. Er schrieb ihr am 9. September aus Leipzig. Das glaubt sie gern, dass Lou zufriedengestellt ist, was dahinter in der Klammer steht, glaubt sie schon weniger: *sie steckt jetzt ganz in Arbeit und Büchern.*

Was mir sehr wesentlich ist, fährt ihr Bruder fort, *sie hat Rée zu einer meiner Hauptansichten BEKEHRT (wie er selbst schreibt), die das Fundament VÖLLIG verändert. Rée schrieb gestern »Lou ist entschieden in Tautenburg um einige Zoll gewachsen«.* Ja, meint er denn, dass solche Nachrichten irgendeine Teilnahme in ihr wecken können? Hätte er ihr das Gegenteil melden können, Lou wäre geschrumpft, so sehr, dass sie auf diesem Erdboden mit bloßem Auge gar nicht mehr zu erkennen sei, das hätte ihren Beifall gefunden! *Ich höre mit Betrübniß, daß Du noch immer an der Nachwirkung jener Szenen zu leiden hast, die ich Dir von Herzen gern erspart hätte,* fährt er fort. Ja, säße sie andernfalls noch mitten im Wald, allein mit ihrer begonnenen Novelle, die er schon verächtlich fand, bevor er sie kannte? Wie peinlich, wie blamabel ihm die Vorstellung war, eine Schwester zu haben, die auch schreibt.

Immerhin erkennt er jetzt an, dass sie leidet. Aber was meint er mit »jene Szenen«? Umschreibt er etwa so ihren finalen Zusammenstoß mit Lou in Jena, die Tautenburger Ouvertüre, als sie wie eine Löwin für seine Ehre stritt? Und jetzt empfiehlt er ihr, das Erlittene im Hinblick auf seine kathartische, reinigende Wirkung zu prüfen: *Halte aber nur diesen Gesichtspunkt fest,* mahnt er, *durch die Aufregung dieser Szenen kam an's Licht, was sonst vielleicht lange im Dunkeln geblieben wäre: das L eine* GERINGERE *Meinung von mir und* EINIGES *Misstrauen gegen mich hatte; und wenn ich die genaueren Umstände unseres Bekanntwerdens erwäge, so hatte sie dazu ein gutes Recht.*[89] Das ist doch mal ein Geständnis. Natürlich bleibt er wieder etwas vage, aber so viel hat sie inzwischen ohnehin verstanden: Lous Andeutungen über seine unlauteren Absichten, ihre Bekanntschaft zu suchen, sind nicht ganz haltlos. Elisabeths weibliche Kombinatorik dürfte die Fehlstelle schnell gefüllt haben: Ihr Bruder hatte einen dienstbaren Geist gesucht, als er Lous Bekanntschaft wünschte, eine Servicekraft des Daseins, also das, was sie, die Schwester, bis eben für ihn war. Er wird das wohl im erkältenden Stil seiner neuen Bücher etwas drastisch formuliert haben, also vor allem unter Missachtung des Kant'schen kategorischen Imperativs: »Handle so, dass du die Menschheit sowohl in deiner Person als in der Person eines jeden andern jederzeit zugleich als Zweck, niemals bloß als Mittel brauchest!« Werden Frauen nicht immer als Mittel gebraucht?

Eigentlich müsste es Elisabeth freuen, dass die Selbstherrlichkeit ihres Bruders ausgerechnet an dieses Mädchen geraten ist. Keines hätte weniger Begabung zur Servicekraft des Daseins.

Was Elisabeth wohl nicht weiß, ist, dass genau genommen sie selbst, ihr dienstbarer Geist, die Urheberin allen Ärgers, aller Missverständlichkeiten ist.

Ihr Bruder hat sich seiner schlechten Augen wegen eine Schreibmaschine gewünscht, die, so hatte er gehört, unlängst erfunden worden sei. Elisabeth machte sich sofort auf die Suche und konnte zu Jahresbeginn, als Rée ihn in Genua besuchte, diesem das äußerst kostspielige Objekt seiner Begierde mitgeben: gar als Geschenk. Friedrich frohlockte und war beschämt zugleich. Leider kam das Instrument schwer beschädigt bei ihm in Genua an, aber nach einer Woche Reparatur konnte der Bruder der Spenderin melden: *Hurrah! Die* MASCHINE *ist eben in meine Wohnung eingezogen; sie arbeitet wieder vollkommen. – Ich weiß noch nicht, was die Reparatur gekostet hat. Freund R hat es mir nicht sagen wollen.*[90]

Er hatte jetzt eine Schreibmaschine, nun fehlte, genau genommen, nur noch eine Vorlesemaschine. Ein Mensch, erfuhren Schwester und Mutter, würde ihn, den Einsiedler, doch zu sehr stören. Die Nachricht an Freund Overbeck hingegen gab sich in Hinblick der Unerlangbaren kompromissbereiter: *ich brauche einen jungen Menschen in meiner Nähe, der intelligent und unterrichtet genug ist, mit mir arbeiten zu können. Selbst eine zweijährige Ehe würde ich zu diesem Zwecke eingehen.*[1]

Der Einfall einer zeitlichen Limitierung des unlimitierbaren Bundes hatte ihm zu gut gefallen, er muss ihn für zu originell gehalten haben, um ihn nicht gleich noch einmal zu benutzen, diesmal im Brief an Rée. Und Rée muss ihn verraten haben, wahrscheinlich, um seine Chancen bei Lou zu verbessern. Und Lou verstand, in Rées Überlieferung, das Nächstliegende: Zwei Jahre? Wilde Ehe also.

Aber wie lang ist das her. Inzwischen ist er, ihre Gemeinsamkeit betreffend, längst über alle Befristungen hinaus, selbst die der Ehe scheint ihm noch zu kurz. Bloß bis zum Tode? Warum nicht länger? Und Elisabeth erfährt, dass dem Friedrich-Lou-Bund eine entschiedene Tendenz zur Ewigkeit innewohne:

Wir haben eine solche Gleichheit der Gaben und Absichten, daß unsere Namen irgend wann einmal ZUSAMMEN genannt werden MÜSSEN; und jede Verunglimpfung, die sie trifft, wird mich zuerst treffen. Doch vielleicht ist das schon wieder zu viel über diesen Punkt.

Sei wieder gut, liebes Lama! Dein Bruder[2]

Sei wieder gut, liebes Lama? Das glaubt er doch wohl nicht im Ernst, nach all den Erniedrigungen. Er will kein schlechtes Gewissen mehr haben ihretwegen. Er hat sie allein im Wald sitzen lassen. Nun gut, sie hat ihn selbst weggeschickt, er soll sonst wohin gehen, Hauptsache weg, hat sie gesagt, aber das ändert nichts an dem brutalen Faktum: Er hat sie allein im Wald sitzen lassen!

Er wünscht seinetwegen, nicht ihretwegen, dass sie wieder sein gutes Lama sei. Aber es gibt kein Lama mehr, zumindest kein gutes.

Lama, das war der Kosename, den er ihr schon gab, als sie Kinder waren und das seltsame Tier in Schoedlers *Buch der Na-*

tur gefunden hatten. »Das Lama ist ein merkwürdiges Tier«, erfuhren sie, »freiwillig trägt es die schwersten Lasten, wenn man es aber zwingen will oder übel behandelt, so verweigert es Nahrung zu sich zu nehmen und legt sich in den Staub um zu sterben.«[73] Er hätte also wissen können, was passiert.

Und da nützt ihm sein Postskriptum gar nichts: *Ich danke Dir nochmals von ganzem Herzen für alles, was Du mir Gutes in diesem Sommer angethan hast – und ich erkenne Dein schwesterliches Wohlwollen wahrhaftig recht sehr in dem auch, wo Du mit mir nicht gleichempfinden konntest. Ja, wer darf sich auch mit mir wider-moralischen Philosophen ohne Gefahr einlassen! Zweierlei verbietet mir meine Denkweise unbedingt: 1) Reue 2) moralische Entrüstung.*[74]

Im Hinblick auf *die Zukunft* wäre es ihm *hart*, denken zu müssen, dass seine Schwester in Sachen Lou nicht gleich empfände. Weil seine Braut eine sanftmütige Schwägerin bekommen soll, statt ein Gift spuckendes Lama? Lou als Mitglied ihrer Familie. Ihr Verstand steht still bei diesem Gedanken, noch immer.

Und was heißt hier: Zukunft? Wie kommt er dazu, an eine Nachwelt zu glauben, die ihren und seinen Namen einmal zusammen nennen wird? Nicht, solange sie das verhindern kann! Aber erstaunlich ist dieser Satz schon. Normalerweise denken Menschen wir ihr Bruder im Singular, wenn sie an die Nachwelt denken: Ich!, denken sie. Ich, ich, und nochmals ich. Und jetzt plötzlich hält er einen Platz neben sich frei und besetzt ihn auch noch mit einer Frau.

Elisabeth schreibt einen langen Brief an die Freundin Clara Gelzer, in deren Jenaer Schlafzimmer sich der finale Lou-Elisabeth-Zusammenstoß ereignet hatte und die in der Annahme, eine Hausfrau habe unbegrenzten Zutritt zu ihrem eigenen Schlafzimmer, das Schlachtfeld in einem Augenblick betrat, in dem die feindliche Seite, der Berichterstatterin zufolge, *eine der gemeinsten eckelhaftesten Beschuldigungen gegen Fritz erhob.* Sie dankt ihr noch einmal, schon damals kein Wort davon geglaubt zu haben, und setzt Clara Gelzer von der aktuellen Lage in Kenntnis: *Er schrieb nun, er wolle sich an uns rächen (!) und Lou nach Leipzig kom-*

men lassen und mit ihr Visiten machen.[95] So weit ist es mit ihm gekommen. Merkt er nicht, wie lächerlich er sich macht?

Ihr Bruder hat sie gedemütigt. Er und dieses Kind. Etwas muss geschehen, dass sie wieder zu der Frau wird, die sie vor einem Monat noch war.

Nur was?, fragt sich die September-Einsiedlerin von Tautenburg.

Die Pfarrerswitwe Franziska Nietzsche glaubte schon immer zu wissen, es werde mit der Philosophie ihres Sohnes kein gutes Ende nehmen. Sie vermeidet es ängstlich, seine Bücher zu lesen, und wird immer frömmer, denn der Herr muss ihr nicht nur die eigenen Sünden, sondern auch die ihres Sohnes vergeben, und sie verschließt inzwischen das Haus Am Weingarten und fährt nach Tautenburg in den Wald, ihre Tochter zu suchen. Sie muss das Lama finden, bevor es stirbt im Staub. Sie kennt die Privatmythologie ihrer Kinder.

Wäre es nicht die Pflicht ihres Sohnes gewesen, Elisabeth zu holen? Hätte er sie nicht zurückbringen müssen, statt mit großer Pose nach Leipzig zu emigrieren?

Die Zeit der Pilze beginnt.

Andere Leute gehen in den Wald, um Maronen und Steinpilze mitzubringen. Weiß Frau Pastorin Nietzsche, dass sie einen werdenden Fliegenpilz sucht?

Ingwer mit Zwieback

Für Paris sei es zu früh, hat Lou ihm mitgeteilt, und er solle noch nicht losfahren, sondern in Leipzig auf sie warten. Wie lange, wisse sie noch nicht. Und das macht er nun, er wartet geduldig auf den Neubeginn seines Lebens.

Um die Zeit möglichst sinnvoll zu verbringen, bereitet er Lous Ankunft vor. Gewiss wäre sie erfreut, ihr *Gebet an das Leben* – der Titel kommt ihm schauerlich vor – in seiner Vertonung im Konzertsaal zu hören. Vielleicht arrangiert für großen Chor? Der Riedelsche Musikverein könnte das Stück vortragen! Diese Institution hat sich zwar ganz der Pflege alter und neuer Kirchenmusik verschrieben, aber das irritiert den Auftraggeber nicht. Nietzsche lockt Lou: *Inzwischen hat der Professor Riedel hier, der Präsident des deutschen Musik-Vereins, für meine »heroische Musik« (ich meine Ihr »Lebensgebet«) Feuer gefangen – er will es durchaus haben, und es ist nicht unmöglich, daß er es für seinen herrlichen Chor (einen der ersten Deutschlands »der Riedelsche Verein« genannt) zurecht macht. Das wäre so ein kleines Weglein, auf dem wir Beide ZUSAMMEN zur Nachwelt gelangten – andre Wege vorbehalten.*[16] Was für ein defensiver Heiratsantrag.

Es ist seltsam. Alle denken, wenn sie an Lou denken, sofort an die Unsterblichkeit, und zwar nicht an die eigene, sondern die ihre. Es sei verrückt, aber er meine immer, er müsse sie unsterblich machen, hat ihr auch Rée kürzlich mitgeteilt. Angesichts ihrer Jugend ist das erstaunlich.

Falls Lou von Salomé die beiden Mitglieder ihrer künftigen Denk- und Wohngemeinschaft nach ihrer Haltung zur Ewigkeit beurteilt haben sollte, wäre ihr gewiss aufgefallen: Rée sieht sie allein vor der Nachwelt, Nietzsche aber will sich gleich mit dazustellen.

Peter Gast alias Heinrich Köselitz aber – den Namen Peter Gast gab ihm der Freund – soll allein dort stehen. Nietzsche möchte, dass Lou auch einmal gute Musik hört, nicht bloß Wagner. Das Jahr 1882 soll nicht als das *Parsifal*-Jahr in die Geschichte eingehen. Viel besser wäre es, man würde einmal von 1882 als dem Jahr der Uraufführung der Peter Gast'schen Oper *Scherz, List und Rache* sprechen. In diesem Sinne wird er beim Leipziger Orchester vorstellig. Der Komponist erfährt bald, dass er sich auf eine temporäre Übersiedelung nach Leipzig vorbereiten kann.

Nein, Friedrich Nietzsche scheut keine Mühen, Rée und Lou einen würdigen Empfang zu bereiten. Den beiden? Lou kommt!, freut sich seine Seele. Rée kommt auch, fügt sein Verstand hinzu. Die Seele, er weiß es, hat ihre eigene Präzision.

Er lernt aus den Briefen seiner Mutter, dass er Elisabeths Zorn sehr ernst nehmen muss, er ist längst dabei: *Meine Schwester hat* inzwischen die Feindseligkeit ihrer Natur, die sie gewöhnlich gegen ihre Mutter ausläßt, mit aller Kraft gegen mich gekehrt und sich förmlich von mir GELÖST, in einem Briefe an meine Mutter, aus Abscheu vor meiner Philosophie, und ›weil ich das Böse liebe, sie aber das Gute‹ und dergleichen Tollheit. Mich selber hat sie mit Spott und Hohn überschüttet – nun, die Wahrheit ist, ich bin gegen sie mein Leben lang geduldig und milde gewesen, wie ich es nun einmal gegen dies Geschlecht sein muß: und das hat sie vielleicht verwöhnt. ›Auch die Tugenden werden bestraft‹, sagt der weise Sanctus Januarius von Genua. Morgen schreibe ich an unsre liebe Lou, MEINE Schwester* und Anfangs Oktober auf Wiedersehen in Leipzig!*[97], schließt er einen September-Brief an den Freund Paul Rée. Als Erklärung der Wendung Schwester Lou setzt er unten drunter noch eine leichtsinnige Klammer: (nachdem ich die natürliche Schwester verloren habe, muß mir schon eine übernatürliche Schwester geschenkt werden.)

Will heißen: Er hat die Freunde jetzt sehr nötig. Er hat es Rée gesagt, er hat ihre Klugheit zu dritt beschworen, die zuerst einmal eine Klugheit zu zweit sein muss, eine Nietzsche-Rée-Klugheit: Mein lieber Freund, begann er, ich bin der Meinung, daß wir Beide und wir Drei klug genug sind, um uns gut zu sein und zu bleiben. In diesem Leben, wo Menschen wie WIR so leicht zu Gespenstern werden, vor denen man sich fürchtet, wollen wir uns an einander freuen und UNS FREUDE ZU MACHEN suchen; und wollen darin erfindsam werden – ich für meinen Theil muß darin sehr nachlernen, da ich ein isoliertes Ungeheuer war.[98]

Sie müssen kommen, schnell. Aber die beiden haben Zeit. Immerhin begreift Rée, was auf dem Spiel steht. »In der That«, bestätigt er, »gerade jetzt und für ALLE Zukunft kann uns NICHTS trennen, da wir in einem Dritten verbunden sind, dem wir uns selbst unterordnen, – nicht ganz unähnlich den mittelalterlichen Rittern, aber mit besserem Grunde, wie diese. … Das einzig Bittere ist ja die Trennung Ihrer Schwester von Ihnen, die hoffentlich ja aber nicht bis zum Grabe dauern wird.«[99]

Ende September erfährt Lou, dass ihr Gebet gerade für vierstimmigen Chor umgearbeitet wird, wobei an zwei Stellen der Text ein wenig verändert werden musste, er kann das auch begründen: *der I-Vokal ist nämlich überall, wo ein starker Accent in der Musik erreicht werden soll, unbrauchbar.*[100]

Ein starker Accent? Es ist ihm nicht immer milde zumute, wenn er an Elisabeth denkt: *Diese Art von Seelen, wie Du eine hast, meine arme Schwester, mag ich nicht: und am wenigsten mag ich sie, wenn sie sich gar noch moralisch blähen, ich kenne Eure Kleinlichkeit. – Ich ziehe es bei weitem vor, von Dir getadelt zu werden.*[101] Gut, dass er das endlich einmal ausgesprochen hat. Das heißt: Er hat es aufgeschrieben. Sie sagt sich von ihm los? Er sagt sich von ihr los! Krieg!

Krieg? Soll er diese Zeilen wirklich abschicken? Wir wissen nicht, wie lange Friedrich Nietzsche zögert, bevor er sich stattdessen zu folgenden Zeilen an die Naumburger Mutterundschwesternschaft entschließt: *Meine Lieben, zufällig fand ich auf der Messe so delikaten INGWER, daß ich nicht umhin kann, Euch ein Pfund davon zu schicken. MIT ZWIEBACK ZUSAMMEN gegessen, giebt er eine vorzügliche Speise ab. Auch sagt man dem Ingwer nach, daß er dem Gemüth gut thue. F.*[102]

Ein zugegeben recht kahles F. steht unter dem Zettel, der die Ladung Ingwer begleitet, und kein Gruß, und der letzte Satz ist natürlich eine Frechheit, aber ist je ein überzeugenderes Friedensangebot gemacht worden?

Auch ist er kaum stark genug für einen Krieg. Wer Krieg führt, sollte seine Ausrüstung beisammenhaben, der sollte sich wenigstens aus eigener Kraft kleiden können, aber davon kann keine Rede sein. Auf die Ingwer-Botschaft folgt am 1. Oktober die Klage:

Aber, meine liebe Mutter, wo bleiben denn meine Sachen? Der letzte Termin, den ich dafür gesetzt hatte, ist vorbei; und bei diesem Froste war die Abwesenheit des Schlafrocks hart (ich habe mich folglich erkältet). Ebenso BRAUCHE ich die BÜCHER (und die Fracks!). Nach Naumburg kann ich nicht kommen. – Es geht mir übrigens GUT, und Alles geht vorwärts und glückt mir (es ist nun einmal ein FESTJAHR für mich): nur verwöhnt man mich hier, wie in Messina[103]*, von allen Seiten.*[104] Er sendet diesmal sogar einen *herzlichen Gruß.* Und dann schreibt er, er will nicht unpräzise sein, noch ein PS unter die Wo-sind-meine-Sachen-Postille: *Frl. Lou und Rée sind da, Köselitz wird erwartet, auch Gersdorffs wollen kommen.*

Es hat lange gedauert, fast einen ganzen Monat haben sie ihn in Leipzig warten lassen, aber nun sind sie da.

Die Geburtstagstorte

Vielleicht haben sich Mutter und Tochter noch nie so gut verstanden wie in diesem Herbst, niemals vorher und niemals nachher.

Am 15. Oktober hat Friedrich Geburtstag. Darf man einem Verstoßenen, zumal wenn er sich in fataler Gesellschaft befindet, zum Geburtstag gratulieren? Mag sein, die Ansichten von Mutter und Tochter gehen in diesem Punkt auseinander. Nur ein totaler Boykott ist ein wirksamer Boykott, mag Elisabeth denken, während die mütterliche Besorgnis eher zu sentimentalen Ansichten neigt wie: Aber er ist doch noch immer mein Sohn!

Und hat er ihr zu Jahresbeginn nicht auf eine ganz wunderbar zarte Weise gratuliert? *Meine liebe Mutter*, schrieb er, *so laufen die Jahre dahin, eines immer schneller als das andre. Man lernt eben das Spiel des Lebens endlich auswendig – man bekommt es, wie die Klavierspieler sagen, zuletzt »in die Finger«; deshalb geht es so geschwinde! Das merke ich schon: um wieviel mehr wirst Du es merken! Und ebenso wenig wie mir, wird Dir an Deinem Geburtstage mit Wünschen gedient sein; FESTHALTEN, was man hat, ist das Haupt-Kunststück des späteren Lebens, und WISSEN, was man VORAUS hat vor so vielen, und namentlich vor allen Unzufriednen!* [105]

Da steht es, wäre er doch so klug wie seine Briefe! *FESTHALTEN, was man hat* ... Er weiß es doch. Festhalten, nicht wegwerfen.

Und er erzählte ihr von seinem Genueser Januar-Frühling. Dass man schon vormittags im Freien sitzen konnte, sogar im Schatten, ohne zu frieren. Ein alter Mann habe ihm gesagt, einen solchen Winter habe es noch nie gegeben in Genua. Die Pfirsiche blühten im Januar. Er nahm es als Versprechen für seine Mutter: *Das Jahr macht Dir ein heiteres Gesicht: sehen wir zu, daß auch wir Dir Grund zur Heiterkeit und zum Wohlgefühle des Lebens geben. Gleich dem schönsten aller Januare!* [106]

Nein, das kann sie nicht sagen. Diesen Vorsatz hat er nicht befolgt. Heiterkeit? Wohlgefühl des Lebens? Wie soll sie die empfinden mit zwei verfeindeten Kindern.

Schon mehr als einen Monat ist Fritz nun in Leipzig, so nah bei ihnen und doch weltenfern. Mit Argwohn denken Elisabeth und Franziska Nietzsche nach Leipzig hinüber. Elisabeth widmet sich, wieder in Naumburg, der Aufgabe, einen langen Brief zu vollenden, den sie schon im September begonnen hatte. Es werde ihrem Bruder schon längst zum Vorwurf gemacht, dass er nur noch Aphorismen schreibe, diese allzu leichte, allzu zusammenhangslose Form kultiviere, weil er offenbar nichts Gewichtiges, nichts Zusammenhängendes mehr zu sagen habe, *und nun soll ein zwanzigjähriges Mädchen als seine Hauptjüngerin auftreten! Vielleicht geht alles besser als wie wir denken aber bis jetzt sehen wir für Fritz nur Schande und Schulden voraus.*[107] Jawohl, Schulden. Denn Frauen sind teuer. Und wie kostspielig wird erst eine verwöhnte Petersburger Aristokratentochter sein!

Immerhin, das beruhigt Elisabeth ein wenig, hat Lou ihr versichert, ihren Bruder nicht heiraten zu wollen. Wenn sie heirate, dann nur einen wirklich reichen Mann.

Ob Elisabeth weiß, dass ihr Bruder ausgerechnet Rée gefragt hat, ob er ihm Geld leihen könne, damit er Lou heiraten kann? Natürlich formulierte er das sehr feinfühlig, also mehr indirekt: *Mein Freund*, fragte er im Mai, *wie finde ich den mehrerwähnten Goldklumpen, nachdem ich den »Stein der Weisen« (es ist noch dazu ein Herz) gefunden habe?*[108]

Selbst zum Gratulieren zu erscheinen, ist ausgeschlossen, der Blockade wegen. Auch müssten sie damit rechnen, in Leipzig der Russin zu begegnen. Schließlich setzt Franziska Nietzsche durch, eine Torte zu übersenden. Es handelt sich demnach um eine Politik der gemäßigten Blockade. Wahrscheinlich ist es Friedrich Nietzsches Lieblingstorte.

Franziska weiß, wie gern ihr Sohn Kuchen und Süßigkeiten isst, viel lieber als andere Jungen. Wie er sich im letzten Jahr über die Halleschen Lebkuchen gefreut hat! Lebkuchen verlangt er sogar im Sommer. Sie korrespondieren viel über Konditoreierzeug-

nisse. Die deutsche Weihnachtsstolle sei in Wahrheit eine italienische Weihnachtsstolle, erklärt er gern, was bei einem Gebäck,
das Zitronat und Mandeln enthielte, doch wohl unschwer einzusehen sei. *Dem Sohn meiner Wirthin, der im Irrenhause ist, habe
ich eine schöne Stolle (pane dolce) geschickt*, berichtete er im vergangenen Dezember aus Genua. Es gibt wirklich wenig andere
Jungen, mit denen man sich so gewinnbringend über Spezereien
unterhalten kann. Und nach Schulpforta musste sie ihm immer
Schokoladenpulver schicken, weil ihm seine Morgenmilch sonst
ungenießbar schien. Vielleicht auch deshalb verließ er diese Bil-
dungseinrichtung als Primus der Primaner. Andere Jungen? Ihr
Kind wird am 15. Oktober 38 Jahre alt.

Der Blockade entspricht eine Gegenblockade. Das Geburtstagskind hat vor, die diplomatischen Beziehungen nach Naumburg
weitgehend abzubrechen. Darf man unter diesen Bedingungen
Naumburger Konditoreierzeugnisse entgegennehmen? Doch der
künftige Prophet der Härte ist ein weicher, empfindsamer Mensch.
Er bringt es nicht übers Herz, die Torte zurückzuschicken. Und
er bedankt sich sogar: *Die schöne Torte hättet Ihr mich nicht senden
sollen: jedenfalls danke ich herzlich dafür.*[109]
Mutter und Schwester lesen, dass an seinem Geburtstag in
Leipzig der Winter begonnen hat. Es ist die härteste Prüfung, der
man ihn unterwerfen kann. Köselitz sei eingetroffen, erfahren
sie, um Zeuge der Aufführung seiner Oper zu werden, und am
18. Oktober werden sie gemeinsam ein längst ausverkauftes Ri-
chard-Wagner-Konzert besuchen, mit den Bayreuther Sängern.
Es sei auch ein Stück *Parsifal* angekündigt, schreibt Friedrich. Sie
weiß, was das für ihn bedeutet.
Elisabeth hatte ihrem Bruder aus Bayreuth mitgeteilt, sie glaube, dieses Werk würde auch einen Tauben umhauen. Sie weiß,
was es ihn kosten muss, sich dieser Musik auszusetzen. Es ist zu
schmerzhaft.
Ihr Bruder kann Wagner nicht mehr hören, seit er dem Mann
ferngerückt ist, der für ihn so viele Jahre der Nächste war, Freund,
Vater, Gefährte. Agitator, das auch, aber aus reinstem Drang des

Herzens sowie des Verstandes. Er ist ein *verehrendes Tier*, er kann nicht anders. Nur muss man es aus freien Stücken sein. Es ist wie mit der Religion. Solange man an Gott glaubt, gibt es ihn. Solange man an ihn glaubt, gibt es Wagner. Ob sie diese Dialektik versteht, wenigstens ahnt?

Natürlich könnte sie Einwände erheben: Offenbar gibt es Wagner noch immer, für alle anderen, bloß nicht für ihn. Ja, er scheint täglich an Wirklichkeit zu gewinnen, und wie erst in diesem *Parsifal*-Sommer, ganz im Gegensatz zu ihrem Bruder, den bald kein Mensch mehr kennt. Nicht einmal seine eigenen Freunde verstehen ihn noch. Soll sie etwa klüger sein als alle seine Freunde?

Sie weiß, dass er darunter leidet. Sie weiß, dass er fürchtet, dieser Musik nicht standzuhalten. Aber er hat sich selbst verbannt aus Wagners Nähe. Sie hatte versucht ihn zu warnen, so wie sie versucht hat, ihn vor diesem Frauenziefer zu warnen.

Wüsste Elisabeth, dass Lou einem Bekannten am Tag zuvor angekündigt hatte, Rée und sie würden zugleich nach Berlin gehen, allein es hätte sie vermutlich nicht erstaunt.

November I
(Friedrich)

Liebe Lou, fünf Worte – meine Augen schmerzen.
Ich besorgte Ihren Petersburger Brief. Vor zwei Tagen habe ich auch an Ihre Frau Mutter geschrieben (und zwar ziemlich lang)
Auch nach Paris habe ich zwei Anfrage-Briefe abgeschickt. – Welche Melancholie!
Ich wußte es nicht bis zu diesem Jahre, wie sehr ich mißtrauisch bin. Nämlich gegen mich. Der Umgang mit Menschen hat mir den Umgang mit mir verdorben.
Sie wollten mir noch Etwas sagen?
Ihre Stimme gefällt mir am meisten, wenn Sie bitten. Aber man hört dies nicht oft genug.

Ich werde beflissen sein –
Ah, diese Melancholie! Ich schreibe Unsinn. Wie SEICHT sind
mir heute die Menschen! Wo ist noch ein Meer, in dem man
wirklich noch ERTRINKEN kann! Ich meine ein Mensch.
Meine liebe Lou
ich bin Ihr –
getreuer --
F. N.[110]

Der Brief an Lous Mutter ist verloren. Er wird ihr *ziemlich lang* erklärt haben, dass Louise von Salomé, die Ältere, sich keine Sorgen um Louise von Salomé, die Jüngere, machen müsse. Sie sei bei Rée und ihm in denkbar besten Händen und komme vorerst nicht wieder.

Allerdings, in seinen Händen ist sie nun gerade nicht. Lou und Rée sind abgereist und haben ihn allein zurückgelassen. Sie müssten in Berlin Rées Mutter sehen, später werde man sich gewiss in Paris treffen. Aber wann um Himmels willen ist später? Sein Brief ist ein Hilferuf. Sie kann und darf ihn so nicht zurücklassen, so, so: uninformiert, ihren sich ändernden Plänen preisgegeben.

Statt von Lou bekommt er Post von seiner Mutter. Wahrscheinlich liest er mit wachsender Fassungslosigkeit den erotischen Aufklärungsbrief, den die Frau Pastor ihrem nun 38 Jahre alten Sohn zu schreiben sich entschlossen hat. Er, an Abgeklärtheit, wenn es sein muss auch an Frivolität, den französischen Moralisten ebenbürtig, wird von einer Pastorentochter belehrt:

»Mein geliebter Sohn! Es lässt mir doch keine Ruhe mein alter lieber Sohn, Dich auf die Gefahr in welcher Du Dich befindest aufmerksam zu machen, denn Niemand wagt es, Dir etwas darüber zu sagen und so halte ich es zu thun, für meine Pflicht als Mutter, da Du die ganze Geschichte, die uns ans Leben geht, nicht von dem richtigen Standpunkt, sondern von der phantastischen Seite auffaßt. Wenn das Mädchen so krank ist warum wird sie nicht von ihrer Mutter gepflegt, da Ihr bei DIESER Art von Krankheit, doch die unpassendsten Pfleger von der Welt seid.

Wenn Sie etwas so ›Außerordentliches‹ ist, so müsste sie das doch ohne Eure Hülfe zeigen, aber das wird es wohl sein, sie bringt allein nichts fertig und ihr Haupttalent soll ja darin bestehen anderer Personen Geist für sich auszuquetschen und es dann als eigene Münze auszugeben, deshalb geht sie auch aus einem Verhältniß mit Männern in das andere über. Ihr beiden guten Einsiedler lasst Euch eben so leicht täuschen, wenn Ihr mehr in der Welt und unter interessanten Männern gelebt hättet, so würdet Ihr nicht aus zweiter Hand nehmen wollen, was Ihr besser aus erster Hand empfangen könntet.«[III] Aus erster Hand, aus zweiter Hand? Solche hilflosen Anzüglichkeiten von seiner Mutter? Wahrscheinlich weiß er beim Lesen nicht, ob er lachen oder weinen soll.

»Uebrigens wünscht Lieschen nichts sehnlicher als daß sie irgend eine außerordentliche Arbeit zu Tage brächte, ganz egal, wenn auch Ihr die eigentlichen Verfasser wäret, wenigstens würde dann das Verhältniß nicht das Anstössige haben als jetzt. Es ist so traurig daß auch wir, durch die unanständigen Reden dieses Mädchens nicht mehr dieses Verhältniß, als ein unanstössiges auffassen können, während wir nur von Dir davon gehört hätten, so würden wir den Glauben daran behalten haben. Warum ferner mein Fritz tritts(t) Du mit der Generalin in Correspondenz, da doch das Mädchen gegen Lieschen zwei bis dreimal erklärt hat ›Was kümmert meine Mutter um Deinen Bruder die fragt nur nach Rées‹.

Ich sage immer und immer wieder: warum läuft Dein Sohn so würdelos den Mädchen nach, was ihn so geringschätzig behandelt wie noch kein Mensch auf der Welt, was uns und frage einmal Gelzers wahrhaft empört. Schon in Bayreuth wo L alles gethan hat um Euren Winterplan zu verwirklichen und so ideal und anständig als möglich hinzustellen, verletzte sie die damals noch verhüllte Geringschätzung, auch Hr. v. Seydlitz soll davon frappiert gewesen sein.« Aber wenn nun gar, gibt Franziska weiter zu bedenken, »jemand mit dem Finger an die Stirn gelegt« von ihm sage, »Er ist ein Verrückter der nicht weiß was er will« oder »Er ist ein gemeiner Egoist der meinen Geist ausbeuten will«, wäre es dann nicht höchste Zeit, dieses Unverhältnis zu beenden? So fragt eine liebende Mutter ihren verirrten Sohn.

Was für ein hochkomischer und doch so unfassbarer Brief! Was weiß denn ausgerechnet seine Mutter über Männer und Frauen, was über Sexualität, gar die ihres Sohnes? Was hätte er antworten sollen? Er wird gar nicht mehr antworten.

Er hat nicht mehr vor, Briefe aus Naumburg zu empfangen, und schreibt auch keine mehr.

Zwei Tage nach seiner November-Depesche an Lou übt er sich wieder in Zuversicht. Lou und Rée seien in Berlin, von dort gehe es nach Paris, teilt er Overbeck mit. Wenn nur Lous Gesundheit durchhalte. Es stehe *bejammernswürdig* um sie, *ich gebe ihr nun viel kürzere Zeit als noch in diesem Frühjahr.* Will heißen: *Wir haben unser gut Theil Sorge.* Plötzlich klingt er wie ein Vater, der sich um sein krankes Kind sorgt. Oder wie Vater und Mutter auf einmal. Aber er ist nur die zweite Vatermutter, die erste, der Über-und-über-Fürsorgliche ist Rée, Friedrich Nietzsche blieb das nicht verborgen. Es ist erstaunlich, was für Talente und Instinkte dieses Menschenkind in zwei bekennenden Amoralisten weckt. Sie wetteifern miteinander um das Vorrecht der Lou-Hege. Im letzten Sommer hat er Rée seinen *lieben Freund und Vollender* genannt, er empfinde gegen ihn *ein ganz unbegrenztes Wohlgefühl,* und: *ich … möchte, was ich Ihnen vielleicht schon zehnmal sagte, eine eigne SONNE schaffen können, die über Ihnen und dem Wachsthum Ihres Gartens allein zu scheinen hätte.*[112] Eine eigene Rée-Sonne nur für Rées Garten? Aber so hat er das doch nicht gemeint.

Nietzsche wird den lousorgenden Freund mit Bedenklichkeit beobachtet haben, Overbeck gegenüber fasst er das optimistisch in Worte: *Rée ist wie geschaffen für seine Aufgabe in der Sache.*[113] So kann man das auch formulieren. Er sagt sich, er sei mehr für das Geistige zuständig, und fährt fort: *Für mich persönlich ist L ein wahrer GLÜCKSFUND, sie hat all meine Erwartungen erfüllt.*[114] Es ist, soweit wir sehen, das letzte Mal, dass er für Lou und die Tatsache, dass sie seinen Weg kreuzte, solche Worte findet.

Und immer wieder diese Traurigkeit.

Er spürt bei vielen Leipziger Bekannten eine Reserve gegen

sich, eine Reserve gegen den abgefallenen Wagnerianer, den Autor von *Menschliches, Allzumenschliches* und der *Morgenröthe*. Selbst als Student sei er mit mehr Achtung behandelt worden. ... *vielleicht habe ich nie so melancholische Stunden durchgemacht, wie in diesem Leipziger Herbst – obwohl ich doch Gründe genug um mich habe, guter Dinge zu sein.*[115] Ist es so, dass sein Gefühl schon mehr weiß, als sein Verstand zuzugeben bereit ist?

Der November schreitet fort, ein November unter nördlichem Himmel. Leipzig hat ihn wieder kränker gemacht, und nun erst der Winter in Paris! Wahrscheinlich werden sie beide, Lou und er, in Paris sterben, sie bluthustend, er sich erbrechend. Es wäre ein originär Pariser Ende. Darf er etwas dagegenhaben? Und wenn es das Letzte ist, was er wollen kann: Er will nach Paris!

Statt von Rée und Lou aus Berlin bekommt er Post von deren Mutter aus St. Petersburg, Louise von Salomé, der Älteren, genannt die Generalscha. Sie ist absolut gegen Paris, weiß aber zugleich, dass sie keine Chance hat. Nicht gegen den Willen ihrer Tochter, sie hatte noch nie eine. Und darum ist sie dem Professor so dankbar. Sind Professoren nicht seriöse Leute? Im Frühjahr in Rom hat sie ihn kennengelernt.

»St. Petersburg den 29. Oktober/10. November

Geehrter Herr Professor.
Für Ihre Zuschrift bin ich Ihnen herzlich dankbar, sie zeigt mir, daß neben dem großen Interesse welches Sie an meiner Tochter nehmen, Sie doch auch zugleich begreifen, wie mein Mutterherz von Besorgnissen und Befürchtungen für das Wohl und Wehe meiner Tochter erfüllt sein muß. Der Stolz der Mutter tritt trotz aller großen Fähigkeiten, welche Sie so begeistert schildern, doch davor zurück. – Es mag ja sein, ich will es nicht bestreiten, daß meine Anschauungsweise eine veraltete nicht zeitgemäße ist, die den Wirkungskreis und das Leben einer Frau auf anderen Gebieten sieht, als nur im Streben nach geistiger Vervollkommnung.« Wenn sie wüsste, wie sehr er da mit ihr übereinstimmt, nur eben mit Ausnahme ihrer Tochter.

Gesetz und Zwang, schreibt sie, seien nie gegen dieses Menschenkind zum Einsatz gekommen. Er kann es sich fast nicht vorstellen. Sollte das möglich sein, eine Kindheit jenseits des Kasernenhofs?

Schon als er *Menschliches. Allzumenschliches* schrieb – es war die Zeit, als er Malwida von Meysenbug zu seiner Ehrenmutter ernannte –, hat er darüber nachgedacht, was ihre Kindheit aus Menschen macht. Er nannte den Aphorismus *Tragödie der Kindheit: Es kommt vielleicht nicht selten vor, dass edel- und hochstrebende Menschen ihren härtesten Kampf in der Kindheit zu bestehen haben. … Hat man so etwas erlebt, so wird man sein Leben lang es nicht verschmerzen, zu wissen, wer Einem eigentlich der grösste, der gefährlichste Feind gewesen ist.*[116]

Und deutlicher, unumwundener noch im letzten Herbst seiner bewussten Existenz: *Welch schlechte Luft blies mich an, als ich Kind war! Wann waren die Deutschen dumpfer ängstlicher muckerhafter kriecherischer als in jenen fünfziger Jahren als ich Kind war.*[117]

Die erste Erinnerung
oder Ankunft in Naumburg

Vier Damen in Schwarz, zwei Kinder und ein Dienstmädchen entsteigen an einem Frühjahrsmorgen des Jahres 1850 in der Naumburger Neugasse der Kutsche, die sie hergebracht hatte. Erdmuthe Nietzsches erster Schritt auf heimatlichem Boden ist gewiss fest wie der einer Inbesitznahme: Endlich wieder unter Menschen! Endlich wieder zu Hause! In dieser Stadt war ihr Lieblingsbruder Pfarrer gewesen. Hier weiß man, wer sie ist. Hier weiß sie, wer sie ist.

Ihre Schwiegertochter hingegen dürfte ihren Fuß nicht ohne Ängstlichkeit auf das unbekannte Pflaster gesetzt haben. Eine Stadt! Die Häuser stehen eng aneinandergeduckt, als müssten sie umfallen, wenn nicht eines am nächsten lehnte. Die Gassen eng, baumlos. Und wo nur haben diese Häuser ihre Gärten?

Elisabeth und Friedrich hatten mit Verwunderung gesehen, wie die Landschaft bei Weißenfels plötzlich begann, sich zu wellen. Sie bildete schöne Höhenzüge und sanfte Täler. Und wie selbstbewusst die Stadt, in der sie nun wohnen sollten, ihre vielen · Kirchturmfinger geradewegs in den Himmel steckt. Großartig war das schon.

Erdmuthe Nietzsche betritt zuerst das Haus des Eisenbahnspediteurs Otto, dessen Erdgeschoss sie gemietet haben. Dass sie die Zimmer nach vorn zur Straße beziehen wird, gehört zu den Dingen, die sich so sehr von selbst verstehen, dass kein weiteres, gar erklärendes Wort darüber nötig ist. Ihre Töchter wohnen etwas bescheidener. Franziska und die Kinder aber bekommen die dunklen Kammern zum Hof. Immerhin, zu den Mahlzeiten wird man sich bei Erdmuthe Nietzsche im Speisezimmer begegnen.

Schauen sich die zukünftigen Schattenkinder ungläubig an? Hier sollen sie wohnen? Jede Verbannung ist zuerst eine Verbannung aus dem Licht. Sie werden den Ort ihrer Gemeinsamkeit nie anders als *unsere dunkle Kinderstube* nennen. Die Geschwister schließen ein Schutz- und Trutzbündnis gegen die Zumutungen des Daseins, der Finsternis, des Stadtlebens und der fremden Kinder Naumburgs unter besonderer Berücksichtigung der Erwachsenenwelt. Wie bei allen Verträgen älteren Typs kann sich später keiner mehr erinnern, wann genau er geschlossen wurde. Nur dass er immer schon in Kraft war, ist gewiss, und jeder Tag bestätigt ihn von Neuem. Er gilt demnach von Ewigkeit zu Ewigkeit. In einer Zeit wie der unseren, wo alles befristet und vorläufig ist, wo das ganze Leben zum Provisorium wird, muss man die Implikation wohl aussprechen: Er ist nicht kündbar.

Müssten Fritz und Lieschen nicht ihre Mutter in den Bund aufnehmen? Franziska wohnt in der dunklen Kammer nebenan, auch sie ein falsch umgetopftes Landkind, genau wie die Kleinen unter dem strengen Oberbefehl der Damen aus den vorderen Zimmern. Ja, die junge Witwe Franziska ist ihre Schicksalsgefährtin. Aber etwas schließt sie aus dem Bund ihrer Kinder von vornherein aus. Franziska hält es für ihre Aufgabe, Fritz und Lieschen zu erziehen. Es ist, streng genommen, die einzige Aufgabe, die sie noch hat. Sie erklärt es ihrem Sohn später so: Nach dem Verlust des Mannes und ihres jüngsten Sohnes habe sie sterben wollen, doch: »Gottes Wille war anders als der meine. Er schenkte mir wieder Kraft mich dem Werke der Erziehung Eurer zu widmen und so war hauptsächlich mein Zweck darauf gerichtet, Euch all das lernen zu lassen, wo ich fühlte, was MIR fehlte, indem ich den damaligen Ausspruch der Fr. Geheimräthin Lepsius so richtig fand, die auch eben dieses befolgte und darum die Privatstunden ihrer Kinder (zum Schrecken der Lehrer) selbst überwachte. Der liebe Gott legte seinen Segen darauf und so sind meine beiden jungen Seelen eigentlich meine kleinen Commentatoren, die mir immer fehlen, wenn ich sie nicht bei mir habe und Herz und Geist verarmt und möchte sich gern mit der ganzen Gluth der Mutterliebe an sie ketten, denn was ist einer Mutter LIEBER, WERTHER, in diesen armen Menschenleben und unvollkommenen Erdenleben als ihre Kinder.«[118]

Ihre Tochter wird das Ergebnis von Franziskas Bemühungen einmal so zusammenfassen: *Wir sind nie durch blinde Mutterliebe verweichlicht worden.*[119] Das Wort »Mutterliebe« überhaupt zu gebrauchen, ist Tribut an die sprachliche Konvention. Hätte sie besser »Mutterstrenge« sagen sollen?

Es ist in gewissem Sinn eine verkehrte Welt. Die Liebe ist Kindersache. Kinder werden dazu erzogen, ihre Mutter zu lieben. Diese wiederum hält es für ihre Pflicht, ihnen die Liebe ihrerseits möglichst nicht zu zeigen, denn Liebe macht schwererziehbar. Menschsein heißt Bündnisse schließen. Am Anfang schließt der Mensch Bündnisse mit seinen Ahnen, später mit Gott, noch später meist mit den eigenen Idealen. Unter solchem Schutz wagt er sich immer weiter hinaus. Und Franziska?

Franziska hat keinen Bündnispartner. Dabei hätte keine Beistand nötiger als die Hinterzimmermutter, der Irrtum vom Lande. Sie könnte diesen Bund nur mit sich selbst schließen. Doch vor solcher Einsicht sei der Herr! Erst ihr Sohn wird sich dieser Erkenntnis ausliefern. Franziska vertraut ihr missverstandenes, bedrängtes, einsames Dasein dem Nächstliegenden an: dem Herrn.

Gott wird sich bei alldem, was ihr Leben zu nennen sie sich kaum entschließen kann, etwas gedacht haben. Sie muss sich ihm nur ganz übergeben. Das hat sie zwar schon immer getan, schließlich ist sie ein Pfarrerskind, aber es war mehr ein Spiel gewesen, eine Leichtigkeit, jetzt aber geht es ums Bestehen, ums Überleben.

»Eine feste Burg ist unser Gott«? Franziska baut ihren Glauben zur Festung aus, im Namen ihres toten Mannes, hinter seinen Mauern weiß sie sich geschützt.

Das Erdgeschoss des Eisenbahnspediteurshauses in der Naumburger Neugasse bewohnen ab sofort drei einander latent feindlich gesonnene Bündnisgemeinschaften, drei Ignorantenkollektive. Die Bewohnerinnen des Vorderhauses und eines lutheranischen Glaubens, in dem sie sich mit einem gewissen Komfort eingerichtet haben, zeigen sich weitgehend gleichgültig gegen die Nöte und die Einsamkeit der jungen Aschenputtelwitwe. Helfen sie ihr denn nicht genug? Sie wohnt in ihrem Haus, sie isst von ihrem Tisch. Von den 46 Talern ihrer jährlichen Witwenrente könnte Franziska die Kinder und sich unmöglich allein durchbringen. Franziska wiederum gibt den Druck, dem sie selbst ausgesetzt ist, an ihre Kinder weiter. Vielleicht aus Hilflosigkeit, vielleicht, weil unweigerlich sie die Schuld träfe an jedem Fehlverhalten von Sohn und Tochter. Nicht mal zur Erziehung ihrer Kinder taugt sie, man habe es ja gewusst! Hat sie Angst vor diesem Wort?

Erziehung ist Abrichten und Strafen. Anders weiß man es damals kaum, es sei denn eine unmittelbare Güte, ein nichtkorrumpierbares Gefühl mildert die Absicht. Die Natur ist das, was überwunden werden muss!, wissen Glaube und Erziehung. Und erst recht die Natur des Kindes. Die Entdeckung der Kindheit als einer Zeit eigenen Rechts lässt noch fast ein halbes Jahrhundert auf sich warten, und sie wird im Zeichen Friedrich Nietzsches stehen. Das Kind sei ein aus sich selbst rollendes Rad. Und warum sollten wir nicht wie die Kinder werden?, fragt sein Zarathustra.

Die Geschwister Friedrich und Elisabeth Nietzsche, zwei aus sich selbst durch die Stadt rollende Räder? Die ganze Naumburger Erwachsenenwelt hätte einem solchen Kuriosum sofort in die Speichen gegriffen.

Nichts an ihnen ist rund, alles ist eckig. Sie sind kleine Soldaten. Sie hören aufs Wort, nein, sie hören auf den Blick. *Wir waren un-*

geheuer artige Kinder, wird Elisabeth immer wieder betonen, und da wird eine Reserve schwingen in diesem Satz, die ihre Mutter nie begreifen wird. Und was soll der Satz ihres Bruders bedeuten: *Wenn ich überhaupt von meiner Kindheit und Jugend keine willkommene Erinnerung habe ...*[120] Es ist traurig für eine Mutter, das zu lesen. Wahrscheinlich findet sie nur einen Trost: Der Fritz war wohl schon ein bisschen verrückt, als er das schrieb.

Friedrich und seine Schwester werden nie auch nur eine Fensterscheibe einwerfen und nicht auf einen Onkel hören, der sie ermutigt, etwas ganz Schlimmes zu tun, weil das nun mal zur Kindheit gehöre und man später bereue, es versäumt zu haben. Das äußerste Maß an Verweigerung wird erreicht sein, als sich Friedrich Nietzsche und seine Schwester im Krimkrieg nach dem Fall von Sewastopol außerstande sehen, zu Mittag zu essen. Sie hatten beide fest auf der Seite der Russen gestanden.

Friedrich und Elisabeth gehen gemeinsam in die innere Emigration. Natürlich haben sie auch einen Begleiter, einen Wächter: ihren Vater. Gegenüber allen Zumutungen der Erwachsenenwelt genügt ein Blick zwischen ihnen, in dem steht: Lebte unser Vater noch, wäre das nicht passiert!

Man mag die innere Emigration beargwöhnen, und doch ist sie ein guter Aufenthaltsort. Denn sie ist ein Werderaum der Fantasie, ein Werderaum der Seele. Und sie bietet von Anfang an den Komfort, nicht mit nur einer Wirklichkeit auskommen zu müssen. Was wäre der Mensch, was wäre ein Kind ohne Rückzugsräume! Auch war ein Kind, das nicht die sichere Überzeugung hat, aus einer ganz anderen Welt zu stammen als aus jener Alltagswelt, die die Erwachsenen offenbar für die einzige halten und die ihnen zu genügen scheint, wohl nie richtig Kind.

In *der dunklen Kinderstube* entstehen Welten, von denen Franziska keine Ahnung hat. Die Hauptfigur bleibt immer gleich. Es ist König Eichhorn.

Franziska wird nur eine kleine Nippesfigur aus Porzellan erblicken. Welchen Ursprungs König Eichhorn ist, konnte auch zwischen den Geschwistern nie zweifelsfrei geklärt werden. Nicht unwahrscheinlich ist, dass er den La Fontaine'schen Fabeln entsprang.

Der Fuchs spricht während eines Sturms zu einem gezausten Eichhörnchen ganz oben im Baum: *Du wirst, sprach Reinecke, dem Schicksal nicht entfliehn; / Dein Sarg erwartet dich, so hoch du auch magst klettern. / Das Haupt bedeckst du dir umsonst mit dem Schweif, / Am Wipfel angelangt, bist du zum Sterben reif. / Wo bleibst du nun mit deinem Witze? / Du rühmtest dich doch sonst, Nachbar zu sein dem Blitze?*

Und genau diese Nachbarschaft wird der Höhendenker einmal bevorzugen. Der Sturm nimmt ab, das Eichhörnchen bleibt oben, den Fuchs aber holt der Jäger. Grund genug, den Gipfel-als-Wipfelbewohner zum Souverän auszurufen.

Oder sollten die Kinder den Namen den Gesprächen der Erwachsenen entnommen haben? Albrecht Friedrich Eichhorn war preußischer Kultusminister unter Friedrich Wilhelm IV., ein großer Feind des Fortschritts, aber durchaus ein Mann der Form. Als er der alten Bettina von Arnim auf der Straße begegnete und fragte, wie es ihr gehe, soll sie geantwortet haben: Immer schlecht, wenn ich Sie sehe!

Die Naumburger Kinder spielen nicht mit den Neuen. Na und? Die kennen nicht einmal Prinz Eichhorn, was wäre mit denen anzufangen? Friedrich und Elisabeth sind sich selbst genug. Einer ist allein, zwei dagegen sind schon eine Welt, gleichgültig gegen alle Welten, die es sonst noch gibt. Die meisten Welten sind Ausland.

Es gibt nichts, was den frühen Bruder-Schwester-Bund zerstören könnte. Oder doch, da ist etwas. Fritz muss zur Schule. Erdmuthe Nietzsche ist für die Naumburger Volksschule. Es sei gut, wenn die Kinder aller Stände anfangs gemeinsam lernten, denn das befördere das Verständnis des Volkscharakters bei denen, deren Weg weiter führe.

November II
(Elisabeth)

Nichts wäre leichter als hier in diesem Jahr Ihr SchLR zur Aufführung zu bringen.[12] SchLR bedeutet *Scherz, List und Rache,* so heißt das

Hauptwerk des erfolglosen, verkannten Komponisten Heinrich Köselitz, seinerseits eng befreundet mit dem erfolglosen, verkannten Autor Friedrich Nietzsche, der ihm Mitte September diese Mitteilung machte, an der wir eine gewisse Tendenz zum Unverantwortlichen bemerken müssen.

Friedrich Nietzsche hatte Heinrich Köselitz einst eigenmächtig in Peter Gast umbenannt und ihm Anfang Oktober mitgeteilt, der Leipziger Kapellmeister Nikisch habe es bisher zwar noch nicht ermöglichen können, die Partitur der heiteren Oper zu lesen, aber wenn ihr Urheber selbst sie ihm vorspielen würde, fände er gewiss einmal Muße zuzuhören. Gewöhnlich versteckt sich Peter Gast vor der Welt – alle übersehenen Menschen neigen zu dieser Daseinsform –, seine privilegierte Einsiedelei ist Venedig, aber jetzt folgt er bereitwillig dem Ruf seines Ruhmes.

Leipziger Neuigkeiten sind auch Naumburger Neuigkeiten. Elisabeths privater Nachrichtendienst heißt Heinze, Claire Heinze. Claire Heinze zufolge erzähle man sich in Leipzig bereits, Rée und Nietzsche hätten sich eine Geliebte aus Italien mitgebracht und benutzten sie jetzt abwechselnd. Dass Lou in Leipzig mit Rée zusammenwohnte, weiß Elisabeth auch schon.[112] Aber näheren Aufschluss über den Stand der Dinge kann nur Gast geben.

Gasts Oper soll in Leipzig aufgeführt werden? Die abgesetzte Schwester ist alarmiert: Ich komme! Sie hat ein Recht dazu, schließlich steht sie schon lange im Briefwechsel mit dem Komponisten. Die Freunde ihres Bruders sind auch ihre Freunde, oder nein, falsche Zeitform: Seine Freunde waren auch ihre. Egal wie, sie ist entschlossen, Zeugin von Köselitz' großem Durchbruch in der Musikwelt zu werden. Leider kommt etwas dazwischen. Kapellmeister Nikisch will die Oper nicht. Franziska Nietzsche bringt die Nachricht aus Leipzig mit. Ihren Sohn findet sie dort nicht.

Wenn einer weiß, was geschehen ist, dann ist das der durchgefallene Komponist. Erst im November durfte er vorspielen, und dann: nichts. Er weilt jetzt gewissermaßen als der Hinterbliebene seiner Hoffnungen in der Messestadt, Elisabeth nähert sich ihm postalisch, sie kondoliert dem Zurückgewiesenen. Haben sie nicht beide die Hoffnungen, das Licht ihres Lebens ver-

loren, sie einen Bruder und Köselitz eine Oper? *Nun muß ich im-*
mer daran denken wie traurig Sie jetzt sein werden und das thut mir
herzlich leid. Niemand wisse besser als sie, was er fühle, denn:
Ich habe in diesem Herbst einen tiefen tiefen Schmerz erlitten und kann
noch nicht darüber hinwegkommen. ... Das Leben ist schwer zu leben
vorzüglich für die unegoistischen zart empfindenden Gemüther. Sie
wollen doch nicht etwa ein Egoist sein lieber Herr Köselitz?[123] Noch
lieber möchte sie etwas anderes erfahren, aber empfindliche Fragen verlangen umsichtige Vorbereitungen. Köselitz ist immer
auf der Seite ihres Bruders, er kann gar nicht anders.

Auch wenn sie gar keinen Bruder mehr hat, so muss sie doch
wissen, wie es ihm geht, wo er ist und vor allem: mit wem. Der
Komponist schickt, eingedenk ihrer beider Verluste, einen Aufruf zu Mut und Tapferkeit nach Naumburg. Es komme darauf an,
den Unbilden der Existenz mit Fassung zu begegnen, und wenn
gar nichts mehr helfe, dann helfe durchaus, zu lachen. Und zwar
nicht zuletzt über sich. Wer lacht, glaubt der unaufgeführte Musiker, bewahre doch immerhin die Deutungshoheit über das, was
ihn zu vernichten droht.

> *Hochgeehrter Herr Köselitz*
> *Als ich Ihren lieben Brief gelesen hatte folgte ich Ihrem Rath*
> *und lachte herzlich hauptsächlich über mich die ich alles so*
> *tragisch nehme ... Wir sind über Fritz so bekümmert! Er*
> *macht sich so mit aller Gewalt böse hart und egoistisch;*
> *natürlich ist er nur schlimm beeinflußt es ist gar nicht seine*
> *Natur. Das Böse wird jetzt als eine solche Hauptkraftquelle*
> *gepriesen und der Größe als unerläßliche Eigenschaft*
> *beigegeben, daß Güte und unegoistisches Handeln fast als*
> *verächtlich dastehen. Daran knüpfen sich endlose Gespräche*
> *ich möchte Sie so Vielerlei fragen mich so gern einmal*
> *aussprechen. Sie könnten mir gewiß in manchem Stück helfen*
> *mich beruhigen und manche Unklarheit lösen.*[124]

Helfen. Beruhigen. Unklarheiten beseitigen. Heißt: Wie steht es
zwischen ihrem Bruder und dem Frauenziefer? Doch so direkt

kann sie das nicht fragen. Sie kennt sein Lou-Bild nicht und weiß, dass Friedrich Nietzsche streng genommen der einzige Mensch ist, der an den Komponisten Köselitz glaubt, und umgekehrt.

Und wie Elisabeth ganz richtig vermutet, hatte Köselitz den ganzen Frühsommer erstaunlichste Nachrichten über die Existenz eines Zauberwesens erhalten, manche recht kryptisch wie jene letzte aus Tautenburg: *L bleibt noch eine Woche bei mir. Sie ist das INTELLIGENTESTE ALLER WEIBER. Alle fünf Tage haben wir eine kleine Tragödienscene. – Alles, was ich über sie schrieb, ist Unsinn, wahrscheinlich auch das, was ich eben schrieb.*[125]

Ja, Heinrich Köselitz ist es gewöhnt, Friedrich Nietzsche enthusiastisch beizupflichten, aber als er von seinem Freund erfuhr, dass die Vorlage der Komposition, die er musikalisch glätten sollte, gar kein Nietzsche-Gedicht, sondern ein Frauen-Gedicht war, zeigte er sich doch aufrichtig befremdet.

»Nach und nach«, ließ er ihn wissen, »bangt mir vor diesem Fräulein Lou; ich ertrage diese Empfindungsweise an einem Weibe noch weniger als an einem Manne. Ich ertrage nicht ganz diese Abnützung der kriegerischen Ausdrücke und noch weniger den Wunsch nach der Pein des Lebens. Ist denn das Fräulein krank? Sie soll ja beim Heroismus die Idylle nicht vergessen, um in Ihrer Nähe leben zu können.«[126] Das klang zumindest, mit den Ohren Elisabeths gehört, nach erfreulich angemessener Wahrnehmung. Ist denn das Fräulein krank? Genau so muss man das fragen.

Leider hat Heinrich Köselitz diesen Pfad in den ersten Tagen dieses unbekömmlichen Monats verlassen. Eine Stunde Lou-Kontakt genügte, um ihn zu folgender Stellungnahme zu veranlassen: »Ich habe sie nur ein einziges Mal gesehen und mit ihr auf ihrem Zimmer fast eine Stunde diskutiert. Sie ist wirklich ein Genie, und von Charakter ganz heroisch; von Gestalt ein wenig größer als ich, sehr gut proportioniert im Bau, blond mit altrömischem Gesichtsausdruck. Ihre Einfälle lassen erkennen, dass sie sich bis an den äußersten Horizont des Denkbaren, sowohl im Moralischen, als im Intellektuellen, gewagt hat, – wie gesagt: ein Genie an Geist und Gemüt.«[127]

Ein blondes Genie mit altrömischem Gesichtsausdruck? Wüsste Elisabeth von diesem Steckbrief, sie müsste den durchgefallenen Musiker zu den aussichtslosen Fällen rechnen. Wahrscheinlich hätte sie die Korrespondenz mit Köselitz umgehend eingestellt. Und wo Fritz ist, weiß er auch nur auf negative Weise anzugeben: weg. Weg? Er lässt seinen Freund mit seiner verworfenen Oper allein am Schauplatz seiner Niederlage zurück? Wie soll sie das deuten? Die Seele ist ein schlechter Bündnispartner. Sie akzeptiert oft so schwer die Beschlüsse des Verstandes. Es wird bald Weihnachten und sie hat keinen Bruder mehr?

Das Weib mache Stützen, Gehhilfen aus allem, hat er in seinen Notizen für Lou gesagt. Das Weib könne nicht ungestützt stehen. Darum idealisiere es den Mann und jedes Gebot der Sitte und der Religion als *etwas Heiliges, Unantastbares, Letztes, Anbetungswürdiges.*

Wenn Elisabeth diesen Satz prüfen sollte, müsste sie zugeben: Ihr Bruder hat recht. Er war die Stütze ihres Daseins, von aller Kindheit an. Sie glaubte an ihn. Sie hatten beide keinen Vater, aber er hat ihr zugleich den Vater ersetzt. Und wer hat sie denn erzogen? Nicht die Mutter, nicht die Großmutter und die Tanten. Friedrich war's. Nun gut, er hat ihr auch manches verboten. Sie durfte nicht Körners Monolog des Helden Soliman auf der Schulfeier vortragen, dabei war es ihr Lieblingsgedicht:

Wie ich auftrat, da hat die Welt gezittert;
die Welt soll zittern, muß ich untergehn:
das ist das Götterlos der Helden.

Und immer so weiter. Das Gedicht war gestrichen. Und sein Wort galt, er kontrollierte ihre Hausaufgaben und sagte ihr, was sie lesen sollte und was nicht. Natürlich hat er sie auch öfter nicht mitspielen lassen, etwa im Krimkrieg. Und während des Krimkriegs herrschte eigentlich immer Krimkrieg in der dunklen Kinderstube in der Naumburger Neugasse, Teilnehmer waren gewöhnlich Friedrichs neue Freunde Gustav und Wilhelm, der eine war der Sohn des Geheimrats Krug, der andere hatte den Appellationsgerichtsrat Pinder zum Vater, aber einmal war auch der Sohn eines richtigen russischen Staatsrats zu Besuch und der bemerkte ihre sehnsüchtigen Blicke und schlug vor, das kleine Mädchen ins Heer zu kooptieren.

Alle Jungs starrten mich an, als ob sie mich noch nie gesehen hätten … Schließlich ermannte sich der älteste der Freunde, den mein Bruder beunruhigt fragend ansah, zu einem etwas mürrischen: »Meinetwegen«. Auf diese graziöse Aufforderung stürzte ich mit Wonne herbei. Natürlich wurde ich der Partei des kleinen russischen Freundes zugetheilt, und da ergab es sich, daß ich mit Festungsbauen, allerhand Kriegswissenschaft, Kriegslisten u.s.w. ungewöhnlich gut Bescheid wußte. Der kleine Russe warf sich vor Vergnügen und Erstaunen rücklings in die Stube hin und schrie: »Sie weiß alles wie ein Junge«, worauf ich in der allgemeinen Achtung stieg.[128]

Und ihr Bruder hatte das nicht gewusst. Auch wenn er manchmal irrte: »Fritz hat es gesagt!« Das war der Satz ihrer Kindheit. Ein größerer Autoritätsbeweis war nicht denkbar. Kam er nicht beinahe einem Gottesbeweis gleich?

Er hat sich vor sie gestellt, er hat die größten Härten abgefangen. Er war ihr Bruder und Vater zugleich, der Bürge ihres Daseins.

Santa Marguerita
Ligure, poste restante

Lou geht durch Wände. Sie geht mitten durch ihn hindurch und lässt nur seine Bruchstücke zurück. Ob es ihm je gelingt, sie wieder zusammenzusetzen? Und wenn, dann gewiss nicht zu dem Menschen, der er vorher war. Aber zu wem dann?

Er ist nicht mehr in Leipzig. Sein Entschluss, aus der Stadt fortzugehen, niemandem zuvor mitgeteilt, kaum sich selbst, war ein Akt des Heroismus, zumindest versteht er es so. Als er in den Zug Richtung Basel steigt, nimmt er Abschied von allen Hoffnungen, die er in dieses Jahr gesetzt hatte. Es hätte das Jahr seiner Rückkehr zu den Menschen werden sollen. Das Gegenteil ist geschehen. Nun, das weiß er wohl, ist dieser Rückweg abgeschnitten. Er würde es nicht noch einmal versuchen.

Er besucht Overbeck in Basel, er hat gerade Geburtstag, und fährt weiter nach Genua, doch seine alte Wohnung ist vermietet. Hier hatte er seinen Sanctus Januarius erlebt, was für ein Trugbild! Er fährt die Küste hinunter, in dem kleinen Fischerdorf Rapallo steigt er aus, nicht weil er dort hinwill, sondern weil er irgendwo aussteigen muss. Ungläubig besehen ihn die Fischer. Entweder der Mann ist verrückt oder lebensmüde. Wahrscheinlich beides, denkt Nietzsche. Außerdem wird er hier voraussichtlich erfrieren, das Albergo della Posta hat keinen Ofen.

Aber mit Lou und Rée, mit den beiden Menschen, die ihm trotz allem am nächsten stehen, möchte er vorher noch ins Reine kommen. Er weiß, dass auch er nicht unschuldig ist am Misslingen ihrer Gemeinsamkeit.

Er schreibt es dem Freund: *Es gab in diesem Jahr hundert Augenblicke, von* ORTA *an, wo ich empfand, daß Sie die Freundschaft mit mir etwas »zu hoch bezahlen«. Ich habe schon viel zu viel von* IHREM *römischen Funde abbekommen (ich meine Lou) – und es schien mir immer, namentlich in Leipzig, daß Sie ein Recht hätten, gegen mich etwas schweigsam zu werden.*

Denken Sie, liebster Freund, so gut als möglich von mir, und bitten Sie auch Lou um eben dasselbe für mich. Ich gehöre Ihnen beiden mit meinen herzlichsten Gefühlen – ich meine dies durch meine Trennung mehr bewiesen zu haben als durch meine NÄHE.

Alle Nähe macht so ungenügsam – und ich bin zuletzt überhaupt ein ungenügsamer Mensch.

Von Zeit zu Zeit werden wir uns schon wiedersehen, nicht wahr?

Vergessen Sie nicht, dass ich VON DIESEM JAHRE AN *plötzlich arm an Liebe und folglich sehr bedürftig der Liebe geworden bin.*[129]

Dieser Brief ist die Antwort auf einen verlorenen Brief Rées, den Nietzsche wahrscheinlich noch in Leipzig bekam. Es gäbe etwas, das zwischen ihnen stünde, schrieb Rée. Und Nietzsche bittet den Freund nun, es aufzuklären. Sollten sie, die selbstberufenen Aufklärer, dazu nicht imstande sein?

Er ist schon auf dem Weg, diesen Brief in die Post zu geben, als er noch einmal umkehrt. Er hat auch Lou noch etwas zu sagen, etwas, das sie allein betrifft. Sie allein möge entscheiden, ob Rée es auch lesen soll: *Nehmen Sie DIES als ein Zeichen des Vertrauens, meines REINSTEN WILLENS zum Vertrauen zwischen uns!*

Und nun, Lou, liebes Herz, schaffen Sie reinen Himmel! Ich will nichts mehr, in allen Stücken als reinen hellen Himmel: sonst will ich mich schon durchschlagen, so hart es auch geht. Aber ein Einsamer leidet fürchterlich an einem Verdachte über die Paar Menschen, die er liebt – namentlich wenn es der Verdacht über einen Verdacht ist, den sie gegen sein ganzes Wesen haben. Warum fehlte bisher unserm Verkehre alle Heiterkeit? Weil ich mir zu viel Gewalt anthun mußte: die Wolke an UNSREM HORIZONTE LAG AUF MIR!

Der Briefschreiber wird nicht deutlicher, aber es fällt nicht schwer zu deuten, worauf er zielt: Es ist die Elisabeth-Wolke. Wie viel Wahrheit enthält sie? Hat Lou ihn in Bayreuth verraten? Hat sie ihn vor den versammelten Wagnerianern und der eigenen Schwester lächerlich, gar verächtlich gemacht? Und er fährt fort: *Sie wissen vielleicht, WIE unerträglich mir alles Beschämenwollen, alles Anklagen und Sich-Vertheidigen-müssen ist. Man thut VIEL Unrecht, unvermeidlich – aber man hat ja auch die herrliche GEGENkraft, wohlzuthun, Frieden und Freude zu schaffen.*

Ich fühle jede Regung der HÖHEREN Seele in Ihnen, ich liebe nichts als diese Regungen. Ich verzichte gerne auf alle Vertraulichkeit und Nähe, wenn ich nur dessen sicher sein darf: dass wir uns dort EINIG fühlen, wohin die gemeinen Seelen nicht gelangen.

Ich spreche dunkel? HABE ich erst das Vertrauen, so sollen Sie schon erleben, daß ich auch die WORTE habe. Bisher habe ich immer schweigen müssen. [130]

2

Wie heiratet man
einen Antisemiten?

Ein Gehirn mit
einem Ansatz von Seele

Was hat sie ihm geantwortet?

Wir wissen es nicht. Elisabeth wird gewissenhaft genug sein, die meisten Lou-Briefe zu vernichten. Dass er selbst sie verbrannte, ist nicht wahrscheinlich. Verbrennen bloß Frauen Briefe?

Nur eins ist vollkommen unzweifelhaft: Es muss das Gegenteil von dem gewesen sein, was Friedrich Nietzsche erwartet hatte. Lou wird leicht grob, wenn sie einen Vorwurf spürt, gar einen moralischer Art. Das liebt er an ihr, das nennt er *die Unschuld des Werdens* oder den *heiligen Egoismus*. Aber jetzt ist er entsetzt, verletzt, gekränkt, grenzenlos gekränkt. Sie muss geantwortet haben als die Lou, von der Elisabeth behauptet, sie sei Lou. Elisabeths Lou hat ihm geschrieben. Sollte er daraus schließen müssen, dass es dieses Phantom wirklich gibt?

Der Himmel liegt wie eine graue Grabplatte über dem Meer, und Lous Brief erschlägt ihn. Er versucht zu antworten:

Wollen wir uns zusammen erzürnen? haben wir Lust einen großen Lärm zu machen ... Aber Sie sind ja ein kleiner Galgenvogel! Und einst hielt ich Sie für die leibhaftige Tugend und Ehrbarkeit.[13] Nein, so geht das nicht, er versucht es noch einmal: *MlL* – Das heißt: Meine liebe Lou – *ich muss Ihnen einen kleinen boshaften Brief schreiben. Um Himmels willen, was denken denn diese kleinen Mädchen von 20, welche angenehme Liebesgefühle haben und nichts Weiteres zu THUN haben als hier und da krank zu sein und zu Bett zu liegen?* Aber klingt jetzt nicht er wie ein kleines Schulmädchen? So kann er nicht beginnen.

Vielleicht sollte er auch gar nicht Lou, sondern Rée schreiben: *Seltsam! Ich habe über L eine vorgefaßte Meinung: und obwohl ich sa-*

gen muß, daß ALLE meine Erfahrung aus diesem Sommer widerspricht, werde ich diese Meinung nicht los ...

Eigentlich hat sich Niemand in meinem Leben so häßlich gegen mich benommen wie L. Bis heute hat sie jene abscheuliche Verunglimpfung meines ganzen Charakters und Willens nicht widerrufen, mit der sie sich in Jena und Tautenb(urg) einführte ... Wie ich einen Mann behandeln würde, der so über mich zu meiner Schwester redete, darüber ist kein Zweifel. Darin bin ich Soldat und werde es immer sein, ich verstehe mich auf Waffen. Aber ein Mädchen! Und Lou!

Doch sollte er sich wirklich bei dem Mann beklagen, mit dem sie zusammenlebt? Es ist deplatziert. Dann versucht er doch lieber wieder, ihr zu schreiben. Mitte Dezember antwortet er auf einen verlorenen Lou-Brief: *MlL nehmen Sie sich in Acht! Wenn ich Sie jetzt von mir weise, so ist dies eine fürchterliche Censur über Ihr ganzes Wesen! Sie haben mit einem der langmüthigsten und wohlmeinendsten M(enschen) zu thun gehabt: aber ich bin mehr als irgend ein M(ensch) glaubt durch Ekel zu überwältigen. Schreiben Sie mir andere Briefe. Besinnen Sie sich eines Bessern, besinnen Sie sich auf sich selbst!* Und dann erklärt er ihr, sich noch nie in einem Menschen getäuscht zu haben, und in ihr sei *jener Drang nach einer heiligen Selbstsucht, welche der Drang nach Gehorsam gegen das Höchste ist.* Sie aber habe ihn durch irgendeinen Fluch verwechselt mit seinem Gegensatze, *dem Ausbeuten aus der ausbeutenden Lust der Katze um nichts als um des Lebens willen.* Nähert er sich jetzt auf ureigenem Pfad der schwesterlichen Einsicht, dass Lou überhaupt *noch sehr viel Thierisches* anhafte: Wer seine Ohren einzeln bewegen kann und die Kopfhaut dazu, was für ein Halbwesen darf man in dem vermuten?

Wenn er diesen Brief abschickte, er bekäme Katzenbisse zur Antwort, ahnt er das? Die Empfängerin duldet keine Zurechtweisungen. Ist er etwa ihre Mutter? Die Generalscha könnte ihm erzählen, wie es Menschen ergeht, die versuchen, sich ihrer Tochter in erzieherischer Absicht zu nähern. Aber das Nicht-Abschicken kommt später, zuerst kommt das Schreiben, und er ist noch lange nicht fertig: *Sie haben Schaden gethan, Sie haben WEHE gethan – und nicht nur mir sondern allen M(enschen), die mich liebten – dies Schwert hängt über Ihnen.*

Könnte Elisabeth diese Post lesen, die ihre Empfängerin wohl nie erreichen wird, sie wäre stolz auf ihren Bruder. Hat er also doch noch etwas Verstand übrigbehalten!

Sie haben in mir den besten Advokaten, aber auch den unerbittlichsten Richter! Ich WILL, daß Sie sich selbst verurtheilen, und sich Ihre Strafe bestimmen. Das ist kein Satz, für den Lou als Empfängerin in Frage kommt. Spürt er schon ihre Krallen im Gesicht? Da hilft es wenig, wenn er fortfährt: *... ich hatte damals in Orta bei mir beschlossen, Sie zuerst mit meiner ganzen Ph(ilosophie) bekannt zu machen. ... Damals war ich geneigt, Sie für eine Vision, und die Erscheinung meines Ideals auf Erden zu halten.* Bemerkten Sie schon? *ICH SEHE SEHR SCHLECHT.*

Und ja, da ist Selbstmitleid, ein grauenhaftes Selbstmitleid: *Hätte ich Sie geschaffen, so würde ich Ihnen gewiß eine bessere Gesundh(eit) gegeben haben, aber vor allem einiges Andre, an dem MEHR LIEGT – und vielleicht auch ein Bischen mehr Liebe zu mir (obwohl daran gerade am allewenigsten liegt) ... Ich bilde mir ein, Sie wissen ganz und gar nichts, WAS ich will? – Aber diese erzwungene Lautlosigkeit ist mitunter fast zum Ersticken, namentlich wenn man die M(enschen) lieb hat.*

Er überarbeitet diese Antwort mehrmals. Das *MIL, nehmen Sie sich in Acht!* lässt er weg. Moderne Intelligenzen sind strukturell renitent, auf Drohungen reagieren sie gar nicht oder auf höchst kontraproduktive Weise. Er findet jetzt einen viel versöhnlicheren, höflicheren Anfang: *Ich glaube, es kann Niemand besser von Ihnen denken, aber auch niemand schlimmer.* Das klingt doch gut. Und das eben ist der Unterschied zu Elisabeth. Er kann doppelt denken. Er kann Widerstrebendes zugleich gelten lassen, selbst auf die Gefahr hin, dass es ihn zerreißt. *Es steht ganz so wie mit Freund R – ich kann weder mit Ihnen noch mit ihm ein Wort von dem sprechen, was mir am meisten am Herzen liegt. Diese erzwungene Lautlosigkeit ist mir mitunter fast zum Ersticken – namentlich weil ich Sie beide lieb habe.*

Ja, er sei ihr böse gewesen in Tautenburg, alle 5 Tage oder noch öfter, und sie möge ihm nur glauben, er habe seine guten Gründe dafür gehabt. Er vermutet *ein Grund-Unglück in Ihrer Erziehung und*

Entwicklung und nennt dessen Resultat nochmals *jenen Katzene-goismus der nicht mehr lieben kann.* Das Lebensgefühl, zu dem Lou sich bekenne, sei ihm das *ganz Widerwärtige am Menschen: schlimmer als irgendetwas Böses.* Die Erkenntnis, genommen als *plaisier neben andern plaisiers*: das ertrage er nicht.

Er macht sich Notizen zu Lous Charakter. Stellen wir uns vor, die ehemalige Schwester ihres früheren Bruders hätte sie mitlesen können:

Ich bin noch nie mit einem so armen M(enschen) umgegangen wie Sie sind

unwissend – aber scharfsinnig

reich in der Ausnützung des Gewußten

ohne Geschmack, aber naiv in diesem Mangel

ehrlich und geradezu im Einzelnen, aus Trotz zumeist; im Ganzen, was die Gesammt-Haltung des Lebens betrifft unehrlich (krank aus Überarbeitung usw.)

Ohne jedes Feingefühl für Nehmen und Geben

ohne Gemüth und unfähig der Liebe

Ja, Elisabeth dürfte wirklich stolz auf ihren Bruder sein. Kommt er nicht wieder zu Verstand? Die reine Ratio ist monströs, so hat sie das empfunden. In Bayreuth kam es ihr vor, als höre Lou die Musik gar nicht, als sei sie ganz ohne Empfänglichkeit dafür. Wie anders dagegen ist er gemacht. Im Vergleich zu diesem Mannkind im falschen Leib ist er ein Weib. Und er ist noch nicht fertig:

im Affekt immer krankhaft und dem Irrsinn nahe

Klingt er nicht beinahe, als hätte er die »Katastrophe von Jena« (Lou) miterlebt, müsste Elisabeth sich fragen, könnte sie lesen, was ihr Ex-Bruder da in immer neuen Anläufen notiert:

unfähig der Höflichkeit des Herzens

abgeneigt gegen die Reinheit und Reinlichkeit der Seele

ohne Scham im Denken immer entblößt, gen sich selber gewaltsam in Einzelnen

unzuverlässig

nicht »brav«

Ob ihm bewusst ist, dass er, der selbsternannte große Überwinder der Moral, einen Tugendkatalog entwirft, einen recht konventionellen Tugendkatalog? Freilich verzeichnet er nur Fehlstellen.

ein Gehirn mit einem Ansatz von Seele

Das ist gut. Das ist sehr gut. Hätte Elisabeth das besser formulieren können? Sollte die frühere Schwester angesichts dieses Satzes nicht das Bedürfnis fühlen, ihrem verflossenen Bruder die Hand zu reichen?

Charakter der Katze – des Raubthiers, das sich als Haustier stellt

das Edle als Reminiszenz an den Umgang mit edlen M(enschen) ein starker Wille, aber ohne großes Objekt

ohne Fleiß u Reinlichkeit

Wie gern – anders ist es nicht zu denken – würde Elisabeth an dieser Tabelle mitarbeiten. Und was sie beitragen könnte! Weiß er denn, wie die Tautenburger Wäscherin und das Dienstmädchen über den Ordnungs- und Sauberkeitssinn des Sommergastes gesprochen haben? Aber Elisabeth selbst hat es ja erst im November durch ihren Leipziger Nachrichtendienst erfahren. Sie wird, derart ermutigt, ihren Lou-Befund bald in dem Satz von der etwas *niederen Kulturstufe* zusammenfassen, auf der sich diese Russin befinde.

ohne bürgerliche Rechtschaffenheit

Ist es denn wahr? Friedrich Nietzsche tritt auf als Anwalt der bürgerlichen Rechtschaffenheit! Und dann folgen Bemerkungen, Lou in der Spezifik ihrer äußeren Formgebung betreffend:

grausam versetzte Sinnlichkeit

rückständiger Kinder-Egoismus in Folge einer geschlechtlichen Verkümmerung u Verspätung

der Begeisterung fähig

ohne Liebe zu M(enschen), doch Liebe zu Gott

Bedürfniß der Expansion

schlau und voll Selbstbeherrschung in Bezug auf die Sinnlichkeit der Männer.[132]

Vielleicht sollte man an dieser Stelle einfügen, dass die Analysierte ihm als Menschenerkennerin, als Nietzsche-Deuterin schon jetzt durchaus gewachsen ist. Das Herz sei N ins Hirn gerutscht, hatte sie Rée schon aus Tautenburg mitgeteilt. Und in Leipzig im Oktober machte sie sich Notizen über Mystik und Nietzsche:

»So wie die christliche Mystik (wie jede) gerade in ihrer höchsten Exstase bei grobreligiöser Sinnlichkeit anlangt, so kann die idealste Liebe – gerade vermöge der großen Empfindungsaufschraubung« – das Wort hätte Nietzsche ihr gewiss gestrichen – »in ihrer Idealität wieder sinnlich werden. Ein unsympathischer Punkt, diese Rache des Menschlichen, – ich liebe nicht Gefühle da, wo sie in ihrem Kreislauf wieder einmünden, denn das ist der Punkt des *falschen Pathos*, der verlorenen Wahrheit und Redlichkeit des Gefühls. Ist es dies was mich N entfremdet?«[133]

Nicht schlecht für eine 21-Jährige. Und wenn bisher noch nicht deutlich geworden sein sollte, wie Nietzsche sich in den Verstand eines Mädchens verlieben konnte, er dessen Inhaberin gar zu seinem »Geschwistergehirn« ernennen konnte: Lou denkt in Abstraktionen statt in Moralismen, sie wirft sie hoch und macht sie wieder flüssig. Sie vermag mit ihnen zu spielen. Das ist nicht Frauenart. Das ist nicht Elisabeth-Art. Das musste ihn faszinieren.

Lou besitzt die Unschuld und den Egoismus des Kindes. Bis wann ist der Mensch Kind? Vielleicht solange er die Liebe nicht kennt. So gesehen ist Lou noch immer ein Kind. Lange wird sie glauben, gar nicht lieben zu können, und diesen Selbstverdacht niemals zureichend widerlegt finden.

Sie ist unter älteren Brüdern großgeworden. Sie sah den Widerschein ihrer Existenz in ihren Augen: als ein Wohlgefallen. Der Umgang mit dem anderen Geschlecht war ihr etwas ganz Natürliches, nur zu Frauen fand sie bisher kein Verhältnis, mit Ausnahme Malwida von Meysenbugs, der mütterlichen Freundin. Lou von Salomé hat ihre Brüder in Russland zurückgelassen. Sie versteht nicht, warum nur sollte es so schwierig sein, Ersatzbrüder zu finden? Sie spürt eine Reserve stilistischer Art gegen Friedrich Nietzsche? Nicht nur sie.

Er spürt eine ebensolche sich selbst gegenüber, und nicht lediglich in Formfragen. Hat er Talent, seine Lou-Erkenntnisse zu überleben?

Das Leben neigt zur Gewissenlosigkeit, und so lässt es Elisabeth nicht mitlesen, was Friedrich inzwischen über Lou weiß. Dabei würde es ihr helfen: Sie brauchte nicht mehr argwöhnen, ihr Bruder lebe längst mit Rée und dieser Abenteurerin in Paris. Vor allem aber müsste sie nicht länger über eine Laufbahn als Märtyrerin ihres Bruders nachdenken.

»Entweder er heirathet sie, oder er erschießt sich ...«

Lägen die Dinge nicht viel einfacher, wenn sie nicht mehr wäre? »Der Teufel soll sie holen!«, hatte er geschrien, in Gegenwart seiner Mutter, immer wieder. Ihr so beherrschter Bruder. Franziska hat es ihr erzählt. So weit vergaß er sich.

Das kann sie nicht vergessen.

Vielleicht kann sie es nicht einmal überleben.

Vielleicht will sie es gar nicht überleben. Hole mich der Teufel! Dann würde er schon sehen. Dann würde es ihm gewiss leidtun. Aber dann wäre es zu spät!

Elisabeth fühlt eine gewisse Erleichterung bei dem Gedanken, den Märtyrertod für ihren Bruder zu sterben: *Fritz wird mir vielleicht auch noch einmal Dank wissen, daß ich mit allen Kräften gegen dieses Wesen, welches seiner Größe so in JEDER Beziehung hinderlich und schädlich, ankämpfte, aber dann werde ich nicht mehr sein denn mein Lebensfaden spinnt sich in diesem Jahr zu Ende.*[134] Es wäre ein klarer Fall von Selbstentleibung in pädagogischer Absicht, und es hätte Größe. Es wäre wie in Wagners Opern, wo die Nornen die Schicksalsfäden in den Händen halten. Und sie ist eine Wagnerianerin. In Wagners Opern sterben edle Frauen für die Erlösung der Männer. Das ist doch ein Gesichtspunkt! Ihr ist so visionär, so sentimental zumute.

Meistens suchen sie zwar Angstvisionen heim, wie es Menschen leicht geschieht, die von einem Tag auf den anderen den Halt ihres Lebens verloren haben. Werde, der Du bist!, sagt ihr Bruder. Aber von ihrem Bruder lässt Elisabeth sich nichts mehr sagen. Bloß wer soll sie dann werden? Zuletzt bemächtigte *sich meiner eine sanfte Fröhlichkeit … und all diese seltsamen Ereignisse scheinen manchmal weit hinter mir zu liegen.*[135]

Denkt sie an Isoldes Liebestod? Aber wer wäre dann Tristan?

Keine Frage, die Vitalität der Geschwister ist auf ihrem Tiefpunkt angelangt. Möge der Überlebende allein bleiben mit seiner Schuld! Ihr eigener Bruder, das Licht ihres Lebens! Frauen verzeihen gern, glaubt nicht nur er. Wahrscheinlich meinen die Männer, das Verzeihen sei der Großmut der Kleinen. Aber ob sie ihm diesen Sommer verzeihen kann, weiß sie nicht. Und dabei ist Advent, die Zeit, in der die Menschen einander vergeben.

Gibt es das denn überhaupt: einen Advent ohne ihren Bruder?

Jedes Weihnachten bleibt zuletzt ein Kinder-Weihnachten. Und sie weiß, wie weihnachtsempfindlich ihr Bruder ist. Diese Abenteuerin ist es gewiss nicht. Rationalisten haben kein Weihnachten.

Wenn sie nur wüssten, wo er ist.

Ihre Mutter sagt: »Entweder er heirathet sie, oder er erschießt sich, oder er wird verrückt.«[136] Das sind doch keine Erwartungen, die in den Advent gehören! Und was sollen die Nachbarn dazu sagen? Wenn Elisabeth versucht, die Mutter zu beruhigen, vielleicht komme alles nur halb so schlimm, schaut sie, als stehe der personifizierte Leichtsinn vor ihr. Sie allein wisse, wie ihr Sohn unter dem Banne dieser Frau stehe. Sie allein sei Zeugin gewesen jener unvordenklichen Szenen in ihrem Hause! Dafür, macht Elisabeth geltend, kenne sie die Urheberin und die werde ihn gewiss bald sitzen lassen. Aber sie überzeugt ihre Mutter nicht, kaum überzeugt sie sich selbst. Doch auch um ihrer Mutter willen muss sie noch durchhalten. Zwei verlorene Kinder, das würde sie nicht überstehen. Es gibt überhaupt nur einen Halt, einen Trost in diesen Tagen. Es ist ein Mann.

Der Mann, den sie schon bei den ersten Bayreuther Festspielen kennenlernte. Er sieht ungefähr so aus wie ihr Bruder, es ist der gleiche willensstarke, energische Typus. Vielleicht wäre er ihr sonst gar nicht so aufgefallen. Natürlich ist er nicht so kurzsichtig und er hat auch nicht ständig Migräne. Aber vom Wesen her ist er ganz wie Friedrich, als Friedrich noch Friedrich war.

Advent

Der Dezember schreitet fort. Täglich läuft der deplatzierte Badegast von Portofino nach Zoagli und zurück. Ein Brief aus Rom erreicht ihn, er ist von Malwida von Meysenbug, in deren Haus er im April dieses Unglück von einem Mädchen kennenlernte. Er ist hart gegen sich gewesen, beinahe empfindlungslos, aber nun, da ihn unvermittelt Sorge und Teilnahme treffen, bricht das Gerüst, das er um sich gebaut hatte, zusammen. *Wie gieng es doch zu?*, fragt er die Freundin: *... als ich Ihren Brief gelesen hatte, brach ich in Thränen aus.*[137]

Ja, Friedrich Nietzsche hatte Malwida als Mutter erwählt; erst als er sie kennenlernte, wurde ihm klar, wie sehr ihm eine Mutter fehlte, eine wirkliche Mutter, der er nicht nur seinen Körper anvertrauen darf, sondern auch seinen Geist. *Eins der höchsten Motive, welches ich durch Sie erst geahnt habe, ist das der Mutterliebe ohne das physische Band von Mutter und Kind, es ist eine der herrlichsten Offenbarungen der caritas. Schenken Sie mir etwas von dieser Liebe, meine hochverehrte Freundin und sehen Sie in mir einen, der als Sohn einer solchen Mutter bedarf, ach so sehr bedarf!*[138] Jemandes Kind sein dürfen! Das Kind seiner eigenen Mutter war er nie, ihr gegenüber war er immer auf der Hut, und das ist etwas anderes als Kindsein, das ist radikale Entkindlichung.

Wie sehr und unbeirrbar hat Malwida diese Fehlstelle in seinem Leben ausgefüllt, und natürlich hat sie längst geahnt, wie gefährdet, wenn nicht latent undurchführbar dieser Dreierbund war. Sie fragt, was er über Lou denke, wie es ihm mit ihr gehe. Er wolle ihr noch immer förderlich sein, zweifle aber, ob das in seiner Macht stehe, schreibt er nach Rom; *ich selber bin ihr (wie mir scheint) eher etwas überflüssig als interessant: das Zeichen eines guten Geschmacks!*[139] Er bittet die Freundin, die Zweitmutter, Lou ihre zärtliche Teilnahme zu bewahren, ja mehr zu tun. Doch über die Art dieses Mehr könne er nicht schreiben, nur sprechen. Der Brief an Malwida von Meysenbug ist nur als Entwurf und Fragment überliefert, das Fragment endet mit dem Satz: *Liebe Freundin, giebt es denn nicht irgend einen Menschen auf der Welt, der mich liebt?*[140] Wahrscheinlich streicht er die Frage gleich wieder.

In den letzten Vorweihnachtstagen schickt er einen Weihnachtsbrief an Rée und Lou: *Ich bin, um als Freigeist zu reden in der SCHULE DER AFFEKTE d.h. die Affekte fressen mich auf. Ein gräßliches Mitleid, eine gräßliche Enttäuschung, ein gräßliches Gefühl verletzten Stolzes – wie halte ich's noch aus? Ist nicht Mitleid ein Gefühl aus der Hölle?* Er weiß nicht mehr, was er tun soll. Vielleicht können die Freunde ihm helfen. Wozu sonst hat man Freunde als um der Augenblicke willen, da man allein nicht mehr weiterweiß? *An jedem Morgen verzweifle ich, wie ich den Tag überdaure. Ich schlafe nicht mehr: was hilft es 8 Stunden zu marschieren!* Wenn er genau sein wollte, müsste er sagen: Er schläft nicht trotz des starken Betäubungsmittels. Er läuft noch immer täglich von Rapallo nach Portofino, von dort nach Zoagli und wieder zurück. Acht Stunden deuten auf einen guten Schritt. Er tritt seine Verzweiflung in den Strand.

Woher habe ich diese heftigen Affekte! Ach etwas Eis! Aber wo gibt es FÜR MICH noch Eis! Heute Abend werde ich soviel Opium nehmen, daß ich die Vernunft verliere. Das Opium und das Schlafmittel verordnet er sich selbst und bekommt es in jeder Apotheke, schließlich kann er nachweisen, dass er nicht nur Doktor, sondern sogar Professor ist. Alle Drogen der Welt gehören ihm, wenn er nur will.

Wo ist noch ein Mensch, den man VEREHREN könnte! Er braucht diese Aussicht, er hat sich einmal *ein verehrendes Tier* genannt. Dass Lou die Anlage für diese Affektion der Seele fehlt, ist ihm bezeichnend genug.

Aber ich kenne Euch Alle durch und durch.

Was er Lou und Rée hier schreibt, ist ein Manifest des Menschenekels, er kann auch konkreter werden. Lou muss ihm in ihren Briefen, die ihn so fassungslos machten, »verletzte Eitelkeit« und »Größenwahn« vorgeworfen haben. *Beunruhigen Sie sich nicht*

zu sehr über die Ausbrüche meines Größenwahns oder meiner verletz-
ten Eitelkeit: und wenn ich selbst aus den genannten Affekten mir zu-
fällig einmal das Leben nehmen sollte, so würde auch dann nicht gar
zu viel zu betrauern sein. Was gehn Euch ich meine Sie und Lou, meine
Phantastereien an! Erwägen Sie Beide doch sehr miteinander, daß ich
zuletzt ein kopfleidender Halb-Irrenhäusler bin, den die Einsamkeit
vollends verwirrt hat. Er schreibt noch eine halbe Seite weiter, das
Opium habe er inzwischen schon genommen, doch anstatt den
Verstand zu verlieren, scheine er ihm jetzt erst zu kommen. Er
könnte sich das Wort von Marie Antoinette angesichts des Aus-
bruchs der Revolution ausborgen: Die Lage ist hoffnungslos, aber
nicht ernst. Und er schließt seinen Weihnachtsgruß mit den Anfragen: *Sollte Lou ein verkannter Engel sein? Sollte ich ein verkannter*
Esel sein?

in opio veritas: Es lebe der Wein und die Liebe! [4]

Ob er diesen Brief abgeschickt hat? Gerade eben notierte er
noch, dass sich bei ihm *jetzt die* SPITZE *allen moral(ischen) Nach-*
denkens in Europa befinde, hatte allerdings relativierend hinzu-
gefügt, dass er seinen Schriften nicht immer gewachsen sei.

Ja, auch Friedrich Nietzsche erwägt wie seine Schwester die
Selbstentleibung in pädagogischer Absicht, nur dass der zu Be-
schämenden, zu Bestrafenden in seinem Falle gleich zwei sind.

So wie er, das weiß er, lieben nur Gespenster.

Höchstens den lieben Gott könne er eifersüchtig machen.

Der entlassene Bittsteller

Sie haben beide viel verloren in diesem Jahr. Elisabeth verlor ihren Bruder, Doktor Förster verlor seinen Beruf, für den lebte. Er
ist nicht länger Oberlehrer am Berliner Friedrichs-Gymnasium
und auch die Königliche Kunstschule will ihn nicht wiedersehen.
Er ist entlassen. Sogar die Armee hat ihn degradiert. Er ist ent-
ehrt, seine bürgerliche Existenz ist vernichtet.

Bernhard Försters Mutter, die verwitwete Frau Superinten-
dent Förster, lebt in Naumburg. Bernhard Förster liebt seine Mut-

ter, er hat sie schon immer besucht, sooft er kann. Neu an seinem diesjährigen Weihnachtsaufenthalt in der Stadt ist nur, dass es keinen anderen Ort mehr gibt, an dem zu weilen er Grund hätte. Er wird nicht nach Berlin zurückkehren, an den Schauplatz seiner Demütigung. Er wird dieser Stadt, dem Land, dem Erdteil bis ans Ende der Welt aus dem Weg gehen. Er verbannt sich selbst nach Paraguay.

Elisabeth Nietzsche und Doktor Bernhard Förster bilden gewissermaßen eine Jahresendschicksalstrostgemeinschaft. Seit den ersten Bayreuther Festspielen pflegen sie einen Umgang größter Wertschätzung füreinander, aber erst das Unglück gibt ihrem Verhältnis – wie soll sie das nur sagen? wie soll sie das fühlen? – eben eine unverkennbar persönliche, intime Note. Jeder hat Mitleid mit dem anderen, versucht ihn vor dem völligen Zusammenbruch zu bewahren.

Mitleiden! Haben Wagner und Schopenhauer nicht doch recht, wenn sie in ihm die höchste menschliche Regung erkennen? Und ihr Bruder verachtet das Mitleid.

Doktor Förster gleicht ihrem früheren Bruder auf geradezu irritierende Weise, nicht nur äußerlich. Auch er hält es nicht aus, diese Welt zu bewohnen, ohne sie zu verbessern und die Menschen gleich mit; nein anders herum: Ihr Bruder und Dr. Förster sind vor allem Menschenverbesserer. Das unterscheidet sie von den Sozialisten. Die Sozialisten sagen: Sind erst die Verhältnisse besser, werden auch die Menschen besser. Ihr Bruder und Doktor Förster halten das für Unsinn.

Beide würden keinen Pfennig auf einen Menschen setzen, dessen Verhältnisse sich erst ändern müssten, damit er sich selbst ändert. Solche Leute hätten ihr originäres Menschsein schon verpasst, die Würde der Gattung, die Auszeichnung, ein Mensch zu sein. Sie sind eben Volk. Das Volk besteht aus Menschen, die zwar Ansprüche an die Welt geltend machen, aber keine an sich selbst. Ihr Bruder ist dem Volk immer aus dem Weg gegangen. Doktor Förster würde wahrscheinlich selbst auf das Volk zugehen, wenn es sich von ihm erziehen ließe. Er hat gerade einen

großen Aufsatz über den *Parsifal* und die *Nationale Erziehung* geschrieben. Wie Friedrich Nietzsche ist er der Meinung, dass die

Bernhard Förster um 1882

höheren Schulen zunehmend versagen, weil sie statt ganzheitlicher Bildung bloß praktisch nutzbares Wissen fördern.

Ja, dieser Doktor Förster ist eine höhere Natur, genau wie ihr Bruder früher, ehe er zum Sympathisanten der niederen Natur wurde.

Doktor Förster glaubt auch genau wie Friedrich früher an die seelenverwandelnde Kraft der Wagner'schen Musik. Förster kann beinahe so großartig formulieren wie er, was Wagners Musik mit uns macht, leider hat Friedrich seine eigenen tiefsten Einsichten verwaist zurückgelassen. Wenn einer von sich selbst abfällt – wer ist er dann eigentlich? Sein eigener Hinterbliebener?

Es ist schon merkwürdig, dass sie immer in die Vergangenheit gerät, wenn sie sagen will, wofür sie ihren Bruder liebt. *Liebte* also?

Bernhard Förster kann ebenso wie ihr Bruder eine ganze Welt in einen Satz fassen. Und wie er sofort auch ihre Tragödie begriff, die sie zu vernichten droht: »Sie haben … die Macht und das Recht der höheren Persönlichkeit dieser Dame gegenüber«[142], sagt er. Das Recht der höheren Persönlichkeit, Lou gegenüber! Wie gut ihr seine Worte tun. Und er kann das beurteilen, er kennt diese Dame.

Bernhard Förster und Lou von Salomé haben Elisabeth im Sommer in Bayreuth gemeinsam zum Bahnhof gebracht, als sie allein nach Tautenburg vorausfuhr. Nicht ohne Schrecken sah die Reisende, als sie schon im Zug saß, wie beide sich auf dem Bahnsteig unterhielten, so gut, als hätten sie Elisabeth bereits vor ihrer Abfahrt vergessen. Was für ein schauerlicher Augenblick! Wie tröstlich, wie wohltuend ist es da, dass Förster trotz – oder darf sie sogar sagen: wegen? – seiner persönlichen Bekanntschaft mit dieser Russin imstande ist, ein so klares Urteil über sie zu fällen.

Doktor Bernhard Förster ist ein Mensch, der für seine Ideale jedes Opfer bringen würde. Und sein Ideal, das muss sie in aller Deutlichkeit aussprechen, ist nicht der schrankenlose Egoismus, als *heilige Selbstsucht* getarnt. Nein, Bernhard Försters Ideal ist die Selbstlosigkeit.

Sie weiß, ihr Bruder würde sie auslachen, wenn sie so redet. Denn Friedrich mag die Förster-Brüder nicht. Er verabscheut Antisemiten. Förster, ein Antisemit? Aber was, fragt sie, weiß ein Wort von einem Menschen. Es ist schon wahr, Försters Ideal der Selbstlosigkeit umgreift nicht alle, nicht die Selbstsüchtigen, also nicht die Juden.

Die Juden, glaubt er, verkörpern das egoistische Prinzip per se, das Prinzip der schrankenlosen Bereicherung. Es ist zugleich das Prinzip der Epoche, denn es ist Gründerzeit. Bernhard Förster beabsichtigte, das Prinzip der Epoche in die Schranken zu weisen, indem er die Juden in die Schranken weist. Er wollte den Reichskanzler Otto von Bismarck zwingen, von der Existenz des Bernhard Förster und seinen kulturellen Ansichten Kenntnis zu nehmen.

Bernhard Förster ist der Mitautor einer Petition, die am 1. Januar 1881 dem Reichskanzler übergeben werden sollte, sie begann mit folgenden Worten:

»Durchlauchtigster Fürst, hochgebietender Herr Reichskanzler und Minister-Präsident!

Seit längerer Zeit schon sind die Gemüther ernster vaterlandsliebender Männer aller Stände und Parteien durch das Überwuchern des jüdischen Volkselements in tiefste Besorgniß versetzt. Die früher von Vielen gehegte Erwartung einer Verschmelzung des semitischen Elements mit dem germanischen hat sich trotz der völligen Gleichstellung beider als eine trügerische erwiesen. Es handelt sich jetzt nicht mehr um eine Gleichstellung der Juden mit uns, vielmehr um eine Verkümmerung unserer nationalen Vorzüge durch das Überhandnehmen des Judenthums, dessen steigender Einfluß aus Rasse-Eigenthümlichkeiten entspringt, welche die deutsche Nation weder annehmen will noch darf, ohne sich selbst zu verlieren.«[143]

Ist er denn der Einzige, der ein Unbehagen an der fortschreitenden Zivilisation fühlt, auch *das imperialistische Zeitalter* genannt? Sobald er um sich schaut, sieht er lauter »›tolerante‹ Bürgermeister‹, ›gebildete‹ Assessoren, ›humane‹ Pastoren, ›geheime‹ Kommissionsräte und ›vivisezierende‹ Professoren, die sich indessen wohl auch ›wirkliche‹ oder nichtwirkliche ›Geheime Regierungsräte‹ nennen«. Das Land werde von Räten erster bis vierter Klasse regiert, und dann die »Einjährig-Freiwilligen mit Untersekundarbildung, Zeitungsschreiber, Referendarien – all diese pflegen Augengläser und Stöcke zu tragen, ohne doch schwache Augen oder Beine zu haben.« Am meisten jedoch ekelten ihn die Phrasen der sogenannten ›Gebildeten‹ an, selbst vor den Professoren macht Bernhard Förster nicht halt. Kein Land achtet diesen Stand so sehr wie Deutschland, er aber diagnostiziert »die Freude am Toten, das Kalkulieren, die Richtung auf das Abstrakte«. – Es ist schon frappierend, wie nahe sich Friedrich Nietzsche und Bernhard Förster in ihrer Kulturkritik sind, auch in ihrer Gelehrtenverachtung, nur ihre Folgerungen sind verschieden. Und: die Diagnose der Letztursache.

Für Förster ist die Letztursache der »Kultus des Goldenen Kalbes«, dieser spezifisch jüdische Kultus. Ja, er wollte Unterschriften sammeln, Tausende, Hunderttausende, damit es einmal wieder so werde, wie es nie war. Und darum empfing Fräulein Elisabeth Nietzsche im Mai 1880 einen Brief des Freundes[144], der sie bat, ihm beim Unterschriftensammeln zu helfen, in Naumburg.

Wir wissen nicht, welchen Eifer sie an den Tag legte. Gewiss hat sie ihrem Bruder, der gerade versuchte, in Venedig den Scirocco zu überleben, nichts davon mitgeteilt, wahrscheinlich hätte Friedrich Nietzsche seiner Schwester eine solche Tätigkeit rundweg untersagt, kraft seiner brüderlichen Autorität oder irgendeiner anderen, die er nicht besaß, letztlich aus Weltgewissen. Dass Frauen für alles Unterschriften sammeln, wenn sie nur den Sammler mögen, hebt ihr Geschlecht in seinen Augen nicht. Obwohl auch Friedrich Nietzsche im Mai 1880 in Venedig verstärkt über Geld und Preise nachdachte, was höchst selten vorkommt. Er teilte Mutter und Schwester mit, dass ein Pfund Kirschen hier 15 Pfennige koste, ein Pfund Feigen 24 Pfennige, ein Kalbsbraten in Zitronensauce 38 Pfennige und immer so weiter.

Am Ende standen weit mehr als eine Viertelmillion Unterschriften unter der Petition des Bernhard Förster und seine Freunde. Auch dank des Einsatzes des Fräulein Nietzsche.

Das Ende des Jahres 1880 fand den Oberlehrer am Berliner Friedrichs-Gymnasium und Dozenten der Königlichen Kunstschule im Vorgefühl seines kommenden Erfolgs.

Edmund Kantorowicz, Straßenbahnfahrer

Am 8. November 1880 um fünf Uhr am Nachmittag bestieg der jüdische Destillateur Edmund Kantorowicz, wohnhaft in Berlin, Köpenicker Straße 109, in der Leipziger Straße die Pferdebahn Richtung Behrensstraße. Er fand im voll besetzten Wagen Platz in der Nähe zweier lebhaft disputierender Männer. Es waren die Oberlehrer Dr. Förster und Dr. Jungfer vom Friedrichs-Gymnasium. Dr. Jungfer hatte einst über »Die Juden unter Friedrich dem Großen« gearbeitet. Sie sprachen über die »Judenfrage«, denn seit wenigen Tagen zirkulierte ein Schriftstück im Reich, auch die *Judenpetition* oder *Die Antisemitenpetition* genannt, an der beide nicht ganz unbeteiligt waren. Außerdem hatte der antisemitische Hofprediger Stöcker gerade Streit mit dem jüdischen Vorsteher der Berliner Stadtverordnetenversammlung.

Zivilisation ist, wenn man hörend weghört, es ist eine behauptete Gemütslage mittlerer desinteressierter Privatheit. Straßenbahnen sind anerkannte Orte der Zivilisation, und auch der jüdische Spirituosenfabrikant und Straßenbahnfahrer Edmund Kantorowicz hatte nicht vor, aus der Rolle zu fallen. Doch Worte wie »jüdische Journalistenlümmel«, Hinweise auf »deutsche Hiebe« sowie den 1. Januar 1881, der schon »Resultate«[145] erbringen werde, ließen ihn umdenken.

Der vollbesetzte Pferdebahnwagen leerte sich am Gendarmenmarkt, worauf sich Edmund Kantorowicz direkt neben einen der beiden Diskutanten setzte, um der Unterhaltung besser folgen zu können. Neben dem anderen Oberlehrer saß »ein Herr Levin, ca. 50 Jahre alt«. Den beiden Feinden von Levins und Kantorowicz' Herkunft missfiel also, dass die größten Berliner Zeitungen in jüdischer Hand waren, auch lebten sie offensichtlich in einer merkwürdigen Erwartung und wurden sich bald des Interesses ihrer neuen Pferdebahn-Nachbarn bewusst. Das machte sie jedoch nicht schweigsamer, wie es zivilisatorisch geboten wäre, sondern verleitete sie im Gegenteil zur Prahlerei, ihre gesellschaftlichen Verbindungen betreffend: »Gestern war ich bei Stöcker!«[146], bekannte Bernhard Förster[147], um hinzuzufügen, dass es sich bei diesem geistig-geistlichen Anstifter und Schutzherrn der Petition um einen »wahrhaft deutschen Mann« handele, der alle Unterstützung verdiene. Dieses bestätigte nun der Erforscher der Existenzweise der Juden unter Friedrich dem Großen in einer Tonart, die Kantorowicz später auf der Polizei als »vorzüglich gemauschelt« bezeichnen wird, jiddisch also.

Das war der Augenblick, in dem die zivilisatorische Kruste brach.

Dr. Levin rief, diese Unverschämtheit ginge zu weit! Der Spirituosenfabrikant Edmund Kantorowicz aber sprang auf und trat mit folgenden Worten vor beide Oberlehrer hin, in seiner Selbstaussage: »ihnen erklärend, daß sie Beide ganz unverschämte Buben seien, von denen es eine Schande und Schmach sei, daß sie, anscheinend gebildete Leute, sich zum Sprachrohr solcher Hetzereien machten, wofür sie eigentlich Ohrfeigen verdienten«. Inzwischen hatte die Pferdebahn ihr Ziel erreicht.

Die Androhung von Ohrfeigen lässt nach dem Ehrgefühl der Zeit nur eine Reaktion zu: die Forderung zum Duell. Zu jedem Duell gehören zuerst die Personalien. Bernhard Förster rief darum immer wieder und lautstark nach einem Schutzmann, um Name und Adresse des beleidigten Beleidigers aufnehmen zu lassen, während Dr. Jungfer den Destillateur rhetorisch daran zu hindern suchte, wegzulaufen. Der aber dachte gar nicht daran, den Tatort zu verlassen, Edmund Kantorowicz versicherte vielmehr, dass er sich darauf freue zu erfahren, mit wem er es zu tun habe. Jede Seite erhob Anspruch darauf, die beleidigte zu sein, bis Dr. Jungfer Edmund Kantorowicz ins Gesicht sagte: »Ach was, Sie sind ja nur ein Jude.« Heißt: Sie sind nicht satisfaktionsfähig. Worauf Kantorowicz den Erforscher der Judenheit unter Friedrich dem Großen »kräftig« ohrfeigte. Um die beleidigten Beleidiger hatte sich längst ein kleiner, größtenteils jüdischer Menschenauflauf gebildet, der Dr. Jungfer hinderte, seinerseits den Destillateur zu ohrfeigen. Kantorowicz: »Zwei Herren, von denen zwei Christen, gingen freiwillig mit zur Polizei, um mir als Zeugen zu dienen.« In dieser unbefriedigenden Situation sah Förster nun doch die Notwendigkeit eines Duells gegeben und erklärte Kantorowicz: »In der Eigenschaft als Kartellträger wünsche ich Sie wegen einer Ehrensache zu besuchen, ich hoffe von Ihrer ›Ehrenhaftigkeit‹, daß Sie zu Hause sein werden.« Der Destillateur entgegnete, ihn am nächsten Morgen zwischen acht und neun Uhr zu erwarten.

Auf der Polizeiwache wurde der kommende Kartellträger nach seinem Namen gefragt.

Er antwortete: »Ich heiße Bernhard Förster und habe einen arischen Vater!«

Wahrscheinlich sah ihn der preußische Polizist sehr ratlos an.

War das eine Selbstbezichtigung? Niemand hat behauptet, dass der Vater schuld ist, wenn er einen Sohn hat, dessen Freund sich ohrfeigen lässt, schließlich ist dies hier ein aufgeklärtes Land, zumindest seit Friedrich dem Großen.

Förster teilte dem feindlichen Spirituosenhersteller am Tag nach der gemeinsamen Straßenbahnfahrt brieflich mit, dass er ihn doch nicht besuche, weil er ihn für nicht satisfaktionsfähig halte: teils »auf Grund Ihres heutigen Benehmens, theils auf Grund anderer Mittheilungen … zieht mein Freund Dr. phil. Jungfer es vor, sich nicht durch weiteres Benehmen mit Ihnen zu beschmutzen, sondern den Weg der Civilklage zu beschreiten. gez. Dr. B. Förster.«[148]

Auch Edmund Kantorowicz war nicht untätig geblieben. Er schickte umgehend an den Direktor des Friedrichs-Gymnasiums sowie an das Landwehr-Bezirkskommando Aufklärungsbriefe, wie bald jeder im Berliner *Börsen-Courier* lesen konnte: »Herr Edmund Kantorowicz hat gestern an das Landwehr-Bezirkskommando ein offizielles Schreiben gerichtet, in welchem er demselben Mittheilung von dem unqualifizierten Benehmen des Reserve-Lieutenants Dr. Bernhard Förster macht, in dem er ferner anzeigt, daß er denselben vor Zeugen für sein Benehmen körperlich gezüchtigt habe und in dem er ersucht, die Angelegenheit beim Ehrengericht des Regiments anhängig zu machen.«[149] Nun hat Kantorowicz aber gar nicht Förster geohrfeigt, sondern Jungfer – sollte er beide gar absichtlich verwechselt haben?

Am 11. November kam die Angelegenheit vor die Stadtverordnetenversammlung, wo der Direktor des Friedrichs-Gymnasiums sich »außerordentlich entrüstet über die Handlungsweise seiner Lehrer« zeigte, weshalb er auch schon einen Bericht an das Provincial-Schulkollegium gerichtet habe.

Und ist es eigentlich wünschenswert, dass Männer, die politische Petitionen unterzeichnen, und dann auch noch solche, an öffentlichen Schulen lehren? Das *Tageblatt* resümierte: »Mit der Unterzeichnung dieser Petition, welche die National-Zeitung mit Recht eine ungeheuerliche nennt, sind diese Herren einfach Agitatoren, die nicht auf der sittlichen Höhe stehen, welche wir von einem Lehrer unserer Jugend beanspruchen dürfen.«[150]

Es ist der Beginn einer großen Affäre. Am Ende wird Förster selbst um seine Entlassung aus dem Schuldienst nachsuchen.

Und die Antisemiten-Petition? Otto von Bismarck hatte die Sache anfangs durchaus mit Teilnahme verfolgt, aber seit sie eine so unvorteilhafte Publizität gewann, wurde sie ihm fatal.

Auch hätte Bernhard Förster wissen können, dass der Reichskanzler nichts von Massen hält, seien es nun Sozialisten- oder Antisemitenmassen. Weit über eine Viertelmillion Unterschriften? Umso schlimmer. Am 13. April 1881 wurde das antisemitische Bittgesuch schließlich dem Reichskanzler übergeben. Otto von Bismarck verweigerte jede ausführlichere Kenntnisnahme.

Bernhard Förster war angetreten, dass Prinzip der Epoche und die Juden in die Schranken zu weisen. Am Ende haben die Epoche und die Juden Bernhard Förster in die Schranken gewiesen.

Friedrich Nietzsche ist zwar ein erklärter Feind Preußens und Gegner Bismarcks, aber in diesem Fall hat die Reaktion des Kanzlers ihm gewiss gefallen. Obwohl dieser Antisemit ihn bewun-

dert. *In Berlin habe ich einen wunderlichen Apostel*, hatte er Overbeck erst im März dieses katastrophalen Jahres 1882 mitgeteilt,
*denke Dir, dass der Dr. B. Förster in seinen öffentlichen Vorträgen mich
in sehr emphatischen Ausdrücken seinen Zuhörern präsentiert.*[151] Es
ist der gleiche Brief, in dem er die Frivolität der *zweijährigen Ehe*
ausspricht, die einzugehen er bereit wäre, bekäme er dafür eine
Vorlesemaschine.

Er hat es verdorben.

Er hat seiner Schwester immer abgeraten zu heiraten. Es gehe
einfach zu selten gut aus. Und die Überkluge, Übersprode zeigte
auch nie übermäßiges Interesse an einem Mann; es machte ihr
ein gewisses Vergnügen, die Bewerber stehenzulassen. Wen hätte Friedrich schon als Schwager akzeptiert? Nur einmal meinte
er, sich doch auf den Ernstfall vorbereiten zu müssen:

*Weisst Du, dass ich gelegentlich erwartete, Du werdest mir etwas
von DEINER bevorstehenden Verlobung melden? Nun, nichts für un-
gut … Dein Bruder in Liebe.*[152]

Leider musste Elisabeth auf die Erkundigung ihres Bruders antworten, ihr Verkehr mit Bernhard Förster sei rein geistiger Natur:
Wagnerianer unter sich. Ihrer Antwort war nicht zu entnehmen
gewesen, ob ein Bedauern darin lag. Friedrich vermutete es.

Nein, Bernhard Förster fühlt sich ganz und gar nicht wohl im
anbrechenden imperialistischen Zeitalter mit seiner Dominanz
des Finanzkapitals, in dieser Epoche, in der es bald nichts mehr
geben sollte, was nicht käuflich wäre, und die alle Menschen,
zumindest alle erfolgreichen Menschen, tendenziell zu Käufern
und Verkäufern macht. Und, was das eigentlich Kulturwidrige
ist: in dem niemand mehr jenseits der Geld- und Kapitalkreisläu-
fe existieren kann. Diese Zwangsläufigkeit soll die Kolonie, die er
in Paraguay gründen will, durchbrechen.

Man sollte es sich nicht zu einfach machen mit diesem Mann,
aber aus einen systemischen Vorbehalt, aus einem zivilisatori-
schen Missvergnügen einen »rasse«eigentümlichen Defekt zu machen – ist das nicht erworbene Dummheit? Friedrich Nietzsche
fasst solche Schlussverfahren gewöhnlich unter den Begriff des

Ressentiments zusammen, und das Überhandnehmen des Ressentiments gilt ihm als Symptom des Zeitalters der Dekadenz.

Bismarck hatte bei der Reichsgründung die Gleichheit aller Bürger vor dem Gesetz durchgesetzt, unabhängig von ihrer religiösen Überzeugung. Heine hatte die Taufe noch das »Entrebillett zur europäischen Kultur« genannt, ein solches Billett musste nach 1871 niemand mehr lösen. Ja, es gelang Bernhard Förster, mehr als eine Viertelmillion Unterschriften zu sammeln. Aber vorerst schaffte nicht Bernhard Förster die moderne Zivilisation ab, sondern die moderne Zivilisation schaffte Bernhard Förster ab. Frauen mögen Untergeher, manchmal.

Es tut Elisabeth Nietzsche wohl, mit diesem Mann zu sprechen, der nun in Paraguay eine ganz neue Kultur errichten will, die alles bewahrt, was einmal gut war in Deutschland, denn der »Tatendrang, der Wissenstrieb, der kühne Unternehmungsgeist unserer Jünglinge und Männer kann im Eisenbahnwagen, auf der Börse, in der Schreibstube, auf dem Exerzierplatze, im Hörsaale nie und nimmer seine Befriedigung finden«. Die falschen Götzen lasse er hier, die wahren Götter aber »begleiten uns auf unseren Schiffen und unserer Wanderschaft in das neue Land«[153].

Liest er in ihren Augen, wie gern sie mitfahren würde?

Richard Wagner wird dem zu neuen Ufern Aufbrechenden zur Abfahrt ein Grußtelegramm schicken, mit allen guten Wünschen.

Menschen, die sie nach dem Befinden ihres Bruders fragen, erklärt Elisabeth inzwischen, darüber gerade nichts zu wissen, da ihre philosophischen Überzeugungen sie zur Zeit trennten[154]. Wahrscheinlich bleiben die Fragesteller dann etwas verblüfft zurück, aber Elisabeth genießt den neuen Sachverhalt, Inhaberin eigener philosophischer Überzeugungen zu sein.

»Himmel! Was bin ich einsam!« oder
Der Heilige Abend des Übermenschen

Ein guter Deutscher zu sein, heiße sich zu entdeutschen, hat er einmal gesagt, es zwischenzeitlich wieder vergessen, aber als er kürzlich daran erinnert wurde, fand er, dass an diesem Satz nichts zu korrigieren sei.

Wie ihm diese Antisemiten auf die Nerven gehen! Und zuletzt ist er auch vor Deutschland geflohen, als er Leipzig verließ. Er hat es Anfang Dezember an Hans von Bülow geschrieben, Hans von Bülow, früherer Mann Cosima Wagners, bester Wagner-Dirigent weit und breit, der den Musiker in Nietzsche gemordet hat, als er ihm mitteilte, er halte dessen *Manfred-Meditation* für Notzucht in Noten. Derselbe Bülow hatte nun tief beeindruckt die *Fröhliche Wissenschaft* gelesen und ihrem Autor »hingebende Teilnahme« versichert. In seiner Antwort steht der Satz: *Meine Reise nach Deutschland in diesem Sommer – eine Unterbrechung der tiefsten Einsamkeit – hat mich belehrt und erschreckt. Ich fand die ganze liebe deutsche Bestie gegen mich anspringend – ich bin ihr nämlich durchaus nicht mehr »moralisch genug«.*[155] Bülow gehörte zu den Erstunterzeichnern der Antisemiten-Petition.

Du mußt über einen andern Ton nachdenken mit mir zu reden: sonst nehme ich keine Briefe aus Naumburg mehr an!, schreibt Nietzsche Weihnachten an seine Mutter, vielleicht auch, weil es jetzt am meisten weh tut. Jetzt, wo alle einander wieder nah rücken, weil eine gemeinsame Herkunft sie bindet. Das Fest der Familie! Er hat keine mehr. Keine Familie und keine Freunde! Es wird Weihnachten, und er ist der einzige Gast in seinem Hotel. Sein Zimmer ist eiskalt. Noch nie hat er so gefroren wie in diesem Winter.

Als er *Menschliches, Allzumenschliches* schrieb, entdeckte er einen neuen Umgang mit unliebsamen Ansichten. Er widerlegte sie nicht, er ließ sie den rhetorischen Kältetod sterben, das wird er bald so formulieren: *Ein Irrthum nach dem anderen wird gelassen auf's Eis gelegt, das Ideal wird nicht widerlegt – es erfriert ... Hier zum Beispiel erfriert »das Genie«; eine Ecke weiter erfriert »der Heilige«; unter einem dicken Eiszapfen erfriert »der Held«; am Schluss erfriert »der Glaube«, die sogenannte »Überzeugung«, auch das »Mitleiden« kühlt sich bedeutend ab*[156].

Erstaunlicherweise ist es seit dem Erscheinen jenes Buches um ihn immer kälter geworden. Manchmal scheint es ihm, als ob nicht die dummen Ideale, sondern bloß er selbst erfriert, äußerlich und innerlich. Elisabeth hat das damals schon vorausgesehen, das muss er zugeben. Sie wird die Aufnahme dieses Buches einmal metereologisch beschreiben: In der Erwartung, einen tropischen Garten zu betreten, habe sich der Leser plötzlich in einer Eiswüste wiedergefunden.

Nein, nicht die Ideale erfrieren, Nietzsche erfriert. Ist es jemals so kalt gewesen wie Heiligabend in Rapallo in seinem Zimmer? Aber ist das ein Grund, um Wärme zu betteln? Er zwingt sich zur Konsequenz. Auch zu Weihnachten? Gerade zu Weihnachten: *Ich bringe es schlechterdings nicht mehr über mich, einen Brief aus N zu öffnen; und immer weniger sehe ich ein, wie Ihr das wieder gut machen wollt, was Ihr mir diesen Sommer angethan habt und dessen Nachwirkungen mich fortwährend treffen.* Es klingt anklägerisch, es klingt, als wolle er ein schlechtes Gewissen machen, so will er nicht klingen. Die Post aus Naumburg sendet er ungeöffnet zurück. Er schreibt weiter an seiner Festtagsdepesche an Overbeck:

Lieber Freund … Dieser BISSEN LEBEN war der härteste, den ich bisher kaute und es ist immer noch möglich, daß ich daran ERSTICKE. Ich habe an den beschimpfenden und qualvollen Erinnerungen dieses Sommers gelitten wie an einem Wahnsinn … Es ist ein Zwiespalt entgegengesetzter Affekte darin, dem ich nicht gewachsen bin.[157]

»Wo ist Fritz?«

Weihnachten vorbei. Neujahr vorbei. Und kein Lebenszeichen vom verlorenen Sohn! Wie soll ein Mutterherz diese Prüfung bestehen?

Immer mehr Dokumente mütterlicher Sorge erreichen die Absenderin wieder. Ungeöffnet. Soll denn das neue Jahr so weitergehen, wie das alte endete? Elisabeth, die ihrem früheren Bruder schon aus pädagogischen Gründen nicht schreibt, wendet sich aber an dessen Komplizen, um ihnen die Unverantwortlichkeit ihres Handelns vor Augen zu führen.

Liebe Frau Professorin,

Wollen Sie uns nicht schnell einmal schreiben wo Fritz ist und wie es ihm geht[158]*,* beginnt Elisabeth einen leicht beleidigten Januar-Brief an Ida Overbeck, denn sie weiß genau, dass Overbecks das wissen, sie aber aus irgendwelchen Gründen nicht für die geeigneten Empfängerinnen dieser Informationen halten. Es sei so schmerzhaft, *von Jemandem den man so innig liebt gehaßt zu werden.* Das Schlimmste aber sei, ihn geradewegs ins Verderben stürzen zu sehen *und ihm nicht helfen können, das ist Quahl namenlose Quahl!* Ihr ist so pathetisch zumute.

Und die Erkundigung klingt aus: *Ist das schreckliche Wesen vielleicht jetzt gar bei Fritz? Bitte schreiben Sie die Wahrheit!*[159]

Die Antwort aus Basel ist nicht dazu gemacht, die Empfängerin zufriedenzustellen, im Gegenteil. Elisabeth bekundet, nach der Lektüre der ersten Zeilen noch einmal auf dem Umschlag nachgesehen zu haben, ob dieser Brief wirklich an sie gerichtet gewesen sei, ihr kommt es vor, als ob *Frau Overbeck … einen Vortrag über Navigationsregeln* hielte, statt mitzuhelfen, Fritz vorm *Ertrinken* zu retten! Ida Overbeck verrät nichts. Für Overbecks ist sie noch immer die kleine Schwester ihres Bruders. Das kränkt sie.

Es ist alles so furchtbar. Wenn wenigstens Doktor Bernhard Förster in ihrer Nähe bliebe. Er ist ein Bruder anstelle des Bruders. Wenn ihr das Schicksal den Bruder genommen hat, muss es ihr da nicht einen neuen geben? Oder könnte er noch mehr werden als ein Bruder? Sie hätte das gern herausgefunden. Aber am 1. Februar wird er die Stadt, das Land, den Erdteil, die ganze nördliche Halbkugel verlassen.

Bernhard Förster will in Paraguay nachschauen, ob sich im Urwald nicht ein neues Deutschland errichten lässt. Dort soll es nach einem etwas vorwitzigen Krieg des örtlichen Diktators gegen seine Nachbarn, dem fast die ganze männliche Bevölkerung des Landes zum Opfer gefallen ist, riesige entvölkerte Landstriche geben. Denn er will nicht irgendwohin, wo schon jemand wohnt. Er möchte das neue, bessere Deutschland auf noch nicht zivilisationsversehrtem Boden errichten.

Er möchte im Urwald ein redliches Leben führen und viel Wagner hören.

Leider wird Elisabeth diesen wahrhaft großen Mann wohl nicht wiedersehen. Aber sie verspricht ihm zu schreiben.

Und keine Nachricht von Fritz.

Sanctus Januarius,
der Zweite

Ich bin nun mal nicht Körper oder Geist, sondern etwas Drittes. Und genau dieses Dritte, dieses Herzhirn, fühlt plötzlich, dass es reden muss. So wie noch nie geredet worden ist. Aber zu wem? Zum Leser natürlich, mag der Leser denken, aber das ist ganz falsch. *Wer den Leser kennt, der tut nichts mehr für den Leser. Noch ein Jahrhundert Leser – und der Geist selber wird stinken.*[160] Menschenfreundlich ist das nicht gedacht, er weiß es wohl. Der Himmel erhalte mir mein bisschen Humanität!, hatte er längst schon gebeten, sich selbst, den Gott, an den er nicht glaubt, das Unverfügbare also, aber eigentlich Lou. Sie war engagiert als der *Engel, der Manches in mir lindern sollte, was durch Schmerz und Einsamkeit zu hart in mir geworden war.* Sie hat es verdorben. Er wird hart. Bei empfindsamen Menschen wie ihm zähle Härte zu den Tugenden, glaubt er. Die Harten werden den Kontext nie bemerken, sie lesen nur: *Werdet hart!* und sehen ihr Weltverhältnis bestätigt.

Jetzt ist er seinem Menschenekel ausgeliefert und der Frage: Wo ist ein Mensch, den man noch bewundern kann? Die Antwort lautet: In seinem neuen Buch! Es ist der *Zarathustra,* er kommt als Sturzgeburt.

Er sucht etwas, wofür er die Menschen doch noch lieben könnte, und er findet es: *Was gross ist am Menschen, das ist, dass er eine Brücke und kein Zweck ist: was geliebt werden kann am Menschen, das ist, dass er ein ÜBERGANG und ein UNTERGANG ist.*

Der Mensch ist etwas, das überwunden werden muss. Er könnte auch sagen: Elisabeth ist etwas, das überwunden werden muss. Aber er glaubt nicht, dass Mutter und Schwester Talent hätten, über das Seil zu gehen. Die allermeisten kommen da nicht rüber. Das sichert ihm gute Gesellschaft, seine eigene.

Und dann ist alles vorbei. Zehn Tage, sagt er, habe es gedauert. Sein Genius zieht sich zurück in die Regionen der Unbelangbarkeit und lässt ihn allein mit sich dort, wo er es nicht aushält: in der Sphäre des Alltäglichen. Was ist ein Tag, an dem er nichts geschaffen hat?

Ich will es Dir nicht verhehlen, es steht schlecht mit mir, teilt er Overbeck am 10. Februar mit: *Es ist wieder Nacht um mich; mir ist zu Muthe, als hätte es geblitzt – ich WAR eine kurze Spanne Zeit GANZ in meinem Elemente und in meinem Lichte. Und nun ist es vorbei. Ich glaube, ich gehe unfehlbar zu Grunde, es sei denn, daß irgend Etwas passiert, ich weiß durchaus nicht WAS. Vielleicht, daß mich Jemand aus Europa wegschleppte – ich, mit meiner physikalischen Deutungsweise, sehe in mir jetzt das Opfer einer terrestrisch-klimatischen Störung der Europa ausgesetzt ist. Was kann ich dafür, daß ich einen SINN mehr habe*[16]. Er denke es lieber so, als dass er begönne, die Menschen anzuklagen. Obwohl gerade das nicht immer gelänge: *Alles, worauf ich in meinen Briefen an Dich hingedeutet habe, ist nur das Nebenbei … So ist es mir zum Beispiel noch nicht Eine Stunde aus dem Gedächtnisse weggeblieben, daß mich meine Mutter eine Schande für das Grab meines Vaters genannt hat.* Ein Pistolenlauf sei ihm im Augenblick ein Quell recht angenehmer Gedanken.

Mein ganzes Leben hat sich vor meinen Blicken zersetzt: dieses ganze unheimliche verborgen gehaltene Leben, das alle sechs Jahre einen Schritt thut und gar nichts eigentlich weiter will als diesen Schritt: während alles Übrige, alle meine menschlichen Beziehungen, mit einer Maske von mir zu thun haben. Wie ist es möglich, fragt er sich, dass ausgerechnet er, der so Wohlverborgene, den grausamsten Zufällen ausgesetzt ist. Der *Zarathustra* komme ihm jetzt wie sein Testament vor. Er sei selbst darin, ganz. Dieses Buch enthalte *in der größten Schärfe ein Bild meines Wesens, wie es ist, SOBALD ich einmal meine … Last abgeworfen habe.* Und noch eines soll der Freund wissen: *Es ist eine Dichtung und keine Aphorismen-Sammlung.*

An Schwester und Mutter: kein Wort. Was sollte seine Mutter auch sagen? Sie sähe ihre schlimmste Befürchtung eingetreten:

Fritz ist nicht nur unter die Belletristen gegangen, jetzt ist er auch noch Dichter geworden!

Er kann nicht wissen, dass Frau Pastor Nietzsche inzwischen noch eine schlimmere Befürchtung hegt: Ihr Sohn würde etwas gegen sie schreiben, gegen Mutter und Schwester, gegen die eigene Familie. Belletristen sind zu allem fähig.

Natürlich, der weibliche Instinkt geht selten ganz fehl. Natürlich hat er etwas gegen Mutter und Schwester geschrieben, ist der ganze *Zarathustra* nicht ein Manifest gegen Mutter und Schwester? Abgesehen davon, dass der eigentliche Empfänger des Sendschreibens natürlich Richard Wagner ist. Man muss schon Richard Wagner sein, um jeden Satz ganz schmecken zu können, jeden Angriff zu deuten. Und auf der ersten Seite, mit Zarathustras Sonnengruß geht das los: *... und eines Morgens stand er mit der Morgenröthe auf, trat vor die Sonne hin und sprach zu ihr also: »Du großes Gestirn! Was wäre dein Glück, wenn du nicht die hättest, welchen du leuchtest!«*[162]

Ein Schelm, wer hier nicht Brünnhildes Sonnengruß am Beginn der *Götterdämmerung* mithört. Und warum überhaupt Zarathustra, dieser persische Religionsstifter, dessen Lehren mit denen seines Wiedergängers so gar nichts gemein haben? Zarathustra ist der Konkurrenz-Perser[163] zu Wagners Parsifal, dessen Name, wie sein Schöpfer annahm, persisch »der reine Thor« bedeute. Das war zwar ein Irrtum, aber die Intention bleibt: »durch Mitleid wissend, der reine Thor« –? Zarathustra ist der Prophet des Gegenteils. Und so geht das weiter. Manchmal genügt es jedoch schon, statt Richard Wagner Mutter und Schwester zu sein. Bloß mit dem Unterschied, dass Mutter und Schwester es wohl kaum bemerken dürften, wenn von ihnen die Rede ist:

Sie denken viel über dich mit ihrer engen Seele, – bedenklich bist du ihnen stets! ...

Sie bestrafen dich für alle deine Tugenden. Sie verzeihen dir von Grund aus nur – deine Fehlgriffe.

Weil du milde bist und gerechten Sinnes, sagst du: »Unschuldig sind sie an ihrem kleinen Dasein.« Aber ihre enge Seele denkt: »Schuld ist alles große Dasein.«

Auch wenn du ihnen milde bist, fühlen sie sich noch von dir verachtet; und sie geben dir deine Wohlthat zurück mit versteckten Wehthaten. …

Da, was wir an einem Menschen erkennen, das entzünden wir in ihm auch. Also hüte dich vor den Kleinen! [164]

An ebendiesem 10. Februar 1883, als Friedrich Nietzsche den *Zarathustra* als sein Testament bezeichnet, herrscht Jubel am Naumburger Weingarten 18. Ein Jubel der Kleinen? *Oh Herr Köselitz ich bin zu vergnügt denn nicht bloß von Ihrer Seite haben wir die Bestätigung, daß die Geschichte mit Frl. Salomé aus ist, nein noch von zwei andern Seiten und ich kann Ihnen unser Glücksgefühl nicht beschreiben.* [165] Und Herr Köselitz erfährt, wie wichtig es war, dass diese Nachricht dreifach kam, denn einer einzigen hätte die Mutter niemals geglaubt. Sie allein wisse, wie er unter dem Banne von Frl. Salomé stehe, sie habe es erlebt. Jetzt aber beginne sie vorsichtig an Genesung zu glauben und sei sogar schon einen Schritt weiter: Sie *meine … daß sie diesen Bruch mit Frl Salomé durch ihre Ermahnungen u. jene Scenen bewirkt hat.* [166] Und die jubelnde Korrespondentin setzt ein salomonisches *Es kann wohl sein!* hinter diese Auskunft.

…. durch ihre Ermahnungen … bewirkt. Hätte Friedrich Nietzsche an diesem 10. Januar den Brief seiner Schwester an Köselitz lesen können, mag sein, er hätte sich doch für den Pistolenlauf entschieden.

Wagner ist tot oder
Elisabeth in Bayreuth

Vier Tage später, 14. Februar 1883. Er fährt nach Genua, was er nur noch selten macht. Aber er muss den *Zarathustra* zur Post bringen, ein großes Werk verlangt ein großes Postamt, oder er glaubt, von Genua aus kommt die Sendung schneller an. Und das muss sie, er hat das Gefühl, er dürfe keine Zeit verlieren, der *Zarathustra* dürfe keine Zeit verlieren, das hat er auch schon seinem Verleger mitgeteilt, dem wohl bei der Nachricht, sein erfolgloser Autor habe schon wieder ein neues Buch, der Schweiß ausbrach. Er kauft, gegen seine Gewohnheit, die eben erschienene Abendnummer des *Caffaro: Mein erster Blick fällt auf das Telegramm aus Venedig.* Wagner ist tot. Die Nachricht wirft ihn zu Boden.

Der Mann, der vielleicht als Einziger den *Zarathustra* ganz verstanden hätte, ist tot. Sein bester Leser lebt nicht mehr.

Friedrich Nietzsche kann nicht wissen, dass Wagner in den Tagen vor seinem Tod über ihn gesprochen hat, er hatte in Venedig eine Besprechung *Der fröhlichen Wissenschaft* in Schmeitzners *Monatsheften* gefunden. Leider lag nicht das Buch selbst vor ihm, er hätte darin einen merkwürdigen Aphorismus entdecken können: *Wir waren Freunde und sind uns fremd geworden. Aber das ist recht so und wir wollen's uns nicht verhehlen und verdunkeln, als ob wir uns dessen zu schämen hätten. Wir sind zwei Schiffe, deren jedes sein Ziel und seine Bahn hat; wir können uns wohl kreuzen und ein Fest miteinander feiern, wie wir es gethan haben, – und dann lagen die braven Schiffe so ruhig in Einem Hafen und in Einer Sonne, dass es scheinen mochte, sie seien schon am Ziele und hätten Ein Ziel gehabt. Aber dann trieb uns die allmächtige Gewalt unserer Aufgabe wieder auseinander, in verschiedene Meere und Sonnenstriche und vielleicht sehen wir uns nie wieder, – vielleicht auch sehen wir uns wohl, aber erkennen uns nicht wieder: die verschiedenen Meere und Sonnen haben uns verändert! Dass wir uns fremd werden müssen, ist das Gesetz ÜBER uns: ebendadurch sollen wir uns auch ehrwürdiger werden! Ebendadurch soll der Gedanke an unsere ehemalige Freundschaft heiliger werden! Es giebt wahrscheinlich eine ungeheure unsichtbare Curve und Sternenbahn, in der unsere so verschiedenen Strassen und Ziele als kleine Wegstrecken EINBEGRIFFEN sein mögen, – erheben wir uns zu diesem Gedanken! Aber unser Leben ist zu kurz und unsere Sehkraft zu gering, als dass wir mehr als Freunde im Sinne jener erhabenen Möglichkeit sein könnten. – Und so wollen wir an unsere Sternen-Freundschaft GLAUBEN, selbst wenn wir einander Erden-Feinde sein müssten.*[167] Das war ein metaphysisches Friedensangebot.

Jetzt hat er nur noch einen Sternenfreund, keinen Erden-Feind mehr. *WAGNER war bei weitem der VOLLSTE Mensch, den ich ken-*

nen lernte, und in DIESEM *Sinne habe ich seit sechs Jahren eine große Entbehrung gelitten.*[168]

Er muss an Cosima schreiben. Zum ersten Mal seit Jahren wendet er sich wieder an die Frau, die ihn beeindruckt hatte wie keine vordem, der er unzählige Briefe schrieb, die sie verbrannte. Schon die äußere Gestalt der Ausgabe von Nietzsches Briefen ist also eine Fehlinformation, um nicht zu sagen: Sie enthält eine Lüge. Die Briefe an Cosima und viele an Wagner fehlen, Briefe einer vertrautesten Freundschaft.

Der *Zarathustra* enthält natürlich auch Mitteilungen an Cosima. Dass das Weib der Freundschaft noch nicht fähig sei, ist eine Cosima-Erfahrung. Und auch, dass die Liebe das Weib ungerecht mache, allen und allem anderen gegenüber. Normalerweise würde er jetzt auch Elisabeth schreiben. Denn dieser Verlust betrifft sie beide. Wahrscheinlich fühlen sie ihr gegenseitiges Schweigen gleich stark. Welches Recht hatte er, sie um eines Buches willen aus ihrem Leben zu stoßen? Natürlich, er hat ihr dieses Leben erst eröffnet, er hat es mit ihr geteilt. Und er hat es ihr wieder weggenommen. Hatte er ein Recht dazu?

Elisabeth bekam schon früh Post von Richard Wagner, auch Telegramme: »Auf Tribschen werden sehnlichst neue holländische Heringe verlangt. Sollte Marie Walther nicht schleunigst helfen können, wenn sie zur Rettung des Kunstwerks der Zukunft darum angegangen würde? Kapellmeister Richter bei mir dauerhaft installiert. Der Professor? Wagner.«[169] Elisabeth war im Frühjahr 1870 zu Besuch bei ihrem Bruder in Basel. Wagners Frage »Der Professor?« bezog sich auf Nietzsches verstauchten Fuß, den der Vollender des *Ring* jedoch nicht als Grund für einen ausbleibenden Besuch in Tribschen anzuerkennen gedachte.

Also fuhren Bruder und Schwester, sobald es ging, den holländischen Heringen hinterher, doch ließ Friedrich Nietzsche Elisabeth vorerst am anderen Ufer des Vierwaldstätter Sees zurück: *Mein Bruder begab sich nach Tribschen und ich zu der Mutter einer liebenswürdigen Professorenfamilie, die eine Villa bei Luzern besaß, welche über den See gerade gegenüber Tribschen lag. Wir beobachteten nun die kleine Halbinsel Tribschen oft mit dem Fernrohr … Allmählich hatte ich begriffen, daß das Zusammenleben Wagners und der Baronin von Bülow nicht ganz ohne Anstoß war, wie ich in jugendlicher Unerfahrenheit angenommen hatte.*[170]

Schließlich hieß die Dame nicht Wagner und die Kinder, denen Wagner wie ein Vater war, hießen auch nicht Wagner, er

Elisabeth Nietzsche, Jena 1881

nannte sie »die ganze Bülowiana«, obwohl zwei Mädchen doch seine Töchter waren, aber da eine Frau nur von dem Mann Kinder bekommen kann, mit dem sie verheiratet ist, war der Ausnahmedirigent Hans von Bülow rücksichtsvoll genug gewesen, die Vaterschaft anzuerkennen.

Und dann ist da noch Siegfried, er wurde vor bald einem Jahr in der ersten Nacht geboren, die ihr Bruder auf Tribschen verbrachte. Er hat seiner Schwester gegenüber diesen Vorfall bisher unerwähnt gelassen, er hielt sie wohl für moralisch überfordert.

Die Inhaber der Seegrundstücke sind ohnehin der Ansicht, dass auf der Landzunge drüben das Laster wohne. Als Elisabeth das Ausmaß ihrer Ahnungslosigkeit begriffen hatte und ihren Bruder in einem Nachen in Begleitung eines anderen Herrn herüberrudern sah, geradewegs auf sie zu, fand sie sich veranlasst, ihre Gastgeberin zu fragen, ob sie ihre Zustimmung gebe, wenn sie d-o-r-t hinüberfahre. Wenn die alte Dame es für mit dem Seelenheil eines jungen Mädchens unvereinbar erklärt hätte, mag sein, Elisabeth hätte Friedrich allein zurückgeschickt. Doch die weise Frau erklärte: »Wo Ihr Bruder sie hinführt, können Sie überall hingehen.« … Mir klopfte das Herz, als ich im Kahn saß, der von Kapellmeister Hans Richter nach Tribschen hinübergerudert wurde. Alle gaben sich Mühe, Elisabeth nicht zu erschrecken, auch der Mann, der die holländischen Heringe bei ihr bestellt hatte, kam ihr sehr freundlich entgegen. Die Kinder waren, auch wenn es sich um uneheliche Kinder handelte, zweifelsohne sehr gelungene Kinder, besonders gefiel ihr der kleine Siegfried, dessen Existenz mir von meinem Bruder bis dahin verschwiegen worden war. Wahrscheinlich hat er ihr auch verschwiegen, dass Richard Wagner der Auffassung war, ihr Bruder müsse Siegfried eine Art Vater werden, zumindest sein Erzieher, schließlich befinde er selber sich eher im Großvateralter, aber wenn er den Professor nun adoptierte, seien alle Verhältnisse auf das Erfreulichste geordnet.

Nur die Inneneinrichtung des Hauses, in dem ihr Bruder inzwischen eine eigene »Denkstube« besaß, schien Elisabeth kritikwürdig, da ein Pariser »Meubleur« mit rosa Atlas und Amoretten eine unerfreuliche Verschwendung getrieben hatte. Es ist hier nicht der Ort, das zu vertiefen, aber als Innenausstatterin wird es Elisabeth sicher nicht mit Richard Wagner aufnehmen können.

Er und Cosima fassen bald so viel Vertrauen zu Nietzsches Schwester, dass sie ihr später in Bayreuth bedenkenlos ihre vielen Kinder und das Haus anvertrauen, wenn sie verreisen. Und verdankt Elisabeth Wagner nicht auch die Bekanntschaft mit Bernhard Förster?

Auf den ersten Festspielen 1876 haben sie sich kennengelernt, und im darauffolgenden Winter schrieb sie ihrem Bruder nach Sorrent: *Also den Tag, nachdem ich Dir geschrieben, erschien plötzlich die verwitwete Frau Superintendent Förster mit ihrem Sohn, dem Dr. Förster (es ist nicht der, welchen Du kennst, sondern sein Bruder) bei uns. Natürlich machten sie uns als Deine Verehrer Besuch, und Herr Dr. Förster sprach sich sehr warm über Deine Schriften aus und dass in Berlin ein ganzer Kreis Dich liebt und verehrt.*[171]

Der Ruhm, der den Bruder traf, traf auch sie, ein wenig. Sogar Franziska Nietzsche fühlte Stolz. Sie ist also die Mutter eines so hochgeachteten Sohnes. Sie neigte jetzt sogar dazu, in ihrer dreißigjährigen unverheirateten Tochter mehr als nur eine Sitzengebliebene zu sehen. Elisabeth referierte diese veränderte mütterliche Sicht so: *Zuweilen simuliere ich mit wehmütiger Verwunderung darüber, was für eine ausgezeichnete Mutter die unsre für glückliche und gefeierte Kinder ist, für unglückliche oder nur sehr bescheidene und zurückgetretene Kinder paßt sie nicht.*[172] Was für ein Talent zum Sarkasmus! Und doch, damals waren sie am glücklichsten.

Die Einladung

Sie solle nach Rom kommen, schlug Malwida vor, sie und ihr Bruder. Sie mögen wieder zueinander finden, bei ihr, wo alle Verwirrung, alles Unheil vor einem Jahr seinen Anfang nahm. Und vielleicht fällt es ihnen gemeinsam leichter, daran zu glauben, dass Richard Wagner tot ist.

Der Gedanke, dass sie und Friedrich bei Malwida zusammentreffen sollen, irritiert das Gefühl der Eingeladenen. Denn Elisabeth Nietzsche, 34 Jahre alt, unverheiratet, hat sich zu einer neuen, als entschieden unweiblich geltenden Existenzform entschlossen. Sie will ab sofort ungestützt leben. Sie formuliert das so: *der Weg den ich jetzt zu gehen habe, der Weg zu dem eigenen Ideal, das Ringen mit meinem Denken, Fühlen, Handeln in vollständige Harmonie zu kommen, ist etwas Schweres und ich darf mich nicht zu bald andern Einflüssen aussetzen*[173]. Und am wenigsten, müsste sie hinzusetzen, dem ihres Bruders. Sie schreibt es Köselitz nicht, aber der, das weiß sie, wird es dennoch verstehen.

Friedrich Nietzsche geht es nicht besser. Malwida hat ihm schon Ende Januar vorgeschlagen, zu ihr zu kommen, von der Einladung an Elisabeth sagte sie vorerst nichts. Der Empfänger war erschüttert; erschüttert, noch am Leben zu sein, und zugleich von der Wärme, die ihn meinte: ... *die Güte Ihres Vorschlags hat mich bewegt: es war soviel Nachdenken darin – über das, was gerade mir noth thut. Wie selten wird einem das Geschenk einer solchen nachdenklichen Güte!*[174]

Ja, er will fahren.

Die Einen reisen, weil sie sich suchen, die anderen reisen, weil sie sich verlieren möchten, wird er bald für ein Fräulein unterwegs notieren. Das ist richtig. Aber dann starb Wagner und er selber beinahe an dieser Nachricht und an einer schweren Grippe, man *nennt diese Krankheit hier Influenza*, und als der Autor des *Zarathustra* erfährt, dass auch Elisabeth nach Rom kommt, sagt er umgehend ab: ... *ich will jetzt Niemanden sprechen*.[175] Elisabeth hatte Malwidas Einladung nach kurzem Zweifel doch angenommen, schließlich konnte sie auch ein wenig später beginnen, ihrem Ideal zu genügen, mit ihrem Denken, Fühlen und Handeln zu ringen, bis alle drei sich in vollständiger Harmonie befinden. Und außerdem: Sie würde mit Malwida über Förster reden können. Über Förster und ihre Zukunft.

Ihr Bruder allerdings bleibt hart: *Ich mag meine Mutter nicht, und die Stimme meiner Schwester zu hören, macht mir Mißvergnügen*, erfährt Overbeck, *ich bin immer krank gewesen, wenn ich mit ihr zusammen war*.[176] Franz Overbeck wird solche Sätze einmal zur Munition zu schärfen wissen.

Im Brief an die menschenverbindende Römerin lässt er die letzten beiden Sätze weg, entschließt sich dafür zu einem Bekenntnis des fortgeschrittenen Eremitentums: ... *DIESES Jahr will ich Niemanden sprechen.*[177] Diese Auskunft dürfte die Empfängerin nicht beruhigt haben, ebenso wenig wie der folgende Satz: *Wollen Sie einen neuen Namen für mich? Die Kirchensprache hat einen: ich bin – – – – – – – der ANTICHRIST. Verlernen wir doch ja das Lachen nicht!*[178]

Der Antichrist!

Die Kirchensprache wird da sogar noch genauer: Satan. Der Brief ist nicht an sie gerichtet, aber Elisabeth in Rom liest ihn trotzdem. Wahrscheinlich findet Malwida es auch nicht schicklich, der Schwester des Antichristen die Lektüre von Briefen vorzuenthalten, die seinen Absender tragen.

Der Antichrist!

Kein Zweifel, ihr Bruder braucht Hilfe. Manchmal fürchtet sie um seinen Verstand. Es kann ihm nicht gut gegangen sein in diesem Winter. Umgehend benachrichtigt sie die Mutter des Antichristen. Frau Pastor Franziska Nietzsche erfährt: *Es ist mir schrecklich, ich kann mir nicht helfen, die Ansichten von Fritz werden mir immer unsympathischer, denn ich sehe nicht ein, WEM sie um das geringste helfen sollen.*[179] Bestimmt nicht der Empfängerin, um deren Seelenruhe es böse steht und die sich nun mehr denn je fragen muss, was sie nur falsch gemacht hat in der Erziehung dieses Kindes. Und wie ihre Tochter fortfährt, unmerklich den Bezugspunkt wechselnd, ist nicht minder bedenklich: *Siehst Du, ich wünschte bloß, Fritz hätte Försters Ansichten. Er hat Ideale, welche zu befördern und zu befolgen die Menschen besser und glücklicher machen.*

Sie weiß genau, dass ihre Mutter da sehr im Zweifel ist. Denn wenn dem so wäre, hätte man den Doktor Förster in Berlin doch kaum entlassen, und gleich doppelt, aus dem Schuldienst und aus der Armee. Wenn dem so wäre, hätte der Mann kaum bis nach Paraguay fliehen müssen. Das sei keine Flucht, sondern stolze Emigration, wurde sie bereits von ihrer Tochter belehrt. Nur kleine, dumme Menschen würden auf Bernhard Förster herabschauen: *Laß die Kleinen außer sich sein, ich lache bloß darüber,* rät Elisabeth ihrer frommen Mutter, *denn Du wirst sehen, man wird Förster noch einmal als einen der besten deutschen Männer und Wohltäter seines Volkes preisen.*[180]

Für Franziska Nietzsches Geschmack spricht ihre Tochter entschieden zu viel von diesem Mann. Und dann hat sie noch gesagt: Wäre sie ein Mann, sie wäre mit ihm gegangen. Wie furchtbar. Ein frühpensionierter Professor und Belletrist, der sich selbst selbst zum Antichristen promoviert, und ein entlassener Gymnasiallehrer, das sollen Sohn und, Gott behüte, ihr Schwiegersohn sein?

Andererseits lässt sich der April-Brief ihrer Tochter auch positiv interpretieren. Was zählt, ist: Fritz hat weder sich noch die Russin erschossen. Fritz lebt und schreibt weiter seine schlechten Bücher! Und dieser schreckliche Förster ist so weit weg, dass es nicht sehr wahrscheinlich ist, dass jemals wieder dieselbe Sonne ihn und seine Tochter bescheint. Wahrscheinlich werden ihn ein paar Eingeborene im Urwald erschlagen und niemand wird ihn finden. Aber so darf sie das Elisabeth natürlich nicht sagen. Doch dass Elisabeth ruhig mitten im römischen Frühling sitzt und gar nicht versucht, Fritz zu treffen, ist empörend. Was heißt, er wolle dieses Jahr mit keinem Menschen reden? Ihre Tochter muss mit ihm reden!

Elisabeth fühlt das auch, sie ist schließlich nicht zuletzt um ihres Bruders willen in Rom. Und Malwida ist ohnehin dafür. Man darf sich von Absagen niemals entmutigen lassen! Der Antichrist! Elisabeth schreibt einen sanften, werbenden Schwesterbrief nach Genua an den Antichristen. Und sie bekommt Antwort, schneller, als sie hoffen durfte:

Meine liebe Schwester, es war der reine Zufall, daß Dein Brief in meine Hände kam, denn ich gehe nicht mehr wie sonst zur Post. Aber es soll ein GUTER Zufall gewesen sein: und so will ich Dir denn gleich antworten. Es freut mich von Herzen, daß Du nicht mehr Krieg gegen Deinen Bruder führen willst. Zu alledem bin ich jetzt auf einem Punkte angelangt, in dem man nicht mehr Krieg gegen mich führen DARF, wenn man »weise« und meine Schwester ist.[181] Er habe den schwersten und kränksten aller seiner Winter hinter sich, und wenn sie aus seinen Andeutungen entnehmen sollte, dass sie Glück hat, ihn noch unter den Lebenden anzutreffen, liegt sie genau richtig.

Auch sonst bevorzugt ihr Bruder semantische Rätsel: *Liebe Lisbeth, JE MEHR MAN MICH VERGISST, umso besser geht es meinem SOHNE, der da heißt: »Zarathustra«: dies ist ein Haupt-Gesichtspunkt – für mich und DICH.*[182] Ob er sehr erstaunt sein wird zu hören, dass da seit Dezember ein Gesichtspunkt in ihr Leben getreten ist, den sie nicht anders als ihren Haupt-Gesichtspunkt bezeichnen kann?

Kurz: Er kommt. Unterzeile: *Ich schreibe an unsere Mäms.*[183] Wann hätte er je *Mäms* gesagt? Der Dichter des *Zarathustra*!

Es klingt wie befreit.

Noch einmal
Frühling in Rom

Wie unwirklich ist das alles. Es wird wieder Frühjahr, und er ist noch immer am Leben, die Küstenberge um Genua tragen bis jetzt kleine Schneekappen, und er wird wieder in Rom sein. Hier hatte vor einem Jahr alles angefangen. Der gleiche Ort, die gleiche Zeit. Hier begann er vor einem Jahr zu hoffen, sein Leben würde noch einmal beginnen.

Jetzt weiß er es anders.

Die feindlichen Geschwister sehen sich wieder. Gehen sie miteinander um, als sei der andere wie aus Glas? Ist da eine neue Vorsicht zwischen ihnen, die sie bisher nicht kannten? Zu unwahrscheinlich kommt es ihnen vor, dass sie wieder nebeneinandersitzen, miteinander sprechen, die gleichen Wege gehen.

Also begann Zarathustras Untergang, hatte sie anlässlich Friedrichs Abreise nach Leipzig prophezeit. Jetzt lernt sie den Mann kennen, den ihr Bruder immer öfter *meinen Sohn* nennt. Vielleicht, weil Eltern hoffen, dass ihr bestes Teil in ihren Kindern fortlebe, und weil er sich als einen partiell Gestorbenen betrachtet. Elisabeth liest das Bruder-Manuskript und atmet auf.

Es ist alles nur halb so schlimm.

Der »Antichrist« ist, positiv formuliert, der »Übermensch«, und das ist etwas anderes. Auch wenn die beiden eine gemeinsame semantische Schnittmenge haben sollten: »Über« klingt schon einmal positiv, ganz anders als »anti«. Der »Übermensch« klingt doch beinahe nach einem Ideal!

Als er damals *Menschliches. Allzumenschliches* veröffentlichen wollte, hielt sie ihm entgegen, was darin stünde, sei nicht allzu menschlich, sondern schlicht unmenschlich. Mit dem »Übermenschen« dagegen kann sie etwas anfangen. Ist es nicht einer wie Förster, der unbeirrt seinem Ideal von einem besseren menschlichen Miteinander folgt, und koste es, Gott behüte, sein Leben?

Sie hat Angst um Förster: … *so lange habe ich nichts von Ihnen gehört, dass ich darüber ganz bekümmert bin*[184], sie würde sich *allerhand düstren Befürchtungen hingeben*, aber dazu komme sie im Augenblick gar nicht, denn sie sei in Rom, und zwar gemeinsam mit ihrem Bruder: … *wir sind wieder dieselben guten alten Freunde wie früher, ja noch etwas besser, wenn auch unsere Ansichten in manchen Dingen auseinandergehen. Er hat aber jetzt ein neues Buch erscheinen lassen: Also sprach Zarathustra: und es ist ein ERGREIFENDES und GROSSARTIGES Buch! So bald ich wieder in Deutschland bin, sende ich es Ihnen denn ich weiß es wird Ihnen gefallen.*[185]

Elisabeth liest, dass der Mensch eine Brücke sei, ein Übergang und ein Untergang und ebendafür könne er geliebt werden. Das ist der Fluchtpunkt dessen, was von der Humanität des Autors noch übrig ist:

Ich liebe Die, welche nicht zu leben wissen, es sei den als Untergehende, denn es sind die Hinübergehenden.

Ich liebe die grossen Verachtenden, weil sie die großen Verehrenden sind und Pfeile der Sehnsucht nach dem anderen Ufer.

Kommt es ihr vor, als ob jeder Satz den Mann meine, den sie liebt? Und das ist nicht mehr der Autor dieser Sätze, es ist der Mitwisser ihres Schmerzes vom vergangenen Winter, der sie zur Mitwisserin seines Schmerzes gemacht hat. Und weiter liest sie:

Ich liebe Die, welche nicht erst hinter den Sternen einen Grund suchen, unterzugehen und Opfer zu sein: sondern sich der Erde opfern, dass die Erde einst des Übermenschen werde.

Ich liebe Den, welcher lebt, damit er erkenne, und welcher erkennen will, damit einst der Übermensch lebe. So will er seinen Untergang.

Ich liebe Den, welcher arbeitet und erfindet, dass er dem Übermenschen das Haus baue und zu ihm Erde, Thier und Pflanze vorbereite: denn so will er seinen Untergang.

Und das geht immer so weiter. Möchte sie sich betrinken an diesen Sätzen? Sie klingen ihr so seltsam vertraut, als wäre ihr Bruder noch der, der er einmal war. Könnte Richard Wagner denn auch nur einem dieser Sätze widersprechen, Wagner oder Förster?

Ich liebe Den, welcher aus seiner Tugend seinen Hang und sein Verhängniss macht: so will er um seiner Tugend willen noch leben und nicht mehr leben. …

Ich liebe Den, dessen Seele sich verschwendet, der nicht Dank haben will und nicht zurückgiebt: denn er schenkt immer und will sich nicht bewahren.

Ich liebe Den, welcher sich schämt, wenn der Würfel zu seinem Glücke fällt und der dann fragt: bin ich denn ein falscher Spieler? – denn er will sich nicht bewahren.

Es sind lauter Weisen, mehr zu wollen als sich selbst. Für sie ist das unegoistisches Verhalten. Sie weiß, dass ihr Bruder das Wort ablehnt. Was die Prediger der Selbstlosigkeit gewöhnlich vergessen, ist, dass man erst einmal ein Selbst haben muss, um es verlieren zu können.

Ich liebe Den, dessen Seele tief ist auch in der Verwundung, und der an einem kleinen Erlebnisse zugrundegehen kann: so geht er gerne über die Brücke.

Ich liebe Den, dessen Seele übervoll ist, so dass er sich selber vergisst, und alle Dinge in ihm sind: so werden alle Dinge sein Untergang.

Ich liebe Den, der freien Geistes und freien Herzens ist: so ist sein Kopf nur das Eingeweide seines Herzens, sein Herz aber treibt ihn zum Untergang.[186]

Jedes Verstehen ist zugleich ein Missverstehen, anders gäbe es kein Verstehen. Sie hat ihren Bruder schon lange nicht mehr so gut missverstanden. Sie schreibt dem Mann, der ihr trotz aller Ferne irritierend nah ist, ja immer näher zu kommen scheint, dass ihn und Fritz *das gleiche ideale Streben* verbinde, doch habe der Urwaldpionier es beinahe noch besser, da *Sie täglich und stündlich an der Verwirklichung von meines Bruders Ideal arbeiten können.*[187]

Wahrscheinlich hat Elisabeth den Autor nicht von dieser Interpretation unterrichtet, sie weiß, er würde ihr widersprochen haben. Sie will sich jetzt nicht durch kleinliche Bemerkungen des Verfassers in ihrem verstehenden Glück stören lassen. Und schließlich ist sie zu weitgehenden Konzessionen bereit. Sie sagt nichts zur Nachwelt über ihre Lektüre des Kapitels, das von *alten und jungen Weiblein* handelt. In Rées Buch *Psychologische Beobachtungen* hatte sie einst das Frauen-Kapitel einfach durchgestrichen. Elisabeth ist die Erste ihres Geschlechts, die diesen vernichtenden Text liest. Sollte sie nicht den alten Impuls gespürt haben? Und wer bitte kam als Urbild in Frage? Keine Frau kannte Friedrich Nietzsche so gut wie seine Schwester.

Das gestrichene Kapitel

Was die Nietzsche-Leser schon immer zur Herablassung gegen seine Schwester verführt hat, ist der Ton ihrer Mädchen-Briefe. Nietzsche ging es wohl nicht anders. Gewöhnlich klang sie so, wie ein junges Mädchen nach allgemeiner Übereinkunft klingen sollte, schwärmerisch, aufblickend, sentimental, nicht klinisch dumm, aber etwas, und erschauernd vor männlicher Größe: *Geliebter Fritz! Wie lange Zeit sehne ich mich schon an Dich zu schreiben, besonders lebendig aber ist die Sehnsucht seit den letzten acht Tagen seitdem ich berauscht durch Dein liebes neues Buch wandre.* Elisabeth hielt die zweiten *Unzeitgemäßen Betrachtungen* in den Händen, *Vom Nutzen und Nachtheil der Historie für das Leben,* sie fährt fort: *Nun wollte ich Dir aber immer erst dann schreiben wenn ich es in meinen Geist so recht aufgenommen hätte, indeß mein Lieber nachdem ich es wieder und immer wieder gelesen habe – DARÜBER schreiben kann ich Dir noch nichts denn all das Großartige, Erhabene und Kühne darin spricht so gewaltig zu meiner kleinen Menschenseele, daß sie darüber verstummt.*[188]

Genauer: Ihr kleiner Frauenverstand verstummt. An diese Reaktion seiner Schwester, seine neuesten Publikationen betreffend, war er gewöhnt. Und wie oft brachte sie ihm Nachrichten, die seinem ohnehin zur Umfänglichkeit neigenden Selbstgefühl wohltaten: *Geliebter Fritz! Zeichen und Wunder geschehen in Naumburg's friedlichen Mauern, denn rathe einmal mein Lieber über wen und was man in der letzten Literaria einen Vortrag gehört hat? Na höre und staune: über Hr. Fr. Nietzsche's beide Werke: die Geburt der Tragödie und Unzeitgemäße Betrachtung David St(rauß).*[189] Sie war sehr traurig, nicht selbst Zeugin gewesen zu sein, möglicherweise hatten Damen keinen Zutritt, ihr Berichterstatter war der Vater von Nietzsches Jugendfreund Pinder und einen Satz hat sie sich besonders gemerkt. Der Vortragende habe gesagt: *»Deine Sprache wäre Musick!« ... Mamachen war natürlich auch sehr entzückt und konnte sich vor Stolz gar nicht lassen.*[190]

So war es gewesen. Alle waren stolz auf Fritz. Ihre gesellschaftliche Reputation verdankten sie ihm. Der Ruhm, der ihn umgab, umgab auch sie. Und dann geschah es. Friedrich hatte da aus seinem Sorrenter Winter nach den ersten Bayreuther Festspielen etwas Übles mitgebracht, ein Manuskript, das so ganz anders war als alles, was er zuvor geschrieben hatte.

Im Mai 1878 erschien *Menschliches. Allzumenschliches* gegen den ausdrücklichen Willen seiner Schwester. Und was heißt hier *allzumenschlich*? *Unmenschlich* schien ihr das zutreffendere Adjektiv. Nietzsches Freunde machten sich schon Sorgen, wie seine Schwester gewisse Passagen darin, namentlich über die Frauen und die Ehe, auffassen möge. Der Autor antwortete: *Meine Schwester ... liest jetzt mein neues Buch, ist aber ferne davon, darüber ein böses Gesicht zu machen. Ich glaube, sie hält die Partien, auf welche Sie anspielen (Freigeist und Ehe) für richtig*[191]. Wusste er, dass er sich täuschte?

Paul Rée hatte ihr seine *Psychologische Beobachtungen* geschenkt, im Untertitel steht *Aus dem Nachlaß von ...*, sie sind 1875 anonym erschienen im Carl Duncker Verlag Berlin. Rée hatte das Buch nicht nur an Elisabeth, sondern auch an Iwan Turgenjew und Ernst Haeckel geschickt. Elisabeth las. Sie las auch das Kapitel *Über Weiber, Liebe und Ehe*. Und als sie mit dieser Lektüre fertig war, machte sie einen langen Strich quer durch das ganze Kapitel. Sie teilte dem Autor sehr freimütig die Art und Weise ihrer Rezeption mit, worauf ihr dieser antwortete: »Aber Sie haben mir eine so große Freude bereitet, sowohl durch Ihren ganzen Brief, – aber besonders durch den Strich, den Sie durch das Frauen-Kapitel gemacht haben. Gewiß haben Sie Recht, – ich selber gehe sogar noch etwas weiter, und mache einen Strich durch das ganze Buch. Denn es ist zu einseitig. Ach – die Moralisten sind entsetzliche Menschen: sie freuen sich über jedes Schlechte, was sie an einem Menschen finden können und dann drücken sie es noch so spitz und scharf wie möglich aus.«[192]

Im neuen Buch ihres Bruders hätte sie gewiss gern ab und zu dasselbe getan: *Gewöhnliche Folgen der Ehe. – Jeder Umgang, der nicht hebt, zieht nieder, und umgekehrt; desshalb sinken gewöhnlich die Männer etwas, wenn sie Frauen nehmen, während die Frauen etwas gehoben werden. Allzu geistige Männer bedürfen eben so sehr der Ehe, als sie ihr wie einer widrigen Medicin widerstreben.*[193] Den letzten Satz hätte sie natürlich nicht streichen dürfen, denn das, sie erriet es wohl, war ein Selbstporträt.

Bald nach dem Erscheinen des Buches lösten sie ihren gemeinsamen Basler Haushalt auf. Fast drei Jahre lang hatten sie zusammengelebt, denn der Professor brauchte eine Köchin, mochte aber die *widrige Medicin* nicht einnehmen. Dass er dringend eine Köchin benötigte, wurde ihm spätestens im Sommer 1875 klar, als alle seine Freunde in Bayreuth waren, um die Hauptproben des *Ring* zu hören, nur er weilte in einem kleinen Schwarzwaldbad für Magenkranke. Sein behandelnder Arzt erklärte ihm, er habe nur dann eine Zukunft, wenn er sich auf eine bestimmte Weise ernähre, und bestand darauf, ihm Kochstunden zu geben. Der Doktor sprach zu ihm über die Vorzüge emaillierten Kochgeschirrs sowie einer Fleischhackmaschine, die für sein künftiges Leben, so er denn eines haben wolle, unabdingbar sei.

Nur eine Frage vergaß der Doktor zu beantworten: Wer bitte soll das emaillierte Kochgeschirr benutzen, wer die Fleischhackmaschine bedienen und seine Kochbücher lesen? Doch wohl nicht er selber. Gewöhnliche Professoren haben für solche Verrichtungen Frauen an ihrer Seite, Friedrich Nietzsche schrieb nach Naumburg, und Elisabeth kam.

Drei Jahre später war klar, dass keine Diät der Welt ihm helfen konnte. Und da waren zunehmend kleine Unstimmigkeiten zwischen ihnen, so dass sie beschlossen, die Bruder-Schwester-Lebensgemeinschaft vorläufig zu beenden. Der Professor formulierte das so: *In 14 Tagen haben wir große Auflösung unsres Haushalts: meine liebe Schwester geht nun für immer wieder zu meiner Mutter zurück.*[194] Woher will er das wissen? Es hört sich an, als würde ein Hafturteil verlesen: Lebenslänglich! Als ob die Rückkehr nach Naumburg die einzige Option wäre, die sie im Leben noch hat.

Der akademische Frührentner selbst plante eine Karrierre als Gärtner in Naumburg, zumindest bis die ihn marternden ewigen Kopfschmerzen verließen. Was für eine Laufbahn! Erst dieses unmögliche Buch und nun das. Sie hatte an der Seite eines Professors und des ersten Wagnerianers weit und breit gelebt. Sie gehörte gewissermaßen zur Wagner-Familie. Und ab jetzt war sie – die Schwester eines Gärtners? Näherhin: die unverheiratete Schwester eines Gärtners.

Nein, sie begleitete ihren Bruder nicht nach Naumburg, und sie konnte das auch begründen: *Der Anblick einer älteren, nicht verheirateten Tochter ist nicht erheiternd für ein Mutterherz.*[195] Ein Invalide, der seine Stellung in der Welt, was näherhin heißt: seine Stellung vor der Welt, aufgegeben hat und es nicht einmal vermochte, eine Frau zu finden, solange noch Zeit war, ist wohl genug.

Welches Mädchen heiratet schon einen kranken Gärtner?

Liest Elisabeth die Rache des Gärtners?

Du gehst zu Frauen?

Und was heißt hier überhaupt: »Du gehst zu Frauen?« Wer zu Frauen erst gehen muss, geht gemeinhin ins Bordell. Der Mann aus dem Orient jedoch – und Zarathustra ist einer – unterhält sein eigenes Bordell. Auch der Orientale lebt nicht MIT seinen Frauen, er sucht sie auf. So wie alle ursprünglichen, kindlichen Kulturen Männer und Frauen trennen. Nietzsche wird einmal bekennen, die orientalische Haltung zur Frau für die einzig richtige zu halten.

Du gehst zu Frauen? Vergiss die Peitsche nicht!, sagt das alte Weib zu Zarathustra. Das Unangenehmste an dieser Kultur der Geschlechter ist wohl der Umstand, dass sie alte Frauen hervorbringt, die jungen Männern Empfehlungen geben wie diese. Soll sie sagen: Es ist widerwärtig? Aber es ist seine Pointe, das Weib ist die Inkarnation der Sklavenmoral schlechthin.

Wie anders klingt dagegen der Mann, der gerade ein neues Leben im Urwald sucht, wenn er noch am Leben sein sollte: »Es giebt auch unter Frauen gewaltige, heldenhafte, geniale Naturen«, weiß Förster. Undenkbar, ihr Bruder würde je einen solchen Satz sagen. Gewaltig! Heldenhaft! Genial! … gewaltige, heldenhafte, geniale Frauen also, »welche mehr leisten wollen und können, als das Durchschnittsmaass ihnen gestatten möchte. Solche Charaktere, obwohl Ausnahmen, sind zu werthvoll, als dass die nationale Erziehung sie nicht ganz besonders beachten sollte.«[196] Elisabeth fühlt sich so ungemein angesprochen. Wenn sie liest, was ihr Bruder über die Frauen schreibt, wird es ihr immer ganz eng im Herzen, wenn sie dagegen diesen Autor liest, wird ihr so groß zumute. Dieser Förster kann Frauen als Kameraden denken. Aber sie will ihrem Bruder jetzt nichts vorwerfen.

Fünf Wochen verbringen die Geschwister miteinander in der Ewigen Stadt, die, wie Friedrich Nietzsche deutlich bemerkt, ein etwas unpassender Ort für einen Antichristen ist. Immerhin ist selbst Friedrich aufgefallen, dass etwas mit seiner Schwester geschehen sein muss. Elisabeth: *Eines Tages … hörte ich wie sich Fritz und Malwida über mich unterhielten: ich habe mich in diesem Winter merkwürdig entwickelt, ich wäre »bedeutend« geworden u. noch mehr solchen Unsinn. Ich lachte darüber, sagte aber dann doch: Nun gut habe ich mich jetzt auf einmal über mich selbst erhoben, so ist nur Hr. Dr. Förster daran schuld.*[197] Er habe ihr gezeigt, was es bedeutet, einem Ideal zu folgen. Leider überliefert Elisabeth nicht die Reaktion ihres Bruders. Sie wird nicht zur enthusiasmierenden Mitteilung geeignet gewesen sein. Er könnte etwa geantwortet haben, dass

Antisemiten keine Ideale besitzen als vielmehr Ressentiments. Und wenn er etwas verachte, dann seien das Ressentiments. Friedrich Nietzsche wird seine Schwester oft genug still angesehen haben. Er weiß, dass die Liebe eine hundsmiserable Theoretikerin ist. Sie bringt es fertig, dass ausgerechnet seine Schwester einen Antisemiten liebt. Gut, dass der Sicherheitsabstand eines Ozeans zwischen ihr und diesem Mann liegt. Friedrich Nietzsche ist zu sehr Psychologe, um nicht zu wissen, dass man niemandem abraten kann zu lieben. Die Liebe lässt sich nicht widerlegen. Am besten verstehen sich Bruder und Schwester, wenn sie miteinander schweigen. Andere treffen sich, um miteinander zu reden. Elisabeth und Friedrich treffen sich, um miteinander zu schweigen. Zuallererst und vor allen Dingen über Rée und Lou. Das war seine Bedingung.

Wenn Friedrich Nietzsche in sein Zimmer zurückkehrt, fühlt er sich *tief erschüttert*. Sein Nervensystem registriert, dass er mit alldem schon abgeschlossen hatte: unter Menschen zu sein, von ihnen wahrgenommen und geachtet. Mit Erstaunen und Genugtuung vermerkt er jede Geste des Wohlwollens. So grüßt man Menschen, keine Gespenster.

Worüber Elisabeth mit ihrem Bruder schweigt, darüber spricht sie umso ausführlicher mit Malwida. Und wenn sie manchmal nur sitzen und schauen, ist es ein mehr antizipierendes Schweigen, ein Nichtssagen voller Zukunft, etwa als sie vor der Villa Ludovisi in die weite südliche Landschaft schauen und sich vorstellen, so ungefähr könnte es in Neu-Germanien aussehen. Im Frühjahr ist alles Verheißung. Elisabeth schreibt Förster von diesen Augenblicken der Entrückung. Er soll wissen, dass er nicht allein ist, wenn er allein ist.

Mit Malwida, dieser großzügigen Frau, kann sie reden wie mit einer Mutter, nur besser. Mit ihrer Mutter kann sie noch immer eher nicht reden. Natürlich kennt Malwida Bernhard Förster, schließlich haben sie die gleiche Heimat: Wagners Musik. Elisabeth teilt dem Auswanderer mit, dass Malwida im letzten Jahr einen Roman schrieb, in dem alle Wirrnisse schließlich ihre Lösung in der *Gründung einer idealen Kolonie* finden. Heimaten, das ist Malwidas tiefste Erfahrung, sind nicht immer schon da, man findet sie nicht einfach, man wird schon gar nicht in ihnen geboren, man muss sie erfinden, man muss sie selbst errichten.

Malwida teilt Elisabeths Enthusiasmus. Malwida sei voller Bewunderung für seine Pläne, erfährt Förster, und sie geht sogar, mit Malwida als Deckung, noch einen Schritt weiter. Manchmal malten sie sich aus, wie sie beide *nützliche Mitglieder Neu-Germaniens* werden würden. Wenn er das liest und noch immer nicht begreift, welche Bereitschaft, welcher Wagemut ihm da entgegenkommt, dann ist dem Mann nicht zu helfen.

Elisabeth vibriert vor verhaltenem Tatendrang.

Vielleicht aber ist Louise von Salomé der Älteren zu helfen?

Malwida hat Post bekommen aus St. Petersburg. Hier in Rom war ihr vor einem Jahr die Tochter vollends abhandengekommen. Sie hätte sie gern zurück und fragt bei Malwida an, ob sie da Mittel und Wege sehe. Schließlich war Malwida die erste Frau, die ihre Tochter wirklich beeindruckt hatte, so wie diese gleich eine tiefe Zärtlichkeit für Lou empfand. Es war ihr, als käme sie sich selbst entgegen, als das junge Mädchen, das sie einmal war. Nein, als Lou-Gegnerin ist Malwida eine vollkommene Fehlbesetzung.

Aber Elisabeths Ehrgeiz ist geweckt. Sie wird der unglücklichen Generalscha helfen. Vielleicht könnte sie Rées Mutter einen Brief schreiben? Mit ihrem Bruder kann sie nicht darüber sprechen, des Lou-Rée-Schweigegebots wegen.

Mitte Juni verlassen die Geschwister Rom, sie lachen über seinen großen, schweren Bücherkoffer, der ihm das Reisen so beschwerlich macht, auch *der Klumpfuß* genannt. Wir befinden uns hier direkt an einer Urszene des Nietzsche-Archivs. Elisabeth: *Wir waren zehn Wochen zusammen in Rom gewesen und ein riesiger Bücherkoffer, den wir mit uns führten, wurde, da er meinen Bruder am Wechsel des Aufenthaltsortes verhinderte, zur wahren Belästigung und zum Gegenstand unserer mit Ärger gemischten Scherze. Schließlich kostete der Rücktransport von Rom bis Sils Maria 85 Frs., wobei auch noch*

Bücher und Manuskripte außerordentlich gelitten hatten.[198] Sie kommen auf die Idee, einen Ort zwischen Nizza und Sils Maria zum Sammelpunkt für Bücher und Manuskripte zu machen, an welchem der Wanderphilosoph dann Frühling und Herbst zubringen, neue Bücher aus seiner Kofferbibliothek entnehmen und alte ablegen will. *Ich sollte die Hüterin dieses Archivs sein (das wir damals nur im Scherz so nannten) und außerdem alle Verhandlungen mit Verlegern usw. übernehmen.*[199]

Sie bleiben noch einen Tag in Mailand, um dann getrennt weiterzureisen. Elisabeth will auf der Heimfahrt noch Freunde in Basel besuchen, und Friedrich Nietzsche ist auf dem Weg in seine Hochgebirgseinsiedelei Sils Maria. Schon von Bellagio aus schreibt er der Schwester noch einen Gruß. Er läuft durch die regennasse kleine Stadt: *Im Gehen dachte ich viel an Dich, und mit der herzlichsten Dankbarkeit. Fast schaudere ich jetzt vor der Einsamkeit zurück: aber ich habe schon gelernt, die Zähne auf einander zu beißen.*[200]

Sils Maria, Sommerwinter 1883

In Bellagio erfuhr Friedrich Nietzsche, dass es bisher das ganze Jahr geregnet habe. Als er in Sils Maria eintraf, regnete es immer noch. Dann ging der Regen in Schnee über, und binnen weniger Stunden war Sils Maria eingeschneit. Er fror, betrachtete seine vier weißen Sommerhosen und hielt sie für reine Ironie.

> *Meine liebe Schwester,*
> *nun bin ich auch im Besitz Deines Briefes, wie ich schon längst*
> *im Besitz Deiner Baseler Sendung bin, und ich wünschte,*
> *Etwas zu haben, das ich Dir entgegen senden könnte, um nicht*
> *blos mit Worten der Dankende zu sein. ... Mach Dir doch ja*
> *UM MEINETWILLEN keine neuen Sorgen und Aufregungen;*
> *ich weiß es so schon gar nicht wieder gut zu machen, daß ich*
> *Dir in den letzten 12 Monaten der Störenfried Deines Lebens*
> *werden mußte.*

Es war gut, daß wir in Rom zusammen waren; und wenn ich
auch zu den schweigsameren Menschen gehöre, so wirst DU
doch genug gehört und errathen haben, um zu wissen, wie es
mit mir steht. – Das, was der Mensch sein ZIEL nennt (das,
woran er im Grunde BEI TAG UND NACHT denkt): das legt
eine wahre Eselshaut um sein Wesen, so daß man ihn beinahe
totschlagen kann – er überwindet's und geht, als der alte Esel,
mit dem alten I-A seinen alten Weg. So steht's jetzt mit mir. –
Hier habe ich mich auf 3 Monate eingemiethet: in der That, ich
bin der größte Thor, wenn ich mir durch ITALIÄNISCHE LUFT
den Muth nehmen lasse. Hier und da taucht der Gedanke in
mir auf: was geschieht NACHHER? … Meine »Zukunft« ist mir
die dunkelste Sache von der Welt; da ich aber noch viel fertig
zu machen habe, sollte ich auch nur an dieses Fertig-machen
als meine Zukunft denken und alles Übrige DIR und den Göttern
überlassen. …
UNTER ALLEN UMSTÄNDEN bin ich Dein getreuer Bruder
und habe die allerherzlichsten Wünsche für Dich jederzeit bei
mir. Dein F.[201]

Unter allen Umständen?

Elisabeth ist gerührt und ermutigt. Und »alles Übrige«, sein Leben also, überlässt er ihr? Er kümmert sich um sein Werk, sie kümmert sich um sein Leben: Fast ist es wie früher. Sie ist entschlossen, diese Chance zu ergreifen. Sie wird den Brief an Frau Rée schreiben. Sie wird Rées Mutter aufklären über den fatalen Hausgast, dem sie da Obdach gewährt.

Friedrich Nietzsche schreibt auch etwas. Er erwirbt sich damit – vor dem strengen Richterstuhl seiner selbst – das Recht, vorerst weiterzuleben. Denn das Privileg des Lebens gebührt nur dem Schaffenden, im ersten Teil des *Zarathustra* kann es jeder bald lesen:

Viele sterben zu spät, und Einige sterben zu früh. Noch klingt fremd die Lehre: »stirb zur rechten Zeit!«

Stirb zur rechten Zeit: also lehrt es Zarathustra.

Freilich, wer nie zur rechten Zeit lebt, wie sollte der je zur rechten Zeit sterben? Möchte er doch nie geboren sein! – Also rathe ich den Überflüssigen.

Aber auch die Überflüssigen thun noch wichtig mit ihrem Sterben, und auch die hohlste Nuss will noch geknackt sein.[202] Und so geht das weiter. Ein Temperatursturz ohnegleichen, von der Wärme einer mittleren Humanität gerechnet, eine Vereisung, von Satz zu Satz fortschreitend. Und Elisabeth nannte diesen *Zarathustra* ein großartiges Buch?

Der Philosoph hat nur eine Rechtfertigung für diese Zeilen: Sie sind vollkommen aufrichtig. Er empfindet es so und er kann es nicht anders denken. Und auch er gehört zu den »Überflüssigen«, jeder, der die Höhe des Ihm-Möglichen nicht erreicht. Es gehört zu den Mysterien des Schaffens, sein Dasein in diesen Momenten als gerechtfertigt zu empfinden. Für Nietzsche, den einsamen Akademiker in der Selbst-Verbannung seiner Krankheit, ist dieser Gesichtspunkt absolut geworden. Er lebt noch, weil eine Aufgabe vor ihm liegt. Weil er noch etwas schaffen muss. Und kaum war er hier oben, begann es. Er hatte eben noch Zeit, alle zu begrüßen, die sich freuten, dass er zurückgekehrt ist. Er schaffte es gerade noch, sein zu niedriges, zu weißes Zimmer grün streichen zu lassen und sich zu sagen, dass er es auf Dauer wohl in diesen niedrigen Bauernstuben nicht aushalte. Er hatte gerade noch Zeit, Pläne zu machen: *Ich möchte Geld genug haben, um mir hier eine Art ideale Hundehütte zu baun: ich meine, ein Holzhaus mit 2 Räumen; und zwar auf einer Halbinsel, die in den Silser See hineingeht und auf der einst ein römisches Castell gestanden hat.*[203]

Als der Autor des *Zarathustra* diesen Wunsch äußert, ist er schon mittendrin in dessen zweitem Teil. Wieder sind es Tage höchster Exaltation des Bewusstseins, des Gefühls. Am 6. Juli gratuliert er seiner wiedergewonnenen Schwester zum Geburtstag und schenkt ihr Jacob Burckhardts *Cicerone, eins der besitzenswürdigsten Bücher und beinahe BELEHRENDER als ein Aufenthalt in Rom: für uns Beide soll dies Buch aber ein Erinnerungs-zeichen sein an das vielerlei Gute, was wir dort zusammen gesehn (und NICHT gesehn) haben – eingerechnet die Genüsse anderer Art z. B. in den trattorie.*[204] Und dann hat er, ganz wie früher, wie in besten Zeiten, eine große ernste Aufgabe für sie: Sie muss seinen Verleger Schmeitzner dazu bringen, dass er den zweiten Teil des *Zarathustra* druckt, und zwar gleich. Eine Aufgabe, die nur sie ausführen und der sie entnehmen könne, dass dieser zweite Teil existiert.

Es gehe ihm nicht um das Erscheinen, Schmeitzner mag das Buch ausgeben, wann er wolle, aber sein Nervensystem fordere, diesen zweiten Teil zum Abschluss zu bringen, und Abschluss heiße Druck: *Ich will damit zu Ende kommen und von dieser Expansion des Gefühls erlöst sein, die solche Produktionen mit sich führen: es ist mir öfter der Gedanke gekommen, daß ich an so Etwas plötzlich sterbe.*[205] Kurz, er sei in Gefahr, und dann beschwörend: *Um des Himmels Willen, bringe dies mit Schmeitzner in's Reine; ich selber bin jetzt zu reizbar gestimmt. – Ach, wie schön, daß ich Dir so etwas schreiben kann. – Ganz von Herzen Dein Bruder*[206]. Es ist der 6. Juli, der Tag, an dem er den zweiten Teil des *Zarathustra* beendet. Wieder waren es zehn Tage gewesen.

Ja, er braucht seine Schwester. Und die kalte Wut fällt ihn an, sobald er an seinen Verleger denkt. Denn der erste Teil des *Zarathustra* hat es bis jetzt nicht in die Welt geschafft, noch nicht einmal zu seinen besten Freunden, dabei hielt es der Antichrist für passend, dass dieses neue Evangelium zu Ostern erscheine. Dieses Datum aber war nicht zu halten, da Schmeitzner bis Ostern 500 000 Gesangbücher drucken musste. Dabei hatte er seinem Verleger schon am 13. Februar genau angezeigt, worum es sich handele, nämlich um *ein fünftes »Evangelium« oder irgend Etwas, für das es noch keinen Namen giebt*. Leider war Schmeitzner auch nach Ostern sehr in Anspruch genommen, denn die Antisemiten entwickelten gerade ein sehr großes Mitteilungsbedürfnis und Schmeitzner fühlte das Bedürfnis, sie davon zu überzeugen, seinen Verlag zu ihrem Mundstück zu machen. Friedrich Nietzsche wusste nicht, ob er lachen oder rasen sollte. Aber wenn er nun seine Schwester für sich in den Kampf schickt, weiß er, dass sie siegen würde.

Nun ist es nicht so, dass die Antisemiten bis jetzt noch nichts geschrieben hätten. Und das neue Buch ihres Bruders und Jacob

Burckhardts *Cicerone* werden nicht Elisabeths einzige Sommer-Lektüre, im Gegenteil. Soeben hat ihr ein Straßburger Professor zum Geburtstag ein Buch des Autors Paul de Lagarde gesandt, mit herzlichen Grüßen von Herrn Bernhard Förster, aber lassen wir das die Leserin selbst sagen: *Neulich schickte mir nämlich Hr. Prof. Maier aus Straßburg in Ihrem Auftrag Lagardes Schriften oder um es genau auszudrücken: als ideell von Ihnen stammend. Er schrieb so freundlich, dass ich das Buch natürlich behalten habe. Nun danke ich Ihnen warm und herzlich dafür denn es ist wirklich ein Genuss diesen Schriftsteller zu lesen den ich doch nur zum kleinsten Theil kannte. Ich lese ihn auch so gern weil er Ihnen so lieb war.*[207] Zudem müsse sie beim Lesen viel an ihre Gespräche im vorigen Winter denken.

Paul de Lagardes *Deutsche Schriften* sind gewissermaßen die Bibel der Antisemiten. Konkurrierende Evangelien streiten um Elisabeth Nietzsches Kopf. Natürlich sagt sie ihrem Bruder nichts von dem zweiten Buch, denn er ist so unbeherrscht, und die Antisemiten provozieren ihn zu geistigen Tobsuchtsanfällen.

Dass Elisabeth nun in die Mysterien des Antisemitismus eingeweiht wird und zugleich einem verbummelten antisemitischen Verleger drohen soll – mit was eigentlich? –, stellt ihr Naturell nicht auf die Probe. Sie ist Pragmatikerin, anders kommen Frauen gewöhnlich nicht durchs Leben.

Für Elisabeth ist dieser Sommer vollkommen. Die große Krisis hat das Band zu ihrem Bruder noch enger gemacht, sie haben beide gefühlt, wie endlich alles ist, wie wertvoll also auch.

Friedrich hat sogar ihren Brief an Rées Mutter gebilligt, ja, er hat sie dafür belobigt: *Dein Brief an Frau R(ée) ist, litterarisch betrachtet, Deine beste Leistung bisher; gebe der Himmel, daß es nie wieder zu solchen Anlässen kommt, Dich litterarisch auszuzeichen! Übrigens kann ich schwören, daß die mir in Deinem Briefe zugesprochene Denk- und Verhaltensweise mit der Wahrheit übereinstimmt, und nicht nur eine »schöne Farbe« ist. ... Rée habe ich auch in dieser Sache zu gut behandelt: und ungefähr zehn Briefe an ihn NICHT abgeschickt (vielmehr an Stelle eines jeden einen neuen geschrieben – ich fürchtete immer, er könnte sich das Leben nehmen. Zuletzt hat er über seinen verrückten Freund wohl nur gelacht!)*[208]

Noch trägt ihn das soeben beendete Werk, noch hält er sich für unverwundbar. Noch regt sich kein Groll gegen die Schwester, an die kaum vernarbten Wunden zu rühren, und das gerade jetzt, da er ganz bei sich ist.

Sie ist eine Frau. Das ist ein Makel, gewiss. Doch sie ist entschlossen, diesen Makel als Vorteil zu begreifen. Sie wird Friedrich und Bernhard verbinden. Sie haben mehr gemeinsam, als sie wahrhaben wollen, vor allem ihre Unbedingtheit. Wie sonst könnte sie beide lieben? Sie glauben an die Unversöhnlichkeit ihrer Ansichten, Männer sind so, in manchen Dingen bleiben sie Kinder.

Wenn sie nur an ihres Bruders *Mahnruf an die Deutschen* denkt! Könnte der nicht auch von Förster sein? Es war 1874, als das Theater auf dem Bayreuther Hügel drohte, als teuerste Investruine weit und breit zu enden. Da trat Friedrich Nietzsche vor und hielt eine Ansprache an die deutsche Nation. Er nannte sein Publikum: *Ihr, die ihr angeredet werdet*. Er teilte denen, die da angeredet werden, mit, dass sie in Gefahr seien. In Gefahr nämlich, vor dem Angesicht der Ewigkeit als Versager dazustehen: *Es ist euch gemeldet worden, welches Fest im Mai des vorigen Jahres zu Bayreuth gefeiert wurde*[209] – es war die Grundsteinlegung des Festspielhauses, Nietzsche empfand diesen Tag als einen der höchsten Augenblicke seines Lebens, doch seinen Landsleuten schien das egal zu sein, ihre Spendenbereitschaft hielt sich in Grenzen, was der Agitator so zusammenfasste: *Gesetzt, es gelänge euch, durch Unwissenheit, Mißtrauen, Sekretieren, Bespötteln, Verleumden, den Bau auf dem Hügel von Bayreuth zur zwecklosen Ruine zu machen …* Der Unterschied zwischen Öffentlichkeitsarbeit und Strafpredigt schien Friedrich Nietzsche nur ungenügend bewusst zu sein. Sollte man Menschen beschimpfen, von denen man Geld will? Der *Mahnruf* ist noch lange nicht zu Ende, und er wird auch nie abgesandt, die Wagner-Vereine des Reichs bekannten, sich zu einer derart »kühnen Sprache« nicht berechtigt zu fühlen. Das war ihre Höflichkeit gegen den unhöflichen Autor. Man könnte es auch seine Bedingungslosigkeit des Wirkenwollens nennen. Sie ist Elisabeth nur allzu vertraut.

Eine Frau muss sich nicht zwischen zwei konkurrierenden Heilsbotschaften entscheiden, sie fühlt hier etwas und fühlt da etwas,
das ist das Vorrecht der Frau, mehr verlangt keiner. Zumindest
darf sie sich darauf zurückziehen. Und darin besteht ihre Klugheit.

Sie wird Burckhardt und Lagarde lesen, und sie wird für ihren
Bruder gegen einen verantwortungslosen Verleger in den Krieg
ziehen, der sein Leben aufs Spiel setzt – eine Disziplin, in der sie
es einmal zu großer Meisterschaft bringen wird.

Und auch auf Förster muss sie gut achtgeben. Förster und ihr
Bruder sind zwei Einsame. Der eine sitzt auf den Spitzen der Alpen, der andere reitet allein durch den Dschungel von Paraguay
und begegnet tagelang keinem Menschen. Wie ihr Bruder versucht Förster, sich mit seiner Einsamkeit zu befreunden, er hat ihr
mitgeteilt, dass er wahrscheinlich nie wieder nach Deutschland
zurückkehren werde. Diese Ankündigung habe sie sehr, sehr traurig gemacht, schrieb sie ihm, vor allem aber sei dieser Vorsatz völlig falsch, denn gerade jetzt, wo er sich mit Land, Menschen und
Klima vertraut gemacht habe, müsse er *mit voller Überzeugung brave Leute auffordern sich ihm anzuschließen.* Und das wiederum könne er nur persönlich tun, denn *brave Leute haben gewöhnlich nicht
viel Phantasie.*[210] Umso mehr überzeuge sie der persönliche Vortrag. Irgendwann müsse er also, wohl oder übel, zurückkommen.

Und dann hat sie noch eine Bitte an den einsamen Reiter: *wären Sie vielleicht so gütig täglich die Witterungsverhältnisse in Paraguay aufzuzeichnen. Vorzüglich bitte ich darauf Rücksicht zu nehmen
ob nur klarer oder bedeckter Himmel ist, ob es viel Wind giebt und die
Hitze zu vertragen ist.*[211]

Sie wird mit Fritz gemeinsam nach Paraguay gehen. Er wird
unter Apfelsinenbäumen sitzen und nachdenken, während Bernhard und sie das Land bestellen. Oder wird Bernhard auch lieber
unter Orangenbäumen nachdenken wollen? Egal wie, sie werden
die Pioniere einer befreiten Menschheit sein, sie gründen eine
Übermenschenrepublik! Und abends werden sie auf dem Klavier
Wagner spielen. Denn natürlich wird sie ihr Klavier in den Dschungel mitnehmen. Vielleicht muss sich Friedrich so lange die Ohren

zuhalten, denn er bekommt neuerdings immer Kopfschmerzen von dieser Musik. Aber auch das wird vergehen. Wenn ihr Bruder doch einmal wieder Wagner spielen würde!

Der Zorn des Zarathustra

Fritz und ich sind wieder nach unserer Entzweiung die besten Freunde geworden. Fritz hat jetzt ein ganz unbegrenztes Vertrauen zu mir gewonnen, teilt sie Förster am 21. Juli 1883 mit. Doch zu diesem Zeitpunkt ist diese Aussage bereits akut veraltet. Der Umschwung kam unmerklich, aber mit einer Wucht, die ihn fast umriss.

Friedrich Nietzsche hatte den Mitteilungen seiner Schwester an Frau Rée entnommen, dass sein Freund der Urheber aller Verdunkelungen, aller Missverständnisse des letzten Jahres gewesen sei. Er schrieb Rée darauf einen Brief, den er höchstwahrscheinlich wieder nicht abschickte und dessen Entwurffassung endet: *ich hätte große Lust, Ihnen mit ein paar Kugeln eine Lektion in der praktischen Moral zu geben: und vielleicht erreiche ich im günstigsten Falle, Sie ein für alle Mal von der BESCHÄFTIGUNG mit MORAL abzubringen –: dazu nämlich mein Herr Dr. Rée gehören nur REINE HÄNDE aber nicht Schlammfinger!* [212] Diese Prosa ist zwar von Friedrich Nietzsche, aber unter seinem Niveau. Niemand empfindet das deutlicher als ihr Autor. Man kann nicht den zweiten Teil des *Zarathustra* schreiben und danach solche Briefe.

Auf jeden Fall hat er eine Depesche an Rées Bruder abgesandt, den er erst im letzten Herbst in Leipzig kennenlernte. Er begründet seine, den Empfänger gewiss überraschende Sendung so: *Unsere kurze Bekanntschaft von Leipzig her muß mich rechtfertigen, wenn ich heute an Sie schreibe, was ich Ihrem Bruder Paul selber nicht schreiben mag: daß jeder weitere Verkehr mit ihm und mir UNTER MEINER WÜRDE ist.* [213] Es folgt viel über das, was er erst jetzt erfahren habe, vor allem dies: Lou sei nichts als Mundstück für Rées Gedanken gewesen. *Nun verstehe ich es allerdings, wenn er mir diesen Winter schrieb, er habe mir gegenüber das Gefühl von SCHULD ... Und unter dieses Wort Schuld fällt es vor Allem, wie SCHAMLOS er*

mich über Frl. S. BELOGEN hat: er predigte von ihr, wie als ob sie alles
Glück und alles Behagen des Lebens für die Wahrheit zum Opfer ge-
bracht hätte. Die Sorgfalt der Berichterstattung gebietet, das nun
Folgende, passagenweise zu oft aus dem Zusammenhang geris-
sen, ganz wiederzugeben:

Nun Herr R, es wächst alle Jubeljahre Einmal ein M(ensch) dieser
Art auf Erden: und ich würde um die Erde reisen, um ihn kennen zu ler-
nen. Ich habe nun dieses Mädchen kennen gelernt und mit der größten
Hartnäckigkeit versucht, den letzten Schatten jenes Bildes von ihr fest-
zuhalten. Unmöglich! (ihre Mutter selbst hat mich vor ihr gewarnt) Ich
war einfach der Belogene: und so oft ich Ihrem Bruder mein sehr stren-
ges Urtheil über den Charakter des Mädchens gab, meinen Sie, daß er je
nur ein Wort der Milde und der Entschuldigung für sie gehabt hätte? Er
sagte immer nur: Sie haben vollkommen über Lou recht, aber es ändert
meine Beziehungen zu ihr in Nichts«. Brieflich nannte er sie einmal sein
Verhängniß: quel gout! Diese dürre schmutzige übelriechende Äffin mit
ihren falschen Brüsten – ein Verhängniß!

Pardon!

Wie sie selber über Ihren Bruder spricht und denkt, das soll die Sa-
che meiner Diskretion sein. In Leipzig rief sie ihn nie anders als Dreckel!
was MICH empört hat.[214]

Dreckel? Dackel? Willenlos folgendes Tier? Aber sie haben so
viel schönere Namen füreinander. War auch das ein Spiel?

Fest steht, Friedrich Nietzsche schickt diesen Brief an Rées Bruder ab, wahrscheinlich in einer etwas abgeklärteren Fassung. Rée
müsste ihn jetzt wohl zum Duell fordern. Er rechnet damit.

Wenn Menschen das tun, was getan werden muss, empfinden
sie gemeinhin Genugtuung, Einverständnis mit sich selbst. Bei
Friedrich Nietzsche ist das Gegenteil der Fall, und dieser Tatbestand lässt sich kaum überbewerten. Ein Briefentwurf an Elisabeth, geschrieben unmittelbar nach der Tathandlung, die Mitteilung an Rées Bruder auf die Post zu geben, macht das deutlich:
Dein Bruder ist ganz eigentlich unglücklich: ich habe nämlich den Brief
an G R abgeschickt. Nein, ich bin nicht gemacht zu Feindschaft und
Haß: und seit diese Sache so weit geschritten ist, daß eine Versöhnung
mit Beiden nicht mehr möglich ist, weiß ich nicht mehr wie leben; ich

denke fortwährend daran. Es ist unverträglich mit meiner ganzen Philosophie und Denkweise – es zieht mir jedes hochstrebende Gefühl nieder, daß ich in die Rubrik menschlicher Feindseligkeiten gerathen bin und mit solchem armen Volk! Bis dahin habe ich nie jemanden gehaßt, auch W nicht, dessen Perfidien weit über die Leistungen L's hinausgingen. Jetzt erst fühle ich mich gedemüthigt.[215]

So wird die neue Feindschaft zwischen Bruder und Schwester begründet sein. W steht für Wagner, dessen »Perfidien« darin bestanden, den Arzt, dem Nietzsche vertraute, dazu zu bringen, seinem Patienten dringend nahezulegen, öfter mit Frauen zu schlafen. Das 19. Jahrhundert, und Wagner gehörte zu ihm, glaubte fest daran, dass die zweckwidrige Verschwendung kostbarster körperlicher Säfte des Mannes seine physische Degeneration zur Folge hätte, Sehstörungen, Blindheit ausdrücklich eingeschlossen. Weniger Onanie, mehr Frauen!, das war das Rezept, an das Richard Wagner unumstößlich glaubte.

Dieser Briefentwurf macht zweierlei klar: Nietzsche erkannte an, dass Richard Wagner ihm nicht schaden, sondern nützen wollte, indem er diesen ehrenrührigen Therapieplan in Umlauf setzte. Zweitens: Bis jetzt glaubte er an eine Versöhnung, an eine neue Freundschaft mit Rée und Lou, ja er hoffte auf sie. Unter potentiellen Übermenschen dürfen Missverständnisse nicht das letzte Wort sein! Und nun hatte er selbst dieses letzte Wort gesprochen.

Dies ist das 19. Jahrhundert. Da kann ein Mann einem anderen Mann nicht solche Nicht-Zarathustra-Briefe schreiben, wie Nietzsche ihn an den Rittergutsbesitzer Georg Rée richtete, und glauben, die Antwort würde wiederum ein Brief sein. Aber übergeben wir dem Autor selbst das Wort, die Entwicklung der Dinge betreffend: *Unter dem Eindruck einiger empörender Details, die ich ein Jahr zu spät erfuhr, habe ich an Georg R den Rittergutsbesitzer auf Stibbe einen fulminanten Brief geschrieben. Er hat mir darauf mit einem Injurienprozeß gedroht – und darauf wieder habe ich mit etwas Anderem gedroht. Nun wollen wir sehen, wie es weiter geht.*[216] Normalerweise mit einer Forderung zum Duell. Friedrich Nietzsche weiß, dass seine Chancen hierbei nicht besonders gut sind, denn eine wesentliche Voraussetzung, einen anderen erschießen zu können, besteht darin, ihn überhaupt zu sehen. Hinzu kommt: Der Philosoph des Übermenschen will Georg Rée gar nicht erschießen, und auch seinem Bruder und dem schrecklichen Mädchen wünscht er nichts Böses, im Gegenteil: *Der Übelstand ist, daß alle diese feindl(ichen) Maßregeln sich gegen Personen richten, welche ich geliebt habe und welche ich viell(eicht) jetzt noch liebe: mindestens bin ich jeden Augenblick bereit, den ganzen Kram von Beleidigungen und mir erwiesenem Schaden wegzuwerfen, wenn ich wüßte, ich könnte ihnen wirklich nutzen.*[217]

Auch das ist keine gute Voraussetzung für ein Pistolenschießen. Der Verzeihende erwartet es für den Herbst.

Um so lange noch etwas vorzuhaben und wieder Ordnung in seine Gedanken zu bringen, sie einer äußeren Disziplin zu unterwerfen, fragt er bei der Leipziger Universität an, ob er im Herbst Vorlesungen halten könne, an seiner Alma Mater gewissermaßen. Die Griechen als Menschenkenner sollen das Thema sein, in der Mitte Epikur, er macht schon Entwürfe.

Zu sagen, die Juden sind schuld!, während der Kapitalismus nach einem greift, ist miserabel. Einen anderen verantwortlich machen am eigenen Schicksal, ist miserabel. Er will das nicht. Er kann das nicht. Er hat es getan. Und jetzt? Jetzt gibt er die Schuld seiner Schwester. Aber nicht Elisabeth hat diese Briefe geschrieben, er war es. Und macht sie dafür verantwortlich. Er macht sie verantwortlich für die Trockenheit seiner Seele nach der Zarathustra-Explosion. Er ist zu sehr Psychologe, um nicht zu wissen, dass niemand die Schuld trägt an diesem Phänomen. Es ist der Fluch des schöpferischen Geistes, der Tribut, den er zu entrichten hat.

Doch an wen?

Sein Geist kennt keinen Adressaten mehr, dem er sein Opfer zu bringen hätte. Und darf ein Allesdurchschauer, ein Widersacher des Menschlichen, Allzumenschlichen, solch menschliche, allzu menschliche Sätze schreiben? Es ist eine Unterbietung seiner selbst. Diese Prosa fasst alles zusammen, was er verachtet. Am Ende seines zweiten Zehn-Tage-Werks als ein Verachtenswerter dazustehen: Das ist es, was er seiner Schwester nicht verzeiht.

Er opfert Elisabeth, um sich selbst zu überleben. Er hat keinen Halt mehr als sich selbst. Und sie hat ihm auch diesen Halt noch aus der Hand geschlagen. Der Grund für den Bann über die Schwester ist der einfachste, er ist vor aller Reflexion gelegen: Ohne sie wäre das nicht geschehen. Das Unglück ist sie.

Freund Overbeck erfährt: *Meine Angehörigen und ich – wir sind zu verschieden. Die Maaßregel, die ich diesen Winter für nöthig befand, keine Briefe mehr von daher zu empfangen, ist aber nicht mehr aufrecht zu erhalten (ich bin nicht hart genug dazu) Aber ein jedes verächtliche Wort, was gegen Rée oder Frl. S geschrieben wird, macht mir das Herz bluten; es scheint, ich bin schlecht zur Feindschaft gemacht während meine Schwester mir zuletzt noch schrieb, ich solle guter Dinge sein, es sei ja »ein frischer fröhlicher Krieg«*[218].

Overbeck ist alarmiert, sein Freund hat den letzten Winter überlebt, er darf ihn jetzt nicht allein lassen. Sie verbringen ein paar Augusttage miteinander, die Nietzsche ungemein wohltun, doch Overbecks Abreise bringt ihn um die mühsam erreichte Balance: *... die Trennung von Dir warf mich in die tiefste Melancholie zurück, und die ganze Rückreise wurde ich böse schwarze Empfindungen nicht los, darunter war ein wahrer Haß auf meine Schwester, die mich nun ein Jahr lang mit Schweigen zur unrechten Zeit und mit Reden zur unrechten Zeit um den Erfolg meiner besten Selbstüberwindung gebracht hat.*[219] So sei er zum Opfer eines schonungslosen Rachegefühls geworden, ausgerechnet er, der, dessen Philosophie, dessen innerste Denkweis allem Sich-Rächen und Strafen abgesagt habe: *DIESER Conflict in mir nähert mich Schritt für Schritt dem IRRSINN, das empfinde ich auf das Furchtbarste – und ich wüßte nicht, inwiefern eine Reise nach Naumburg diese Gefahr verringern könnte.*

Ende August kommt in Naumburg ein seltsamer Brief aus Sils Maria an. Er ist an Elisabeth gerichtet, doch ohne Anrede. Es stehen vier kleine Gedichte darin, das erste trägt die Überschrift *Vorüber, ihr Schafe, vorüber!* und lautet:

*Mich krankes Schaf zu weiden
In schönen Einsamkeiten,*

Das lag mir in dem Sinn.
Nun ist der Sommer gangen;
Das Lama und die Schlangen,
Die nahmen mir ihn hin.

Wenn sie das richtig liest, handelt es sich um ein elisabethfeindliches Gedicht, und die anderen sind auch nicht besser. Das letzte heißt *Ergebung in Gott*, könnte aber auch *Ergebung ins Lama* heißen:

Laß nur das Lama schnauben
Es wächst aus sauren Trauben
Zuletzt doch süßer Wein.
Der Liebe Unterpfänder
Sind kleine Mißverständer
Und große obendrein! [220]

Vielleicht betrügt sie die Tonlage darüber, wie es um ihn steht. Verabredet ist noch immer, dass er im September nach Naumburg kommt, genau wie im letzten Jahr, bloß traf er damals aus Tautenburg ein. Es ist an der Zeit, nach dieser Frist, der Mutter wieder unter die Augen zu treten, gewissermaßen als sein eigener Existenzbeweis. Und er hat ihr versprochen, ihr zu helfen, Elisabeth von diesem irrwitzigen Paraguay-Plan abzubringen. Franziska Nietzsche ist entschieden gegen Bernhard Förster. Dieser Mann ist ein Verlorener. Zu Verlorenen hält man Abstand und läuft ihnen nicht noch hinterher, schon gar nicht bis nach Paraguay. Friedrich Nietzsche hat seiner Mutter versprochen, dass er alles tun wird, Elisabeth zur Vernunft zu bringen.

Welche Vernunft?

Apropos Paraguay. Nietzsche denkt an Oaxaca. Das liegt in Mexiko, ungefähr auf der gleichen Höhe wie Sils, nur dass es 220 Tage Oberengadin-Wetter hat, Sils dagegen nur 80. Er hat schon viel über Oaxaca in Erfahrung gebracht, es ist eine Schweizer Kolonie, nur viel billiger als in der Schweiz.

Ob er seiner Mutter schon von Oaxaca erzählt hat?

Wenn er in Oaxaca sitzt und Elisabeth in Paraguay, dürfte die

Entefrnung zwischen ihnen ausreichen, um sich zu vertragen. Er ist immer noch im Zweifel, ob er nach Naumburg fahren soll. Er fürchtet, seine Schwester erwürgen zu müssen. Irrsinnige machen so was manchmal. Fahr nicht!, rät ihm Overbeck.

Ja, er hat Angst, verrückt zu werden. *Die kuriose Gefahr dieses Sommers heißt für mich – um das böse Wort nicht zu scheuen – Irrsinn …*[21] Der letzte Winter und jetzt dieser Sommer? Wer soll das aushalten? Und seine Schwester liebt, aber nicht ihn, zumindest nicht mehr in erster Linie. Kann man verlorener sein als er?

Die Leipziger Universität hat abgesagt. Einen, der solche Bücher schreibe wie er, einen Blasphemiker, könne man nicht öffentlich vor die Jugend hintreten lassen.

Mitleidige und Tugendhafte

Schon mit Rücksicht auf seine Mutter beschließt Friedrich Nietzsche, seine Schwester nicht zu erwürgen. Erstaunt und befremdet besieht Elisabeth ihren Bruder: Wo ist sein *unbegrenztes Vertrauen* hin, von dem sie Förster eben noch geschrieben hatte? Ihr geschwisterliches Band sei enger als je zuvor, hatten sie beide gemeint. Und nun? Macht er gemeinsame Sache mit ihrer Mutter. Friedrich und Franziska widerlegen Paraguay.

Die Briefe, die er ihr zuletzt noch schrieb, machen es kaum besser: *Es sind beides originale Menschen, und keine Copien*[22], wusste er eben noch zur Charakteristik Lous und Rées zu sagen, deshalb habe er mit ihnen ausgehalten, *so sehr sie mir wider den Geschmack giengen*. Was bitte sollte sie dieser Mitteilung entnehmen? Dass sie eine *Copie* ist, eine Blaupause? Und was wäre er selbst, etwa ein Original? Für was er Förster hält, kann sie sich schon denken. Vielleicht erklärt er ihr, dass er Antisemiten grundsätzlich für Kopien hält. Nichts verachtet er tiefer als Gruppenaffekte. Aber kann ein Mann, der allein aufbricht, um im Dschungel eines fernen Landes ein neues Deutschland zu gründen, eine Kopie sein? Das wird sich noch zeigen, wer die Kopie ist und wer das Original.

Wahrscheinlich folgt Franziska Nietzsche den Gesprächen ihrer Kinder mit wachsender Besorgnis. Was hatte sie für hoffnungsvolle Kinder, und was ist aus ihnen geworden! Zwei Sitzengebliebene. Solange noch Zeit war, wollten sie nicht heiraten, und jetzt greifen sie nach jedem windschiefen Strohhalm, einer schmählicher als der andere. Eine russische Halbhure mit intellektuellen Neigungen und ein aus dem Schuldienst entlassener, in den Dschungel geflüchteter Antisemit. Wahrscheinlich spricht halb Naumburg über die arme Frau Pastorin, deren überkluge Kinder sich immer für etwas Besseres hielten. Nun sehe man, was dabei herauskommt. Nicht einmal Enkel hat die Frau Pastorin. Und sie wird wohl auch keine mehr bekommen. Für Elisabeth, diese Veteranin ihres Geschlechts, ist es ohnehin zu spät. Und welches Mädchen nimmt schon diesen dauerleidenden akademischen Frührentner, der immer Kopfschmerzen hat wie eine derangierte Gesellschaftsdame?

Ihr Sohn steht in der Paraguayfrage fest auf der Seite seiner Mutter, das tut Franziska Nietzsche gut. Er gibt sein Bestes, das steht außer Zweifel, obwohl sie nicht ganz einzusehen vermag, was der Antisemitismus damit zu tun hat, dass Elisabeth nicht nach Paraguay gehen soll. Immer hat Elisabeth auf ihren großen Bruder gehört, wenn ein Mensch Einfluss auf sie hatte, dann er.

Ein beredtes Schweigen der ganzen Familie liegt über den Naumburger Septemberwochen. Allein Malwida erfährt, dass sich schon bald nach seiner Ankunft *Schwermuth und Mißtrauen* eingestellt hätten, *häßliches Unkraut*[223]. Er schiebt es aufs Wetter, er könne nur noch am Meer leben. Mehr sagt er nicht. Aber beredte Löcher hat das Schweigen doch.

Elisabeth liest den zweiten Teil des *Zarathustra*.

Wem hat er zu verdanken, dass er dieses Buch bereits in der Hand halten kann? Drucken! sofort!, hatte sie Schmeitzner geraten, und er hat sich ihrer natürlichen Autorität gebeugt. Aber was sie da liest, macht sie traurig.

Wer es nicht wüsste, erriete am Ton, dass Wagner tot ist. Und natürlich an der Offenheit der Motive. Es ist ein unverstelltes Anti-

Wagner-Buch. So übel hat Friedrich noch nie geschrieben. Er zerbricht ihre Welt. Er zerbricht das, was in ihrer Welt zählt. Weiß er denn nicht, dass sie sich Bernhard Förster auch darum so nahe weiß, weil sie mit ihm dort sein kann, wo sie mit Friedrich nie mehr ist: bei Wagner – ?

Elisabeth liest *Von den Mitleidigen*, *Von den Tugendhaften* … Ahnt sie, dass dieser *Zarathustra* sich auch gegen den Autor selbst richtet: Der Gedanke, von anderen bemitleidet zu werden, ist ihm unerträglich. Aber welches Gefühl sonst soll er bei anderen wecken? Alle seine Freunde machen Karriere, auch das Mittelmaß kommt zu Ehren. Nur er erfüllt inzwischen gewissenhaft alle Maßstäbe, die man an eine gescheiterte Existenz glaubt anlegen zu müssen. Ein unsteter Wanderer, ohne Heimat. Ein kranker, ein streunender Intellektueller.

Weiß Elisabeth, dass er sich wehren muss? Möglicherweise nicht. Denn mit jeder Zeile erfährt sie neu: Dieses Buch richtet sich auch gegen sie. Und wem sonst soll sie es mitteilen als Bernhard Förster?

Der Mann im Urwald erfährt: *Meines Bruders Ziel ist nicht mein Ziel, seine ganze Philosophie geht mir sozusagen wider den Strich, es sträubt sich etwas in mir dagegen. Bei dem ersten Teil des Zarathustra war ich ganz beglückt, weil ich fühlte oder zu fühlen glaubte, daß schließlich meines Bruders Ideal auch noch das meinige werden könnte. Das Streben nach dem Übermenschen schien mir etwas wundervolles, und es kam mir so vor, als ob Sie mit Ihrer Neugründung den ersten Schritt dazu getan hätten. Inzwischen aber kam der zweite Teil von: »Also sprach Zarathustra« und nun bleibe ich in meinem Entzücken stehen, denn ich sehe, daß der Übermensch nicht mein Ideal ist.*[124]

Wendungen wie im eigenen »Entzücken stehen zu bleiben« sind selbstredend von einer ganz eigenen, nicht beabsichtigten Originalität. Aber was, fragt sich Franziska, ist ein »Übermensch«? Oft genug hat sie ihre Tochter die »Überkluge«, die »Übersprödе« genannt, aber das waren Worte des Missvergnügens. Ein »Übermensch«, wirklich?

Manchmal fürchtet Franziska Nietzsche um den Verstand ihres Sohnes.

Er seinerseits kämpft um den Verstand seiner Schwester. Das war seine Domäne. Immer hat er seiner Schwester gesagt, was sie lesen soll, welche Musik sie hören soll und wie sie das Gelesene, das Gehörte interpretieren soll. Der Verstand seiner Schwester unterstand ihm. Wie kommt ein hergelaufener Antisemit dazu, ihr eigene Literaturempfehlungen zu geben? Nein, er ist nicht bereit zu unterliegen, noch nicht.

Lies, meine liebe Schwester, recht viel in »Mörgenröthe« und »fröhlicher Wissenschaft«, den inhalt- und zukunftsreichsten Büchern, die es giebt –, wird er ihr bald schon wieder nahelegen. Mag sein, er findet sie irritiert. Was für eine Selbstherrlichkeit! Soll sie sagen: grundlose Selbstherrlichkeit?

Bernhard Förster würde nie so von seinen Werken sprechen, er ist ein so bescheidener Mann, und die Maßlosigkeit ihres Bruders verstört sie. Und dann tadelt er sie gar, weil sie den Egoismus noch immer als Makel ansehe und sein Fehlen zum Maßstab des Wertes eines Menschen mache.

Er fühlt es wohl, seine kleine Schwester tritt aus seinem Schatten heraus und hinüber in den Schatten eines anderen Mannes. So steht es also um die Wirksamkeit des *ungeheuren* Anrufs, als den er seinen *Zarathustra* begreift: Nicht einmal die eigene Schwester vermag er zu halten.

Der natürliche Aufenthaltsort einer Frau ist der Schatten eines Mannes. Im Eigenlicht zu stehen, ist keine angemessene Beleuchtung für eine Frau. Und seine kleine Schwester wechselt die Lichtquelle.

Nicht, dass er es nicht wüsste: Das Leben ist keine akademische Angelegenheit, und die Liebe erst recht nicht. Man kann Platon nicht widerlegen, nicht die Figur, man kann nicht einmal Bernhard Förster widerlegen. Nicht sie wendet sich vorsätzlich ab, etwas in ihr wendet sich ab. Früher hätte man es die Seele genannt.

Zumal: Sie ist eine Frau, kein Jude. Ist es für eine Angehörige ihres Geschlechts nicht angemessener, in der Gesellschaft eines Antisemiten zu leben als in der eines Frauenverächters?

Ja, die Liebe ist seltsam. Jedes Du-sollst-nicht!, jedes Du-darfst-nicht! macht sie nur noch stärker.

Doch: welche Liebe eigentlich?

Noch hat Bernhard Förster mit keinem Wort erklärt, dass er auf Elisabeths Gesellschaft im Urwald wert legt. Er veröffentlicht jetzt ab und zu Expeditionsberichte in deutschen Zeitungen, um Bürger für das Urwalddeutschland zu werben. Denn was wäre ein Neu-Germanien mit nur einem Einwohner, Wagnerianer und Antisemit? Natürlich erscheinen die Berichte mit einer Fotografie, das beglaubigt den Autor. Ein Naumburger Paraguay-Skeptiker muss Elisabeth nicht ohne gewissen Hohn auf eine solche Veröffentlichung hingewiesen haben: Doktor Förster hause also nunmehr in einer selbstgebastelten Kleinsthütte im Dschungel und suche Gleichgesinnte? Sie meinte Hohn zu spüren, bösen Hohn. Niemand, will es Elisabeth manchmal scheinen, niemand außer Förster selbst glaube an das Gelingen seiner Mission, niemand außer ihm und ihr.

Sie weiß sofort, was hier zu tun ist: Krieg den Hütten! Friede den Palästen! Förster muss so wohnen, dass sich jeder sagt: So möchte auch ich wohnen. Und es ist so einfach. Schon wenn die Hütte eine Veranda hätte, wäre es eine ganz andere Art von Behausung, sie strahlte Lebensgenuss und Muße aus statt Notdurft. Ja, das ist es, *umgeben Sie die Hütte mit großen umrankten Veranden*[115], legt sie dem Einsiedler nahe. Das Ziel muss natürlich ein Haus sein, *das müßten Sie dann »Försterhof« nennen. Denken Sie einmal, wie stattlich das klänge: »Förster auf Försterhof«.* Nietzsche wäre vermutlich vom Stuhl gefallen vor Lachen, aber sie meint es ernst, ganz ernst. Zu bemerken bleibt, dass es sich bei den beiden einander so ähnlichen unähnlichen Männern in Elisabeth Försters Leben um intellektuelle Hüttenbewohner handelt: Der eine träumt noch von seiner »idealen Hundehütte«, der andere lebt schon darin. *Försterhof* im Urwald von Paraguay!

Anfang Oktober ist Friedrich Nietzsche schon wieder auf dem Weg in den Süden. Er weiß noch nicht, wo er in diesem Winter bleiben wird, er weiß nur, dass er es zu Hause nicht länger ausgehalten hätte. Auch wenn er nie so gefroren hat wie im letzten Jahr in Italien.

Im November schreiben zwei unbehauste Männer lange Briefe an Elisabeth. Beginnen wir mit dem, der zuerst eintrifft. Früher war es immer ein Fest, wenn Post von ihm kam, inzwischen ist das ein wenig anders. Ein wenig lästig ist er schon. Friedrich Nietzsche hat nie aufgehört, seine kleine Schwester zu erziehen, aber irrt er sich nicht im Adressaten?

… in Deinen letzten Briefen war Mancherlei über »egoistisch« und »unegoistisch« zu lesen, moniert der Absender. Er wünsche mit derlei moralischen Irrtümern und Kategorienfehlern nicht mehr behelligt zu werden, nicht von seiner eigenen Schwester, und er unternimmt einen letzten, sehr grundsätzlichen Versuch, sie auf seine Straße zu ziehen: *Ich unterscheide vor Allem STARKE und SCHWACHE Menschen – solche, die zum Herrschen und solche, die zum Dienen und Gehorchen, zur »Hingebung« berufen sind.*[216] Zur zweiten Kategorie, er muss das nicht eigens sagen, gehören alle Frauen. Was aber, wenn sie stark wäre? Wenn sie keine Lust hätte zum Gehorchen? Zum Dienen ja, aber nur freiwillig. Ist das nicht paradox? Gibt es etwas Wunderbareres, als wenn die Starken, statt zu herrschen, begännen zu dienen? Weiß er denn nicht, dass sie stark ist? Sieht sein Weltbild Fälle wie sie nicht vor? Dabei hat er dieses Paradox schon in ihrem Kosenamen anerkannt, und er nennt sie nie mehr anders als Lama. Ein Tier, das die größten Lasten trägt, aber nur freiwillig.

Ich weiß vielleicht besser als irgend Jemand auch noch unter den STARKEN MENSCHEN Rangordnungen zu machen NACH DER TUGEND; so gewiß unter den Schwachen es noch HUNDERT Arten und sehr artige und liebenswürdige giebt – gemäß den Tugenden, die den Schwachen zukommen.[217] Und was, wenn ein Schwacher die Tugenden der Starken hätte, ist die Tugend in seinem Falle dann keine Tugend mehr? Wer ist er, die ganze Menschheit vor seinem Richterstuhl antreten zu lassen? – Mag sein, es sind Fragen dieser Art, die sich Elisabeth beim Lesen seines Briefes aufdrängen. Späht sie längst nach dem Satz, in dem das erste Mal der Name »Lou« fällt? Sie weiß, er wird kommen.

Er nimmt einen langen Anlauf: *Was mich an DIESER Zeit AN-*
EKELT, ist die unsägliche Schwächlichkeit Unmännlichkeit Unper-
sönlichkeit Veränderlichkeit Gutmüthigkeit, kurz die SCHWÄCHE der
»SELBST«SUCHT, die sich gar noch als »Tugend« drapiren möchte. Was
mir bisher WOHLGETHAN hat, war der Anblick von Menschen eines
LANGEN WILLENS – die Jahrzehnte lang schweigen können und sich
nicht einmal deshalb mit moralischen Prunkworten aufputzen, etwa
als »Helden« oder »Edle«, sondern die ehrlich sind, an Nichts besser zu
glauben als an ihr SELBST und ihren Willen, dasselbe den Menschen
EINZUDRÜCKEN für alle, alle Zeit.

Pardon! Was mich an R(ichard) W(agner) anzog, war DIES; insglei-
chen lebte Schopenh(auer) nur in einem solchen Gefühle. Und nochmals
Pardon, wenn ich hinzufüge, daß ich ein Wesen solcher Art voriges Jahr
gefunden zu haben GLAUBTE, nämlich Frl. S(alomé).[228] Das ist stark,
Richard Wagner und Arthur Schopenhauer als Vorstufen zu Lou
aufzubieten. Ja, soll sie ihn überhaupt noch ernst nehmen? *Taxire*
also den VERLUST, den ich in diesem Jahre erlitten habe, nicht zu nied-
rig. – Du kannst Dir nicht denken, wie einsam und »verborgen« ich mir
immer unter all der liebenswürdigen Tartüfferie jener Menschen vor-
komme, die Du »Gute« nennst: zB. Malvida oder auch Schücking's,
Heinze's, Seidlitzens usw. usw. und wie es in mir mitunter SCHREIT
nach einem Menschen, der redlich ist und reden KANN, sei es selbst ein
Scheusal, wie Lou. Natürlich wären mir HALBGÖTTER zur Unterhal-
tung erwünschter.[229] Was soll sie dazu sagen?

Und sie fragt lieber nicht, welchen Platz sie einnimmt im Kos-
mos der Menschen, die ihm fremd sind, fremd geworden sind.
Aber ist es nicht anders? Ist nicht er den Menschen fremd geworden, sogar seinen Freunden, sogar seiner Schwester? Er ist ein
Kranker. Es sind nicht mehr eigentlich Briefe, die zu ihr gelangen, es sind Symptome. Denkt sie es bereits so?

Er ist bei alldem nicht zornig auf sie, im Gegenteil: *Nochmals*
Pardon, ich schreibe Dir dies aus dem allerherzlichsten Herzen und weiß
wahrhaftig wie herzensgut Du es mit mir meinst. – Ah diese verfluchte
»Einsamkeit«! Er kündigt ihr sogar *Paraguay-Tee* an. Irgendwo in
diesem Genua, wo er vorläufig wieder gestrandet ist, hat er Tee
aus Paraguay entdeckt, den will er ihr schicken. Als Eingeständ-

nis seiner Niederlage, Paraguay in ihrem Herzen zu widerlegen. Er weiß, dass schon der Name dieses unvordenklich entlegenen Himmelsstriches ihren Herzschlag beschleunigt.

Das lässt ihn seine Einsamkeit doppelt fühlen. Malwida von Meysenbug, der römischen Freundin gegenüber spricht er es aus: ... *und um die Wahrheit zu sagen, ich war noch nie so einsam. Alle Erlebnisse der letzten Jahre haben mich immer dies Eine gelehrt: es giebt Niemanden, der Willens ist mit mir meinen Weg zu gehn – es SIEHT noch Niemand diesen Weg.*[230] Er hat Malwida soeben denunziert, als er seine Schwester wissen ließ, dass sie zu den Menschen gehöre, vor denen er Verstellung nötig habe. Eine Frau mit Idealen. Ihm wird schon bei dem Wort übel. Aber sie ist eine der wenigen, die sich wirklich um ihn sorgen. Und trotz gegenteiliger Versicherung: Ihr gegenüber darf er sich zeigen, wie er ist, ungeschützt.

Im Dezember trifft am Naumburger Weingarten Post aus Nizza ein. Zur Erklärung dieses Ortes schreibt der Absender, es habe allein im Winter so viele klare, reine Tage wie Genua im ganzen Jahr. Obwohl er die Stadt eigentlich nicht möge: zu französisch, zu mondän. Aber sie habe ein paar italienische Ecken, an die halte er sich. Der Paraguay-Tee ist in Genua geblieben, der Umsiedler begründet das so: *Es war mir unmöglich, in Genua die Schwierigkeiten zu überwinden, welche die Absendung des Paraguay-Thees machte.* Ansonsten gehe es wie gewohnt: schlecht.

Elisabeth und Franziska senden seit seiner Abreise in dichter Folge Briefe gen Süden, denn wer Post bekommt, ist noch in seiner tiefsten Einsamkeit nicht ganz einsam.

Die Liebende, abermals

Und dann kommt der Januar 1884. Was für ein Januar! Bruder und Schwester finden sich weit, weit emporgehoben, aber von verschiedenen Wellen, an verschiedenen Orten.

Die Woge, die Elisabeth jetzt erreicht, wurde im November in Paraguay frankiert. Die alles verändernde Post beginnt mit einem Sonett von Johann Wolfgang von Goethe. Es heißt *Die Liebende abermals*, dem die Anrede »Liebste Freundin!« vorausgeschickt ist. Elisabeth liest Goethe, liest Förster, liest Goethe, liest Förster:

> Warum ich wieder zum Papier mich wende,
> Das darfst Du Liebste so bestimmt nicht fragen;
> Denn eigentlich hab' ich Dir nichts zu sagen;
> Doch kommt's zuletzt in Deine lieben Hände!

Und wenn er nichts weiter geschrieben hätte, könnte er mehr schreiben? Es ist eine Liebeserklärung. Franziska Nietzsche wird es mit Bestürzung vom Gesicht ihrer Tochter ablesen, auch wenn diese selbst der mütterlichen Feindin Paraguays jede Auskunft verweigern sollte. Allerdings wiederholt Förster, was sie schon weiß: Er hatte über Jahre ein Mädchen geliebt, das ihn zum Narren hielt. Seitdem glaubte er, nie mehr einer Frau vertrauen zu können. »Was ist die Liebe eines Mannes wert, der sich so hat irren können?«, fragt er sie. Alles, alles!, wird sie ihm zurufen, von Erdhalbkugel zu Erdhalbkugel.

Bernhard Förster bestätigt auch den Erhalt des *Zarathustra* und fügt hinzu: »Seit 1877 trennt mich viel von Ihrem Bruder dessen ganze Weltauffassung mir seitdem fremd und unverständlich vorkommt.« Ja, aber wem sagt er das? Sie gehören zusammen. Ein Bund geschlossen über dem Andenken an den Menschen, der ihr Bruder einmal war.

In Nizza fällt indes der dritte Teil des *Zarathustra* wie ein Tsunami über den Mann her, der nur noch den Namen dessen trägt, der er einmal war. So können Namen, können Gesichter lügen! Friedrich Nietzsche versucht, alles so schnell und genau aufzuschreiben, wie sein Verstand es diktiert. Aber was heißt: Verstand? Es ist ein Blut-, ein Herz-, ein Seelensturz, und der Verstand ist am ehesten noch Diener: Er hält alles zusammen. Als der so zu Boden Geworfene, so auf seine ureigene Höhe Geschleuderte sich wiederfindet, irgendwo zwischen Himmel und Erde, unterrichtet er Overbeck von dem Ereignis: *Die letzten zwei Wochen waren die glücklichsten meines Lebens: Ich bin* NIE *mit solchen Segeln über ein solches Meer gefahren*[231]. Jetzt muss er nur abwarten, wie lange die Nachwellen ihn tragen, wie sanft oder wie grob sie ihn absetzen auf seinem Strand. Doch mitten in die postnatale Erschütterung trifft ein Brief seiner Schwester. Sie hat es schon wieder getan!

Leider ist dieses Schriftstück nicht erhalten. Ihr Emporgetragensein muss ihr den Mut gegeben haben, den brüderlichen Briefen in erzieherischer Absicht einen schwesterlichen Brief in erzieherischer Absicht entgegenzusetzen. Wie kläglich, wie zerstörerisch, wie jäh endete doch die temporäre Gemeinschaft zweier bekennender Egoisten, die Lous und Friedrichs! Wie allmählich, wie zart, wie einander erfühlend war dagegen ihre Annäherung, zweier bekennender Altruisten! Diese Konturen nicht zu ahnen, sie nicht zu zeichnen, hieße sich vorsätzlicher Ahnungslosigkeit schuldig zu machen.

Aber was für ein Zeitpunkt!

Erhalten sind Entwürfe zu nicht abgeschickten Briefen an die Schwester und an die Mutter. Der erste, an Elisabeth, beginnt: *Ich bin gerade in einer Stimmung, in der ich jeden Grad von menschlichem Blödsinn, (zumal über) moral(ische) Dinge, gutmüthig und kaltblütig über mich ergehen lasse: das will ich Deinem Briefe zu Gute kommen lassen. Auf* DEN *habe ich nicht zu antworten. Aber ich will Dir etwas erzählen.*

Das Eine ist: von allen Bekanntschaften, die ich gemacht habe, ist eine der werthvollsten und ergebnißreichsten die mit L(ou). Ja, so kann man das auch formulieren, schließlich gäbe es den *Zarathustra* nicht ohne sie. Wären sie zu dritt nach Paris gefahren, würden sie wahrscheinlich noch immer diskutieren und keine Zeile wäre fertig, zumindest – und das darf mit Sicherheit behauptet werden – keine Zeile genau dieses Buches.

Ich habe den Verkehr DEINETWEGEN *abkürzen müssen*, fährt der aufgebrachte Hinterbliebene des *Zarathustra*, dritter Teil, fort, doch das ist so nicht richtig: Lou von Salomé und Paul Rée haben ihn einfach in Leipzig sitzen lassen. Rées Motivation ist klar, Lou wird später angeben, Nietzsches Versuche, den Freund in ihren Augen herabzusetzen, hätten sie befremdet. ... *abkürzen müssen. Verzeihung wenn ich dies härter empfinde, als Du mir nachfühlen kannst. L(ou) ist das begabteste, nachdenkendste Geschöpf, das man sich denken kann.* Muss sie das eigentlich schon wieder lesen? Bedenkliche Eigenschaften habe er auch. *Indessen das SCHÖNE an bedenklichen Eigenschaften ist, daß sie zu denken geben, wie der Name sagt. Natürlich nur für Denker.* Ist er nicht ein wenig herablassend? *Es wird mir lieb sein, wenn Du mir schriebest: lieber Fr(itz) mein letzter Brief war Blödsinn sende ihn zurück – aber wenn Du es nicht thust, werde ich keine grauen Haare bekommen.*[232]

Franziska Nietzsche schaltet sich in diese Korrespondenz ein, wahrscheinlich in dem lebhaften Empfinden, dies sei der ebenso richtige wie letztmögliche Zeitpunkt für eine mütterliche Intervention. Schließlich ist er ihr Sohn, und sie braucht ihn als Bündnispartner der innerfamiliären Anti-Paraguay-Fraktion. Allerdings scheint ihr Anruf – auch er ist nicht erhalten – eine eher ungünstige Wirkung auf den Adressaten zu haben, wie den Antwort-Entwürfen ihres Sohnes zu entnehmen ist.

Eine *Brutalität sonder Gleichen* sei es gewesen, erst ein Jahr danach Details des vorigen Sommers zu erfahren, schreibt er probeweise. Hätte er sie gewusst, er hätte Lou *mit Schimpf und Schande fortgejagt und Rée's von ihr befreit.* Dies nun darf als reiner Unfug gelten, hatte er doch all seinen Stolz darein gesetzt, nichts zu glauben, was seine Schwester ihm sagte, und nichts weiter hören zu wollen. Stand nicht ihr Treffen in Rom unter seiner Vorgabe: Kein Wort über Lou und Rée!

Es sind Andeutungen in Deinem Brief, die mich sprachlos machen, sagt der Sohn, welche, sagt er nicht. Und findet seinerseits Worte, die geeignet sind, ebendiese Gemütsverfassung bei seiner Mutter hervorzurufen, und mehr als das. Es beginnt ein Miteinander-Rechten, in dem er Elisabeth und seiner Mutter in nichts nachsteht, und dass er es tut, lastet er ebenfalls ihnen an. Er verabscheut den Mann, der solche Briefe schreibt, darum treibt es ihn bis zum Äußersten: *Ich kenne ERST RECHT, und von Kindheit an, die moralische Distanz, die mich und Euch trennt, und habe all meine*

*Milde, Geduld und Stillschweigen nöthig gehabt, um sie Euch nicht all-
zu fühlbar zu machen. Begreift Ihr denn Nichts von dem Widerwillen,
den ich zu überwinden habe, mit solchen Menschen, wie Ihr seid, so
nahe verwandt zu sein!* [233] Mütter sind keine guten Empfängerinnen
dieserart Mitteilungen. Aber hat nicht auch sie ihn eine Schande für das Grab seines Vaters genannt? Wie oft mag er sich ge-
schworen haben, ihr nie mit gleicher Münze heimzuzahlen, nun
tut er es doch. Aber tut er es denn? Es ist der Entwurf eines Briefes. Vielleicht hat er ihn nie abgesandt. Vielleicht tut es schon
wohl, aufgeschrieben zu haben, was in ihm brennt. Er übergibt
es dem Papier, er ist es los, beinahe.

Und warum schon aufhören, wenn er doch Erleichterung spürt?
Er findet Formulierungen, die tief in das Mutterherz treffen müssen: *Im Übrigen weiß ich längst, daß sie* – Elisabeth – *nicht eher Ruhe
hat, als bis ich todt bin*, schreibt er und wir können nur hoffen, dass
er auch diesen vergifteten Wortpfeil zurückhält. Er weiß selbst,
dass das Unfug ist. Doch selbst was nicht beabsichtigt ist, könnte
gleichwohl Wirkungen haben, die nicht im Sinne ihres Urhebers
lagen: Das will er sagen. Hat er als Philosoph da nicht die Pflicht,
es auch so zu formulieren?

Er schließt: *Glaube ja nicht, l(iebe) M(utter), daß ich schlechter Laune bin. Im Gegenteil! Aber wer jetzt nicht zu mir hält, der laufe zum
Teufel – oder meinetwegen nach P(araguay).* [234]

Denn auch – und man täusche sich nicht darüber – diese Botschaft muss er erst einmal aufnehmen. Elisabeth ist nicht mehr
nur eine Träumerin. Seine Schwester liebt einen anderen Mann
und – wird geliebt.

1880 erschien Försters Schrift *Der deutsche Prosastil in unseren
Tagen*. Er schätzt die gleichen Autoren wie ihr Bruder. Gottfried
Keller, Jacob Burckhardt, Nietzsches Mit-Professor in Basel, den
er bewunderte, dessen Vorlesungen er regelmäßig hörte, mit dem
er meinte befreundet zu sein. Ein Professor hört die Vorlesungen eines anderen Professors? Wie undenkbar wäre das heute.
Ja, Burckhardt ist ein Gelehrter, Gelehrte schreiben zumeist Ge-
lehrtenprosa, aber Bernhard Förster lässt sich nicht täuschen: »Der
Stil Jacob Burckhardts, um nur ein mir zufällig nahe gerücktes

Beispiel herauszugreifen, ist bei vollkommener Correktheit so ausdrucksvoll, reich und treffend, dass ich ihn getrost den echten Kunstformen zuzähle.«[235] In dem Exemplar, dass er Elisabeth widmete, ergänzte er nach Burckhardts Namen den ihres Bruders, so dass nun auch Friedrich Nietzsche sich ausgezeichnet wissen durfte.

Und dann schreibt er einen Brief der klarsten Selbsterkenntnis, Hochmut und Demut ununterscheidbar in eins, schreibt die ultimative Kritik seines *Zarathustra*; er muss auch das tun, niemand anderes schert sich darum. Und dieser Brief an den verlorenen Freund Erwin Rohde ist schön. Wissenschaftssprachlich würde man wohl von einem Schlüsseldokument sprechen, es sei hier ganz wiedergegeben:

Mein alter lieber Freund
ich weiß nicht, wie es zugieng: aber als ich Deinen letzten
Brief las und namentlich als ich das liebliche Kinderbild sah,
da war mir's, als ob Du mir die Hand drücktest und mich
dabei schwermüthig ansähest: schwermüthig als ob Du sagen
wolltest »Wie ist es nur möglich, daß wir so wenig noch
gemein haben und in wie verschiedenen Welten wir leben!
Und einstmals –« Und so, Freund, geht es mir mit allen
Menschen, die mir lieb sind: alles ist VORBEI, Vergangenheit,
Schonung; man sieht sich noch, man redet, um nicht zu
schweigen –, man schreibt sich Briefe noch, um nicht zu
schweigen. Die Wahrheit aber spricht der Blick aus: und der
sagt mir (ich höre es gut genug!) »Freund Nietzsche, du bist
nun GANZ ALLEIN!«
So weit habe ich's nun wirklich gebracht. –
Inzwischen gehe ich meinen Gang weiter, eigentlich ist's eine
Fahrt, eine Meerfahrt – und ich habe nicht umsonst Jahrelang
in der Stadt des Kolumbus gelebt. –
Mein »Zarathustra« ist nun fertig geworden, in seinen drei
Akten: den ersten hast Du, die beiden andern hoffe ich in 4–6
Wochen Dir senden zu können. Es ist eine Art Abgrund der

Zukunft, etwas Schauerliches, namentlich in seiner
Glückseligkeit. Eben weil sie, wagen wir hier einzufügen,
eine Glückseligkeit des einsamsten Menschen ist. *Es ist*
Alles drin mein Eigen, ohne Vorbild, Vergleich, Vorgänger; wer
einmal darin GELEBT *hat, der kommt mit einem andern*
Gesichte wieder zur Welt zurück.
Aber davon soll man nicht reden. Für Dich aber, als einen
homo litteratus, will ich ein Bekenntnis nicht zurückhalten –
ich bilde mir ein, mit diesem Z(arathustra) die deutsche
Sprache zu ihrer Vollendung gebracht zu haben. Es war, nach
LUTHER *und* GOETHE, *noch ein dritter Schritt zu thun –;*
sieh zu, alter Herzens-Kamerad, ob Kraft, Geschmeidigkeit
und Wohllaut je schon in unserer Sprache so beieinander
gewesen sind. Lies Goethen nach einer Seite meines Buchs –
und Du wirst fühlen, daß jenes »undulatorische«, das Goethen
als Zeichner anhaftete, auch dem Sprachbildner nicht fremd
blieb. Ich habe die strengere, männlichere Linie ihm voraus,
ohne doch, mit Luther unter die Rüpel zu gerathen. Mein Stil
ist ein TANZ; *ein Spiel der Symmetrien aller Art und ein*
Überspringen und Verspotten dieser Symmetrien. Das geht bis
in die Wahl der Vokale. –
Verzeihung! Ich werde mich hüten, dies Bekenntniss einem
Andern zu machen, aber Du hast einmal, ich glaube als der
Einzige, mir eine Freude an meiner Sprache ausgedrückt. –
Übrigens bin ich DICHTER *bis zu jeder Grenze dieses Begriffs*
geblieben, ob ich mich schon tüchtig mit dem Gegentheil aller
Dichterei TYRANNISIRT *habe. Ach Freund, was für ein tolles,*
verschwiegenes Leben lebe ich! So allein, allein! So ohne »Kinder«!
Bleibe mir gut, ich bin's Dir wahrhaftig!
Dein F. N.[236]

»Sie muß fort nach Paraguay«

Dieser Zwang meines Bruders Ansichten vertreten zu müssen ist nun von
mir genommen, ich kann mich nun frei aussprechen. Das tue zwar gut,

versichert die Absenderin, sei aber nicht genug: *Ich will Ihnen …
gern sagen welchen Ruhm ich von Herzen ersehnte: Ein Leben zu führen in welchem Ideale und Handlungen sich in vollkommener Harmonie befinden, ein Leben ohne Compromiß, voller Wahrhaftigkeit Menschenliebe nützlicher Arbeit und Religiosität.*[131] Elisabeth Nietzsche
schreibt an Heinrich von Köselitz. Sie hat schon wieder die gleiche Frage wie im letzten Frühjahr:

Wo ist Fritz?

Niemand weiß etwas. Niemand sagt etwas.

Aber da man diese Frage nicht einfach so nackt in den Raum
stellen kann, sieht Elisabeth sich gezwungen, einen großen Anlauf zu nehmen. Der Adressat in Venedig könnte sehr einfach antworten: Fritz ist bei mir!

Doch warum sollte er das tun?

Elisabeths Brief ist zwölf Seiten lang. Köselitz liest: *Aber selbst
wenn ich mich über all die schönen Dinge, welche man mir sagt, freuen
sollte so ist auf andre Weise dafür gesorgt, daß ich nicht überfrohen Mu-
tes werde.* »Überfroh«?

Das Bedürfnis der Steigerung scheint in der Familie zu liegen.
Elisabeth erklärt Köselitz, warum ihr dieser Seelenzustand ver-
wehrt ist: *Dieser Winter hat einen vollständigen Bruch zwischen mir
und meinem Bruder herbeigeführt. Ich weiß daß es so kommen mußte
und es ist auch gut so, aber es hat mir doch den tiefsten Schmerz bereitet. Wenn ich bedenke* WIE *ich ihn geliebt und verehrt habe und nun ist
dies Alles vorbei. Ich hätte tausendmal das eigne Leben für ihn dahin-
gegeben …* Weiß sie denn nicht, dass er diese Rhetorik nicht aus-
stehen kann? Das Leben ist keine Wagner-Oper, es ist die Pflicht
des höheren Menschen, sein Leben behalten zu wollen. Aber Elisabeth hat jetzt für solche Spitzfindigkeiten keinen Sinn, sie spricht
offen aus, welche intellektuelle Zumutung ihr Bruder war, es war
geistiger Opferdienst, auf seiner Seite zu stehen: *… die unglaublichsten Dinge glaubte ich wenn er sie vertrat und nun wie fern sind
mir alle diese Empfindungen für den gegenwärtigen Fritz.* Sie spricht
in semantischen Rätseln, vielleicht will sie sagen: wie fern ist der
Lagarde-Leserin Elisabeth die Prophetin ihres Bruders! Und wie
traurig ist es, ein Stück seiner selbst zurückzulassen und sei es

auch ein offenkundig absurdes. *Natürlich habe ich weder Haß noch Zorn gegen ihn, wo sollte das herkommen?* Ah, die Pose der Großmut, nichts könnte ihren Bruder rasender machen. Er hat Hass und Zorn gegen sie! *Sehe ich doch wie ein Verhängniß über meinem armen Bruder die tragische Neigung liegen alle die Menschen die ihn am Meisten geliebt haben durch eine unbegreifliche Handlungsweise hinweg zu scheuchen.* Da allerdings berührt sie einen wunden Punkt. Und er ist mit dem Hinwegscheuchen noch längst nicht fertig. Je mehr er allein ist, desto rücksichtsloser wird er gegen die verbliebenen Gefährten. *Was wird er für ein einsames Alter haben! Armer Fritz!* Er habe ihr den ganzen Winter über die *unglaublichsten Sachen* gesagt, und an dieser Stelle wird Elisabeth bewusst, dass den Empfänger dieses Sendschreibens schon längst eine ebenso unabweisbare wie einfache Frage bewegen muss: Warum?

Wenn Sie aber nach dem Grund dieses Zerwürfnisses fragen, ich meine welches der Anlaß zu dieser Entfremdung war, so denken Sie nur es ist tatsächlich die alte langweilige Rée-Salomégeschichte. Friedrich habe *aus einem nicht gerade angenehmen indessen höchst gewöhnlichen Erlebniss* ein Quasi-Metaphysikum gemacht. *Immer bekam es neue Farben und neues Leben wenn man fröhlich dachte nun sei es tot.* Und die Verfasserin fährt fort: *Schließlich riss mir der Geduldsfaden,* und alles war vorbei.

Kann sie das so stehen lassen? Kann sie nicht. Elisabeth fühlt die intellektuelle Verpflichtung, Köselitz davon zu unterrichten, dass ihr Bruder diese Fassung der Vorkommnisse keineswegs autorisiert hat, *nein bewahre die fable convenue ist nach Fritz »dass mein Antisemitismus die Schuld an Allem trägt«. Seitdem beschäftige ich mich mit dieser geistigen Strömung damit es doch einigermaßen wahrscheinlich erscheint. Lieber Himmel mein Antisemitismus war bisher ein so sanfter verträglicher Gedanke, daß sich alle meine Freunde des Todes verwundern werden, daß er die Ursache einer Entfremdung sein kann.*

Ein »so sanfter verträglicher Gedanke«?

Als Köselitz den Brief empfängt, ist Nietzsche krank. Sein Magen stülpt sich um und um, während tausend kleine Hämmer von innen gegen seine Schädeldecke klopfen. Man kennt diese Symptome auch unter dem Namen Migräne.

Venedig bekommt ihm nicht. Dabei ist er dieser Stadt von Herzen zugetan, hier und nirgends sonst wollte er den Abschluss seines Zarathustra feiern. Mit Blick auf die Rialto-Brücke! Manche sagen, im 19. Jahrhundert war ganz Venedig ein Bordell, aber am Rialto ist es fast unmöglich, das Gegenteil zu beweisen. Warum nur heißt das Haus, in dem er wohnt, Al Buso, das Loch? – Ich glaube, ich wohne bei einer Hure!, teilte er dem Freund irgendwann mit, sah darin aber keinen Grund auszuziehen. Der Philosoph und die Hure kommen gut miteinander aus. Doch wenn Köselitz jetzt an das Krankenbett seines Freundes träte und ihm den Brief seiner Schwester vorläse, würde sich der Patient gewiss von der Rialto-Brücke stürzen.

Warum bloß sind alle in dieser unmöglichen Familie Nietzsche so bis zum Stumpfsinn gesund, nur er ist so krank?

Ihr Antisemitismus, ein »so sanfter verträglicher Gedanke«! Es wird Friedrich Nietzsche immer wieder auffallen, wie selten seine Schwester etwas sagt, das ihm nicht gegen den Strich geht. Dazu kommt, dass sie höchstwahrscheinlich nicht besser ausdrücken konnte, was sie ausdrücken wollte:

Es ist doch nur ein Gedanke! Es ist doch nichts Konkretes!

Nur ein Gedanke? Man kann nicht Friedrich Nietzsches Schwester sein und vor dieses, ausgerechnet vor dieses Substantiv ein »nur« setzen.

Dann bitte schreiben Sie mir doch, fährt Elisabeth fort, *ob Sie von Fritz IRGEND WELCHE NACHRICHT haben, es ist so schrecklich lange Zeit, daß wir nichts von Nizza hörten. Hat er Ihnen von Nizza geschrieben und wann?*

Ja, geschrieben hat er auch. Und dann traf er am 21. April 1884 selbst in Venedig ein, wo er noch bis zum 12. Juni bleiben wird. Aber Heinrich Köselitz glaubt nicht, dass Elisabeth das wissen muss.

Friedrich Nietzsche, der über dem Etablissement mit dem bedenklich eindeutigen Namen gemartert zu Bett liegt, würde ihm das nie verzeihen. Er will hier die Vollendung seines *Zarathustra* begehen, und er hat ein Recht dazu, denn es ist ein Schicksalsbuch der Menschheit, aber das weiß noch keiner, am wenigsten weiß es sein Verleger, denn er hat keinen mehr, seit sich Elisabeth nicht mehr um seine Verlagsangelegenheiten kümmert.

Als das Gewitter sein Hirn wieder freigibt und er auf die Rialto-Brücke schaut, finden ihn Stimmungen der Verklärung, wie sie einem Menschen zukommen, der vollendete, was er vollendete.

Er dichtet das Gondellied, das ihn einmal in den Wahnsinn begleiten wird.

An der Brücke stand
jüngst ich in brauner Nacht.
Fernher kam Gesang:
goldener Tropfen quoll's
über die zitternde Fläche weg.
Gondeln, Lichter, Musik –
trunken schwamm's in die Dämmrung hinaus …
Meine Seele, ein Saitenspiel,
sang sich, unsichtbar berührt,
heimlich ein Gondellied dazu,
zitternd vor bunter Seligkeit.
– Hörte Jemand ihr zu?

Aber auch zu prosaischeren Mitteilungen sieht er sich veranlasst, er muss Malwida Mitteilung machen, dass ihre Versuche, die Geschwister Nietzsche wieder zusammenzuführen, als definitiv gescheitert anzusehen sind: *Inzwischen ist die Lage dahin verändert, daß ich mit meiner Schwester radical gebrochen habe: denken Sie um Himmels willen nicht daran, da vermitteln und versöhnen zu wollen – zwischen einer rachsüchtigen antisemitischen Gans und mir GIEBT es keine Versöhnung. Im Übrigen wende ich jeden Grad von Schonung an, weil ich weiß, WAS sich zur Entschuldigung meiner Schwester sagen läßt und WAS im Hintergrunde ihres für MICH so schmählichen und unwürdigen Verhaltens steht: – die Liebe. Es ist durchaus nöthig, daß sie möglichst bald nach PARAGUAY absegelt.*[238]

Einmal werde sie von selber zu der Einsicht kommen, wie sehr sie ihm mit ihren Verdächtigungen seines Charakters in der entscheidendsten Epoche seines Lebens geschadet habe. Aber das kann noch dauern. Und dann formuliert er einen höchst merkwürdigen Auftrag, Beauftragter: er selbst. *Zuletzt bleibt mir die sehr unbequeme Aufgabe übrig, einigermaßen an Dr. Rée und Frl. Salomé gut zu machen, was meine Schwester schlimm gemacht hat (von Frl. S. soll nächstens ihr erstes Buch erscheinen: »über den religiösen Affect« – das selbe Thema, für welches ich ihre außerordentliche Begabung und Erfahrung in Tautenburg entdeckte – es macht mich glücklich, nicht ganz umsonst mich damals bemüht zu haben.)*[239] Er weiß, er hofft, Malwida steht mit beiden in Verbindung. Er weiß, er hofft, sie wird es weitersagen. Er möchte Lou wiedersehen, noch immer. Und welche Pose stünde dem Vollender des *Zarathustra* mehr zu Gesicht als die der Großmut und Großzügigkeit? *Meine Schwester reducirt ein so reiches und originales Geschöpf auf »Lüge und Sinnlichkeit« – sie sieht in Dr. Rée und ihr nicht weiter als 2 Lumpen; – dagegen empört sich nun freilich mein Gerechtigkeitsgefühl, so gute Gründe ich auch habe, mich von Beiden für tief beleidigt zu halten.*

Auch Franz Overbeck weiß schon, dass Friedrich Nietzsche zum zweiten Mal beabsichtigt, keine Schwester mehr zu haben: *Es ist wirklich eine recht bösartige Person geworden; ein Brief voll der giftigsten Verdächtigungen meines Charakters, den ich von ihr im Januar erhielt, ein artiges Seitenstück des Briefes an Frau Rée, hat mir nun hinreichend Klarheit gegeben – SIE MUSS FORT NACH PARAGUAY. Ich selber will den Verkehr mit allen Menschen abbrechen, welche zu meiner Schwester halten: ich vertrage jetzt Alles »Halb- und Halb« in Bezug auf mich nicht mehr.*[240] Mit Blick auf die Zukunft und die Rolle Overbecks darin als Intimfeind Elisabeths, ist zu vermerken: Overbeck kennt Elisabeth am Ende vor allem aus diesen Briefen ihres Bruders. Vorteilhaft ist das Porträt nicht, das hier entsteht. Ob es gerechtfertigt ist, diese Post als Waffe zu benutzen, ist jedoch eine andere Frage.

Venedig, die Stadt, die er liebt, bekommt ihm nicht. Im Sommer entert er wieder seinen Sommerberg, sein Bücherkorb, der Klumpfuß, das Ur-Archiv, wenn Elisabeth recht hat, steht noch dort bei seinem treuen Wirt. Wie haben sie im letzten Jahr über den Korb gelacht, beinahe wäre er in Elisabeths Verwaltung übergegangen.

Nun ist alles anders.

Die Bündnisse wechseln. Nicht er ist mehr der Aufbrechende, der die Naumburger Tugend zurück und ein für alle Mal hinter sich lässt. Jetzt bilden Mutter und Sohn vielmehr die Depressions-Selbsthilfegruppe der Dableiber.

Das bringt sie einander wieder näher.

Die Mutter an Friedrich: »Oft ist es mir wie ein böser Traum daß Lieschen von uns gehen will und wenn ich an die Wirklichkeit denke, so ist es mir, als müsse mir das Herz brechen. Du wirst aber durch sie alles erfahren haben und so wage ich nicht, bei diesen beiden lebhaften Naturen, dieses Glück welches sie in einander finden, zu stören, ohne mir vielleicht die größten Vorwürfe dann zu machen: Ach, sie hat es so gut zu Hause und welche Enttäuschungen werden ihrer harren! Sie ist aber muthvoll alles mit ihm zu tragen und es ist mir natürlich auf der anderen Seite, wenn ich von mir ganz absehe, wiederum eine große Freude in ihr vor Glück strahlendes Gesicht zu sehen und in ihr erheitertes Gemüt.« Seine Schwester ist glücklich ohne ihren Bruder? Das ist noch immer eine harte Erkenntnis. Es ist sein Geburtstagsbrief, und er handelt fast nur von seiner Schwester. Das ist eine vielleicht noch härtere Erkenntnis. Und wie das weitergeht: »Aber eben weil sie so glückstrahlend ist, ist sie mein Sonnenschein im Hause, und ihn vielleicht auf ewig zu entbehren macht mir so schwere und traurige Stunden, und doch darf ich es mir kaum merken lassen weil es sie gleich verstimmt und so gehe ich still meinen Pflichten täglich nach um mich den Kummer nicht gar so sehr hinzugeben. F. ist ja ein guter Mensch und wenn sie im Lande blieben, warum sollte ich mich nicht an diesem Glück von Herzen erfreuen, aber so, ist es mit zu großen Opfern verbunden.«[241]

Von der Lust, irgendjemandem ins Gesicht zu spucken

Andererseits: Warum jetzt noch seine Schwester verstoßen, sie ist doch ohnehin gleich weg? Auf der anderen Erdhalbkugel ist sie weit genug von ihm entfernt, wenn sie nicht vorher der Ozean verschluckt. Ist es der Moral des Autors des *Zarathustra* würdig, ein vielleicht allerletztes Treffen mit ihr abzulehnen? Sie möchte ihm zum Geburtstag gratulieren, persönlich, darf er ihr das verwehren wegen unüberbrückbarer Differenzen?

Der Schauplatz ist Zürich im Oktober, natürlich im Oktober. Elisabeth berichtet dem Antisemiten, den sie liebt: *Zuweilen erhebt sich eine Stimme in mir und fragt: ist es recht, daß ich meinen Bruder verlasse, ist es nicht meine Pflicht, hier zu bleiben und für ihn zu sorgen?*[242] Elisabeth wird Friedrich nichts von diesen Anfechtungen mitgeteilt haben, denn allein der Gedanke, ein Fürsorgeobjekt zu sein, macht den Denker des Übermenschen ungehalten. Er will kein Mitleid. Er erträgt es nicht. Auch vor diesem sehr persönlichen Hintergrund, man kann es nicht oft genug betonen, ist Friedrich Nietzsches Anti-Mitleids-Philosophie zu lesen. Sie ist eine Weise, sich selbst zu überstehen.

Und Elisabeths Frage Darf-ich-ihn-wirklich-allein-lassen?, Empfänger: ihr höheres sittliches Ich, für das ihr Bruder nur Hohn hat, sieht sich jedes Mal mit einer Antwort konfrontiert, die die Fragestellerin tief irritiert. Der Antwortende ist selbstredend wiederum ihr höheres sittliches Ich, aber es neigt in letzter Zeit zu bedenklichen Defekten, denn es antwortet ungefähr so: Ich darf wahrscheinlich nicht, ich mache es aber trotzdem! Ich will! –

Aber nein, das ist ungenau, wer wüsste das besser als Friedrich Nietzsche: Ein Weib sagt nicht »ich«, es könnte – bis auf die Lou, diese persongewordene Anomalie ihres Geschlechts – das gar nicht ertragen, es sagt: »er«. Und ebendas ist Elisabeths Rechtfertigung. Sie liebt. Und die Liebe[243] ist kein egoistischer Affekt, sie ist Gott sei Dank ein primär altruistischer Affekt, heißt: Ich diene immer noch, nur ab jetzt einem anderen. Elisabethanisch formuliert und an den Liebesadressat gewandt: *Ach, und jetzt fühle ich erst, wie sehr ich Sie liebe, und daß ich nicht anders KANN, als Sie zu lieben.*

Betrachten wir diese Aussage am besten jenseits der Form des Ich-liebe-Sie! – Sie, wirklich? Ein wenig komisch ist das schon. Das Land der Liebe liegt jenseits des Förmlichen, aber Elisabeths Takt, ihr Gefühl sagt noch immer »Sie«. Was zählt ist: Elisabeth lebt in einem Hochgefühl, für sie ist das Für-einen-anderen-Leben die eigentlich metaphysische, die eigentlich menschliche Existenzweise. Ein Liebender hat keine Philosophie nötig und schon gar nicht die des Übermenschen. Ihr Bruder wird es mit allem von der Trauer geschärften psychologischen Scharfblick konstatieren. Wer keine Liebe zu geben oder zu empfangen hat, bei dem liegen die Dinge freilich anders, Friedrich Nietzsche weiß es sehr wohl.

Zwischen den Geschwistern entspinnt sich ein Liebesdisput. Friedrich sagt: *Ich bin viel zu stolz als je zu glauben, daß ein Mensch* MICH *lieben könne: dies würde nämlich voraussetzen, daß ich – einmal – Wunder über Wunder! – einen Menschen meines Ranges fände. … Es gehört zu den Räthseln, über die ich einige Male nachgedacht habe, wie es möglich ist, daß wir blutsverwandt sind. – Was* MICH *beschäftigt, bekümmert, erhebt, dafür habe ich nie einen Mitwisser und Freund gehabt! es ist Schade, daß es keinen Gott giebt, damit es doch Einer wüßte.*[244] Solange er gesund sei, habe er genügend Humor, um seine Rolle zu spielen und sich hinter seinen Masken zu verstecken, etwa hinter der des Basler Professors. Aber meistens ist es anders: *Leider bin ich sehr viel krank, und dann hasse ich die Menschen, welche ich kennen gelernt habe, unsäglich, mich eingerechnet. –*

Meine liebe Schwester, das Wort unter uns – und Du darfst den Brief hinterdrein verbrennen. Wenn ich nicht ein gut Stück von einem Schauspieler wäre, so hielte ich's nicht eine Stunde aus, zu leben.

Für Menschen, wie ich bin, giebt es keine Ehe: es sei denn im Stile unseres Goethe. Ich denke nicht daran, je geliebt zu werden.

Wenn ich Dir sehr gezürnt habe, so ist es, weil Du mich zwangst, die letzten M(enschen) aufzu(ge)ben, mit welchen ich ohne Tartüfferie sprechen konnte. Er weiß wohl selbst, dass das nicht wahr ist, der Verratene kann es aber schon um seines Reststolzes willen vor seiner Schwester nicht zugeben. Das Ergebnis bleibt das Gleiche: *Jetzt – bin ich allein.* Welche Klage liegt in diesem kleinen Bindestrich. Er fährt fort: *Verbirg diesen Brief unserer Mutter und – – –* Sie möge ihm um dieser Wahrheitsepistel willen nicht böse sein, es läge mehr *Artigkeit* darin, als wenn er wie gewohnt Komödie spiele.

Nizza hat ihn in diesem Winter nicht produktiv gemacht, es hat ihn gequält. Der Brief soll die Schwester noch erreichen in den letzten Tagen, da er sie allein weiß.

Denn sie segelt nicht ab nach Paraguay, es ist schlimmer: Der Antisemit trifft persönlich in Naumburg ein, um seine Schwester abzuholen. Nun kann Friedrich Nietzsche nicht einmal mehr nach Hause fahren, denn einem Judenfeind unter seinem eigenen Dach zu begegnen: undenkbar.

Manchmal versucht er dennoch, es positiv zu sehen: *Ende des Monats kommt Herr Dr. Förster nach Naumburg, von der Liebe BE-SCHLEUNIGT, nämlich um einen Monat früher als es die Vernunft seiner Land-Studien wollte. Was ich froh bin über diese Wendung!*[245] Will heißen: Er muss jetzt nicht länger die Last der Fürsorglichkeit seiner Schwester ertragen, die als *lebensgefährliche Art von Folterung* zu bezeichnen er sich nicht scheut. Er hält diese Perspektive jedoch nicht immer durch, an Köselitz: *Ah, wenn Sie wüßten, wie allein ich jetzt auf der Welt bin! Und wieviel Komödie noth thut, um nicht, hier und da, aus Überdruß, irgend Jemandem in's Gesicht zu spucken!*[246]

Er hat seiner Schwester dennoch Blumen nach Naumburg geschickt, in der Hoffnung, dass diese zu gleicher Zeit ankommen wie Dr. Förster. Er kann jetzt nicht mehr in Nizza sein und nicht allein, er fährt nach Venedig zu Köselitz, in die Stadt, die er liebt, aber sie ihn nicht. Leider bekommt er in Venedig Post von Dr. Förster, schließlich übernimmt er Elisabeth gewissermaßen aus seinen Händen, und nicht zu antworten, ist unmöglich.

Er spricht seinen künftigen Schwager mit *Lieber und sehr werther Herr Doctor* an und spielt einmal mehr Komödie, jene menschliche Komödie, die man auch unter dem Namen »gute Umgangsformen« kennt: *Also, es hilft Nichts, meine Schwester geht »in die weite weite Welt« und mit Ihnen, mein lieber Herr Doctor. Die Liebe führt das Lama – Pardon! So nannte ich sie bisher – wie mir scheint, in viele Gefahren, fernab von der Heimath, in ein Leben voller Versuche, wo Manches schief, Manches gut gehn wird: in summa es erwartet sie eine TAPFERE Zukunft. In dem Allem thut sie mir es gleich: es scheint, DIES gehört zur Rasse. Und wenn die Liebe sie in weniger »abstrakter« Gestalt*

führt als mich, so hat sie von uns Beiden vielleicht den besseren Ge-
schmack, und »den besseren Theil« erwählt: nämlich Herrn Bernhard
*Förster.*²⁴⁷ Es ist beinahe die Parodie eines Briefes, aber der Fortgang ist umso ernster gemeint: *Die Frauen sind in solchen Dingen*
schlauer als die Männer: unsereins läuft der »Wahrheit« und solchen
andern blassen Schönheiten nach, und schließlich, wenn man es weit
bringt, bringt man es so weit, bei DIESER Leidenschaft, daran zu zwei-
feln, ob man noch im Stande ist, irgend einen Menschen recht aus letz-
*tem Herzensgrunde zu lieben*²⁴⁸. Aber das solle um Himmels willen
kein Seufzer sein, sondern nur ein Einwand gegen eine *gewisse*
allzuschmeichelhafte und unverdiente Wendung Ihres viel zu ernsten
Briefes. Eine Sache zu lieben, heiße nun einmal auch ihre Kehrseiten zu lieben, und sein Sohn Zarathustra sage, dass jedwedes
schlimme Ding zwei gute Kehrseiten habe. Wahrscheinlich ist
ihm selbst nicht ganz klar, wo es ihn da hinschreibt. Ob der Empfänger am Ende wähnt, seine Schwester sei *das schlimme Ding*, aber
mit zwei guten Kehrseiten? Egal, er kann dem Doctor nur wünschen, dass er mit Hilfe seiner Schwester ab jetzt möglichst viele
gute Kehrseiten finde. *Mit vielen guten Wünschen, auch unausprech-*
baren – Ihr SEHR ergebener Nietzsche.

Am gleichen Tag schreibt er auch Mutter und Schwester, im
alten Stil: *Meine WÄSCHE – großer Jammer! Helft mir aus, und schnells-*
tens, wenn es möglich ist! Also: ich habe noch 2 tragbare (ungefähr trag-
bare) Hemden, Alles Andre sind Lumpen. Das zuletzt angefertigte Hemd
ist am Halse etwas zu eng; das letzte Nachthemd ist zu kurz. Auch mit
*den Strümpfen steht's böse. Auch, bitte, 2 Paar Unterbeinkleider.*²⁴⁹ Ist
ihm noch zu helfen? Eher nicht. Seinen Büchern kann das nur gut-
tun, denn: *Meine Sachen fangen erst an, etwas zu taugen, wenn ich*
*selber erst schimmle.*²⁵⁰

Mut immerhin hat sie.

Er wollte ein neues Leben beginnen, und statt seiner beginnt
sie eins.

3

Im Lamaland

en, die glaub
Zuflucht bei ihnen

Auf die Schiffe, ihr Philosophen!

Und dann ist sie weg. Im Februar 1886 gehen Bernhard Förster, seine Ehefrau Eli und vierzehn meist sächsische Familien in Hamburg an Bord des Dampfers *Uruguay*. Da sind die Familie Schubert, die sich zur weiteren Verwandtschaft des Komponisten zählt, und der Chemnitzer Musikinstrumentenbauer Schütte, glücklicherweise kommt auch ein Handwerker, ein Bauer und ein Kaufmann mit. Der Kaufmann heißt Oscar Erck, man sagt ihm eine etwas dunkle Vergangenheit nach, er wird bald schon die rechte und linke Hand des Ehepaars Förster. Im letzten Augenblick, kurz bevor das Schiff ablegt, trifft noch der Zimmermann Max Stern ein. Das ist sehr gut, denn Wagnerianer, Oberlehrer, Pfarrerstöchter und Musikinstrumentenbauer allein könnten im Urwald leicht verloren gehen.

Wer eine erfolgreiche Kolonie gründen will, braucht vor allem zwei Dinge: Meerzugang und sehr viel Geld. Es ist nicht leicht, in Südamerika ein Land ohne Meerzugang zu finden, denn es gibt nur zwei, Paraguay und Bolivien. Also Paraguay! Försters Augenmerk fiel vor allem deshalb auf dieses Land, weil es fast menschenleer sein soll und der frühere Lehrer am Berliner Friedrichs-Gymnasium keine Neigung spürt, kriegerische Eingeborene zu bekämpfen, die glauben, Försters noch zu erwerbendes Land sei in Wirklichkeit ihr Land.

Der örtliche Diktator López hatte Nietzsches Lebensmotto *Werde, der du bist!* auf seine Art ganz ernst genommen und einen Dreifrontenkrieg gegen die übermächtigen Nachbarn Brasilien, Argentinien und Uruguay begonnen, was die Mehrheit seines Volkes nicht überlebte. Wahrscheinlich war López wie ein späterer

Diktator der Auffassung, sein Volk sei seiner nicht würdig gewesen. Dafür hat Paraguay jetzt einen äußerst engagierten Einwanderungsminister, den ungarischen Aristokraten Oberst Heinrich von Morgenstern de Wisner, einem Sachverständigen zufolge zuvor »Spaßvogel am kaiserlichen Hof in Wien, ungarischer Aristokrat, vermutlich Päderast, militärischer Ratgeber, Amateurhistoriker und Kartograph«, zudem höchstwahrscheinlich Jude[251]. Ohne das Entgegenkommen dieses Mannes würden sie sich im Augenblick nicht auf dem Ozean aufhalten.

Die zweite Voraussetzung eines Kolonialisationsprojektes ist Kapital, am besten viel Kapital. Leider besitzen sie keins. Bernhard Förster geht nicht zuletzt deshalb nach Paraguay, um der Herrschaft des Kapitals zu entkommen. Allerdings muss er das Land, auf dem das postkapitalistische Gemeinwesen errichtet werden soll, erst kaufen, das ist ihm durchaus klar. 100 000 Mark wollte Bernhard Förster darum in der ihm so unheimatlichen Heimat einwerben, leider ist ihm das nicht gelungen. Dabei hatte er extra ein Buch über Paraguay geschrieben und ausgerechnet sein Schwager hat es Korrektur gelesen und stilistisch hier und da verbessert! Als Bernhard Förster davon erfuhr, kam es zum ersten Streit zwischen den jungen Eheleuten.

Natürlich war Friedrich Nietzsche nicht zur Hochzeit seiner Schwester erschienen, es wäre zu verlogen gewesen. Und die Wahl des Tages erfüllte den Tatbestand seelischer Grausamkeit, es war der 22. Mai, Wagners Geburtstag. Aber im September 1885 hatte Friedrich Nietzsche den Gedanken doch nicht mehr ausgehalten, seine Schwester ziehen zu lassen, ohne sie noch einmal zu sehen, vielleicht zum letzten Mal im Leben, und so war er von Sils Maria direkt nach Naumburg gefahren. Er hat so gar kein Talent, der *Werdet-hart!*-Empfehlung seines Zarathustra zu folgen. Glücklicherweise befand sich sein Schwager gerade auf kolonialer Agitationsreise und im Überschwang der Wiedersehensfreude hielt Elisabeth es für eine großartige Idee, wenn er das Manuskript lektorieren und gegebenenfalls verbessern würde. Friedrich Nietzsche entdeckte tatsächlich gleich mehrere verbesserungswürdige Stellen und Elisabeth dachte, es sei vielleicht das Beste, ihr Mann würde das gar nicht erst erfahren. Hat er aber doch. Dass Friedrich sehr lachen musste über das große, markige Foto des Antisemiten auf dem Buchdeckel, hat sie ihm gewiss verschwiegen. Wie geschmacklos, wie eitel! Aber wem sollen die Auswanderer vertrauen, wenn nicht dem Gründer der Kolonie, einem Mann, der seinem Bild zufolge alles im Griff hat?

Wem sollen wir vertrauen, wenn nicht ihm?, mögen sich die seekranken, von Kakerlaken überrannten Sachsen sagen. Der Ozean kommt ihnen unglaublich melancholisch vor. Elisabeth gelangt an Bord der *Uruguay* zu der Einsicht, dass man keinesfalls im Winter auswandern sollte, denn *Hamburg war so schauerlich grau nebelig und kalt.* Und in dieses Grau fahren sie mitten hinein. Auch hat sie ihre Verlobungs- und Trauringe nicht mehr, Elisabeth glaubt, sie wurden in der Eisenbahn gestohlen. Sie hält das für ein sehr, sehr schlechtes Omen. Franziska wird sie bald in einem alten Naumburger Nähtisch finden, aber der Unterschied von »gut weggelegt« und »auf immer weg« ist manchmal so wenig fasslich.

Ein ganzer Monat auf dem Ozean. Elisabeth hatte ihrem Bruder noch zuletzt geschrieben: *Vielleicht kommen wir aber gar nicht übers Meer, dann sei nicht zu traurig mein lieber theurer Fritz, vielleicht ist es besser so unterzugehen als allmählich mit Enttäuschung.«*[252] Sie habe auch ihr Testament gemacht und ihn zum Universalerben eingesetzt. Und er schrieb ihr, in einer Anwandlung tiefer geschwisterlicher Sentimentalität: *Ich würde Dir alles schicken, was ich habe, wenn es helfen könnte, Dich bald wieder zurück zu führen … Ich nehme mich zusammen, so gut es geht, aber eine Melancholie sonder Gleichen wird alle Tage über mich Herr, – immer deshalb, weil das Lama davon läuft und ganz die Tradition ihres Bruders aufgiebt.*[253] Andererseits, wenn sie es nicht über den Ozean schaffte, bekäme er vielleicht sein Dürer-Bild wieder. Oder nein, dann läge es auf dem Meeresgrund, aber die Hauptsache wäre: Der Antisemit besäße es nicht mehr.

Denn sadistisch war es schon, sich als Hochzeitsgeschenk ausgerechnet Dürers Stich *Ritter, Tod und Teufel* zu wünschen. Er hatte ihn schon in seinem Erstling, in der *Geburt der Tragödie* beschrieben: *Da möchte sich ein trostlos Vereinsamter kein besseres Symbol wählen können, als den Ritter mit Tod und Teufel, wie ihn Dürer gezeichnet hat, den geharnischten Ritter mit dem erzenen, harten Blicke, der seinen Schreckensweg, unbeirrt durch seine grausen Gefährten, und doch hoffnungslos, allein mit Roß und Hund zu nehmen weiß.* Damals war Schopenhauer noch sein Leitstern, Schopenhauer und Wagner, und er fuhr fort: *Ein solcher dürerscher Ritter war unser Schopenhauer: ihm fehlte jede Hoffnung, aber er wollte die Wahrheit.*[254] Das las ein reicher Basler Patrizier und schenkte Nietzsche das Blatt, welcher es wiederum Wagner schenkte, auch weil Freundschaft bedeutet, dem anderen etwas zu geben, was man um nichts in der Welt weggeben will. Und nun hat Förster das Blatt aus seinen Händen. Er ist der Letzte, bei dem er es wissen möchte. Aber ist nun einmal auch Bernhards Lieblingsbild. »Allen Gewalten zum Trotz sich erhalten«, lautet sein Wahlspruch. Der Ritter kennt seinen Weg und weder Tod noch Teufel halten ihn auf.

Ihre Flitterwochen haben sie in Tautenburg verbracht, ausgerechnet in Tautenburg! Sein Leben kommt Friedrich Nietzsche ohnehin oft wie ein böser Scherz vor, und das ist gewiss einer.

Sie nennt ihn Bern, wenn es ganz schlimm kommt auch *Bernchen.* Und das Erschütternste: Er nennt seine Mutter Mutter. Nein, er darf nicht darüber nachdenken.

Auf die Schiffe, ihr Philosophen!, hatte er seinen Mitdenkern zugerufen, in seinem heiligen Genueser Januar 1882. Ist sein ganzes Werk nicht wie eine große Meerfahrt? Aber es ist eine theoretische Meerfahrt, ein Gedankensegeln. Weiter als von Genua nach Sizilien ist er zu Wasser nie gekommen. Und doch, wer verstünde mehr von der Seefahrt als er: *Ich lebe* SELTSAM, *wie auf den Wellenspitzen des Daseins – eine Art fliegender Fisch.*[255]

Elisabeth kann das so nicht bestätigen. Sie obliegt irgendwo hinter den Kapverdischen Inseln mehr der gewöhnlichen Seinsweise ihres Bruders, sich tagelang übergebend. Das ist natürlich die Seekrankheit, aber Frau Erck, die Frau des Bauern mit der eingedunkelten Vergangenheit, sagt, es sei wohl nicht n-u-r die Seekrankheit. Es gäbe noch andere Ursachen der Übelkeit bei Frauen.

Franziska erfährt es als Erste und klärt ihren Sohn wie folgt auf: Das arme Kind sei recht krank gewesen und wurde »erst durch Frau Erk auf die richtige Ursache, wovon sie und wir keine Ahnung hatten, hingewiesen«[256]. Das Wort Schwangerschaft auszusprechen, einem Mann gegenüber, und sei es ihr Sohn, wäre Franziska wohl nie imstande gewesen. Und hat sie ihrer Tochter nicht all diese schlimmen Dingen vorausgesagt? Schwanger in Paraguay.

Warum muss immer alles so schlimm kommen, wie sie es sagt? Der Schiffsarzt ist zwar kein ausgebildeter Gynäkologe, wird jedoch als hilfreich empfunden. Nie war Elisabeth der Seinsweise fliegender Fische ferner als auf dem Ozean.

Als sich der Monat seinem Ende nähert, stellt der Kapitän fest, dass dies »eine überaus günstige Fahrt« gewesen sei. Die künftigen Bürger Neugermaniens sehen sich außerstande, auch nur der Vorstellung einer ungünstigen Überfahrt nachzugeben.

Franziska teilt ihrem Sohn inzwischen kulturpessimistische Überlegungen mit. Wo um Himmels willen solle Bernhard »mit seiner gereizten Art ein Arbeitsfeld finden«? Hätte er in seinem Buch doch nicht geschrieben, »daß nur Vettern der Regierung auf Stellen rechnen könnten«! Das mache man doch nicht, wenn man von den Vettern der Regierung eine Stelle möchte. Wahrscheinlich kann sich Franziska Nietzsche den Gymnasiallehrer und ihre Tochter nur schwer als Bauer und Bäuerin vorstellen.

Außerdem brauchen Schwangere Schonung.

Milchvieh und ein Pferd für Nietzsche

Nach einer langen Flussfahrt kommen sie in der Hauptstadt des toten Diktators López an. Elisabeth hat 42 Moskitostiche an einem Fuß. Die Triumphbauten seiner Herrschaft ragen halbvollendet in den Himmel, besonders der Präsidentenpalast und die Mailänder, nein, die Asunciónér Scala. Sie sieht genau so aus, ist nur eben nicht fertig. Leider ist Asunción der heißeste Ort von ganz Paraguay, warum hat ihr das keiner gesagt?

Bernhard Förster kauft sich als Erstes ein Pferd, es kostet 64 Mark. Er nimmt seine gewohnte berittene Seinsweise wieder auf. Auf dem Rücken eines Pferdes fällt es ihm leichter sich vorzustellen, dass alles gut wird. Er hat Verantwortung für vierzehn Familien und eine schwangere Frau.

Sie mieten ein kleines Haus mit zwei großen Zimmern und Schuppen. In einem Zimmer wohnen sie, in dem anderen ihr Diener neben allen Naumburger Möbeln, dem Klavier und sonstigem Gepäck, im Schuppen steht Bernhard Försters Pferd. Das Zimmer ist Schlaf-, Ess- und Wohnzimmer, aber nachmittags um halb fünf und abends um halb neun ist es zugleich Empfangszimmer, denn dann gibt das Ehepaar Teestunden, zu denen der deutsche und der englische Konsul, der Minister für Einwanderung Oberst Heinrich von Morgenstern de Wisner, Herr Gülich von der konkurrierenden Leipziger Kolonialgesellschaft und Regierungsvertreter kommen, die Elisabeth nicht versteht, weil sie nur Spanisch sprechen. Doch sie dürfen nichts überstürzen. Sie dürfen keine Fehler machen.

Es wird Mai, Winter in Paraguay, und Elisabeth entschließt sich zur Euphorie. Hatte ihr Bruder nicht geschrieben, er wolle gegebenenfalls dem Beispiel ihres Hausmädchens Alwine folgen und auch ein Stückchen südamerikanischen Grundbesitz erwerben, zumal wenn es *irgendwie dazu dient, Deinem Herrn Gemahl eine gute Meinung über den unverbesserlichen Europäer und Anti-Antisemiten, Deinen ganz unmaßgeblichen Bruder und Eckensteher Fritz beizubringen*[257]? Ja, er soll ein Stück Land kaufen, aber vor allem soll er selbst kommen. Wenn ihr Bruder eine Zukunft haben möchte, möge er herkommen, so schnell er kann: *Du kannst Dir nichts Idealeres als einen Winter in Paraguay vorstellen … immer hell, trocken, klar. Italien ist nichts dagegen, der Barometer steht fast immer auf 79, er würde gern höher steigen wenn er könnte*[258], aber die Scala ist zuende.

Meine Idee wäre folgende: Du sendest uns … 6000 Mark …, das sind ungefähr zwischen 15 – 1600 Patagon oder pesos fuertes. Für 6–700 p(esos) f(uertes) könnten wir Dir 1/2 quadrat legua und für das übrige kaufen wir Dir schönes ausgesuchtes Milchvieh. Und ein sanftes Pferd. Und dann könnte er den ganzen Tag dasitzen, nachdenken, reiten, seinem Milchvieh in die Augen schauen und Bananen, Cuyaben, Chiramayas und Marmonen essen. Vor allem Marmonen, das sei eine Art Baummelone, *sieht auch wie eine Melone aus, ihr Fleisch gleicht aber mehr der Aprikose … Nun denke Dir diese liebliche Frucht ist pepsinhaltig … In so lieblicher Verkleidung wie in dieser Frucht ist glaube ich das Pepsin noch nie erschienen.* Sie führen jetzt überhaupt einen landwirtschaftlichen Expertenbriefwechsel. Er: *Entdeckung: FETTER weißer Käse ist sehr viel leichter verdaulich als magerer. Mein Mittag besteht aus Milch, Grahambrod, Käse und Nüssen – ich glaube, man heißt dies, mit einiger Freiheit des Ausdrucks, Vegetarismus.*[259] Er könnte sich also seinen eigenen fetten, leicht verdaulichen Käse machen und sich die Nüsse vom Baum in den Mund fallen lassen. Mussten sie wirklich erst so weit voneinander entfernt sein, um sich rückhaltlos zu lieben?

Wann hätte ihr Bruder je herzlicher geschrieben als in diesem Frühjahr: *Mein liebes Lama, unbändige Freude über Deinen Brief aus dem Weltenmeere! Er befreite mich von einem fast unerträglichen Drucke, der so weit gieng, mich nicht einmal an Dich schreiben zu lassen, ob ich es gleich täglich wollte.*[260] Und der Brief, der so begann, endete: *Es lebe das Lama und ihr Bernhard und Euer Paraguay und Eure ganze gute Gesellschaft und Menschheit, die ihr um Euch habt! In Liebe und Dankbarkeit Dein Fritz.*[261] Spätestens im April des nächsten Jahres müsste er eintreffen, denn der Winter dauert von April bis September.

Die Menschheit, die sie um sich haben? Diese hauptsächlich Chemnitzer weitgehend mittellose, wartende Menschheit? Die ist das Problem. Alles hier ist unglaublich teuer; man muss Selbstversorger sein, wenn man existieren will. Es wird höchste Zeit, dass sie die Kolonie gründen. Aber Bernhard Förster berät, prüft und reitet, reitet, prüft und berät. Ja, wenn er Kapital hätte! Und eigentlich möchte er nach San Salvador, in *die Stadt des heiligen Erlösers.* Aber um dorthin zu gehen, bräuchten sie viel Geld. Noch haben sie keinen Investor gefunden, der in sie investieren möchte. Die Ercks und Fischers werden vor Untätigkeit ganz nervös.

An Wagners Geburtstag, ihrem ersten Hochzeitstag, bringt Bernhard Förster einen heroischen Toast aus. Er und seine Frau wollen ihre ganze Kraft auf Nueva Germania wenden, »und wenn wir daran zerschellen sollten«. Zerschellen? Zuversichtlich klingt das nicht. Franziska teilt ihre kolonialpolitischen Überlegungen ihrem Sohn mit: »Colonisiren ohne enorme Mittel ist ja fast ein Ding der Unmöglichkeit und alle die Leute, welche kamen, können doch nicht alle bei Försters in Kost und Lohn gehen[262]. Außerdem macht sie jetzt manchmal ganz merkwürdige Pläne: »Wäre ich nur ein Bischen bemittelt, ich würde gleich sagen ›ich gehe mit Dir nach Venedig‹ aber die Zukunft muß Alles erst bringen. Deine lieben Worte aber ›Im Grunde thäte mir jetzt nichts wohler, als mich von meiner guten Mutter pflegen zu lassen‹ haben mich beglückt«. Und nun wird Franziska beinahe übermütig, eine Gemütsverfassung, zu der ihr Leben, seit sie Kind war, nie mehr einen Anlass bot, aber jetzt ist sie da: »… und ich wünschte mir nichts sehnlicher: als Luftschiffahrt, wo doch jedenfalls die Reise rascher und billiger wäre für Dich mein gutes Kind und gefiele Dir der Himmel nicht, nun so wäre das Fortfliegen auch keine große Sache.«[263] Und sie ergänzt, sich plötzlich ihrer Stellung in der Welt wieder bewusst werdend, er solle sich alles gut überlegen, ihre Wünsche dürften ja nicht maßgebend sein. Nein, seine Mutter und er zusammen in Italien, das ist keine gute Idee. Er schreibt gerade *Jenseits von Gut und Böse*. Dann sollte sie lieber seiner Schwester beim Kühemelken helfen.

Friedrich Nietzsche denkt über seine Lage nach und kommt zu dem Ergebnis, dass ihm nicht zu helfen ist: *Die Antinomie meiner Existenz liegt darin, daß alles das, was ich als radikaler Philosoph radicaliter NÖTHIG habe – Freiheit von Beruf, Weib, Kind, Freunden, Gesellschaft, Vaterland, Heimat, Glauben, Freiheit fast von Liebe und Haß – ich als ebenso viel Entbehrungen empfinde, insofern ich glücklicher Weise ein lebendiges Wesen und kein bloßer Abstraktions-Apparat bin. Ich muß hinzufügen, daß mir in jedem Falle die SOLIDE GESUNDHEIT fehlt – und daß ich nur in Momenten der Gesundheit die Last jener Entbehrungen WENIGER HART FÜHLE. Auch weiß ich immer noch nicht die fünf Bedingungen zusammen zu bringen, auf denen eine erträgliche mittlere meiner labilen Gesundheit sich basiren ließe. Trotzdem wäre es ein verhängnisvoller Fehler, wenn ich, um mir die 5 Bedin-*

gungen zu schaffen, mich jener 8 Freiheiten beraubte: Das ist eine
OBJEKTIVE Ansicht meiner Lage. –

Die Sache complicirt sich, insofern ich außerdem Dichter bin, wie
billig, mit den Bedürfnissen aller Dichter: wozu Sympathie, glänzender
Haushalt; Ruhm und dergleichen gehören (in Bezug auf welche Bedürf-
nisse ich für mein Leben keine andere Bezeichnung habe als Hundestall-
Existenz). Die Sache complicirt sich noch einmal, insofern ich außerdem
Musiker bin: so daß mir eigentlich nichts im Leben … [264]. Er bringt den
Satz nicht zu Ende. Welches Verb läge nahe? Eigentlich nur eins:
Dass ihm nichts im Leben GEGLÜCKT ist? Umso mehr muss er
alles auf das Werk setzen. Warum kann man nicht wie Wagner,
wenn auch spät, beides haben?

Bernhard Förster geht es anders, aber nicht unbedingt besser. Warum muss ihn der Fluch der modernen Welt, die Herrschaft des
Geldes, bis in den Urwald von Paraguay verfolgen? Im September
beschließt er, alles auf eine Karte zu setzen. Er schreibt Friedrich
Nietzsche einen Geburtstagsgruß: »Tuyu-cuá (zu Deutsch ›Dreckloch‹) 7 Sptr. 86. Meinem liebem Schwager Zarathustra überrei-
che ich mit herzlichen Wünschen zum 15 Octbr. dieses Bild unserer projectlichen neuen Heimath: sie wird es werden, falls die
angeknüpften Geschäfte sich zu einem günstigen Ende führen lassen … Für das Lama-Land wollen wir einen besonders freundlichen Winkel aussuchen, auf den wir Apfelsinenbäume, Marmonen, Bananen u. A. pflanzen werden … Herzlichen Gruß In Treue
Dein Schwager B. F.«[265] Eine Förster'sche Zeichnung von *Nueva Ger-*
mania liegt bei.

Eine »projectliche« Heimat, geschäftebasiert?

Der Försterhof bei Försterrode

Ich gestehe, daß mir der Gedanke, meine Schwester in einem unangebau-
ten Welt-Winkel der Viehzucht ergeben zu wissen, eingerechnet Milch-
wirthschaft und Küchlein, noch immer sehr fremd ist, fast wie eine reine
Träumerei, die man eines Morgens sich aus den Augen wischt.[266] Diese

Ungläubigkeitserklärung schickt Friedrich Nietzsche am 3. November 1886 nach Tuyu-cuá, ins »Dreckloch«. Und wieso die Sorgen einer größeren Länderei freiwillig eingehen? Das versteht er nicht. Das will er nicht verstehen. Wer sich mit dem ausgewanderten Chemnitzer Proletariat verbindet, ist selber schuld? Sein Ton ist – wie soll man sagen? – sehr eurozentrisch, dschungelfern. *Oder wollt Ihr geschwind reich werden? – mich brächte man nicht mit zehn Pferden dahin, wo, wenn ich recht unterrichtet bin, nicht einmal eine gute Bibliothek zu finden ist.* Was für eine abendländische Arroganz! –? Er unterschätze ihre idyllische Absonderung ganz und gar nicht, erst recht nicht in seiner Eigenschaft als Philosoph, *aber ich möchte es nicht in Eurer Weise thun, welche mir zu sehr »Rückkehr zur Natur« zu sein scheint, Philosophie »für's liebe Vieh«, im Scherz gesagt.* So viele Halbsarkasmen, um auszudrücken, dass er sein kleines Vermögen lieber behalten und doch nicht Grundbesitzer in Paraguay werden möchte. Sein neues Buch werde man sicher verbieten. *In der That, auch ich bin ein »Ausgewanderter«. – und wer weiß? auch ich habe mein gran chaco! In alter Liebe Euer F.*

Kann man kühler klingen? »In alter Liebe«! Welche Vorgestrigkeit eines Gefühl, das kein Vorgestern kennt.

Am 23. November 1886 unterzeichnet Bernhard Förster einen Vertrag, der ihm die Landrechte über ein Gebiet von rund 600 Quadratkilometern sichert, 150 Meilen nördlich von Asunción gelegen. Ein Viertel ist urbares Ackerland, drei Viertel sind Urwald. Doch wenn der Urwald fällt, würde auch dort urbares Ackerland sein. Die rote Erde Paraguays, das Fruchtbarkeitswunder.

Die Landrechte? Nein, das ist ungenau. Der Eigentümer Cirilio Solalinde, ein paraguayischer Lebemann, hatte ursprünglich 175 000 Mark gefordert, einen Betrag, den Bernhard Förster nie hätte zahlen können. Falls »die angeknüpften Geschäfte sich zu einem günstigen Ende führen lassen«, hatte Förster seinem Schwager mitgeteilt, werde das Dreiviertel-Stück Urwald Heimat werden. Die Verhandlungen dauerten Monate. Die Regierung kam ins Spiel. Am Ende zahlt Bernhard Förster lediglich 8000 Mark, und zwar nicht an Solalinde, sondern an die Regierung. Die Regierung wiederum zahlt 96 000 Mark, und zwar sofort, an Solalinde.

Fehlt nur noch der Haken. Der Haken ist: Innerhalb von zwei Jahren müssen 140 deutsche Familien in dem Land leben, das die Einheimischen Campo Cassaccio nennen. Im November 1888 muss die Kolonie blühen, oder das Land fällt zurück an die Regierung, seine Bewohner müssen gehen. Bernhard Förster ist nicht der Eigentümer des Landes, das er fortan verkauft. Wie er das, was er da unterzeichnet, gewöhnlich nennen würde, liegt auf der Hand: »ein jüdisches Geschäft«. Der Jude ist ab sofort er. Er wird parzellenweise etwas verkaufen, was ihm noch gar nicht gehört.

Aber er hat mit der Regierung freie Überfahrten für Mittellose arrangiert. Franziska bekommt 15 Freifahrten für Erwachsene und 16 für Kinder. Franziska im September: »… nun meldeten sich vor acht Tagen wieder vier Familien … Es sind wieder alle mittellose Leute.«[267]

Was ist deutsch? Richard Wagner antwortete: Eine Sache um ihrer selbst willen tun. So ist es. Er würde es schaffen. 140 Familien? Sie werden kommen. Es könnte noch eng werden in Neu-Germanien.

November 1886. Elisabeth melkt weiter Kühe bei Asunción. Bernhard Förster und die Neubürger von Nueva Germania fällen inzwischen stromaufwärts Urwaldbäume. Förster spürt, dass er das noch nie gemacht hat.

Wahrscheinlich erhält die Empfängerin im Urwald eben jetzt die Nachricht ihres Bruders vom 2. September, was er ab sofort zu tun gedenke: »Für die nächsten vier Jahre ist die Ausarbeitung eines vierbändigen Hauptwerks angekündigt; der Titel ist schon zum Fürchten-Machen: ›DER WILLE ZUR MACHT. Versuch einer Umwerthung aller Werthe‹. Dafür habe ich ALLES nötig, Gesundheit, Einsamkeit, gute Laune, vielleicht eine Frau.« Das ist doch mal eine Aussage, wenn auch nicht schlechta-kompatibel.

Im April 1888 durchreiten zwei antisemitische Schneidermeister aus Antwerpen den Aguaray-guazú und setzen den ersten Huf ans Ufer ihrer Zukunft. Neu-Germanien, so groß wie das Fürstentum Lippe-Detmold, ist von drei Seiten von Wasser umgeben. Am Zusammenfluss des Aguaray-guazú und des Aguaray-mí befindet sich der Hafen, in dem bald das erste kolonieeigene Dampfschiff liegen soll und ein grob gezimmertes Einwandererhaus, wo die Kolonisten in den ersten Tagen Unterkunft finden. Auch eine Boliche, einen kleinen Laden, gibt es.

Vom Hafen reiten die Schneider Klingbeil und Bartels noch eine halbe Stunde bis nach Försterrode. Es hat eine Schule, die Gastwirtschaft *Zum deutschen Kaiser* mit Bäckerei und Kegelbahn und eine Tischlerei. Das Haus, zu dem sie wollen, liegt etwas außerhalb im Nordwesten des Ortes: der Försterhof.

Von außen ist es überraschend häßlich aber innen wundervoll hoch, weit und kühl … Wir nennen den Stil, in welchem das Haus gebaut ist, den Eiskellerstil weil das Dach so furchtbar weit herunter geht, aber es ist zu allen Tageszeiten so angenehm frisch.[268] Die Frau, die den beiden Ankömmlingen jetzt mit offenen Armen entgegengeht, ist erst im Monat zuvor eingezogen. Sie betreten einen wohl sechs Meter hohen Salon, die beiden Schneidermeister sehen sich mit Staunen um: »Da fehlte nichts, was das Leben im Hause behaglich machen kann, bequeme Sessel, Ruhebett, Pianino etc., die hohen Thüren waren mit Portieren behangen und der Fußboden bestand aus hübschen Cementsteinen.«[269] Behaglichkeit? Die Dame des Hauses befindet sich am Rande eines Nervenzusammenbruchs, sie hatte den ganzen Umzug allein bewältigen müssen, noch ist längst nicht alles fertig, und ihr Mann lädt fortwährend Gäste ein, zum Essen und zum Übernachten: *… ich habe absolut keine Zeit, es liegt zu viel seit den letzten 8 Wochen auf mir! Ich bin eigentlich über Bern erzürnt, er muthet mir zu viel zu.*[270] Natürlich sind auch die Neuankömmlinge zum Abendessen eingeladen. Und eine besondere Freude wäre es Bernhard Förster, wenn sie ihm die Ehre erweisen würden, über Nacht zu bleiben.

Die Gäste haben an dem mehrgängigen Fleischmenü nichts auszusetzen, und doch sind sie etwas erstaunt. Fleisch? Hatte Förster nicht geschrieben, dass in Neu-Germanien alle Qualen der Tiere enden, weil hier nur Pflanzenköstler wohnen? Elisabeth bemerkt den fragenden Blick ihrer Gäste. Bekennende Vegetarier seien sie schon, erläutert Frau Förster, nur praktizierten sie im Augenblick nicht, da die Früchte der Landwirtschaft noch auf sich warten ließen. Klingbeil fragt sich, ob Frau Förster das Buch ihres Mannes nicht gelesen habe, wo so vieles über Paraguay als von der Natur selbst eingerichteten Obst- und Gemüsegarten steht.

Seit Julius Klingbeil sich in Antwerpen einschiffte, plagen ihn Zweifel, ob es richtig war, sein ganzes Rest-Leben, sein ganzes Rest-Vermögen auf eine einzige Karte zu setzen: auf die Förster-Karte. Trotz der Beglaubigung durch das äußere und innere Erscheinungsbild des Försterhofes sowie Elisabeths Kochkünste bleibt Klingbeil argwöhnisch. Dabei erfährt er großartige Dinge: Bald könnte eine der größten Eisenbahnen der Welt durch Nueva Germania führen, sie verbände den Rio de la Plata mit dem Panama-Kanal. General Osborne, der frühere Botschafter der Vereinigten Staaten in Argentinien, hat persönlich die Planungen übernommen. Und er hat Elisabeth »the little Queen of Nueva Germania« genannt. Aber das erfahren die beiden Schneider wohl nicht.

Warum wirkt der Hausherr so unruhig? So gar nicht wie der Mann auf dem Buchdeckel, dessen männlich-entschlossene Züge Klingbeil so beeindruckt hatten? Bernhard Förster »konnte den Blick unserer Augen nicht ertragen. Unruhig, wie das verkörperte böse Gewissen läuft der Mann mit der hageren Gestalt und den unstät flimmernden Augen hin und her.« Dürers *Ritter, Tod und Teufel* grüßt von der Wand, Försters Wahlspruch »Allen Gewalten zum Trutz sich erhalten« leuchtet dem Besuch in Goldbuchstaben in die Augen. Der Mann hat augenscheinlich Probleme. Und dann zieht sich Elisabeth Klingbeils Feindschaft zu, als sie ein junges mittelloses Ehepaar aus dem Gefolge des Schneidermeisters kurzerhand als Haushaltsgehilfen engagiert. Sie braucht dringend weiblichen Beistand, oder sie geht unter.

Ihr Kind hat sie verloren.

Der Kaiser ist tot. Es lebe der Kaiser!

Am 1. Juli 1888 findet irgendwo im Dschungel von Paraguay zwischen den Flüssen Aguaray-guazu und Aguaray-mi eine Trauerfeier statt, zu der sich mehrere frühere Möbeltischler, der vormalige Inhaber einer Leipziger vegetarischen Speiseanstalt, ein Schirmverkäufer aus Münster, ein Breslauer Jurist, der frühere Redakteur einer wegen Lesermangel Konkurs gegangenen antisemitischen Zeitung, ein Bäcker, ein Schuhmacher, drei Zimmerleute, zwei Schmiede und ein Sägemühlenbesitzer im Försterhof nahe Försterrode einfinden. Die beiden antisemitischen Schneidermeister aus Antwerpen fehlen, denn sie wollen die Kolonie verlassen und sind ob dieses Vorsatzes Geächtete. Die Bürger Neu-Germaniens unterzeichnen eine Beileids- und Huldigungsadresse zum Tod des alten Kaisers, der eben noch der neue war.

Friedrich III. wollte die eigene Macht und die des Reichskanzlers enger an die Verfassung binden, doch er konnte schon nicht mehr sprechen, als er den Thron bestieg: Kehlkopfkrebs. Mit ihm hätte die deutsche Geschichte vielleicht einen anderen Verlauf genommen. Friedrich III. ist nach nur 99 Tagen im Amt gestorben:

»Allerdurchlauchtigster Kaiser!

Allergnädigster Kaiser, König und Herr!

Wir unterzeichneten Bewohner der deutschen Ansiedelung Neu-Germania in Paraguay, die wir uns durch enge Bande mit dem alten Vaterlande verbunden wissen, fühlen uns durch die erschütternde Kunde von den beiden schweren Verlusten, welche das erhabene Haus der Hohenzollern heimsuchten, tief ergriffen.«[271] Jawohl, zwei Verluste, denn nicht nur Kaiser Friedrich III. ist tot, zuvor starb, in ebendiesem Jahr 1888, auch Wilhelm I., weshalb man dieses Jahr einmal auch das Drei-Kaiser-Jahr nennen wird: Auf den greisen Kaiser folgte der weise Kaiser und nun kommt der Reise-Kaiser. Er ist 29 Jahre alt und weder seine Untertanen noch er selbst wissen wohl schon, dass er fast nie zu Hause sein wird.

Es ist Wilhelm II.

Bernhard Förster fährt fort: »Wir bitten Eure Kaiserliche Majestät, die Versicherung unserer treuen Theilnahme entgegenzunehmen, indem wir gleichzeitig dem festen Vertrauen Ausdruck verleihen, welches mit uns die ganze Welt zu theilen scheint, daß unser deutsches Vaterland unter der Regierung Euer Kaiserlichen Majestät einem neuen glänzenden Zeitalter entgegengeht.« Bernhard Förster wünschte, er dürfte das auch von seiner Kolonie sagen, ein Jahr wird sie nun alt, ein Jahr wohnen sie nun hier im Försterhof bei Försterrode, und wenn Friedrich Nietzsche es sich nicht ausdrücklich verbeten hätte, gäbe es wohl auch schon ein Friedrichroda oder Friedrichsruh. Aber was soll aus Försterrode, ja, aus ganz Neu-Germanien werden? Nichts scheint seinem Gründer fragwürdiger, drohender, ungewisser als die Zukunft.

Sein Familienname legt Bernhard Förster und denen, die ihm vertrauen, mitunter die Annahme nahe, er besitze ein gewisses privilegiertes Verhältnis zum Wald, ja, zur vegetativen Existenzform als solcher, und er war von ganzem Herzen bereit, selbst daran zu glauben, doch die Augenblicke, da sich Bernhard Förster getäuscht wähnt, bitter getäuscht vom eigenen Namen, mehren sich. Aber ein Brief an den Kaiser ist nicht der Platz zu klagen, dies ist eine Huldigungsadresse. Dass die Erziehung der Pflanzen noch schwieriger sein könne als die der Menschen, hat er nicht für möglich gehalten, und ja, er ist ein Menschenerzieher, das ist sein Beruf, das ist seine Berufung. Auch eine Kolonie ist zuerst und zuletzt ein pädagogisches Projekt, und wenn er dem neuen Kaiser schreibt, fällt er wie von selbst in den Ton des Kaisererziehers.

Der verkannte Patriot sagt dem jungen Mann, der da auf dem höchsten Stuhl des fernen Vaterlandes Platz genommen hat, sehr deutlich, was er von ihm erwartet: »Ist durch Kaiser Wilhelms des Ersten Weisheit und Beständigkeit das Ansehen Deutschlands nach außen erhöht, wie noch nie zuvor, so bleibt es dem Erben dieser großen Ueberlieferungen, dem Kaiser Wilhelm dem Zweiten, vorbehalten, das Vaterland zu der gleichen Vollkommenheit auf anderen Gebieten zu führen und den Weg der als notwendig ersehnten Reformen zu beschreiten.« Versteht er sich richtig, er will dem Kaiser erklären, was »notwendig« ist? Genauso ist es: »Gelingt es der Kraft und Weisheit Eurer Kaiserlichen Majestät, das Leben des Deutschen Volkes in Recht, Sitte, Gesellschaft, Erziehung, Gesundheitspflege, Kunst und Wissenschaft so echt und volksthümlich zu gestalten, wie dies die Herrschergröße Kaiser Wilhelm des Ersten hinsichtlich des Heeres und der Vertretung nach außen erreicht hat, so wird der Name Eurer Majestät denen der weisesten und größten Könige aller Zeiten zugestellt werden.« Diese Huldigung neigt bedenklich zur Anmaßung.

»Echt und volksthümlich«? Sein Schwager müsste sich bei diesen Worten wohl übergeben, eine Übung, die er ohnehin viel zu oft und in angreifendster Weise verrichtet.

Auch Friedrich Nietzsche wird sich noch in diesem Jahr veranlasst sehen, dem neuen Kaiser zu schreiben. Das klingt dann so: *Ich erweise hiermit dem Kaiser der Deutschen die höchste Ehre, die ihm widerfahren kann, eine Ehre, die um so viel mehr wiegt, als ich dazu meinen tiefen Widerwillen gegen Alles, was deutsch ist, zu überwinden habe: ich lege ihm das ERSTE Exemplar meines Werks in die Hand, mit dem sich die Nähe von etwas Ungeheurem ankündigt – von einer Crisis, wie es keine a(uf) Erden gab, von der tiefsten Gewissens-Collision innerhalb der Menschheit, von einer Entscheidung heraufbeschworen gegen Alles, was bisher geglaubt, gefordert, geheiligt worden war.*[17] Dass die Anrede fehlt, ist gewiss kein Zufall.

»Allerdurchlauchtigster Kaiser«? Unmöglich. Friedrich Nietzsche hält den Adel für den Parasiten der Gesellschaft, also keine Anrede. Er besitzt keinerlei Talent für Fremdhuldigungen, nicht einmal, wenn er an den Kaiser schreibt. Er ist ein Selbsthuldiger. Das Werk, das er dem Kaiser zu überreichen gedenkt, ist eine finale Selbsthuldigung, in dem er alle Attribute, die einmal dem Adel zukamen, sich selbst zuerkennt. Seine Kapitel tragen Überschriften wie »Warum ich so weise bin«, »Warum ich so klug bin«, »Warum ich so gute Bücher schreibe« und »Warum ich ein Schicksal bin«.

Er legt diese Aspekte seiner Persönlichkeit dem neuen Kaiser wie folgt dar: *Und mit Alledem ist nichts in mir von einem Fanatiker: wer mich kennt, hält mich für einen schlichten, höchstens ein wenig boshaften Gelehrten, der mit Jedermann heiter zu sein weiß. … Aber meine Wahrheit ist furchtbar … mein Loos will es, daß ich tiefer, muthiger, RECHTSCHAFFENER in die Fragen aller Zeiten hinunter(zu)blicken wußte als je ein Mensch bisher.* Die Selbstvorstellung ist längst nicht zu Ende, der letzte Satz, Nietzsches Vorhersage der Zukunft, lautet: *… der Begriff Politik ist gänzlich in einen Geisterkrieg aufgegangen, alle Macht-Geb(ilde) sind in die Luft gesprengt – es wird Kriege geben, wie es noch nie Kriege gab.* Was für eine gespenstisch genaue

Vorhersage der Zukunft, der Kaiser wird sie erleben, sie wird sein Untergang.

Und auch das sagt er voraus.

Eine andere Möglichkeit wäre, gar nicht Wilhelm direkt als vielmehr seinem Kanzler zu schreiben, diesmal mit Anrede: *Seiner Durchlaucht dem Fürsten Bismarck. Ich erweise dem ersten Staatsmann unsrer Zeit die Ehre, ihm durch Überreichung des ERSTEN Exemplars von »Ecce homo« meine Feindschaft anzukündigen. Ich lege ein zweites Exemplar bei: dasselbe in die Hände des jungen deutschen Kaisers zu legen, wäre die einzige Bitte, die ich jemals an den Fürsten Bismarck zu stellen gesonnen bin. – Der Antichrist Friedrich Nietzsche. Fromentin*[273].

Gewöhnliche Geister würden sagen, der Verfasser sei nicht mehr ganz bei Trost. Das ist bedingt richtig. Es wetterleuchtet. Nicht mehr lange, und der große Antipode des Mitleids wird in Turin einem geprügelten Droschkenpferd um den Hals fallen.

Aber ist Friedrich Nietzsches neuestes Buch überhaupt geeignet als Lektüre des jungen deutschen Kaisers? Der Verfasser scheint sich das nicht zu fragen. Mit einiger Verblüffung müsste Wilhelm darin auf Sätze wie diesen stoßen: ... *ich würde dem jungen deutschen Kaiser nicht die Ehre zugestehen, mein Kutscher zu sein.* Erfüllt dieser Passus nicht den Tatbestand der Majestätsbeleidigung? Einen solchen Satz, wird die künftige Leiterin des Nietzsche-Archivs einmal befinden, könne man gewiss überall drucken, aber doch keinesfalls in einem Reich, in dem ebendieser Kaiser regiert. In zartfühlender Weise wird sie ihn entfernen lassen.

Der *Ecce homo* ist überhaupt ein sehr bedenkliches Manuskript, es klingt schon ziemlich – nun, sagen wir – verrückt, weshalb Elisabeth Förster-Nietzsche lange mit der Veröffentlichung zögern wird. Alle, die es lesen werden, von Franz Overbeck bis Harry Graf Kessler raten: Später! Sehr viel später! Auch braucht es viel Geschmack, es herauszugeben. Da ist etwa diese längst angekündigte Stelle: *Die Behandlung, die ich von seiten meiner Mutter und Schwester erfahre, bis auf diesen Augenblick, flösst mir ein unsägliches Grauen ein: hier arbeitet eine vollkommene Höllenmaschine, mit unfehlbarer Sicherheit über den Augenblick, wo man mich blutig verwunden kann.*[274]

Was soll das Publikum denken, wenn es solche Sätze liest? Das ist doch Wahnsinn! Ist es nicht schon Nietzsches Wahnsinn? Wer soll einem Mann vertrauen, der so über seine Familie schreibt? Der Leipziger Setzer, als er die Worte kurz vor Jahresende in Blei legt, wird innehalten: Das kann man doch nicht drucken!　•

Zurück im Dreikaiserjahr, Spätherbst.

Sogar Nietzsches Mutter hatte in diesem Jahr seinen Geburtstag vergessen. Also beglückwünschte er sich mit einem Nachruf auf das eigene Genie. An seinem Geburtstag fing er an. Er will den *Ecce homo* sofort erscheinen lassen, sonst würde er nicht Briefe an Wilhelm und Bismarck entwerfen, am besten, das Buch kommt gleichzeitig in England, Frankreich und Deutschland heraus, auf Englisch, Französisch und Deutsch, er sucht bereits Übersetzer.

Es ist, als wüsste er, dass ihm keine Zeit mehr bleibt. Aber woher der Hass auf Elisabeth, die doch auf der anderen Erdhalbkugel wohnt, sollte man das nicht einen Sicherheitsabstand nennen, nunmehr schon fast drei Jahre eingehalten?

Aber: Sie hat es schon wieder getan![275]

Sie hat auf seine Meldung, dass er entdeckt, erkannt, genannt, kurz: dass er wahrgenommen ist, auf eine sehr herabstimmende Weise geantwortet, unabsichtlich, so viel ist gewiss, aber das macht es nur schlimmer.

Apostel-Kritik

Mag sein, er zittert vor Empörung, als er den Geburtstagsbrief seiner Schwester las; sie hat ihn schon im September begonnen. Den Anfang las er wohl noch gern: *Durch Mamachen vernehme ich nun Vielerlei von Deinem aufsteigenden Ruhm und so sehr es mich freute so habe ich doch seitdem jede Hoffnung aufgegeben, daß Du je zu uns herüberkommst denn Ruhm ist ein süßer Trank.*[276] Jawohl, er hat es nicht nötig, von seiner Schwester gerettet zu werden. Er wird seine Tage nicht in Friedrichsruh oder Friedrichroda bei Försterrode beschließen. Es gibt kein Friedrichsruh bei Försterrode. Aber wie sie das sagt: Ruhm sei ein süßer Trank. Er mag diese falsche Abgeklärtheit bei den Naiven nicht. Und dann kam es. Die Quelle dieses Ruhms scheint ihr nicht ganz rein zu sein: *Ich persönlich hätte Dir einen anderen Apostel als Hr. Brandes gewünscht, er hat in so vielerlei Töpfchen geguckt und von zu vielen Tellern gegessen, indeßen man kann sich seine Verehrer nicht wählen.* Was hat sie für ein Glück, sich auf der anderen Erdhalbkugel aufzuhalten, andernfalls hätte er sie jetzt wohl mit bloßen Händen erwürgt, … *und ganz sicher ist es: er wird Dich in Mode bringen, denn das versteht er.* In Mode! Als ob er je etwas mit den Launen des Tages zu schaffen gehabt hätte! Als ob sein Entdecker Georg Brandes ihn nicht tiefer versteht, als seine Schwester es je könnte, und doch gefällt sie sich in der Rolle der Erzieherin: *Einen gut gemeinten Rat kann ich aber doch nicht unterdrücken: triff lieber nicht persönlich mit ihm zusammen, schreibt Euch Eure angenehmen Empfindungen, aber sieh ihn Dir nicht in der Nähe an.* Angenehme Empfindungen! Kleine Mädchen haben angenehme Empfindungen! Was maßt diese Gans sich an? Als ob sein Werk eine Quelle angenehmer Empfindungen sein könnte. Als ob seine Leser es auf angenehme Empfindungen anlegten, wenn sie beginnen, Nietzsche zu lesen.

Es ist gewiss nicht verkehrt, sich zu fragen, ob Friedrich Nietzsche seinen *Ecce homo*, dieses Dokument einer ultimativen Selbsterlösung, geschrieben hätte, würde er nicht Post von seiner Schwester bekommen haben.

Canaille? Canaille!

Es ist gewiss das sanfteste Wort, das ihm beim Empfang seines Geburtstagsbriefes zu Gebote stand. Aber sie ist noch nicht fertig, sie kann ihre Nichtbegegnungsempfehlung durchaus erklären: *Zwei unserer Freunde Hr. Johannsen und Hr. Haug kennen ihn persönlich … darin aber stimmen Alle überein, daß er einen ausgezeichneten Spürsinn für die interessantesten Erscheinungen aller Zeiten hat und sich durch sie interessant macht.* Und sie fährt fort: *Meinem Herzen tut es unendlich wohl, daß nun von Todschweigen nicht mehr die Rede sein kann, und daß durch Brandes nun vielleicht die echten guten Verehrer, die zu Dir passen, von Dir hören …* Hier spricht die liebende Schwester, die Gefährtin, hört er es? *Mein lieber Herzens-Fritz, nun ist Dein lieber Geburtstag wieder einmal da und man denkt daran, wie viele Jahre wir schon miteinander und jetzt leider weit voneinander durchs Leben gewandert sind.* Er erträgt diese Tonlage nicht. Diese Herzerweichung der Sentimentalen ist ihm zuwider. Wissen diese gefühlvoll Selbstmitleidigen eigentlich, dass ihr Alter Ego die Grausamkeit ist? *Wieviel Freud und Schmerz ist schon an uns vorübergezogen, lohnt es sich eigentlich zu leben?* Doch, das glaubt er schon. Er wüsste nicht, wann er sich besser gefühlt hätte als in diesem Herbst, wenn er nicht gerade Post von seiner Schwester bekommt. Dabei hat sie sogar ein Geburtstagsgeschenk für ihn: Sie schenkt ihm *ein schönes Stück Land …, was vielleicht einmal ein hübsches Stück Geld werth ist.* Mit der nächsten Post komme alles Nähere, es seien acht Land-Lose im Wert von 1000 Mark: *Du darfst aber nicht vergessen uns d.h. meinen Mann zu Deinem Vertreter und Verwalter zu ernennen.*

Ein Antisemit als sein Vertreter und Verwalter?

Vielleicht ist dies der richtige Augenblick, das doch grundverschiedene seelische Temperament der Geschwister in seiner Tragweite zu ermessen. Hier geht es nicht um Wissen und Nichtwissen. Ihre Seelen sind auf verschiedene Töne gestimmt. Elisabeth ist auf die Grundmelodie des Alltags gestimmt, mit den Erhebungen der Alltäglichen und ihren Leiden, während ihr Bruder in der Sphäre der Alltäglichkeit keinerlei Heimatrechte besitzt. Vielleicht hat niemand Nietzsches Lebensbekenntnis bündiger zusammengefasst als der junge Martin Buber: »Die erlösende Bejahung des Widerstreits ist das Wesen alles Schaffens.«[211] Kein Alltagswissen begriffe diese Feier der kognitiven Dissonanz, schon weil sie nicht lebbar ist, weil sie uns als Glück oder Leid und nicht zuletzt als Erkenntnis trifft. Aber es ist nicht Elisabeths Glück, nicht Elisabeths Leid und nicht die Art ihrer Erkenntnis. Und genau hier wird immer ihre hermeneutische Grenze als Nietzsche-Deuterin verlaufen.

Geburtstagspost sollte den Jubilar heiter stimmen. Wenn der Gratulant das Geburtstagskind in Raserei versetzt, muss er etwas falsch gemacht haben, Overbeck erfährt es: Mit *äußerstem Hohn* habe sie geschrieben, *ich wolle wohl auch anfangen ›berühmt‹ zu werden.*

Das sei freilich eine süße Sache.[278] Die Zusammenfassung neigt, wie Zusammenfassungen zumeist, etwas zum Tendenziösen. Dass es ihrem Bruder gut gehe, er also gelesen werde, also Anerkennung finde, provozierte keinesfalls ihren Hohn, im Gegenteil. Es geht um den Künder. Nietzsche: *Und was für ein Gesindel ich mir ausgesucht hätte, Juden, die an allen Töpfen geleckt hätten, wie Georg Brandes ... Dabei nennt sie mich ›Herzens-Fritz‹ ... Dies dauert nun schon sieben Jahre.*[279]

Sie hat es also wieder getan. Schon wieder stört sie das letzte, was er noch besitzt auf Erden, die Augenblicke des Einverständnisses mit sich selbst und dessen, was selbst ein Einsamer braucht, gerade er: Resonanz.

Friedrich Nietzsche nimmt das Nichtverstandenwerden nicht mehr hin, von niemandem. Mitte November, als er mit dem *Ecce homo*, seinem Testament, fertig ist, schreibt er den Abschiedsbrief an Elisabeth: *Meine Schwester! Ich habe Deinen Brief empfangen und nachdem ich ihn mehrere Male gelesen habe, sehe ich mich in die ernste Notwendigkeit versetzt, von Dir Abschied zu nehmen. Jetzt, wo sich mein Schicksal entschieden hat, empfinde ich jedes Deiner Worte an mich mit verzehnfachter Schärfe: Du hast nicht den entferntesten Begriff davon, nächstverwandt mit dem Menschen und Schicksal zu sein, in dem sich die Frage von Jahrtausenden entschieden hat, – ich habe, ganz wörtlich geredet, die Zukunft der Menschheit in der Hand.*[280] Es ist nicht so, dass diese Auskunft sie überraschen würde, er sagt ihr das immer wieder, und auch der Fortgang kommt ihr bekannt vor: *Ich kenne die menschliche Natur und bin unsäglich fern davon, in irgend einem einzelnen Falle zu verurteilen, was das Verhängniß der Menschheit überhaupt ist; mehr noch: ich verstehe, wie gerade Du, aus vollkommner Unmöglichkeit, die Dinge zu sehn, in denen ich lebe, fast in den Gegensatz von mir hast flüchten müssen.* Was ihn dabei beruhige, sei der Umstand, dass sie es auf ihre Weise gut gemacht habe, ja, so steht es da, und: *daß Du Jemanden hast, den Du liebst und der Dich liebt ...* Eine Erfahrung, die ihm fehlt, er weiß es wohl. Er ließ es Zarathustra an seiner statt sagen und mehrmals wiederholen: *Nie noch fand ich das Weib, von dem ich Kinder mochte ...* Er hat schon lange beschlossen, sich dieses Weniger als ein Mehr auszulegen, als ein Mehr an Perspektive, an Erkenntnis. Was ihn beruhigt, weiterhin: *daß von Dir eine bedeutende Aufgabe zu erfüllen bleibt, der Dein Vermögen sowohl wie Deine Kraft geweiht ist, – endlich, was ich nicht verschweigen will, dass eben diese Aufgabe Dich etwas fern weg von mir geführt hat …*

»Etwas fern weg«. Was für ein Wort!

Er entlässt sie aus ihrer Schwesterlichkeit.

Der Abschiedsbrief

Kommen ihr die Tränen bei der Lektüre dieses Lossagungs- und Abschiedsschreibens, noch nach vielen Jahren, 1909, als sie die Briefe ihres Bruders an Mutter und Schwester herausgibt?

Sie wird die Größe haben, diesen Brief drucken zu lassen, so wie er ist. Da es der letzte Gruß Friedrich Nietzsches an seine Schwester ist, ihre Demission, kann es nicht falsch sein, zu wissen, was er ihr noch zu sagen hat: Er ist auch darum froh, sie *etwas fern weg zu wissen, so daß die nächsten chocs dessen, was sich jetzt vielleicht mit mir begiebt, Dich nicht erreichen.* Er spricht dunkel? … *ich bitte vor Allem inständig darum, Dich von keiner freundlichen und in diesem Falle gerade gefährlichen Neugierde verführen zu lassen, die Schriften, die jetzt von mir herauskommen, zu lesen. Dergleichen könnte Dich über alle Maßen verwunden – und mich, in dieser Vorstellung, noch dazu …* Das immerhin bemerkt er, wohl wissend, dass man lesen muss, wovon einem so dringlich abgeraten wird. *In diesem Sinn bedaure ich selbst die Schrift gegen Wagner an Dich abgeschickt zu haben, die, inmitten der ungeheuren Spannung, in der ich lebe, eine wahre Wohltat für mich war – als ein honnettes Duell eines Psychologen mit einem frommen Verführer, den Niemand leicht als solchen erkennt.*

… *Indem ich Dich von Herzen bitte, in diesem Brief keine Härte, sondern das Gegenstück dazu zu sehn, eine wirkliche Humanität, die sich bemüht ÜBERFLÜSSIGEM Unheil vorzubeugen, empfehle ich mich auch über die NOTWENDIGKEIT hinweg Deiner Liebe …*

Wohin sind sie geraten?

Ist es wirklich so schwer, einander Schwester und Bruder zu

sein? Ja, er war boshaft genug gewesen, den beiden Wagnerianern seinen *Fall Wagner* in den Urwald zu schicken. Seine Erläuterungen zu *unsrer verstopften, verstopfenden deutschen Musik* dürfte das Verhältnis seines Schwagers zu dem intellektuellen Streuner nicht befördert haben. Auch die, die Nietzsche noch nahestehen, sind unangenehm berührt und mögen wohl insgeheim jenem Rezensenten beipflichten, der seine Kritik von *Der Fall Wagner. Ein Musikantenproblem* unter die Überschrift *Der Fall Nietzsche. Ein psychologisches Problem* stellte und befand: »So, und nicht ›Der Fall Wagner. Ein Musikantenproblem‹ sollte die Brochure heissen, die Friedrich Nietzsche soeben … hat erscheinen lassen. Man könnte dieses Pamphlet auch ›Der Abfall‹, ›Der Hinfall‹ oder ›Der Verfall‹ von Friedrich Nietzsche betiteln.«[281] Und der Rezensent gesteht, bei der Lektüre immer an Shakespeare gedacht zu haben: Welch edler Geist ward hier zerstört!

Geist! Geist! Was soll ihm Geist? Geist und Musik waren gestern. Bernhard Förster braucht Geld. Er hat geglaubt, vor dem Finanzkapital, das sich soeben anschickt, die Weltherrschaft zu übernehmen, in den Urwald fliehen zu können, doch es findet ihn auch hier, hier braucht er zu seiner tiefsten Desillusionierung erst recht Geld. Viel Geld.

Der Laden der Kolonie gibt allen Neuankömmlingen ein Jahr Kredit, bis sie etwas produziert haben, das sie verkaufen können. Wenn sie etwas verkaufen können. Und jedem, der Neu-Germanien wieder verlassen wolle, hat er versprochen, das Land zurückzunehmen, seinen Preis zu erstatten. Wo soll ihn dieses Reklamationsrecht des Ungewissen noch hinführen?

Straßen, Wege, Transportmittel, ein neuer Dampfer, eine Schule, eine Kirche, und vor allem: Maschinen. Eine Zucker-Kocherei, am besten in Verbindung mit einer Rum-Brennerei. 20 000 Mark, mindestens. Eine Anlage zur Cigarren-Fabrikation, zur Tabak-Fermentierung, eine Kaffee-Mühle und immer so weiter. Um das zu leisten, muss man Kapitalist sein, oder Unternehmer, wie spätere, mehr zur Beschönigung neigende Zeitalter sagen werden. Er ist aber kein Unternehmer, er ist Oberlehrer, Kulturkritiker, Erzieher der Nation, Wagnerianer. Kurz, er braucht dringend Kredit!

Bayreuth gibt ihm vor allem Zuspruch. Der Chemnitzer Fabrikant Max Schubert gibt ihm außerdem auch Kredit, aber zu wenig. Im Oktober 1888, als Friedrich Nietzsche *Ecce homo* schreibt und bekundet, mit seinen Verwandten nicht im Entferntesten verwandt zu sein, unterzeichnet auch Bernhard Förster ein existentielles Dokument.

Wer in Asunción Rang und Namen hat, führende Männer aus Politik und Gesellschaft, legt einen Garantie-Fonds für Nueva Germania auf. Sie beschließen persönlich für Bernhard Förster zu bürgen, so dass diesem, nun ja, Mittellosen »eine der Banken einen Kontokorrent-Kredit von 25 000 Pesos fuertes (fünf und zwanzig Tausend Pesos fuertes) eröffnen werde, um den Schwierigkeiten zu begegnen, welche aus dem Mangel an Kredit hervorgehen, ohne welchen es in unsern modernen Zeiten mehr als unmöglich ist, eine Operation von einiger Bedeutung zu unternehmen«.[282] Der landesübliche Zinssatz liegt bei 40 Prozent.

Einen Kredit aufnehmen, um dem Mangel an Kredit zu begegnen! Hätte er jemals gedacht, dass es so weit mit ihm kommen könne? Elisabeths praktischer Geist aber sieht das ein, sie erklärt es ihrer Mutter im November so: *Man kann eine Colonie mit bescheidenen Mitteln anfangen aber man kann sie nur mit reichen Mitteln weiter führen.*[283] Bernhard habe nur vergessen, diesen Umstand zu bejahen, *er ist ja auch kein großer Held in Geldgeschichten.*

Und dann, ausgerechnet jetzt, erklärt dieser kleine kolonieflüchtige Antwerpener Schneider jedem, was er von Neu-Germanien hält. Man sagt, Klingbeil schreibt ein Buch darüber, in dem eine bislang kaum berücksichtigte Eigenschaft der hochgelobten fruchtbaren Erde Paraguays eine prominente Rolle spiele: Sie lasse das Wasser nicht durch, »was ja eben die Paraguaysümpfe erzeugt«. Andererseits gäbe es immer zu wenig Wasser. Klingbeil, der Hydrologe. Und man sagt noch mehr: Dieses Buch sei schon fast fertig. Bernhard Förster sieht, wenn nicht bereits schwarz, so doch dunkelgrau. Seine Frau freut sich noch immer über den Kredit.

Schlechte Nachrichten

Am 23. Dezember schreibt Friedrich Nietzsche einen unversöhn-lichen, verbitterten Weihnachtsgruß an seine Mutter, er ist nicht erhalten. Da Franziska über die Feiertage verreist war, antwortet sie ihm erst am 30. Dezember. Franziska Nietzsche gesteht, über den Brief, den sie mit so viel Freude vorfand, tief erschrocken zu sein: »... solchen Ton bin ich bei Dir jetzt gar nicht mehr ge-wöhnt ... mir (wurde) ganz traurig zu Muthe.«

Ihr Sohn muss ihr nochmals seinen Zorn über Elisabeths Gra-tulation zum 15. Oktober entgegengeschleudert haben, denn sie antwortet: »Du meynst doch den Geburtstagsbrief den Lieschen Dir geschrieben hat? Ich habe ihn ja auch gelesen und habe gar nichts von dem was Du ihren Worten unterlegst, gefunden, ich glaube sogar sie hat Dir recht was Schönes damit sagen wollen, freilich werden ihre Briefe immer etwas abgerissenes sein, da wirklich zu viel auf der armen Seele liegt ... Alles Andere sage mein alter Fritz, nur nicht daß sie lieblos gegen Dich gehandelt, oder handelt, das weiß ich besser, die ich an die dreißig Jahre mit ihr zusammen gewesen bin. Ihr AUGE, ja ihr LEBEN, hätte sie für Dich gegeben und mehr kann der Mensch in seiner Lie-be nicht hingeben.«[284] Aber ihr Auge und ihr Leben kann sie be-halten!

Ist es das, was der Adressat beim Empfang der mütterlichen Post denkt? Und wie das weitergeht: »Denke daher mitleidig ihrer, wie es Dein gutes Herz mit anderen Menschen, – denn wer ist voll-kommen? – thut.« Woher will sie das wissen? Mitleid! Wenn er die-ses Wort nur nicht mehr hören müsste. Seine Mutter hat keine Ahnung davon, wer ihr Sohn ist. Ja, sie nennt ihn in einem Atem-zug mit seiner Schwester: »Lieschen ist Bernhards Glück, wenn überhaupt noch etwas zu Stande kommt, denn sie beherrscht JE-DEN Kreis, in welchem sie sich bewegt, das habt Ihr Beide gleich.« Auch in Naumburg werde sie verehrt, vom Arbeiter bis hinauf zum Kammergerichtsrat. Wie sagten doch neulich Superinten-dent Döblin und Lieschen Pinder zu ihr: »Lieschen Nietzsche ist eine populäre Persönlichkeit.«

Er möge freundlich an seine Schwester denken: »Mir macht es Herzeleid, wenn es anders ist und Herzeleid bereitet mir mein guter Fritz nicht!« Oh, doch. Nicht durch seine Antwort – denn der gute Fritz wird nicht mehr antworten – als durch die künftige Form seines In-der-Welt-Seins. Der Mann, der diesen mütterlichen Brief empfängt, ist nicht mehr der, der er noch vor wenigen Tagen war. Die Mitteilung, »Lieschen Nietzsche ist eine populäre Persönlichkeit«, mag nicht zu seinem seelischen Gleichgewicht beitragen haben. Er spielt bei seinen Wirtsleuten, der Familie Fino in Turin, inzwischen Tage und Nächte durch Klavier, manchmal tanzt er auch dazu, zwischendurch verfasst er kurze Briefe.

Auch der verbitterte Schneider und Paraguayrückkehrer schreibt an diesem Jahresbeginn, ohne die Feder abzusetzen. Der Autor gibt seiner Mahn- und Warnschrift den Titel *Enthüllungen über die Dr. Bernhard Förster'sche Ansiedelung Neu-Germanien in Paraguay. Ein Beitrag zur Geschichte unserer gegenwärtigen colonialen Bestrebungen. Nach eigenen Erfahrungen mitgetheilt von Julius Klingbeil.* Die Grundaussage lautet: »Keiner anderen Nation kommt es in den Sinn, in jenem armseligen Lande zu colonisiren. Nur Deutsche und deutschredende Schweizer halten es nicht unter ihrer Würde, die Angehörigen ihres eigenen Volkes dorthin zu verrathen.«[285]

In den ersten Januartagen liest ein großer Gelehrter in Basel die Neujahrspost seines einstigen Kollegen: *Lieber Herr Professor, zuletzt wäre ich sehr viel lieber Basler Professor als Gott; aber ich habe es nicht gewagt, meinen Privat-Egoismus so weit zu treiben, um seinetwegen die Schaffung der Welt zu unterlassen. Sie sehen, man muß Opfer bringen, wie und wo man lebt.*[286] Als der Gelehrte den recht langen Brief zu Ende gelesen hatte, dessen letzte Zeilen lauteten: *Ich habe Kaiphas in Ketten legen lassen; auch bin ich letztes Jahr von deutschen Ärzten auf eine sehr langwierige Weise gekreuzigt worden. Wilhelm Bismarck und alle Antisemiten abgeschafft. Sie können von diesem Brief jeden Gebrauch machen, der mich in der Achtung der Basler nicht heruntersetzt* – als Jacob Burckhardt also die Lektüre dieses Tätigkeitsberichtes beendet hat, läuft der Professor für Profangeschichte geradewegs zum Professor für Kirchengeschichte Overbeck. Dieser hatte zwei Tage zuvor auch Post bekommen, unterzeichnet von *Dionysos*, das Schreiben hatte ihn irritiert, aber nicht alarmiert: *Obwohl ihr bisher einen geringen Glauben an meine Zahlungsfähigkeit bewiesen habt, hoffe ich doch noch zu beweisen, daß ich jemand bin, der seine Schulden zurückzahlt – zum Beispiel gegen euch … Ich lasse eben alle Antisemiten erschießen …*[287]

Weihnachten und Neujahr waren zuletzt immer Krisenzeiten für den Freund, er schien sie diesmal als Spaßmacher überstehen zu wollen. Auch Köselitz war nicht beunruhigt. Auf die Aufforderung, *singe mir ein neues Lied: die Welt ist verklärt und alle Himmel freuen sich*[288], unterzeichnet mit *Der Gekreuzigte*, antwortete der Musiker: »Es müssen grosse Dinge sein, die mit Ihnen vorgehen! … Sie sind eine ansteckende Gesundheit; die Epidemie IHRER Gesundheit kann nicht mehr ausbleiben.«[289]

So kann man das auch formulieren.

Aber jetzt ist Overbeck alarmiert. Er telegrafiert seinem Freund, er solle sofort herkommen, sofort! Aber kann man, darf man einen Menschen, der nicht mehr weiß, wer er ist, und wahrscheinlich auch nicht, wo er ist, auffordern, sofort herzukommen? Wo fährt er dann hin?

Overbeck bekommt einen großen Schreck und reist seinem Telegramm augenblicklich hinterher. Doch zuvor sucht er den Basler Irrenarzt Wille auf, um ihm einen Neuzugang anzukündigen. In Turin geht der Freund zuerst zur Polizei, dort weiß man Gott sei Dank noch nichts. Aber als er schließlich vor Nietzsches Wirtin steht, ist ihr Mann gerade bei der Polizei, sie könnten sich unterwegs begegnet sein. Overbeck tritt in Begleitung der fast vollständigen Familie Fino in das Zimmer ihres Ruhestörers: »Ich erblicke N. in einer Sophaecke kauernd und lesend … entsetzlich verfallen aussehend … er … stürzt sich auf mich zu, umarmt mich heftig mich erkennend und bricht in einen Thränenstrom aus, sinkt dann in Zuckungen aufs Sopha zurück, ich bin auch vor Erschütterung nicht im Stande auf den Beinen zu bleiben. Hat ihm sich in diesem Augenblick der Abgrund aufgethan, an dem er steht oder in den er vielmehr gestürzt ist?«[290] Aber diese Klarheit währt nur Augenblicke. Dann umfängt ihn der Wahn. Teilnahms-voll umsteht die Familie Fino den Fremden und ihren lauten Gast, der bereits Turiner Stadtgespräch geworden ist seit seiner Verbrü-derung mit einem Pferd. Vater Fino hatte ihn jedoch wieder si-cher nach Hause gebracht, allerdings haben die Finos schon seit drei Tagen keine Minute schlafen können, Nietzsche kann schließ-lich auch nicht schlafen, so dass sie allmählich das Gefühl gewan-nen, nicht mehr ganz Herr der Lage zu sein.

Herr der Lage ist allein Friedrich Nietzsche. Er setzt sich ans Klavier, er, der Possenreißer einer neuen Ewigkeit, er rast, er fällt ins Pianissimo, »in kurzen mit einem unbeschreiblich gedämpf-ten Tone vorgebrachten Sätzen, sublime, wunderbar hellsichtige und unsäglich schauerliche Dinge über sich als den Nachfolger des todten Gottes« sagend. Doch wie den rasenden und flüstern-den Antichristen von hier weg, auf den Bahnhof und nach Basel schaffen, in die Obhut der bereits alarmierten Anstalt?

Es ist überraschend einfach. Die Ankündigung eines festlichen Empfangs, der ihm zu Ehren gegeben werden soll, lässt ihn gern von den Finos Abschied nehmen und in den Zug steigen. Over-beck hatte zwischen Nietzsches Zetteln nur nach offenkundigen Zeugnissen des Wahnsinns gesucht, um sie zu vernichten. Man-ches nahm er mit, alles andere werden die Finos nachschicken.

Franz Overbeck graut vor dem Augenblick, da Friedrich Nietz-sche dem Arzt gegenüberstehen wird, denn er kennt Wille. Sie haben sich vor vielen Jahren einmal getroffen, um über religiö-sen Wahnsinn zu sprechen.

Nietzsche tritt »in der verbindlichsten Manier seiner besten Tage« auf den Irrenarzt zu und beginnt: »Ich glaube, dass ich Sie früher schon gesehen habe, und bedaure sehr, dass mir Ihr Name nicht ganz gegenwärtig ist. Wollen Sie …?«[291]

Ich bin Wille, sagt Wille.

»Wille? SIE SIND IRRENARZT. Ich habe vor einigen Jahren ein Gespräch mit Ihnen über den religiösen Wahnsinn gehabt.« Dass der eine Professor dem anderen Professor diesmal nicht zum Zweck einer Disputation gegenübersteht, dringt nicht in das Be-wusstsein des Ankömmlings. Den Vorschlag, ein Bad zu nehmen und zu frühstücken, nimmt Friedrich Nietzsche gern an, es kann ein langer Tag werden bis zum festlichen Empfang am Abend. Overbeck ist starr vor Schreck und Staunen. Er hasst sich für das, was er tut.

Nietzsche las gerade die Korrekturfahnen von *Nietzsche contra Wagner*, als er in sein Zimmer trat. War es richtig, den Autor einer Anstalt zu übergeben? Dass der Freund ihn nicht einmal mehr dafür hassen konnte, macht es besonders schlimm, »die letzten Worte, die ich von ihm gehört habe, bevor sich sein Wagen schloss, sind eine überschwängliche Bezeugung seiner Freundschaft für mich gewesen. So weit ist es mit diesem Freiheitshelden gekommen, er denkt gar nicht mehr an die Freiheit.«[292] Den Zurückgekehrten plagt die Vorstellung, »dass ein weit echterer Freundschaftsdienst als den Armen dem Irrenhause zuzuführen gewesen wäre ihm das Leben zu nehmen, wie ich denn jetzt keinen anderen Wunsch habe als dass es ihm bald genommen werde.«[293] Mit Nietzsche ist es aus. Um das zu wissen, braucht er keinen Befund der Ärzte. Und dann kommt Franziska.

Sie trifft bei dem Mann ein, der ihren Sohn am liebsten nicht mehr unter den Lebenden wüsste. Sein Stolz, seine Würde hätten nichts anderes zugelassen. Aber was wissen Frauen von Stolz und Würde? Friedrich sei verrückt geworden? Das glaube sie nicht. Er sei überarbeitet. Drei Bücher in einem Jahr! Da kapituliere jedes Nervensystem. Was soll Franz Overbeck sagen?

Chloral oder Dr. Försters Ende

Elisabeth erfährt es im März.

Ihr Mann neigt inzwischen dauerhaft zu einer Blässe, die in einem durchaus ironischen Verhältnis zum Klima steht. Die Bürger Neu-Germaniens sind verunsichert, klingbeilinfiziert, manche tendieren dazu, einem weggelaufenen Antwerpener Schneider mehr zu trauen als ihm. Sollten sie nicht gehen, ehe es zu spät ist?

Neuankömmlinge verzeichnet die Kolonie ohnehin nicht mehr. Und er hat einen großen Kredit aufgenommen! Und versprochen, jedem sein Geld zurückzugeben, wenn er Neu-Germanien wieder verlassen wolle, denn er ist kein Jude. Kein Jude zu sein, heißt für Bernhard Förster vor allem eins: nicht aus dem Unglück anderer Profit zu schlagen. Menschen, die keinen finanziellen Ausweg mehr wussten, wie etwa Richard Wagner in seinen bedenklichsten Zeiten, gingen »zum Juden«. Und erhielten von diesem einen Kredit, den sie nie würden zurückzahlen können. Nein, ein Erpresser wollte er nie sein. Was aber soll er tun?

Und nun ist auch noch sein Schwager verrückt geworden und seine Frau gleich mit. Was soll er, Bernhard Förster, dazu sagen? Ist jemand, der Bücher schreibt wie *Der Fall Wagner,* nicht ohnehin schon verrückt geworden, bloß vorerst noch ohne Diagnose? Bernhard Förster hat weiß Gott größere Probleme, als über einen wahnsinnig gewordenen Anti-Wagnerianer mit einem Drogenproblem nachzudenken. Seine Frau aber sieht das anders: *Wenn ich nur fortkönnte und Geld zur Reise hätte, so machte ich mich allein auf … Es quält mich beständig der Gedanke, daß vielleicht das Schrecklichste vermieden worden wäre, wenn ich drüben geblieben wäre, und das macht mich so unglücklich. Bernhard nimmt nicht den geringsten Anteil an meinem Kummer, im Gegenteil, er tut alles, um mir hier das Leben noch so schwer wie möglich zu machen. Ich gebe mir selbst alle Mühe, das Leben wieder liebzugewinnen, indessen, es nützt nichts bei dem Benehmen von Bernhard, denn dann muß ich immer wieder von neuem daran denken, wie lieb immer Fritz zu mir gewesen ist (die schlimmen Briefe damals schrieb er ja unter dem ersten Anfall der Chloralvergiftung). Er hat mir nie ein unfreundliches Wort gesagt; zum Dank dafür habe ich das arme Herz seinem Schicksal überlassen*[294].

Nie ein unfreundliches Wort? Oh doch, er hat. Vernichtenderes, da hat Peter Gast recht, ist nie über Menschen gesagt worden. Und Generationen von Nietzsche-Lesern werden es für die definitive Auskunft über Mutter und Schwester halten. Das ist die Ironie der philologischen Gewissenhaftigkeit.

Elisabeth sehnt sich nach Friedrich. Und sie fühlt sich schuldig. Am 24. März schreibt sie an Köselitz. Die Nachricht vom Leiden ihres Bruders habe sie *tief unglücklich gemacht, umsomehr als ich fest überzeugt bin,* dass es nicht so schlimm gekommen wäre, *wenn ich in seiner Nähe geblieben wäre. Dieses ganze Leiden ist NUR* – sie unterstreicht das Wort drei Mal – *Folge des Chloral. Er leidet an einer Chloralvergiftung*[295]. Aber woher sollen das die Irrenärzte wissen?

Sie neigt nicht zur Verzweiflung und verzweifelt jetzt doch. Alles hat sie getan, *immer nur für Bern und die Colonie sorgend.* Und jetzt braucht sie einmal selber Anteilnahme und bekommt sie nicht. … *nun empfinde ich erst, daß Bern ein schrecklicher Egoist ist u das tut mir so wehe.*[296] Jesus fragte die Jünger: Könnt ihr nicht eine Stunde mit mir wachen? Elisabeth möchte ihren Mann fragen: *Kannst Du nicht einige Wochen auch an meinem inneren Leben u an meinen Leiden theilnehmen während ich doch jahraus jahrein nur an Dich und Dein Werk denke.*

Aber er hört es nicht.

Sie ist müde. Dass Bernhard Förster ohne sie an seiner Seite diese Kolonie nie hätte gründen können, ist ihr längst klargeworden. Sie schreibt es ihrer Mutter, nicht um sich zu rechtfertigen, oder doch, genau deshalb. Sie fühlt sich schuldig, *daß ich meinen armen Fritz im Stich gelassen habe.* Aber sie habe es nicht – und da ist er wieder, der schlimmste aller Beweggründe –, sie habe es nicht aus Egoismus getan, sondern um eines *großen Zieles* willen, *wenn ich auch vielleicht eine Pflicht gegen das arme Lamm versäumt habe.*

Das arme Lamm –! Wenn Friedrich Nietzsche etwas aus dem Wahnsinn reißen könnte, sogar jetzt noch, dann wären es gewiss Wortgruppen wie diese. Aber alles bleibt still. Elisabeth bekommt Post aus Jena, er unterzeichnet: *der Irre.* Franziska hat ihren Sohn in die dortige Irrenanstalt bringen lassen.

Elisabeth muss weinen.

Am 10. Juli meldet die *Berliner Presse*, dass sie eine Kabelmeldung aus Asunción empfangen habe, wonach Bernhard Förster in einem Hotelzimmer in San Bernardino tot aufgefunden worden sei, er habe sich mit Strychnin vergiftet. Auch andere Zeitungen berichten. Es ist Elisabeths Geburtstag. Franziska Nietzsche hat gerade Besuch von fünf Freundinnen ihrer Tochter, die mit Blumen gekommen sind, denn: »Lieschen Nietzsche ist eine populäre Persönlichkeit«.

Als die fünf Blumenkinder weg sind, sitzt Frau Pastor da und prüft ihre Lage: Sie hat einen verrückten Sohn und einen toten Schwiegersohn, wahrscheinlich einen Selbstmörder. Und sie hat eine Tochter, die nunmehr allein im Urwald von Paraguay wohnt und von der sie nichts hört. Was ist das? Eine Strafe Gottes? Und wenn ja, wofür?

Um Franziska breitet sich ein gespenstisches Schweigen aus. Jeder hat es gelesen, und keiner sagt etwas?

Köselitz an Overbeck: »Nach allem Vorhergegangenen war dieser Schlag doppelt und dreifach schwer für Mutter und Tochter. Ihre Lage jammert mich, und gleichwohl bring' ich es nicht zu Wege, ihnen meine tiefe Theilnahme zu bezeigen …«[297] Overbeck an Köselitz: »Auch ich habe auf die entsetzlichen Zeitungsnachrichten über Dr. Förster zunächst völlig geschwiegen aus Furcht nicht nur vielleicht der erste zu sein, der die ärmste Frau Nietzsche aufschreckte, sondern dies am Ende noch ohne Grund zu thun.«[298] Angesichts »dieser Persönlichkeit« scheint es Overbeck durchaus denkbar, dass Bosheit und übler Witz Falschmeldungen lancieren. Allein, es ist keine. Dr. Förster ist tot.

Franziska in ihrem Schweigekreis versucht zu telegrafieren, doch sie erfährt nur, was in den Zeitungen steht. Bis zum 25. Juli muss sie auf ein Lebenszeichen ihrer Tochter warten, dann kommt ein Brief: *Meine arme Mutter was haben wir gethan es liegt ein Fluch auf uns. Ich bin zerbrochen niedergetreten ohne Trost, so voller Jammer u Elend, daß ich gar nicht weiß wie ich überhaupt noch leben kann. Der Schmerz um Fritz war doch kein hoffnungsloser aber jetzt meinen Einziggeliebten! Ohne ihn wie soll ich nur leben! Und daß er so in der Empörung gestorben ist, in der Empörung über diesen Schurken Klingbeil, das ist zu hart zu hart.*[299]

Wenn sie doch wenigstens denken könnte, dass er Schande und Elend entgangen sei! Aber sie hätten die Kolonie an die Regierung oder an die Engländer verkaufen können, da war kein Grund, zu sterben. Jetzt werden sie genau das tun, die Kolonie verkaufen, nur dass ihr Mann tot ist. Die ständigen Sorgen haben wie ein schwerer Schatten auf ihrer Gemeinsamkeit gelegen, sie haben ihr Glück oft bitter gemacht. Aber dass ihr Mann in Gefahr war, hätte sie doch nicht geglaubt. Natürlich waren seine Nerven sehr angegriffen, denn *er hatte in der nächsten Zeit große Zahlungen zu machen.*

Ja, wäre er ein Geschäftsmann gewesen!

Wäre er ein Geschäftsmann gewesen, so hätte das Ganze nicht so auf ihn gewirkt. Und wäre sie bei ihm gewesen! Sie hätte etwas gefunden, *den Schrecken zu mildern.* Vielleicht hätte sie ihm auch nur *Umschläge* und *Fußbäder* gemacht. Sie weiß, dass ihre Mutter bei Leiden aller Art nichts vernünftiger findet als kalte Umschläge und Fußbäder. Auch bei Herzversagen?

Der Arzt trägt *Herzversagen* in den Totenschein ein, wahrscheinlich auf Elisabeths Drängen. Welche Zukunft hätte eine Kolonie, deren Gründer sich aus Verzweiflung das Leben genommen hat? Und diesen Triumph will sie dem Antwerpener Schneider nicht lassen.

Bernhard Förster starb am 2. Juni 1889 in der benachbarten Schweizer Kolonie San Bernardino. Dort wird er begraben. Sechzig Reiter folgen seinem Sarg. Sie schießen Salut. Es ist das Begräbnis eines tapferen Kriegers. *Ja als Krieger ist er gestorben im Kampf gegen die Schurkerei dieser Welt. Oh mein Herzensliebling läge ich doch mit in seinem Grabe.*

Es ist nicht schön für eine Mutter, Briefe zu erhalten, die so enden. Franziska kann nur hoffen, dass ihre Urwald-Tochter zu ihrem eigentlichen Temperament zurückfindet: Jetzt erst recht! Nieder mit den Klingbeils dieser Erde!

Friedrich Nietzsche merkt seiner Mutter an, dass sie sehr traurig ist. Er war schon immer ein sehr sensitiver Mann, diese Eigenschaft hat er nicht verloren, er muss sie trösten. Allein Friedrich Nietzsche erweist sich der Nachricht aus Paraguay gewachsen, allerdings hielt es die Mutter der geistigen Konstitution ihres Sohnes nicht für angemessen, ihm gleich den Tod seines antisemitischen Schwagers mitzuteilen, so wird aus Försters Ableben ein nicht ganz so tödlicher Schlaganfall. Der Patient hat das kommen sehen: »Wundern können wir uns nicht, liebe Mutter!«, klärt er sie auf, »Förster's Nervensystem ist schon durch die Antisemiten-

Geschichte genug mitgenommen, und in Amerika musste er sich in ein ganz neues Fach einarbeiten. Und die Sorgen um die Mittel zu einem solchen Riesenwerk! ... Er hat sich aufgerieben!«[300] Sie wären im Augenblick eben beide nicht ganz auf der Höhe, Förster und er. Aber das wird sich bessern.

Mutter und Sohn unternehmen jetzt öfter gemeinsame Spaziergänge außerhalb der Anstalt, auf denen Franziska Nietzsche Wissenswertes über die Grundsätze bei der Besetzung von Rektorenstellen erfährt. Einmal, als sie zurückkehren, entdeckt er im Wartezimmer für Besucher eine kleine Handbibliothek, überfliegt sie schnell, zieht zwei Bücher heraus und steckt sie in die Tasche. Franziska Nietzsche weigert sich, sich die unvermeidliche, folgende Szene vorzustellen: Die Wärter nehmen ihm die Bücher wieder weg.

Doch es ist nicht so, dass Friedrich Nietzsche sich gar nicht mit dem Personal verträgt. Den Oberwärter nennt er nur Fürst Bismarck. Was Fürst Bismarck und die anderen aber gar nicht mögen, ist, wenn der Philosoph in die Stiefel pisst. Er kann das nicht verstehen. Wahrscheinlich bereut er nur, nicht schon viel früher damit angefangen zu haben.

Die Pfütze

Zu Bernhard Försters Vorstellungen einer neuen Kultur gehörte die Abstinenz. Gebt dem Alkohol keine Macht über unsere Seelen! Auch darin durfte er sich mit Friedrich Nietzsche eins wissen, doch wurde dieser vor allem durch seine ständigen Kopfschmerzen am Trinken gehindert. In Försters Fall stellte sich nichts zwischen ihn und eine Alkoholikerkarriere, doch er gedachte sie nicht zu beschreiten. Es genügte schon, dass er die Welt zuletzt nur noch im Rausch ertrug. Ja, er hätte den 22. Mai, seinen Hochzeitstag, der Richard Wagners Geburtstag war, mit seiner Frau verbringen sollen, sie hat ihm einen traurigen Brief geschrieben, aber er lehnte es ab, Elisabeth als Strolch unter die Augen zu treten. Schöner sterben!, das lernt man bei Wagner. Aber ist es auch

Bernhard Förster gelungen in seinem *Hotel del Lago* in San Bernardino? Tristan starb an seiner Liebe, er aber stirbt am Verrat. Obwohl nicht Klingbeil schuld ist. Was ihn zur Verzweiflung trieb, war, dass selbst Max Schubert vom Chemnitzer Kolonialverein zuletzt nicht mehr wusste, ob er ihm, Bernard Förster, vertrauen sollte. Die einzig angemessene Antwort hierauf war ein würdevoller Rücktritt von seiner Anwesenheit auf Erden. Das Leben ist der Güter höchstes nicht! Schiller.

Am Tag seines Todes schrieb Bernhard Förster einen letzten Brief an seinen wichtigsten Förderer: »Lieber Herr Schubert! – Das seltsame Verhalten des Kolonialvereins in Chemnitz entzieht mir die letzte Möglichkeit, mich hier kaufmännisch und geschäftlich zu halten. Mein körperlicher und seelischer Zustand ist derartig, daß ich die Ablösung von meinem harten Dienste als nahe bevorstehend annehmen muß.«[301] Wer stirbt, hat das Recht auf ein letztes Wort, auf ein Vermächtnis: »Meine letzte Bitte an Sie: Fahren Sie fort, Ihr schönes Talent, Ihre bedeutende Kraft und Ihre jugendliche Begeisterung in den Dienst der guten, von mir begonnenen Sache zu stellen. Vielleicht entwickelt sie sich ohne mich besser als mit mir.«[302]

Das ist die große Geste der Entsagung. So hatte sich Friedrich Nietzsche einst von Lou und Rée entfernt und dann nicht gewusst, ob er diese Entfernung überleben sollte. Der Unterschied ist, dass Försters Selbstdemission unwiderrufbar ist. Am 2. Juni sandte er auch seiner Frau einen letzten Gruß: »Liebes Kind! Hier eine Anzahl Briefe. Mein Befinden nicht gut; wie mag es Euch gehen? Hoffentlich kann ich recht bald zu Euch kommen. Herzlichst Dein Bernhard.«[303] In welchem Zustand er kommen würde, ob lebendig oder tot, stehend oder liegend, sagte er nicht; sie würde wissen, dass sie nun frei war, zu ihrem Bruder zu gehen.

Aber das war ein Irrtum. Jetzt kann sie erst recht nicht weg. Sie ist keine Frau, die fortläuft, es wäre das ganz falsche Zeichen. Die *Chemnitzer Kolonial-Nachrichten* schreiben: »Dr. Frau Förster beabsichtigt, ihre Besitzung zu behalten und hier zu bleiben, sie war stets von den Zielen ihres Mannes so innig durchdrungen, daß sie nicht nur als die eifrige und verständige Erbin seines Wer-

kes angesehen werden muß.«[304] Sie werde fortführen, was er begann. Die *Bayreuther Blätter* rufen eine Bernhard-Förster-Stiftung
ins Leben.

Der einstige Bauer Oscar Erck wird Försters Nachfolger, zwar
hat eigentlich sie die Kolonie bisher geführt, aber eine Frau an der
Spitze einer Kolonie ist unvorstellbar. Elisabeth und Erck versuchen alles, Neu-Germania zu halten.

Die Mutter Franziska Nietzsche und ihr
kranker Sohn Friedrich, Mai 1892

Franziska Nietzsche versucht inzwischen alles, ihren Sohn so oft als möglich aus der Binswanger'schen Klinik in Jena zu holen. Erst bekommen sie die Erlaubnis, tagsüber außerhalb der Anstalt spazieren zu gehen, schließlich darf er über Nacht bei ihr bleiben. Wenn sie es schaffen würde, ihm den ganzen Tag lang vorzulesen und dabei über seine Stirn zu streichen, wäre er glücklich. Und Franziska liest um ihr Leben, zwischendurch muss sie seine Fragen beantworten, etwa wer von ihren Geschwistern Adalbert Stifters *Gesammelte Werke* bekommen habe, die in Großvater Oehlers Bibliothek standen. Wenn sie nicht mehr kann, spielt er für sie Klavier. Wenn ihr etwas so gefällt, dass sie gern wüsste, was es ist, braucht sie nur den Pianisten zu fragen: »Das war Beethoven, opus 31, drei Sätze.«[305]

Wenn sie spazieren gehen, weist sie den Weg und »er folgt so gut. Es ist aber auch vorgekommen, daß er sich von mir nicht mehr wollte führen lassen, da sagte ich, ›ja, wenn Du das nicht mehr willst, so werde ich abreisen …‹ Gleich will er mich da wieder gut machen und umarmt mich … auf der Straße und hält desto fester meinen Arm …«[306] Er ist wieder ganz ihr Sohn, ganz ihr Kind.

Am Morgen gehen sie meistens in das Solbad. Aber einmal, als Franziska noch alles Nötige einpackt, ist er schon weg, als sie sich umsieht.

Friedrich Nietzsche findet das Herrenbad nicht. Aber wer sagt denn, dass man im Bad baden muss? Er verachtet die konventionellen Seelen, diese Agenten des *Man*, diese Botschafter des Das-macht-man, Das-macht-man-nicht. Kann man nicht auch neben dem Bad baden? Und er entdeckt eine große einladende Pfütze. Er entledigt sich all seiner Sachen und beginnt die morgendliche Erfrischung. Die Zeugen dieser balneologischen Sensation mehren sich. Es ist nicht überliefert, ob der Entblößte versucht, sie einzeln zu begrüßen, wie es jetzt seine Art ist. Franziska Nietzsche sucht inzwischen verzweifelt ihren Sohn, überall an ihren gemeinsamen Orten. 2 Stunden habe sie »Todesangst« gelitten, berichtet sie Overbeck, und dann schwersten Herzens beschlossen, zur Polizei zu gehen. Da sieht sie ihn auf sich zukommen, an der Seite eines Schutzmannes, freundlich auf diesen einredend. Er habe ihm alles gesagt, was dieser wissen wollte und noch viel mehr. Dass er Professor Nietzsche sei, in Röcken bei Lützen geboren und immer so weiter. Einen besseren Steckbrief seiner selbst könne niemand geben.

Am Tag nach diesem Zwischenfall verlässt Franziska Nietzsche fluchtartig Jena. Und ihren Sohn nimmt sie mit. Der Gedanke, ihn wieder hinter den Mauern des Binswanger'schen Instituts zu wissen, ist ihr unerträglich.

Oscar Erck und Eli Förster sehen sich inzwischen den Verlegenheiten so vieler Schuldner auf Erden ausgesetzt. Die Verbindlichkeiten aus den vorigen Krediten wären nur über neue Kredite zu bedienen, und die bekommen sie nicht. Nach einem Jahr weist die Bayreuther *Bernhard-Förster-Stiftung* ein Guthaben von 36,30 Mark auf. Zwei Spenden sind eingegangen.

Und dann stehen eines Tages fremde dunkle Männer in Plünderlaune vor ihrem Haus, die sich als Rebellen vorstellen. Elisabeth tritt ihnen – ihrer eigenen Überlieferung zufolge[307] – wie ein Mann entgegen und erklärt, dass Försterrode und Umgebung zum Deutschen Reich gehören und unter dessen ausdrücklichen Schutz stehen würden. Die Rebellen sehen sich prüfend an, dann sagt einer »Bismarck!«, sie lüften den Hut und verlassen das Hoheitsgebiet Neu-Germaniens.

Im August 1890 geht Nueva Germania in den Besitz der *Sociedad Colonizadora Nueva-Germania en el Paraguay* über. Gesellschafter sind Försters Hauptgläubiger, zwei Deutsche, ein Italiener, ein Spanier, ein Engländer und ein Däne. Sie haben verloren, vorerst.

Aber wenn sie nun nach Hause führe? Könnte sie mit dieser Reise dem Andenken ihres Mannes nicht am meisten nutzen? Sie wird Bürger für Nueva Germania werben, so viele, dass dem Antwerpener Schneider schwindlig werden muss. Und einen Pastor will sie suchen, einen Pastor, der Neu-Germaniens Ehen segnet, seine Kinder tauft und Trost spendet. Trost ist eine knappe Ressource in Försterrode und Umgebung. Nebenbei würde sie auch ihren Bruder wiedersehen, und ihre Mutter. Aber so darf sie nicht denken, das sind egoistische Motive. Eine Frau hat keine egoistischen Motive.

Die Vorfreude zieht ein in das Naumburger Haus am Weingarten, wo Mutter und Sohn jetzt zu einem Wollen, einem Lieben, einem Sein werden. Nur selten zeigt Friedrich Nietzsche nach Art aller ungezogenen Kinder einen eigenen Willen: »Will er einmal etwas durchsetzen, es sind bisher nur Kleinigkeiten geringfügigster Art gewesen, so schließe ich einfach die Vorsaaltür zu oder gehe ruhig zur Seite, ohne ein Wort mit ihm zu sprechen. Ein kurzes Weilchen und er kommt zu mir, meine Hand küssend und ›wie wolltest du's‹ und ›Sehr gut, sehr gut mein liebes Wesen‹ und macht es so, wie ich wollte.«[308] Natürlich lässt sie ihm in kleinen Dingen auch seinen Willen und erfüllt all seine Wünsche, so gut es geht. Er soll keine Tyrannei empfinden, ihr Wille zur Macht soll sanft sein, unmerklich, und nein, es ist kein Wille zur Macht, es ist nur ein Wille zur Normalität. Gab es ein verächtlicheres Wort für den Mann, den sie da an der Hand führt?

Wie viel Spaß macht doch die Normalität!

Und Elisabeth kommt zurück, nach fast fünf Jahren. Sie müssen nur noch ein wenig warten können.

Naumburg feiert 500 Jahre Schützenfest. Mutter und Sohn sehen es vom Fenster seines Jugendfreundes Krug am Markt. Sie sehen den prächtigen Zug aller Innungen, Raubritter zu Pferde, drei Musikchöre und 700 Schützen. Es macht dem Heimgekehrten großen Spaß, dieses kleine Vergnügen der Kleinen. Früher hätte er es wohl die Belustigung der letzten Menschen genannt: *Was ist Liebe? Was ist Schöpfung? Was ist Sehnsucht? Was ist Stern?« – so fragt der letzte Mensch und blinzelt. Die Erde ist dann klein geworden, und auf ihr hüpft der letzte Mensch, der Alles klein macht. Sein Geschlecht ist unaustilgbar, wie der Erdfloh; der letzte Mensch lebt am längsten. »Wir haben das Glück erfunden« – sagen die letzten Menschen und blinzeln.*[309]

Er hat nichts mehr gegen dieses Glück.

Elisabeth verpachtet ihre Besitzung für zehn Monate. Erck wird sich um alles kümmern. Seit Franziska ihre Tochter auf dem großen Wasser weiß, ist sie in steter Sorge, »da jetzt auf dem Meer so viel Nebel sein soll«.

Körper und Geist des Patienten müssen inzwischen auf den Besuch vorbereitet werden. Da ihr Sohn ein wenig Neigung zeigt, zum ersten Mal in seinem Leben etwas fett zu werden, setzt sie ihn auf eine Weintraubendiät. Er soll aussehen wie immer, wenn Elisabeth kommt.

Und sein Verstand braucht Auslauf. In der Dämmerstunde, nach ihrem großen Nachmittagsspaziergang, nimmt Franziska nun öfter Philosophieunterricht: Aristoteles! Epikur! »Erzähle mir einmal wer das war!«[310] Es ist nicht so, dass sie meint, das wissen zu müssen. Aber es übt das Gehirn, und richtig, er kann nie nein sagen. Wie hat er in den letzten zehn Jahren darunter gelitten, keine Schüler mehr zu haben; er spricht meistens eine ganze Stunde lang, und es tut ihr weh, dass niemand Berufeneres zuhört und antworten könnte und klügere Fragen stellen als sie.

Elisabeth trifft am 16. Dezember 1890 aus Paraguay ein, fast zwei Jahre, nachdem er sich aus dem Kreis der Erwachsenen verabschiedet hat.

Mutter und Sohn erwarten sie am Bahnhof, er hält einen Strauß Rosen im Arm, verrät aber nicht die Absicht, ihn ihr zu geben. Es ist diese kleine fehlende Geste, die ihr alles verrät. Wahrscheinlich hat Franziska mit ihm die Begrüßungsworte geübt, das arme Kind soll keinen Schreck bekommen, nicht gleich. Muss sie weinen?

Muss sie weinen, als sie ihm alles über Paraguay berichtet und er ihr nicht recht folgen kann? Reiß dich zusammen, Bruder! Wie oft mag sie ihm das gesagt haben, und er nickte zustimmend. Irgendwann sagt sie es nicht mehr. In den ersten Nächten ist sie starr vor Schreck, als sie ihn brüllen hört wie ein Tier. Ihr Bruder, der so leise sprach, der nie Lärm verursachte beim Leben.

Sie liest ihm aus dem *Zarathustra* vor, das macht ihm immer Freude. Sie singen zusammen, er spielt für sie Klavier, aber nicht mehr so, wie er es noch vor wenigen Monaten konnte. Er hat sein Rhythmusgefühl verloren, sagt Köselitz.

Ist sie zu spät gekommen?

4

Überlieschen oder
Die Rückkehr der Dschungelfrau

Eli Förster in Berlin

Junge Männer nähern sich ihr mit Ehrfurcht: Sind Sie die Schwester von Friedrich Nietzsche? Sie ist erstaunt. Woher kennen die Fritz? Etwa aus seinen unverkäuflichen Büchern? Oder ist es Sensationsgier, schließlich trifft man nicht alle Tage die Schwester eines verrückt gewordenen Philosophen. Aber nein, da ist nichts Abschätziges in ihren Mienen, im Gegenteil, das überrascht sie. Das hätte sie Fritz nun doch nicht zugetraut. Auch glaubte sie, ein wahnsinniger Philosoph sei in den Augen der Welt erledigt, und Friedrich war es doch schon, als er noch bei Sinnen war. Seit seinem Abfall von Wagner war er erledigt, so war das. Und nun? Dass der Autor des *Zarathustra* inzwischen ein Idiot ist, scheint seiner Reputation nicht zu schaden. Was für ein neuer, was für ein ganz und gar erstaunlicher Gesichtspunkt!

Sie will gar nicht verneinen, Friedrich Nietzsches Schwester zu sein, aber vor allem ist sie doch Bernhard Försters Frau, vielmehr ist sie seine Witwe. Eine Frau ist nie sie selbst, sie ist immer die Frau oder die Schwester oder eben die Witwe von irgendjemand anders. Das kränkt sie nicht, das wird sie nie kränken. Hauptsache, sie weiß, wer sie ist. Aber weiß sie das denn noch? Seltsamerweise kennt kein Mensch Bernhard Försters Namen, niemand interessiert sich für Neu-Germanien, als läge es am Ende der Welt. Und genau dort liegt es, manchmal begreift sie das schon.

Diese jungen Männer haben jenen Ferne-Blick, den sie so gut kennt, diesen Horizont-Sucher-Blick, aber sie kämen nie auf die Idee, diesen Horizont in der Geografie zu suchen. Ihr Paraguay ist innen, und ihr Bruder weist den Weg. Wer hätte das gedacht?

Der junge Mann, der ihr besonders auffällt, heißt Koegel, Dr. Fritz Koegel, Premier Leutnant der Reserve des 10. Infanterieregiments. Dabei kann ihm die totale Sonnenfinsternis auf ihrem Gesicht nicht entgehen, als er von den Aufsätzen über ihren Bruder spricht, die jüngst in der *Vossischen Zeitung* und der Berliner *Freien Bühne* erschienen sind und deren Autor spektakulärerweise kein Mann, sondern eine Frau war: Lou Andreas-Salomé! Fehlt nur noch, er böte ihr an, sie miteinander bekannt zu machen. Eli Förster fasst es nicht: Wie kann dieses Unglück in Menschengestalt es wagen, sich noch einmal ihrem Bruder zu nähern, wenn auch diesmal schriftlich? Schon ihr erster Roman war ein Nietzsche-Roman gewesen, betitelt *Der Kampf um Gott*. Und sie selbst: Hätte sie sich je im Dschungel von Paraguay wiedergefunden ohne dieses Fatum von einem Mädchen? Hätte sie sich je so von ihrem Bruder entfremdet? Und Fritz, wer weiß, vielleicht hätte er vor seiner Einsamkeit nicht in den Irrsinn fliehen müssen. Aber das kann sie diesem jungen Mann nicht erklären.

Eigentlich hat sie gar keine Zeit, sie reist und schreibt, schreibt und reist in Kolonialangelegenheiten. Sie kommt gerade aus Chemnitz, vom Chemnitzer Kolonialverein, der Aufenthalt war *furchtbar angreifend*. Aber ohne Max Schubert geht nichts. In Berlin ist sie nicht zuletzt, um Cosima zu treffen, Cosima Wagner. Wir Witwen! Wer ermisst unseren Schmerz?

Cosima hatte sich nur schwer von dem toten Körper ihres Mannes lösen lassen und erst nach Tagen. Cosima liest die Schriften ihres einstigen Freundes Friedrich Nietzsche längst nicht mehr, erst viele Jahre später wird sie einmal probeweise den *Zarathustra* aufschlagen, ihr Befund lautet auf »Spasmen der Impotenz«. Und nicht einmal das Wort Übermensch, wird sie bemerken, sei von ihm, sondern von Goethe. Ein geradezu blödsinniger Autor, über dessen Andenken man vor allem eins breiten sollte: Stille, tiefe Stille.

Das wird sie Elisabeth schon jetzt nahelegen, es handele sich um schwesterliche Pflicht, um einen letzten Dienst. Und doch muss ihr, vielleicht halb im Scherz, der Hinweis entschlüpft sein, dass es in Berlin einen Kreis gäbe, der ihren Bruder verehre. Cosima nimmt es wohl mehr als Kuriosität, Elisabeth nimmt es ernst.

Max Förster, ein Neffe Bernhards, zwölf Jahre alt und oft zu Gast am Naumburger Weingarten, führt seine Tante durch Berlin. Er wird nie vergessen, dass er einmal beim Nachhausegehen Nietzsches Mantel anziehen durfte, weil es in Strömen regnete. Mit Max' Hilfe findet sie die Berliner Nietzsche-Zelle. Auch ein junger jüdischer Privatdozent der Germanistik fällt ihr auf, Sohn des Berliner Privatbankiers Friedrich Meyer. Niemand habe so viele Bücher gelesen wie er, sagen seine Freunde. Er spricht gewöhnlich in Paradoxen. Seit ihm 1887 ein Bekannter auf *Jenseits von Gut und Böse* hinwies und sagte, diesen Autor müsse er lesen, hat Richard M. Meyer nie mehr damit aufgehört.[311] Ob er Elisabeth erzählt, dass er Nietzsche ein Jahr später eine Spende von 2000 Mark zukommen ließ?

Sie schreibt aus Berlin an Köselitz, auf ihrem Briefpapier steht *Frau Dr. Eli Förster auf Försterhof, Nueva Germania, Paraguay*[312]. Da kommt sie her, da geht sie wieder hin. Köselitz ist im Augenblick ihr nächster Vertrauter, und er hat Mitgefühl. Frau Dr. Förster sehe sehr angegriffen aus, lässt er Overbeck wissen, sie sei bedeutend gealtert. »Es ist auch kein Wunder! Ihre und ihres Mannes Kämpfe waren Kämpfe mit der schlimmsten Niedertracht: nun diesen tapfern Mann verlieren, den Kampf allein fortsetzen (und was heißt in Paraguay ALLEIN sein!), dann das grässliche Schicksal ihres Bruders und jetzt wieder die Betreibung der Colonialangelegenheit mit lauter widerhaarigen, zum Theil fast wucherischen Menschen und Corporationen!«[313]

Elisabeth wiederum nennt Köselitz einen *allerbesten Menschen*. Seine Oper *Der Löwe von Venedig* wurde gerade in Danzig uraufgeführt, und er ließ sich dennoch von ihr über das deutsche Kolonialwesen unterrichten, dafür teilt sie ihm mit: *Lou Salomés »F. Nietzsche« hat mir inzwischen auch besser gefallen* ... Sie plant dennoch einen Artikel *Mein Bruder und seine Freunde*, nicht zuletzt, um ein für alle Mal zu klären, dass Lou und Rée nicht dazu gehören, aber: *ob ich jetzt zu dem Artikel … komme, bezweifle ich, jedenfalls schicke ich Ihnen denselben vor der Veröffentlichung.*[314]

Es gibt fürwahr Wichtigeres als die Lou-Bekämpfung. Sie muss ihr Buch beenden, *Dr. Bernhard Förster's Kolonie Neu-Germania in Paraguay.* Wenn sich eine deutsche Paraguay-Gesellschaft gründen ließe, die der *Sociedad Colonizadora Nueva Germania* das Land wieder abkauft, wäre ihr Ziel erreicht.

Und den Urwald-Pastor muss sie in der Tasche haben, wenn sie zurückkommt. Ist eine Kolonie ohne Pastor und Kirche denn mehr als eine Ansammlung von Hütten, bleiben seine Bewohner nicht metaphysisch obdachlos? Mag sein, sie entschuldigt sich für dieses Ansinnen beim Geist ihres Bruders, aber die Bürger Neu-Germaniens sind keine Übermenschen, sie haben ihren alten Gott bitter nötig.

Am 31. März setzt sie ihren Namen – *Eli Förster, geb. Nietzsche* – und das Datum unter das Vorwort, es ist geschafft: *Möchte das Werk und die Ideen des allzu früh verstorbenen Begründers von Neu-Germania endlich auch in Deutschland hilfreiche, thätige Freunde und Verständniß finden! Und so ziehe hinaus, mein Büchlein, verkünde den Ruhm des theuren Heimgegangenen, verbreite seine letzten Gedanken und Wünsche, fordere Wahrheit und Gerechtigkeit; ja ziehe hinaus, klopfe an der Herzen Thür, Theilnahme erweckend, Liebe werbend, zur That ermunternd!*[315] Hat Elisabeth die Wirkung dieser Prosa an ihrem Bruder erprobt? Er hat ein weiches Herz und er mag es, wenn seine Schwester ihm vorliest.

Und so ziehe hinaus, mein Büchlein …! Das sagt sich zur gleichen Zeit auch Nietzsches Verleger C. G. Naumann in Leipzig. Naumann ist ein Kommissionsverlag, ein Selbstzahlerverlag, kein anderer wollte diesen Autor zuletzt mehr veröffentlichen. Aber jetzt hat Naumann tausend Stück des vierten Teils des *Zarathustra* gedruckt, sie liegen zur Auslieferung bereit, als ihn ein Schreiben aus Naumburg erreicht: Die Bücher dürften keinesfalls in den Buchhandel gelangen. Frau Pastor Nietzsche ziehe ihre Druckerlaubnis zurück, denn sie habe nicht gewusst, was drinsteht.

Im vierten Teil des *Zarathustra* steht unter anderem, wie dessen endlich gefundene Gefährten, ein Papst außer Dienst, der Wanderer und sein Schatten, der hässlichste Mensch, der freiwillige Bettler und andere ein *Eselsfest* feiern, kaum schaut Zarathustra einmal weg. Ein Eselsfest ist ein Gottesdienst. Sie beten wieder zu ihrem alten Herrn, *gleich gläubigen alten Weibchen auf den Knien* liegend. Und: aus Amen wird I-A. Fällt das nicht unter den preußischen Antiblasphemieparagrafen?

Der Verleger wendet sich entrüstet an Köselitz und Overbeck, beide beschwören die juristische Nachfolgerin des Autors, Frau Pastor in Naumburg. Und beiden ist auch sofort klar, wer schuld ist an dieser Kalamität: Elisabeth. Ohne die Heimkehrerin wäre Nietzsches Mutter gewiss nicht aus dem aufgeschreckt, was Overbeck gern »ihre sublime Simplicität« nennt. Bislang sei es gelungen, die Frau Pastor »in dem von ihr selbst … mit richtigem Instincte mit halbem Bewusstsein gesuchten Stande der Unschuld« zu bewahren, und nun das.

Köselitz: »Eigentlich ist es zum Kranklachen, zwei gottesfürchtige Weiber und einen Landpfarrer über die Veröffentlichbarkeit von Schriften eines der ausgemachtesten Antichristen und Atheisten zu Gericht sitzen zu sehen.«[316]

Zwei gottesfürchtige Weiber? Nein, nur eins. Das zweite neigt in fast allen Lebenslagen zur Furchtlosigkeit und wird es in der unweiblichen Disziplin des Ohne-Stützen-Gehens erstaunlich weit bringen. Doch Eli Förster glaubt, dass es ihrem Plan, Nueva Germania einen Pfarrer zu gewinnen, nicht förderlich ist, diesen Stand und seine Welt- und Himmelsauffassung zu verspotten. Es schadet der Glaubwürdigkeit. Auch soll die Kirche den Pfarrer möglichst auf eigene Kosten senden, sie möchte ihr die Entscheidungsfindung da nicht unnötig erschweren. Ja, sie will Eselsfeste im Dschungel. Schließlich gibt ihr Bruder im *Zarathustra IV* selbst zu, dass sogar angehende Übermenschen manchmal ihren alten Gott wieder nötig haben, und wie erst ihre Neu-Germanier.

Mag sein, Friedrich Nietzsche sieht die Ankunft seiner Bücher in Naumburg mit Staunen und Ratlosigkeit. So viele! Oder er nimmt ihre Zahl als Beleg seines Fleißes. Tausend *Zarathustras* werden auf den Dachboden des Hauses am Weingarten getragen, er könnte jeden Tag in einem neuen Buch weiterlesen. Tausend *Zarathustras*!

Der vierte Teil ist zuletzt auch deshalb nicht erschienen, weil Friedrich Nietzsche niemanden mehr hatte, der sich um seine Verlagsangelegenheiten kümmerte. Im Oktober will Elisabeth wieder an Bord gehen, aber sie ist eine gewissenhafte Schwester, vorher prüft sie Friedrichs Verlage. Natürlich auch die früheren, denn sie ist zudem eine gründliche Schwester. Naumann war ohnehin eine Endstation.

Das Ergebnis: Ihr Bruder sei bei seinen Verlegern hoffnungslos verschuldet. Das glauben die doch wohl selber nicht! Ist dieser Autor wirklich so unverkäuflich, dass Naumann schon dazu übergehen musste, von allen möglichen Büchern zweite Auflagen zu drucken? Aber wie kommt er eigentlich dazu, zweite Auflagen zu drucken ohne Absprache mit ihr, das heißt, mit ihrer Mutter? Weil die Frau Pastor sich ja doch nicht für solche Dinge interessiert, von denen eine Frau nichts versteht? Nein, so kann sie unmöglich zurück auf die andere Erdhalbkugel reisen.

Jetzt will sie alles ganz genau wissen.

Naumanns Druckkosten und Werbungskosten erscheinen ihr geradezu impertinent hoch. Sie legt sie anderen Verlagen zur Begutachtung vor und erblickt ein Lächeln in den Gesichtern der Mitbewerber. Naumann!

Ihre Mutter soll Geld an Naumann zahlen? Im Gegenteil, Naumann wird Geld an sie zahlen. Und so kommt es. Der Verlag selbst kauft für 3500 Reichsmark seine Nietzsche-Bestände auf. Dafür wird Naumann alleiniger Nietzsche-Verleger.

Am 9. Februar wird ein neuer Vertrag unterzeichnet, den Köselitz mitverhandelt:

»Verlagsvertrag. Zwischen Frau Pastor Nietzsche, Franziska geborene Oehler in Naumburg, als Vormund ihres entmündigten Sohnes, dem Professor Dr. Friedrich Nietzsche in Naumburg und der Firma C. G. Naumann in Leipzig, ist am heutigen Tage nachstehender, für beide Teile und deren Rechtsnachfolger giltige Verlagsvertrag abgeschlossen worden ...« Es folgen neun Paragrafen.

Es ist geschafft. Köselitz erfährt es am 14. Februar, und ein paar Fragen hat sie auch gleich noch: *Was meinen Sie nun zur Veröffentlichung von »Nietzsche contra Wagner«?* Der Moment sei für eine solche Publikation sehr günstig. Ja, glaubt sie denn, dass Cosima ihr das jemals verzeiht? Und dann ist da noch die Übersetzungsfrage: *Wir würden nun also in der nächsten Zeit die Übersetzungen von »D. Fall Wagner«, »Jenseits von Gut und Böse« u. aller »Zarathustras« in's Französische erlauben. …*

Ihre allzeit dankbare Eli Förster [317]

Sie sieht ihn als Vertrauten, als Freund, als Kampfgefährten.

Und einen Pfarrer für Neu-Germanien hat sie auch gewonnen, der Königlich-Preußische Oberkirchenrat zahlt ihn selbst, zumindest zwei Jahre lang. Köselitz wird davon in Kenntnis gesetzt, dass einer Veröffentlichung des vierten *Zarathustra* nun eigentlich nichts mehr im Wege stünde.

Ihr Dampfer legt am 2. Juni 1892 in Hamburg ab, sie hat Karten drucken lassen, auf denen steht: *Frau Dr. Eli Förster geb. Nietzsche sendet bei ihrer Abreise nach Neu-Germania ein herzliches Lebewohl. Hamburg, den 1. Juni 1892.* Köselitz bekommt einen letzten Gruß aus Valletta, von Bord der *San Martin.* Sie habe schon wieder einen äußerst *undelikaten* und ausnehmend *falschen* Artikel von Lou lesen müssen, sie werde darauf antworten, wenn sie Zeit fände.

Ist fast ein Monat auf dem Ozean nicht Zeit genug? Und dann die endlose Fahrt den Rio Paraguay hinauf.

Im August trifft Eli Förster in Neu-Germanien ein.

Franziska hat sich vor dieser Abreise sehr gefürchtet, nicht nur um ihrer selbst willen: »und wie wird es mich bedrücken, wenn er in Zukunft, wie er es jetzt so oft tut, fragt, ›wo ist meine Schwester‹, und von ihr so liebevoll spricht«[318]. Das weiß die Mutter schon im April. Was sie ihm antworten soll, weiß sie lange nicht.

Wo ist meine Schwester?, fragt der Patient, als er eine gewisse Leere um sich wahrnimmt.

Sie ist in … Paraguay!, entgegnet tapfer die Befragte.

In Paraguay? Das gefällt mir gar nicht, zögert der Patient, die

Trauer seiner Mutter bemerkend. Nein, sagt er nach längerem Nachdenken, seine Schwester befinde sich keineswegs in Paraguay, sondern unten im Kabinett: Sie »schreibt gute Briefe«[319]. So war es gewesen. Auch weiß Friedrich Nietzsche das so genau, weil er der Postbote war. Ihm oblag die Pflicht, die umfangreiche Korrespondenz seiner Schwester zum Briefkasten zu tragen, und er ist nicht gesonnen, sich in dieser Tätigkeit unterbrechen zu lassen.

Sie beginnen, ihr altes Leben wieder aufzunehmen. Morgens gegen vier Uhr ist Franziskas Sohn meist sehr unternehmungslustig, während ihm abends gegen halb acht oft schon die Augen zufallen. Sie mag die Abende mehr, denn wenn er müde wird, ist er besonders zärtlich zu ihr: »Überhaupt wenn ich ihm meine Hände auf die Stirn lege, sieht er mich so dankbar an und sagt ›Du hast eine gute Hand‹, ebenso liegt er oft neben mir auf dem Sofa, wenn ich ihm am Tisch vorlese und er hält meine rechte Hand stundenlang fast krampfhaft fest auf der Brust und man fühlt, was das ihm für eine Freude und Beruhigung ist.«[320] Nein, sie kann nicht glauben, dass da der Antichrist neben ihr liegt. Oder wäre es doch besser für ihrer aller Seelenheil, sie würde seine schlimmsten Manuskripte verbrennen? Aber welche sind das? Tausend *Zarathustras* liegen oben auf dem Dachboden.

Die Tage beginnen sich zu gleichen. Und auch die Dialoge zwischen Mutter und Sohn:

– Wo ist meine Schwester?

– Liesbeth ist in Paraguay!

– Nein, da ist sie nicht. Wir dürfen nicht vergessen, ihre Briefe mitzunehmen!

»Der Wald steht leer ...«

Als im Herbst *Also sprach Zarathustra* erscheint, zum ersten Mal alle vier Teile, mit *Eselsfest*, ist Franziska Nietzsche ganz allein. Oder nein, der Autor ist bei ihr. Aber was hilft das? Er hat nicht mehr das, was sie ein intellektuelles Gewissen nennen müsste, wäre ihr das Wort geläufig. Doch das ist falsch, sie meint etwas anderes, sie meint das Gewissen vor Gott. Und das Gewissen vor Gott rät ihr genau wie ihre Verwandten: Verbrennen statt herausgeben!

Etwas hält sie zurück, nicht zuletzt der Anblick ihres Sohnes. Sie hat nach Kräften versucht, ihn auf die Straße des Herrn zurückzuführen, aber sein Geist ist zu schwach, diesen Gedanken zu fassen. Und wie sehr er sie braucht. Der Herrgott muss das sehen!

Zurück in Nueva Germania macht die Witwe Bernhard Försters eine Erfahrung, mit der sie irgendetwas in ihr nie gerechnet hätte: Es ist immer noch da, obwohl sie nicht da war.

Ihr Lieblingskolonist Oscar Erck und seine Familie bereiten ihr einen großartigen Empfang. Mit den Ercks war sie einst gemeinsam angekommen. Sie geht durch ihr großes Haus, es kommt ihr wohl vertraut und seltsam fremd zugleich vor.

Leider haben, während sie auf dem Ozean schwamm und den Rio Paraguay hinauffuhr, unberufene Bürger Neu-Germaniens das Bedürfnis verspürt, Max Schubert in Chemnitz ihre Situation darzulegen, etwa der Kolonist E. R. Richter: »Das Elend, das ich in der Kolonie Neu-Germanien sah, hatte meistens keine Tränen mehr.« Solche Wortmeldungen sind verantwortungslos. Und die *Kolonial-Nachrichten* drucken sie auch noch!

Natürlich, das muss auch Elisabeth zugeben, die Waldbesiedelung ist gescheitert, im Wald ist keiner mehr, oder wie ein angesehener Bürger Neu-Germaniens das formuliert: »Der Wald steht leer.« Aber das ist nicht wahr, der Wald ist wieder voller Wald, auch dort, wo unlängst noch Hütten und Felder waren, ist er schon wieder, er holt sich alles zurück. Und er erstickt allmählich die schönen Zitronen- und Orangenbäume, die dort noch wachsen als blühende, fruchttragende Mahnmale gescheiterter Hoffnungen.

Während der Regenzeit sind die Wege unpassierbar. Weil die Wege unpassierbar sind, ist jeder Handel unmöglich. Das ist er aber ohnehin, denn ringsum gibt es niemanden, mit dem man handeln könnte. Und wenn es nicht regnet, ist es auch nicht besser, denn dann gibt es kein Wasser. Kaum einem ist es gelungen, einen Brunnen so tief zu graben, dass er auf Grundwasser gestoßen wäre.

Nein, im Wald wohnt niemand mehr. Es ist sehr traurig, in den Wald zu gehen. Darum hat Elisabeth nicht nur einen Pfarrer mitgebracht, sondern bald wird auch alles Nötige zur Errichtung zweier Schnapsbrennereien geliefert. Denn es ist sehr vorteilhaft, wenn die Bürger Neu-Germaniens ihr Geld nicht mehr für fremden Schnaps ausgeben müssen, sondern ihn selbst machen können. Canna, das Blumenrohr, trägt zwar schöne Blüten, aber in der Flasche kommt es vielen noch viel schöner vor.

Alkohol und Religion. Sie bringt beides. Sollen das die künftigen Grundlagen Neu-Germaniens sein? Wahrscheinlich hat es nur eine Chance: Statt von den Zu-kurz-Gekommenen des Reiches, von den Übermenschen ihres Bruders bewohnt zu werden, von höheren Egoisten, ihretwegen. Aber von solchen mit dem längeren Willen, dem längeren Atem. *Verbrennen musst du dich wollen in deiner eignen Flamme: wie wolltest du neu werden, wenn du nicht erst Asche geworden bist.*[321] Also sprach Zarathustra. Aber wer von denen, die zu Hause keine Chance mehr sahen, hätte je daran gedacht, sich in seiner eigenen Flamme zu verbrennen? Stattdessen glauben sie nach dem Tod ihres Mannes, dass »auf diesem Stück Land ... ein Fluch Gottes zu ruhen scheint«. Gott! Es gibt keinen Gott, es gibt nur Schaffende und Versager. Also sprach Zarathustra. Bleibt der Erde treu!, sagt ihr Bruder. Vielleicht hätte er konkreter werden sollen: der roten Erde! Warum graben sie ihre Brunnen nicht einfach etwas tiefer, bevor sie weglaufen aus dem Wald? Wie sagt doch Zarathustra: *Ich liebe den Wald. In den Städten ist schlecht zu leben: da giebt es zu viele der Brünstigen.*[322] Aber das verstehen die nicht.

Köselitz schickt ihr seine Einleitung zur *Zarathustra*-Gesamtausgabe und sie ist überwältigt. Sie schreibt einen Spät-Novemberbrief vom Försterhof, doch es gibt keinen November in Nueva Germania, sie weiß im Augenblick nicht, ob sie die Abwesenheit des heimatlichen Grabplattenhimmels als Vorteil begreifen soll:

Sehr geehrter Herr Köselitz

Wirklich ich bin in einem wahren Begeisterungsrausch über Ihre herrliche »Einleitung«. Ein besseres Bild von unserem theuren welterobernden Helden zu geben, ist unmöglich. Es ist Ihnen wunderschön gelungen … Sie lese diese Einleitung immer von Neuem und befinde sich jedes Mal *im Zustand seligen Entrücktseins.*[323] Der Ausruf ist fast eine Briefseite lang.

Auf der dritten folgt das Geständnis einer gewissen geistigen Einsamkeit. Manchmal greife eine unbeschreibliche Entmutigung nach ihr: *so dass ich alle meine Seelenkräfte zusammen(fassen) muss.* Wozu? Nun, um nicht einfach Bernhards Beispiel zu folgen. … *Es ist für eine einsame Frau schwer ein falsches Ziel wie das meinige zu verfolgen …* Falsch? So direkt hat sie das noch nie gesagt.

Haben Sie übrigens die Briefe von meinem armen Bruder an Lou in der »Freien Bühne« Heft III und V März und Mai 1892 gelesen? Eine solche Geschmacklosigkeit war mir selbst für Lou zuviel. Ihr Bruder ist doch noch nicht unter der Erde, diese Schurkin kann doch nicht *Briefe eines Lebenden … veröffentlichen.* Und sie sitzt hier und kann nichts tun.

Natürlich tut sie doch etwas. Gemeinsam mit Erck kämpft sie gegen die Nicht-Übermenschen der Kolonie, gegen die Aufgeber, die Kleinredner. Vor allem gegen Neumann. Neumann heißt der für ihr Empfinden unangemessen wohlhabende Kolonist, der gesagt hat, dass der Wald leer steht. Und er hat noch mehr gesagt: »War es aber von Dr. Förster LEICHTSINN, so war es von der Verwaltung, welche die Kolonie nach seinem Tode leitet … ein VERBRECHEN, noch weiter Leute im Wald anzusiedeln … Es war ein freventliches Spiel mit den Mitteln, der Arbeit und der Gesundheit der armen Opfer.«[324] Opfer? Zarathustra sagt: *Frei nennst du dich? Deinen herrschenden Gedanken will ich hören und nicht, dass du einem Joche entronnen bist.*[325]

Das verlangt nach Erwiderung. Das darf, das kann sie nicht hinnehmen! Ein Krieg hält Einzug in Neu-Germania, der Krieg der veröffentlichten Meinungen.

Elisabeth muss weg!, sagen ihre Feinde. Irgendwann glaubt sie das auch.

Und wieder ist es eine lange Meerfahrt. Doch nie liegt die Zukunft klarer vor uns als in diesem raumzeitlichen Nirgendwo, der Weltentrückung einer langen Reise. Sie reist ihrem Bruder und Köselitz *herrlicher Einleitung* entgegen. Sie hatte dem Freund noch gewünscht, er könne in Berlin leben, *man würde Sie in einem gewissen »Nietzsche«-Kreis auf Händen tragen. ... Vorzüglich ein Dr. Koegel und Dr. Meyer würden Ihnen sympathisch sein; sie lieben Nietzsche nicht bloß mit dem Kopf.* Eigentlich wünschte sie sich dorthin.

Sie macht Pläne. Sie wird alle Schriften ihres Bruders zusammentragen, sie wird seine Biografie schreiben und gemeinsam mit Köselitz seine Bücher herausgeben! Und zu jeder wird der Freund eines seiner unübertrefflichen Vorworte schreiben.

Ende Juli 1893 ist Elisabeth wieder da, diesmal für immer.

Es sind nicht viele Menschen, die sich über ihre Rückkehr freuen. Ihr Bruder blickt sie ein wenig tadelnd an, als hätte sie sich mit dem Briefeschreiben unten im Cabinett zu viel Zeit gelassen. Was, nicht aus dem Cabinett komme sie, sondern aus Paraguay? Das könne sie ihrer Mutter erzählen, nicht ihm.

Er kann jetzt stundenlang ins Leere schauen, ohne ein Wort zu sagen. Er steht nicht mehr auf, zumindest nicht freiwillig.

Sie sind wieder zusammen, Mutter, Sohn und Tochter. Es ist fast wieder wie früher, auf eine trügerische Weise vertraut, nur vollkommen hoffnungslos.

Zum ersten Mal hat die Frau Pastor keine Mieter in den unteren Räumen. Bleiben sie aus, weil im Obergeschoss ein verrückter Professor wohnt, der zu den unmöglichsten Zeiten zu brüllen beginnt wie ein wildes Tier? Spätere Zeiten würden sagen: Dieses Haus hat kein gutes Karma. »Das Aufschreien – und mit WELCHER Stimme, aber meist mit dem heitersten Gesicht, – ist das Angreifendste, vor allem auch das Hüten, daß es niemand hört«[326], sorgt sich die Mutter.

»Dass es niemand hört«! Diese ewigen Rücksichten der Philister. Alle sollen es hören, würde er sonst schreien?

Und dabei war er der Denker der leisesten, zartesten Töne: *Das Ohr, das Organ der Furcht, hat sich nur in der Nacht und in der Halbnacht dunkler Wälder und Höhlen so reich entwickeln können, wie es sich entwickelt hat, gemäß der Lebensweise des furchtsamen, das heißt des allerlängsten menschlichen Zeitalters, welches es gegeben hat: im Hellen ist das Ohr weniger nötig. Daher der Charakter der Musik, als einer Kunst der Nacht und Halbnacht.*[327]

Aber das kann er seiner Mutter nicht mehr erklären. Solche Gedankenketten knüpft sein Hirn nicht mehr. Sie schimpft mit ihm, wenn er brüllt, aber statt wie als Junge folgsam zu sein, brüllt er dann erst recht.[328] Er holt seine Kindheit nach, wann, wenn nicht jetzt? Die Ärzte geben ihm nicht mehr viel Zeit.

Ja, die Mieter meiden das Haus, in dem ein verrückter Philosoph wohnt. Franziska Nietzsche ist besorgt, sie hat sich immer viel Mühe gegeben mit ihren zahlenden Gästen, und wovon sollen sie leben, wenn die Basler Pension ihres Sohnes nicht verlängert wird? Immerhin, sie wohnen im eigenen Haus. Wie froh ist sie darüber, »denn wer würde uns als Mieter jetzt nehmen, und wenn auch nehmen, wer uns behalten«.[329]

Ihre Tochter dagegen ist sehr einverstanden mit der plötzlichen Leere in den unteren Räumen. Sie belehrt Franziska, dass diese Zimmer statt wildfremder Männer, die sich nicht allein Frühstück machen können, künftig das Nietzsche-Archiv beherbergen würden. So wie sie schon als Kind jeden Zettel aufhob, auf dem ihr Bruder etwas notiert hatte, würde sie es wieder halten. Aus allen Himmelsrichtungen würde sie diese Zettel einsammeln, die Manuskripte zusammentragen – ein Koffer voll steht noch oben auf dem Boden. Und dann, wie längst beschlossen, sein Leben beschreiben, dieses so hochfliegende und doch so arme Leben. Und gemeinsam mit Gast, dem Gefährten in der Trauer, die Werke ihres Bruders herausgeben.

Sie braucht all diese guten Nachrichten nur noch ihrem Verleger mitteilen und will es eben tun, als sie das Unfassbare erfährt: Das machen die schon. Ohne sie. Ob Naumanns Gesicht es gut genug verbergen kann oder ob es aus Mangel an Übung zu einer ganz und gar unangemessenen Aufrichtigkeit neigt?

Wie schade, dass sie wieder da ist!

Was, jetzt schon?

Kein Mensch hat mehr mit ihr gerechnet. Niemand hat auf sie gewartet.

Hätte sie doch der Urwald verschluckt!

Und Auskunft über die Verlags-Umsätze des letzten Jahres will sie auch.

Der Wille zur Macht.
Erster Versuch

Der Mann soll zum Krieger erzogen werden und das Weib zur Erholung des Kriegers, in irgendeinem Sinne, sagt ihr Bruder im *Zarathustra.* Elisabeth hatte schon immer Bedenken bei dieser Lektüre. Andere sollen sich auf ihre Kosten erholen? Dann wird sie doch lieber selber Krieger! Oder richtiger: Sie ist längst einer. Eine zahlungsunfähige Kolonie zu regieren, bedeutet Krieg. Was ist dagegen die Aufsicht über den Nachlass eines einzigen Menschen, der in seinem ganzen Leben nichts weiter hervorgebracht hat als Gedanken? *Ihr sollt mir Solche sein, deren Auge immer nach einem Feinde sucht – nach EUREM Feinde.*[330] Ihr Bruder hat sehr darunter gelitten, dass es ihm nicht gelungen ist, auch nur einen einzigen richtigen Feind zu erwerben. Sie aber muss gar nicht erst suchen: Naumann! Naumann und Gast!

Der Verleger ihres Bruders hatte während ihrer Abwesenheit aufgrund der außerordentlichen und stetig wachsenden Nachfrage beschlossen, eine Gesamtausgabe der Werke seines Autors zu beschleunigen, mit Gast als Herausgeber. Und eine Nietzsche-Biografie hat Naumann auch schon angekündigt: eine Nietzsche-Biografie von Peter Gast, als Band 1 der Gesamtausgabe. Ohne sie auch nur zu fragen! Sie ist verblüfft, dann ist sie traurig und versteht. Sie hielt Gast für ihren Freund, sie hat sich wohl getäuscht. Ja, was glauben die denn, wer sie ist? Lieschen Nietzsche? Sie wird bald ein halbes Jahrhundert alt. Es gibt kein Lieschen Nietzsche mehr.

Ihr Bruder hat erstaunlich gut verstanden, worauf es beim Kriegführen ankommt, obwohl er doch eigentlich nie gelebt, sondern nur gedacht hat: *Man kann nur schweigen und stillsitzen, wenn man Pfeil und Bogen hat: sonst schwätzt und zankt man. Euer Friede sei ein Sieg!*[331], hat er gesagt.

Genauso ist das. Das, was die beiden da herausgeben und drucken, gehört ihnen gar nicht und sie bemerken das nicht einmal. Die Rückkehrerin aus ihrem ureigenen Dschungelcamp tritt mit Pfeil und Bogen vor die beiden Zuhausegebliebenen hin.

Ob Naumann und Köselitz erkennen, wer da vor ihnen steht? Die Herrin der Texte. Mein Friede sei ein Sieg! Jeder Zettel, der Nietzsches Handschrift trage, sei bei ihr abzugeben, bei Eli Förster, der künftigen Leiterin des Nietzsche-Archivs. Eli Förster? Nein, dieser Name hat außerhalb des Urwaldes etwas Unpassendes, da fehlt was. Und Eli Förster beginnt, ihre Briefe mit Elisabeth Förster-Nietzsche zu unterzeichnen. Natürlich lässt sie sich diese Namensänderung notariell bestätigen.

Fürchtet sich Franziska vor ihrer Tochter? Mit welcher Selbstverständlichkeit sie mit Advokaten umgeht. Nicht ohne meinen Anwalt! Es ist so unweiblich, es ist so gar nicht, wie soll sie das nur sagen: tugendhaft? sittsam? Insofern Weiblichkeit einen Spezialfall erworbener Dummheit darstelle, nehme sie das gern in Kauf, mag die Tochter mit Festigkeit erwidert haben, sinngemäß. Und gewiss verfehlt sie nicht, ihrer Mutter noch einmal am eigenen Beispiel die ebenso häufige wie bedauerliche Koinzidenz von beidem darzulegen: Manuskripte ihres Sohnes einfach von Fremden abholen zu lassen, sei eine Leichtfertigkeit ohnegleichen. Und eine pekuniäre Unverantwortlichkeit obendrein.

Es war aber doch kein Fremder, es war Heinrich Köselitz!, mochte Franziska antworten. Umso schlimmer, glaubt Elisabeth inzwischen.

Wer in einer interessegeleiteten Welt unfähig ist, das eigene Interesse auch nur schemenhaft zu erkennen, ist ein Idiot. Ungefähr so, nur mit etwas anderen Worten, wird Eli Förster, nein, Elisabeth Förster-Nietzsche der Frau Pastor die Lage dargelegt haben, vielleicht, als sie alle gemeinsam, Mutter, Tochter und Sohn draußen auf der weinlaubumrankten Veranda sitzen, in jenem Spätsommer-Frühherbstlicht, das Friedrich Nietzsche so sehr liebte. Um diese Jahreszeit schien ihm selbst das Philisternest Naumburg erträglich. Er verbringt halbe Tage auf der Terrasse im Lehnstuhl. Wozu laufen, wenn man auch liegen kann?

Der Antisemit ist tot, und die kleine Schwester ist wieder eine Nietzsche geworden, zumindest mit einer Namenshälfte. Sie ist zurückgekehrt zu ihm. Was für Nachrichten! Aber wie sie einordnen? Friedrich Nietzsche hätte gern ein Stück Kuchen.

Am 17. oder 18. September 1893 bekommt Heinrich Köselitz Post von einer Dame, die bald einen Doppelnamen tragen wird. Er dürfe durchaus eine Biografie von Nietzsches Denken schreiben, erfährt er, aber *sein Leben, das mein lieber Herr Köselitz, schreibe ich. Niemand kennt das so gut wie ich.*[332]

Aber es ist das Leben eines Denkers!

Der Mann lebte, indem er dachte, und er dachte, indem er lebte, wie um Himmels willen will sie das trennen? So könnte er fragen, aber Heinrich Köselitz ist ein friedliebender Mensch, es scheint ihm ratsamer, diese merkwürdige Inkarnation des Willens zur Macht im falschen Geschlecht nicht zu provozieren.

Zudem: Was weiß er, Heinrich Köselitz, über den frühen Nietzsche?

Nichts, fast nichts.

Die Biografie seines Freundes zu schreiben, war ohnehin nicht seine Idee gewesen, Naumann drängte ihn, und damit dieses Drängen endlich aufhöre, hatte er nach Art aller nachgiebigen Menschen irgendwann ja gesagt, um dann umso tiefer zu erschrecken, als er Naumanns Verlags-Ankündigung las: »Ich entsinne mich noch des Entsetzens, als er die von mir nie beabsichtigte Biographie buchhändlerisch anzeigte.«[333]

Über diesen Punkt kann er Elisabeth also beruhigen. Was jedoch sein Herausgeberamt und das Ansinnen der Auslieferung der Nietzsche-Manuskripte betrifft, die ihm gehören, nein, eben nicht gehören, neigt er durchaus zur Renitenz. Elisabeth an Heinrich Köselitz: *Lieber Herr Köselitz, Sie müssen sich so verändert haben, dass ich Sie gar nicht wiedererkenne. Sie identifizieren sich mit Naumann u. (ergreifen) Partei wider mich! Vor lauter Erstaunen kann ich mich nicht fassen …*[334]

Elisabeth is not amused.

Das hat noch mehr Gründe.

Köselitz hatte unlängst *Menschliches. Allzumenschliches* mit einem Vorwort versehen, in dem er Nietzsches Abfall von Wagner mit einer gewissen Hingabe erläuterte, es war nicht zuletzt die Hingabe des Musikers, des Konkurrenten. Elisabeth aber scheint solche Genüsslichkeit durchaus deplatziert, schließlich ist Cosima Wagner, wie sie glaubt, ihre Freundin.

Nietzsches Abfall von Wagner sei die Rache eines Halblitergefäßes an dem Umstand, dass es auch Litergefäße gibt, haben unbeugsame Wagnerianer behauptet. So würde sie das nicht formulieren, so würde sie das durchaus nicht formulieren, aber zeigen Sätze wie diese nicht, wie sehr es auf die Formulierung ankommt? Frauen haben die feinere Empfindung für Nuancen. Und Nuancen entscheiden hier über alles. Darf ein gescheiterter Musiker sich stellvertretend auf Kosten Richard Wagners Genugtuung verschaffen?

Elisabeth hat nie aufgehört, Wagner zu lieben, sie bewohnt seine Musik. Und wie hätte sie den Urwald überleben sollen ohne die transportable Heimat der Noten?

Die Rückkehrerin beschließt, dass nie wieder ein Vorwort zu den Werken ihres Bruders ohne ihre Zustimmung erscheinen wird. Zur Illustration dieses Vorsatzes und um ihm eine gewisse Plastizität zu verleihen, lässt Elisabeth den Band, den Gast gerade herausgeben will, in die Papiermühle überführen, es ist *Die Philosophie im tragischen Zeitalter der Griechen*. Im Bericht des Betroffenen: » ... das Buch war schon fast fertig gedruckt: da kam Frau Dr. Förster aus Amerika und erklärte meine ganze Herausgeberei für null und nichtig; das Buch wurde eingestampft (d. h. Nietzsches Text; denn meine Vorrede war nur erst in der Niederschrift angefangen, noch nicht druckfertig).«[335]

Verleger und Herausgeber sind beunruhigt: Sie ist eine Frau! Sie ist im strengen Sinn nicht einmal meinungs-, geschweige denn weisungsberechtigt, und nun das. Dieses Dschungelweib besitzt, was man eine zivilisatorische Grundhärte nennen könnte, in irritierendem Maße. Dabei kann Peter Gast die Frage, wer ihn zum Herausgeber einer Gesamtausgabe von Friedrich Nietz-sches Werken berufen habe, in einem Wort beantworten: Nietz-sche!

Aber Elisabeth lässt das kalt. Wenn nicht sie selbst, so fragen gewiss ihre Augen: Haben Sie das schriftlich?

»Es ist schade, daß mir Nietzsche nichts Documentarisches über mein Herausgeber-Amt gegeben hat. Wie oft hat er mir, bei dieser und jener Andeutung über's künftige Bessermachen, ge-sagt: ›Ich sage das nur, weil Sie doch einmal mein Herausgeber sein werden.‹ Mit etwas Documentarischem wäre der jetzige Zu-stand gleich beseitigt; aber ohne ein solches Document ist man völlig rechtlos«,[336] bestätigt er seinem Verleger, was dieser längst weiß und zu beklagen nie aufgehört hat.

Sie wollen doch nicht etwa ein Egoist sein, Herr Köselitz?, hatte sie ihn vor mehr als zehn Jahren gefragt, in diesem unseligen Leipziger Lou-Herbst, als er allein mit seiner unaufgeführten Oper in der Stadt zurückblieb. Solche Fragen würde sie nie mehr stellen. Der Egoismus ist die Grundlage der bürgerlichen Gesellschaft, er ist seine Geschäftsgrundlage, und ebendiese Grundlage sichert sie.

Wie nahe waren sie sich eben noch gewesen, Elisabeth und er, nah in ihrer Trauer. Und nun? Wie doch die Interessehaftig-keit jede menschliche Bindung zerstört.

Vielleicht, so legt sie ihm nahe, wolle er die ganze Nietzsche-Herausgeberei auch *los sein* und sich dem eigenen Genius wid-men. … *Bitte bitte sagen Sie mir das doch aufrichtig. Vielleicht wollen Sie selber etwas schaffen und die mühselige Arbeit belastet Sie … Wir werden niemals jemand finden, der mit so viel Liebe und Verständnis* … Heinrich Köselitz hat wohl längst aufgemerkt. Klingt das nicht, als sei er entbehrlich? … niemand also, *dem wir soviel Vertrauen schenken können wie Ihnen, aber das darf Sie nicht in der Freiheit der Bewegung hindern und wir nehmen es Ihnen gewiss nicht übel wenn Sie uns das ganze Material zusenden …*[337] Im Gegenteil, sie fordert es. Aber sollte nicht auch eine Forderung zuvorkommend klin-gen, wie eine Höflichkeit des Herzens? Doch Köselitz hat kein Ohr dafür. Die Manuskripte bleiben hier!

Am 5. Oktober geht eine dürre Postkarte nach Annaberg: ... *SÄMTLICHE Manuskripte, Briefe etc. die Sie voriges Jahr u. früher mitgenommen haben zu senden* ... Elisabeth Förster-Nietzsche informiert Heinrich Köselitz, ihr Rechtsanwalt werde ihn auffordern, alle Nietzschemanuskripte umgehend auszuhändigen. Sie will ein Archiv gründen.

Wer ein Archiv gründet, archiviert. Sie muss einen Überblick bekommen, was ihr Archiv überhaupt enthält. Was ist daran so schwer zu begreifen? Als das Leben noch vor ihnen lag, hat sie für ihren Bruder den Index für das *Rheinische Museum* gemacht, da war er noch Student, das *Rheinische Museum* war die philologische Zeitschrift seines Professors. Friedrich Nietzsche erkannte sofort, was das war: harte Sklavenarbeit. Sklavenarbeit ist Frauenarbeit, war es schon immer, darum hat er sie damit betraut. War das nicht ein Grundkurs in Philologie und Archivwesen?

Der juristisch Gemahnte, von Einsicht weit entfernt, gesteht der Fordernden seine Bestürzung: »Ich fühle, dass mit dieser Rücksendung eines der wichtigsten Ereignisse in der Geschichte des menschlichen Geistes vernichtet würde.«[338] Das ist ein durchaus verwegener Schluss. Was macht ihn so unvorsichtig, ihn zu äußern? Heinrich Köselitz spürt, dass Elisabeth nicht mehr nur an ihn denkt, wenn sie an die Herausgabe der Werke ihres Bruders denkt. *Wir werden niemals jemand finden, der mit so viel Liebe und Verständnis ...*

Wer ist »wir«?

Ihre Mutter zählt gewiss nicht dazu, Franziska Nietzsche, er ahnt es nur zu bestimmt, bringt die Tochter kaum zu einer solch überschwänglichen Identifikation, wie sie bereits in einem einfachen »wir« beschlossen liegt.

Gast wehrt sich. Nietzsches nächster Freund der letzten Jahre, Leidensgefährte im Verkanntsein, geht aufs Ganze: »Ich muß, wenn ich das große Werk zustande bringen soll, von dem ich unbedingt die schlichte Überzeugung haben muß, das niemand außer mir es fertigstellen könnte, ALLE Hefte auch haben; die genialsten Aufzeichnungen, die aus dem Herbst 1888 ... sind nur mit Hieroglyphen, Wortzeichen, einem bloßem Auf und Ab der Feder geschrieben. Nur wer mit Nietzsche's Denkweise und Sprachschatz auf's Innigste vertraut ist, vermag diese Schätze zu heben.«[339] Elisabeth wird einmal Grund haben, sich an diese Sätze zu erinnern. Ja, sie erinnert sich noch an viel mehr:

»Nur wer mit Nietzsche's Denkweise und Sprachschatz auf's Innigste vertraut ist, vermag diese Schätze zu heben«, hebt der Beargwöhnte an, um wie folgt fortzufahren: »Es muss Alles auf Zettel copirt werden, die in jene Ordnung gebracht werden müssen, welche der Autor ihnen gegeben haben würde – oder vielmehr aus welcher Ordnung jenes grosse Ganze zu ahnen sein muss, das ihr Autor daraus geformt haben würde. Alles in Allem werden gewiss noch 5, 6 Bände zu je 400 Seiten sich daraus ergeben: und zwar würde das Ganze dem geplanten Werke ›Der Wille zur Macht‹ entsprechen.«[340]

Was für ein Hinweis!

Sie wird ihn im Auge behalten, sie wird ihn gewiss nicht vergessen. Aber schulphilologisch gesehen ist er völlig unhaltbar.

Elisabeth ist bis heute im kulturellen Gedächtnis der Nachkriegsdeutschen die Fälscherin des *Willens zur Macht*. Niemand urteilt bestimmter als die Unwissenheit.

Noch Peter Merseburger kann in seiner klugen Kulturgeschichte *Mythos Weimar* die höchst merkwürdige Tatsache, dass am Beginn des Weimars der Moderne der Name Elisabeth Förster-Nietzsche stehen wird, nur auf eine Art erklären: »… noch ist sie der breiten Öffentlichkeit nicht als die große Fälscherin des ›Willens zur Macht‹ bekannt.«[341]

Werden wir an dieser Stelle also grundsätzlich:

In einem der letzten Paragrafen der *Genealogie der Moral* stand die Ankündigung. Als Nächstes würde das geneigte Publikum ein Werk namens »Der Wille zur Macht. Versuch einer Umwerthung aller Werthe« erwarten dürfen. Leider besaß er dieses Publikum nicht, niemand erwartete etwas.

Die meisten Autoren schreiben Weltverbesserungstraktate, Nietzsche schrieb grundsätzlich nur Menschenverbesserungstraktate. Und dies nun sollte sein Hauptwerk, dies Genre betreffend, werden. Er entwarf immer neue Gliederungen.

Der Titel *Wille zur Macht* mutet den Laien an, als laufe ein so benanntes Werk direkt vor in den Nationalsozialismus. Und in der Tat werden sich nationalsozialistische Philosophen wie Alfred Baeumler vorzüglich auf den *Willen zur Macht* beziehen. Wenn Nietzsche also kein Werk dieses Titels geschrieben hat, ist er entlastet. Wenn seine Schwester dennoch ein Werk dieses Titels herausbringt, ist sie belastet. Aber es ist nicht ihre Idee, Köselitz setzt sie auf diese Fährte. Und es ist auch nicht weltanschaulicher Ehrgeiz, dem Elisabeth folgen wird, die Schopenhauers und Wagners Mitleidsethik immer gegen ihren Bruder verteidigt hat. Nein, die Sache ist simpler: Elisabeth wird die Sache vom buchhändlerischen Standpunkt betrachten. Ein Buch des Titels *Der Wille zur Macht* verkauft sich besser als eines, das etwa *Verstreute Notizen aus dem Nachlass* hieße.

Und doch birgt der Titel eine Verlegenheit: *Der Wille zur Macht*. Klingt das nicht nach definitiver Überanstrengung? »Der Wille zu …«. Wer solche Anläufe nötig hat, sollte man meinen, schafft es ohnehin nicht bis zur Macht. Der Titel geht allein auf Nietzsche zurück. Nur glaubte er, das zu diesem Titel gehörige Buch noch nicht zustande gebracht zu haben.

Das Nietzsche-Archiv lebt vom Erlös der Bücher des Autors, dem es gewidmet ist. Auch braucht dieser Autor dringend ein Hauptwerk, denn ein Philosoph, der nur Aphorismen schreibt, gilt unter Deutschen als äußerst verdächtig, ja ist er überhaupt ein Philosoph? Deutsche Philosophen denken in Systemen.

Das Ganze ist das Wahre. Hegel.

Das Ganze ist das Unwahre. Adorno.

Aber bis zu Adorno ist es noch ein weiter Weg. Selbst für die Dichter heißt eine Philosophie zu haben noch immer, ein System zu haben. So wird sich etwa Johannes Schlaf mit Herablassung über *Jenseits von Gut und Böse* beugen und feststellen, dass der »Verfasser bei seiner aphoristisch-Emerson'schen Manier nur einzelne Bausteine« bringe, denen man es wahrlich nicht ansehe, »wie sich einst aus ihnen ein festgefügtes System gestalten soll, die vielmehr recht verteufelt danach aussehen, als bröckle mal wieder ein Stück Philosophie ab und bewahrheite sich die trübe Weisheit vieler Skeptiker von dem Bankrotte der Philosophie.«[342]

Sogar die Sozialdemokraten urteilen schon, Nietzsche habe es nur zu einem »philosophischen Stottern« gebracht, zu Aphorismen eben, es ist nichts Ernstes. Schon deshalb wird Elisabeth einmal nicht alle 25 Inhaltsentwürfe ihres Bruders publizieren, denn wer 25 Gliederungen schreibt und Tausende Aphorismen dazu, nirgends eingeordnet, immer wieder korrigiert, wie ist der wohl zu nennen? Stottert der überhaupt noch?

Nein, Elisabeth wird die vielleicht einfachste der 25 Gliederungen nehmen und aus dem Ozean der Aphorismen jene wählen, die inhaltlich am besten zur Gliederung passen. Sie wird sich einer vom historisch-kritischen Standpunkt der Philologie ganz und gar frevelhaften Neugierde schuldig machen, sie fragt: Was steht da überhaupt drin? Lesen, Ordnen in Sinnbezügen. Dem wahren Philologen sind solche Anfechtungen fremd, Inhalt geht ihn nichts an. Ihn interessieren Textschichten, Überarbeitungsmodi, aber brechen wir an dieser Stelle vorerst ab. *Der Wille zur Macht* wird 1901 erscheinen.

Vom Jahr 1893 aus gesehen, ist *Der Wille zur Macht*, wagnerisch gesprochen, reine Zukunftsmusik. Nur so viel lässt sich schon jetzt mit Bestimmtheit sagen: Die Voraussetzung einer jeden historisch-kritischen Ausgabe ist, dass es vorher schon andere gab. Es ist eine Stufenfolge.

Es ist seltsam, dass Philosophen manchmal so leicht das Wesentliche entgeht. Philosophen polemisieren gegen Philosophen, nicht gegen Musiker. Im Fall Nietzsches war das anders, nicht nur, weil er sich selbst immer auch als Musiker sah. Seine prägende, erfüllteste, erfolgreichste Zeit war die des Bundes mit Wagner gewesen. Es war die Zeit der Vollendung des *Ring des Nibelungen*, und er war ihr Zeuge. Wie aber beginnt der *Ring*? Mit der Denunziation »der maßlosen Macht«, die gewönne, wer die Liebe verfluche. Alberich!

Und dazu diese Suggestion in Tönen.

Friedrich Nietzsche musste als Philosoph rechtfertigen, was

er als Mensch kaum ertrug: den Bruch mit Wagner, die Art dieses Bruchs. Sie hat ihn seine nächsten Freunde gekostet, ihn von seiner Schwester entfernt und an einem Ort ausgesetzt, für den er nicht gemacht war: in der absoluten Bedeutungslosigkeit. Nur sein Werk konnte für ihn zeugen, also: Apotheose der Macht! Widerlegung des Mitleids, der Empathie als vornehmstem moralischen Affekt! Und Ruhm der einzigen Epoche, mit der Richard Wagner rein gar nichts anfangen konnte: der Renaissance.

Schönheit und Macht!

»Heil dir, Schiff!«

Ein Telegramm aus Naumburg erreicht den verunsicherten Heinrich Köselitz in Annaberg. In blauen Riesenbuchstaben, als wirke sich die Geschwindigkeit ihrer Übermittlung auf ihre Größe aus, steht da: *Kommen Sie Montag nach Leipzig.*

Am Montag, dem 23. Oktober 1893 händigt Köselitz der Schwester alles aus, was die Handschrift Nietzsches trägt. Eine Handschrift, die, was die späten Sachen betrifft, kaum ein anderer wird lesen können, da täuscht er sich nicht. Auch wird der gedemütigte Herausgeber nie ohne Genugtuung registrieren, dass Elisabeth immer den Tränen nah ist, wenn sie auf die Bruderzettel der letzten Jahre blickt, diese letzten, einsamen Krakel eines letzten, einsamen Menschen.

Es ist Oktober, der Monat von Nietzsches Geburt. Wie hatte er ihn geliebt, seine Stille, sein Licht. Zeit der Reife, wenn die Natur gibt ohne Zwang, aus lauter Überfülle.

Ja, die Natur mag es so halten, Menschen sind anders.

In ebendiesem Monat steht vor der Tür des Naumburger Hauses am Weingarten ein gutaussehender junger Mann aus Berlin. Franziska Nietzsche hat sich an den Anblick von fremden jungen Männern, die in Ehrfurcht an ihren Fenstern hinaufblicken, inzwischen schon gewöhnt. Manche schreiben ihr sogar. Und sie liest Briefe wie diese: »Ich, ein junger Mensch von vierundzwanzig Jahren, wage es, meine erste Dichtung in die Hände DER Mutter zu legen, der ehrwürdigen Mutter, die der Welt einen so großen Sohn geschenkt hat.«[343] Das ist erstaunlich. Irgendwie scheint dieser junge Mann vorauszusetzen, sie, Franziska Nietzsche, hätte gelesen, was ihr Sohn schreibt. Hätte sie das vielleicht tun sollen? Sie denkt mehr darüber nach, ob es nicht ihre Pflicht wäre, ein paar Manuskripte ihres Sohnes zu verbrennen. Ihre Verwandten sagen das auch. Wie soll sie denn vor ihren Herrgott treten, etwa als Mutter des Autors von *Der Antichrist*? Aber dann rühren sie auch wieder die Bewunderer ihres Sohnes. Der junge Mensch, der ihr sein erstes Gedicht mit obiger Widmung zu Füßen legt, ist kein anderer als Christian Morgenstern.

Der da jetzt vor ihrer Tür steht, ist bereits ein wenig älter, bestimmt Anfang dreißig. Natürlich dichtet er auch. Und er macht Musik. Promoviert hat er ohnehin, und zwar über Lotzes Ästhetik. Eine schöngeistig-gelehrte Existenz stand Fritz Koegel vor Augen, als er die Unvorsichtigkeit beging, seine Vettern in Remscheid zu besuchen. Es waren die Brüder Mannesmann, und sie lebten in einer Welt aus Eisen. Sie schlugen ihrem Cousin vor, die Dichtkunst, die Musik und die Wissenschaft zu vergessen, zumindest vorübergehend, und seine Intelligenz probeweise ganz in den Dienst ihres aufstrebenden Metallimperiums zu stellen. Die Mannesmänner hatten eine kluge Wahl getroffen: Die Patentierung ihrer Eisenrohrkonstruktion ist nicht zuletzt das Verdienst ihres Vetters Fritz Koegel. So jung und ehrfurchtsvoll er da vor der Frau Pastor steht, ist er doch bereits ein Mann mit Vergangenheit. Er wurde Direktor des Berliner Mannesmann-Zentralbüros und zuletzt bot ihm gar Reichskanzler Caprivi eine Laufbahn im diplomatischen Dienst an. Der Ausgezeichnete ist sich jedoch nicht sicher, ob Diplomatie ein Lebensziel ist. War Nietzsche etwa diplomatisch? Kein Dichter, kein Denker ist Diplomat. Caprivi hat schlechte Karten. Dieser junge Mann pflegt persönlichen Umgang mit Werner von Siemens, Hermann von Helmholtz oder Stefan George. Franziska Nietzsche wäre gewiss beeindruckt gewesen, hätte sie diese Männer gekannt. Mit was für Herren ihre Tochter verkehrt!

Dass Kinder ihren Eltern so weit über den Kopf wachsen können! Franziska ist klar, dass dieser bemerkenswerte junge Mann nicht als Vertreter der Firma Mannesmann vor ihrer Tür steht, Elisabeth scheint vielmehr die Hoffnung zu hegen, wer Patente auf Eisenrohrkonstruktionen anmelden kann, kann noch ganz andere Konstruktionen zuwege bringen. Vielleicht eine Nietzsche-Gesamtausgabe? Eli Förster, nunmehr Elisabeth Förster-Nietzsche, hat den Kontakt zu Fritz Koegel auch während ihres Jahrs in Paraguay nie abreißen lassen, schon weil sie in seinen Augen zuerst die Begeisterung einer neuen Generation für ihren Bruder las. Eine Begeisterung, die etwas Unbedingtes hatte, die sie überraschte und die ihr wohltat. Und wohl auch wehtat: Denn auch sie hatte zuletzt nicht mehr an Friedrich geglaubt. Sie würde es wiedergutmachen. Aber die letzten Monate hatten Elisabeth belehrt, dass sie allein gegen den Männerbund, der gegen sie stand, auf Dauer keine Chance haben würde. Nicht gegen diese Akademikerphalanx, für die sie nie etwas anderes sein würde als Lieschen Nietzsche.

Natürlich gehört auch Franz Overbeck zu diesem Bund, Köselitz' enger Vertrauter, Overbeck, der eine aufrichtige Abneigung gegen sie hegt, was sie erst später ganz begreifen wird, schließlich kennt sie die Briefe nicht, die ihr Bruder ihm schrieb. Overbeck wird nie aufhören, Elisabeth Frau Förster zu nennen. Er hält die Tatsache, dass sie die Schwester ihres Bruders ist, für einen Irrtum der Natur.

In den Augen der jungen Männer wie Fritz Koegel aber liest sie etwas anderes: etwas von der Ehrfurcht, die Friedrich gilt, geht auf sie über. Sie mag diese Anerkennung. Und sie hat sie nötig. Wahrscheinlich macht Elisabeth Fritz Koegel schon bei diesem ersten Besuch das Angebot, Herausgeber von Friedrich Nietzsches Werken zu werden. Aber wie soll sie mit der Offerte des Reichskanzlers konkurrieren, mittellos, wie sie ist?

Auge in Auge steht der Besuch schließlich dem Bürgen seiner Existenz gegenüber. Wahrscheinlich schaut Friedrich Nietzsche den jungen Mannesmann-Mann ein wenig fragend an. Oder er hat ihn angebrüllt. Vorbei ist die Zeit, da er wildfremde Menschen auf der Straße anhielt, um ihnen die Hand zu reichen. Er spricht nicht mehr viel, und was er sagt, ist fast immer ein wenig unpassend, aber er ist es: Friedrich Nietzsche, die Ruine eines Genies. Der Leib als Hinterbliebener des Geistes. Und wenn er Stunde um Stunde, Tag um Tag auf der weinlaubumrankten Veranda sitzt und die Weinblätter beobachtet, wie sie täglich ein wenig röter werden in aller Schönheit der Vergängnis, ist er da nicht das Sinnbild eines Philosophen? Der wahre Blick der Erkenntnis geht nach innen.

Am 4. November erscheint im *Magazin für Literatur* ein ungedrucktes Vorwort zur *Götzendämmerung*, »erläutert von Fritz Koegel«. Es ist, gewissermaßen, das Gesellenstück des Eisenrohrmannes als Herausgeber. Gast und Overbeck sind entsetzt. Will diese unmögliche Frau Nietzsches Nachlass etwa stückweise an die Journale verfüttern? Für Overbeck ist die Prosa des »Individuums« eines der »gewissenlosesten und unschicklichsten Attentate, denen Ihr armer Bruder durch die Indiskretion von Literaten ausgesetzt ist«[344], erfährt Elisabeth. Das Urteil erklärt sich weniger aus dem Text als aus dem Umstand, dass Overbeck in Sachen Nietzsche nur wenige Menschen für mitteilungsbefugt hält: sich selbst und Köselitz. Aber doch wohl niemals einen Menschen, der sich im wirklichen Leben mit Eisenrohren beschäftigt. Und am allerwenigsten sie, Nietzsches Schwester.

Er sehe ihren »publizistischen Plänen«, eine Biografie ihres Bruders zu schreiben, »mit sehr geringer Sympathie« entgegen. Overbeck weiß sich »die Leichtherzigkeit, mit welcher die Dame die Vollstreckung des geistigen Testaments ihres Bruders in die Hand« nimmt, ohnehin nicht zu erklären. Frauen haben »von Natur verschlossene Augen«, und dieses Exemplar, »diese kleine Megäre«, macht da keine Ausnahme. Dummheit mag der entscheidende Beweggrund sein, aber durchhalten kann sie das nur, überlegt er, »wenn sie die schon von Natur verschlossenen Augen nun auch willkürlich zuhält bis sie einmal die übernommene Aufgabe zwingt, sich den Schaden zu besehen.«[345] Das erläutert der Professor für Kirchengeschichte jedoch nicht seiner Korrespondentin, sondern Köselitz, denn Overbeck weiß sich durchaus den »Grenzen der Höflichkeit« verpflichtet, »die ich gegen kein Frauenzimmer verletzen mag«[346].

Er gibt jedoch seiner lebhaften Hoffnung Ausdruck, dass ihre Korrespondenz möglichst bald wieder ruhen werde. Elisabeth nimmt den Fehdehandschuh auf. Damit die ruhende Korrespondenz ihm auch wirklich Ruhe schaffe, versichert sie Overbeck, *daß Ihr Name möglichst wenig in Zusammenhang mit meinem Bruder genannt wird*[347], denn einem Professor der Theologie sei es gewiss in keiner Weise förderlich, den Antichristen persönlich zum Gefährten gehabt zu haben.

Der *Antichrist* also. Am 8. November übersandte ihr Gast auch dieses Manuskript, so wie er es von Overbeck empfing. Es ist nicht überliefert, mit welchen Empfindungen Franziskas Gottesfurcht es in ihrem Haus aufnimmt.

Elisabeth schreibt versöhnliche Briefe an Köselitz, sie hoffe sehr, dass er im Februar den ganzen Monat zu ihr komme, dann würden sie gemeinsam arbeiten, im neuen Archivzimmer, und er dürfe nicht denken … usw., usw. Der kritisierte Herausgeber schafft sich indes Luft in einem Männerbrief an Overbeck: »Die beiden Schriften Ecce homo und das I. Buch der Umwerthung (*Der Antichrist* – K. D.) kennt sie noch nicht, – sie sagt, es schaudre ihr, wenn sie die Handschrift ihres Bruders aus der letzten Turiner Zeit sehe (ich glaube ihr dies). Jedenfalls wird sie noch mehr schaudern, wenn sie N.'s Abschlachtung des Christenth.'s liest. Wie will denn dieses Weib DIESEN Nietzsche vertreten? … Kurz, sie hat gar keine ausreichende Vorstellung davon, WER ihr Bruder ist und WAS er will. … Der eigentliche Nietzsche, und gar der letzte, ist ihr unbekannt; ich muss ihr demnach verzeihen, dass sie meine Herausgeberschaft nicht zu schätzen weiß.«[348] Sie kenne den Wert nicht, jemanden zu haben, der sich in die Gedankenkreise des Autors nicht nur eingelesen, sondern eingedacht, ja, eingelebt hat. Was Frauen wie sie und Malwida von Nietzsche wissen können, beschränke sich auf »eine sanfte Freude an hohen Worten und schönem Stil«.

Overbeck ist vielleicht nicht der richtige Adressat, den Furor des Herausgebens betreffend, ist er doch der Auffassung, es sei mit Rücksicht auf den Autor besser, vorerst gar nichts herauszugeben, die »Abschlachtung des Christentums« selbstredend eingeschlossen.

Ahnt Köselitz, wie sehr er Elisabeth unterschätzt? Sie wird ungerührt auch die für den Autor beschämendsten Stellen drucken lassen, gleichgültig, ob sie die Religion, die Frauen oder die Moral betreffen. Sie hat keine Frauenseele. Ihr ist so ganz und gar nicht sentimental zumute. Und doch scheint sich Köselitz' Verdacht zu bestätigen, und zwar schon am nächsten Tag, nur auf andere Weise.

Der abgesetzte Herausgeber hat die Erleichterungs-Depesche an Overbeck gerade auf die Post gegeben, als er ein Schreiben der Frau mit Pfeil und Bogen empfängt: Sie will die Herausgabe des *Antichrist* doch verzögern. Hat er es nicht gewusst?

Hat er es nicht gleich gesagt?

Nur ihre Begründung ist ungewöhnlich: Die Publikation einer Schrift dieses Titels müsse die Aufmerksamkeit der Justiz erregen, mit größtem Unbehagen denke sie an das preußische Antiblasphemiegesetz. Dass der Name ihres Bruders auf dem Rechtswege zu unguter Publizität gelange, wäre ihr ein unangenehmer Gedanke. Das Entscheidende aber ist: Sie haben kein Geld. Sie können keine Anwälte, keine Gerichtskosten zahlen. Andererseits kann man das natürlich so offen nicht sagen, schließlich käme das einer Selbstanzeige gleich, *u. so bin ich auf folgende Lüge gekommen: ›Bei näherer Prüfung habe sich ergeben, daß ein Stück daraus fehle; ehe nun sämmtliche Papiere geprüft, abgeschrieben u. geordnet wären, … könnte von einer Veröffentlichung nicht die Rede sein.‹*[349] Und die Pragmatikerin fasst zusammen: *Schön ist es nicht, aber es hilft nichts.* Sie würde noch oft Gelegenheit finden, diese Maxime der praktischen Vernunft zu erproben.

Sie schreibt im November ungefähr alle drei Tage an Gast, auch längere Briefe, sie kann auf seine Erfahrung, seine Kenntnis gar nicht verzichten. Nein, sie will ihn nicht vor die Tür setzen.

Am 17. November schickt sie ihm ein Gedicht:

Dorthin will ich! Und ich traue
Mir fortan und meinem Griff.
Offen liegt das Meer, ins Blaue
Treibt mein Genueser Schiff.
Alles wird mir neu und neuer,
Weit hinaus glänzt Raum und Zeit –
Heil dir, Schiff! Heil deinem Steuer!
Um dich braust die Ewigkeit!

Lieber Herr Köselitz Ist dieses Gedichtchen schon irgendwo gedruckt?[350]

Ist es, und man mag an diesem »Gedichtchen« ersehen, wie groß die Unterschiede sind zwischen seinen Entwürfen und dem, was Nietzsche am Ende freigab. In der endgültigen Fassung lautet der Schluss: *Alles glänzt mir neu und neuer, / Mittag schläft auf Raum und Zeit / Nur* DEIN *Auge – ungeheuer / Blickt mich's an, Unendlichkeit!*

Es wird Advent.

Alle ihre Schiffe sind ausgesandt.

Heil dir, Schiff!

Am vorletzten Tag des Jahres wird sie Overbeck und Köselitz mit dem ersten Zeugnis ihrer Herausgebertätigkeit erschrecken, Nietzsches Essay *Über die Zukunft unserer Bildungsanstalten* erscheint im *Magazin für Literatur* mit einem elisabethanischen Vorwort. In einer Fußnote teilt sie mit, dass sie, die Schwester des Philosophen, hiermit die Drucklegung der noch nicht veröffentlichten Schriften ihres Bruders eröffne: *Diese Schriften, von denen unter der wenig angemessenen Bezeichnung »Nietzsches Nachlaß« in der Presse vielfach die Rede war ... werden zum großen Teil durch die Presse veröffentlicht werden, bevor sie in die rechtmäßige Gesamt-Ausgabe der Werke Nietzsches übergehen*[351].

Und Franz Overbeck kann es nicht verhindern. In ihm wächst eine Emotion, die sich seinem Freund zufolge *solcher Wesen bemächtigt, denen die eigentliche Reaktion, die der That versagt ist.*

Das Glück des Mannes heißt: ich will. Das Glück des Weibes heißt: er will, hat sie bei ihrem Bruder erfahren. Es ist seltsam, aber so kann sie das nicht fühlen, nicht mehr. Sie ist in einem Alter, in dem eine Frau nicht mehr darauf bestehen muss, eine Frau zu sein. Doch wozu etwas erklären? Wer Pfeil und Bogen hat, muss nichts erklären. Und außerdem und vor allem: Die Liebe der Archivare ist weiblich! Ihr ganzes Glück ist, zu verstehen, was der Autor gewollt hat. Oder gewollt haben könnte. Natürlich sind da Unschärfen ganz unvermeidlich.

Elisabeth rumort im künftigen Archivzimmer. Mutter und Tochter kommen überein, sich nichts zu schenken, das Zimmer sei die ganze Bescherung, nächstes Jahr. Ein Weihnachtsbaum aber soll sein, ein Baum muss sein. Friedrich möge ihn aussuchen, Friedrich, der Weihnachtssachverständige.

Ob er eher einen kleinen oder einen großen möchte, fragt die Mutter. Wahrscheinlich schaut sie ihn dabei an, als müsse er ein Examen bestehen, dann erwidert er ohne Zögern und mit Bestimmtheit, dass »natürlich ein recht großer«[352] zu beschaffen sei. Gewissermaßen eine Renaissancefichte. Ein Weihnachtsbaum mit Willen zur Macht.

Gemeinsam betreten Mutter, Bruder, Schwester und Alwine Heiligabend das Wohnzimmer, die Kerzen brennen, die Welt leuchtet, »glockenhelle Töne« sind zu hören. Aber es ist kein Weihnachtslied, der Mann am Baum kennt das Stück, es ist ohne Zweifel der Hochzeitsmarsch aus Wagners *Lohengrin*. Wagner zu Weihnachten, und dann noch der Hochzeitsmarsch! Das ihm? Aber der Philosoph wirkt nicht missvergnügt, im Gegenteil. Auch blickt er sich suchend nach dem Urheber dieser Töne um, doch niemand ist zu sehen. Kein Mensch spielt Klavier, Mutter und Schwester schauen ihn vielmehr erwartungsfroh an. Und dann beginnt der Hochzeitsmarsch gleich wieder von vorn. Es ist ein Wunder!

Schließlich zeigen sie ihm einen merkwürdigen Apparat. Eine Metall-Lochscheibe dreht sich, angetrieben von einem kleinen aufziehbaren Spannfedermotor, und bringt einen Stahlkamm zum Erklingen. Wahrscheinlich bricht Friedrich Nietzsche in sein dionysischstes Lachen aus, vor dem seine Mutter immer so erschrickt. Ihr Sohn hatte so verhalten gesprochen, er hatte immer so leise gelacht, er hat so unendlich viel nachzuholen. Eine Lochscheibe macht Musik. Wie großartig! Wie entsetzlich!

Anfassen darf er das musikalische Wunder, das eine musikalische Trivialität ohnegleichen ist, wahrscheinlich nicht. In jedem Mann ist es ein Kind versteckt, das will spielen, hat er im *Zarathustra* gesagt. Genau so ist das. Und mit welchem Triumph würde er den Motor in der einen und die Lochscheibe in der anderen Hand halten. Ende des Hochzeitsmarsches! Wahrscheinlich lenkt Franziska sein Interesse auf gewohnte Weise um: mit einem großen Stück Stollen. Zwischendurch aber fasst er das Symphonium immer wieder fest ins Auge und spricht: »Das ist doch das Schönste im ganzen Haus!«[353]

Mit feierlichem Gesicht sitzt er im Sessel unmittelbar vor dem Baum, Mutter und Schwester assistieren ihm rechts und links. Sie deuten auf den geheimnisvollen Raum nebenan, aber diese Bescherung muss noch warten. Das Nietzsche-Archiv ist noch nicht fertig. Elisabeth lässt Manuskript-Schränke bauen, mit Zarathustras Tieren darauf, Adler und Schlange.

Der Beschenkte erfährt, dass hier ab sofort alles gesammelt würde, was er jemals geschrieben habe. Das Maß seiner Anteilnahme wirkt etwas herabstimmend.

Könnte er noch einmal den Hochzeitsmarsch hören?

Der »Lastwagenstil« des Heinrich Köselitz oder Die Suspendierung eines Herausgebers

Das Unvorstellbare, das Unvordenkliche: Er hat es getan. Heinrich Köselitz hat Friedrich Nietzsches Texte verbessert! Elisabeth ist haltlos vor Erstaunen. Aber warum sollte man nicht das, was man zum Druck befördert, vollkommener machen, verständlicher auch und ästhetisch gelungener? Wenn ein Herausgeber das sichere Gefühl hat, was der Autor sagen wollte, ließe sich noch viel gültiger sagen, ist es dann nicht seine Pflicht, diesem Impuls nachzugeben? Köselitz versteht die Aufregung nicht. Er hat Herz und Verstand, seinen künstlerischen Sinn, seine Ausdruckskraft in gänzlich uneigennütziger Weise an das Werk seines Freundes gewandt. So wie er es immer getan hat. Er ist Komponist. Er hat Nietzsches Texte schwingen lassen, auf die tempi gelauscht.

Doch statt Dankbarkeit trifft ihn Empörung.

Elisabeth zeigt sich tief erschüttert: *Seine unglaubliche Anmaßung, daß er mit seinem Lastwagenstil glaubt, dazu berufen zu sein meines großen Bruders Stil zu verbessern, ist eine solche Unverschämtheit, daß man sie ihm nie verzeihen kann.*[354]

Da Elisabeth im Gedächtnis der Nachwelt vor allem als Fälscherin ihres Bruders fortlebt, ist es dieser vielleicht nicht ganz leicht, ihre Entrüstung angesichts des Gast'schen Verfahrens nachzuempfinden. Doch führen wir uns vor Augen: Wo Elisabeth sich Änderungen erlauben wird, wird meist sie betroffen sein. Noch kennt sie viele dieser Stellen nicht, im Gegensatz zum Leser. Und sie wird die schmerzlichen Augenblicke ihrer Lektüre mit niemandem teilen können. Auch das sind heroische Momente. Doch die beiden Textveruntreuer sind von durchaus verschiedenem Temperament. Köselitz lässt nicht weg, er fügt eher hinzu. Zwischenüberschriften etwa. Er ändert in einem Furor des Mitschöpfertums. Wer die andachtsvolle Haltung gegenüber einem Original nicht kennt, ist kein Archivar. Elisabeth kennt sie. Das ist ihr authentischer Gründungsimpuls. Das philologische Gewissen neigt zur Devotheit. Es möchte die unverfälschte Stimme eines Menschen bewahren, so wie Elisabeth die Stimme ihres Bruders bewahren will, nicht aber die von Heinrich Köselitz.

Doch der begreift das nicht, dieser Purismus ärgert ihn: »Sie setzt voraus, daß N.s Texte fehlerlos seien, meint deshalb, ich hätte kein Recht zu Änderungen. … Nietzsches Bücher sollten das reinste Deutsch enthalten, das es überhaupt giebt, – so war es mein Wunsch, und der N.s wohl noch mehr.«[355] Zwar besitze er, Köselitz, über Nietzsches Willen, ihn zum Herausgeber zu machen, nichts Dokumentarisches, aber mit seiner stilistischen Autorisierung verhalte sich das ganz anders: »… über seinen Wunsch, daß ich bei Drucklegungen, seine Texte verbessere, stehen geradezu VOLLMACHTSERKLÄRUNGEN in seinen Briefen an mich.

Das ist nun durch das Dazwischenkommen der Frau Dr. F. alles zunichte geworden und mir gründlich verleidet.«[356]

Der Empfänger dieses Schreibens, der vormalige Leiter der Mannesmann-Hauptstadtbüros, nunmehr Vertrauter Elisabeths, kann diese Editionsprinzipien trotz des Tones der Selbstverständlichkeit, in dem sie vorgetragen sind, nicht ohne Weiteres nachvollziehen. Und selbst der Druckereifachmann Gustav Naumann jun., Neffe von Nietzsches Verleger Carl Georg Naumann und dessen designierter Nachfolger, im Nebenberuf zudem philosophischer Schriftsteller, gibt später zu Protokoll: »Als Verlagsgehilfe der Firma C. G. Naumann in Leipzig lernte ich in Peter Gast (Heinrich Köselitz) zunächst den Hersteller von Nietzsches Druckmanuskripten und Uebermittler der Korrekturbogen kennen. Nach Nietzsches Zusammenbruch ward er zum Betreuer sich nötig machender Nachdrucke. Es war wohl die 3. Auflage des ›Jenseits‹, für die er zu den Aphorismen, denen noch Titel fehlten, solche hinzu erfand, und in der er überdies eine Anzahl Textänderungen vornahm. Mochten sie ihm als Verbesserungen erscheinen, waren sie deshalb nicht minder unzulässig.«[357] Der Verlagsgehilfe erschien mit diesem lebhaften Empfinden bei seinem Onkel, dem Verlagsleiter, fand aber kein Gehör.

Naumann junior erklärt die Bedenklichkeit, die sich seiner angesichts der Editionspraxis des Herausgebers bemächtigt habe, wie folgt: »Gast suchte sein Verfahren mit dem Hinweis zu rechtfertigen, Nietzsche selbst habe sich seiner Titelvorschläge und Ausdrucksänderungen gern und oft bedient. Aber jetzt lag die Sache doch wesentlich anders. Es fehlte die Prüfung und Billigung seitens des Verfassers.«[358] Gast habe in künstlerischer Freiheit das Recht in Anspruch genommen, unbehelligt von fremdem Einspruch, »nach eigener Einsicht mit den Texten zu verfahren«. Und der Verlegersneffe, späterer Verfasser der Kampfschrift *Der Fall Elisabeth* zum Behufe ihrer Erpressung, fährt in bemerkenswerter Nüchternheit und Überparteilichkeit fort: »Den Textänderungen freilich musste Nietzsches Schwester, als sie zum zweiten Male und endgültig aus Paraguay zurückgekommen, von ihnen erfuhr, entschieden widersprechen. Sie tat es ohne Gehässigkeit.

Die Naivität des Gast'schen Handelns hatte etwas dem Zorn ent-waffnetes (sic!) an sich. Augenscheinlich war er durch die ihm zugefallene Herausgeberrolle in eine Art Rausch des Aposteltums versetzt worden.«[359]

Elisabeths Missvergnügen entbehrte also nicht dessen, was wir eine objektive Grundlage nennen. Was aber macht ein Apos-tel, dem der Gegenstand der Verkündigung genommen wird, und sei es ein so lauterer, friedliebender Apostel wie Peter Gast? Er greift zu den Geheimwaffen.

Das Nietzsche-Archiv besteht gerade einen Monat lang, und schon sickert das Gift ein. »Sie, verehrter Herr Doctor, kennen die oft gräßlichen Geschichten zwischen N. und seiner Schwes-ter nicht«, erfährt Koegel, sein potentieller Nachfolger. »Ich aber weiß, daß sich Nietzsche noch im Grabe seines Wahnsinns um-drehen würde, wenn er es fassen könnte, daß seine Schwester mit ihrem plumpen Recht der Erbin sich jetzt in der Weise, wie jetzt, zur alleinigen Herrin über seine Schätze gemacht hat.«[360]

Und Gast, der redliche Peter Gast resümiert: »Die Schwester ist ein größeres Unglück für Nietzsche als der Wahnsinn, – und ich muß ihn um des ersten Unglücks tiefer bejammern, als um des zweiten.«[361] Dies nun darf als recht eigenwillige Zusammen-fassung der Kritik an der eigenen Editionspraxis gelten. Ein Groll nistet fortan im Herzen des Suspendierten, doch wird er ihm nie so nachgeben wie der Professor für neutestamentliche Exegese und ältere Kirchengeschichte.

Gast hatte jene selbst vom Drucker beanstandete *Ecce-homo*-Stelle betreffs der Schwester-und-Mutter-Canaille zwar im Früh-jahr 1892 von Naumann abgeholt und Elisabeth ausgehändigt, aber nicht, ohne sie vorher abzuschreiben. Kein Archivar vernich-tet freiwillig Dokumente. Der Passus, dem *Ecce homo* eingefügt in den späten Dezember-Tagen, als die Klammer, die Nietzsches Bewusstsein hielt, schon gesprungen war, beginnt ihr bedenkli-ches Eigenleben. Längst wieder eingefügt, gilt diese Stelle den Nietzsche-Lesern von heute und gestern als die letzte Wahrheit über Mutter und Schwester. Kann man auch mit der Wahrheit lü-gen? Wenn das aber so wäre, gibt es dann nicht auch ein Weglassen, ein Fälschen im Dienste der Wahrheit? Fragen dieser Form haben Friedrich Nietzsche immer interessiert.

1894. In diesem Jahr wird Friedrich Nietzsche fünfzig Jahre alt. Dem Geburtstagskind ist das egal. Er teilt nicht mehr die Existenz der Sterblinge, der Chronos hat keine Gewalt mehr über ihn, er ist in die Ewigkeit emigriert. *Mittag schläft auf Raum und Zeit.* Hat er das nicht gut gesagt? Wer könnte es besser? Sein Mittag endet nicht mehr. Doch die Um- und Mitwelt gerät in eine gewisse Aufregung. In Berlin arbeitet eine junge Frau unbeirrt an einem Buch, das pünktlich zum Geburtstag erscheinen soll. Titel: *Friedrich Nietzsche in seinen Werken.* Verfasserin: Lou Andreas-Salomé. Wir werden nicht die Taktlosigkeit begehen, dieses überaus bemerkenswerte, kluge Buch hier in ungebührlicher Ausführlichkeit vorzustellen – die Autorin hat dies an anderer Stelle getan[362] –, aber ein einziger Absatz sei dennoch angeführt. Er betrifft eine der folgenreichsten Unterscheidungen Nietzsches, er betrifft die Lehre von der *Herren- und Sklavenmoral.* Wer nicht begreift, was auf der Hand liegt, dass diese beiden in jedem Menschen vereint sind, dem muss man es nicht noch sagen. Es lohne sich nicht, glaubt der Autor. Bestimmte Schritte muss der Nietzsche-Leser immer selbst gehen. Das ist Nietzsches Hermetik, seine Höflichkeit und Arroganz zugleich. Lou, weniger hochmütig im Geiste als ihr Lehrer von einst, der zugleich ihr Schüler war, spricht es trotzdem aus, und nichts daran ist trivial. Ja der Widerstreit von Herren- und Sklavenmoral als Instinktwidersprüchlichkeit, ausgetragen in jedem Ich, begründet nach Loufriedrich die Kultur selbst: *ALLE Kultur als solche beruht für Nietzsche auf einem solchen Krankmachen, Sklavischmachen des Menschen, und ausdrücklich bemerkt er, daß ohne diesen Vorgang, ohne gewaltsam gegen sich gekehrt zu werden, die menschliche Seele ›flach‹ und ›dünn‹ geblieben wäre. Seine ursprüngliche Herren-Natur ist noch nichts als ein herrliches Thier-Exemplar.*[363]

Es ist wohl wahr: Elisabeth hätte das nie schreiben können. Vielleicht beginnt wesentliche Philosophie dort, wo der Mensch anfängt, mindestens einmal, besser noch zweimal um die Ecke zu denken. Es ist Nietzsches Ideal der Erkenntnis: perspektivisch sehen.

Elisabeths Perspektive ist eine andere. Sie ist eine praktische Intelligenz, sie ist eine herausragende Vertreterin der vita activa, ihr Erkenntnisideal ist das der Einheit von Theorie und Praxis: Leben, was man weiß. Wissen, was man lebt. Klingt gut, klingt ganzheitlich. Sie teilt dieses Ideal mit den meisten Menschen. Aber es hat bittere Grenzen, und ihr eigenes Leben wird an eine der bittersten stoßen. Und ist es nicht ein unschätzbarer Vorzug, dass der Mensch im Denken universell ist, während alles Handeln notwendig partiell bleibt? Dass er Paradoxa denken kann, während paradoxes Handeln zumeist als Verlust eines klaren Verstandes diagnostiziert werden muss.

Franziska, mit einer Influenza zu Bett liegend und doch nicht zu Bett liegend, da sie der Überzeugung ist, dass nur sie, die Mutter, weiß, was ihr krankes Kind braucht, und ihr die Sohnesfrage »Wo ist meine Mutter?« im Herzen wehtut, Franziska Nietzsche also, die ob solcher Doppelbelastung durch Viren und Sohn nach eigener Aussage »sechzehn Nächte kein Auge schloß«, hört einen gewaltigen Lärm im Erdgeschoss. Das ist ihr gesundes Kind. Es macht gerade einen Wanddurchbruch. Franziska will keinen Wanddurchbruch in ihrem Haus; sie liebt es, wie es ist, mit jeder einzelnen Wand darin. Ihre Tochter kann doch nicht von der anderen Erdhalbkugel zurückkehren und, kaum ist sie da, ihr Haus zerstückeln. Kann sie doch. Franziska erfährt, dass kleine Stuben philiströs sind, dies aber sei ein durchaus unerwünschter Eindruck, einen Raum betreffend, in dem Friedrich Nietzsche geehrt werden soll und in dem auch Gäste empfangen werden müssen. Schließlich könne Franziska die Verehrer ihres Sohnes nicht auf ewig vor ihren Fenstern stehen lassen.

Der zu Ehrende wurde wohl nicht gefragt, aber vor die Alternative groß oder klein gestellt, liegt seine Antwort ohnehin auf der Hand. Wahrscheinlich begleitet der Mann, der sich in die Ewigkeit zurückgezogen hat, den Steinbruch im Haus durch lautes

Brüllen. Friedrich Nietzsche reagiert auf Fremdlärm inzwischen fast immer mit Eigenlärm, wobei ihm schon ein Geräusch als Lärm gilt, weshalb sich alle im Haus bemühen, möglichst lautlos zu leben. Franziska betritt das Zimmer ihres Sohnes nur noch auf Strümpfen oder Filzsohlen. Der Stille der anderen entspricht sein akustischer Existenzrausch. Ein letzte Vergewisserung, dass es ihn noch gibt, ein letzter Wille zur Macht? Auch gibt sich ihr ältestes Kind mit Vorlesen und dem Aufsagen von Gedichten neuerdings nicht mehr zufrieden, singen soll sie, sie soll singen. Franziska Nietzsche ist nicht nach singen zumute, schon gar nicht mit einer »Influenza« in Kopf, Leib und Knochen. Aber sie singt. Elisabeth hat einen Vorschlag: Ich singe für dich! Ich wasche ihn für dich! Ich bringe ihn ins Bett für dich!

Franziska weist das Anerbieten ihrer Tochter zurück. Eine Mutter ist nicht zu ersetzen. In ihren Worten: »… so daß ich z. B. sechzehn Nächte kein Auge schloß, mich aber trotz aller furchtbaren Schwäche, noch nicht zu Bett legte, so sehr es meine Tochter wollte, welche zärtlich besorgt war und so gerne für diese Zeit die Pflege des guten Fritz mit unserer trefflichen Alwine übernommen hätte.«[344]

Du kannst das nicht! Alles, was du machen kannst, sind Wanddurchbrüche! – Müssen wir das Mutter-Tochter-Verhältnis so denken? Im Hinblick auf das, was folgt, ist von einer großen Spannung zwischen beiden Frauen auszugehen. Und da ist noch ein Umstand, der sie entzweit: *Kaum war von der Gründung des Nietzsche-Archivs etwas in die Öffentlichkeit gedrungen, als einige Leute, die den Lehren meines Bruders im stillen feindlich gesonnen waren und schon während meiner Abwesenheit in den Jahren 1892/93 versucht hatten, Einfluß auf unsere Mutter zu gewinnen, sich ihr von neuem näherten. Sie wollten sie bestimmen, einen Teil des Nachlasses zu verbrennen.*[345] Schließlich ginge es um die Ehre der Familie und ihr Sohn, wäre er bei klarem Verstand geblieben, würde es zuletzt nicht anders gewollt haben. Sie handle demnach nur im Interesse ihres Sohnes. Das, was Overbeck die »sublime Simplicität« der Frau Pastor nennt, gerät an seine Grenzen. Elisabeth: *Als ich davon hörte, war ich so außer mir, daß ich erklärte, ich würde mir das*

Leben nehmen, wenn etwas aus dem handschriftlichen Nachlass ver-
brannt würde.[366]

Elisabeth wird die Stärkere sein, für diese Stärke hat man sie
bisher verurteilt. Zu Recht? Die Tochter weigert sich, fortan als
gescheiterte Frau zu leben, zurückgekehrt in das Haus ihrer Mutter, wieder ihrem Regiment unterworfen. Franziska Nietzsche
muss einsehen, dass sie, anders als über den Sohn, über diese
Tochter keine Gewalt mehr besitzt. Elisabeth erklärt es ihr, ungefähr so: Sie habe eine ganze Kolonie geführt, wenn auch in den
Untergang, aber dies sei nicht die Stunde, um kleinlich zu sein;
was sie auszeichne, sei demnach der Blick fürs Große, für die Perspektiven, und sie sehe sich außerstande, sich wieder von ihrer Mutter bevormunden zu lassen, die ihr Leben lang nichts geleitet hat
als ein kleines Hauswesen, auch wenn sie wieder mit ihr unter
einem Dach lebe. Das Dach erzittert.

An ihrem Geburtstag, dem 2. Februar, geht Franziska Nietzsche
zum ersten Mal wieder seit mehr als zwei Wochen die Treppe
ihres Hauses hinunter ins Erdgeschoss. Zum ersten Mal sieht sie
ihre beiden Zimmer ohne Wand, das Nietzsche-Archiv ist eingerichtet, es ist eröffnet. In den Worten der Jubilarin: »Eine gute
Idee war es auch von meiner Tochter daß unten aus 2 Zimmern
ein großes gemacht worden ist (wie oben), wo jetzt alle Besuche
empfangen werden, denn man hört dort unsern Geliebten gar
nicht. Es birgt unseres geliebten Kranken Lieblingsbibliothek
und alle Erinnerungen« und sein Porträt, »was uns und wer es
nur sieht eine wahre Freude ist, denn ist wirklich ein wahres
Kunstwerk«.[367]

Das Archiv ist fertig. Fehlen nur die Archivare.

Mitte März setzt die Herrin des Archivs Fritz Koegel, der nicht
nur in den diplomatischen Dienst treten könnte, sondern auch
erwägt, als Mannesmann-Mann zwei Jahre nach Italien zu gehen, in Kenntnis seiner absoluten, durch nichts relativierbaren
Unentbehrlichkeit. Er mache sich schuldig vor der Nachwelt, sollte er das ihm zugedachte Amt des Herausgebers ausschlagen,

denn: ... *ich lasse die ganze Gesamtausgabe in weite Ferne zurück-schieben wenn Sie Ihren Beistand oder vielmehr Ihre Direction von der Angelegenheit zurückziehen. ... Sie können wohnen und leben wo Sie wollen ... und ist Ihnen ein Gehalt von sehr bescheidener Größe: das Vierteljahr achthundert Mark nicht zu gering?*[368]

Koegel kommt. Die Diplomatie kann warten. Italien kann warten. Es gibt Tausend, Abertausende Diplomaten und Vertreter auf der Welt aber nur einen Nietzsche-Herausgeber.

Zuerst, das ist allen Beteiligten klar, muss das Material gesichtet und geordnet werden, das schafft Koegel nicht allein, er braucht einen Assistenten, einen Mitherausgeber. Elisabeth kann diese Arbeit nicht übernehmen, weil sie erstens die Lebensgeschichte ihres Bruders schreibt und weil es zweitens als im höchsten Maße anstößig gilt, wenn ein unverheirateter Mann und eine unverheiratete Frau sich ohne Aufsicht im gleichen Raum aufhalten. Franziska hat da feste Ansichten, auch der Umstand, dass Elisabeth in ihrer Eigenschaft als Frau inzwischen eher unter die historischen Tatsachen gerechnet werden muss, vermag sie nicht zu besänftigen, und sie wird es nicht versäumen, bei Erwähnung unvermeidlich gemeinsamer Arbeit Koegels und Elisabeths sowie eines Assistenten gewissenhaft den Ort anzugeben: »erstere unten, sie oben«[369].

Der Assistent heißt Max Zerbst und ist unlängst als Autor der Streitschrift *Nein und Ja! Antwort auf Dr. Hermann Türck's Broschüre Friedrich Nietzsche und seine philosophischen Irrwege* aufgefallen, publiziert bei Naumann. Zerbst sagt Nein! zu Türck und Ja! zu Nietzsche, in welchem er »einen neuen Gott« erkennt, einen »frischen, fröhlichen Erdengott, einen Siegfried im Reiche des Geistes, einen machtvollen übermütigen Drachentöter«.

Überlieschen

Während Koegel und Zerbst sichten und ordnen, ordnen und sichten, hören sie über sich manchmal den Drachentöter brüllen. Mitunter hilft Elisabeth, aber ihrer Mitwirkung sind schon deshalb Grenzen gesetzt, da das Publikum fordert, endlich zu erfahren, wer der verrückte Philosoph war, der neuerdings in aller Munde ist.

Elisabeth verliert keine Zeit. Das erste eigene Buch, mit fast fünfzig Jahren! Der Paraguay-Band zählt nicht, denn er enthielt vor allem Fremdtexte. Ihr Bruder kann der schriftstellerischen Laufbahn seiner Schwester nun nicht mehr im Weg stehen, vielmehr: Er ist der Weg.

Sie beginnt: »Die Liebe hat dieses Buch geschrieben, treue, innige Geschwisterliebe. Als ich im tiefsten Herzeleid, grenzenlos vereinsamt im fremden Land, am Rande des Urwalds, diese Aufzeichnungen niederzuschreiben begann, da geschah es mir selbst zum Trost. Aber seltsam! unter der Hand wurde mir diese Niederschrift zu einer Lebensbeschreibung meines Bruders. Da fühlte ich erst, wie all mein Jugendglück er selbst gewesen war, wie jeder gute und große Augenblick ihn zum Urheber gehabt, wie mein ganzes Denken und Fühlen von frühester Kindheit an sich nur mit ihm beschäftigt hatte.«[370] Man mag sich Overbeck nicht bei dieser Lektüre vorstellen.

Das Publikum aber wird es nicht ohne Rührung lesen, und es expandiert auf verblüffende Weise. In den Worten eines anderen jungen Mannes, dem sie sehr bald begegnen wird: »Es giebt wohl heute in Deutschland keinen leidlich gescheuten, studierten oder gebildeten Mann von zwanzig bis dreißig Jahren, der nicht Nietzsche einen Teil seiner Weltanschauung verdankte oder doch mehr oder minder von ihm beeinflusst wäre.«[371] Doch Friedrich Nietzsche vernimmt diese Stimmen seines Ruhms nicht mehr, nur noch die der Mutter, die ihm Wiegenlieder vorsingt, die ihn begleitet auf dem weiten Weg zurück in die Weltennacht.

Elisabeth aber macht sich auf den Weg zum Überlieschen, zur Überschwester.

Ein arbeitsreiches Frühjahr beginnt am Weingarten 18, im Zustand jener leichten Überforderung, in dem Menschen am glücklichsten sind, auch wenn der Herausgeber bald Nein! zu seinem Assistenten sagen wird. Dr. Max Zerbst ist offenbar kein Drachentöter unter den Archivaren und Philologen.

Und dann kommt Rohde. Erwin Rohde, der Freund jener Jahre, als die Welt noch offen lag vor zwei Jungphilologen, die nicht wussten, wo sie zuerst zugreifen sollten. Rohde, dessen Abkehr Friedrich Nietzsche nie verwunden hat. Elisabeth hat ihn eingeladen, dringlich eingeladen, und zu Ostern ist er da. Friedrich Nietzsche gibt sich alle Mühe zu verstehen, wer ihn da besuchen will. Vier Jahre zuvor war Erwin Rohde auf der Fahrt nach Berlin durch Naumburg gekommen und nicht ausgestiegen. Er weiß um seinen Frevel. Mit seinen Türmen und Landhäusern habe die Stadt »wie eine alte, unvergeßliche Jugenderinnerung« herübergeblickt: »Das ist nun 23 Jahre her; welch herrlicher Mensch und wie eine neue Offenbarung menschlichen Wesens für mich war doch damals der arme Nietzsche! Ich wollte nicht dort aussteigen; vor seinem jetzigen Anblick, wenn ich ihn erreicht hätte, fürchte ich mich; das Bild würde man sein Leben lang nicht wieder los; und was hülf es ihm?«[372]

Was es ihm geholfen hätte? Vielleicht wäre es ihm eine letzte Beruhigung, ein Wiederfinden gewesen. Damals hätte Nietzsche den Freund noch erkannt, vielleicht wäre er dankbar gewesen, gerade diesen Freund, der ihm am nächsten war, mit dem er die prägendste, begeisterungsvollste Zeit seines Lebens verbracht hatte, noch einmal zu sehen.

Niemand war jünger als sie, die Welt lag ihnen zu Füßen. Nun erlebt Erwin Rohde, was er gefürchtet hatte: »Ich sah den Unglücklichen selbst: er ist völlig stumpf, erkennt – außer Mutter und Schwester – niemanden mehr, SPRICHT sogar kaum alle Monat einmal einen Satz … «[373] Dem Freund kommen die Tränen.

Er ist jetzt 48 Jahre alt, er hat soeben *Psyche* beendet, sein Lebenswerk, die Theorie des griechischen Romans. Er hat es nicht zuletzt aus ihrer beider altem Thema, dem Verhältnis von Apollischem und Dionysischem entwickelt, aber es findet sich kein Verweis auf Nietzsche darin. Akademisch gesehen gibt es diesen Autor nicht mehr: Wer auf sich verweisen will, kann nicht gleichzeitig auf ihn verweisen. Doch es ist getan. Was noch kommt, zählt schon zum Danach, zum Lebensende. Erwin Rohde, einst der schönste Philologe weit und breit, fühlt es besonders, denn er ist krank. Es ist ein Herzleiden, er wird früher sterben als der Mann vor ihm, der nicht mehr weiß, wer er ist.

Elisabeth und Koegel besprechen mit Rohde den Plan der Gesamtausgabe[374]. Sie wollen im ersten Band Nietzsches Philologica drucken, doch der Autor der Theorie des griechischen Romans rät ab.

Er überlässt dem Archiv Nietzsches Briefe an ihn zur Einsicht und Abschrift.

Am 24. April 1894 unterzeichnen Franziska Nietzsche und der Verleger ihres Sohnes den Ergänzungs-Vertrag über eine neue Gesamtausgabe mit Fritz Koegel als Herausgeber, Zerbst als Mitherausgeber und Assistenten. Wahrscheinlich empfindet Elisabeth das Unangemessene dieses Arrangements auf besonders lebhafte Weise. Was hat denn ihre Mutter mit der Gesamtausgabe zu tun? Soll sie etwa ihre Mutter fragen, wenn sie den *Antichrist* drucken wollen? Und sie wollen den *Antichrist* drucken, Koegel hat versichert, im Falle juristischer Konsequenzen übernehme er die Gerichtskosten. Im Mai wird Franziska Nietzsche Zeugin, wie eine Delegation von Archivaren ihr Haus betritt. Sie kommen aus Weimar und betreuen hauptberuflich Goethe, aber im März bekamen sie Besuch von einer Dame, die von ihnen über das ABC des Archivwesens unterrichtet werden wollte, oder vielmehr: Das ABC kannte sie schon, aber über das XYZ hätte sie gern mehr gewusst. Und nun sind sie zum Gegenbesuch eingetroffen und um zu prüfen, ob das Nietzsche-Archiv den Maßstäben des Goethe-Archivs standhält. Goethe? Soll das etwa heißen, ihr Sohn und Goethe wären im gleichen Atemzug zu nennen?, fragt sich Franziska Nietzsche und sorgt, dass ihr Sohn keinen Laut von sich gibt, der die Archivare durch seine, nun ja, animalische Natur erschrecken könnte. War Goethe nicht auch Atheist? Welch schauderhafte Vermehrung der Gottesleugner auf der Welt. Franziska wird nie aufhören, den Wahnsinn ihres Sohnes als eine Strafe Gottes zu betrachten.

Die Goethe-Archivare betrachten inzwischen das XYZ des Archivs. Es muss ihren Beifall gefunden haben, denn einer bedankt sich hinterher: »Durch Ihre Güte ist mir ein Wunsch, den ich seit langer Zeit gehabt habe, erfüllt worden: einen Blick in die Papiere des unvergleichlichen Mannes zu tun. Auch Ihrer Frau Mutter gestatte ich mir zu danken für den gütigen Empfang.«[375] Der dankende Archivar Goethes heißt Rudolf Steiner, zählt dreiunddreißig Jahre und wird noch oft nach Naumburg zurückkehren. Die Sophien-Ausgabe, in der er die naturwissenschaftlichen Schriften Goethes verantwortet, wird bis 1919 in 143 Bänden erscheinen. 143 Bände! Auch Elisabeth spricht irgendwann von der *Dornenkrone der Herausgeberschaft*. Aber noch spürt sie keiner.

Elisabeths Biografie schreitet voran. Die Gesamtausgabe schreitet voran, nur der Drachentöter schreitet nicht mit. Schon im Juni diagnostiziert Elisabeth eine bedenkliche Arbeitsteilung, Koegel leiste 99 Prozent und Dr. Zerbst 1 Prozent. Ihr Fazit: *... der gute kleine Doktor wird die reine Verzierung*[376].

Im Juli wird die Verzierung wegen Koegel-Unverträglichkeit entlassen, und am 1. September verlassen Elisabeth und das Nietzsche-Archiv selbst das Haus am Weingarten 18, nach gerade einem halben Jahr seines Bestehens. Franziska bleibt ohnmächtig zurück mit einer fehlenden Wand im horror vacui des viel zu großen Zimmers, das bis eben das Archiv war.

Wir können nur ahnen, welche Zerwürfnisse diesem Exodus vorausgegangen sind. Waren es Franziskas unermüdliche moralische Ermahnungen, zumal dem mütterlichen Auge nicht entging, dass sich dieser junge Mann mit Neigung zum Genialischen und ihre Tochter auf beunruhigende, ja auf anstößige Weise gut verstehen? Elisabeths Mutter war nie von der Auffassung abzubringen, dass Gott Eltern geschaffen hat zum Zwecke der Ermahnung ihrer Kinder. Der Einwand ihrer Tochter, kein Kind mehr zu sein, verhallt ungehört im Mutterohr.

Franziska berichtet den schmerzlichen Auszug so: »Das neueste ist, daß meine Tochter mit dem Archiv ... nicht weit von uns ein eigenes Heim gegründet hat ... War ich auch keineswegs einverstanden mit dieser Trennung, so muß ich es doch jetzt zugeben, daß es wohl so das Richtige ist, da seine leibliche Pflege und die seiner geistigen Güter nicht recht zu vereinbaren war. Durch letzteres waren doch den ganzen Tag die Herren im Hause, außer dem vielen anderen Verkehr, und ich sonach den ganzen Tag in der Flucht, Türen zu schließen, des Lautseins halber, und die Luft ist doch unserem lieben Kranken unbedingt nötig …«[377].

Es kann nicht falsch sein, diese Sätze im Ohr zu behalten. Die oberste Instanz eines Kleinbürgers ist nicht Gott, selbst in Franziskas Fall nicht, die oberste Instanz ist vielmehr der Nachbar, und die alles entscheidende Frage lautet: Was sagen die Nachbarn? Friedrich Nietzsche leidet unter progressiver Paralyse, Endstadium der Syphilis. Wenn es ihm nötig ist zu brüllen, mag er brüllen, wird die Tochter bald meinen. Aber doch nicht in Naumburg!

Das ist kein wissenschaftliches Institut mit Abendunterhaltung, das ist mein Haus, und in diesem Haus wohnt ein Kranker, also ist es recht eigentlich ein Krankenhaus, und in einem Krankenhaus herrsche vor allem eins: Ruhe, so wird es Franziska ihrer Tochter erklärt haben.

Koegel spielt Klavier, er spielt hervorragend. *Ohne Musik wäre das Leben ein Irrtum*, hat Friedrich Nietzsche gesagt. Spielte er auch für den Patienten im 1. Stock? Nach dem Auszug des Nietzsche-Archivs wird es still im Haus am Weingarten 18.

Elisabeth schickt ihren Akkord-Herausgeber in den Urlaub. Koegel ist Bergsteiger. Zur Bilanz seines kurzen Lebens gehören einundzwanzig Gipfel der Dolomiten, darunter elf bislang unbezwungene. Nietzsche wusste, was es heißt, auf Bergspitzen zu leben. Das macht ihn seinem neuen Herausgeber verwandt. Einundzwanzig Gipfel und acht Bände Nietzsche in einem Jahr! Fritz Koegel fährt in die Dolomiten.

Der 50. Geburtstag

Am 15. Oktober 1894 wird Friedrich Nietzsche 50 Jahre alt. Der frühere preußische König Friedrich Wilhelm IV. und er hatten am gleichen Tag Geburtstag, weshalb am 15. schulfrei war und der ganze Tag ein Feiertag, ein Umstand, der sich der Selbstwahrnehmung des Jungen tief eingeprägt hatte und seine Überzeugung beförderte, erhöht zu sein unter den Menschen.

Eine Woche zuvor trifft ein Maler aus Berlin ein mit dem Vorsatz, das Geburtstagskind zu malen. Das war selbstredend Elisabeths Idee. Eine Idee äußerster Geschmacklosigkeit, wie Franziska findet, aber was konnte sie tun? Nichts weiter als nun Tag um Tag mit dem Maler und ihrem Sohn auf der Veranda zu sitzen und Letzterem zu erklären, warum es so wichtig ist, über gefühlte Ewigkeiten hin den gleichen Gesichtsausdruck zu wahren, wobei dieser möglichst intelligent ausfallen sollte. Franziska Nietzsche an Franz Overbeck: »Auch heute wird mein Brief sehr das Gepräge des Mangelhaften tragen«, denn neben ihr sitze »mein guter Sohn und uns gegenüber ein Maler aus Berlin, welcher uns sein liebes Bild in Öl festhalten soll. Natürlich bedarf es dabei oft meiner Hilfe und da der Herr schon ein paar Tage stundenweise sein Heil versucht, so muß ich gestehen, daß es recht angreifend ist, denn der gute Fritz hält so wenig Stand; hoffentlich gelingt es.«[378]

Aber was heißt »gelingen«? Was heißt »sein liebes Bild«? Sie leben in der ersten Morgenröte der beginnenden Moderne. Die Moderne wird vieles malen, aber eines niemals: »liebe Bilder«. Und so hält es auch Curt Stoeving. Noch sieht Franziska nur Skizzen. Ein Naumburger Kunst-Skandal dämmert herauf.

Geburtstag. Elisabeth könnte ihrem Bruder Lous *Friedrich Nietzsche in seinen Werken* auf den Geburtstagstisch legen, es ist im Sommer erschienen. Ob der Name der Autorin noch etwas in ihm auslösen würde?

Wie sehr hätte er sich erkannt fühlen müssen. Erkannt und verstanden. Wie viel hätte dieses Buch wiedergutgemacht, umso mehr, wenn man bedenkt, dass auch Bücher Briefe sind, überlange Sendschreiben an eine einzige Person, und nur Adressat und Absender wissen das. So wie der *Zarathustra* eine etwas aus der Form gefallene Depesche an Richard Wagner war. Aber Friedrich Nietzsche erfährt nichts.

Er hat Gäste. Deussen ist gekommen, sein alter Schulfreund Paul Deussen. Doch das Geburtstagskind erkennt ihn nicht mehr: »Er saß dort still und teilnahmslos ohne jemanden zu beachten, nur die mitgebrachten Blumen erregten für kurze Zeit sein Interesse«[379]. Aber den Kuchen aß er mit unstillbarem Appetit.

Friedrich Nietzsche erkennt nur noch seine Mutter, seine Schwester und das alte Hausmädchen Alwine. Wahrscheinlich hätte er auch Heinrich Köselitz erkannt, Köselitz wäre gekommen, er hätte für ihn Klavier gespielt, doch Elisabeth steht zwischen ihm und dem Freund. Elisabeth, die Verkörperung des philologischen Gewissens. Ist es wahrer, ist es ironischer zu denken?

Koegel ist zurück von den Gipfeln der Dolomiten. Koegel arbeitet wieder. Er überträgt Korrekturen und Verbesserungen aus Nietzsches Handexemplaren, vor allem aber hebt er die Peter-Gast-Schicht der Texte wieder ab. Koegel nennt es »Entfernung der Verderbnisse«. In den Worten des Herausgebers: Der vorherige Herausgeber habe leider viele stilistische und grammatikalische Änderungen vorgenommen und so »der Schärfe des Gedankens geschadet, nicht selten auch den Sinn verändert«. Aber wo endet die Peter-Gast-Schicht, wo beginnt der echte Nietzsche? Oft stammen die Druckmanuskripte schließlich von Gast. Im Auftrag Nietzsches, aber von Gast? Ist es da nicht die Pflicht des gewissenhaften Herausgebers, auf eine noch frühere, »unverderbte« Fassung zurückzugehen?

Im Oktober bekommt er Verstärkung. Elisabeth weiß noch nicht, dass der Mann ihres Vertrauens jede Verstärkung als Zumutung, vor allem aber als Misstrauensantrag gegen ihn in Menschengestalt empfindet.

Der Neue heißt Eduard von der Hellen und kommt direkt vom Goethe-Schiller-Archiv. Er hatte bis eben Goethes Briefe herausgegeben, im März diesen Jahres aber in einer voreiligen Anwandlung von Eigenschöpfertum um seine Entlassung nachgesucht: »Bei allem Interesse für die im Besonderen mir übertragene Arbeit, die Herausgabe der Briefe Goethes, kann ich mir doch nicht vorstellen, daß die Tätigkeit am Goethe- und Schiller-Archiv mir auf längere Dauer die Befriedigung gewährt, die ich von meiner Hauptbeschäftigung erwarten muß. … Ich brauche meine volle Kraft, um auf denjenigen Gebieten des geistigen und gesellschaftlichen Lebens etwas zu leisten, auf denen nach meiner Überzeugung wirklich fruchtbare Aufgaben für mich liegen. Will ich mir einen Teil meiner besten Lebensjahre hierfür noch erhalten, so darf ich nicht länger zaudern.«[380]

Seinem Gesuch wurde sofort stattgegeben, die Großherzogin, Schirmherrin des Archivs, ließ dem zu Entlassenden ausrichten, dass sie seinen Entschluss vollkommen natürlich finde, und sie könne nur hoffen, dass die Zukunft dem vormaligen Archivar die volle Befriedigung gewähren werde. Der Freigestellte, verheiratet, zwei Kinder, sah sich nun einer unverhofften, ungewohnten Fragestellung gegenüber: Wovon soll ich leben?

Zwei Jahre zuvor war er mit dem Buch *Das rote Programm. Leitfaden für Agitatoren sowie zum Selbstunterricht in der Sozialdemokratie* hervorgetreten. Es widmete sich der Erziehung des Volkes, des großen Haufens, unter Anerkennung der Tatsache, dass dieser in neuerer Zeit durch die Sozialdemokratie vertreten wird. *Das rote Programm* endet mit dem Ruf: »Ihr wahren Freunde des Volkes! Volksfreunde aller Parteien, vereinigt Euch!« Mit diesen Qualifikationen betrat Eduard von der Hellen am 1. Oktober 1894 seine neue Arbeitsstelle, das Archiv des Anti-Volksfreunds Friedrich Nietzsche.

Wahrscheinlich betrachtet Fritz Koegel den Eindringling gleich mit Argwohn. Was, wenn der vormalige zweite Direktor[381] des Goethe-Archivs sich zum ersten Direktor des Nietzsche-Archivs machen wolle, oder vielmehr: zum ersten Herausgeber?

Ihre gemeinsame Arbeit währt nur wenige Wochen, dann ist die Krise da, möglicherweise mitverschuldet durch eine gewisse Leichtzüngigkeit der Frau von der Hellen, die sich ihren Mann, wenn sie schon das vergleichsweise mondäne Weimar mit diesem Nest vertauschen müssen, gar nicht anders als in führender Position vorstellen kann, zumindest perspektivisch. Und welche editorische Erfahrung besitzt denn dieser Eisenröhren-Agent im Vergleich zu der des Verfassers von *Das rote Programm*?

Ich oder er!

Nur wenige Wochen nach von der Hellens Arbeitsbeginn tritt Fritz Koegel mit dieser Alternative vor die beunruhigte Archivleiterin. Andernfalls bleibe ihm keine Wahl, als Doktor von der Hellen zum Duell fordern.

Ein Philologenkrieg um seinetwillen! Friedrich Nietzsche hätte diesen Gedanken gemocht, er wäre ihm mit großer Anteilnahme gefolgt.

Elisabeth sieht ein, dass dieser Krieg nicht zu befrieden ist. Wie kindlich sind doch die Männer. Da von der Hellen mit Frau und Kindern nicht so beweglich ist wie Fritz Koegel und überdies eben erst in Naumburg angekommen, schickt sie Koegel vorerst nach Hause zu seinen Eltern. Er könne dort den Registerband machen. Am 21. November fasst er der Archivleiterin noch einmal alles zusammen, was sie wissen muss: »Schon neulich habe ich Ihnen mal gesagt, daß mein Austritt von der begonnenen Arbeit – nach der Wendung, die ich zu Beginn dieses Jahres meinem Lebensplan gegeben habe – das Schlimmste wäre, was mich treffen könnte. Unerträglich würde mich der Gedanke treffen, daß nicht sachliche Gegensätze als in der Arbeit selbst liegende Schwierigkeiten mich dieser Aufgabe entziehen sollten, der dienen zu dürfen mein höchster Stolz ist.«[382]

Elisabeth wird es mit großer Befriedigung gelesen haben. Dass er so *absolut rabiat* wurde, *als er in diesem Herbst glaubte, Hellen sollte ihn in kurzer Zeit ganz ersetzen*, zeige ihr das Ausmaß seiner Hingabe: *Das für mich ganz unbegreifliche war nur, wie er auf diesen Gedanken gekommen ist*[383]. Sie beschließt, es eine *herbstliche Verwirrung* zu nennen.

Sie wird die kommenden dreißig Jahre, bis zum Tod von der Hellens, mit diesem in Verbindung bleiben. Aber jetzt muss er gehen.

Auch Heinrich Köselitz in Annaberg frohlockt. Er hat bei Naumann die Bände der neuen Gesamtausgabe eingesehen: Welch erfreuliche Vielzahl von Fehlern! Man hebt eben nicht ungestraft die Peter-Gast-Schicht ab, ohne zugleich die Friedrich-Nietzsche-Schicht mit abzuheben. Kennt der Geist überhaupt einen Urtext?

Da ihr Sohn zu laut ist, um außerhalb des Hauses mit ihm spazieren zu gehen, er aber doch Bewegung braucht, laufen Mutter und Sohn jetzt immer durch den leeren öden Raum, der bis zum Sommer das Nietzsche-Archiv war. Franziska nennt es jetzt »unser Promenadenzimmer«. Der diesjährige Weihnachtsbaum verdient nur ein Wort: »mächtig«. Er stößt an die Decke. Sie schmückt ihn mit Rosen, Lilien und Kerzen. Sie sind wieder zusammen, alle drei, wie das Weihnachten zuvor. Und doch ist es anders. Damals schien etwas Gemeinsames vor ihnen zu liegen.

Elisabeths Buch über die Kinder- und Jugendjahre ihres Bruders, über ihrer beider Kinder- und Jugendjahre ist fast fertig. Franziska wird anders darin vorkommen, als sie erwartet, vor allem: weniger. Und auch die Zukunft birgt mehr Trennendes als Einendes, sie spüren es wohl.

Und wer teilt die Gewissensnöte einer Mutter? Sie, nur sie, hätte die Veröffentlichung des *Antichrist* verhindern können. Sie hat es nicht getan: »... ich finde, daß man im achten Band den schrecklichen Antichrist und mehrere Gedichte weglassen konnte, ich empfinde darüber BITTEREN KUMMER: hat er doch schon mehr als genug darüber in seinen Werken gesagt und ich begreife jetzt doppelt seine Worte: ›Lies es nicht Mutterchen, es ist von einem ganz anderen Standpunkt aus geschrieben.‹«[384] Sie weiß, dass die Krankheit ihres Sohnes eine Strafe Gottes ist, und doch, wenn sie ihn so neben sich liegen sieht, während sie diesen Brief schreibt, muss sie ihm wieder verzeihen. Und sie verzeiht Gott, dass er sie und ihn so straft. »Überhaupt finde ich, daß Philosophie nichts für Frauen ist, wir verlieren den Boden unter den Füßen.«[385]

Ihrer Tochter geht es anders, aber das macht sie einander nur fremder.

Es ist Silvester, als sie diesen Brief an Overbeck schreibt. Es schneit. Aber am Tag zuvor schien die Sonne, so dass sie eine halbe Stunde auf die Veranda hinausgingen, Mutter und Sohn. Dabei wagt Franziska solche Ausflüge auf ihre Veranda kaum noch. Die Leute reden. Und da ist jemand vor ihrem Haus, dem nichts entgeht, der sie Tag und Nacht beobachtet, glaubt Franziska Nietzsche, und dann steht es in den Zeitungen: als Fratze, als Niedertracht.

Und doch: Ihr Sohn muss den Schnee sehen, nicht nur durch Glas, er muss ihn fühlen. Er muss auf die Veranda.

Das entsetzliche Bild

Alle, die es auf der Leipziger Ausstellung gesehen haben, sind erschüttert. »Die reine Verbrecherphysiognomie«, sagen sie. Keiner nennt es anders als »das entsetzliche Bild«. Niemand versteht, wie ihre Tochter erlauben konnte, dass ein solches Porträt ihres Bruders gemalt und öffentlich gezeigt werde, erst in Leipzig und jetzt in Berlin. Wenn sie die Mutter wäre, »sie würde das Bild vernichten«[386], sagt die Frau ihres Vetters Adalbert, der jetzt Nietzsches zweiter Vormund ist, denn eine Frau kann nie allein Vormund sein, da Angehörige ihres Geschlechts niemals mündig werden. Ihr Hausarzt Doktor Gutjahr sagt, wenn er die Mutter wäre, er würde verbieten, das Bild öffentlich auszustellen. Nur ihre Tochter sagt, das sei Kunst. Elisabeth findet das Bild großartig. Franziska Nietzsche versteht ihre Tochter nicht mehr. Kann Kunst denn Lüge sein?

Es sind zwei Bilder, ein kleines und ein großes. Das kleine aber lügt noch unverfrorener als das große, Franziska erkennt es schon an der Haarfarbe. Sie ist »gar nicht getroffen«, der Maler hat ihrem Sohn eine »bleiche Stirn« und »vorn sogar graues Haar« gemalt, dabei hat er »doch kein einziges auf dem Kopfe«. Außerdem: Die Nasenspitze reicht auf dem Porträt dieses Malers, dessen Talent sich leider umgekehrt proportional zu seinem Anspruch verhält, »bis auf die Lippen (worauf ich wiederholt aufmerksam machte) und seine Backenknochen sind zu sehen, ›Backenknochen‹, die man in Wirklichkeit bei ihm kaum wahrnimmt und der Doktor meinte: wie würde man über das Bild herfallen!«[387]

Der Doktor meint weiterhin, er wolle es nicht geschenkt haben. Der Stümper hat es hinter ihrem Rücken gemalt, mit Lieschen als Helfershelferin. Als Franziska kurz nach Halle fahren musste, um nach ihren kranken Geschwistern zu sehen, schlichen sich der Maler und Lieschen in das Zimmer ihres Sohnes, und Carl Stoeving malte den Wehrlosen wieder.

Das große Bild, das Veranda-Bild, ist, das gibt sie zu, mit ihrem mütterlichen Einverständnis entstanden, schließlich war sie es, die das Modell darin hindern musste, wegzulaufen oder einzuschlafen während der Sitzung, aber was heißt Einverständnis? »Ich war überhaupt nicht dafür …« Es ist so schwer, etwas nicht zu wollen, was ihre Tochter will. Dass die Bemühung des Minderbegabten in die völlig falsche Richtung ging, wurde der Assistentin des Modells bald klar: »ich hatte nach den verschiedenen Skizzen, welche er hier malte, gleich meine Bedenken, ob es gelingen würde und wagte garnicht mehr hinzusehn, sodaß der Maler auch zu meiner Tochter äußerte, ›er bewundere meine Zurückhaltung‹.«[388]

Leider verfügt Lieschen nicht über diese Gabe. Wenn sie doch ein wenig nachgiebiger wäre.

Ihre Tochter sagt, Franziska könne nicht Bilder verurteilen, die sie gar nicht gesehen habe, aber das ist Unsinn, schließlich kennt sie genug Leute, die sie gesehen haben, und der letzte war der Doktor. Doktor Gutjahr sagt, auf dem großen Porträt, das den Sohn auf der Terrasse zeige, weinlaubumrankt, komme ihm der Porträtierte vor wie ein Vöglein im Käfig, der Käfig sei das Laub, das ihn beinahe erdrücke. Nichts von der Größe ihres Sohnes habe dieser Nicht-Maler erfassen können. Franziska ist es, als sähe sie das Bild vor sich.

Sie weiß auch, warum ihre Tochter sagt, das Bild sei großartig. Sie liest die gute Absicht hinein, »des Malers guten Willen und wie es hätte sein sollen«, und wer sonst sollte für den Maler sprechen, wenn nicht seine Auftraggeberin. Aber könnte Elisabeth Kunst so sehen, wie man Kunst sehen muss, nämlich vollkommen unvoreingenommen, würde auch sie wissen, was für ein indiskutables, miserables und vor allem gelogenes Bild das ist. Also sprach Zarathustras Mutter.

Elisabeth sagt, der unbegabte Maler wolle für das Verandabild 10 000 Mark haben. 10 000 Mark für eine Lüge in Öl. Und Elisabeth will es kaufen, für das Archiv. Es ist so erschütternd.

Macht sie das nur, um ihre Mutter vor den Kopf zu stoßen?

Lieschen kann nicht mit Geld umgehen. Geld sei ein Zirkulationsmittel, sagt sie, also müsse man es ausgeben, auf dass es sich vermehre. Franziska wird schwindlig bei solchen Gedanken. Geld ist dazu da, dass man es spart. Am besten, man versteckt es. Obwohl Franziska zugibt, dass man Geld auch auf einer Bank verstecken kann. Ihre Brüder machen das auch, und Männer verstehen was von Geld. Neuerdings holen alle ihr Geld aus den Strümpfen und tragen es auf ein Geldhaus. Aber ob Strumpf oder Bank, es ändert nichts am zugrundeliegenden Sachverhalt: Geld muss gespart werden. Wo wären sie, hätte sie sich nicht lebenslang an diese Maxime gehalten?

Und weil Lieschen nicht mit Geld umgehen kann, darf sie auch nicht die Autorenrechte ihres Bruders bekommen. Und die will sie, das ist der neueste Plan ihrer Tochter. Das Archiv sei ihre Gründung, sagt Lieschen, die Verträge mache sie, die Gesamtausgabe leite sie, also müsse der Erlös der Schriften ihres Bruders auch an sie gehen. Vor allem aber brauche sie freie Hand. Sie müsse Manuskripte und vor allem Briefe zurückkaufen, und nicht zuletzt sei es in höchstem Grade unangemessen, ihre Mutter um Erlaubnis zu fragen, die Bücher des Sohnes drucken zu dürfen.

Manchmal kommt es Franziska Nietzsche vor, als sei ihre Tochter einzig aus Paraguay zurückgekommen, um sie an den Rand ihres Verstandes, ihrer Kraft und ihrer Nerven zu bringen, was doch letztlich, wie bei allen Menschen, ein und dasselbe ist.

Ihr einziger Trost ist Fritz. Er liegt neben ihr, wenn sie einen Brief schreibt oder strickt. Sie sind den ganzen Tag zusammen. Er sagt ihr zärtliche Worte, obwohl es immer weniger Worte werden. Manchmal spricht er tagelang nicht. Aber er brüllt. Ringt seine Seele mit seinem Abfall von Gott?

Sie weiß genau, von ihr geleitet, hätte Fritz auch wieder zu Gott gefunden. Nur ist sein Geist zu schwach geworden. Es ist zu spät, das Kind war zu lang fern von seiner Mutter.

Wahrscheinlich, anders lässt es sich gar nicht erklären, ist Elisabeth eifersüchtig auf die Mutter-und-Sohn-Nähe. Manchmal, wenn sie nicht einer Meinung sind, und streng genommen sind sie nie einer Meinung, macht Elisabeth Andeutungen, als ob diese Nähe eine Täuschung sei. Ihr Sohn habe sie nicht so geliebt, wie sie glaube. Und was sie denn meine, warum er so selten nach Hause gekommen sei, wegen des Wetters? Schon möglich, wenn man auch die Stickluft der Kleinbürgerlichkeit unter die klimatischen Phänomene rechne.

Ihre Tochter sagt, sie dürfe Friedrich nicht im Haus festhalten, er brauche Licht und Luft und vor allem einen Garten. Dass der Kranke nur im einstigen Archiv spazieren gehen dürfe, im »Promenadenzimmer«, sei Freiheitsberaubung. Jeder Hund bekommt seinen Auslauf auf der Straße, hätte Elisabeth anfügen können, aber ein Verrückter?

Sie schlug vor, ein anderes Haus zu kaufen, eines mit höheren Zimmern und vor allem mit einem Garten, wo der Kranke sich aufhalten könne, geschützt vor zudringlichen Blicken. Auch könne sie ihn nicht allein pflegen, einen Mann zu handhaben, sei ein Mann vonnöten, sie müssten einen Wärter nehmen, der zugleich Masseur und Barbier sei.

Kurz vor Jahresende kamen Doktor Gutjahr und sogar Professor Binswanger aus Jena, um den Patienten einmal »im Bett« anzusehen. Das hatten sie noch nie gewollt. War diese Prüfung ein Misstrauensantrag? Hat gar ihre Tochter die beiden geschickt, um den Neues-Haus-mit-Garten-und-Wärter-Gedanken zu bestärken? Aber das Urteil der Prüfenden lautete übereinstimmend: »Ausgezeichnet vorzüglich!«[389]

Diese beiden Worte haben Franziska froh gemacht.

Was gäbe sie darum, wenn ihre Tochter so zu ihr sprechen würde! Und welchen Schreck hat sie noch zuletzt gehabt. Ihr Sohn war in ihrer Obhut körperlich noch nie krank gewesen, aber Ende Februar konnte er plötzlich sein Mittagessen, Taube mit Reis, nicht bei sich behalten und spuckte sogar ein wenig Blut. Der sofort herbeigerufene Arzt maß 40 Grad Fieber. Der Patient wurde umgehend in ein abkühlendes Bad gesetzt, er war so schwach, dass der Arzt und sein Gehilfe ihn tragen mussten. Nach drei Tagen war die Krisis zwar überstanden, aber der Schreck sitzt tief. Die Zahl ihrer durchwachten Nächte steigt. So wie er ihr als

Neugeborener keinen Schlaf ließ, so ist es jetzt wieder. Ihr Sohn verlor den Sinn für den Unterschied von Tag und Nacht, oft bemächtigt sich seiner morgens gegen drei Uhr ein übermächtiger Taten- und Mitteilungsdrang. Es gibt Tage, an denen Franziska sich nur mit größter Mühe aufrecht hält.

Natürlich, hätten sie einen Krankenwärter, sie könnte nachts vielleicht wieder schlafen. Aber wie sollte ein Fremder ihm Ruhe, ihm Trost zusprechen? Ein Kind, das schreit, schreit nach seiner Mutter.

Böse Gedanken und Zweifel durchwandern Franziskas ruhelosen Nächte. Wäre es nicht doch ihre Pflicht gewesen, den *Antichrist* zu verhindern? Wie soll sie einmal vor ihren Schöpfer treten? Dr. Koegel und Elisabeth beharren in der ihnen eigenen Empfindungslosigkeit darauf, eine Gesamtausgabe zu publizieren. Eine Gesamtausgabe, die weglässt, sei nun einmal keine Gesamtausgabe mehr, und sie wisse wohl, wie wichtig ihrem Sohn dieses Buch war, das nach seinem Willen schon längst erschienen wäre.

Und als ihr Vetter und Gegenvormund Adalbert Oehler ein juristisches Gutachten abgab, demzufolge die Veröffentlichung zwar nicht ohne Risiko sei, aber keine strafbare Handlung im eigentlichen Sinn darstelle, brach ihr Widerstand zusammen. Würde sie stark genug sein, Elisabeth die Autorenrechte zu verweigern? Wer soll denn für die Zukunft ihrer Kinder sorgen, wenn nicht sie, die Mutter? Und nein, sie kann, will und darf nicht glauben, ihr Sohn habe sie nicht geliebt. Jeden Tag erfährt sie das Gegenteil. Die Antwort auf tiefe aufrichtige Mutterliebe kann nur tiefe aufrichtige Sohnesliebe sein, so will es die Natur. Niemand nimmt ihr die Überzeugung, »daß wir uns doch immer GUT gestanden haben«. Aber es kann nicht falsch sein, Beweise in der Hand zu halten. Overbeck muss doch wissen, wie sehr ihr Sohn sie geliebt hat. Und so bittet sie ihn: »Könnten Sie mir gütigst ein persönlich zu Ihnen geäußertes Wort darüber mitteilen, wie DANKBAR würde ich Ihnen sein.«[390]

Wie nah wohnen wir doch alle der Lüge und Fälschung. Das Ansinnen der alten Frau stürzt den Professor für neutestamentliche Exegese und ältere Kirchengeschichte in eine gewisse Verlegenheit. Kaum eine Passage aus Friedrichs Briefen eignet sich zu dem geforderten Zweck.

Februar 1883: *Ich mag meine Mutter nicht ...* Und so geht das weiter. Unmöglich.

Ist der Frau Pastor eigentlich schon mal aufgefallen, dass Zarathustra keine Mutter hat?, könnte er sie fragen. Dass dieses Buch ein einziger Ent-Bindungsaufruf ist, und zwar an die Kinder: Die Mütter bringen uns zur Welt? Unvermeidbar, aber sie wissen nichts von uns, die eigentliche Geburt geschieht danach: Jeder Mensch, seien wir genau: jeder Mann, hat die Pflicht, sich selbst zur Welt zu bringen! Doch Franz Overbeck kann mit Franziska Nietzsche unmöglich Zarathustra-Exegese treiben. Er muss ihr ein gutes Wort schreiben, am besten viele gute Worte, mit der Wahrheit lässt sich hier nicht viel ausrichten.

Die Pflege ihres kranken Kindes fordert ihre ganze Kraft, und ihr gesundes Kind fordert noch einmal genau so viel, eine Kraft, die sie nicht hat.

Nein, Franziska Nietzsche hätte nie geglaubt, dass es so schwer sein würde, mit oder neben ihrer Tochter zu leben.

Es ist März 1895. Gleich erscheint Elisabeths Biografie des Bruders. Sie heißt *Das Leben Friedrich Nietzsche's*. Der erste Teil umfasst die Jahre der Kindheit. Franziska ist nicht ganz wohl bei dem Gedanken, dass ihre kleine Familie plötzlich so viele Mitwisser haben wird.

Erfolgsautorin Elisabeth

Was gedruckt ist und in Leder gebunden, macht Eindruck. Auch in Naumburg. Gerade in Naumburg. Sieh an, Lieschen Nietzsche schreibt, und wie! Hätten wir ihr das zugetraut? Hätten wir nicht. Aber die Schwester eines Genies, nun ja, kann schließlich nicht ganz unbegabt sein. Bloß merkt man das bei Frauen normalerweise nicht.

Auch Franziksa liest. Sie liest mit Freude, Stolz, Erstaunen. Ein wenig unheimlich ist es schon, dass wildfremde Menschen das alles jetzt auch erfahren. Und die Nachbarn. Es schickt sich nicht. Aber Lieschen sagt, dass ihr Sohn eine Person des öffentliches Interesses ist, und im Falle solcher Menschen sei auch das Private öffentlich.

Und je weiter sie liest, desto mehr stellt sich ihr die Frage: Wann komme denn ich? Die bittere Einsicht lautet: Fast gar nicht. Den Platz, der ihr gebührte, nimmt Erdmuthe Nietzsche ein.

Und das ihr, die nur für ihre Kindern lebte.

Aber woher soll ihre Tochter wissen, was Mutterliebe ist? Sie war doch nie Mutter. Sie ist streng genommen gar keine Frau. Franziska wird es nicht verfehlt haben, ihre Tochter von diesem Gedanken in Kenntnis zu setzen, dem vieles mangelt, aber vor allem die friedensstiftende Wirkung. Elisabeth hat in Paraguay ein Kind verloren.

Die rezeptive Haltung des Nicht-Naumburger Publikums aber ist elisabethoffen, auch wenn sie eine Frau ist und die Haltung zu schreibenden Frauen gerade unter Nietzscheanern durchaus bedenklich ist: Sieh da, schon wieder eine fehlgegangene Köchin!, pflegt Overbeck zu sagen. Aber sie bringt Kunde von diesem seltsamen Fremdling, der so viel von ihnen und ihrer innersten Berufung weiß. Menschen lieben die, in denen sie sich erkennen. Die Kinder des heraufdämmernden Massenzeitalters, die sich darin leicht deplatziert finden, erkennen sich in Friedrich Nietzsche, europaweit. Sind wir nicht alle Solitäre, einmalig und verkannt?

Aber sogar Nietzsches Freunde sind überrascht. Lieschen Nietzsche kann schreiben, sollte uns da etwas entgangen sein?

Sogar ein besonders elisabethferner Leser im nahen Erzgebirge sieht sich seinem Vorsatz einer sarkastischen Lektüre zunehmend entfremdet. Heinrich Köselitz, der als Peter Gast unsterblich werden wird, vergisst immer wieder, dass ihm die Verfasserin zutiefst zuwider ist. Er hat seine wiedergewonnene Freiheit der Liedkomposition gewidmet und bereits vier Hefte gefüllt. »Neue Lieder« von Peter Gast. Er schickt sie beharrlich an die Musikverlage, bekommt sie aber alle wieder zurück. Niemand will seine »Neuen Lieder« drucken. Er hat Zeit, *Das Leben Friedrich Nietzsches, Erster Theil* zu lesen.

Man hat bisher immer die Partei der Mutter genommen, schon weil noch nie jemand Elisabeths Partei ergriff. Schließlich ist sie die Erfolgreiche, und es ist obszön, die Partei der Erfolgreichen zu nehmen.

Doch stellt es eine ganz und gar unnietzscheanische Position dar, für den Unterlegenen zu sein, allein weil er der Unterlegene ist, weil ihm, wenn schon der Erfolg ihn meide, ihm doch wenigstens Recht gebühre. Machen wir also ernst mit seinem Ideal des perspektivischen Sehens. Betrachten wir dieses Jahr und das Buch, das sie schrieb, zumindest probeweise, aus der Sicht Elisabeths.

Wer rechten Sinnes ist und sich von anderen belehren lässt, kann der fehlgehen? So ließ sich die junge Mutter Franziska, die nur ein einziges Feld hatte, auf dem sie sich bewähren konnte, die Erziehung ihrer Kinder, gern von anderen beraten. Ihre Tagebücher verzeichnen die Ergebnisse: »Ich sollte ja darauf sehen, daß Fritz nicht so viele Gewohnheiten bekäme er würde sonst Pedant. Bei Lieschen sollte ich ja nicht leiden, wenn sie in alles spräche, und beide ordentlich und folgsam gewöhnen, dabei einen frommen Sinn einpflanzen. Lieschen solle ich in das hiesige Institut schicken.«[391]

Allein die Wortwahl ist schauerlich. Und beide Geschwister setzten denn auch auf je ihre Art allen Ehrgeiz darein, den Nachweis zu führen, dass sich einem Menschen, der noch irgendeinen Rest seiner natürlichen Autonomie bewahrt, nichts einfach »einpflanzen« lässt.

In Elisabeths Fall war der einzupflanzende Sinn ohnehin vorgegeben: Zurückhaltung, Demut, Schweigen und was der Zierden einer Frau mehr sind. Das Kind ist, wie die beratende Beobachterin bemerkt hat, etwas vorlaut. Das ist unmöglich. Welcher Mann heiratet eine Frau, die »in alles spricht«, wie Franziska formuliert? Allein das Schweigen ziert die Frau.

Das weiß Franziska zwar auch so, aber was eine Frau auch so weiß, zählt nicht, jemand muss es verbürgen. Die unangefochtene Autorität, was das Wesen der Frauen betrifft, heißt Johann Josef Abel und ist Verfasser des Leitfadens *Historisches Gemälde der Lage und des Zustandes des weiblichen Geschlechts unter allen Völkern der Erde, von den ältesten bis zu den neuesten Zeiten. Ein Lesebuch für Töchter der höheren und mittleren Stände*, Leipzig 1808. Diese Fibel sei als Erziehungsratgeber weit verbreitet gewesen, wird die fast neunzigjährige Elisabeth berichten, und aus ihr erfuhren Mutter und Tochter alles, was sie wissen mussten.

Mit 24 Jahren spätestens müsse ein junges Mädchen heiraten, sonst werde sie ein »unnützes Hausgerät, ein überflüssiges Geschöpf«, das sich selber und ihren Mitmenschen »zur Last« falle. Darum gäbe es nichts Verwerflicheres, als wenn ein Mädchen die »Möglichkeit der Ehe« leichtfertig verscherze. Denn wie schnell ist es dann zu spät. Franziska wurden die Worte des Autors, der alles über die Lage und den Zustand des weiblichen Geschlechts unter allen Völkern der Erde von den ältesten bis zu den neuesten Zeiten wusste, zum Mantra schlechthin. Vielleicht hätte Elisabeth viel früher geheiratet ohne Abel und ihre Mutter.

Sie konnte nicht wie ihr Bruder ausbrechen in eine andere Welt, über die ihre Mutter keine Macht hatte. Sie konnte nur diese Mutter-Macht fortwährend brechen durch ein fortwährendes, leichtfertiges, mutwilliges Nein! zu jedem neuen Bewerber. Das Leid ihrer Mutter angesichts jedes neuen in die Wüste geschickten Verehrers war ihr Belohnung. Des Beifalls ihres Bruders durfte sie sich ohnehin sicher sein. Passiver Widerstand war der einzige, der ihr zu Gebote stand. Sie genoss ihn selbst auf die Gefahr hin, eine allseits belächelte alter Jungfer zu werden. Das war die Mutter-Tochter-Disharmonie, die zu erkennen Nietzsche mit seinem Wort von der *Naumburger Tugend* Generationen von Nietzsche-Lesern verwehrte. Aus seiner Sicht mochte das so sein, es waren zwei Frauen eben, und als solche Vertreterinnen der Sklavenmoral.

Und über diese Zeit früher Kränkungen, auch Mädchenerziehung genannt, schrieb Elisabeth. Das brachte sie ihrer Mutter nicht näher.

Elisabeth hat im letzten Jahr ein Doppelleben geführt, wie es Autoren immer tun. Einerseits lebte sie nicht zuletzt mit und neben ihrer Mutter, erheblichen Unverträglichkeitsreaktionen ausgesetzt, vor allem aber lebte sie im Naumburg ihrer Jugend, so trafen die alten und neuen mütterlichen Unbilden zusammen. Franziska offen zu kritisieren, war undenkbar, es blieb nur, ihren seelengärtnerischen Erfolg zu leugnen: Einpflanzungen misslungen.

Der konkurrenzversehrte Koegel ist noch in Italien, Hellen entlassen, wegen Koegelunverträglichkeit, heißt: Statt zwei Herausgebern hat sie nun keinen einzigen mehr. Das ist wenig befriedigend.

Am 4. März berichtet der bezahlte Abwesende von Florentiner Kunst und Florentiner Musik und bittet, ihn noch ein wenig dazulassen. Eigentlich sollte er in Florenz das Register zu den fertiggestellten acht Bänden machen, aber vom Register schreibt Koegel nichts. Und dann meldet er sich gar nicht mehr. Am 6. April fragt die Leiterin des Archivs, die augenblicklich niemanden hat, den sie leiten könne, bei ihrem Cousin Adalbert an, ob der zufällig etwas von Dr. Koegel gehört habe, *ich glaube er ist von der Welt verschwunden; jedenfalls arbeitet er nicht für das Nietzsche-Archiv, wenigstens weiss niemand etwas davon.*[392]

Adalbert Oehler weiß auch nichts, wie gut, dass das Goethe-Archiv noch mehr Archivare hat. Etwa diesen überaus sympathischen, ernsten Archivar, der die naturwissenschaftlichen Arbeiten des Meisters betreut, könnte der inzwischen nicht ein wenig aushelfen? Sie schätzt diesen nicht mehr ganz jungen Mann. Zwar dürfte sich am Goethe-Archiv inzwischen herumgesprochen haben, dass eine Mitarbeit am Nietzsche-Archiv latent lebensgefährlich ist und man höchstwahrscheinlich früher oder später zum Duell gefordert wird, aber Elisabeth fragt Rudolf Steiner trotzdem, jemand muss schließlich den Sonder-Verlagsprospekt machen, die neueste Nietzsche-Literatur betreffend: *Sie haben mir so ausserordentlich freundlich angeboten, wenn ich in Noth sei, daß Sie mir gütigst helfen wollten, da erlaube ich mir nun die große Bitte an Sie zu richten: könnten Sie nicht von Donnerstag Mittag bis Freitag abend herkommen?*[393] Steiner antwortet umgehend und nicht ohne Ausgriff ins Heroische: »Ich werde glücklich sein, wenn ich Ihrer großen Sache, die zugleich eine eminent wichtige Sache für unsere Gegenwart ist, in irgend etwas dienen kann.«[394] Dennoch hält es Elisabeth für geboten, Steiner mitzuteilen, dass seine Anwesenheit im Archiv fast ohne Risiko sei, sie versichere ihm, *daß, wenn Dr. Kögel eines Tages kommt, Sie gewiß nicht die geringste Unfreundlichkeit zu befürchten haben. Unter allen Umständen können Sie sicher sein, daß einen Monat lang seine Liebenswürdigkeit vorhält.*[395]

Ja, Elisabeth schätzt diesen klugen sensitiven Mann. Das ist auch dem Interimsflorentiner Koegel nicht verborgen geblieben, der inzwischen weiter nach Rom, Neapel und Paestum gereist ist. Aber als er vom Verlag hört, dass Rudolf Steiner ans Archiv kommt, kehrt er umgehend aus Italien zurück, nein, er fliegt aus Italien zurück.

Fritz Koegel macht sich umgehend an das Werk seiner Unverzichtbarkeit und verspricht, Band 9, den ersten der Nachlassbände, schon in vier Wochen fertig zu haben, den nächsten bis zum Juli 1895. Elisabeth ist wieder zuversichtlich, ihren Herausgeber oder sollte sie sagen: ihre beiden Herausgeber betreffend. Und der eine hat sogar ein Buch über ihren Bruder geschrieben, das eben jetzt erscheint, Ende April, Anfang Mai. Es heißt *Friedrich Nietzsche, ein Kämpfer gegen seine Zeit.*

Seine Vorrede schließt: »Ich kann diese kurze Vorrede nicht beschließen, ohne Frau Förster-Nietzsche, der Schwester Nietzsches, herzlich zu danken für die vielen Freundlichkeiten, die ich von ihr während der Zeit erfahren habe, in der meine Schrift entstanden ist. Den im ›Nietzsche-Archiv‹ in Naumburg verlebten Stunden verdanke ich die Stimmung, aus der heraus die folgenden Gedanken geschrieben sind.«[396]

Das hat er schön gesagt. Das tut ihr wohl. Steiner und sie haben fast zur gleichen Zeit ein Nietzsche-Buch herausgebracht. Das verbindet. Verbindet das?

Würdiger verbrauchen!

Leider ist ihre Mutter weit entfernt von solcher Wertschätzung, die Tochter betreffend. Ist sie nicht genau wie Naumburg? Man schätzt Elisabeths Engagement hier nicht, man verzeiht es höchstens. Die Ansichten eines verrückten Sohnes der Stadt sind nichts, was an die Öffentlichkeit gehörte. Und schon gar nicht solche, jedes normale rechtschaffene Gefühl brüskierenden Ansichten. So ist das, sie weiß es längst.

Und Franziska weigert sich beharrlich, Elisabeth die Autorenrechte ihres Sohnes abzutreten. Das ganze Ansinnen ist Franziska im höchsten Maße verdächtig: Ihre Tochter will ihr, der Mutter, dafür eine stattliches Summe zahlen, bald wird von 30 000 Mark die Rede sein, und zudem eine jährliche Rente von 1600 Mark für Friedrich.

Aber sie hat das Geld doch gar nicht!

Elisabeth zufolge wollen wohlhabende Verehrer ihres Sohnes die Summe leihen.[397] Also sie glaubt das nicht. Und selbst wenn sie es täte: Sie würde es nie und nimmer annehmen. Sie ist eine anständige Frau, sie lässt sich nicht von fremden Leuten aushalten, nicht sich und auch nicht ihren Sohn. Wahrscheinlich hat Koegel Elisabeth auf diese Idee gebracht, er kommt aus einer zu großen Stadt, er kommt aus Berlin, er hat manchmal schlimme Einfälle. Franziska weiß, dass ihre Reaktionen, um es vorsichtig auszudrücken, nicht Elisabeths Wohlwollen erregen. Es sei nicht ehrlos zu borgen, behauptet ihre Tochter, und hat sie nicht recht? Der ganze Kapitalismus ist eine undendliche Borgerei, ja sind alle großen Unternehmen nicht auf Kredit entstanden?

Es ist der Frau Pastor vollkommen unbegreiflich, dass es Menschen geben sollte, die ihrer Tochter Geld borgen, da sie es ja nicht spart, sondern ausgibt. Und dann diese unvorstellbare Summe. 30 000 Mark! Umso mehr empfindet es Franziska als ihre Pflicht, die armen Toren auf der einen Seite und ihre Tochter auf der anderen vor diesem verhängnisvollen Schritt zu schützen. Und außerdem: In einer Familie verkauft man einander nichts.

Darum werden die nichtgenanntwerdenwollenden solventen Anhänger ihres Sohnes im Herbst anbieten, Franziska Nietzsche das Geld zu schenken. Aber ist das nicht noch viel, viel schlimmer?

Die ersten acht Bände der Gesamtausgabe haben 14 000 Mark Honorar erbracht. Den größten Teil hat Franziska gespart, 6000

Mark überließ sie ihrer Tochter. Dass der pekuniäre Ertrag von Elisabeths und Koegels Arbeit an die Mutter geht, widerspricht einer seelischen Gewohnheit, nach der der Fleißige voraussetzt, die Früchte seines Fleißes selbst ernten zu dürfen.

Die Einnahmen der kommenden Jahre werden geringer sein, die Herausgabe der Nachlassbände wird mehr Zeit brauchen, darüber sind alle sich einig, umso wichtiger ist es aber, dass die Einnahmen nicht in die Hände ihrer Tochter gelangen, sondern in die ihren, der treuen Sparerin Franziska.

Der Starrsinn ihrer Mutter reizt Elisabeth. Sie hat ihrem Vetter Adalbert Oehler längst mitgeteilt, was sie von der Finanzpolitik ihrer Mutter hält: *... dieses widerliche kleine Gespare muß aufhören.*[398] Oehler ist der Gegenvormund, Elisabeth legte ihm ihre finanzpolitischen Vorstellungen schon bei Gründung des Archivs in ebenso systematischer wie grundsätzlicher Form dar:

Über das Einkommen unseres theuren Kranken habe ich besondere Ansichten. Zuerst frage ich, für wen wird das Geld gespart? Kurz und bündig, wenn wir der Sache auf den Grund gehen für uns. Ist das nun das Richtige? Sage Dir doch selbst, ob jemals Aussicht vorhanden ist, dass unser Herzensfritz selbst sein Geld oder das Zurückgelegte verbraucht? Und Elisabeth wird noch grundsätzlicher: *Wenn ein Philosoph anfängt, berühmt zu werden, so dauert es gewöhnlich 40–50 Jahre, wo sein Ruhm steigt und sich ausbreitet, dann wird er zu den Klassikern getan, was unter allen Umständen unserm grossen Fritz mit seinem meisterhaften Stil passirt. Solange unser Theurer lebt, sehe ich nur steigende Einnahmen für ihn, aber selbst 30 Jahre nach seinem Tode wird es noch Einnahmen geben: wem gehören sie? uns.*

Das ist deutlich, und die Konsequenz ist es ebenfalls: *Vor allen Dingen müssen wir jetzt alles tun, was die Würde meines Bruders erfordert*, es folgt der Satz über das *widerliche kleine Gespare*, um zu folgender Conclusio zu gelangen: *überhaupt soll nicht aufs Sparen der Accent gelegt werden, sondern aufs würdige Verbrauchen und dass Alles so gemacht wird, wie er, der so die schöne Form liebte, es gern hatte ...*

Natürlich ließe sich an dieser Stelle einwenden, dass Friedrich Nietzsche durchaus ein großer Sparer war vor dem Herrn und zu einer seiner Schwester wohl höchst inadäquat scheinenden

Anspruchslosigkeit neigte. Einfache Gasthöfe genügten ihm, das Glück der großen schönen Form war mehr eines der Anschauung. In dieser Hinsicht war er Platoniker, Elisabeth aber hat kein Talent für diese Inkonsequenz. Sie verachtet den kleinbürgerlichen Lebensstil von ganzem Herzen. Und ihr vormünderisch weisungsberechtigter Vetter erfährt weiter: *Vor der Hand ist die Hauptsache, Archiv- und Bibliothekszimmer würdig auszustatten, dabei wird nichts gespart.* Nein, mit ihrer Mutter spreche sie nie über Geldsachen, es wäre vollkommen sinnlos, heute wie vor einem Jahr. Elisabeth argumentiert zwar nur logisch, leider aber sind Frauen dieser exzentrischen Art der Beweisführung gegenüber oft sehr widerstandsfähig.

Doch was heißt: Frauen? Menschen, die sich in vorgegebenen Moralsystemen eingerichtet haben. Elisabeth zählt nicht zu ihnen; sie war lange genug die Schwester ihres Bruders, um in vermeintlichen Vorgaben bestenfalls Empfehlungen zu erkennen. Und sie fasst die fiskalische Handlungsmaxime der Zukunft für Adalbert Oehler noch einmal zusammen: *lege wie gesagt immer den ganzen Accent auf das würdige reichliche Verbrauchen.* Und nun war da schon das Angebot, nicht einmal das eigene, sondern geschenktes Geld verbrauchen zu dürfen, und ihre Mutter schlug es aus.

Sie würde nichts verlieren, im Gegenteil, sie würde sogar gewinnen. Franziskas starre Weigerung ist eine Art Entmündigung der Tochter, ein Rechthaben, eine Bevormundung. Elisabeth ist nunmehr eine Schriftstellerin, sie lenkt auf dezente Weise tendenziell unlenkbare, hochmütige, frauenverachtende Akademiker, und ihre Mutter hält sie noch immer für nicht lebenstüchtig? Das kann sie nicht hinnehmen.

Das Paradies des Philisters ist seine Selbstgerechtigkeit. Elisabeth versteht, was ihren Bruder so erboste. Hatte er nicht, wenn er »gegen seine Zeit« zu Felde zog, im Grunde gegen seine Mutter gekämpft, gegen diesen kleinen, nicht erweiterungsfähigen, harten, unbelehrbaren Weltbegriff, wenn auch nicht gegen die Sparerin Franziska? Eine große Erbitterung bemächtigt sich der Tochter.

Es bleibt ihr nur, die mütterliche Selbstgewissheit zu erschüttern. Das ist seelischer Guerillakampf, das ist nicht schön, durchaus nicht schön, aber es ist der einzige Weg, glaubt Elisabeth. Menschen, zu denen ihre Mutter aufblickt, müssen ihr raten, das zu tun, was sie nicht tun will: Friedrich mehr Auslauf geben und der Tochter die Rechte an seinen Schriften. Menschen wie Doktor Gutjahr!

Und Elisabeth setzt den Doktor, der bedauerlicherweise den Kunstgeschmack ihrer Mutter teilt, davon in Kenntnis, dass die Sohnesliebe des Patienten durchaus zu Irritationen neigte, wie er ihr nach Paraguay schrieb. Der verunsicherte Hausarzt, Franziskas Aufopferung für den Sohn aufrichtig bewundernd – so etwas können nur Frauen! –, erweist sich als bedenklicher Vertrauensmann. Am Ende sieht er keine andere Möglichkeit, als Franziska den Brief zu zeigen, den er von ihrer Tochter bekam. Diese Katastrophe ereignet sich im Juni.

Franziska ist außer sich. Ihr Sohn soll schlecht über seine Mutter gesprochen haben? Nie! Niemals, nicht ihr Sohn. Adalbert Oehler: »Nun suchte sie nach den guten Briefen, um sich daran zu trösten; aber diese waren im Archiv.«[399]

Gibt es ein Recht, das Weltbild eines anderen zum Einsturz zu bringen? Die Denker haben sich dieses Recht immer genommen, sie nennen das Philosophie. Aber was liegt in Elisabeths Fall vor?

Mag sein, vorausgegangene Schonung verstärkt eine spätere Grausamkeit. Als Peter Gast im Februar 1892 in Elisabeths Auftrag das *Ecce homo*-Blatt mit der schrecklichen *Canaillen*-Stelle von Naumann abholte (und schon aus Gewissenhaftigkeit kopierte!), hat Elisabeth es vernichtet. Es hätte auf der Hand gelegen, sie ihrer Mutter zuvor vorzulesen, immerhin sind sie beide angesprochen und sie hätten das Leid darüber teilen können, aber Elisabeth kann es nicht getan haben, sonst würde Franziska jetzt nicht aus allen Bewusstseinswolken fallen.

Die Schonung fällt jetzt weg: Warum sollst nicht auch du wissen, was ich weiß? Dass Elisabeth in diesem Jahr 1895 ihre den kranken Sohn pflegende Mutter nicht schont, galt bisher als ultimativer Nachweis der Miserabilität ihres ganzen Wesens. Und doch ist diese Sicht zu einfach, denn sie verkennt die Tragik im Mutter-Tochter-Verhältnis. Dass Elisabeth ihrer Mutter spätestens jetzt ein paar Illusionen nehmen möchte, ist zwar nicht rücksichtsvoll, aber nachvollziehbar.

Franziska nennt den bösen Brief fortan nur den »Gespensterbrief«. In Paraguay verloren? So kann man die Nichtexistenz auch ausdrücken, glaubt Franziska. Wahrscheinlich blickt sie neuerdings ein wenig ironisch auf ihre Tochter, verletzt und ironisch zugleich, obwohl diese Geisteslage ihrem natürlichen Temperament vollkommen fremd ist.

Im August unternimmt Elisabeth eine große Studienreise. Die Biografin muss den Spuren ihres Bruders folgen. Der zweite Band wird mit Nietzsches Berufung beginnen. An vielen Orten waren sie gemeinsam. Als ihr Bruder Professor in Basel war, sind sie zusammen verreist, er hat sie bei Wagner und Cosima in Tribschen eingeführt und später haben sie in Basel zusammen gewohnt. Durch ihn ist sie beinahe eine Baselerin geworden, sie hat noch immer Freunde und Bekannte in der Stadt. Sie wird alle nach ihren Erinnerungen an Nietzsche befragen, vor allem Jacob Burckhardt, dessen Vorlesungen ihr Bruder hörte, auch wenn er längst kein Student mehr war, sondern selbst Professor. Er verehrte diesen Mann, wie er nur Wagner verehrt hatte, wer hätte tiefer als er die Renaissancekultur Italiens beschrieben? Vielleicht würde sie auch Overbeck antreffen. Doch so vertraut ihr Basel ist: In Sils Maria war sie noch nie, auch die anderen Orte seines späteren intellektuellen Vagabundenlebens sind ihr nicht vertraut. Genua, Rapallo, Nizza und Turin natürlich. Sie hat viel vor. Sie wünscht sich, Meta könnte sie begleiten. Meta von Salis, die ihren Bruder kennenlernte, als sie schon in Paraguay war. Aber Meta kann jetzt nicht reisen, nicht gleich, sie werden sich in Sils Maria treffen, wo die Schweizerin früher Sommer für Sommer ihren Bruder sah.

Vor Eichicht bei München verlässt ihr Zug Richtung Basel eigenmächtig die Schienen. … *wir wurden wie Erbsen in einer Schachtel*

geschüttelt, Koffer, Fensterscheiben Alles durcheinander ... Ich habe ei-
nen furchtbaren Stoß durch einen herunterfallenden Koffer bekommen[400].
Vielleicht wären kleinmütigere Geister gleich wieder umgekehrt.

Von einem Koffer erschlagen werden! Welch prosaisches Ende ihrer gerade begonnenen schriftstellerischen Laufbahn. Neben
verschiedenen Beweisen für die Wirksamkeit des Gesetzes der
Schwerkraft auf ihrem Körper wird Elisabeth auch von einem
Herzfehler sprechen, den sie sich bei dieser Gelegenheit zugezo-
gen habe. Wenn Züge entgleisen, egal ob der nach Basel oder der
ihres Lebens, wird sie künftig ihr Herz spüren, anders, beunru-
higender als vorher. Schwächere Frauen hätten sich, begraben unter Gepäck, an ihrer Stelle wohl gefragt, was das Schicksal ihnen
damit sagen wollte? Schuster kennen die Empfehlung, bei ihren
Leisten zu bleiben, aber sie? Überliesen Nietzsche als Nietzsche-
Forscherin und erste Frau, die ein wissenschaftliches Archiv be-
treibt: Ist das gar zu hybrid?

Elisabeth lehnt es ab, sich solche kleinmütigen Fragen zu stellen.
Im Gegenteil, sie hat überlebt: Ist das nicht eine eindeutige Aufforderung des Schicksals, weiterzumachen? Der Sinn unangenehmer Vorkommnisse im Leben ist es, die richtigen Lehren daraus
zu ziehen. Die Pflicht einer Archivleiterin, die soeben auf so dras-
tische Art von ihrer Endlichkeit in Kenntnis gesetzt wurde, besteht
offenbar darin, beizeiten ihre Nachfolge zu regeln. *Ich wollte nur
sagen, wenn ich bei dieser Reise umkommen sollte, so sorgt dafür, daß das
mühselig zusammengesammelte Archiv beieinander bleibt. Macht alles,
wie Koegel vorschlägt. Er kennt meine Wünsche am besten.*[401]

In Basel eingetroffen, informiert die Überlebende eines Eisen-
bahnunglücks Jacob Burckhardt von ihrer Absicht ihn zu besuchen. Professor Jacob Burckhardt ist es zu danken, dass ihr Bruder zuletzt nicht in einem italienischen Irrenhaus gestrandet ist.
Nur Burckhardt hatte den Neujahrsgruß, den er im Januar 1889
von Nietzsche bekam, als Handlungsanleitung begriffen. Nur
einer also hatte den Ernst der Lage wirklich erkannt, und das
war er. Ob sie Scheu hat, sich an den großen Gelehrten zu wenden? Und worüber genau will sie mit ihm reden? Über die Kultur der Renaissance in Italien?

Worüber soll ich mit ihr reden?, mag sich Burckhardt gefragt haben. Die Zahl der Männer der Wissenschaft, die dem unerfreulichen Geschlecht, dem sie angehört, nach Möglichkeit aus dem Weg gehen, ist nicht unbeträchtlich. Immanuel Kant hat es vorgemacht. Sapere aude! Habe Mut, dich deines eigenen Verstandes zu bedienen, war eine Aufforderung an die Männer. Betreffs Existenz und Funktionsweise des in Rede stehenden Organs bei der anderen Hälfte der Menschheit war er nicht zuversichtlich.

Elisabeth hat über das, was man ihr Burckhardt-Erlebnis nennen dürfte, nichts überliefert. Der große Elisabeth-Skeptiker Franz Overbeck übernahm die Rolle des Berichterstatters nicht ohne Befriedigung: »... sie stellte sich auf ihrer damaligen Informationsreise auch bei Burckhardt persönlich hier ein ... Der Bescheid, den sie erhielt, war von einem Hinweis auf des Zimmermanns Loch um kein Haar breit mehr zu unterscheiden, als jeder, der die bei der Scene betheiligten Personen kennt (Burckhardts Art) und bedenkt (der Dame Geschlecht) am Ende von selbst voraussetzen wird.«[402] In der Stadt erzähle man sich, Burckhardt habe sich dabei als altersschwachen »Dubel«, als Trottel, gestellt.

Overbeck wird im Herbst zwar die Höflichkeit aufbringen, sich mit Elisabeth in Leipzig zu treffen, und dabei die Kunst perfektionieren, etwas zu sagen, ohne etwas zu sagen. Von ihm Mithilfe an einem Lieschen-Nietzsche-Buch zu erwarten oder gar Einsicht in seine Nietzsche-Briefe, ist grotesk, sie müsste das wissen. Denn dort, wo das Reich des Geistes beginnt, hat sie nichts zu suchen.

Aber die Reisende auf ihres Bruders Spuren ist nicht zu verunsichern, einerseits, weil sie gern kämpft, andererseits, weil die Welt durchaus nicht voller Jacob Burckhardts und Franz Overbecks ist. Sie lernt mit Erstaunen und Freude etwas kennen, was man wohl das Glück des Autors nennen muss. *Du machst Dir keine Vorstellung*, schreibt sie dem derzeitigen Magdeburger Stadtrat und Gegenvormund ihres Bruders, *wie rührend stockfremde Menschen über die Biographie an mich schreiben.*[403]

Menschen, die man gar nicht kennt, ganz nah sein.

Gibt es etwas Schöneres, Zarteres? Sie gehört nun wohl einer

Species an, die ihr Bruder auch das *Litteraturweib* nannte. Ob sie schon gelesen hat, was er über diese Fraktion der Unfruchtbaren dachte? *Das Litteraturweib, unbefriedigt, aufgeregt, öde in Herz und Eingeweide, mit schmerzhafter Neugierde jeder Zeit auf den Imperativ hinhorchend, der aus der Tiefe ihrer Organisation kategorisch SEIN aut liberi aut libri formulirt: das Litteraturweib, gebildet genug, um die Stimme der Natur zu verstehn, selbst wenn sie Latein redet … Das vollkommene Weib begeht Litteratur, wie es eine kleine Sünde begeht, zum Versuch, im Vorübergehn, sich umblickend, ob es Jemand bemerkt und DASS es Jemand bemerkt: es weiß, wie gut dem vollkommenen Weibe ein kleiner Fleck Fäulniß und brauner Verdorbenheit steht, – es weiß noch besser, wie alles Litteraturmachen am Weibe WIRKT, als Fragezeichen in Hinsicht auf alle SONSTIGEN weiblichen pudeurs …*[404]

Nein, wahrscheinlich kennt sie diese Stelle nicht. Noch liegt sie begraben in den späten Notizbüchern, im Fundus dessen, was kein Mensch außer Heinrich Köselitz lesen kann und was einmal zum großen Teil im *Willen zur Macht* aufgehen wird. Koegel, der zuhausegebliebene Herausgeber, macht auch gerade Entdeckungen in diesem Bergwerk der Notizbücher.

Fritz Koegel stößt auf Stellen, die das Bruder-Schwester-Verhältnis in einem, nun, sagen wir, durchaus katastrophalen Licht erscheinen lassen. Sein philologisches Gewissen fordert, diese Stellen zu sichern, denn wenn Elisabeth sie erst entdeckt, würde sie sie nicht beseitigen, ja, beseitigen müssen, denn wie sonst sollte sie dem Publikum vor Augen treten? Als Friedrich Nietzsches verabscheute Schwester?

Und Kögel notiert.

Er kann noch nicht ahnen, dass er bereits ein Jahr später Elisabeth drohen wird, die vermeintliche Wahrheit über Friedrich Nietzsche und seine Schwester zu veröffentlichen. Und welche Karriere werden die bald *Koegel-Excerpte* genannten Notizen noch vor sich haben, als Geheimwaffe gegen alles, was Elisabeth betrifft, direkter oder indirekter Anlass unzähliger Darstellungen und Gegendarstellungen in deutschen Zeitungen und Zeitschriften, jahrelanger erschöpfender Prozesse.

Als er da sitzt und exzerpiert, ahnt Fritz Koegel von alldem noch nichts.

Noch scheint er durchaus Schwierigkeiten zu haben, die Elisabeth, die er kennt, in Verbindung zu bringen mit der Elisabeth, die ihm in Nietzsches Briefentwürfen begegnet. Wie passen diese beiden zusammen? Ja, wenn er sich selbst nicht belügen will, müsste er wohl sagen, er vermisst sie. Er schreibt seiner Arbeitgeberin nach Sils Maria: »Für mich beginnt nun ein ganz einsames Leben: die Gespräche mit Ihnen wandeln sich in moralische Spaziergänge um, und an den Abenden wird das Manuskript abgeschrieben. Stellen Sie sich vor, wie ausgehungert nach Menschennähe (gute Leute nennen es Liebe) ich in einigen Wochen sein werde …«[405] Er unterzeichnet mit »Poor Koegel«, da er sich gerade nicht nur über die späten, kaum entschlüsselbaren Notizhefte Nietzsches gebeugt findet, sondern auch über eine englische Nietzsche-Übersetzung. Inzwischen erklärt ihr Meta von Salis in Sils Maria die Hochgebirgsexistenz ihres Bruders, ihrer beider Hochgebirgsexistenz über mehrere Jahre. Und dann lässt Elisabeth den Plan fallen, auch Genua, Rapallo, Nizza und Turin zu sehen, denn Malwida kommt nach Stresa. Malwida von Meysenbug, die nicht nur ihrem Bruder, sondern auch ihr wie eine Mutter war. Am 10. September 1895 ist Elisabeth zurück in Naumburg.

Zurück in der Kleinbürgerlichkeit.

Es kann nicht verwundern, dass Elisabeth es so empfindet. Sie kommt aus der grossen Welt, sie wurde verehrt, sie hat, wie schon im letzten Jahr, einen Heiratsantrag entgegengenommen und ihn abgelehnt, auch diesmal einen Heiratsantrag *aus der grossen Welt*, andere nimmt sie wohl gar nicht entgegen. Die Gründe, nicht darauf einzugehen, mögen vielfältig sein. Sie ist, wenn sie ihre Jahre nachzählt, eher eine Großmutter als eine Frau, und sie hat wenig Talent, das Eigentum eines Mannes zu sein. Was sie zu thun hat, sagt sie sich selbst, sie könnte da keine Empfehlungen mit Weisungscharakter empfangen. Vor allem aber: Als Ehefrau könnte sie nicht das Nietzsche-Archiv führen. … *ich schlug es nur aus, weil ich mich dann unmöglich dem Nietzsche-Archiv widmen konnte*[406]. Sie war einmal verheiratet, glücklich verheiratet, aber dass ein Mann den Oberbefehl über ihr Leben haben soll, hat sie schon damals nicht recht verstanden. Nein, in diesen Zustand der selbstverschuldeten Unmündigkeit kann sie sich nie wieder begeben. Ihre Mutter, die den Status der Unmündigkeit für den natürlichen Status einer Frau hält, sträubt sich noch immer, ihr die Urheberrechte abzutreten. So viel Willen bei einer bekennend Willenlosen, ist das nicht grotesk? Franziskas Standhaftigkeit verbessert das Verhältnis zu ihrer zurückgekehrten Tochter nicht.

Den Eisenbahnunfall hat sie überlebt, aber wird sie auch den Starrsinn ihrer Mutter überleben?

Die Unterschrift

Am 19. September trifft Elisabeth Franz Overbeck in Leipzig, sehr gegen seinen Willen, allerdings scheint ihm ein »Rest an Höflichkeit« geboten, weshalb er sich dieser ihm »abgepressten Zusammenkunft« nicht entzieht. Er weiß, was sie will: »sich so weit wie möglich meiner Beiträge zur Biographie und vor Allem meiner Briefe zu vergewissern«[407]. Mit Hohn registriert er das Tränentüchlein seiner Gesprächspartnerin, »das ihre Hand nicht verliess, übrigens nur mässig zur Verwendung kam«. Sie wirbt um ihn, er hält sie hin: »Alles was nur irgendwie wie Collaboration aussähe lehnte ich unzweideutig ab.«[408] Drei Stunden dauert Overbecks Martyrium. Elisabeth schlägt Versöhnung vor, Overbeck erwidert, dass es darauf nicht ankäme. Dass er nicht gedenkt, dem Archiv seine Nietzsche-Briefe auszuhändigen oder auch nur Einsicht zu gewähren, teilt er ihr wohl bereits jetzt so unmissverständlich mit, wie er es später wiederholt: »dieser Schatz bleibt mein ausschließliches, persönliches Eigentum ..., das Archiv ist ... der letzte Ort der Welt, dem ich ihn überlassen werde«[409]. Der Professor fordert sie auf, in ihrer Biografie alle Mitteilungen zu vermeiden, die ihn zu einer Gegendarstellung nötigen würden. Wenn er genau sein wollte, müsste er wohl sagen: jede Mitteilung. Ja, er ist ein atheistischer Professor für Kirchengeschichte, aber wie bitte will eine Frau, und gar diese Frau verstehen, was ihn dazu bestimmte? Sie ist ein Geschöpf des Alltags, wie will sie geistige Distinktionen begreifen? Wie will sie verstehen, was es heißt, ein geistiges Schicksal zu haben? Das, nichts anderes, ist der Quell seiner Empörung gegen Elisabeth.

Sie verabschieden sich in aller Fremdheit, in aller noch notdürftig unterdrückten Feindschaft. Was mag über sie in den Briefen ihres Bruders stehen?

Overbeck und ihre Mutter sind im Augenblick die ihr am meisten widerstrebenden Menschen. Umso besser verstehen sie sich. Overbeck knüpft seinen Besuch in Naumburg an zwei Voraussetzungen. Keinen Fuß setzt er ins Archiv und am besten, Elisabeth wäre gar nicht in der Stadt. Und eine dritte Voraussetzung ist zu erfüllen, weiß die Mutter. Wenn der Besuch an einem der Brüll-Tage ihres Sohnes kommt, könnte er sich sehr erschrecken. Es sollte schon einer der regelmäßig nachfolgenden Tage der Ermattung sein. Am 24. September sind alle drei Voraussetzungen gegeben, Elisabeth ist in Jena, Friedrich Nietzsche ist müde, und Franz Overbeck sieht zum ersten Mal seit fünf Jahren den Mann wieder, der einmal sein Freund war: »Zu hinterst im Stübchen kauerte er auf seinem Sofa wie ein todeswundes wildes Thier, das nur in Ruhe enden will, mich aus erloschenem Auge ansehend, mit keinem anderen Ausdruck darin als dem einer stumpfen Verdrossenheit … Ich glaube nicht, dass er noch spricht, unterliess es aber danach zu fragen, auch im Zweifel darüber, ob ich die Wahrheit erführe.«[410] Nicht einen einzigen Laut entlockt er ihm. Overbeck hofft, es handele sich um »Symptome des Endes«. Er sagt es der Frau Pastor, sie widerspricht nicht.

Es ist das letzte Mal, dass Overbeck den Freund sieht. Er bewundert Franziska für ihre »unbegreifliche Widerstandskraft«, und dabei habe sie nicht ein einziges graues Haar auf dem Kopf, ihre Züge kommen ihm feiner vor als früher, geistig beinahe.

Als Overbeck abreist, fühlt Franziska neue Stärke, neuen Rückhalt, ihrer Tochter zu widerstehen. Elisabeth wiederum ist entschlossen, die Sache zur Entscheidung zu bringen. Jetzt kommt das Angebot, die 30 000 Mark als Schenkung zu erhalten.

Adalbert Oehler ist seit Monaten der Parlamentär zwischen

den Fronten eines Krieges, in dem er sachlich auf Seiten der Schwester, menschlich auf der der Mutter steht. Sie ist eine Oehler wie er. Er versucht immer wieder, Franziska zum Nachgeben zu bewegen, aber vergeblich. Sie nimmt keine Geldgeschenke an.

Schließlich zieht der potentielle Spender das Angebot zurück, er kann sich das Zögern nicht erklären und legt es als Misstrauensantrag aus. Elisabeths Erbitterung wächst.

Am 26. Oktober 1895 steht ein junger, überaus gut aussehender eleganter Mann vor der Tür des Nietzsche-Archivs in der Grochlitzer Straße 10. Sein Vater, ein Hamburger Bankier, ist kürzlich gestorben und hat ihm ein paar Millionen hinterlassen. Der junge Mann weiß nicht, ob er das als Vorteil begreifen soll. Streng genommen müsste er im Leben gar nichts mehr tun, aber das macht den Menschen nicht zufriedener, schon gar nicht in seinem Alter. Er zählt noch nicht einmal dreißig Jahre. Es geht das Gerücht, sein Vater sei gar nicht sein Vater, das sei vielmehr der Kaiser, Wilhelm I. Ob er es schon kennt? Aber selbst wenn, was sollte er dazu sagen? Sein geistiger Vater ist ohnehin ein anderer: »Unsere Generation war wohl die erste, die von Nietzsche tief beeinflusst wurde. Zu Anfang war unser Gefühl eine Mischung von angenehmem Gruseln und staunender Bewunderung vor dem Monsterfeuerwerk seines Geistes, in dem ein Stück nach dem anderen unseres moralischen Rüstzeugs in Rauch aufging.«[411] Die Art, wie er ihn beeinflusste, nein, »in Besitz nahm«, ließe sich keinem anderen vergleichen, er »sprach nicht bloß zu Verstand und Phantasie. Seine Wirkung war umfassender, tiefer, geheimnisvoller. Sein immer stärker anschwellender Widerhall bedeutete den Einbruch einer Mystik in die rationalisierte Zeit … Wir wurden durch ihn aus dieser eisigen Epoche wie fortgezaubert und entrückt.«[412] Seit Lord Byron habe kein Rattenfängergenie so unwiderstehlich die Besten einer ganzen Jugend hinter sich hergezogen.

Zu Beginn des vergangenen Jahres hatte die *Kreuzeitung* angeregt, die Werke dieses Autors verbieten zu lassen, was den Sohn mehrerer Väter zu der Überlegung veranlasste, ein solcher Schritt sei ganz und gar unmöglich, ja er würde einen Sturm der Entrüstung hervorrufen und erhöhte Teilnehmung des Publikums.[413] Auch darum steht Harry Graf Kessler jetzt vor Elisabeths Tür.

Dem Bankiersvater zuliebe hatte der Sohn Jura studiert, es war wohl ein Irrtum. Aber wo liegt die Wahrheit? Solange er das nicht weiß, hat Harry Graf Kessler beschlossen, eine ziemlich elitäre Kunstzeitschrift herauszugeben, den *Pan*. *Pan* ist nur ein anderer Name für Dionysos. Nachdem die Gründer sich überwarfen und in Schwierigkeiten gerieten, liegen jetzt alle Fäden in der Hand des jungen Mannes vor Elisabeths Tür. Harry Graf Kessler würde gern einige musikalische Werke Nietzsches im *Pan* drucken, und um diesen Wunsch zu befördern, ihm sanften Nachdruck zu verleihen, ist er hier.

Als sie sich zum ersten Mal gegenüberstehen, wissen weder der junge Aristokrat noch die im Augenblick zu nervlicher Zerrüttung neigende Herrin des Archivs, dass sie einander ein Leben lang begleiten werden. Der Sendbote des *Pan* führt Tagebuch, vielleicht aus der Einsicht heraus, dass ein Mensch, der noch nicht weiß, was er machen will, zumindest wissen sollte, was er schon gemacht hat. Und so ist das auch an diesem späten Oktobertag in Naumburg: »Sie ist eine kleine, zierliche, noch hübsche Frau, mit frischer Gesichtsfarbe und Locken; die Energie sieht man ihr nicht an. … Kögel ein grosser, dunkler Mann mit einem schönen, ausdrucksvollen Kopf, dessen genialem Aussehen er aber etwas zu sehr durch wirre Frisur und ›Schinn‹ nachhilft. Zuerst schienen sie beide nicht sehr bereit, den Hymnus an die Freundschaft herzugeben.«[414] Aber unter dem Einfluss seiner Beredsamkeit wird das Duo zugänglicher. Der Mann mit dem etwas zu genialischen Aussehen beginnt, den Hymnus mehrere Male auf dem Klavier vorzuspielen. »Über dem Klavier hängen, ausser einer Fotographie von Nietzsche selbst, dessen Lieblingsbilder: Schopenhauer und Wagner, Dürers Ritter, Tod und Teufel und ein Kavalier von van Dyck.«

Kesslers Kunstgeschmack ist noch nicht festgestellt. Nur eines ist klar: Die Kunst darf nicht philiströs sein. Elisabeth sieht das nicht anders. Die Marmorbüste ihres Bruders etwa, die der junge Naumburger Bildhauer Schellbach gemacht hat, hält sie für überaus unbedeutend und sie wird den Grafen, der sie versehentlich im *Pan* drucken will, bald dazu bringen, sich ihrem Urteil anzuschließen.

Franziska Nietzsche dagegen findet die Büste gut. Außerdem kommt der junge Künstler aus einer guten Naumburger Familie, die man nicht brüskieren dürfe, aber Elisabeth ist das egal.

Adalbert Oehler erhält nun, es wird November, beinahe täglich Post von Elisabeth und ihrer Mutter, Dokumente der Unnachgiebigkeit, Schmähungen der Gegenseite. Schließlich meint Adalbert Oehler, es geschafft zu haben. Frau Pastor erklärt sich bereit, den Abtretungsvertrag zu unterschreiben und – widerruft kurz darauf: »Ich weiß bestimmt, daß ich etwas Falsches tue, wenn ich unterschreibe.«[415] Denn zu unterschreiben, hieße, das letzte Band zu zerschneiden, das Elisabeth »noch einigermaßen von mir abhängig macht ... Und ich tue es auch nicht.«

Ob Friedrich Nietzsche etwas von negativen Energien spürt, die sich um ihn herum entladen, und wer hat schuld? Er.

Am 27. November 1895 meldet die *Frankfurter Zeitung*: »Man teilt uns mit: Frau Elisabeth FÖRSTER in Naumburg, die Gattin des verstorbenen Dr. Förster und Schwester Friedrich Nietzsche's, erhielt von der Regierung die Erlaubniß sich fortan FÖRSTER-NIETZSCHE zu nennen.« Und wenn schon. Sie wird gewiss bald ihrem neu erworbenen Herzfehler erliegen. Diese ständige Anspannung der Ungewissheit, ob und wie lange noch die Geldgeber Geld geben wollen, wenn ihre Mutter doch keines nehmen will, hält sie nicht durch. Wenn Franziska so weitermacht, hat sie bald zwei verrückte Kinder.

Die Sorge um die physische und nervliche Konstitution ihrer Tochter bestimmt Franziska Nietzsche schließlich am 18. Dezember, den Abtretungsvertrag beim Justizrat Wilde zu unterschreiben, gegen ihren ausdrücklichen Willen, unter heftigstem inneren Protest. Sie beschließt darum, ein zweites Dokument aufzusetzen und zu unterzeichnen, es handelt sich gewissermaßen um einen juristischen Kommentar: »Die soeben getane Unterschrift hinsichtlich der Abtretung des Geistesschatzes meines Sohnes mit fremdem Geld habe ich nur auf Bitten und Drängen meiner Tochter Frau Dr Foerster getan und ist somit durch eine gewisse Nötigung geschehen.«[416] Sie sendet das Dokument an den Gegenvormund. Adalbert Oehler kann nicht mehr.

Elisabeth aber ist grenzenlos erleichtert, alle Gewichte der Welt fallen von ihr ab. Ein Weihnachten im Kriegszustand wäre wohl über beider Kräfte gegangen. Mutter und Tochter gehen jetzt besonders zuvorkommend miteinander um, so als wären sie aus Porzellan, die kleinste Erschütterung vermeidend. Die Milde des heiligen Abends ist vollkommen. Auch der Patient hat einen besonders guten Tag, er schaut auf die Lichter am brennenden Baum wie ein Kind, die Spieldose umrahmt das Fest in nun schon feierlicher Familientradition mit Lohengrins Hochzeitsmarsch.[417] Er hat das Heiraten einmal die drittgrößte Trivialität nach dem Geborenwerden und Sterbenmüssen bezeichnet, und Märsche zählten keineswegs zu seiner bevorzugten Musik, warum eigentlich? Es ist Weihnachtsfriede 1895 in Naumburger Haus am Weingarten.

Halten wir an dieser Stelle mit vorausweisendem Blick noch einen Passus aus Elisabeths Kindheitsreport fest, die gleichsam philologischen Familieneigentümlichkeiten betreffend: *Kotzebue hatte unserer Großmutter eines seiner Lustspiele in der Handschrift geschenkt, welches leider Tante Riekchen im blinden Ordnungseifer aus Versehen verbrannte. (Das Verbrennen alter Briefe und werthvoller Manuscripte ist vielfach in unserer Familie vorgekommen, es war der Exceß der Nietzscheschen Ordnungsliebe und Diskretion.) »Alte Papiere sind schwer in Ordnung zu halten, und in Briefen werden einem manchmal Sachen anvertraut, deren man sich später besser nicht erinnert.« Das war die Familienempfindung, nach welcher manches Glied handelte – leider auch mein Bruder.*[418]

Dr. Rudolf Steiner

»Habe eben Nietzsche gesehen. Er lag auf dem Sopha, wie ein Denker, der müde ist und ein lang gehegtes Problem liegend weiter denkt. Ich konnte ihm nicht ins Auge schauen, obwohl er sie öfter aufschlug und zu seiner Rechten blickte, wie man es oft macht während des Nachdenkens. Sein Aussehen ist das eines völlig gesunden. Keine Blässe. Kein weißes Haar. Der mächtige Schnurrbart wie auf dem Zarathustrabilde. O, diese mächtige Stirn, Denker und Künstler zugleich verratend. Frische Röte über dem ganzen Gesichte. Friede des Weisen um sich verbreitend. Man glaubt hinter dieser Stirne die ganze gewaltige Gedankenwelt schlummernd. Ich hatte den Gedanken: er ist bei vollem Bewusstsein, sieht und hört alles, was um ihn vorgeht. Kann es nur nicht äußern. Empfindung von weltabgeschiedener Größe, die ich vor mir habe, überkam mich. Die Mutter sprach wie mit einem Kinde, das die Mutter sehr lieb hat. Gütige Worte waren es. ›Nicht wahr Du bist mein gutes Kind.‹ Beim Berühren der Decke durch die Mutter ein leise brummender Laut. Öfteres Aufblicken wobei der Blick immer zugleich nach der rechten Seite. Vollkommene Ruhe. Der Kopf lag auf der Sophalehne. Die Mutter rückte den Tisch weg, berührte die Hände, die er über dem Leib zusammenhielt. Er ist müde sagte die Mutter, er hat fast den ganzen Vormittag geschlafen. Er ist auch ruhebedürftig, denn beim Berühren hört man einen brummenden Ton, wie: laß mir meine Ruhe. Die Mutter rückt den Tisch wieder an das Sopha. Wenn ich ihn so liegen sehe, ohne das Auge zu sehen: ich hielte ihn kaum für einen Kranken.«[419]

Am 22. Januar 1896 darf Rudolf Steiner, Autor von *Friedrich Nietzsche, ein Kämpfer gegen seine Zeit*, den Gral sehen.

Steiner ist jetzt bald Mitte dreißig und steht unmittelbar vor dem, was nüchtern urteilende Menschen, die ohne besonderen Auftrag auf Erden weilen, auch das Nichts nennen. Er wirkte bereits etwas ältlich, als er 24 war, zumindest aus der Perspektive eines Kindes: »Das blasse, ein wenig faltige Asketengesicht mit den braunen Augen hinter scharfen Brillengläsern. Das lange, straffe schwarze Haar, den hageren Hals mit dem großen Adamsapfel, die hochgewachsene, vom langen Schoßrock umflatterte Erscheinung, in der etwas vom Geistlichen, etwas vom Philosophischen und etwas vom rechthaberischen Pedanten war.«[420] Dazu eine schwache, etwas predigerhafte Stimme, trotz allen ältlichen Gelehrtenernstes, habe er aber doch zugleich eine Ausstrahlung des Knabenhaften und des Aufschneiders gehabt. Körperlich jedoch, berichtet sein einstiger Schüler, sei er so schwächlich gewesen, »dass er sofort zu Boden stürzte, wenn einer der Buben sich in einem Anfall von Liebe oder von Übermut an seinen Hals hängen wollte«.[421]

Rudolf Steiner hat also Nietzsche gesehen. Er weiß, was diese Auszeichnung bedeutet. Er gehört jetzt zu den Rittern der Tafelrunde, er ist der zweite Ritter. Oder nein, das ist falsch. Denn an diese Tafelrunde passt nach dem Selbstgefühl des im letzten Jahr beinahe in Italien verlorengegangenen Herausgebers Koegel nur ein einziger Ritter, und das ist er selber. Das Privileg des etwas anämisch wirkenden Wanderarchivars berührt den alleinigen Herausgeber sehr unangenehm, um das Mindeste zu sagen.

Es ist keine Frage, dass Rudolf Steiner der großen Vorsitzenden des Nietzsche-Archivs gefällt. Und vielleicht hebt sie schon jetzt hervor, was sie noch oft wiederholen wird: Steiner sei ein Philosoph. Heißt das im Umkehrschluss nicht: Er, Koegel mit der Röhrenabkunft, ist keiner. – ?

Das Verhältnis der Archivleiterin zu ihrem ersten und einzigen Herausgeber ist neuerdings kleinen atmosphärischen Störungen ausgesetzt. Sie wird sich bald über die ironischen Blicke beklagen, mit denen ihr Herausgeber sie bedenkt, wenn sie etwas von ihm wissen will. Dabei laufen ihre Erkundigungen immer auf dieselbe Frage hinaus: Geht das nicht ein bißchen schneller? Nein, geht es nicht. Elisabeth Förster-Nietzsche weiß, dass Koegel der beste und schnellste aller möglichen Herausgeber ist, aber dass selbst schnellste Herausgeber so langsam werden können, irritiert sie dennoch. Die zwei für den letzten Sommer versprochenen ersten Bände des Nachlasses waren erst im Oktober fertig und noch ist kein Nachfolger in Sicht.

Liegt es vielleicht daran, dass Koegel kein Philosoph ist? Steiner, wie gesagt, ist einer, zudem so zerbrechlich, so chancenlos, schutzbedürftig. Wahrscheinlich entwickelt Elisabeth bereits jetzt jenen ausgeprägten mütterlichen Beschützerinstinkt für junge gefährdete Künstler-Denker, der sie bald auszeichnen wird. Vielleicht mischen sich auch noch andere Instinkte hinein.

Die Nuancen enttäuschter Erwartung im Gesicht seiner Arbeitgeberin zu sehen, macht den Herausgeber nicht produktiver. Auch er plant selbstverständlich, ein Buch über Nietzsche zu schreiben[422], aber man kommt ja zu nichts über der ganzen Herausgeberei.

Sie hätte Steiner wirklich nicht schon wieder aus Weimar kommen lassen müssen, um Nietzsches Bibliothek ordnen und inventarisieren zu lassen. Sie sagt, es sei nötig wegen der Feuerversicherung.

Feuerversicherung!

Diese Arbeit ist eine Auszeichnung, und der Beauftragte begreift das sehr gut: »Es war eine schöne Aufgabe, die die Bücher vor meine Augen stellte, in denen Nietzsche gelesen hatte. Sein Geist lebte in den Eindrücken auf, welche diese Bücher machten. Ein ganz mit Randbemerkungen versehenes, alle Spuren hingebendster Durcharbeitung tragendes Exemplar eines Emerson'schen Buches. Guyaus Schriften mit ebensolchen Spuren. Bücher mit leidenschaftlich kritisierenden Bemerkungen von seiner Hand. … Ich war tief ergriffen, ja erschüttert von dem Eindruck, den ich durch ein solches Nachgehen von Nietzsches Lektüre bekam. Denn ich sah, welch ein Gegensatz zwischen Nietzsches Geistesart und der seiner Zeitgenossen war.«[423] Steiner inventarisiert 1044 Bände in 19 Sachgruppen auf 277 Seiten. Feuerversicherung!

Eigentlich hat Elisabeth zu Beginn des Jahres 1896 auch andere Sorgen, als die Bücher ihres Bruders inventarisieren zu lassen. Denn wenn sie es nicht schafft, die geborgten 30 000 Mark bis zum 1. Februar auf dem Konto ihrer Mutter eintreffen zu lassen, ist der Vertrag gegenstandslos. Und wahrscheinlich hofft Franziska darauf.

Koegel war in Berlin, um alle vier Bürgen auf den Ernstfall vorzubereiten. Jeder hätte jetzt unverzüglich Sicherheiten im Wert von 6000 Mark bei einem gemeinsamen, bedauerlicherweise noch ungefundenen Bankier zu hinterlegen. Die Bankfrage, teilte ihr Koegel mit, ist deshalb so heikel, weil nur jüdische

Geldhäuser Privatpersonen Geld auf Wertpapiere leihen, die anderen wollen Bares. Aber sowohl er, Koegel, als auch sein bürgender Freund Hecker hätten vor Mendelssohn »einen horror«: »Man wird an der Börse und im Salon sich rühmen: ›Nietzsche finanziert zu haben‹ und das würde bald in die Zeitungen und in die Literatur durchsickern mit dem stolzen Refrain: ›Unsere Leute sind die einzigen Förderer aller geistigen Freiheit.‹«[424] Besonders Dr. Hecker lehne es entschieden ab, Klient einer jüdischen Bank zu werden.

Manchmal ist sie drauf und dran, diese Antisemiten für unzurechnungsfähig zu halten. Sie klärt Koegel umgehend darüber auf, dass ihr Bruder geäußert habe, zur Verbreitung seiner Ideen sei ihm das jüdische Kapital gerade groß genug. *Wissen Sie bereits, dass ich für* MEINE *internationale Bewegung das ganze* JÜDISCHE GROSSKAPITAL *nöthig habe?*, hatte Friedrich Nietzsche am 9. Dezember 1888 Köselitz gefragt. Mendelssohn ist einer der reichsten Männer Berlins: 25 Millionen Vermögen. 2 Millionen Jahresgewinn.

Was ihr Mann dazu gesagt hätte, ist ihr egal. Bernhard Förster besaß keine paktischen Talente. Als eine Woche vor Ablauf der Frist noch immer nichts entschieden ist, nimmt Elisabeth die Sache selbst in die Hand. Der vortreffliche Graf Kessler und Dr. Richter haben kein Problem mit Mendelssohn, die Bürgin Meta von Salis auch nicht, bleiben noch Bürge 4 und 5, Hecker und wer noch? Als die Archivleiterin erfährt, dass es sich beim fünften Garanten um Heckers Mutter handelt, durchfährt sie ein heißer Schreck: Zwei Antisemiten im Aufsichtsrat des Nietzsche-Archivs, die schon jetzt Schwierigkeiten machen?

Elisabeth schickt einen Nothilfe-Brief in die Schweiz: *Ach, meine Liebe, diese Trödelei und Streiterei der Männer macht mich elend und heute in acht Tagen muß Alles klipp und klar sein! Die Eifersucht ist bei den Männern viel größer als bei den Frauen. Da gönnt Keiner dem Andern, daß er die Sache macht: ich wünschte, die Männer hätten Ihre Hochherzigkeit.*[425] Und an die appelliert sie dringend. Denn zwei Heckers, unmöglich. Zur Sicherheit fügt sie an, dass die Mendelssohns schon seit drei Generationen getauft sind. Wenn Meta von

Salis nun ihre Sicherheiten erhöhte, könnten sie auf Heckers Mutter verzichten, natürlich hätte die Freundin dann zwei Stimmen im Aufsichtsrat, aber das mache gar nichts, denn die zweite könne sie einem ganz *ausgezeichnetem, ernsten Gelehrten, Ende der 30er oder mehr* anvertrauen, leider durchdringend mittellos, sein Name sei Rudolf Steiner. Schon wieder Steiner. Fritz Koegel tobt. Was für eine Eigenmächtigkeit, welche Brüskierung, die Mutter seines besten Freundes zurückzuweisen. So hat die Leiterin des Archivs ihren ersten und einzigen Herausgeber noch nicht erlebt.

Meta von Salis bewährt sich auch diesmal. Im letzten Augenblick trifft ihre Zahlung ein und Robert Mendelssohn, Nachfahr des großen Aufklärers, gewährt die Anleihe zu einem Zinssatz von nur drei Prozent auf die geliehenen 30 000 Mark. Erst jetzt existiert das Nietzsche-Archiv wirklich, ist es mehr als eine Privatgründung.

Aber was heißt das jenseits der juristischen Feststellung? Das Nietzsche-Archiv ruht auf genau zwei Säulen, auf dem Fleiß der leitenden Biografin und auf dem Fleiß des Herausgebers. In diesem Jahr, so will es der Verlagsvertrag, soll die Gesamtausgabe fertig werden. Doch nähert sie sich ihrem Herausgeber mit einer diesbezüglichen Frage im Gesicht, empfängt sie ein ironisches Lächeln. Man nennt das auch nonverbale Kommunikation. Es ist eine der stärksten Kommunikationsformen überhaupt. Aber wie darf sie diese Auskunft deuten?

Sollte sie ihre Situation vollkommen emotionslos zusammenfassen, käme sie zu folgendem Ergebnis: Erstens. Das Nietzsche-Archiv existiert. Zweitens. Sie hat 30 000 Mark Schulden. Drittens. Sie hat fast keine Einnahmen, aber bereits 2000 Mark Vorschusshonorar auf den Band 11 der Gesamtausgabe erhalten, auf dessen baldiges Erscheinen nichts, aber auch gar nichts hindeutet.

Das beunruhigt sie. Werden Frauen von Beunruhigungen befallen, sagen die Männer, sie seien hysterisch. Ist sie das? Nehmen wir die Bilanz dieses Jahres vorweg: Kein einziger Band der Nietzsche-Gesamtausgabe wird in diesem Jahr erscheinen.

Wenn die Herrin des Archivs nach einem Ausweg sucht, fällt ihr immer ein Name ein: Rudolf Steiner.

Kommt nicht schon jetzt alles so, wie ihre Mutter es befürchtet? Elisabeth Förster-Nietzsche wäre nicht sie selbst, träte sie in einer solchen Situation nicht die Flucht nach vorn an. Wie lehrte doch Zarathustra? *Alles Fühlende leidet an mir und ist in Gefängnissen: aber mein Wollen kommt mir stets als mein Befreier und Freudebringer. Wollen befreit: das ist die wahre Lehre von Wille und Freiheit – so lehrt sie euch Zarathustra.*[426]

Und Elisabeths Wille befiehlt: Ich gehe nach Weimar!

Die Welt ist weiter dort. Es gibt dort gewiss weniger Philister, und wenn doch: Es sind Fremdphilister. Mag sein, in Weimar verzeiht man nicht nur, was sie tut, sondern schätzt es gar? Und vielleicht wäre dem noch ein Gesichtspunkt hinzuzufügen, ein beinahe delikater Gesichtspunkt: In Weimar ist Steiner!

Ist Elisabeth durch diesen Mann an einer Stelle berührt worden, die bei einer nunmehr 50-jährigen Frau nur noch eine Verlegenheit darstellt?

Meta von Salis kommt zu Besuch, die rettende Meta, gemeinsam fahren sie nach Weimar, eine passende Unterkunft zu suchen. Am 2. Juli 1896 berichtet Franziska Nietzsche über das Ergebnis nach Basel: »Daß meine Tochter Naumburg mit Weimar vertauschen und schon am 1. August dahin ziehen will, weil sie glaubt dort mehr Verständnis für die Philosophie von Fritz zu finden, hat mir wieder viel Kummer gemacht. Sie ist aber einmal ein unruhiger Geist und setzt alles durch, was sie sich vorgenommen hat; wollte sie doch schon damals, als sie das Archiv verlegte nach Weimar ziehen, hätte sie nicht damals der Zustand vom guten Fritz hier gehalten und nun will sie jede Woche uns einmal besuchen.«[427]

Nicht nur ihre Mutter, auch Elisabeths alleiniger Herausgeber ist sehr unangenehm berührt von der Nachricht, dass sein Arbeitsplatz verlegt wird. Ist er hier der Dienstbote, dem man über die Veränderung seiner Lebensumstände nur Mitteilung macht? Nicht, dass der Gewohnheits-Berliner Naumburg nicht mehr missen möchte, aber hätte man ihn nicht fragen sollen, ja in jedem Falle fragen müssen? Es gibt keinen Vertrag zwischen Elisabeth und ihm, sie bilden eine freie Assoziation Gleicher, gestiftet von gegenseitigem Einverständnis und Wertschätzung. Sie waren ein aus sich rollendes Rad gewesen, als Koegel einen Band nach dem anderen fertig machte und Elisabeth über ihrer Biografie saß und zwischendurch Korrekturbogen las.

Inzwischen wächst nur noch die Biografie, zweiter Teil. Es geht um die Baseler Jahre, um die Tribschener Jahre, als Richard Wagner ihren Bruder gewissermaßen adoptiert hatte, wenn es denn möglich sein sollte, Professoren zu adoptieren. Es war die glücklichste Zeit seines Lebens, es war wohl auch die glücklichste Zeit ihres Lebens, aber das zählt nicht. Leider wird sie jetzt vieles sagen müssen, was Cosima verstimmt. Cosima Wagner verstimmt es schon, wenn man überhaupt von ihrem Bruder spricht. Die Idee, seine Manuskripte herauszugeben, missbilligt sie aus ganzem Herzen: »Liegt Dir überhaupt viel an Publikationen? Was Dein Bruder bedeutendes zu sagen hatte, hat er gesagt, und meinst Du nicht mit mir, dass Schweigen hier das einzig entsprechende ist?«[428] Cosima ist durchaus nicht der Meinung, dass Friedrich Nietzsche ein Mensch ist, der eine Biografie rechtfertigen könnte. Für sie gibt es nur den Verfasser der *Geburt der Tragödie*, ist alles Spätere denn nicht schon Krankheit?

Gesetzt den Fall, die Freundin bleibt bei ihrem widersinnigen Vorsatz, so darf sie keinesfalls aus Cosimas Briefen an Nietzsche zitieren, auch nicht auszugsweise. Elisabeth hat – wie ihr Bruder – immer eine große Hochachtung vor Richard Wagners zweiter Frau gehabt, aber sie ist eine Schriftstellerin, und Schriftsteller können auf solche kleinlichen Maßgaben des Unerwünschten keine Rücksicht nehmen, sie sind größeren Dingen verpflichtet, nämlich der Wahrheit. So ungefähr mag Elisabeth denken.

Die über hundert Briefe Friedrichs an Cosima, an die *bestverehrte Frau* in seinem Herzen, hat diese verbrannt. Welch kulturelles Barbarentum! Die Seele der Archivarin schmerzt, sobald sie daran denkt. Natürlich wird sie aus Cosimas Briefen zitieren. Ohne Erlaubnis.

So wie sie auch ohne Erlaubnis nach Weimar umzieht. Was heißt, sie hätte Koegel fragen müssen? Gesetzt den Fall, er hätte nein gesagt, sie wäre ja doch gegangen. Da ist es doch viel aufrichtiger, gar nicht erst zu fragen.

Die freie Assoziation erzittert. Und sie erbebt, als die Zeitungen melden, das Nietzsche-Archiv sei von Naumburg nach Weimar umgezogen und Dr. Rudolf Steiner werde Mitherausgeber der Gesamtausgabe.

Du sollst keine anderen Herausgeber haben neben mir! Das, sie könnte es inzwischen gelernt haben, ist der oberste Grundsatz ihrer Zusammenarbeit.

Aber Fritz Koegel kann die Neuigkeit in der *Münchner Allgemeinen Zeitung* nachlesen und in der *Königsberger Hartungschen Zeitung*, in der *Norddeutschen Zeitung*, in der *Saale-Zeitung*, in der *Gothaischen Zeitung*, in der *Post* und in den *Münchener Neuesten Nachrichten*. Können so viele Zeitungen irren?

Ich war's nicht, sagt Elisabeth.

Ich war's nicht, sagt Steiner. Und zur Bekräftigung seiner Lauterkeit und Unschuld lässt Steiner überall Berichtigungen drucken: Er habe keinerlei Anteil an der Herausgabe von Nietzsches Schriften, alleiniger Herausgeber sei Dr. Fritz Koegel. Er selbst stehe in keinem offiziellen Verhältnis zum Archiv, und ein solches sei auch für die Zukunft nicht in Aussicht genommen.

So streng würde Elisabeth das nun wieder nicht formulieren. Wie sagte doch ihr Bruder: *In Wahrheit heißt etwas wollen ein Experiment machen, um zu erfahren, was wir können.*

Vorlesungen
für eine Einzelhörerin

Am ersten Sonntag nach dem Umzug ihrer Tochter geht Franziska Nietzsche auf Exkursion. Sie setzt sich morgens um halb sieben in die Straßenbahn, die direkt hinter ihrem Haus abfährt, trifft zum Frühstück bei ihrer Tochter ein, und ist schon mittags wieder zurück, »und die ganze Reise kostete hin und zurück mit Straßenbahn 2 Mark, was mich beglückte, denn wie leicht ist somit ein Wiedersehn!«[429] Franziska ist auch kaum mehr ungehalten über Elisabeth, als sie wahrnimmt, »daß sie sich der weiteren Arbeit an der Biografie nicht mehr gewachsen fühlte und in Weimar sich ihr in jeder Hinsicht mehr Hilfe als hier erschließt und das hat meine Tränen getrocknet.«[130]

In jeder Hinsicht? Die Hilfe hat eigentlich nur einen Namen: Steiner.

In der zweiten Septemberhälfte kommt er fast täglich. Nicht wegen ihr, das mag sein. Er braucht jemanden, mit dem er über seine neuen Erkenntnisse zur Ewigen Wiederkunft des Gleichen reden kann. Koegel hatte dem Anthroposophen der Zukunft noch im Juli – vor den bedauerlichen Falschmeldungen der Zeitungen – Abschriften von Nietzsches Notizen zu diesem Hauptgedanken seiner Philosophie geschickt, der Steiner ungemein beschäftigt.

Und nun verfolgt er die Spuren, nicht zuletzt in Nietzsches Bibliothek. Hatte Eugen Dühring diesen Gedanken nicht verworfen? Hatte Nietzsche Dührings *Kursus der Philosophie* nicht gelesen? Hatte er, Rudolf Steiner, das Buch im Januar nicht in der Hand gehabt? Müsste da nicht ein Kommentar des Besitzers zu finden sein? »Wir sahen in Nietzsches Exemplar des Dühringschen Buches nach und fanden an der Stelle, wo von dem Gedanken die Rede ist, die charakteristischen Nietzscheschen Bleistiftstriche am Rande.«[131] Steiner redet sich in Feuer über solche Funde, entwickelt im Angesicht seiner staunenden, zunehmend gebannt folgenden Zuhörerin seine Theorie von Nietzsches Gedanken der Wiederkunft des Gleichen, und da dieser nicht im leeren Gedankenraum existiert, sondern kleinere und größere Nachbarn hat, öffnet ihr der Autor von *Friedrich Nietzsche. Ein Kämpfer gegen seine Zeit* wie nebenbei die Tür zu anderen philosophischen Universen. Die Archivleiterin ist beeindruckt: ... *ich darf wohl sagen, daß die Zeit vom 20 Sept bis zum 10 October, wo Dr. Steiner fast täglich kam und von philosophischen Dingen sprach, ungefähr die glücklichste Zeit der letzten zwei Jahre war. Ich fühlte wie ich in der Erkenntniß vorwärts kam, eine Art Rausch ergriff mich, ich bekam den Muth die Capitel von »Schopenhauer als Erzieher« umzuarbeiten, ich wagte meine Gedanken zu äußern, ohne mich an Dr. K.s spöttisches Gesicht zu kehren.*[132]

Und dann hat die von der Erkenntnis Beglückte eine Idee. Könnte sie nicht bei Dr. Steiner philosophischen Privatunterricht nehmen, ganz offiziell, ganz systematisch?

Steiner ist irritiert. Er kann sich nicht denken, dass ein solches Ansinnen mit dem Temperament des ersten und einzigen Du-sollst-keinen-Herausgeber-haben-neben-mir-Herausgebers harmoniert. Er wird einmal bekennen, sofort das deutliche Gefühl gehabt zu haben, »daß zunächst diese Vorträge von dem Herausgeber der Nietzscheschen Schriften zu halten seien«. Er könne sich zu diesen Vorträgen nur bereit erklären, »wenn Dr. Kögel damit einverstanden wäre«.[433]

Erst die Falschmeldungen in den Zeitungen und jetzt das. Doch Koegel lehnt nicht ab, und sei es auch nur deshalb, weil ihm gar keine andere Reaktion zu Gebote steht. Sollte er seiner Archivleiterin etwa verbieten, sich philosophisch weiterzubilden? Und die Gesamtausgabe zu machen und nebenbei noch der Absolventin einer Mädchenschule Philosophieunterricht zu geben, steht nicht in seiner Macht. Zumal: Er ist kein Philosoph! Rein philosophisch gesehen ist auch er nicht viel mehr als Absolvent einer Mädchenschule. Zumal: Er liebt eine junge Frau.

Er hat Elisabeth das Engagement seines Herzens schon im Sommer gestanden. Zwar ist diese der Ansicht, dass sich der wahre Herausgeber erst nach Abschluss einer Gesamtausgabe verliebt und nicht mittendrin. Auch werde sie ihre Zustimmung nicht geben, sollten Band 11 und 12 nicht möglichst bald am Horizont des Erscheinens zu leuchten beginnen.[434] Und ist ein verliebter Herausgeber überhaupt noch ein Herausgeber?

Andererseits ist sie gerührt. Aus ihrem Archiv wird nun also eine richtige Archiv-Familie, das hat sie sich gewünscht. Sie hat Koegel immer wieder aufmerksam gemacht auf die Familie ihrer Jenaer Freundin Clara, die damals Zeuge und Mitwisserin des Lou-Dramas wurde. Hat er ihren Hinweis also doch noch beachtet. Das Mädchen seiner Wahl ist Claras Tochter Emily. Kein guter Zeitpunkt, aber welche Leidenschaft hält sich an Zeitpunkte?

Der Herausgeber darf sich verlieben, und sie darf bei Steiner Philosophie hören, sie hält das für fair. Und in der Tat wird sie ihre Philosophie-Lektionen bald mit einem staunenswerten Wort bezeichnen, dass für gewöhnliche Bildungsanstrengungen eher selten gebraucht wird: *Passion*. Koegel und sie seien zur gleichen Zeit *in eine Passion geraten*, erfährt im Dezember die Brautmutter Clara Gelzer-Thurnesen in Jena. Wieder schreibt sie ihr einen überlangen Bekenntnisbrief wie damals im Katastrophensommer 1882. Sie schreibt drei Tage an diesem Brief, am ersten Tag beginnt der Katastrophenwinter 1896 und als sie ihn beendet, kann ihn nichts mehr aufhalten.

Die Katastrophe

Als sie der Freundin gegenüber das Wort *Passion* gebraucht, ist ihr augenblicklich klar, dass sie hier etwas erklären muss: *die meinige war keine erotische, guter Himmel natürlich nicht! sondern sie betraf Wissen und Erkenntniß* [435]

Steiner habe sich nur schwer zu diesen Lektionen entschließen können, *denn er glaubte es würde Dr. Koegel kränken, aber er fühlte ebenso stark wie nöthig es für mich sei immer tiefer in meines Bruders Philosophie einzudringen u. sie im Zusammenhang mit allen andern Weltanschauungen kennen zu lernen.* Schließlich arbeitet sie mit der ihr eigenen Zielstrebigkeit am zweiten Band der Biografie und spürt genau, dass sie das Reich der Gedanken nicht weiträumig umgehen kann, sondern mitten hindurchmuss. Sie hört zweimal zwei Stunden in der Woche, wie ihr Bruder zur griechischen Philosophie, zu Kant, zu Schopenhauer stand und mehr. *Diese Vorlesungen entzückten mich! ... Dr. Steiner ist als Lehrer der Philosophie, als Philosoph EINFACH GROSSARTIG* [436].

Lieschen Nietzsche wird von etwas gestreift, von dessen Existenz sie bisher nicht wusste: vom Eros des Erkennens! Dass der Vortragende in dieser Hinsicht Talente besessen haben muss, ist klar, schließlich wird sein Charisma in nicht allzu langer Zeit für die Entstehung einer theosophischen Weltgemeinde verantwortlich zeichnen, die – von Nietzsche aus gesehen – direkt im Reich der philosophischen Unzurechnungsfähigkeit gelegen ist.

Elisabeth formuliert das Geständnis ihrer intellektuellen Impressionabilität am Abend eines langen Tages. Denn sie war soeben, am 6. Dezember 1896, Gastgeberin der Verlobung ihres Du-sollst-keinen-anderen-Herausgeber-haben-neben-mir-Herausgebers mit der Tochter ihrer Jenaer Freundin, und es war ein rundum gelungenes Fest, wenn sie auch durchaus Bedenken gegen die Braut hegt. Mangelt ihr nicht die nötige weibliche Zurückhaltung? Emily Gelzer, die designierte Emily Koegel, gestand ohne Umschweife, den Ratschlag *Du gehst zu Frauen? Vergiss die Peitsche nicht!* im *Zarathustra* für widerwärtig zu halten. Als man sie darauf hinwies, dass nicht Zarathustra diesen Satz sagt, sondern ein »altes Weiblein«, antwortete die Braut ohne Zögern: »Umso schlimmer!«

Kann man das kürzer und treffender formulieren?

Indem das alte Weib dem Mann diesen Ratschlag gibt, wie mit ihrem Geschlecht am besten zu verfahren sei, offenbart sie eine Seite des Weiblichen, die der Autor für dessen Wesen schlechthin hält: Sklavennatur zu sein. Elisabeth ist sehr unangenehm berührt. Vielleicht nicht von der Meinung der jungen Frau, umso mehr aber durch ihre Direktheit, ihre Respektlosigkeit. Dieses Menschenkind neigt nicht zur Demut.

Dabei dürfte sich die Gastgeberin noch sehr gut an ihre eigene Reaktion erinnern, als ihr Rée seine 1875 erschienenen *Psychologischen Beobachtungen* übersandte, und die undankbare, respektlose Leserin quer durch das Kapitel *Über Weiber, Liebe und Ehe* einen langen entschlossenen Strich der ultimativen Indiskutabilität machte. Der Unterschied ist nur: Sie war nicht Rées Frau. Wenn aber die Frau des Nietzsche-Herausgebers ein durchaus ironisches Verhältnis zu dem Philosophen pflegt, dem das Engagement ihres Mannes gilt, scheint ihr das schon ein wenig bedenklich. Zumal sie sich über die von Gelzers aufgegebene Verlobungsanzeige unglaublich geärgert hat. Hinter dem Namen des Bräutigams fand sich keinerlei Hinweis auf seine Tätigkeit. *Seine Stellung am Nietzsche-Archiv finden sie ungefähr als ob er Scharfrichter wäre,* vermutet sehr indigniert die oberste Archivarin.

Es ist eben eine sehr fromme Familie, aber ist das ein Trost? Eine sehr fromme Familie passt denkbar schlecht an einen Ort, der ganz der Schrifttumspflege des selbsternannten Antichristen geweiht ist. Das kann sie ihrer Freundin natürlich so nicht mitteilen.

Aber sie sagt ihr ganz deutlich, was sie vorhat, nämlich, *daß sich Dr. Steiner mit ihm* – dem Bräutigam – *vom 1. Januar an in der Arbeit theilt.*[437] Elisabeth erhofft sich vieles von diesem Schritt. In einer Konkurrenzsituation kann Koegel ungemein fleißig werden. Und er muss fleißig werden, im Interesse ihrer Gesamtausgabe, die eigentlich bis Jahresende abgeschlossen sein sollte. Andererseits hätte er dennoch mehr Zeit für seine junge Familie, und natürlich denkt Elisabeth auch an die finanzielle Seite: *Jedenfalls verspreche ich: wenn bis zum 1. Jan. 1898 also in einem Jahr, der letzte Bogen Manuscript von der »Umwertung« an C. G. Naumann abgeliefert ist, daß ich Dr. Koegel noch 1 1/4 Jahr, also bis zum 1 April 1899 den vollen Gehalt zahle. Dein Schwiegersohn hat also bedeutend weniger zu thun, hat aber ein viertel Jahr länger sicheren Gehalt. In den fünfviertel Jahr nach dem Erscheinen der »Umwertung« soll Dein Schwiegersohn dann noch die philosophischen* – wahrscheinlich ist gemeint: die philologischen – *Schriften meines Bruders und den Registerband herausgeben.*[438] Da aber inzwischen der Verleger selber schon am Register arbeite, komme Koegel auch noch dazu, sein längst geplantes Nietzsche-Buch zu schreiben, was gewiss ein hervorragendes Honorar gäbe. Kurzum: Das Auskommen des jungen Paares sei gesichert!

Jetzt braucht Elisabeth nur noch die beiden Hauptbetroffenen von ihren Lebensperspektiven in Kenntnis zu setzen.

Im Falle Steiners hat sie das bereits versucht, und zwar am Vorabend der Verlobung, aber der zu Befördernde war nicht freudig erregt. Immerhin hatte er im Frühherbst lauter Gegendarstellungen drucken lassen, sollte er jetzt etwa Gegendarstellungen seiner eigenen Gegendarstellung verfassen? Natürlich ist er auch geehrt: Nachfolger Koegels zu werden, sei er durchaus bereit, aber als Konkurrent des Alleinherausgebers aufzutreten: undenkbar. Und ebendarum müsse er die Leiterin des Archivs darum bitten, niemanden gegenüber zu verraten, dass dieses Gespräch, das gerade stattgefunden hat, überhaupt stattgefunden hat. Wahrscheinlich sieht Elisabeth mit mütterlichem Amüsement auf den verängstigten Gelehrten.

Natürlich versteht sie den zu Begünstigenden. Sie findet schließlich auch nicht den Mut, vor ihren herausgebenden Diktator hinzutreten, mit etwa diesen Worten: Sie sei die Herrin des Archivs und möchte in dieser Eigenschaft ab Januar einen zweiten, durchaus nachgeordneten Herausgeber einstellen. Im Verlagsvertrag sei immer von einem zweiten Herausgeber bzw. Assistenten die Rede gewesen und sie sehe nicht ein, dass sie wegen gewisser Eigenarten ihres Erstherausgebers, der zudem gar nichts mehr herausgibt, auf diesen verzichten soll, denn wenn sie das täte, wäre sie nicht mehr die Herrin, sondern die Sklavin des Archivs. Es geht um nichts weniger als die Machtfrage, oder wie ihr Bruder gesagt hätte: *Über den Rang entscheidet das Quantum Macht, das du bist …*

Aber nein, unmöglich. Das wagt sie nicht.

Doch sie wagt am Vormittag des 8. Dezember Koegels Schwester Ida davon in Kenntnis zu setzen, dass sie mit Rudolf Steiner gesprochen habe und dieser durchaus bereit sei, an der Ausgabe mitzuwirken.

Die Würfel sind gefallen.

Schon am Nachmittag bekommt der Anthroposoph der Zukunft Post. Koegel! Vielleicht schweifen Steiners Augen gleich an den Schluss des Briefes, wo fast immer das Fazit steht, und in der Tat, da steht es: »Bleiben Ihre schriftlichen Erklärungen aus, so halte ich Frau Försters Aussagen für erwiesen und werde dann sofort Ihnen gegenüber alle Konsequenzen ziehen, die Ihr Verhalten fordert.«[439]

Alle Konsequenzen, die sein Verhalten fordert? Sieht sich der Autor von *Friedrich Nietzsche, ein Kämpfer gegen seine Zeit* schon im eigenen Blute liegen? Eine bellizistische Natur ist er nun gerade nicht.

Und Rudolf Steiner, der wohl Lust hat, gegen eine ganze Zeit, aber niemals gegen einen neurotischen Herausgeber zu kämpfen, antwortet, er werde »von Frau Förster-Nietzsche heute morgen die BESTIMMTESTE Erklärung … verlangen, daß das Gespräch, von dem Ihr Frl. Schwester erzählt NICHT stattgefunden hat.«[440] Auch schlage er eine Aussprache vor, denn »wenn UNWAHRHEITEN von mir behauptet werden, so muß ich die BESTIMMTES-

TE Klarstellung der Sache fordern. Und es ist EINFACH NICHT WAHR, daß das in Rede stehende Gespräch oder ein anderes stattgefunden hat. Frau Förster muß mir das in IHRER GEGENWART bestätigen.«[441]

In *einem aufgelösten Zustande* erscheint der Absender daraufhin bei der Leiterin des Archivs und berichtet, was er dem amtierenden Tyrannen, auch Herausgeber genannt, soeben geantwortet habe, nämlich dass das Gespräch, das zwischen ihnen stattgefunden hat, nie stattgefunden hat. Daraufhin hat die Archivleiterin einen verblüffenden Vorschlag: *Ich sagte Ihnen gleich: Sagen Sie die einfache Wahrheit, Sie hätten mich gebeten nichts von unserer Verabredung zu sagen u. sich dadurch selbst für gebunden erachtet.*[442] Halten wir an dieser Stelle fest, dass dieser Vorschlag nicht einer gewissen Logik entbehrt, ja äußerst klarblickend ist in dieser zunehmend vertrackten Situation.

Warum auch musste Steiner von ihr fordern zu behaupten, es habe das Gespräch, das sie führten, nie gegeben? Es ist nichts Illegitimes daran, sich fragen zu lassen, ob man an einer Nietzsche-Gesamtausgabe mitarbeiten möchte. Es ist auch nichts Illegitimes dabei, diese Frage an einen geschätzten, nicht mehr ganz jungen, ziemlich perspektivlosen Gelehrten zu richten, wenn man selber Leiterin des Nietzsche-Archivs ist. Schließlich steht es Steiner frei, seine Antwort mitzuteilen.

Steiners Reaktion offenbart ein Maß an Furchtsamkeit, das er unmöglich von sich hinnehmen darf. Das wird er nicht so stehen lassen können und Elisabeth Förster-Nietzsche, die ihn – sprechen wir es ruhig aus – auf ihre Art liebt, mit besonderem verbalen Ingrimm verfolgen.

Andererseits zählt das Bedürfnis, am Leben zu bleiben, zu den legitimen Vorsätzen.

»Der Fall Elisabeth«

Fast jeder Nietzsche-Leser kennt wohl das Urteil über die philosophische Begabung seiner Schwester, es wird gern zitiert. Es stammt von keinem anderen als Rudolf Steiner: »Die Privatstunden, die ich Frau Förster-Nietzsche zu geben hatte, belehrten mich vor allen Dingen über das Eine: DASS FRAU FÖRSTER-NIETZSCHE IN ALLEM, WAS DIE LEHRE IHRES BRUDERS ANGEHT, VOLLSTÄNDIG LAIE IST. Sie hat nicht über das Einfachste dieser Lehre irgend ein selbständiges Urteil. Die Privatstunden belehrten mich noch über ein anderes. Frau Förster-Nietzsche fehlt aller Sinn für feinere, ja selbst für größere logische Unterscheidungen; ihrem Denken wohnt auch nicht die geringste logische Folgerichtigkeit inne; es geht ihr jeder Sinn für Sachlichkeit und Objektivität ab.[443] Ein Ereignis, das heute stattfinde, habe in ihrem Bewusstsein morgen schon eine Gestalt angenommen, die mit der Wirklichkeit keinerlei Ähnlichkeit aufzuweisen pflege. Generationen von Nietzsche-Forschern repetieren treulich dieses Urteil, es gilt gleichsam als Ausweis der Kennerschaft zu wissen, dass für Elisabeth »gestern rot war, was ganz sicher blaue Farbe trug«. Niemand fragt, welche Hintergrundfarbe das Steiner'sche Urteil trägt. Sachlichkeit und Objektivität?

Was sich jetzt gerade abspielt, klingt in Steiners Erinnerung so: »Sie machte auch Angaben über Einzelheiten, wie sie sich ein Verhältnis von mir zum Nietzsche-Archiv künftig etwa denke. Ich legte einer solchen Unterredung und solchen Angaben von seiten der Frau Förster-Nietzsche keinen besonderen Wert bei. Denn ich kannte sie und wußte, daß sie heute dies und morgen jenes will und daß es ganz zwecklos ist, ernsthaft mit ihr sich auseinanderzusetzen, wenn zu einer solchen Auseinandersetzung etwas Logik gehört.«[444] Steiner darf sich auf die stumm amüsierte Zustimmung seines Publikums verlassen. Alle Weiber sind gleich, warum sollte gerade dieses eine Ausnahme machen? Schade, dass das Publikum – es ist die Leserschaft des *Magazins für Litteratur* im Februar 1900 – nicht den Verfasser in den in Rede stehenden Dezembertagen erleben kann. Auf den vielleicht nicht ganz unlogischen Vorschlag der Nicht-Logikerin qua Geburt, einfach die Wahrheit zu sagen, geht der Lügner nicht ein, er könne das nicht, erklärt er, er könne das durchaus nicht, und sie müsse sagen, sie hätten nie über das gesprochen, worüber sie gesprochen haben.

Worauf Elisabeth nicht ganz ohne Folgerichtigkeit erwidert: *Das glaubt ja doch kein Mensch, wie konnte ich Sie Dr. K. als zweiten Herausgeber vorschlagen, wenn ich Ihrer nicht sicher war.* Die körperlich-mentale Reaktion ihres designierten zweiten Herausgebers ist Elisabeth zufolge bedenklich: *Darauf jammerten Sie aber so: Sie wären krank u. müßten sterben u. machten einen so mitleiderregenden Eindruck.* Mitleid zu erregen, ist das Privileg des Schwachen, ihr Bruder empfiehlt bei solchen Gelegenheiten Härte, aber der Archivleiterin wird klar, dass der unglückliche Lügner sich von ihr retten lassen möchte. Außerdem hat sie die diesbezügliche Auffassung ihres Bruders noch nie geteilt.

Es war natürlich nicht fair gewesen, Koegels Schwester von ihrem Gespräch zu erzählen, aber einen Versuch schien es ihr wert, die Despotie ihres Herausgebers zu brechen. Dass der Autor von *Friedrich Nietzsche, ein Kämpfer gegen seine Zeit* zum Kämpfen so gar kein Talent besaß, konnte sie nicht ahnen. Und wieder behält die Elisabeth-Logik recht. Am nächsten Tag, es ist Donnerstag, der 10. Dezember 1896, tritt genau das ein, was sie vorausgesagt hatte. Koegel an Steiner: »Die bestimmte Erklärung Ihres gestrigen Briefs, daß das in Rede stehende Gespräch oder ein ähnliches nicht stattgefunden habe, widerspricht durchaus der von Frau Förster in Briefen an meine Schwiegermutter und mich gemachten Mitteilung, nach der am Sonnabend allerdings ein Gespräch stattgefunden hätte ...«[445] Wie unangenehm!

Vielleicht hätte jeder andere an dieser Stelle aufgegeben, seine letzte Zuflucht zur Wahrheit genommen und erklärt, dass das Gespräch doch stattgefunden, dass er sich jedoch auf nichts eingelassen habe. Steiner jedoch nicht. Die große alles klärende Aussprache wird anberaumt.

Koegel lässt eigens seinen antisemitischen Freund, den 30 000-Mark-Mit-Bürgen Hecker, aus München anreisen, denn Fragen der Ehre können nur vor Zeugen geklärt werden. Elisabeth hatte Heckers Mutter im Januar aus dem Aufsichtsrat des Archivs gekegelt, was ihr keinen Sympathiebonus auf Seiten des Sohnes einbrachte. Auch ein zweiter Zeuge wird berufen und ins Archiv bestellt.

Es gibt kein Protokoll der denkwürdigen Zusammenkunft, aber ihre Dynamik muss erschütternd gewesen sein. Wann würde der Premier Leutnant der Reserve des 10. Infanterieregiments den um Haltung ringenden Autor von *Friedrich Nietzsche, ein Kämpfer gegen seine Zeit* fordern? In einem Augenblick, den Elisabeth wohl für den letztmöglichen hält, geht sie wie ein Mann, nein, wie eine Frau dazwischen und nimmt alle Schuld auf sich. Ihre Handlungsweise ist von bestechender Logik, denn im Unterschied zu Steiner kann Koegel sie nicht erschießen: Die Falschrednerin bin ich! Und sie endet, wahrscheinlich nicht ohne Pathos: *Nun ja, ich log, doch ich log aus Liebe!*[446]

Alle im Raum kennen diesen Satz. *Zarathustra, Dritter Teil, Auf dem Oelberge: … und log ich je, so log ich aus Liebe.*[447] Selbst der wohl jäh aus seiner Todesangst erwachende Steiner nennt diese Schlusspointe einen »Knalleffekt«. Und wie beziehungsreich dieser Knalleffekt ist, denn vollständig lautet die Stelle: *Ich – ein Kriecher? Niemals kroch ich im Leben vor Mächtigen; und log ich je, so log ich aus Liebe.*

Wahrscheinlich erwartet sie, und wenn nicht ihr Verstand, so doch ihr Herz, dass Steiner sich ein Beispiel nehme an ihr und in der ersten Hälfte des Satzes einen Handlungsauftrag erkenne: *Ich – ein Kriecher?*

Männer schützen gewöhnlich Frauen, statt sich von ihnen schützen zu lassen.

Doch Steiner sagt: nichts. *Ich – ein Kriecher?*

Was nun folgt, ist die Elisabeth-Verbalvernichtung durch Koegel und Hecker.

Niemand kann behaupten, dass sich das Nietzsche-Archiv am Ende des ersten Jahres seines offiziellen Bestehens in einem zu Optimismus Anlass gebenden Zustand befindet. Franziska hatte schwarzgesehen. Hat sie nicht recht gehabt?

Am Abend schreibt die gedemütigte Archivleiterin dem Kriecher einen tief enttäuschten Brief. *Sagen Sie was wäre geworden wenn ich nun doch die Wahrheit gesagt hätte?* Und sie wisse noch nicht, ob sie mit ihrer Lüge über eine Lüge leben könne.

Am nächsten Morgen kommt Steiner zu ihr, wahrscheinlich, um die gekränkte Frau von unbedachten Schritten abzuhalten.

Elisabeth in der Erinnerung an diesen Besuch zwei Jahre später an den Geretteten: *Als ich Ihnen am 12 Dec. 1896 dem folgenden Morgen nach dem widerlichen Auftritt sagte: Jetzt* MÜSSEN *Sie die Wahrheit sagen, sonst würde ich es thun, antworteten Sie: Dann würden Sie sich sogleich erschießen.*[448]

Franziskas letzte Weihnachten

Eine tief gedemütigte Archivleiterin kehrt kurz vor Weihnachten nach Naumburg zurück. Sie holt ihr Testament vom Naumburger Gericht, in dem sie nach ihrem Eisenbahnunfall Koegel als Erben des Nietzsche-Archivs eingesetzt hatte. Sie berichtigt das.

Es gehört zum Frauenleben, es gehört zu Franziskas Leben, dass sie in ihren Briefen, besonders in denen an Overbeck, seitenlang über die Gesundheit ihres Sohnes schreibt, aber fast nie über die eigene, höchstens mit einem halben Satz. Frauen wie sie sind nicht krank, Frauen haben zu arbeiten.

Diese Einstellung hat Franziska durchaus gesund gehalten, und sie hat auch jetzt nicht vor, sich durch ihre Schmerzen bestechen zu lassen, die nicht mehr besser werden wollen, gerade jetzt, wo ihre heimgekehrte Tochter so unglücklich ist, und wer hält noch zu ihr? Niemand außer ihrer Mutter, und genau darum gibt es Mütter. Sie hat das ihrem Sohn einmal sehr schön, sehr anrührend erklärt: »Nun wollte ich Dir das auch noch sagen mein GUTER mein LIEBER Sohn, Du sollst Dich nicht so wegen Deiner Zukunft sorgen. Solltest Du dem Unglück anheimfallen, so stehet Dir MEIN HAUS, MEINE ARME und MEIN MUTTERHERZ offen, ach doppelt offen, denn wozu gebe es sonst das Familienleben, wenn wir uns nicht tragen HELFEN wollten in allen Nöthen der Seele und des Leibes.[449] Sklavenmoral?

Mutter und Tochter rücken näher zusammen. Elisabeth wird es rückblickend, in ihrer leicht sentimentalen Art so formulieren: ... *wir waren gerade den letzten Winter so unendlich glücklich miteinander geworden; meine Mutter war so von Herzen froh, daß ich endlich Dr. Kögel in seinem wahren Charakter hatte kennen gelernt und nun nicht mehr zu befürchten war, daß das Nietzsche-Archiv in seine Hände kam. Alle Differenzen, die nur durch Dr. Kögel zwischen uns gekommen waren, verschwanden, und sie konnte nicht genug ausdrücken und zeigen, wie lieb sie mich hatte und war erfüllt von den schönsten Plänen für eine gemeinschaftliche Zukunft.*[450]

Ob Nietzsche die neue Nähe der beiden Frauen bemerkt, mit denen verwandt zu sein ihn immer aufs Neue erstaunt hat? Weiber! Sie zanken und vertragen sich. Aber so deutlich kann er das nicht mehr denken. Und was heißt denken? Er kann fast nicht mehr laufen. Einen Fuß vor den anderen zu setzen, bereitet ihm, von der Logistik her gesehen, die größten Schwierigkeiten. Er wünscht sich auch keine Renaissance-Christbäume mehr, seine Mutter registriert mit Enttäuschung, dass er in diesem Jahr am Heiligen Abend vor den brennenden Kerzen einschläft.

Weihnachten, das Fest der Versöhnung. Im Haus am Weingarten könnte es nicht weihnachtlicher sein. Franziska wird sogar bald die Erlaubnis erhalten, wieder für ihre Kinder sparen zu dürfen. In einer schriftlichen Vereinbarung werden Mutter und Tochter festlegen, dass alle Überschüsse aus den Honorareinnahmen künftig an Franziska gehen sollen: »Die Mutter sollte und wollte so die Freude haben, für die beiden Kinder zu sparen, da sie besser sparen könne als die Tochter.«[451]

Aber nicht alle obliegen in diesen Tagen dem Geist des Friedens und der Versöhnung, im Gegenteil.

Gustav Naumann, Neffe des Verlegers C. G. Naumann und dessen designierter Nachfolger, der im neuen Jahr Teilhaber des Unternehmens werden soll, beendet am Tag nach Weihnachten ein Manuskript, dem er den beziehungsreichen Titel *Der Fall Elisabeth* gibt, *In Briefstellen von ihr selbst erzählt, mit kurzem eingeflochtenen Commentar*[452]. Naumann junior möchte sein erstes Jahr als Verlagsteilhaber mit einem Paukenschlag beginnen, so wie man neue Ämter immer antreten sollte.

Irrtümlicherweise hatte Elisabeth geglaubt, in Naumann einen Verbündeten zu haben. Ein Verleger verlegt. Darum setzte sie voraus, dass Gustav Naumann ein natürliches Interesse am

Fortgang der Ausgabe haben müsse, doch hatte sie nicht in Rechnung gestellt, was ein echter Männerbund ist. Naumann und Koegel verbindet inzwischen eine enge Freundschaft. Und wahrscheinlich empfanden beide seit längerem den Umstand, sich von einer Frau bevormunden lassen zu müssen, als überaus unangemessen.

Der amtierende Uterus an der Spitze des Nietzsche-Archivs muss weg! Wann diesen Irrtum der Natur, des Geschmacks beseitigen, wenn nicht jetzt?

Und so hält Elisabeth schon am 31. Dezember – Neujahrsüberraschung – die Kampfschrift *Der Fall Elisabeth* in den Händen, versehen mit der Drohung, sie zu veröffentlichen, sollte die Unzurechnungsfähige nicht abdanken und weiterhin die Stirn haben, sich in Dinge einzumischen, die die Schriften ihres Bruders betreffen.

Was an Naumanns Kampfschrift verblüfft, ist ihre Unbedarftheit. Er montiert Zitate aus Elisabeths Briefen an ihn, die sich allein deshalb widersprechen, weil ihnen jeder Kontext genommen ist. Höchstes Elisabeth-Lob für Köselitz, gefolgt von Tadel. Höchstes Elisabeth-Lob für Koegel, gefolgt von Tadel. Der Leser kennt viele dieser Äußerungen schon. Entweder Naumann hält die Tatsache, dass Äußerungen Kontexte haben, per se für eine beklagenswerte Beeinträchtigung der Logik, oder er hielt es nicht für nötig, sich mehr Mühe zu geben.

Weiblich ist, was sich selbst widerspricht, ohne es zu merken.

Ironisch genug, ist diese Schrift heute vor allem eine Textquelle, ein Fundus von Brieffragmenten, die ansonsten verloren wären. Gustav Naumann hat sogar die Stirn, das Ausscheiden von zwei Mitherausgebern binnen kürzester Zeit Elisabeth anzulasten. Was will man erwarten, wenn eine Frau – gab es das jemals? – ein quasi-wissenschaftliches Institut regiert? Immerhin macht er die Einschränkung, dass das Ausscheiden von Zerbst und von der Hellen nicht allein »Frau Försters Eigenart« zuzuschreiben sei.

Nach ihren vermeintlichen Selbstwidersprüchen in der Beurteilung ihrer Herausgeber findet Elisabeth in einem zweiten Kapitel alles versammelt, was sie die Finanzen betreffend an Naumann geschrieben hat. Da diese Kompilation nicht ohne eine gewisse objektive Komik ist, sei sie hier auszugsweise wiedergegeben. Naumann stellt diesem Kapitel ein Selbstbekenntnis der Absenderin voran, geäußert in einem Brief vom 28. Juli 1896: *Ich mag einige leidlich gute Eigenschaften besitzen, aber eine schlechte ist sicherlich: ich brauche viel Geld.* Es folgen über mehrere Seiten Anfragen wie diese:

17. November 1885: Heute bin ich in einer sehr grimmigen Laune, wie immer wenn es Geldgeschichten giebt … Ich möchte Sie fragen, ob es Ihnen möglich ist, mir sehr bald 850 Mark zu leihen? Mit 150 Mark zusammen, die Sie mir nach Basel schickten, wären es 1000 Mark, worüber ich Ihnen dann einen Schuldschein ausstellen würde.

16. Dezember 1895: Zum Kriegführen gehört Geld und ich möchte Sie bitten mir die Rate für den 1. Januar schon jetzt zu schicken.

23. Januar 1896: Leihen Sie mir dreitausend Mark … Mehr will ich nicht haben.

Im nun folgenden Kapitel findet die überraschte Leserin am Silvestermorgen Naumanns Rekonstruktion der Dezemberkrisis, teilweise aus dem Gedächtnis; es sei nochmals darauf hingewiesen, dass, wenn von der *Umwerthung* die Rede ist, das Material gemeint ist, das später den Titel *Der Wille zur Macht* tragen wird: »Auf jenem Feste, auf welchem Frau Förster einen Trinkspruch auf das Wohl des Brautpaares ausbrachte und welches die geladenen Weimaraner als archivale Verlobungsfeier betrachteten und bezeichneten, theilte die Gastgeberin dem Commentator im Zwiegespräch folgende Thesen mit:

1.) Dr Kögel ist kein Philosoph; die ›Umwerthung‹ KANN er gar nicht machen.

2.) Dr. Steiner ist ein Philosoph; der kann und WIRD die ›Umwerthung‹ machen.

3.) Dr Steiner aber hat mir prachtvoll Philosophie GELESEN«.

Und so geht das weiter, Naumann zitiert auch wieder Elisabeth-Briefe, etwa vom 16. Dezember: *Dr Koegel will Nietzsche zu seinem Monopol machen; jeder Andere wurde von ihm mit Gewalt zurückgewiesen, bei Dr Zerbst kam es beinahe zum Process.* An dieser Stelle glaubt Naumann kommentieren zu müssen: »Dr Zerbst wollte allerdings Frau FÖRSTER verklagen, nicht Dr Kögel«. Vielleicht, weil die Leitung des Archivs bei ihr lag und nicht bei Koegel?

Wie tief Elisabeth danach von der Hellens Entlassung bedauerte, wie tief damals schon ihr Zweifel an Koegel war, bezeugen ihre Briefe vom Januar des letzten Jahres: *Jammerschade bleibt es, da Dr von der Hellen ein so ausgezeichneter Mensch und Herausgeber ist. ... Auch er würde eine treffliche Nietzsche-Ausgabe machen, nur hat Dr Kögel ein achtjähriges Studium von Nietzsche ihm voraus ... Geht es trotz dem besten Willen nicht, so packe ich das Nöthigste zusammen und gehe Hellens nach ... Ich bin jetzt auch oft mit Frau von der Hellen zusammen.«[453]

Höhepunkt der Streitschrift ist, darauf läuft alles hin, Elisabeths Offenbarungseid. Naumann zitiert nun aus Briefen, die sie nach dem schlimmen Dezember-Tag an ihn richtete: *Ich fühlte es aber schon längst, es hat etwas Komisches, wenn Frauen in Nietzsche-Angelegenheiten zu bestimmen haben,* teilte sie ihm am 18. Dezember mit. Sollte man das nicht Selbsteinsicht nennen dürfen? Leider ist sie unfähig, die einzig richtige Konsequenz daraus zu ziehen. Naumann macht es für sie. Auf Seite 29 schlussfolgert er triumphal in gesperrten Buchstaben: »E c c e f e m i n a !«[454]

Der Rest sei »ein höfliches Schweigen, wie man es zumal Damen gegenüber in solchen Positionen aus ästhetischen Rücksichten schuldet«.

Das zielt auf Vernichtung.

Wahrlich eine erschütternde Bilanz am letzten Tag des ersten Jahres des offiziellen Bestehens des Nietzsche-Archivs. Elisabeth erwägt, das Archiv zu verkaufen. Als Frau in einer Männerwelt zu bestehen, heißt nicht zuletzt Krieg führen zu können. *Man kann nur schweigen und stillsitzen, wenn man Pfeil und Bogen hat,* hatte ihr Bruder erkannt. Sie nahm an, über beides zu verfügen. Sie hat sich geirrt, das weiß sie seit dem Tag, da sie für Steiner log: *Ich sehe eine schutzlose Frau kann von Männern aus gebildetem Stande zu Tode gequält werden, sie kann nicht sagen: noch ein Wort und ich schieße Sie todt, sie muß aushalten. Aber meine erschütterte Gesundheit hält es nicht aus.*[455]

Koegel hatte ihr schon erklärt, im Besitz der Wahrheit über sie und ihren Bruder zu sein und diese Wahrheit bei Bedarf zu publizieren.

Elisabeths Herz schlägt höchst fehlerhaft, wie sie glaubt. Seit ihr Zug im Sommer des letzten Jahres entgleiste, registriert sie die Extravaganzen dieses Organs mit steter Sorge. Und was war der Zug, der damals entgleiste, gegen das, was hier entgleist?

Dabei liegt der zweite Teil der Biografie unterm Weihnachtsbaum, sie hätte Grund sich zu freuen. Es geht um Nietzsches Wagner-Jahre. Musste ihre Tochter da wirklich so ausführlich werden, wo sie doch weiß, dass Bayreuth sich nicht darüber freuen wird? »War in dieser, wie in manch anderer Beziehung überhaupt eine solche Detaillierung nötig?«[456], fragt Franziska, dabei liest sie kaum. Sie hat sich auf strengste Lese-Diät gesetzt, denn das Lesen schlage ihr sofort auf den Magen, und ihr Bauchkatarrh will einfach nicht besser werden. Silvester 1896 im Haus am Weingarten. Der Gesündeste von allen ist ohne Zweifel Friedrich Nietzsche, der nicht versteht, worüber die Frauen reden. Er kann ihre Tränen nicht deuten. Es wird doch nichts mit ihm zu tun haben?

Vorsätze am Meer

Adalbert Oehler, Bürgermeister von Magdeburg und Vormund Nietzsches, liest mit Erstaunen die Neujahrspost des künftigen Verlegers seines Mündels, mehr als dreißig Seiten. Neben allen guten Wünschen für 1897 erhält er von Naumann jun. die Aufforderung, er möge, wenn er Schlimmeres verhindern wolle, darauf hinwirken, dass sich die Schwester nie mehr in die literarische Leitung des Archivs und der Gesamtausgabe einmische. Der Ermahnte, gewohnt eine ganze Stadt zu kontrollieren, reagiert auf nicht ganz vorhergesehene Weise: »Auf Antrag der Schwester richtete ich am 4. Januar 1897 an den Verlag das Ersuchen, fortan Erklärungen der Herausgeber über die Gesamtausgabe nur noch von der Schwester, nicht mehr von Dr. Kögel anzunehmen, und, sofern die 700 M. Teil des Gehalts von Dr. Kögel für das IV. Vierteljahr 1896 nicht schon gezahlt seien, bis auf weitere Regelung keine Zahlung mehr an diesen zu leisten.«[457]

Im Übrigen würden er und Elisabeth ihrer dreißigseitigen Neujahrspost deutlich den Vorsatz der Nötigung erkennen.

Am 17. Januar findet in Weimar eine Krisensitzung statt, an der Elisabeth, Adalbert Oehler, der Verlagsleiter Naumann sen. und Koegel teilnehmen. Der Verleger distanziert sich kilometerweit von seinem Neffen. Koegel erklärt, an dem Naumann-junior-Komplott keinerlei Anteil gehabt zu haben, was Elisabeth nicht glaubt. Wie es der Verlagsvertrag vorsieht, wird ihr Recht, einen zweiten Herausgeber anzustellen, unterstrichen. Elisabeth schlägt vor, diese Frage mit einem noch zu bildenden Beirat zu klären. Korrekturbogen mit der Imprimatur von Dr. Koegel sollen künftig nicht mehr direkt an den Verlag gehen, sondern an Elisabeth, die allein die Druckgenehmigung geben darf. Der Verkehr von Dr. Koegel im Archiv wird auf das unbedingt Nötige beschränkt.

Elisabeth kann es kaum glauben, Naumann jun. auch nicht. Franziska macht Zukunftspläne, ihr Körper macht andere. Elisabeth hat das dringende Gefühl, jetzt erst einmal verreisen zu müssen, sie will Deussen, den alten Freund ihres Bruders, in Kiel besuchen, vielleicht möchte er in den Beirat eintreten. Franziska verspricht inzwischen gesund zu werden.

Die Schweizer Feminstin Meta von Salis auf Schloss Marschlins bekommt Post von der Ostsee und erfährt, dass der Versuch der Männer, Elisabeth das Archiv wegzunehmen, gescheitert sei. Was halte sie eigentlich von der Idee, wenn sie beide die Schriften ihres Bruders gemeinsam herausgeben würden? Je weniger Männer, desto besser. Aber einen Sekretär zum Abschreiben könnten sie natürlich anstellen. Nietzsches Jugendfreund Deussen jedenfalls sage, dass er an dem Gedanken einer weiblichen Doppel-Herausgeberschaft nichts Abwegiges entdecken könne. Und sie schlägt Meta vor, mit ihr zusammen im Mai an die Ostsee zu fahren, Vorlesungen zu hören, ins Theater zu gehen und sich auf die Herausgeberschaft der Zukunft vorzubereiten.

Doch das Leben, nein, der Tod entscheidet anders. Franziska Nietzsche ist nicht gesund geworden inzwischen, im Gegenteil. Eine Grippe greift nach ihrem geschwächten Körper.

Elisabeth, zurück in Naumburg, geht von einem Krankenzimmer ins andere. Es ist nicht die Influenza und auch nicht der Magen-Darm-Katarrh. Es ist Unterleibskrebs. Bald wissen es alle, bis auf die Patientin. Franziska hatte schon lange nicht mehr so viel Grund zu leben wie jetzt, *so konnte es niemand über's Herz bringen, ihr den Ernst ihrer Krankheit begreiflich zu machen. Wie ... das aber für mich, die ich sie Tag und Nacht pflegte, gewesen ist, wie ich manchmal wirklich kaum noch ein Wort sprechen konnte vor Angst, in Jammer und Thränen auszubrechen, wie schwer es war, vor ihren prüfenden Augen den Sorgenjammer zu verbergen, und dann wieder zu dem anderen Kranken hinüberzugehen, der über mein Weinen geradeso unglücklich war, – das war eine furchtbare Zeit.*[458]

Bis zuletzt versucht Franziska Nietzsche aufzustehen, um ihren Sohn zu pflegen, denn das kann nur eine Mutter. Anfang April trifft Friedrichs Pensionszahlung aus Basel ein. Dass sie einmal aufhören könnte, war über viele Jahre Franziskas größte Sorge. Diese Rate wird die letzte sein, aber das wird sie nicht mehr erfahren. Sie schreibt voller Dank ihren letzten Brief an Overbeck und verspricht, sich »vorderhand ... nicht zu sehr zu sorgen, hinsichtlich der gänzlichen Entziehung der Pension«. In Basel wird man befinden, der Kranke könne mittlerweile ganz gut von den Einkünften seiner Schriften leben, was den wenigsten Professoren gelingt. Im Gegensatz zur Baseler Kommission glaubt Franziska das noch immer nicht. Sie muss die Tage jetzt vor Schwäche im Bett zubringen, aber »wenn die Hilfsleistung unseres Geliebten es bedarf«, versucht sie noch immer, ihr Krankenlager zu verlassen: »Der Arzt ist mit seinem Aussehen und Zustand zufrieden, freilich die Füße sind äußerst schwerfällig geworden.«[459] Dennoch sei der Patient ihre ganze, »wenn auch wehmütige Freude«. Noch todkrank fragt sie nur nach ihm. Und dann ist es vorbei.

Am 20. April schickt Elisabeth auch nach Annaberg eine schwarz umränderte Karte. Ihre Mutter hatte immer bedauert, dass Heinrich Köselitz nicht mehr kommt.

»Heute Nacht verschied sanft, nach kurzem schweren Leiden, unsere theuere, heissgeliebte Mutter die verwitwete Frau Pastor

Franziska Nietzsche

geb. Oehler

im 72. Lebensjahr

Naumburg a. S., 20. April 1897

Trauerfeier im Haus am Weingarten 18, Nachmittag 5 Uhr.

Beerdigung in Röcken bei Lützen, Freitag.

Prof. Dr. Friedrich Nietzsche

Elisabeth Förster-Nietzsche«

Ob Friedrich Nietzsche bemerkt, dass seine Mutter nicht mehr an sein Bett tritt? Ob er versucht hat, nach ihr zu fragen?

»Droben ist ein wahnsinniger Philosoph eingezogen!«

»Auf dem gegenüberliegenden Ackerjoche erhebt sich eine zerbrochene holländische Mühle ... Da wird ein Wohnhaus nicht weit davon errichtet! Wirklich ein häßliches Haus! Wie es im Sommer so öd, so schutzlos in der Glut des Tages dasteht, hat der Witz des Weimarer Philisters nicht so unrecht, wenn er es die ›Villa Sonnenstich‹ benennt. Wie kann man darin wohnen? Und dennoch! Eines Tages kommt mein kleiner Sohn aufgeregt aus der Schule: ›Papa, weißt Du? Droben ist ein wahnsinniger Philosoph eingezogen!‹«[460] Ludwig von Scheffler, der in Basel manchmal bei Friedrich Nietzsche und seiner Schwester zu Besuch war, ermahnt seinen Jungen zu mehr Respekt und späht in die Höhe.

Elisabeth hatte in Berlin einen Sonder-Salonwagen gemietet, der, angekoppelt an den Nachtzug gen Weimar, am 22. Juli 1897 nachts gegen ein Uhr den Kranken in Naumburg aufnahm. Dem Nietzscheaner Philo vom Walde zufolge ist alles sehr schnell und geheimnisvoll geschehen. Am Bahnhof Weimar durfte der Krankentransport die Ein- und Ausgänge benutzen, die gewöhnlich dem Großherzog vorbehalten waren. Der verrückte Professor scheint keinen Widerstand gegen seine Umsiedelung geleistet zu haben. Im ersten Morgengrauen war er bereits an dem Ort, den seine Freundin Meta von Salis ihm gefunden hatte, seiner letzten Herberge auf Erden, in dem Haus, das einen letzten Bund stiften soll zwischen ihm und ihr.

Auch an Meta hatte er noch ganz zuletzt geschrieben, am 3. Januar, am Tag bevor er in den ewigen Pferdehimmel einging: *Die Welt ist verklärt, denn Gott ist auf der Erde. Sehen Sie nicht, wie alle Himmel sich freuen? Ich habe eben Besitz ergriffen von meinem Reich, werfe den Papst ins Gefängniß und lasse Wilhelm, Bismarck und Stöcker erschießen. Der Gekreuzigte.*[461] Sie wird diesen letzten Vertrauensbeweis nie vergessen. Und nun hat sie ihm dieses schöne Haus gekauft: weit blicken können statt an die Wand gegenüber. Viel mehr nicht, aber das kann sie noch für ihn tun, diese letzte Freiheit kann sie ihm schaffen.

Es ist etwas Irreales, etwas Ideelles also, Schwebendes, Zerreißbares in diesem Bund. Würde Nietzsches Schwester das verstehen? Würde sie verstehen, dass dieses Haus ihm gehört, dass sie gewissermaßen Gast im Hause ihres Bruders ist?

Aber wenn sie seine Schwester ist, muss sie dann nicht Sinn haben für solche im grellen Tageslicht vielleicht nicht ganz verifizierbare Immobilienspekulation?

Da Friedrich Nietzsche dazu neigt, die Nacht zum Tag zu machen, ist es möglich, dass er das Haus schon bei seinem Einzug und nicht erst am nächsten Morgen ins Auge fasst. Palazzo! Palazzo!, hat er – seiner Schwester zufolge – immer wieder gerufen. Sein vergehender Geist empfindet die Veränderung, alles, was in ihm noch reagieren kann, ist hellwach, nimmt auf. Er sei fast ohne Hilfe im Haus herumgegangen, alles genau betrachtend, wird Elisabeth dem Grafen berichten. *Die reine ... Luft, die tiefe Stille, die hohen, geräumigen Zimmer – alles zusammen hat einen ausgezeichneten Einfluß auf unseren theuren Kranken. Das ganze Haus ist in Hinsicht auf ihn eingerichtet: er hat oben eine ganze Etage für sich mit drei großen Veranden nach allen Himmelsrichtungen und er zeigt noch lebhaften Genuß an der schönen Aussicht.*[462]

Elisabeth sah auf die dämmernde Stadt zu ihren Füßen und den weiten Horizont und dachte: *Ein neues Leben!*[463]

Sie wird ihm weiter Gedichte vorlesen, meist seine eigenen. Er mag es, seine Gedichte zu hören, er mag den Rhythmus. Dichtung ist Musik, ist Rhythmus. Mit dem Rhythmus des Herzschlags beginnt das Leben, vielleicht ist sein Empfinden das Letzte, was wir verlieren. Manchmal kann der Wiedererweckte selbst die nun folgende Zeile sprechen. Elisabeth schöpft neue Hoffnung. So wach war er lange nicht mehr wie bei seinem Einzug in das neue Haus.

Die Weimarer kriechen in den ersten Tagen in die umliegenden Kornfelder, um den verrückten Philosophen zu sehen, der jetzt in aller Munde ist.

Der Mann, der weiter unten wohnt und die Villa bei der Mühle so hässlich findet, verlässt nach der Zurechtweisung seines Sohnes in einschlägiger Absicht sein Haus: »Ich gehe in den Garten und suche die schönsten Rosen zum Strauße aus. Dann steige ich hinauf, zu der Villa in der Höhe, das Herz voll beweglicher Gedanken, die der Erinnerung an die Jugend gehören. Wie damals am Spalentorweg öffnet mir eine Dame die Türe. Ich erkenne sofort das Gesicht. Was sonst zur gegenseitigen Verständigung gehört, wird in minutenlanger herzlicher Begrüßung gegeben.«[464] Gewiss sagt Ludwig von Scheffler der Wiedergefundenen nichts über den spezifischen Schönheitswert ihrer Unterkunft, sie führt den Basler Bekannten in eine Art Salon, er bemerkt, wie »pietätvoll fast alles ganz dem Andenken des großen Bruders gewidmet ist«, Elisabeth würde vielleicht vom *würdigen reichlichen Verbrauchen* sprechen. Dann treten sie gemeinsam ans Fenster, blicken auf die kaputte Mühle, und Elisabeth spricht: Welch ein Gleichnis unseres Daseins! Ohne Flügel!

Das ist freilich eine mehr allgemeine Reminiszenz. Ist sie, die werdende Überschwester, vom Jahresbeginn her gesehen, nicht zur Überfliegerin geworden? Wer hätte gedacht, dass der Sommer dieses Jahres sie statt im Grab auf diesem Sonnnenhügel über Weimar finden würde?

Fritz Koegel musste außerhalb des Archivs arbeiten und hatte ihr zweimal wöchentlich Bericht zu erstatten. Seit Juni ist er endgültig entlassen.

Warum sollte sie nicht mit Meta gemeinsam die Gesamtausgabe machen? Triumphieren über all die *Männer und Männlein*. Von diesem Geschlecht hat sie erst einmal genug, von seinen ewigen Hahnenkämpfen und kleinlichen Rivalitäten. Nein, vorläufig erträgt sie keinen Mann in ihrer Nähe.

Zum ersten Mal hat Elisabeth in diesem Frühjahr empfunden, was noch kaum eine Frau empfindet: dass sie frei ist, vollkommen frei; dass es möglich ist, ohne die Berufung auf einen Mann zu leben.

Der Garten ist noch sehr öde. Ohne hohe Bäume und schattige Wege aber ist er für Friedrich nicht zu nutzen. Wo bekommt sie so schnell hohe Bäume und tiefen Schatten her?

5

Das neue Weimar

Der erste Gast und
ein Abschiedsbrief

Der Graf ist durchaus überrascht. Elisabeths Dienstmann, der ihn am Bahnhof abholt, trägt Livree mit einer fünfzackigen Krone auf den Knöpfen. Andere würden solche Details vermutlich nicht bemerken, Männer seiner geschlechtlichen Neigung schon.

Harry Graf Kessler ist der Umgang mit dem weiblichen Geschlecht gewöhnlich eher eine Strapaze, der man nicht immer aus dem Weg gehen kann. Er neigt auch, als Nietzscheaner zumal, durchaus zur Härte in seiner Beurteilung, schließlich hat das biologistische Zeitalter längst begonnen, und was sind namentlich Frauen anderes als ein Stück Biologie mit drängendem Verfallsdatum? »Schnell verderbliche Ware«, formuliert der Graf gern.

Mit Nietzsches Schwester ist das etwas anderes. Nicht nur, dass man eine Frau jenseits der fünfzig nicht mehr als Frau ansprechen muss, sondern von Mensch zu Mensch mit ihr verkehren darf. Zudem: Sie ist Nietzsches Schwester. Und mehr noch: Sie war wie er soeben in Amerika. Sie ist eine Überlebende des Dschungels, das fordert seine Hochachtung. Nicht viele der verwöhnten Damen, die er kennt und die vergebens auf sein Interesse hoffen, hätten sich dieser Prüfung unterzogen. Und welche hätte sie bestanden?

Elisabeth ist bei all ihrer Zähigkeit nicht stumpf und plump. Sie besitzt Sinn für Feinheiten, die Knöpfe an der Uniform des Dienstmannes sind kein Zufall, er weiß es. Und sie weiß, dass er sie bemerken würde. Zustimmung oder eine gewisse Reserve würde sie mit etwas Glück in seinem Gesicht lesen. Natürlich ist seine Miene gewöhnlich eine einzige Unbestimmtheitsrelation, wirklich ehrlich ist er nur seinem Tagebuch gegenüber. Und da steht: »Innen ist viel Raum; Parterre Archiv und Empfangszimmer, in der ersten Etage die Privatwohnung von Nietzsche und seiner Schwester, in der zweiten mein Fremdenzimmer; hier kein Federbett mehr aber auch noch kein Tub.«[445] Federbetten sind für den Grafen der Gipfel der unerlösbaren Geschmacksferne der Deutschen. Elisabeth ist also auf gutem Wege, aber noch längst nicht angekommen, der Ästhet notiert es mit wohlwollender Herablassung: »wohlhabend aber ohne Rücksicht auf die raffinierteren Kulturbedürfnis-

Harry Graf Kessler, der Dandy.
Edvard Munch malte ihn 1906.

se eingerichtet ... In den Empfangsräumen zu ebener Erde sind rote Sammetmöbel und eingerahmte Familienphotographien mit Erinnerungen aus Paraguay untermischt, Spitzenschleier, Stickereien, Indianer Majoliken; Alles in erster Linie des stofflichen Interesses wegen, nicht um einen ästhetischen Gesamteindruck hervorzurufen, aufgestellt; es ist wie bei einem recht gut situierten Universitätsprofessor oder Staatsbeamten.«[466] Und wie ihre Einrichtung, so begutachtet er auch die dazugehörigen Menschen. Sollte Elisabeth in ihren mündlichen Mitteilungen zu der gleichen Ausführlichkeit neigen, die mitunter ihren Briefen eigen ist, so hat der Graf viel Zeit zum Elisabeth-Studium, und wie viel muss dieser jetzt erfahren über die letzten Monate, die ihr Leben auf den Kopf stellten, so dass die Bewohnerin der Villa noch immer unter seelischen Gleichgewichtsstörungen leidet: »Wenn sie eifrig wird, fängt sie an zu sächseln und manchmal wird sie auch larmoyant; WIE sie Sachen sagt klingt oft niais, aber WAS sie sagt, ist meistens gut.«[467]

Der Geheime Weimarer Staatsrat Johann Schenk, früher Oberbürgermeister von Jena, stört die Unterredung der beiden *Zarathustra*-Herausgeber der Zukunft. Schenk hatte vor vielen Jahren eine Cousine Friedrichs und Elisabeths aus der Nietzsche-Linie geheiratet. Elisabeth fragt ihn, ob er nicht die Erlaubnis erwirken könne, ihren Bruder bei seinem Tod im Garten der Villa beizusetzen. Wahrscheinlich denkt sie an Wagner, der schließlich auch hinter seinem Haus begraben liegt. Und ist das hier etwa kein grüner Hügel? Der Graf hält den Gedanken jedoch für verfehlt, nicht nur, weil gar nicht absehbar sei, wohin wir gerieten, wenn sich alle Leute plötzlich neben ihren Häusern begraben ließen, nein, Nietzsche habe schließlich ausdrücklich erklärt, wo er die letzte Ruhe finden möchte: im Engadin, in Sils Maria. Wahrscheinlich schaut Elisabeth wenig erfreut.

Friedrich Nietzsche, der freie Schweizer. Und aus der Schweiz bekommt sie nun bald Post, genau eine Woche, nachdem der Graf wieder abgereist ist. Die Hausbesitzerin schreibt ihr, die wunderbare Meta, ihre Mitherausgeberin der Zukunft. Zwar ist sie neuerdings skeptisch, was ihr Miteinanderarbeitenkönnen angeht, denn Meta hat ein Buch über ihren Bruder geschrieben, *Friedrich Nietzsche. Philosoph und Edelmensch*, und Elisabeth hat sich, wohl in ihrer Eigenschaft als Nietzsche-Biografin, ein paar Anmerkungen erlaubt, vielleicht gar stilistische Korrekturen, die Meta äußerst deplaziert vorkamen. Sie ist sehr empfindlich.

Meta schreibt von ihrem Heimatschloss aus, aber bald wird auch sie in der Villa wohnen. Mit eigenem Arbeitszimmer![468] Das Nietzsche-Archiv wird weiblich, so ist es geplant. Im September kommt sie.

Doch es ist, Elisabeth spürt es schon nach den ersten Zeilen, ein tief herabstimmender Brief. Meta habe geglaubt, mit ihr leben zu können, doch könne davon nun keine Rede mehr sein: »Wir beide aber, du und ich … wir passen nicht zusammen. Das hat mir die durch Frl. Schenk übermittelte, in deinem letzten Brief bestätigte Nachricht über das Letztgeschehene zur unumstößlichen Gewissheit gemacht.«[469]

Das Letztgeschehene?

Was meint sie? Meint sie die störende Wand in Metas Zimmer, die sie hat herausnehmen lassen? Elisabeth besitzt einen untrüglichen Blick dafür, wenn irgendwo eine Wand zu viel ist. Wie schön, wie großartig ist Metas Zimmer jetzt! Sie hat es ihr auch schon beschrieben: *Ich bin Deinen Intentionen gefolgt und habe aus den beiden kleinen Räumen einen Erker gemacht. Das Zimmer ist nun hell und freundlich …*[470]. Es mache *in seiner originellen Form* einen überaus vorteilhaften Eindruck, hatte Elisabeth der Freundin zwei Tage vor der Ankunft des Grafen mit dem ganzen Stolz einer Innenarchitektin mitgeteilt. Die erste promovierte Frau des Kantons Graubünden bestreitet jedoch, jemals solche Intentionen gehabt, geschweige denn, sie geäußert zu haben.

Natürlich, das Haus gehört Meta; sie, Elisabeth, ist nur die Mieterin. Eigentlich ist es das Haus ihres Bruders, für ihn hat Meta die Villa gekauft. Streng genommen, ideell gesehen, ist also Elisabeth Fritz' Untermieterin. Und natürlich gehört es nach landläufiger Auffassung nicht zu den Grundrechten eines Mieters, gar des Untermieters, bauliche Veränderungen an der Immobilie des Eigentümers vorzunehmen.

Aber sie sind doch Freundinnen! Und wie abstrakt sind doch solche Erwägungen. Meta ist weit weg, sie hatte die überzählige Wand nicht täglich vor Augen. Elisabeth aber dachte jedes Mal bei ihrem Anblick: Sie stört, fürwahr, sie stört! Wer das weiß und trotzdem nichts tut, weil er meint, dass er nichts tun kann, ist ein Sklave. Das könnte Meta bei ihrem Bruder nachlesen. Und vor allem: Sie hat es für die Freundin getan, nicht für sich. Es ist ihr Zimmer. Wie adelsstolz muss man sein, um hier auf der eigenen Weisung zu beharren?

Und sie hatte nun einmal die Handwerker im Haus. Wände lässt man nicht entfernen, wenn alles fertig eingerichtet ist. Und die Freundin vorher zu fragen, war auch nicht möglich, vielleicht hätte sie nein gesagt.

Wahrscheinlich fand Meta es auch nicht gut, dass Elisabeth die untere Veranda verglasen ließ. Aber Friedrich Nietzsches Schwester wollte schon immer einen Wintergarten haben. Drinnen draußen sein dürfen, und draußen drin. Das ist großartig. Das kann doch kein Privileg der höher und wohler Geborenen sein. Meta versteht ja nicht einmal, wozu Elisabeth ein Bad braucht. Sie habe bis jetzt nie ein Bad gehabt, also brauche sie jetzt auch keins, befindet Meta. Ja, glaubt sie denn, Bäder zu besitzen sei ein Vorrecht der höheren Stände? Diese Art von Herkunftsanmaßung muss sie entschieden ablehnen. Sie könnte Meta ja mal ein paar Stellen mitteilen, aus denen in aller wünschenswerten Klarheit hervorgeht, was Nietzsche über den Adel gedacht hat. Aber sie ist ein friedfertiger Mensch. Vor allem aber: Sie ist ein praktischer Mensch. Sie hatte die Handwerker im Haus und ließ alles machen, was aus ihrer Sicht zu machen war. Und zwar gleich, im Juni und Juli, bevor ihr Bruder kam, bevor das Klopfen und Fräsen ihn stören konnte, bevor er ob des Lärms zu toben anfangen konnte, bevor sie ihn vor neugierigen Blicken verbergen musste.

Aber was weiß diese auf Schlössern lebende Frau schon von praktischen Dingen? Sie schreibt so unfassbar förmlich: »Liebe Elisabeth, frage Dich einmal ruhig und mit Hintansetzung alles Persönlichen, wie würdest Du über eine Frau denken, die gegen Deinen ausgesprochenen Willen in Deinem Haus und in den ihr reservierten Räumen bauliche Veränderungen träfe?« Keine Frage, die Absenderin ist verstimmt.

Elisabeth mangelt es entschieden an dem, was man die Demut des Untermieters nennen könnte. Meta von Salis weiß ohnehin, dass die Freundin nicht Mieterin sein möchte, dass sie das Haus kaufen will, besser heute als morgen, zumindest, sobald sie dazu in der Lage ist. Das verletzt Meta. Dass sie dem Philosophen, den sie kannte und verehrte, ein letztes Obdach auf Erden gewährt, war die Idee dieses Kaufs, es war ihr Wunsch. Sie hatte gehofft, dass Elisabeth diesen Wunsch tiefer versteht, ihn mehr achtet.

Aber Elisabeth wohnt da. Das Wohnen ist ein geradezu bedrückend reales Verhältnis. Marx würde an dieser Stelle vom Unterschied zwischen Eigentum und realer Aneignung sprechen. Die Villa ist zwar Metas Eigentum, aber indem Elisabeth eingezogen ist, ist sie in ein Verhältnis realer Aneignung zu dem getreten, was Meta gehört. Diese so wenig ideale Tatsache verstimmt die Schweizerin. Das Leben hat einen so verstimmenden Hang zum Profanen. Und verlangt der Stand dieser Bürgertochter nicht ein wenig mehr Bescheidenheit? Elisabeth wiederum mag darüber

Das Nietzsche-Archiv auf dem Silberblick

nachdenken, dass eine Abgesandte der gesellschaftlichen Schicht, die bis eben in den meisten Menschen Untertanen erblickte und den Befehl, diesen Spezialfall einer Kommunikationsform, als Normalfall betrachtete, sich nicht von heute auf morgen an die Volkssouveränität gewöhnen kann. Und ein Mieter ist kein Untertan, der Mieter ist der Souverän von morgen.

Am 26. August erörtert Meta von Salis noch einmal die Bad-Frage unter besonderer Berücksichtigung des Grafen Kessler, den sie zwar nur aus Elisabeths Briefen kennt, aber das reicht ihr vollkommen: »Wenn Du meine Villa und Garten, die Dir im Frühling so wohl gefielen, mit Tadel bedachtest, ein Badezimmer für Dich für nötig erklärst, nachdem du weder in Weingarten 18 noch in Deiner späteren Naumburger noch in Deiner Weimarer Wohnung ein solches hattest, wenn Graf Kessler, der Millionär, Dein bibliographischer Berater ist und Dich die letztes Jahr gemachte Zarathustra-Ausgabe verachten lehrte, so kann ich nur lächeln. Das sind Dinge, die Dich nicht nur mir, sondern vielen in ein ganz anderes Licht rücken, als Du vermutest.«[471]

Der Tonfall ist schon sehr herablassend. Wie viele Menschen der Zukunft, die noch nie ein Badezimmer hatten, werden bald Anspruch darauf erheben, eines zu haben. Und am 26. August schreibt nicht nur Meta an sie, sondern auch der Graf, und was ihr bibliografischer Berater zu sagen hat, ist in jeder Hinsicht erhebender, auch wenn er die von Naumann vorgelegten Schriftproben einer neuen *Zarathustra*-Ausgabe hinsichtlich Typen und Satz bemängelt: »Sollte Naumann dabei bleiben, könnte ich natürlich meinen Namen als Beaufsichtiger der Ausgabe nicht hergeben, da das dann lächerlich wäre, weil nichts geleistet ist was irgendwie über das hinausginge, was jeder größere Drucker in Leipzig schon allein leistet.«[472] Mit dem Vermeiden von Geschmacklosigkeit sei noch nichts getan. James Burn in London soll sich jetzt des *Zarathustra* annehmen.

Wahrscheinlich wagt Elisabeth nicht, Meta das mitzuteilen. Und auch nicht, welches Vertrauen sie zu dem jungen Grafen fasste, als er der erste Gast im neuen Haus war. Sie hat es ihm schon

selbst geschrieben, bald nachdem er weg war. Vielleicht ist es nicht
falsch, hier Elisabeth das Wort zu überlassen, ohne sie zu unterbrechen. Denn mag der Grundton ihrer Briefe auch oft sentimental sein, sie verfügt doch über Feinheiten und Nuancen. Elisabeth
Förster-Nietzsche rückblickend auf das schlimme Jahr und die Gewissheit, ihm entronnen zu sein, eine Gewissheit, die auch seinen
Namen trägt: *Erst jetzt empfinde ich, daß in dem letzten Halbjahr neben allem Schweren u. tiefem Herzeleid noch etwas Besonderes an mir
genagt hat, etwas Unbestimmtes. Ich muß es mit einem alltäglichen kleinen Erlebnis vergleichen: Die Ecke eines Zahnes war in den letzten vier
Wochen etwas scharf u. spitz gewesen, erst als diese Ecke vorgestern ver-
schwand oder sich abglättete, merkte ich, daß ich vier Wochen eine leise
störende unangenehme Unbequemlichkeit ertragen hatte, ohne mir es bestimmt bewußt gewesen zu sein. So fühle ich auch jetzt erst, daß mich
ein dumpfer Zweifel gequält hat, ich stelle zu hohe Ansprüche an die Menschen, ich sei zu sceptisch zu spröde in meinem Vertrauen … Dieses Vertrauen kommt, das ist nämlich das Schlimme, ganz ungewollt, ich kann
es mir nicht geben und nehmen u. das war nun jene dumpfe Besorgniß,
daß ich … Niemand mehr finden würde, die auf ein Mal so herrlich von
mir genommen ist. Ich fühle mich so befreit, so leicht, so glücklich!*[473] – Es

Der letzte Ausblick

ist eine Liebeserklärung und doch keine, es ist mehr: Es ist eine Vertrauenserklärung. Nein, sie will ihn wahrlich nicht in Verlegenheit setzen: *Und nun habe ich Ihnen so viele schöne Dinge gesagt, daß ich schleunigst aufhöre ... Ich muß vielleicht gleich etwas thun, das Gesagte zu mindern u. bitte zu bedenken, daß die drei Doctoren Koegel, Steiner, Hecker zu den heutigen leuchtenden Farben den sehr dunklen Hintergrund geliefert haben.*[174]

Ach, und eine Bitte hat sie noch – ob er sich in ihr Fremdenbuch eintragen könne, denn er war doch eben der erste Gast.

Wie das kommentieren, was spätestens jetzt zwischen Elisabeth Förster-Nietzsche und Harry Graf Kessler anhebt? Vielleicht mit dem letzten Satz eines nicht ganz unbekannten Films: »This is the beginning of a wonderful friendship.«

»The Eagle and the Serpent. A Journal of Egoistic Philosophy and Sociology«

Und dann kommt die Hauseigentümerin selbst. Wahrscheinlich bemerkt die Freiin, anders als der Graf, bereits mit äußerstem Tadel die fünfzackige Krone auf der Livree des Dieners, der sie vom Bahnhof abholt.

Dass ihr Zimmer ohne Wand viel schöner ist als mit Wand gibt sie zu, aber darum geht es nicht. Es geht in diesem Haus ganz und gar nicht darum, einen Preis für Innenarchitektur zu gewinnen, sondern darum, einem Kranken zu dienen. Das sieht Elisabeth zwar genauso, doch wer sagt, dass das Dienen eine Tätigkeit der Enthaltsamkeit, gar der ästhetischen Enthaltsamkeit darstellt? Es ist nicht überliefert, ob Elisabeth die Freundin in ihre Philosophie des *würdigen reichlichen Verbrauches* eingeführt hat.

Wahrscheinlich bleiben Vorwurf und Tadel beharrlich stehen in der Miene der Freiin. Kann sie sich nicht ein wenig mit ihr freuen, dass alles so schön geworden ist, dass es dem Kranken so unerwartet gut geht, als sage er sich selbst, für dieses Dasein lohne es, noch einmal ein wenig zu Sinnen zu kommen? Kann sie das nicht? Und da Menschen manchmal die größten Feinde

ihrer selbst sind und sich die Gereiztheit der Freiin auf sie über-
trägt, äußert Elisabeth irgendwann einen sehr bösen kleinen
Verdacht. Nicht nur Meta kann tadeln, argwöhnen und jede gute
Stimmung verderben, sie kann das auch. Und sie spricht die Ver-
mutung aus, dass die Freundin das Haus vielleicht nicht nur aus
reinem Altruismus gekauft habe, sondern nicht zuletzt um der
Steuervorteile willen. Sie habe gehört, Schweizer machen das in
Deutschland öfter.

Meta von Salis packt ihren Koffer. In ihrem Zimmer, in dem eine
Wand fehlt, hat sie nichts mehr verloren. Sie reist ab.
    Verabschiedet sie sich noch von dem Mann im ersten Stock?

Vielleicht hätte Elisabeth den fiskalischen Verdacht nicht laut werden lassen sollen. Manchmal ist man selbst sein bester Feind. Und
dabei hat sie diese Doktorin so gern. Und ist ihr so dankbar. Sie
könnte sich natürlich entschuldigen. Das Problem ist nur, sie kennt
das schon von Cosima, dass diese adligen oder teiladligen Damen
dank ihrer Erziehung meist noch nachtragender sind als die gewöhnlichen Vertreterinnen ihres Geschlechts. Am besten, sie gibt
Meta ein wenig Zeit. Dann werden sie beide über sich lachen können, hoffentlich.
    Nein, sie ist absolut nicht gesonnen, ihren bibliografischen Be-
rater zu entlassen, und schon am 2. Oktober ist er wieder da. Eigentlich hätte er in Metas Zimmer schlafen können, schließlich
steht es in all seiner wandlosen Schönheit jetzt leer. Wer weiß,
wie Meta reagiert hätte, würde sie gehört haben, was der Graf
jetzt hört. Er sieht sich empfindlich in seiner Nachtruhe gestört:
»Um 10 Uhr zu Bett. Ich hatte noch keine Viertelstunde das Licht
ausgemacht, als ich plötzlich durch das laute Brüllen des Unglücklichen unten aufgeschreckt wurde. Ich stand halb auf und hörte
noch zwei drei Mal die langen, rauhen, wie stöhnenden Laute, die
er mit ganzer Kraft in die Nacht hinausschrie; dann war wieder
alles still.«[475]
    Am Morgen nach seiner unruhigen Nacht erfährt der Graf et-
was über die Eigenart der Nietzsche-Briefe aus Elisabeths Mund,

ein Punkt, bei dem sie nicht nur auf das Interesse des Grafen, sondern auf die volle Aufmerksamkeit der Nachwelt rechnen darf. Anlass der Unterredung ist der von Elisabeth schon mehrmals erwähnte Diebstahl der Bruder-Briefe in Paraguay. 21 seien gestohlen worden, vermerkt Kesslers Tagebuch. Bei allem buchhalterischen Sinn, den Elisabeth, ihren Bruder betreffend, wohl immer hatte: Ein wenig seltsam ist es schon, dass sie die Zahl so genau angeben kann, es sei denn, sie hätte auf ihrer ersten Heimreise ein Verzeichnis der zurückgelassenen Bruderbriefe mitgeführt, eine Handlungsweise, die man wohl nur einem vorzeitig wider Willen pensionierten Archivar zutrauen darf. Wir erinnern uns, dass auch das von Franziska »Gespensterbrief« genannte Schreiben zu diesem Konvolut zählt, sollte es je existiert haben. Und warum sollte jemand mitten im Urwald Briefe eines akademischen Frührentners stehlen? Noch wusste kaum einer, dass die einmal wertvoll würden, und in Försterrode hätte man es gewiss zuletzt erfahren.

Kessler, auch ein gewissenhafter Archivar, nämlich ein lückenloser Archivar seiner Tage, protokolliert: »… von den 21, die gestohlen waren, hat sie bis jetzt vier zu Preisen zwischen 50 und 60 Mark von einem Anonymus zurückerhalten. Die Übrigen sind vorläufig verschollen. Sie sagt der Verlust sei ihr deshalb am allerunangenehmsten, weil ihr Bruder oft aus einer Augenblicksstimmung heraus über Personen, die er sonst schätzte und in andren Briefen wieder lobte, verletzende und beissende Urteile fällte.«[476] Dass sie selbst das exemplarische Beispiel sei, hat sie ihrem bibliografischen Berater wohl verschwiegen. Durch »einseitige Publikation«, referiert dieser, könne nun »grosses Unheil und vor allem grosser, unbeabsichtigter Schmerz« verursacht werden. Wie sich die Sammlerin eine nicht-einseitige Publikation vorstellt, berichtet der Vertrauensmann nicht, er scheint auch nicht nachgefragt zu haben. Erwägt Elisabeth, zu jedem Brief die fehlende Seite, die andere Perspektive zu ergänzen, oder möchte sie verhindern, dass unberufene schwatzhafte Leser publizieren, was sie zu Unrecht in den Händen halten?

Vielleicht ist dies die Stelle, den Briefschreiber Friedrich Nietzsche genauer zu betrachten. Gegen das Wort Augenblicksstimmungen hätte er sich gewiss gewehrt, Weiber haben Augenblicksstimmungen, aber doch nicht Philosophen, Philosophen haben Ewigkeitsstimmungen, egal wie, Augenblicksstimmung ist das falsche Wort: Friedrich Nietzsche ist ein Denker der Perspektiven, die zeichnet er möglichst scharf, auch die Perspektiven auf Menschen. Nun ist bei dem Briefschreiber Nietzsche zu berücksichtigen, dass er, zumal nach dem Bruch mit Lou und Rée, ein Leben ohne wirkliche Vertraute führte, bei einem Denker sind das Vertraute seines Denkens, Mitwisser seines Geistes. Doch weil dieser Denker ein Herzdenker war wie nur wenige andere, waren es zugleich die Vertrauten seines Herzens, die ihm fehlen. Das machte ihn radikal, das zwang ihn zu einer gewissen Unerbittlichkeit. In jeder gewählten Perspektive liegt eine Ungerechtigkeit gegen die Übrigen. Der Chronist dieses 2. Oktober 1897 erhob keinen Einspruch gegen Elisabeths erkenntnistheoretische Epistemologie, nach der »das Richtige seiner – Nietzsches – Ansicht zwischen dem Lob und dem Tadel« gelegen habe. Das nun ist, erkenntnistheoretisch und von Nietzsche her betrachtet, die reine Demenz, aber wahrscheinlich hat der Graf gar keine Zeit, über diese Problematik weiter nachzudenken, denn er darf den Urheber all dieser Verwirrung sehen, den Minderer seines Schlafs. Wie ihn begrüßen? »Er lag auf dem Sofa, wie das vorige Mal, aber wach und aufmerksam, was vorgieng. Er reichte mir ganz von selbst die Hand, als ich ihm die meinige entgegenstreckte. Die Finger sind auffallend lang und fein gebildet, nur die Farbe ist fast leichenhaft. Er sieht einen fest und lange an; Irres ist in seinem Blick Nichts; ich möchte den Ausdruck darin vielmehr als den der Treue und zugleich des Nicht ganz verstehen Könnens, des geistigen Suchens ohne Resultat, bezeichnen.«[47] Man wird Elisabeth oft vorwerfen, dass sie Fremde zu ihrem Bruder führt, und die Erste wird Meta von Salis, ihre Meta sein. Aber dieser Mann lebt, er nimmt noch immer wahr auf seine Weise. Wer besucht wird, lebt. Elisabeth, die Frau, weiß das. Sie sperrt ihn nicht weg, sie versucht, ihn Anteil nehmen zu lassen an einem Rest von Leben, der ihm noch zugänglich ist.

Sie stellt ein kleines Buch mit Gedichten ihres Bruders zusammen, die sie ihm immer vorliest und von denen er manchmal noch ein, zwei Zeilen weiß. Sie sagt ihm, dass viele Menschen seine Gedichte lesen.

Es ist ein schönes Weihnachtsgeschenk, für den Grafen, aber auch für Meta.

Das erste Weihnachten ohne ihre Mutter. Ihr Naumburger Haus, das Franziska so liebte, wird Elisabeth verkaufen. Sie ist der ersten promovierten Frau des Kantons Graubünden so dankbar, aber deren Antwort ist herabstimmend: »Liebe Elisabeth, zum neuen Jahr meine besten Wünsche und meinen Dank für die Gedichte! Aber laß dieß das Letzte sein, was du mir schenkest; ich könnte hinfort nichts mehr annehmen. Es ist überhaupt besser, wir schreiben uns für's Erste nicht mehr.«[478]

Zu Beginn des neuen Jahres wird sie krank, es ist ein böser Infekt, und Metas Brief macht sie keineswegs gesünder. Also keine Versöhnung. Manchmal fühlt sie sich unendlich allein und verloren in ihrem neuen schönen Haus. Ihr Bruder und sie, die beiden letzten Nietzsches, beide bettlägerig. Wie gut ging es ihm in diesem Herbst, fast wagte sie auf ein Wunder zu hoffen. Jetzt hört sie seine Schreie in der Nacht, aus irgendeinem Zwischenreich herausgebrüllt, zu dem sie keinen Zutritt hat.

Es würde sie beide gewiss aufheitern, wüssten sie, dass eben jetzt im Februar die erste Nummer einer englischen Nietzsche-Zeitschrift erscheint. Sie trägt den sprechenden Titel *The Eagle and the Serpent: A Journal of Egoistic Philosophy and Sociology* und wird von John Erwin McCall in London herausgegeben. Die Leitsprüche der Ausgabe vom 15. April lauten: »A Race of Altruists is Necessarily a Race of Slaves. A Race of Freemen is Necessarily a Race of Egoists. The Great are Great only Because we are on our Knees. Let us Rise.« John Erwin McCall heißt in Wirklichkeit John Basil Barnhill, ist Amerikaner, Schriftsteller, Anarchist und Herausgeber. Die Erkenntnis seines Lebens lautet: »Where the people fear the government you have tyranny. Where the government fears the people you have liberty.«[479] Er wird bald selbst George Bernhard Shaw als Autor für sein Nietzsche-Periodikum gewinnen können. Shaw, Wagnerianer, Nietzscheaner, Marxist, zeigt, dass jede Synthese möglich wird, ist der eigene Kopf nur groß genug.

Aber sie fühlt sich nicht frei, höchstens frei zum Tode, doch sterben darf sie nicht, solange ihr Bruder noch lebt und die Nacht erschreckt und das Archiv keinen Erben hat. Sie muss das mit Kessler besprechen: *Eigentlich will ich das Archiv schon so bald die Gesammtausgabe fertig ist stiften, aber ich möchte gerne jetzt alle Dispositionen treffen.*[480] Und dann ist da noch eine Nachricht, die sie sehr schockiert: Koegel arbeitet in einer Düsseldorfer Seifenpulverfabrik! Er ist dort zwar als Direktor, aber es geht ihr trotzdem nahe: *Wie ein Mensch zu Grunde geht!*

Sie überdenkt ihre Lage. Vielleicht wird sie wieder gesund. Wenn alles gut geht, blinzelt sie bald wieder in die Sonne und denkt gemeinsam mit Harry Graf Kessler über die *Zarathustra*-Prachtausgabe nach und ob »das grandiose, aus der ältesten asiatisch-ägyptischen Kultur stammende Symbol der mit Adlerflügeln beschwingten Sonne in Verbindung mit den ineinandergeringelten Schlangen«[481] als Buchschmuck nicht unüberbietbar wäre – the eagle and the serpent eben. Und Koegel ist in einen Waschtrog gefallen, das hat sie nun doch nicht gewollt. Elisabeth neigt zur Treue. Sie wird Menschen, die ihr einmal verbunden waren, nie einfach fallen lassen. Von der Hellen wird noch nach dreißig Jahren Post von ihr bekommen. Sie kann sich auch nicht vorstellen, dass Koegel wieder da wäre: *Ich bin jetzt ohne Herausgeber, was ich als eine große Befreiung empfinde … Vor der Hand bin ich glücklich von all dem Staub, den seine gekränkte Eitelkeit aufwühlte, befreit zu sein.*[482] Und trotzdem. Sie bietet ihm an, wenn er es nicht aushalte in seiner Seifenfabrik, zurückzukommen. Aber sie müssten über alles noch einmal reden. Ja, sie glaube erwarten zu dürfen, nein, erwarten zu müssen, dass er sie um Verzeihung bitte.

Das Ego des geschäftsführenden Direktors der Siegling'schen Seifenfabrik zu Düsseldorf sieht sich zu solch vorsätzlicher Selbstdemütigung vor einer Frau außerstande. In den kommenden Jahren wird er den Seifen-Umsatz seiner Fabrik verdreifachen.[483]

Ich, ein Kriecher?

»An meine Begeisterung für die große Sache Friedrich Nietzsches werden Sie, höchgeschätzte gnädige Frau« – höchgeschätzte gnädige Frau, tatsächlich? – »gewiß glauben, und über mein Verständnis seiner Kunst und Lehre haben Sie mir selbst oft so schöne Worte gesagt, daß ich tief ergriffen war.«[184] Rudolf Steiner, dessen Urteil über Elisabeths philosophische Begabung bis heute Generationen von Nietzsche-Forschern nachsprechen, ist zu erstaunlichen Wertschätzungen in der Lage, die Abwesenheit von Zeugen vorausgesetzt.

Ich – ein Kriecher? Also fragte Zarathustra.

Aber was wusste Zarathustra in seiner Gebirgseinsamkeit von den Nöten eines stellungs- und mittellosen Akademikers in Berlin? Von Weimar nach Berlin: Es ist ein Kulturschock, ja es ist eine Höllenfahrt. Gemeinsam mit Otto Erich Hartleben gibt er hier das bedenklich defizitäre *Magazin für Litteratur* heraus. Leider fliehen, seit er da ist, die verbliebenen Abonnenten in besorgniserregender Zahl. Vielleicht hätte er auf seine flammenden Plädoyers für den »individuellen Anarchismus« im Namen Nietzsches und Stirners verzichten sollen? So ein Magazin für Literatur hat vor allem bürgerliche Leser. Und die fürchten sich sehr vorm Anarchismus.

Diese Stadt ist ein Moloch, der den früheren Herausgeber von Goethes naturwissenschaftlichen Schriften zu verschlingen droht. Wahrscheinlich erinnert sich der glücklose Redakteur nicht ohne Wehmut der Frau, die ihn schützen und fördern wollte. Und gewiss liest die Archivleiterin im Juni 1898 nicht ohne Interesse, was ihr designierter Zweitherausgeber von einst zu sagen hat: »Wie können wir Friedrich Nietzsche besser ehren und verstehen, als daß wir, die wir glauben, dazu Talente zu haben, zur Ausbreitung seiner Ideen das unsrige tun? Ich würde es als ein Aufgeben meiner Selbst betrachten, wenn ich anders handelte. Ich bin und werde immer für seine Sache einzustehen Kraft und Mut haben.« Das ist historisch, also von Steiner aus zukünftig gesehen, zwar grundfalsch, aber wir wollen nicht kleinlich sein. Elisabeth etwas über den spezifisch Steiner'schen Mut mitzuteilen, ist schon ein starkes Stück. Und welche Umwege der Selbstheroisierung, statt einfach zu sagen: Ich möchte doch Herausgeber werden!

Stattdessen fährt der Bewerber fort: »Gewiß erinnern Sie sich an unser Gespräch – ich glaube es war im Spätsommer 96 – über die ›ewige Wiederkunft‹. Wir haben damals« – hat sie da eben wirklich »wir« gelesen, sie und er? – »eine Vorstellung über diese Lehre zu stande gebracht, die ich hätte ausbilden und vertreten müssen, dann wäre heute diese Lehre ein Discussionsgegenstand in weitesten Kreisen geworden. Es ist mir unendlich leid, daß solche Dinge, die wie ich glaube, in der Richtung meines Talentes liegen, die ich aber nur mit Ihrem steten Beistand hätte machen können und dürfen, nicht von mir gemacht worden sind.«

Was will er ihr sagen? Meint er etwa, sie bezichtigen zu dürfen, sie hätte ihm ihren Beistand verweigert? Hinterhergetragen hat sie ihm diesen Beistand. Aber er verweigerte ihr jeden Beistand, indem er ruhig zusah, als das Koegel-Hecker-Tribunal sie verbal hinrichtete. Wie empfahl doch der Geheimrat, den er herausgab? »Kommt den Frauen zart entgegen!« Und wenn nicht zart, so doch zumindest entgegen. Aber als Ritter war er ein vollkommener Ausfall, es hat sie gekränkt, sehr.

Mit Erstaunen und wohl nicht ohne ein maliziöses Lächeln der Erkenntnis liest Elisabeth, wer das eigentliche Opfer jenes Dezembers vor eineinhalb Jahren war: der Absender! »Ich habe nun seit jenen unglückseligen Tagen, die allen Beteiligten in Erinnerung bleiben werden, tief gelitten. Sie dürfen mir glauben, gnädige Frau, daß es ganz und gar nicht in meinem Wesen liegt, meine persönlichen Interessen in die grosse Angelegenheit hinein zu bringen, die Ihnen durch die Führung der Sache Ihres Bruders geworden ist. Sie wissen, gnädige Frau, wie sehr ich zufrieden war, mit der nebensächlichen Rolle, die mir eine Zeitlang beschieden war.« Jetzt hätte er aber gern eine hauptsächliche Rolle, und er schließt: »Möchten Ihnen, gnädige Frau, diese Worte zeigen, daß sich in meinem Wesen nichts geändert hat, und daß ich jederzeit werde die Worte aufrecht erhalten können, die ich Ihnen oft in den guten, schönen Stunden vor den unglückseligen Ereignissen gesagt habe.«

Der Bewerber um den Posten des Herausgebers erscheint am 8. Juli 1898 zum Vorstellungsgespräch im Nietzsche-Archiv. Wahrscheinlich spürt er bald, dass seiner Anstellung hier nichts im Wege stünde. Elisabeth hat noch keinen neuen, und sie ist nicht nachtragend. Nicht mehr, wahrscheinlich eher weniger als andere. Sie hatte sich immer wieder an Meta gewandt, aber keine Antwort mehr bekommen. Im Sommer schrieb sie dann ihren letzten Brief an Friedrich Nietzsches letzte Freundin. Sie habe sie so gern gehabt und: *Du fehlst mir so bei meinem jetzigen Triumph über all die Männer und Männlein.*[485]

Aber was heißt Triumph? Sie könnte sogar Steiner vergeben. Nur eines will sie dann doch von ihm. Jetzt soll er die Wahrheit sagen. Und zwar schriftlich. Und zwar ihrem Neffen Adalbert Oehler, der sie damals verteidigt hat, der an sie geglaubt hat.

Steiner gehorcht. Sein Schreiben beginnt:

»Sehr geehrter Herr Stadtrat,

Nach neuerlichen Besprechungen mit Frau Dr. Förster-Nietzsche erlaube ich mir, die folgenden Zeilen an Sie zu richten. So sehr ich die durch widrige Verhältnisse und Zufälle hervorgerufenen Vorgänge der Jahre 96/97 im allgemeinen bedaure, ebenso muß ich auch die ganze Kette von Mißverständnissen beklagen, welche – zusammen mit meinem durch diese hervorgerufenen Verhalten – zu der Differenz zwischen Frau Dr. Förster-Nietzsche und mir geführt haben«.[486] Usw., usw.

Elisabeth ist dieses Bekenntnis zu, wie soll sie sagen: philosophisch-allgemein? Die Wahrheit ist immer konkret. Vielleicht könne der Doktor die Wahrheit ergänzen?

Das darf sie nicht von ihm verlangen! Er ist ihr entgegengekommen, er ist bis zum Äußersten dessen gegangen, was ihm möglich ist. Sie kann nicht von ihm fordern, dass er sich als Lügner bekennt. Das erlaubt ihm seine Ehre nicht. Diese Demütigung kann sie nicht von ihm wollen. Aber genau die will sie, schon wegen der Leidensgerechtigkeit.

Er zögert. Er zagt. Er schweigt.

Am 15. August teilt Elisabeth Rudolf Steiner mit, nicht länger auf seine Antwort warten zu können. Sie nehme an, dass er auf das Amt verzichte, und bittet, *mir das bestimmt mitzutheilen, damit ich Ersatz für Sie suchen kann. Am 1. Sept. soll die Arbeit von Neuem anfangen ... Ich begreife, daß Ihnen der Brief an meinen Vetter schwer wird, aber es ist ganz UNMÖGLICH, daß Sie, ohne daß Sie Ihr Unrecht bekennen und die einfache Wahrheit jener Vorgänge im December 1896 festgestellt wird, in das Nietzsche-Archiv eintreten.*[487]

Am 1. Oktober wird der Musikschriftsteller Dr. Arthur Seidl als neuer Herausgeber angestellt. Der zurückgewiesene Dr. Rudolf Steiner bleibt dem Archiv ab sofort in herzlicher Feindschaft verbunden. Sie hat ihn stehen lassen und ist kühl an ihm vorübergegangen. Das kann er nicht hinnehmen. Elisabeth wird von ihm hören, und zwar so, dass alle mithören können.

Am 1. Dezember wird ein neuer Vertrag zwischen dem Naumann-Verlag und dem Nietzsche-Archiv geschlossen.

Am Tag darauf beginnt Elisabeth, einen sehr langen Brief zu schreiben. Der Empfänger ist Heinrich Köselitz.

28 Seiten an Heinrich Köselitz

Das erste Blatt zeigt oben links ein schönes Bild von der Villa. Und doch dürfte der Empfänger einen Augenblick gebraucht haben, um zu begreifen, wer ihm da schreibt, denn es ist nicht Elisabeths Handschrift. Sie kann das auch begründen: *Ich habe im Leben so viel Veranlassung zu Thränen gehabt, daß meine Augen ungewöhnlich kurzsichtig geworden sind ...*[488] Wahrscheinlich muss er schon hier lachen. Nietzsches kleine Schwester, die inzwischen, das kann er nicht leugnen, eine ziemlich große Schwester geworden ist, schreibt ihm einen ihrer sentimentalen Briefe. Er ist schon daran gewöhnt, Post von ihr zu bekommen. Nicht nur die Trauerkarte zum Tod ihrer Mutter, auch den Gedichtband, den sie herausgab, hat sie ihm geschickt, versehen mit der Widmung: »Herrn Peter Gast mit den herzlichsten Grüßen v. d. Herausgeberin«. Er fand das sehr komisch, erfährt Overbeck, der aber hat die Gedichte auch bekommen, »von der Dame«, wie er sagt.

Überhaupt informiert er den Baseler Freund in sarkastischer

Form über die jeweils neuesten Entwicklungen, das Archiv betreffend, so im Herbst 1897: »Dr. Kögel ist vom Archiv fort. Seitdem er sich mit Fräulein Gelzer verlobt hatte, begann sein Stern bei Frau Dr. Förster zu sinken. Wie es scheint, duldet Frau Dr. Förster nur Junggesellen um sich, also Leute, um welche die leise Möglichkeit einer Liason mit ihr schwebt.«[489] Wir brauchen diese Mitteilung nicht zu kommentieren, und Heinrich Köselitz hat nun wirklich keine Veranlassung zu einer besonders teilnehmenden Sicht auf die Person der Archivleiterin; zu vermerken aber ist, dass Sentenzen wie diese noch immer selbst unter Nietzsche-Sachverständigen als Wahrheit über Elisabeth gelten. Ecce femina, wie Gustav Naumann junior sagen würde, der sich jetzt als freier Autor und Nietzsche-Exeget durchschlägt.

Und auch in einem anderen Köselitz-Befund vom April dieses Jahres sieht man noch immer aufs Erfreulichste bestätigt, was man ohnehin schon annahm: »Sie weiß fast Nichts, als die Menschen zu beunruhigen, zu quälen, zu schinden und mit der offenbarsten Ungerechtigkeit zu beurtheilen. Den Dr. Kögel, der gearbeitet hat wie ein Trakehnergaul, nannte sie ›faul‹ etc.«[490] Sie nannte ihren herausgebenden Choleriker aber auch, und das viel öfter, eminent fleißig, was in wünschenswerter Weise den Sachverhalt widerspiegelte, dass der ungemein fleißige und zum Fleiß begabte Fritz Koegel partiell faul war. Egal wie: Was im Gedächtnis blieb, ist, Elisabeth wisse »fast Nichts, als die Menschen zu beunruhigen, zu quälen, zu schinden«. Köselitz' Aprilbrief an Overbeck geht aber noch weiter: »Ich selber freue mich dabei, damals, als das Lama aus Amerika zurückkam, so kurzen Proceß mit ihr gemacht zu haben. Trotz meiner Guthmütigkeit hatte ich sogleich das Gefühl, daß wir mit einander nicht auskommen würden.«[491]

Dies nun ist eine gewagte Interpretation. Und wahrscheinlich hat Heinrich Köselitz noch keine Ahnung, als er Elisabeths Dezemberbrief zu lesen beginnt, wie weit er sich einmal von sich selbst entfernen wird.

Wie man wird, was man ist, heißt der Untertitel des *Ecce homo*. Wie aber wird man, was man nicht ist? Müssen nicht die meisten Menschen am Ende ihres Lebens diese Frage beantworten?

Das Lama schreibt seine Briefe nicht mehr selber, es beschäftigt jetzt schon Sekretäre. So weit hat er, Heinrich Köselitz, es nie gebracht. Er hat es ja noch nicht einmal so weit gebracht, die Frau, die seit zehn Jahren zu ihm gehört, heiraten zu können. Er hat es nicht so weit gebracht, dass Verleger seine Lieder drucken. Er ist ein erfolgloser Musiker. Keine Mutter gäbe ihm ihre Tochter. Seine Opern, seine Sinfonien, niemand will sie aufführen. Da hat die Fürsprache seines verrückten Freundes, der jetzt im In- und Ausland in aller Munde ist, ihm nichts genützt.

Vielleicht zählt Heinrich Köselitz gleich die Seiten des Papierstapels, der vor ihm liegt, es sind 28. Sie muss ein ziemlich großes Anliegen haben. Sie nennt ihn *Sehr geehrter Herr!*

Und Heinrich Köselitz liest:

Sie werden seit ungefähr zwei Jahren nichts Direktes mehr über meinen lieben Bruder gehört haben; es war der letzte Winter, wo unsere liebe Mutter noch lebte, wo sie aber doch schon zu kränkeln anfieng und es auch meinem Bruder gar nicht gut gieng. Das Naumburger Haus war für ihn so ungeeignet, die Zimmer zu eng und zu niedrig, die Lage so geräuschvoll, und zwar war sie immer geräuschvoller geworden. Und Heinrich Köselitz erfährt, dass die Naumburger Stadtmauer für eine neue Straße durchbrochen worden war, wodurch *der Verkehr aus der südlichen Villen-Vorstadt* direkt an ihrem Haus vorbeiführte.

Ein wenig eigentümlich ist das schon, da schreibt sie seit gefühlten Ewigkeiten zum ersten Mal wieder an den Freund ihres Bruders und teilt ihm etwas über die Kollateralschäden der Entwicklung der Naumburger Infrastruktur mit und ist damit noch keineswegs fertig: *Ich war im Herbst zuvor nach Weimar gegangen, war aber den ganzen Winter mehr in Naumburg, und als ich am Ende zwei theure Kranke zu pflegen hatte, war ich über die Lage des Hauses manchmal ganz unglücklich.* Die Frau, die einmal Lieschen Nietzsche war, hat offenkundig das Empfinden, dem früheren Freund, der nicht mehr ihr Freund ist, erklären zu müssen, wie es möglich ist, dass sie jetzt da wohnt, wo sie wohnt, so bedenklich gehoben. Nicht zuletzt das Wohl ihres Patienten habe diesen Umzug notwendig gemacht, und *die auffällige Besserung in dem Zustand*

meines theuren Bruders, die mit der Uebersiedelung nach Weimar ver-
bunden war, hat diesen schon jetzt gerechtfertigt: Wir bewohnen
hier das schöne, ganz einsam gelegene Haus, was oben auf dem Brief-
bogen steht.

Es sei ganz in Hinsicht auf den Kranken eingerichtet: Friedrich
habe oben eine ganze Etage für sich mit drei großen Veranden
nach allen Himmelsrichtungen, die unteren Räume aber würden
das Nietzsche-Archiv beherbergen. *Graf Keßler, der öfters hierher*
kommt, schrieb mir noch neulich, daß jedesmal, wenn er nach Berlin
von hier zurückkehre, er das Gefühl habe, als ob er, der Welt entrückt,
in einem Zauberland gewesen wäre. Im Allgemeinen ist der theure Kran-
ke nicht für Fremde zu sehen, nur wenn er sich ganz wohl befindet, dür-
fen Solche, die ein besonderes Verdienst um ihn haben, ihm einmal die
Hand drücken. Welchen schönen und heiligen Eindruck ein solches Se-
hen macht, schildert am besten die Stelle eines Briefes von Herrn Pro-
fessor Henri Lichtenberger aus Nancy. Es folgen fast zwei Seiten auf
Französisch.

Henri Lichtenberger hatte in diesem Jahr in Paris *La Philoso-*
phie de Frédéric Nietzsche herausgebracht, und Elisabeth ist gerade
dabei, dieses Buch zu übersetzen und mit einem Vorwort zu versehen. So etwas wagt sie nun, und Französisch kann sie. Es handelt sich gewissermaßen um zweckentfremdetes Wissen, denn
die Töchter der höheren Stände lernen diese Sprache, um in Gesellschaft parlieren zu können, nicht um philosophische Bücher
zu übersetzen. Miserable philosophische Bücher, wie Rudolf Steiner bald anmerken wird.

Heinrich Köselitz erfährt noch mehr über das Befinden des
Mannes, dessen Schüler er einmal war, und Elisabeth spricht ihm
gegenüber auffällig oft von *Ihrem geliebten Lehrer*, vielleicht, weil
man Verpflichtungen hat gegenüber denen, die uns prägten? *Sein*
Zustand war zwei Mal, im Herbst 1997 und im letzten Frühjahr, so
ungewöhnlich gut, daß es eine Zeit gab, wo ich von der seligen Hoffnung
erfüllt war, der Theure könnte wiederhergestellt werden. An diese 14
Tage größten Glückes vom letzten Juni denke ich immer noch als das
Schönste zurück, was ich in diesen letzten 10 Jahren erlebt habe. Ich
schwelgte in dem seligen Gedanken, was mein innig geliebter Bruder

sagen würde, wenn er sich der ganzen Gegenwart wieder bewusst wer-
den könnte. Alles, alles, was ihn umgab, so ganz in seinem Sinn, und ich
dachte damals so oft an Sie, weil ich wohl wusste, inniger als Sie könn-
te sich niemand mit mir freuen. Es war furchtbar für mich, als ein ...
geringer Schlaganfall allen seligen Hoffnungen ein plötzliches Ende be-
reitete.

Seite um Seite liest Heinrich Köselitz ein Krankenpflegejour-
nal. Das ist alles ganz gewiss nicht uninteressant, aber was, um
Himmels willen, will sie? Entweder Köselitz blättert vor, oder er
liest geduldig weiter. In letzterem Fall erfährt er, dass der Naumburger Hausarzt Doktor Gutjahr sehr gegen die Übersiedlung
nach Weimar gewesen sei, auch weil der Patient höchstens noch
ein halbes Jahr zu leben habe. Er sei Elisabeth ob ihrer Eigenmächtigkeit so böse gewesen, dass er seinen Patienten und dessen
Pflegerin gar nicht hier besuchen wollte. Als der Pflegling nach
einem halben Jahr aber immer noch lebte, sei er doch gekommen,
und *er konnte gar nicht aufhören zu wiederholen: er habe sich nach*
den Schilderungen Anderer schon alles recht gut vorgestellt, aber daß
Alles SO schön und SO gut wäre das habe er sich doch nicht gedacht.
Der König von Bayern – noch ein Wagner-Versehrter, um den es
nicht zum Besten steht – *könnte es längst nicht so gut haben.* Das hat
er gesagt.

Mag sein, die Psychologin Elisabeth möchte in Peter Gast den
Wunsch wecken, den Freund noch einmal wiederzusehen. Liegt
in dieser Entfernung nicht etwas durchaus Widernatürliches, zumal Köselitz so nah wohnt? Zumal da, wie der Leser weiter erfährt, das Archiv *immer mehr zu einem Mittelpunkt bedeutender Män-*
ner und Frauen wird, die sich aus Deutschland und dem Ausland hier
vereinigen. Sie haben vielleicht in der Zeitung gelesen, daß der Bildhau-
er Max Kruse-Lietzenburg eine ausgezeichnete Nietzsche-Zarathustra-
Büste gemacht hat, die jetzt für das Nietzsche-Archiv in gelblichem
Marmor ausgeführt wird. Sodann hat Herr Arnold Kramer in Dresden
eine Statuette gemacht, meinen Bruder im Lehnstuhl sitzend, die jetzt
auch in Bronze gegossen werden soll. Ich möchte nämlich gern für das
Archiv alle möglichen Darstellungen des Theuren sammeln und komme
nun zu einer Bitte: Man hat mir gesagt, daß Ihr Herr Bruder ein Bild

von ihm gemalt habe, das gut und ähnlich sein soll; könnte ich es viel-leicht für das Archiv erwerben? Wo ist es jetzt? und zu welchem Preis ist es zu haben?

Also gar nicht um ihn, sondern um seinen Bruder Rudolf, den Maler, geht es, mag Köselitz denken, vielleicht mit einem Anflug von Enttäuschung, um sich umgehend eines Besseren belehren zu lassen. Rudolf war nur das Vorspiel. *Auch eine andere Frage möch-te ich mir erlauben: Es giebt noch eine ganze Reihe Compositionen mei-nes Bruders; würden Sie vielleicht dieselben herausgeben und theilwei-se orchestriren wollen? Es handelt sich hauptsächlich um den »Hymnus an die Freundschaft«, von dem Sie ja schon ein kürzeres, erstmals ver-ändertes Stück als »Hymnus an das Leben« orchestrirt haben.*

Ja, Gast kann sich erinnern, sein Freund hatte den Hymnus 1882 für Lou komponiert. Hat er eben nicht! Elisabeth ergreift die Gelegenheit, den Wiederzugewinnenden darüber aufzuklä-ren: Die Melodie stamme aus dem Jahre 1873, das Stück hätte da-mals noch *Hymnus auf die Freundschaft* geheißen, zuerst für vier Hände, dann, etwas verändert, für zwei Hände komponiert. *Er hat es seinem Freunde, dem Geh. Rath Gustav Krug, als er im Septem-ber 1874 Hochzeit machte, gewidmet.* Es folgen fast zwei Seiten über die Unterschiede beider Kompositionen und inwiefern sie doch eins sind.

15. Seite: *Es versteht sich von selbst, daß ich es Ihnen zuerst anbie-te, ob Sie diesen Hymnus orchestrieren wollen; die Aufführung würde dann hier stattfinden, alle Freunde und näheren Verehrer meines Bru-ders würden dazu eingeladen werden und das Ganze sollte durchaus den großartigen Charakter einer Feier für meinen Bruder und für sei-ne Freunde tragen.*

Auch anderes solle zur Aufführung kommen, etwa die Man-fred-Meditation, ja, mehr noch, *da wir einmal bei Musik sind, kom-me ich noch mit einer anderen Bitte: Ist die Ouvertüre zu dem »Löwen von Venedig« gedruckt? Und wo wäre die Partitur zu haben?* Ja, für ihr großes Konzert denkt sie auch an das Hauptwerk des erfolglosen Komponisten. Und an einige seiner Lieder.

Wie kann er das verwehren? Wie kann er nicht dabei sein wollen?

Ein Musiker, dem es egal ist, ob seine Musik gespielt wird oder nicht, ist kein Musiker. Und er ist einer, leider. Das alles sei, fährt Elisabeth fort, gewissermaßen noch Zukunftsmusik, sie habe aber auch noch eine viel kurzfristigere Idee: Es wäre schön, wenn sie die Löwen-Ouvertüre recht bald bekommen könnte, damit die Kapelle des 96. Regiments sie einstudieren kann. Sie habe nämlich in diesem Regiment einen jungen Bekannten, den Grafen Kielmansegg, der mit ihr alles zu einer solchen kleinen Musikaufführung am 15. Oktober vorbereiten wolle. *Sie sehen, ich habe ein ganzes Füllhorn von Wünschen, aber ich glaube, die Erfüllung macht Ihnen Freude, denn ich weiß wohl, daß Sie Alles für meinen Bruder thun, was ihm irgendwie wohl thun könnte.*

Mehr auf einmal kann einem Menschen nicht angeboten werden. So viel auf einmal abzulehnen, ist nicht leicht. Wie reagieren? Am besten vorerst gar nicht. Und richtig, er erfährt nun auch noch, was sich inzwischen am Archiv begeben hat. Elisabeth referiert den schlimmen Herbst mittlerweile so: *Die Veranlassung zu dem Streit, in dem sich Gustav Naumann zum außerordentlichen Schaden seiner Firma und ohne jedes Verständniß, um was es sich handelte, hineinmischte, war das Manuskript über »die Wiederkunft des Gleichen«. Nachdem nämlich Dr. Kögel i. J. 1896 über ein halbes Jahr lang nichts gethan hatte, machte er sich, weil Naumann drängte, in der Hast über Niederschriften meines Bruders her und stellte ohne jede gründliche Arbeit dieses Druckmanuskript zusammen, was ich nach näherer Einsicht beanstandete.*

Lieschen Nietzsche beanstandet nach näherer Einsicht? Gewiss breitet sich ein maliziöses Lächeln, irgendwo zwischen großem Spaß und großem Ärger, im Gesicht des Lektürebeflissenen aus. 28 Seiten Elisabeth-Prosa sind keine Kleinigkeit. Und wie gut er ihn kennt, diesen Ton der Selbstgerechtigkeit, der nicht bemerkt, dass er ans Lächerliche streift: *Das Manuskript bewies mir, daß Dr. Kögel ohne einen philosophischen Mitarbeiter nicht imstande sein würde, die Gesamtausgabe in der richtigen Weise fertigzustellen. Es war überhaupt ein außerordentlicher ... (Leichtsinn), daß Dr. Kögel Bände der II. Abtheilung herausgab, ohne das gesamte Material zuvor durchgearbeitet zu haben. Bis zum Abschluß des X. Bandes ging die Geschichte, selbst den XI. Band lasse ich noch ungefähr gelten, aber mit dem Beginn der Nachträge zu der »Morgenröthe« zeigte sich der ganze (Fehler), den diese Art der Bearbeitung zur Folge hatte.*

Sie habe sich nun mit dem philosophisch außerordentlich begabten Dr. Rudolf Steiner besprochen, welcher ebenfalls sogleich erkannt habe, dass das Druckmanuskript zur »Wiederkunft des Gleichen« ein verfehltes sei: *Ich schlug nun Dr. Steiner zur Beruhigung meiner wissenschaftlichen Scrupel als zweiten Herausgeber vor.* Elisabeths wissenschaftliche Skrupel? Sie macht es den Männern manchmal schon sehr leicht, ihr – im besten Falle – mit ungeheurer Herablassung zu begegnen.

Die Nietzscheaner erkennen sich gewöhnlich an dem, was ihr Bruder das *Pathos der Distanz* genannt hat. An der Präzision der Zwischentöne. An allen möglichen Weltvorbehalten. Davon weiß sie fast nichts.

Köselitz erfährt noch vieles von dem, worüber er schon informiert ist, bloß anders. Es ist nicht anzunehmen, dass der Vertraute Gustav Naumanns Elisabeths Sicht der Dinge Glauben schenkt, dazu ist sie zu elisabethanisch formuliert. Aber eins erkennt er ganz deutlich: Sie braucht ihn. Sie will ihn zurück. Es ist genauso gekommen, wie er prophezeit hat: Nur er kann die späten Notizen seines Freundes lesen.

Natürlich ist es undenkbar, ans Archiv zurückzukehren. Overbeck würde das nie verstehen. Er selbst würde es nicht verstehen. Er muss sich das aufs Schärfste untersagen.

»... also wirken sie die Strümpfe des Geistes«

Unglaublich große, sich in alle Richtungen biegende Krakel. Es ist ein seltsames Dokument, das sie da in der Hand hält. Elisabeth schätzt eine ordentliche, saubere Handschrift. Das wird sie später auch der Dichterin Else Lasker-Schüler mitteilen, die sich mehrmals mit der Bitte um – oder sollte man sagen: der Forderung nach? – angemessener Förderung bei ihr melden wird. Elisabeth steht bald in dem Ruf, Künstler vor dem Verhungern zu retten, aber auf einer sorgfältigen Handschrift muss sie bestehen, auch bei Darbenden.

Erstaunlicherweise steht oben im Briefkopf neben dem Namen: »Redaction der ›Kantstudien‹«. Ob die Leiterin dieses Periodikum kennt? Und der Urheber dieses unglaublich desorganisierten Schriftbildes ist sogar Professor; Professor Dr. Hans Vaihinger. Professoren wenden sich sonst eher nicht an sie, Professoren verachten Nietzsche. Und dass Nietzsche selber einer war, macht die Sache nur schlimmer. Er hat ihren Berufsstand befleckt.

Ein deutscher Professor schreibt keine Gedichte. Und der *Zarathustra* erst! Ein Bekenntnisbuch, ein Quasi-Evangelium, zugleich eine seelische Selbstentblößung. Von einem deutschen Professor! Es ist zu würdelos. Aber es sind nicht nur die späteren Sachen. Schon seine allererste größere Publikation brachte ihm das Urteil ein: Wer so etwas schreibt, ist wissenschaftlich tot, akademisch exkommuniziert. Es war *Die Geburt der Tragödie aus dem Geiste der Musik.*

Natürlich holte ihr Bruder zum Gegenschlag aus. Diesem Professor aber, der ihr da schreibt, ist es augenscheinlich egal, was Friedrich Nietzsche im *Zarathustra* über das Denken auf Lehrstühlen gesagt hat. Das ist bemerkenswert. Elisabeth kennt die Stelle, die Stellen nur zu gut.

Das in Rede stehende Kapitel des *Zarathustra* heißt deutlich genug *Von den Gelehrten* und beginnt so: *Als ich im Schlafe lag, da fraß ein Schaf am Epheukranze meines Hauptes, – frass und sprach dazu: »Zarathustra ist kein Gelehrter mehr.«*[492] Es ist ein Efeukranz, kein Lorbeerkranz, Grünzeug des Ruhmes. Er gebührt ihm nicht mehr, sagt das Schaf. Schaf ist, wer etwas weitersagt, das sich seiner Prüfung entzieht, Gelehrte ausdrücklich eingeschlossen. Zarathustra-Nietzsche, hier sind sie tatsächlich eins, legt Wert auf die Feststellung, dass er diese Nachricht verschlafen habe, ein Kind habe ihm nachher davon erzählt. Ein Kind, die Unschuld des Werdens also.

Gern liege ich hier, wo die Kinder spielen, an der zerbrochenen Mau-

er, unter Disteln und roten Mohnblumen. Weiter weg von Ruhm und Ehre, geringer also kann man nicht liegen. Der Ruhende hat jedoch Gründe: *Ein Gelehrter bin ich den Kindern noch und auch den Disteln und rothen Mohnblumen.* Kinder und Disteln sind noch nicht korrumpiert, sie haben noch unverfälschte Wahrnehmungen. Nur die Schafe glauben nicht mehr an Zarathustras Efeukranz der Erkenntnis:

Denn dies ist die Wahrheit: ausgezogen bin ich aus dem Hause der Gelehrten: und die Thür habe ich noch hinter mir zugeworfen.

Ist das nicht deutlich genug? Was gilt Hauptwerk, was System? Zarathustra sagt es:

Zu lange sass meine Seele hungrig an ihrem Tische; nicht, gleich ihnen, bin ich auf das Erkennen abgerichtet wie auf das Nüsseknacken.

Freiheit liebe ich und die Luft über frischer Erde; lieber noch will ich auf Ochsenhäuten schlafen, als auf ihren Würden und Achtbarkeiten.

Ich bin zu heiss und verbrannt von eigenen Gedanken: oft will es mir den Athem nehmen. Da muss ich in's Freie und weg aus allen verstaubten Stuben.

Aber sie sitzen kühl in kühlem Schatten: sie wollen in Allem nur Zuschauer sein und hüten sich dort zu sitzen, wo die Sonne auf die Stufen brennt.

Und so geht das weiter. Die Gelehrten funktionierten gleich Uhrwerken, zeigten geflissentlich die Stunde der Erkenntnis an und *machen einen bescheidenen Lärm dabei.* Sie verfügten über die Tugenden der Frauen an den Spinnrädern, an den Webstühlen, *also wirken sie die Strümpfe des Geistes.* Und auch von den Müllern haben sie gelernt: Sie *wissen noch jedes Samenkorn, ehe es aufging, klein zu mahlen und weißen Staub daraus zu machen. ... Sie sehen einander gut auf die Finger und trauen sich nicht zum Besten. Erfinderisch in kleinen Schlauheiten warten sie auf Solche, deren Wissen auf lahmen Füssen geht, – gleich Spinnen warten sie.* Zarathustras Erkennen, das Erkennen um den Preis der Existenz ist nichts, das auf Lehrstühle passte.

Nebenan in Jena lehrt einer der angesehensten Professoren des Kaiserreichs. Es ist Rudolf Eucken. Jener Rudolf Eucken, der 1871 in Basel die Professur für Philosophie bekam, auf die Friedrich Nietzsche sich beworben hatte. Dieser war zwar schon Professor in Basel, aber für klassische Philologie, ein Gebiet, das dem Furor seines Denkens zu eng geworden war. Also lehrten sie künftig nebeneinander, Eucken als Philosoph, Nietzsche als Philologe, bis Eucken 1873 einen Ruf aus Jena erhielt. Und da sitzt er noch immer auf seinem Lehrstuhl, ein aufrechter Verächter seines einstigen Kollegen.

Eucken ist ein Erfolgsphilosoph. Seine *Lebensanschauungen großer Denker*, 1890 veröffentlicht, streben von Auflage zu Auflage, denn damals interessierte sich noch ein breites Publikum dafür, was die Denker dachten. Ihr Bruder hätte dieser Publikation gegenüber gewiss eher Mitleid empfunden, und was er zu Euckens jüngstem Werk gesagt hätte, versehen mit dem sprechenden Titel *Der Kampf um einen geistigen Lebensinhalt* wollen wir gar nicht erst fragen.

Rudolf Eucken profiliert sich inzwischen nicht zuletzt als Warner vor Friedrich Nietzsche. Welcher Professor täte das nicht? Aber hier ist einer, der zwar, wohlwollend gesprochen, über die Handschrift eines Anarchisten verfügt, aber ihren Bruder – als Philosophen – vollkommen ernst zu nehmen scheint. Er schreibt:

»Verehrte Frau Doctor!

Gestatten Sie mir zunächst den Bericht über einen von mir gehaltenen Nietzsche-Vortrag Ihnen ergebenst zu übersenden.«[493] Er habe sich mit den philosophischen Grundgedanken ihres Bruders beschäftigt und glaube zu der richtigen Auffassung derselben gelangt zu sein.

Vaihinger? Begründer der *Kantgesellschaft*? Herausgeber der *Kantstudien*? Seit zwei Jahren erscheint dieses bemerkenswerte grundakademische Periodikum, das auf dem besten Weg ist, zur angesehensten Philosophiezeitschrift der Welt zu werden. Vaihinger also. Sie wird Grund haben, sich den Namen merken. Die Schrift merkt sich von selbst.

Im Augenblick macht sie sich vor allem Sorgen um den Grafen, sie hat gehört, dass es ihm nicht gut geht, was sie erstaunt, denn:

Ich kann Sie mir eigentlich gar nicht krank vorstellen! Seit Sie mir er-
zählten, was Sie in den amerikanischen Urwäldern alles durchgemacht
haben und ich dazu die Bergbesteigungen u.s.w. Ihres Buches gelesen
habe, war ich zu der festen Überzeugung gekommen, Sie müssten ei-
ner der allergesündesten Menschen sein.[494] Wenn er wieder stehen
könne, solle er nach Weimar kommen. Inzwischen habe auch der
alte Großherzog sie besucht, der immer wieder versicherte, von
der Philosophie ihres Bruders nichts, aber auch gar nichts zu verstehen. Sie schreibt ihrem bibliografischen Berater am Vorabend
eines Vortrags, den Nietzsches Bekannter Freiherr von Seidlitz
im Gedenken an die Zeit halten will, da sie beide, Seidlitz und
Nietzsche, noch jung waren. Das sollte die Jugend doch interessieren, denn: *Wenn Sie dann einmal ganz alt sind, treffen Sie hie u.*
da noch Jemand von ihnen wieder u. Sie erinnern Sich zusammen wie
Sie im Nietzsche-Archiv gewesen sind u. was sich da für verschieden-
artige Leute zusammen gefunden hätten: u. da wäre auch der 80jährige
Großherzog gekommen u. hätte von Goethe erzählt, den er noch per-
sönlich gekannt habe … und so verknüpft sich dann der Anfang dieses
Jahrhunderts mit dem neuen u. noch in der Mitte des nächsten können
Sie vom alten Weimar erzählen, als Nietzsche noch lebte u. daß Sie noch
jemand gekannt hätten, der mit Goethe verkehrt habe.[495]

Der Archivar im Grafen ist alarmiert. Ob er ein wenig bedauert, in seiner Eigenschaft als bibliografischer Berater ein, nun ja,
tendenzieller Versager zu sein? Die Prachtausgabe ist noch immer
kein Stück weiter.

Peter Gast ist höchst irritiert, und zwar von sich selbst. Versteht
er sich richtig, gibt es da eine Instanz in ihm, die für eine Fahrt
nach Weimar plädiert? Er ist eingeladen, warum also sie nicht
besuchen? Warum nicht den Freund endlich einmal wiedersehen, wer hätte mehr Grund dazu als gerade er?

Aber wie soll er das Overbeck erklären, mit dem ihn neben
vielem anderen ein jahrelanger herzlicher Briefwechsel der Eli-
sabeth-Verachtung verbindet? Overbeck würde das nie verstehen. Aber muss er sich überhaupt rechtfertigen, wenn er Nietzsche wiedersehen will? Ist es nicht geradezu seine Pflicht, ihn zu

besuchen, ihn, nicht Elisabeth? Jeden Tag kann es zu spät sein. Es ist ohnehin ein Wunder, dass er noch immer lebt, und wenn er ihn lebend antreffen will, sollte er sich beeilen.

Am 11. Oktober 1899, kurz vor Nietzsches Geburtstag, kommt Heinrich Köselitz alias Peter Gast die Weimarer Luisenstraße herauf, nur probeweise, gleichsam experimentell. Die Emphase, mit der er dann das Archiv und die Vorzüge seiner Lage schildert, ist jedoch verräterisch: »Zufällig hatte ich in Weimar in anderen Angelegenheiten zu tun, und so scheute ich mich nicht, zu dem herrlichen Silberblick, vor welchem Weimar ungefähr wie Florenz von San Miniato aus gesehen daliegt, hinaufzusteigen.«[496] Was soll Overbeck – und für ihn ist dieser Bericht – nach dieser Eröffnung denken? Schon mit diesem einen Satz ist alles klar: Wer widersteht Florenz von San Miniato aus gesehen? Overbeck wird mit größtem Argwohn weitergelesen haben: »Das Archiv ist entzückend eingerichtet« – entzückend? – »Nietzsche ruht, in

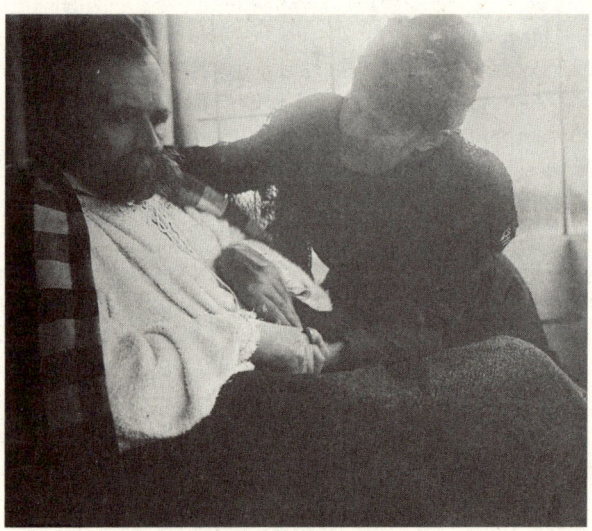

Elisabeth Förster-Nietzsche und
ihr Bruder kurz vor dessen Tod, 1900

ein weißes Flanellkleid gehüllt, oben den ganzen Tag auf einem Diwan, nicht übel aussehend, sehr ruhig geworden, einen träumerisch und mit sehr fragendem Blick ansehend.« Gast setzt sich ans Klavier und beginnt ihm *Pria che spunti in ciel l'aurora* vorzuspielen. Der Kranke merkt auf und klatscht ganz matt und fast unhörbar in seine Christushände. Elisabeth empfängt Gast, als wäre zwischen ihnen nichts geschehen, als hätte er erst gestern seine großartige Einleitung zum *Zarathustra* geschrieben.

Köselitz bleibt drei Tage.

Drei Tage lang besucht er die Herrin des Archivs. Am dritten sprechen sie über »ihre Differenzen«. Elisabeth gibt Köselitz zu verstehen, dass sich in den Briefen ihres Bruders an sie Stellen befinden, die nicht für ihn sprechen. Ist es nicht besser, er lernt sie gar nicht erst kennen? Verschweigen ist nicht Unaufrichtigkeit, es ist Schonung. Köselitz wiederum kann sie mit allem verschonen, was über sie in den Briefen ihres Bruders an ihn steht. Kennen sie sich nicht lange genug, um einander zu vertrauen?

Was also läge näher, als einen gegenseitigen Nichtangriffspakt zu schließen. Und auf dieser seriösesten aller Grundlagen eine neue Zusammenarbeit zu beginnen. Als Köselitz vom Weimarer San Miniato herabsteigt, sind die Elisabeth-Abwehrstellungen seiner Seele geschleift.

Wir Philologen!

»Jeden Zettel zu drucken, weil er von seiner Hand beschrieben ist, hieße der historisirenden Kleinkrämerei zu fröhnen, die er sein Lebenlang von Herzen gehaßt hat. Es muß Grenzen geben des Mitzutheilenden, und die Auswahl muß streng sein: man erweist KEINEM Autor einen Dienst, wenn man den Staub seiner Werkstatt zusammenfegt und mit Papierschnitzeln Unfug treibt. Lebendige Erkenntniß des Werdens und Wesens ist das Ziel: was diesem Ziele nicht dient, verdient im Dunkel zu bleiben.«[497]

So selbstsicher-souverän erläuterte der Du-sollst-keinen-Herausgeber-haben-neben-mir-Herausgeber die Richtlinien seiner

Edition, man könnte auch sagen: Er formulierte ein rückhaltloses Bekenntnis zu Willkür und Subjektivität, zwei denkbar unphilologischen Gemütslagen. Allerdings beruft er sich durchaus nicht zu Unrecht auf Nietzsches Spott über die eigene Zunft.

Und da Koegel über sein Verfahren niemanden im Unklaren gelassen hat, steckte er »die Grenzen des Mitzutheilenden« mit der unangreifbaren Souveränität des ersten und einzigen Herausgebers ab. Zunächst kompilierte er Nietzsches Lehre von der »ewigen Wiederkunft«. Es muss wohl nicht eigens betont werden, dass dieses Vorgehen alle Kriterien dessen erfüllt, was man später einmal »Fälschung« nennen und Elisabeth anlasten wird.

Dennoch beobachtete Heinrich Köselitz, der große Supervisor aus Annaberg, den Herausgeber Koegel männerbündisch durchaus mit Wohlwollen. Wenn außer ihm einer in der Lage sein sollte, den Nachlass herauszugeben, dann er. Ein wenig Schadenfreude ist natürlich auch dabei, hat Koegel »in den letzten beiden Bänden« doch »so Manches unrichtig entziffert … (Ich besitze zufällig ein von mir vollgeschriebenes Heft Copien vieler der dort abgedruckten Stellen). So fürchte ich denn, daß die Nietzsche-Ausgabe in offenbaren Unsinn ausläuft.«[498]

Im Dezember dieses Jahres 1899 erscheint in Leipzig bei Naumann eine kleine Broschüre. Sie trägt den Titel *Nietzsches Lehre von der Ewigen Wiederkunft des Gleichen und deren bisherige Veröffentlichung.* Der Verfasser ist Ernst Horneffer, Koegels Nachfolger, und seine Schrift ist eine radikale Abrechnung mit der Unfähigkeit seines Vorgängers, die es nötig machte, den Band XII der Gesamtausgabe zurückzuziehen und einzustampfen. Sie ist zugleich die Selbstvorstellung seines Nachfolgers, des einzigen wahren Nietzsche-Herausgebers. Horneffer: »Koegel hat Aphorismen, die ihm in seinen zusammenhängenden Gedankengang nicht paßten, hinausgeworfen. Warum sollte er nicht andere anderswoher nehmen und hier einsetzen, weil sie ihm hier passen? Koegel thut das. Er bekennt offen, er habe einige Aphorismen aus anderen Vorarbeiten zur fröhlichen Wissenschaft, die er als solche erkennt und anerkennt, in die Wiederkunft herübergenommen, ›weil sie direkte Fortführungen von Gedanken der Wiederkunft sind.«"⁴⁹⁹ Wer so verfährt, meint Horneffer, ist gerichtet. Ein »ZUSAMMENHÄNGENDES BUCH aus zusammenhanglosen Aphorismen zusammenzustellen, auf Grund einer Disposition, die er selbst nicht versteht«⁵⁰⁰, das sei ein Grad der Unverantwortlichkeit, der größer nicht gedacht werden könne. Es lohnt, diesen Satz noch einmal zu lesen, ja noch mehrmals zu lesen, und zwar mit Genuss, denn dem Autor obliegt es, die Manuskripte herauszugeben, die die Welt einmal unter dem Namen *Der Wille zur Macht* kennen wird. Horneffer wird einmal allen Grund dazu haben, die Herausgeberschelte zu wiederholen, dann als Selbstkritik.

Dabei weiß er schon jetzt, wie die Fragmente zu ordnen sind: eher gar nicht. Die »chronologische Ordnung sei die allein mögliche«⁵⁰¹ angesichts der Fülle und Verschiedenartigkeit des Materials, werden die neuen Herausgeber im Vorwort der neuen Gesamtausgabe prätendieren. Das ist der Standpunkt der modernen Nietzsche-Philologie, und es ist der Standpunkt von 1899! Allerdings machen die Herausgeber noch eine Anmerkung: Aus Gründen der Lesbarkeit habe man sich zu der »allein möglichen Ordnung« jedoch nicht entschließen können. Welch berückende Inkonsequenz der Konsequenz oder konsequente Inkonsequenz! Aber noch geht es nicht um den *Willen zur Macht*, noch geht es um Koegel, welcher sich vollständig dadurch unmöglich machte, dass er Nachlassbände veröffentlicht hat, ohne erst den ganzen Nachlass zu kennen.

Horneffer und sein Bruder werden versuchen, das ganz anders zu halten. Die Selbstverpflichtung lautet: »Ehe nicht jedes Wort von Nietzsche gelesen ist, kann die Ausgabe nicht fortgesetzt werden.«⁵⁰² Elisabeth hat dazu bald nur noch eine Frage: Und wie lange soll das dauern? Zumal »lesen« angesichts dieser Runen ein ganz und gar unhaltbarer Euphemismus ist.

Alle warten auf die Verteidigung des einstigen Herausgebers. Wer so angegriffen wird, muss sich verteidigen, er kann gar nicht anders. Es sei denn, Fritz Koegel will seinen Nachfolger gleich zum Duell fordern.

Aber Koegel schweigt. Koegel schweigt verstörend ausführlich. Besitzt der Mann denn gar keine Ehre mehr, Herausgeberehre, Mannesehre?

Wahrscheinlich ist ein Seifenfabrikdirektor, der einen Philologenkrieg führt über ein Thema, bei dem sich kein vernünftiger Mensch, also kein Seifenfabrikant, etwas denken kann, tendenziell untragbar.

Anstelle Koegels tritt ein anderer in den Ring. Am 10. Februar 1900 erscheint im *Magazin für Litteratur* eine unbarmherzige Abrechnung mit Horneffers Abrechnung. Sie trägt den Titel *Das Nietzsche-Archiv und seine Anklagen gegen den bisherigen Herausgeber. Eine Enthüllung*[503] und ist von Rudolf Steiner. Das *Magazin für Litteratur* druckt Steiners Text allein schon deshalb, weil dieser dort seit vergangenem Juli Herausgeber ist, gemeinsam mit Otto Erich Hartleben. Selbst dem Gegenwartsforscher zur Geschichte des Nietzsche-Archivs David Marc Hoffmann scheint Steiners Text »ungewöhnlich scharf«, und er vermutet: »Seine frühere Freundschaft mit Koegel und der jahrelange Ärger mit Elisabeth Förster-Nietzsche sind wohl der Grund für Steiners ungewöhnlich scharfe Wortmeldung.«[504]

Freundschaft? Jahrelanger Ärger? Rudolf Steiner hat noch eine Rechnung offen. Wie soll er sich seine Unterwürfigkeitsepistel vom letzten Sommer vergeben, wenn nicht durch schonungslosen Angriff? Auch der freie Nietzsche-Exeget Gustav Naumann hat sich schon zu Wort gemeldet, er hat zwar keine Position im Verlag mehr, aber den Unglückstext hat er noch: Im Januar veröffentlichte Gustav Naumann den zweiten Teil seines *Zarathustrakommentars* und verfehlte nicht, den ersten Teil von *Der Fall Elisabeth* aus einschlägigem Anlass darin abzudrucken. Ihm kann schließlich nichts mehr geschehen.

Doch bleiben wir bei Steiner. Er werde leider gezwungen sein, auch Persönliches mitzuteilen, lässt der Autor wissen. Und nun folgt die Stelle über Elisabeths philosophische Auffassungsgabe: »Frau Förster fehlt aller Sinn für feinere, ja selbst für gröbere logische Unterscheidungen; ihrem Denken wohnt auch nicht die geringste logische Folgerichtigkeit inne ...«, usw., usw. Und Gegenwarts-Archiv-Forscher Hoffmann bemerkt dazu: »Aufgrund seiner Erfahrungen in den Privatstunden konnte Steiner eine ›Charakteristik der Frau Förster-Nietzsche‹ geben, die die Welt hätte aufhorchen lassen sollen.«[505]

Die Welt? Formulieren wir Elisabeths Chancen bei der wissenschaftlichen Nachwelt so: Selbst wenn sie die Welt gerettet hätte, es wäre gegen sie verwandt worden.

Der Philologe und Philologenverächter Friedrich Nietzsche hätte gewiss seine Freude an diesem Philologenkrieg. Wie sich diese Schriftdeuter an seiner Lehre von der ewigen Wiederkunft die Zähne ausbeißen! Steiner, der bald zum intellektuellen Okkultismus abdriften wird, meint, sie sei primär »ganz objektiv, geradezu materialistisch« gemeint. Und mit dem *Zarathustra*, wie Horneffer meint, habe die Disposition der Ewigen Wiederkunft nun rein gar nichts zu tun: »Das ist aber eine der ALLERSCHLIMMSTEN BEHAUPTUNGEN, die mir in der ganzen Nietzsche-Literatur begegnet sind. Denn nichts weist darauf hin, daß die Disposition zum Zarathustra gehöre; ihrem GANZEN INHALT NACH kann sie aber nur zu einem Werke gehören, DAS NICHT DER ZARATHUSTRA IST.«[506]

Das ist natürlich Unsinn. Wäre Friedrich Nietzsche im Sommer 1881 unter Tränen um den Silvaplana-See gelaufen, nur weil er einen naturwissenschaftlichen Verdacht in sich aufsteigen fühlte? Friedrich Nietzsche schätzte die Naturwissenschaften, und eine naturwissenschaftliche Bestätigung seiner Lehre wäre ihm hochwillkommen gewesen, aber solche Seelen-Erschütterungsmacht konnte er der Sphäre von Druck und Stoß, auch Physik genannt, nun doch nicht zubilligen. Diese Wissenschaft neigt nicht zur tragischen Erkenntnisform, weiß er sehr wohl, sie neigt nicht zu seiner Erkenntnisform.

Der Gedanke der ewigen Wiederkunft besagt, etwas handgreiflich formuliert: Du musst das, was dich schon beim ersten Mal fast umgebracht hat, was du kaum aushältst, immer wieder wollen. Amor fati! Liebe das Schicksal! Immer wieder von Wagner abfallen und die nächsten Freunde verlieren wollen; weil es notwendig war. Nein, die christliche Jenseitsbelohnungshoffnung und Jenseitsfurcht ist im Vergleich damit eine Angelegenheit für Kinderseelen, und der aufklärerische Fortschrittsglaube ist um keinen Deut besser. Und dass Steiner meint, der Gedanke der Ewigen Wiederkehr läge dem *Zarathustra* fern, ist beklagenswert. Und doch, Nietzsche hätte den Exegeten mit größter Teilnahme zugehört. Auch aus Missverständnissen kann man lernen, und wie viel Verständnis liegt noch im Missverstehen! Ob Elisabeth dem Mann mit den »Christushänden« berichtet, welcher Krieg da ausgebrochen ist? Ist sie die Frontberichterstatterin an seinem Bett?

Am 14. April antwortet Horneffer auf Steiners Angriff, ebenfalls im *Magazin für Litteratur*: »Ist meine Rekonstruktion der Skizze – zur ewigen Wiederkunft, K. D. – richtig, so fällt Koegels Buch unwiderruflich dahin.«[507]

Die Frau »ohne Sinn für gröbste logische Unterscheidungen« ist besorgt, aber nicht so sehr um ihren Ruf. Kaum hat sie wieder Herausgeber, beginnt alles von vorn. Statt herauszugeben, sind ihre Herausgeber in intellektuelle Hahnenkämpfe verstrickt.

Noch im April ergreift die Frau, die dem jungen Mann zufolge, den sie einmal fördern wollte, nicht Rot von Blau unterscheiden kann, selbst das Wort im Streit um die Wiederkehr des Gleichen. Sie wählt nicht das akut untergangsgefährdete Magazin des Schmähenden, sondern Maximilian von Hardens *Zukunft*. Ihre Tonlage ist entsprechend gelassen: *Von den drei Herren* – Koegel, Steiner, Naumann – *hat jeder den leidenschaftlichen Wunsch gehabt und die seltsamsten Versuche gemacht, alleiniger Herausgeber der Nietzsche-Werke zu bleiben oder zu werden oder wenigstens als Mitarbeiter betheiligt zu sein.* Alle drei Versuche seien gescheitert, *entweder an ihren ungenügenden Fähigkeiten oder an ihrem unzuverlässigen Charakter oder an Beidem zusammengenommen.*[508]

Letzteres ist natürlich Naumann; gegen den jungen Mann mit Charakter kann sie sich natürlich nicht wehren, nur dumme für dumm Gehaltene bezeichnen sich als klug, aber sie kann aus dem Juni-Brief des Charaktermannes zitieren: »Sie dürfen mir glauben, gnädige Frau, daß es mir unendlich schwer ist, der Sache Friedrich Nietzsches jetzt so ferne zu stehen.« Usw., usw. Nein, sie muss nicht viel sagen.

Steiner, dem sein Aufenthalt in Berlin vorkommt wie eine Höllenfahrt, wird die Redaktion seines Periodikums im September endgültig niederlegen und es zum Verkauf anbieten. Wieder wird er vor dem Nichts stehen, wie damals, als Elisabeth dem vom Goethe-Archiv Entbundenen eine Zukunft geben wollte.

Ein anderer, der das Nichts auch gut kennt, von Angesicht zu Angesicht, nur schon viel länger, hätte längst in Weimar eintreffen müssen. Wo bleibt Köselitz? Seine Mutter ist krank, sehr krank, erfährt Elisabeth. Am fünften Tag, nachdem Steiner sie zur leitenden Idiotin des Archivs erklärte, schreibt sie dem dringend Erwarteten:

Lieber Herr Gast, Mit großer Betrübnis habe ich gehört, daß Ihre Frau Mutter so krank geworden ist … Unter diesen Umständen begreife ich …, daß Sie sich nicht gern von ihr trennen und am 1. März nicht hierher kommen wollen. Aber wie wäre es, wenn ich Ihnen nun ein Heft zum Entziffern hinschickte und Sie somit vom 1. März an Ihre Stellung als Mitarbeiter des Nietzsche-Archivs begönnen?[509]

Gasts Verhalten muss zu einer gewissen Lautlosigkeit neigen, denn am 8. März meldet sich Elisabeth wieder, mit der Versicherung, *von Herzen … an Ihren Beunruhigungen* teilzunehmen und natürlich denke sie *unter diesen Umständen nicht daran … zu drängen, vielleicht darf ich aber, wenn Sie durch die Krankenpflege noch länger in Annaberg zurückgehalten werden, Ihnen am 1. April Manuskripte zum Entziffern schicken?*[510] Wohlgemerkt nicht zum Lesen, zum Lesbarmachen!

Die Mutter des Umworbenen stirbt im April. Peter Gast beginnt ein neues Leben: in Weimar, in der Luisenstraße, die zum Archiv hinaufführt.

Von dort erreichen ihn im Mai geradezu erlöste Botschaften: *Lieber Herr Gast, Es gelingt, es wird! Großes Vergnügen … Mit den herzlichsten Grüßen Ihre Hocherfreute El. Förster-Nietzsche*[511].

Elisabeth wird Heinrich Köselitz' Verdienste um die Nachlassausgabe einmal so zusammenfassen: *Die Entzifferung(en) von Gast sind geradezu bewunderungswürdig!*[512]

Wie alle Menschen, deren Weise des In-der-Welt-Seins ihre

Nächsten und Fernsten auch als »gescheiterte Existenz« bezeichnen, ist Heinrich Köselitz nicht überbeansprucht durch die Anteilnahme anderer. Zu welchen Fürsorglichkeiten Elisabeth in der Lage ist, wird er nicht ohne Erschütterung wahrnehmen. *Lieber Herr Gast … darf ich Sie morgen Mittwoch Mittag um 2 Uhr zum Essen erwarten …*[513]

Und immer wieder spielt Peter Gast Klavier für seinen Freund; es ist die letzte Sprache, die dieser noch versteht.

Er kam gerade noch rechtzeitig.

Zarathustras Ende

Viele sterben zu spät, und Einige sterben zu früh. Noch klingt fremd die Lehre: »stirb zur rechten Zeit!«

Stirb zur rechten Zeit: also lehrt es Zarathustra.

Freilich, wer nie zur rechten Zeit lebt, wie sollte der je zur rechten Zeit sterben? Möchte er doch nie geboren sein! – Also rathe ich den Überflüssigen.

Aber auch die Überflüssigen thun noch wichtig mit ihrem Sterben, und auch die hohlste Nuss will noch geknackt sein. …

Viel zu Viele leben und viel zu lange hängen sie an ihren Ästen. Möchte ein Sturm kommen, der all diess Faule und Wurmfressne vom Baume schüttelt! …

Dass euer Sterben keine Lästerung sei auf Mensch und Erde, meine Freunde: das erbitte ich mir von dem Honig eurer Seele.

In eurem Sterben soll noch euer Geist und eure Tugend glühn, gleich einem Abendroth um die Erde: oder aber das Sterben ist euch schlecht gerathen.[514]

Es ist Friedrich Nietzsche schlecht gerathen. Wenn einer die rechte Zeit zu sterben versäumte, dann er.

Wahrscheinlich rechnet gerade jetzt, im August 1900, niemand mit seinem Ende. Anfangs ist es eine leichte Sommererkältung, die jedoch auf die Lunge übergreift. In der Nacht vom Freitag, dem 24. August zum Sonnabend, dem 25. August erleidet er einen

Schlaganfall. Früh um 8.00 Uhr lässt Elisabeth Stadtrat Schenk rufen. Der Kranke röchelt bewusstlos, Hände und Füße zittern leicht. Kurz vor 12.00 Uhr, der Stunde, die er besonders liebte, dem hohen Mittag, der Zeit der Erkenntnis, holt er zum letzten Mal Atem.

Harry Graf Kessler findet Elisabeths Telegramm noch am gleichen Tag: *Heute Mittag ist mein heissgeliebter Bruder unerwartet verschieden. Montag Nachmittag 5 Uhr Trauerfeier im Nietzsche-Archiv. Bitte kommen Sie wenn möglich Montag früh.*[515]

Der Graf kommt schon am Sonntag: »Frau Förster empfängt mich im Archivzimmer. Nietzsche ist dort aufgebahrt; schon im Sarge, der offen unter Palmen und Blumen dasteht. Im weissen Damast und Leinen liegt der Kopf etwas nach links geneigt, elfenbeinweiss mit halboffenen Augen, die ganz blass im erstarrten Gesicht noch zu schlafen scheinen. Der Ausdruck ist von der letzten Krankheit jammervoll schmal und abgezehrt; aber den Schmerz des Mundes verdeckt wulstig der grosse frostgraue Schnurrbart; und diese Grösse der Form erscheint überall durch die Abzehrung hindurch; die breit gewölbte Stirn, die derben und starken Schläfen- und Backenknochen, treten noch klarer als bei Lebzeiten unter der Haut hervor; der Gesamtausdruck ist trotz des Jammers Kraft.«[516]

460 Menschen aus aller Welt kondolieren. Anna Katharina Ehlen hat die Beileidspost erforscht: 172 der Anteilnehmenden wenden sich zum ersten Mal an die Schwester, mit 77 von ihnen wird Elisabeth dauerhaft in Verbindung bleiben.[517] Bei der Trauerfeier im Archiv zieht der Historiker Kurt Breysig, der soeben den ersten Band seiner *Kulturgeschichte der Neuzeit* beendet hatte, ein Manuskript aus der Tasche, das den meisten Anwesenden nur unwesentlich kürzer vorkommen wird und beginnt es vorzulesen. Breysig war einer der Ersten, die es wagten, über Nietzsche Vorlesungen zu halten. Und dennoch: Ein Strumpfwirker des Geistes an Nietzsches Sarg! Ein anwesender nietzscheanischer Architekt berichtet, selten grimmigere Augenblicke erlebt zu haben. Der Graf studiert inzwischen Gesichter und Habitus der Anwesenden, er meint lauter Mittelmaß zu erkennen. Overbeck fehlt.

Unter den 460 Schreiben aus aller Welt ist eins aus Schweden, dessen Buchstaben nach links aus dem Blatt zu fallen scheinen. Ob es ihr auffällt?

Ob sie es überhaupt richtig liest, eins von 460:

»Stockholm, 27. August 1900

Geehrte Frau! Er war ein Segnender wie Keiner – mein einziger Denker, mein einziger Dichter. Zwar sah ich ihn nie, und doch kannte ich ihn vollständig, durch und durch … Seine Revolution macht nicht viel Lärm, sie kommt auf Taubenfüßen. Er ist das große Evangelium … derer, welche einsam … durch die Welt gehen.« Sie wird einmal Grund haben, sich an den Absender zu erinnern. Er heißt Ernest Thiel, ist Jude und einer der reichsten Männer Schwedens. Für Elisabeths Mann wäre damit alles gesagt. Aber was weiß schon Bernhard Förster?

Nicht in Sils Maria, wie Nietzsche es wünschte, wird er begraben. Wahrscheinlich hätte Elisabeth ihm den Wunsch sogar gern erfüllt, allein, er war nicht recht praktikabel. Hätte sie einen Sonderzug in die Schweiz mieten sollen, und wer wäre mitgefahren? Und was hätten die Silser zu einer fremden Leiche auf ihrem Friedhof gesagt, auch wenn es Nietzsche war, der treue Gast? Fremdenverkehr ist eine Angelegenheit der Lebenden, man beherbergt Lebende, keine Toten. Die Idee, ihren Bruder im Garten zu bestatten, hat Elisabeth auch wieder fallen gelassen. Gehört ein Toter nicht zu seiner Familie, sogar dieser Toter? Zu Vater und Mutter und: zu ihr.

Röcken also!

Am 28. August, an Goethes Geburtstag, ist die Beisetzung. Es ist ein heller Spätsommertag, der Graf beginnt ihn in Goethes Gartenhaus.

Dem Pfarrrer der Röckener Gemeinde wurde nahegelegt, eine Dienstreise zu unternehmen, denn ein Pfaffe in der Nähe von Nietzsches Grab passt nicht. Adalbert Oehler versprach dafür, in seiner Totenrede nichts zu sagen, woran ein Christ Anstoß nehmen könne.

Die Trauergäste entsteigen ihren Kutschen, die Kutscher und die Bediensteten bleiben zurück, oder nein, sie gehen voran in den Röckener Gasthof, in dem anschließend zu einer »einfachen Bewirtung« geladen ist. Das Personal empfindet den Vorteil seiner Lage: Es muss nicht mit zum Begräbnis, kann also gleich mit Kaffee und Kuchen, Kalbshaxe und Freibier beginnen. Es passen sehr viele Biere und Kalbshaxen in eine Beisetzung und in das Läuten der Glocken.

Unter ihrem Klang wird der Antichrist zu Grabe getragen. Man hat in diesem Arrangement stets eine typische Fehlleistung Elisabeths erblickt, aber es war Friedrich Nietzsches Kindheitston, und dieser kleine Ort seiner Frühe auf dem Schlachtfeld von Lützen, wo der Vater begraben liegt, ist ihm immer nah geblieben. Der Graf bemerkt die schwer behangenen Pflaumenbäume über den Gräbern und sieht die Sonne durch die Zweige spielen. Totenpflaumen?

Als die Trauergesellschaft eintrifft, ist die Feier im Gasthof schon weit fortgeschritten. Elisabeth wird die Rechnung, die sie vom Röckener Wirt bekommt, für völlig imaginär halten. Wenn ein Mensch begraben wird, schaut man nicht auf Zahlen. Es mag sein, dass der Wirt diesen Umstand zum Sabbath der »Sklaven« hinzuaddiert hat. Sie bekommt eine Rechnung über 456 Mark. Die zahlt sie nicht. Mit 250 Mark erklärt sie sich einverstanden.

In Berlin erscheint am selben Tag, am Tag der betrunkenen Dienstboten und dem Glockengeläut über dem Grab des Antichristen, ein Nachruf, dem zu entnehmen ist, dass hier keiner gegangen ist, dem eine große Wirkung beschieden wäre: »Ein merkwürdiger Denker ist am 25. August gestorben; nicht einer der führenden Geister der Zukunft.«[518] Der Autor heißt Rudolf Steiner.

Aus einschlägigem Anlass erreicht ihn kurz darauf eine Einladung der Sophie Gräfin von Brockdorf, einen Vortrag über Nietzsche zu halten. Und zwar in den Räumen der Theosophischen Bibliothek ihrer Familie. Die Gräfin zählt zu den Mitgründern der Deutschen Theosophischen Gesellschaft.

Rudolf Steiners Schicksal – ab jetzt dürfte er auch Karma sagen – ist besiegelt. Bald hält er Vorträge mit Titeln wie »Das Christentum als mystische Tatsache und die Mysterien des Altertums«.

»Zuflucht zur Weisheit Gottes« und »das Christentum als Ent-
wicklungsstufe des Mysterienkultes der Antike«: Weiter kann
man sich nicht von Friedrich Nietzsche entfernen.

Elisabeth dagegen hat am Jahresende noch immer vertraute
Probleme. Zwar verfügt sie über mehrere Herausgeber, aber deren Arbeitsweise stimmt sie nur bedingt zuversichtlich. Im Bericht der Tätigen: »Als nächste Aufgabe stellten wir uns zunächst
einmal den ganzen Nachlaß zu lesen, um überhaupt ein vollstän-
diges Bild zu erhalten. Diese allererste, notwendige Voraussetzung für eine überlegte und planmäßige Ausgabe war bis jetzt
noch nicht erfüllt worden. Unentziffert, unabgeschrieben lagen
haufenweise Manuskripte da, von denen niemand ahnte, was sie
enthielten.«[519] Und so lesen sie und lesen: *Die beiden ruinieren mich
und jetzt läuft ihr Vertrag ab und wir sind noch nicht einmal da, wo
wir vor vier Jahren waren … was die beiden Horneffers machen ist gut
und gewissenhaft … aber das Gesamtresultat ihrer Arbeiten ist schrecklich wenig und sie machen mich einfach bankerott.*[520]

»Mein Programm für das
Großherzogthum Weimar«

Der neue Großherzog ist noch sehr jung, erst 25 Jahre, und Goethe fällt ihm schon sehr auf die Nerven. Zu den Jahresversamm-
lungen der Goethe-Gesellschaft wird er gar nicht erst gehen. Sollen die Alten das Andenken der Alten doch allein pflegen! Sein
Vater wurde noch von Eckermann unter Goethes Aufsicht unterrichtet. Wie furchtbar. Wenn er doch eine Zeitlang den Namen
nicht mehr hören müsste!

Wie ihn die Berater jetzt umschwirren. Jeder weiß, was aus
seinem Großherzogtum werden soll, und möchte, dass der neue
Großherzog es auch weiß.

Auch die Frau oben auf dem Hügel hat eine Vision, nein, mehr
noch, sie hat ein Programm. Sie nennt es *mein Programm für das
Großherzogthum Weimar.* Graf Kessler erfährt es zuerst: *Sie wissen,
daß das kleine Großherzogthum Porzellanfabriken, Glasbläsereien, re-*

nommirte große Töpfereien, oder besser ausgedrückt: Porzellanerde, vorzüglichen Thon und eine Fülle von guten Hölzern besitzt ... Wenn nun
hier im Anschluß an die Kunstschule eine Reihe Werkstätten unter der
Leitung eines hervorragenden Künstlers wie van de Velde gebildet würden, wo sozusagen für all diese Fabriken neue Muster hergestellt würden, die von diesen Fabriken oder deren besten Arbeitern ganz allein
ausgeführt werden dürften, so wäre das doch gewiß ein Ziel, das einen
ebenso idealen wie realen Werth haben würde. Was ich nämlich immer

Auf der Treppe des Archivs, 1903

vermisse, ist, daß auch die allergeringsten Gebrauchsgegenstände nach
guten, künstlerischen Principien hergestellt werden, und zwar billige
Gebrauchsgegenstände, die eben das Volk auch bezahlen kann und wor-
an es selbst seine innige Freude haben würde.[521]

Und Elisabeth fragt den Grafen, woher es wohl komme, dass
zu der Zeit, als die deutschen Städte blühten, auch der kleine Mann
einen guten Geschmack hatte, während jetzt der Mittelstand *und*
das sogenannte Volk sich durch den allerschlechtesten Geschmack aus-
zeichnen. Wenn nur die reichen Leute sich stilvolle Dinge machen
lassen können, werde sich das nicht ändern. Man müsse also *mit*
den billigsten Sachen anfangen. Spricht hier die noch nie bemerkte
ästhetische Sozialistin Elisabeth Förster-Nietzsche? Es gibt gar
keine Möglichkeit, sie anders zu verstehen: *Ich bilde mir ein, daß*
selbst Fabrikware nicht ganz verächtlich zu sein braucht, sondern daß
auch diese Dinge genau dem Zweck angemessen gebildet werden kön-
nen, dem sie dienen. Das klingt Bauhausreif. *Lieber Graf, ich sehe Sie*
lächeln.

Gewiss lächelt Kessler. Er ist kein Volksfreund. Das Volk riecht
schlecht, es benimmt sich schlecht. Nietzsche hatte schon recht,
wenn er ein Volk den Umweg der Natur zur Hervorbringung von
ein paar großen Männern nannte. Und wahrscheinlich vergisst er
Elisabeths Generalplan zur Entwicklung des Großherzogtums
Weimar vorerst gleich wieder.

Halten wir also fest: In den Monaten, als die seit Jahren vorbereitete und immer wieder verzögerte Publikation der *Umwerthung*
ihrem Erscheinen entgegeneilt, entwirft Elisabeth ihr Programm
zur Hebung des Volkswohls. Ihr Bruder hätte es kaum gebilligt.
In den jetzt zu veröffentlichenden Notizen finden sich Aussagen
von größter Eindeutigkeit: *DIE MODERNE UNKLARHEIT. Ich sehe*
nicht ab, was man mit dem europäischen Arbeiter machen will. Er be-
findet sich viel zu gut, um jetzt nicht Schritt für Schritt mehr zu for-
dern, unbescheidener zu fordern: er hat zuletzt die Zahl für sich. Die
Hoffnung ist vollkommen vorüber, daß hier eine bescheidene und selbst-
genügsame Art Mensch, ein Sklaventhum im gemildertsten Sinne des
Wortes, kurz ein Stand, etwas, das Unwandelbarkeit hat, sich heraus-

bildet. Man hat den Arbeiter militärtüchtig gemacht: man hat ihm das Stimmrecht, das Coalitionsrecht gegeben: man hat Alles gethan, um die Instinkte, auf die ein Arbeiter-Chinesenthum sich gründen könnte, zu verderben: so daß der Arbeiter heute seine Existenz bereits als einen Nothstand (moralisch ausgedrückt als ein UNRECHT …) empfindet und empfinden läßt … Aber was will man? nochmals gefragt. Wenn man ein Ziel will, muß man die Mittel wollen: wenn man Sklaven will, – UND man braucht sie! – muß man sie nicht zu Herren erziehen.[522] Und ebendas hat Elisabeth vor. Bildung, gar Bildung des Geschmacks. Wie verwerflich aus Brudersicht.

Elisabeth war in Berlin. Sie brauchen beide ein wenig Erheiterung, der Graf und sie. Der Graf, weil Nietzsche tot ist, ihm sein Lebensziel im Augenblick nicht einmal schemenhaft vor Augen steht, obwohl er weiß, dass in der Nietzsche-Welt nur der Schaffende gerechtfertigt ist. Elisabeth braucht Tapetenwechsel, weil das Zimmer ihres Bruders leer ist und niemand mehr durch die Nacht schreit, und natürlich auch, weil sie nicht immer den Horneffer-Brüdern zusehen kann, wie sie ihren Vorsatz verwirklichen, zuerst »das gesamte vorhandene Material durchzuarbeiten und zu entziffern«. Denn ehe nicht jedes Wort von Nietzsche gelesen sei … usw., usw. Manchmal hat sie kaum mehr Hoffnung, dass der nächste Band der Gesamtausgabe noch zu ihren Lebzeiten erscheint.

Im Salon der Cornelia Richter in Berlin begegnet sie Cosima, die kühl ihre Hand nimmt und sich abwendet. Elisabeth hat Mühe, die Fassung zu bewahren, Henri van de Velde sieht es mit Schrecken. Elisabeth hatte diesen belgischen Architekten und Designer, der uns die Welt neu sehen lässt, bei Kessler kennengelernt. Wahrscheinlich war die Begegnung der beiden Parallel-Hüterinnen verfeindeter Hügel mutwillig herbeigeführt worden.

Die Herausgeber werden die Rückkehr der Archivleiterin nicht ohne Beunruhigung wahrnehmen. Es führt immer zu Misslichkeiten, wenn die vita contemplativa auf die vita activa trifft. Ernst Horneffer wird sich dieser Zeit rückblickend so erinnern: »So gingen wir denn ans Werk, den Nachlaß zu kopieren. Aber das dauerte Frau Förster-Nietzsche viel zu lange. Die ›Eintönigkeit‹ unserer Art zu arbeiten, war ihr äußerst verhasst.«[523] Vielleicht sollte man eher von spezifischer Ergebnislosigkeit sprechen?

Die Archivleiterin kann ihre Ungeduld durchaus begründen: Die Wissenschaft ist unendlich, wir aber sind endlich. Hier liegt ein schmerzliches Missverhältnis vor. Zudem ist das Nietzsche-Archiv ein privatwirtschaftlich arbeitendes Institut ohne öffentliche Förderung, die zu leistende Arbeit aber übersteigt diesen Rahmen erheblich. Dieses Missverhältnis spürt die Leiterin zuerst.

Wer da nicht an die eigene Tatkraft glaubt, ist verloren. Und die Rückkehrerin ist gerade sehr unternehmerisch gesonnen. Sie wird ein neues, ein drittes Weimar schaffen und das Hauptwerk ihres Bruders herausgeben, das zu schreiben er leider versäumte. Aber geben wir das Wort wieder den empfindlich gestörten Herausgebern. Alles sollte »wissenschaftlich« sein und trotzdem ergebnisorientiert. Die Archivleiterin kannte dieses Wort zwar noch nicht, hätte es aber sofort verstanden. Sie weigerte sich einzusehen, dass die Konjunktion unmöglich war, dass sie sich entscheiden müsse. »Ihr Wille, eine Ausgabe des Nachlasses zustande zu bringen, und sei es noch so überstürzt, stand unerbittlich fest. Das wußten wir. Wenn wir ihr unsere Mitarbeit entzogen hätten, hätte sie jeden anderen damit betraut. … So entschlossen wir uns auszuhalten, so lange zu bleiben, als wir es irgend ertragen konnten, um Schlimmeres zu verhindern.«

Die Marketingdirektorin oder
Von der Schöpfung eines Hauptwerks

»Da um jeden Preis etwas fertig sein sollte, konnte unsere Arbeit nur etwas Provisorisches sein«[524], wird der Hauptherausgeber bald erklären, um finster fortzufahren: »Aber wir sagten lieber dies als noch Schlechteres. Was sich bei diesen Verhältnissen irgend erreichen ließ, das glaubten wir getan zu haben.«

Die gehetzten Herausgeber beschließen, ein Vorwort zu schreiben, das auf das Vorläufige dieser Edition hinweist, vor allem auf ihren Auswahlcharakter, oder sollten sie gar von Willkür sprechen müssen? Wie auch immer, das Vorwort wird sie rechtfertigen, das Vorwort mag für sie bürgen.

Es muss von einer einnehmenden philologischen Gewissenhaftigkeit gewesen sein. Horneffer: »Wir haben unsere Zusammenstellung der Umwertungsvorarbeiten nur als EINE VON UNS GEORDNETE STOFFSAMMLUNG HINSTELLEN WOLLEN, daß jeder wußte, woran er war.« Einen kongenialen Titel haben sie auch schon: *Unveröffentlichtes aus den und den Jahren (Umwertungszeit)*.

Elisabeth stutzt. *Unveröffentlichtes aus …?* Nun endlich, nach gefühlten Ewigkeiten, geht es weiter. Nun endlich soll gedruckt werden, was schon 1896 gedruckt werden sollte, das war vor fünf Jahren. *Unveröffentlichtes aus den Jahren der Umwertungszeit*. Wie herabstimmend. Ist das ein Titel? Ist das nicht vielmehr ein Irrtum?

Die Professoren halten ihren Bruder für unseriös. Ein Aphoristiker ohne System, ohne Hauptwerk! Ein philosophischer Stotterer eben. Wer kein System und kein Hauptwerk hat, gilt an deutschen Universitäten nicht als Philosoph. Nicht einmal im Volk. Sie hat immer gehofft, was in den späten Notizbüchern stünde, es ist: das Hauptwerk. Gast hat es gesagt, die *Umwertung* eben.

25 Gliederungen hat ihr Bruder geschrieben, aber nicht das Werk selbst. Klingt das nicht wie das Eingeständnis? *Unveröffentlichtes aus den Jahren der Umwertungszeit*. Was sollen die Professoren denken?

Andererseits, könnte Elisabeth sich fragen, was hat ihr Bruder bei den Professoren verloren, bei den Repräsentanten des Geistes?

Aber da ist dieser Vaihinger von den *Kantstudien*, und der Neukantianer Alois Riehl. Und da ist natürlich Max Heinze, von Nietzsche auch *der alte Flachkopf Heinze* genannt, er war schon sein Lehrer in Schulpforta und hat es schließlich zum Professor in Leipzig, ja zum Rektor der Universität gebracht. Warum wollen die Deutschen meine Bücher nicht mehr lesen, hatte ihn sein einstiger Zögling schon Anfang der achtziger Jahre gefragt, und Heinze vermutete: weil sie keine Aphorismen mehr lesen wollen. Er möge doch einmal wieder etwas Zusammenhängendes schreiben.

Er hat es nicht getan.

Denn dies ist die Wahrheit: ausgezogen bin ich aus dem Hause der Gelehrten: und die Thür habe ich noch hinter mir zugeworfen. Also sprach Zarathustra. Aber ist es nicht ihre Aufgabe, die Tür wieder zu öffnen? Sie weiß, wie sehr er trotz allem gelitten hat an der Nichtachtung derer, die in Amt und Würden die Nüsse der Erkenntnis knacken und die Strümpfe des Geistes wirken.

Und doch ist es ein fragwürdiger Ehrgeiz. Ihr Bruder braucht kein Hauptwerk und kein System. Was man über die Philosophie und ihre unglückliche Liebe zum System wissen muss, hat bereits Friedrich Schlegel gesagt, ganz in Nietzsches Sinn: Es sei gleich tödlich für den Geist, ein System zu haben und keins zu haben. Man werde sich also entschließen müssen, beides zu verbinden.[525]

Sie weiß das alles und weiß es nicht. *Unveröffentlichtes aus den und den Jahren (Umwertungszeit).* – ? Nein, unmöglich. Und sie nennt den Band nach einer von 25 Gliederungen, die nur vier Hauptstücke hat und den Titel trägt: *Der Wille zur Macht. Versuch einer Umwerthung aller Werthe.*

Elisabeth, die Marketingfrau. Ein Jahrhundert, in dem jede Lebensäußerung unter diesem Diktat steht, sollte sie begreifen.

Ein Lieblingswort der Heutigen heißt Alleinstellungsmerkmal. Es ist das Summum Bonum, das höchste Gut in unserer Welt des Kaufens und Verkaufens. *Unveröffentlichtes* hat jeder, der nur einen Stift halten kann. *Der Wille zur Macht* ist da zweifellos prägnanter. Sinnlich und zugleich ausgreifend in einen größeren Horizont, wie jede gute Überschrift sein sollte.

Konzeption und Titel sind in der Tat von Nietzsche. Elisabeth wird im dritten Teil der Biografie ihres Bruders, die schon seit längerem nicht recht vorankommt, darauf verweisen, der Verfasser habe ihr den Plan in einem Brief vom 17. März 1887 mitgeteilt. Leider lässt sich dieser Brief nicht auffinden. Auch darf es als durchaus unwahrscheinlich gelten, dass er seine Schwester auf der anderen Erdhalbkugel mit einem Philosophem beschweren wollte, bei dem er sich ihrer aufrichtigen Abneigung sicher sein konnte. *Unsere Herzen wollen höher hinaus als zur Allbewunderung des Egoismus*, hatte sie ihrer Freundin Clara Gelzer nach jenem Schicksalssommer 1882 mitgeteilt. Der Philosoph ihres Herzens ist Schopenhauer, nicht ihr Bruder, daran hatte sich nichts geändert.

Allerdings setzt uns das Datum durchaus auf die richtige Fährte.

In Nietzsches Notizbüchern findet sich an diesem Tag die folgende Konzeption:

+++ ALLER WERTHE
Erstes Buch: Der europäische Nihilismus.
Zweites Buch: Kritik der höchsten Werthe.
Drittes Buch: Prinzip einer neuen Werthsetzung.
Viertes Buch: Zucht und Züchtung.
entworfen den 17. März 1887, Nizza.[526]

Das ist prägnant, übersichtlich und einfach. Allerdings lässt der Titel etwas zu wünschen übrig:

+++ ALLER WERTHE – ?

Das wäre zwar philologisch korrekt, doch würde so beim akademischen Publikum der Verdacht erregt, Nietzsches Wahnsinn habe schon viel früher eingesetzt. Zum Glück für die Herausgeberin hat der Autor im Herbst des gleichen Jahres Titel und Gliederung etwas überarbeitet. Jetzt liest sich das so:

DER WILLE ZUR MACHT
VERSUCH EINER UMWERTHUNG ALLER WERTHE
Erstes Buch:
DER NIHILISMUS
als Schlussfolgerung der höchsten bisherigen Werthe.
Zweites Buch:
KRITIK DER HÖCHSTEN BISHERIGEN WERTHE,
Einsicht in das, was durch sie Ja und Nein sagte.

Drittes Buch:
DIE SELBSTÜBERWINDUNG DES NIHILISMUS,
Versuch Ja zu sagen zu Allem, was bisher verneint wurde.
Viertes Buch:
DIE ÜBERWINDER UND DIE ÜBERWUNDENEN.
Eine Wahrsagung.[527]

Der Titel, glaubt Elisabeth, ist gut, die Konzeption aber darf im ersten Entwurf bei gleicher Intention als übersichtlicher gelten. Ironischerweise wird Alfred Baeumler, ins historische Gedächtnis eingegangen als der Philosoph des Nationalsozialismus, genau dreißig Jahre später befinden: »Dem Verständnis der Philosophie Nietzsches hat nichts so im Wege gestanden wie der Titel seines philosophischen Hauptwerkes. Man glaubt zu wissen, was ›Wille‹ und was ›Macht‹ sei und legte den Titel entsprechend aus. In Wahrheit ist nichts so schwer zu verstehen und zu umschreiben als das, was Nietzsche mit den Worten ›Wille zur Macht‹ eigentlich meint.«[528] Denn das Verstehen beginne genau dann, wenn man beide Begriffe nicht zuerst einzeln und dann zusammen denke. Der Wille zur Macht sei eben kein Wille, der die Macht zum Ziel habe, er sei auch nicht auf etwas gerichtet. Denn dieser Wille »strebt keinem Ziele zu, er ist das ewige Werden selbst, das kein Ziel kennt. Werden ist Kampf.«[529] Was wäre hier zu sagen? Baeumler hat recht.

Ruhm ist nichts anderes als die Summe der Missverständnisse, die sich um einen Namen ranken, erkannte Rainer Maria Rilke, ein Nietzsche-Leser, der seine Inspiration gekonnt verbarg. Es gibt dagegen keinen Schutz als den der vollkommenen Sterilität. Aber vielleicht darf man hier nicht einmal von Missverständnis sprechen. So weh es tun mag: Dass Baemler ein Philosoph des Nationalsozialismus war, bedeutet keineswegs, dass er nicht ernst zu nehmen ist, im Gegenteil: Als Philosoph, zumal als Nietzsche-Interpret, ist dieser Mann gerechtfertigt. Aber wird er nicht etwas interpretieren, was es gar nicht gibt? Ja und nein.

Was heißt Fälschung? Es steht kein Satz im *Willen zur Macht,* der nicht von Nietzsche ist.

Philologen sind Positivisten. Sie ziehen sich zuletzt auf den etwas dürftigen Standpunkt zurück: Was es gar nicht gibt, kann man auch nicht interpretieren. Schluss der Verlegenheit.

Jede Interpretation eines Hauptwerks erübrigt sich demnach mit dessen Nichtexistenz. Der Philologe Karl Schlechta hat diesen Nachweis nach 1945 geliefert und Nietzsches Spätphilosophie als Stein des Anstoßes gestrichen.

Ende des Problems? Vielleicht darf man so weit gehen, zu sagen, dass dies der Punkt ist, wo sich das Weltbild des Biertischs und das des Philologen berühren. Es ist ein rein faktisch erfreulicher, jedoch zu einer gewissen geistigen Dürftigkeit neigender Standpunkt.

Denn in der Tat hat Nietzsche den *Zarathustra* nur als Tor zum Eigentlichen betrachtet, und wenn man zugibt, dass der *Zarathustra* im Grunde ein Unfall war, eine Weise, sich selbst zu überstehen, ist man wieder bei Friedrich Nietzsche im Sommer 1882, ja eigentlich im Januar dieses denkwürdigen Jahres. Für das, was jetzt komme, wolle er in Klausur gehen, vielleicht Jahre, um sich dem zu nähern, was – nein, es gibt in der Tat kein anderes Wort – das Hauptwerk werden sollte. Das alles anders kam, hat zuallererst und zuallerletzt die lebensunmittelbaren Gründe, die Gegenstand dieses Buches sind.

Leben ist das, was geschieht, während wir andere Pläne machen, hat John Lennon gesagt. Es ist nicht leicht zu vermuten, wie Nietzsche auf diese Musik reagiert hätte, aber diesem Satz hätte er seine Zustimmung gewiss nicht verweigert. Denn genau hier setzt die Selbstbehauptung ein, nicht zu werden, was man nicht ist.

Das alles ist noch sehr fern, vom Jahr 1901 aus gesehen. Die Ironie im Verstehen Nietzsches besteht nicht zuletzt darin, dass selbst die resolutesten Philosophen, wenn es um Nietzsche geht, sich mit dem rein inhaltlich abstinenten Philologenstandpunkt begnügen. Und das bei der Distanz, die Nietzsche seiner eigenen akdemischen Ursprünge gegenüber schon früh besaß!

Wäre diese Edition nicht gerechtfertigt gewesen, wenn die Horneffers und Köselitz all ihre herausgeberischen Skrupel in der Einleitung hätten darlegen dürfen? Und sie schreiben genau diese Einleitung. Elisabeth ist irritiert. Sollte die Einleitung zum Hauptwerk eines Philosophen sich nicht auf dieses beziehen statt auf seine Herausgeber? Man kann es so sehen. Aber warum kein editorisches Nachwort?

Horneffer: »Das Schlimmste war, daß Frau Förster-Nietzsche unsere Einleitung, die eine genaue Darstellung von Nietzsches Arbeitsweise enthielt, unterdrückte und durch eine eigene, völlig inhaltslose ersetzte. Was brauchten die Leute, so meinte Frau Förster-Nietzsche, und so hat sie es in einem Brief an mich niedergelegt, im Zusammenhang mit der Umwertung genaueres über die Arbeitsweise ihres Bruders zu erfahren?«[530]

Was bleibt: Die Suggestion eines Zusammenhangs, der nicht besteht, folgend dem – rein philologisch gesehen – vollkommen unhaltbaren Interesse aufzuklären: Was steht da eigentlich drin? Es bleibt weiterhin, beim Publikum, selbst bei Archivmitgliedern, bald die Gewohnheit, vom *Willen zur Macht* zu sprechen, als handele es sich um ein abgeschlossenes, gar um das Hauptwerk Nietzsches.

Zunächst wird sich das Interesse des Publikums jedoch durchaus in Grenzen halten. Für die meisten bleibt Nietzsches Hauptwerk der *Zarathustra*, was nur die *Geburt-der-Tragödie*-Fraktion aufs Heftigste bestreitet.

Und vielleicht sollten wir es noch eigens betonen: Elisabeth treibt kein weltanschaulicher Ehrgeiz, als sie den Titel *Der Wille zur Macht* wählt. Eigentlich ist sie zu gut erzogen, um das schrankenlos zu bejahen, was in uns ICH! sagt. Aber es ging ihrer Auffassung nach noch nie darum, was eine seelische Gewohnheitsschopenhauerianerin denkt, die sich nur allmählich bessert. Es geht darum, was ihr Bruder denkt. Die Schwester des Antichristen wird bei aller Distanz auch nie die Pflicht empfinden, aus der Kirche auszutreten. Sie ist eine Frau, demnach eine leibgewordene Inkonsequenz.

Und ja, sie versteht ihren Bruder. Die Macht ist ein gutes Gefühl. Zwar gewöhnlich kein Frauengefühl, denn Frauen haben fast nie die Macht. Schon gar nicht über Männer. In ihrem Fall ist das anders. Es ist ein gutes Gefühl, wenn die Dinge sich nach uns richten statt dass, wie gewöhnlich, wir uns nach den Dingen richten.

Sie hatte den zweiten Teil des *Zarathustra* nicht gemocht, in dem ihr Bruder erstmals sagt, was der *Wille zur Macht* ist: Werdelust. Schöpferischwerden. Schaffen.

Wollen befreit: das ist die wahre Lehre von Wille und Freiheit – so lehrt sie euch Zarathustra.

Nicht-mehr-wollen und Nicht-mehr-schätzen und Nicht-mehr-schaffen! ach, das diese große Müdigkeit mir stets ferne bleibe!

Auch im Erkennen fühle ich nur meines Willens Zeuge- und Werde-Lust; und wenn Unschuld in meiner Erkenntnis ist, so geschieht diess, weil Wille zur Zeugung in ihr ist.[531]

Und die Wirklichkeit?

Die Sprache ist mitunter viel weiser als wir. Das schöne Wort Wirklichkeit zum Beispiel. Da steckt Wirken drin, Bewirken. Die Wirklichkeit ist das Gewirkte, statt einfach das Vorfindliche, das Gegebene zu sein. Die Wirklichkeit ist der tätige Wille zur Macht, gewissermaßen. Und genauso verhält sich das, hofft Elisabeth, auch mit der Wirklichkeit des Großherzogthums Weimar.

Wirklichkeit ist, was wir wirken. Der Großherzog wird sein Großherzogtum nicht mehr wiedererkennen. Er muss diesen ungemein begabten Belgier nach Weimar holen. Auch van de Velde ist selbstverständlich ein menschgewordener Wille zur Macht, er manifestiert sich als Wille zur unendlichen Linie.

Und dies ist das Fragment, mit dem der *Wille zur Macht* endet, es mag hier stehen, um die letzte Möglichkeit eines Trivialverstehens zu nehmen, im Sinne von: Da ist einer, der hat den Willen, an die Macht zu kommen. Nein, das hier ist Erkenntnis- statt Bemächtigungstheorie; es ist das Porträt der dionysischen Welt:

Und wisst ihr auch, was mir »die Welt« ist? Soll ich sie euch in meinem Spiegel zeigen? Diese Welt: ein Ungeheuer von Kraft, ohne Anfang, ohne Ende, eine feste, eherne Größe von Kraft, welche nicht größer, nicht kleiner wird, die sich nicht verbraucht sondern nur verwandelt, als Ganzes unveränderlich groß, ein Haushalt ohne Ausgaben und Einbußen, aber ebenso ohne Zuwachs und Einnahmen, vom »Nichts« umschlossen *als von seiner Gränze, nichts Verschwimmendes, Verschwendetes, nichts Unendlich-Ausgedehntes, sondern als bestimmte Kraft einem bestimmten Raum eingelegt, und nicht einem Raume, der irgendwo »leer« wäre, vielmehr als Kraft überall, als Spiel von Kräften und Kraftwellen zugleich »Eins« und »Vieles«, hier sich häufend und zugleich dort sich mindernd, ein Meer in sich selber stürmender und fluthender Kräfte, ewig sich wandelnd, ewig zurücklaufend, mit ungeheuren Jahren der Wiederkehr, mit einer Ebbe und Fluth seiner Gestaltungen aus den einfachsten in die vielfältigsten hinaustreibend, aus dem Stillsten, Starrsten, Kältesten hinaus in das Glühendste, Wildeste, Sich-selber-Widersprechendste, und dann wieder aus der Fülle heimkehrend zum Einfachen, aus dem Spiel der Widersprüche zurück bis zur Lust des Einklangs, sich selber bejahend noch in dieser Gleichheit seiner Bahnen und Jahre, sich selber segnend als das, was ewig wiederkommen muß, als ein Werden, das kein Sattwerden, keinen Überdruß, keine Müdigkeit kennt –: diese meine DIONYSISCHE Welt des Ewig-sich-selber-Schaffens, des Ewig-sich-selber-Zerstörens, diese Geheimniß-Welt der doppelten Wollüste, dieß mein Jenseits von Gut und Böse, ohne Ziel, wenn nicht im Glück des Kreises ein Ziel liegt, ohne Willen, wenn nicht ein Ring zu sich selber guten Willen hat; – wollt ihr einen NAMEN für diese Welt? Eine LÖSUNG für alle ihre Räthsel? ein LICHT auch für euch, ihr Verborgensten, Stärksten, Unerschrockensten, Mitternächtlichsten? – DIESE WELT IST WILLE ZUR MACHT – UND NICHTS AUSSERDEM! Und auch ihr selber seid dieser Wille zur Macht – und nichts außerdem!* [532]*

Die Berufung

Diese jungen Leute sind immer krank. Im Augenblick ist van de Velde noch kränker als ihr bibliografischer Berater, deshalb müssen sie ihren Besuch verschieben. Aber der Graf hat einen Vorschlag: *Nun würde sich da ein Zusammentreffen mit dem Todestag Ihres lieben Bruders ergeben bzw. einrichten lassen, wenn Sie diesen nicht in absoluter Intimität zu begehen wünschen, Hochgeehrte gnädige Frau, sondern einigen Getreuen erlauben wollen ...* [533]

Ja, sie erlaubt, sein Besuch habe ihr in schweren Zeiten immer wohlgetan. Aber sie macht sich Sorgen: *Was fehlt Ihnen eigentlich, lieber Graf?*

Elisabeth, mütterlich bewegt, sinnt auf Heilung: *Sollten es Kopfschmerzen sein mit Appetitlosigkeit, die Leiden so vieler nachdenkender und spintisirender Menschen, so würde ich Ihnen hier eine kleine Cur vorschlagen, die mir ungemein gut gethan hat. Es ist eine besondere Art von Citronencur (mehr nach der Richtung von warmer Limonade hin, aber ohne Zucker) die mich von äußerst peinlichen Kopfschmerzen befreit hat, an welchen ich seit dem Tode meines geliebten Bruders so viel litt.*[534] Aber die Anwendung müsse sie schon persönlich überwachen, *denn wenn die Herren sonst Citronencuren brauchen, so nehmen sie immer viel zu viel und schaden sich schließlich damit. Meine Cur ist ganz sanft, bis zu zwei Citronen täglich, aber eben in besonderer Weise genommen.*

Sie erfährt, dass Zitronen hier wohl nichts ausrichten, es ist ein Leberleiden, das er aus den Tropen mitgebracht habe, zum Glück trete es nur anfallsartig auf; van de Velde liege sehr malade in Grünheide im Bett, auch limonenresistent, aber alles in ihnen sei bis Ende August auf Gesundung bedacht.

Doch wie finden zwei rekonvaleszente Weltmänner ein kleines Dorf, oder vielmehr zuerst Weissenfels, wo sie aussteigen müssen? *Damit ja keine Verwirrung entsteht, erlaube ich mir nochmals ganz genau zu schreiben, wie Sie und Herr van de Velde ihre Fahrt einrichten müssen, damit Sie nicht etwa an Weissenfels vorbeifahren.*[535] Es folgt eine Seite mit detaillierten Anweisungen, wenn die Genesenden sie streng befolgen, müssten sie um zwei nach zwei auf dem Weissenfelser Bahnsteig stehen, wo sie sich dann bereits befinde. Dieses Protokoll einer Reisevorbereitung steht hier in einer etwas irritierenden Ausführlichkeit, weil es zu einem Zusammentreffen gehört, das das Leben aller drei Beteiligten verändern wird, das Leben Weimars und seines neuen Großherzogs eingeschlossen.

Allerdings steht am 25. August 1901 um zwei nach zwei nur van de Velde auf dem Weissenfelser Bahnsteig, der Graf ist noch immer unpässlich. Sie fahren gemeinsam nach Röcken; gewiss legt Elisabeth ihrem Bruder zumindest in Gedanken sein »Hauptwerk« aufs Grab: Was wäre er ohne seine kleine Schwester? Zusammen sind sie eben doch unschlagbar. Er muss es annehmen, er hat keine Wahl, längst nicht mehr.

Henry van de Velde und Elisabeth Förster-Nietzsche sprechen nicht nur über Friedrich Nietzsche, natürlich nicht. Und: Sie mögen einander. Sollte diese Frau etwa seine Zukunft bedeuten? Van de Velde schreibt seiner in Grünheide zurückgelassenen Frau: »Ce serait un laboratoire pr. mon Style et confié à ma direction!«[536]

Der Graf trifft zwei Tage später ein. Gemeinsam besuchen sie das Goethe-Haus und den Park von Tiefurt. Dann kommt der 28. August, Goethes Geburtstag. Elisabeth gedenkt ihn am Vormittag mit einer Lesung aus dem *Willen zur Macht* zu begehen, der jedoch im internen Archiv-Sprachgebrauch wie all die Jahre zuvor noch immer *Die Umwerthung* heißt. Horneffer, der latent unglückliche Herausgeber, liest das erste Kapitel von Buch IV. Van de Velde und Kessler bilden das Publikum.

Das Publikum merkt auf: »Zum ersten Mal tritt bei Nietzsche der Gedanke auf, dass auch die ›Viel zu Vielen‹ nötig sind, als Fundament, auf dem erst der Übermensch sich erheben kann.«[537] Nun ja. Er hat keine Gelegenheit, diesen Aspekt ausführlicher zu erwägen, denn am Nachmittag fahren sie nach Naumburg, um den Dom zu besichtigen, Nietzsche zufolge ein Grabmal Gottes, wie alle Kirchen. »Van de Velde von seiner lebensvollen Einfachheit stark bewegt. Namentlich bewunderte er die Säulenbasen im Innern mit dem verbindenden Ornament zwischen Basis und Säule (12tes Jh) und den Gegensatz zwischen den Lichtwirkungen an Basis und Kapitäl.«[538] Danach gehen sie zu Fuß über Schulpforta nach Kösen, das Land leuchtet, »lauter dunkles Grün mit fast purpurblauen Schatten«. Abends liest Elisabeth aus Nietzsches letztem Briefen vor.

Am folgenden Morgen setzt Horneffer seine Lesung fort, sie hören den Schluss über die dionysische Welt. Der Graf vermerkt einen tiefen »Eindruck auf Van de Velde wie auf mich. Van de Velde sagte gleich, das möchte er drucken und verzieren.« Es wäre noch mehr zu berichten von diesen wenigen Spätsommertagen, etwa, dass sie den Bildhauer Max Klinger in Leipzig noch am selben Nachmittag besuchen, an dessen Ende sie wissen, dass sie eine gemeinsame Zukunft wagen wollen.

Natürlich kann sich van de Velde nicht selbst beim Großherzog bewerben. Er braucht einen Impressario, einen Agenten: Kessler ist bereit.

Beide reisen von Weimar zu der im Mai eröffneten avantgardistischen Kunstgewerbeausstellung auf der Darmstädter Mathildenhöhe und können sich vor Abscheu nicht fassen. Ist das nicht »Weltflucht und Gschnasige Vermummung«? Zu viel Dekor! Zu viel Ornament! Zu viel Schönheit! Van de Velde wird so reduktionistisch zumute. Ist nicht alle Kunst zuletzt die Kunst des Weglassens? Sein Impressario sieht das ebenso. Was ist die Mathildenhöhe, europaweit beachtet, gegen die Revolution des Geschmacks, die von ihnen, die von Weimar ausgehen wird?

Leider weiß der Großherzog noch nichts von der Zukunft seines Landes. Elisabeth prüft die Lage. Dem Großherzog, erfährt sie, sei es von Herzen gleichgültig, wer neuer Direktor seiner Kunstschule wird, er sei da vollkommen *wunschlos*, aber einen Wunsch hat er doch: Er möchte gern *einen Direktor …, der auf sein Gehalt verzichte*.[539] So gesehen ist van de Velde gewiss nicht der aussichtsreichste Kandidat, zumal es bereits einen gibt, der die antizipierte Verdienstobergrenze akzeptiert.

Elisabeth ändert ihre Reisepläne. Sie will nach Rapallo, Genua und Turin, an die Überwinterungsorte ihres Bruders, und natürlich muss sie im Winter fahren, um der Authentizität willen. Es wird höchste Zeit für den Schlussband ihrer Biografie. Aber jetzt abwesend zu sein, wenn sich das Schicksal Weimars entscheidet, wäre sträflicher Leichtsinn.

Kessler schickt ihr zum Geburtstag ihres Bruders einen Kranz von Hochgebirgsblumen, Sils-Maria-Heidekraut und Edelweiß darin. Welcher Mann sonst käme auf solche Zartheiten? Nur ihr bibliografischer Berater, der gerade dabei ist, diesen Rang hinter sich zu lassen und etwas zu werden, wovon ihr und ihm noch der Begriff fehlt. Doch eins steht fest: Haltbarer als dieser Sils-Maria-Hochgebirgsblumenkräuterkranz kann kein Band zwischen Menschen sein.

Harry Graf Kessler denkt, wenn er an seine Zukunft denkt, noch immer latent an eine Karriere im diplomatischen Dienst. Für einen illegitimen Sohn des früheren deutschen Kaisers wäre das die durchaus angemessene Laufbahn. Aber wo beginnt eigentlich der diplomatische Dienst, vielleicht hier in Weimar? Das, was er jetzt für den Künstlerfreund unternimmt, ist nichts anderes. Die geläufige Bezeichnung für die Diplomatie an Fürstenhöfen ist freilich etwas herabstimmend, spricht man nicht von der Intrige?

Kessler kann Elisabeth noch vor Ende September darüber unterrichten, dass er mit dem Grafen Werthern in Briefwechsel stehe. Dessen Schwester wiederum ist die Frau des Weimarer Hofmarschalls Palézieux, und auch der Weimarer Staatsminister ist bereits unterrichtet. Kessler dürfe dem Großherzog »selbst Vortrag halten«. Er brauchte eigentlich nur, was er jetzt Elisabeth schreibt, dem Großherzog gegenüber wiederholen: »Die größte Schwierigkeit, die zu überwinden sein wird, ist, daß Alle fest zu glauben scheinen, daß Van de Velde Alle Traditionen abbrechen und einen ganz neuen Stil IMPORTIEREN will; während er im Gegenteil dem thüringischen Gewerbe die Kenntnisse geben würde, die ihm ermöglichen würden, die EIGENEN Traditionen in künstlerischer Weise FORTZUFÜHREN; er würde dieses thun, indem er sie lehrte, was RHYTHMUS ist, denn dieser liegt JEDER Kunstübung zu Grunde und gerade diesen und sein Wesen versteht van de Velde sowohl intuitiv wie auch mit dem Verstand so wie nur wenige in der Entwicklungsgeschichte der Kunst.«[540]
Da es sich beim Rhythmus aber um etwas Allgemein-Menschliches, eigentlich Mathematisches handele, störe es auch nicht, dass van de Velde Ausländer sei: »das, was er lehren soll, hat nicht mit dem nationalen Teil der Kunst, mit ihrem ›Inhalt‹, sondern mit ihren allgemeinen Ausdrucksformen zu thun; IN diese läßt sich dann jeder Inhalt füllen; OHNE sie aber ist jeder Inhalt kunstlos und wertlos.«[541] Genau darauf also wäre Gewicht zu legen: Da van de Veldes Gebiet der Rhythmus sei, stehe nicht zu befürchten, daß er »die thüringische Industrie entnationalisieren würde«.

Ende September äußert Elisabeth die Hoffnung, dass der Freund seinen Vortrag der *Aufnahmefähigkeit* des großherzoglichen Publikums anpassen werde. Van de Velde für sich selbst sprechen zu lassen, halte sie für ausgeschlossen, *denn alles, was v. de Velde schreibt ist schwer verständlich, und wenn es nun gar erst ins Deutsche übersetzt wird, wird es absolut unverständlich. Ich meine überhaupt, der Künstler soll schaffen und seine Werke sollen für ihn reden, er soll sich nicht selbst auslegen und vertheidigen. Gerade aber aus diesem Grunde wäre es nun sehr wünschenswerth, wenn man hier in Weimar einmal etwas von v.d. Veld'scher Kunst zeigen könnte und darüber möchte ich gern mit Ihnen reden.*[542]

In den ersten beiden Oktoberwochen ist der designierte Vortragende militärisch bedingt unpässlich; er weilt mehrfach in Potsdam bei seinem Eliteregiment der 3. Garde-Ulanen. Es wäre nicht richtig zu behaupten, dass ein Mann mit stark homosexuellen Neigungen in einer Armee ganz in der Fremde wäre, aber der Zeitpunkt ist doch denkbar ungünstig.

Anfang November ist es dann so weit. Harry Graf Kessler frühstückt, nicht zum ersten Mal, mit Aimé Charles Vincent von Palézieux. Der Schweizer, nur ein Jahr jünger als Friedrich Nietzsche, war erst Flügel- und später Generaladjutant von Wilhelm Ernst. Jetzt ist er Oberhofmarschall und sein Schatullenverwalter. Dazu besitzt er durchaus Qualifikation, denn anders als Friedrich Nietzsche hat er nicht nur ein wenig Chemie studiert, sondern auch ein wenig Finanzwesen in Frankfurt. Dass der Berliner Graf und Kunstfreund nicht zuletzt einen Angriff auf seine Schatulle plant, ist dem Oberhofmarschall von Anfang an klar. Kessler überliefert die Unterredung so: »… ich schlug als Gehalt 6 bis 8 Tausend M. vor. Palèzieux meinte: Na, sagen wir 6000. Das Gehalt V's müsse doch mit den andern Gehältern in irgendeinem Verhältnis stehen.«[543] Er trifft auch den Staatsminister Rothe, besucht danach Elisabeth und sitzt bei dem eigens für ihn arrangierten Diner am Abend links vom Großherzog, rechts sitzt der Staatsminister, gegenüber der Schatullenverwalter. Kessler absolviert das Kreuzverhör mit Bravour. Elisabeth wird so zukünftig zumute.

Am nächsten Morgen, nein Mittag, darf der Graf seinem Anliegen nochmals Nachdruck verleihen. Zwar kann er die von Elisabeth gewünschte Ausstellung in der Eile nicht arrangieren, aber er bringt Wilhelm Ernst ein paar originale van-de-Velde-Lampen mit.

Der Großherzog ist irritiert. Seit wann muss ein Regent sich für Lampen interessieren? Für Lampen und Türklinken?

Es wird ein dramatischer Herbst, aber noch vor Weihnachten ist van de Velde neuer Direktor der Kunstschule. Mit 6000 Mark Gehalt.

Elisabeth: *Der Gedanke, daß er hierher kommt, macht mich so glücklich, daß ich mich immer noch nicht zu dem festen Glauben entschließen kann, unser Luftschloß aus dem Sommer verwirklicht zu sehen.*[544]

Kessler: »... ein ganzes industriereiches Stückchen Deutschland wird ihm unumschränkt in die Hände gegeben. Die Gewerbe umfassen Töpferei, Weberei, Spielwaren, Eisen, Glas, große Möbelfabriken (in Weimar), Bauern Schnitzerei (im Gebirge) und noch viele andre weniger bedeutende. Hinter Vandevelde stellt sich, im Dienste seiner Arbeit, die ganze Macht des Großherzogs UND des Staats. So Etwas ist«, spekuliert der Graf auf den Aussichtstürmen seines Bewusstseins, »... seit den Berufungen von Philosophen Gesetzgebern durch antike Stadtherrscher nicht dagewesen.«[545] So ungefähr sieht sie das auch.

Zurück in Tautenburg

Natürlich hat van de Veldes Berufung auch Nachteile. Sie muss ausziehen. Der Künstler will ihre Villa umbauen, das Nietzsche-Archiv soll van de Veldes erstes großes Weimarer Referenzobjekt werden. Er macht sie obdachlos. Ist sie nicht eben erst eingezogen? So ist es also, wenn Träume wahr werden.

Der Graf, Urheber ihrer künftigen Unbehaustheit, versucht sie zu trösten, er verstehe durchaus ihre wehmütige Stimmung beim Verlassen der erinnerungsreichen Räume, die nie mehr sein werden, was sie waren. Auch für ihn hingen schöne Erinnerungen an ihrer bisherigen Einrichtung. Aber Mut, Mut!

Auf die Perspektive kommt es an, Kessler: »... ich sage mir, daß die Erneuerung eine Art Symbol ist für das Abstreifen des Alltäglichen, Zufälligen von der Gestalt und Umgebung Ihres Bruders und für das Ausprägen des in ihm lebenden Notwendigen, Ewigen. Wir müssen uns mit ihm in dieser neuen Gestalt, die doch die unvergängliche ist, jetzt vertraut machen, und ich glaube, daß Ihr Mut dazu hinreicht, auch Ihnen diesen Wechsel der Anschauung und des Verhältnisses möglich zu machen.«[546] Und ihm missfalle der Gedanke durchaus nicht, dass dieser Wandel auch seinen äußerlich sichtbaren Ausdruck fände, gewissermaßen »durch Umwandlung seines letzten Heims in einen ersten Tempel«.

Tempel? Kann man denn in einem Tempel wohnen? Will sie denn in einem Tempel wohnen? Aber, doch, natürlich hat sie Mut. Auch wenn sie nun das ganze Archiv ausräumen muss. Sie mietet eine Wohnung in der Nähe, in die zur Not alles hineinpasst. Alles, bis auf sie selbst.

Wohin nun? Elisabeth hat eine Idee: Sie geht nach Tautenburg! Wie anders wird ihr Aufenthalt diesmal sein.

Nicht die verspottete, auf ihren Novelleneierchen brütende Schwester, Absolventin eines verfehlten, da unverheirateten, kinderlosen Frauenlebens betritt den Ort ihrer tiefsten Demütigung, auch nicht die Braut eines verirrten Oberlehrers in den Flitterwochen, sondern eine Frau, die mehr im Leben erreicht hat als die meisten Vertreterinnen ihres Geschlechts. Und als Schriftstellerin muss sie sich nicht mehr beweisen. Sie schreibt die Biografie ihres Bruders, sie gibt seine Werke heraus. Wer hätte das geglaubt vor zwanzig Jahren? Ob die beiden Bänke ihres Bruders noch da sind?

Eine Woche nach Empfang des Trostbriefes des Grafen ist sie weg. Dass Köselitz nicht zum Abschied am Bahnsteig steht, erstaunt sie: *Lieber Freund. Es ist doch kein Unheil passiert, daß ich Sie nicht am Bahnhof sah? Hier bin ich glücklich angelangt*[547].

Nur Köselitz und sie wissen, was dieser kleine Ort bedeutet. Wahrscheinlich begrüßen die Tautenburger sie nicht ohne Herzlichkeit. Vor zwanzig Jahren kam der Pfarrer auf die Idee, aus dem stillen kleinen Ort eine Sommerfrische zu machen. Friedrich Nietzsche, Elisabeth und Lou waren gewissermaßen die ersten Gäste. Die Tautenburger lernten schnell, welchen Preis es hat, ein Touristenort zu werden: Als Friedrich Nietzsche vor zwanzig Jahren ins Pfarrhaus einzog, durften die Kinder nur noch flüstern. Der Hofhund wohnte bald im Schlafzimmer des Pfarrers und durfte nicht mehr bellen. Friedrich Nietzsche beschwerte sich außerdem über einen Hahn, der ihn regelmäßig morgens um vier wecke. Der Hahn hat diese Reklamation nur um wenige Tage überlebt.

Elisabeth wohnt in der *Villa Marie*. Es ist alles wie damals, nur ganz anders. Wahrscheinlich schreibt sie das Lou-Kapitel hier. Sagen wir es so: Es gehört nicht zu den stärksten. Die Autorin gibt ihm den Titel *Bittere Erfahrungen: In jenem Sommer 1882 erfuhr mein Bruder nun dies EINE Mal etwas von jenem bösen Willen, der sonst seinem Leben fern geblieben war. Es wird mir schwer, diese an und für sich so unbedeutenden Erlebnisse die aber meinem Bruder so überaus schmerzlich waren, zu erzählen. Ich würde überhaupt nicht daran gedacht haben, von ihnen so ausführlich zu reden, wenn nicht Frau Lou Andreas ein Buch über Nietzsche veröffentlicht hätte, das ich von Anfang bis zu Ende als eine vollkommen falsche und unwahre Darstellung bezeichnen muß, ja, als einen Racheakt verletzter weiblicher Eitelkeit gegen den kranken Nietzsche, der sich nicht mehr wehren konnte.*[548]

Falsche, unwahre Darstellung? Lou Andreas-Salomés *Friedrich Nietzsche in seinen Werken* ist, wie längst bezeugt, ein überaus kluges Buch, das noch immer standhält.[549] An dieser Stelle soll genügen, was Erwin Rohde bereits über die Nietzsche-Aufsätze der Geschmähten sagte: »Besser und tiefer Empfundenes und Aufgefaßtes ist nie über Nietzsche geschrieben worden … Sie sollte es zusammen gedruckt erscheinen lassen; man kann, wenn man die Schriften Nietzsches nicht kennt, sich einen besseren Überblick von einer überschauenden Höhe kaum wünschen.«[550]

Und was heißt *Racheakt verletzter weiblicher Eitelkeit*? Diese Diagnose trifft eher auf Elisabeth zu, noch immer. Wahrscheinlich trägt die Rückkehr an den Ort ihrer größten Demütigung nicht zu der Abgeklärtheit und Souveränität bei, die jedem Autor zu wünschen wäre.

Elisabeth zufolge hat ihr Bruder Lou als Schülerin nach Tautenburg eingeladen. Dass er Lou tatsächlich zur Mitwisserin und Erbin seiner Philosophie machen wollte, hat er selbst bezeugt. Und auch, dass Malwida von Meysenbug und Rée ihm berichteten, dieses Mädchen sei wie geschaffen für seine Philosophie, ist wahr. Aber ist auch wahr, was Elisabeth über Lous Tautenburger Grundbefindlichkeit zu sagen hat? *Die Schülerin aber langweilte sich ...*[551]

Elisabeth glaubt, dass Lou Rée gebeten habe, sie hier möglichst schnell wegzuholen. Die Autorin gibt weiter an, nun einen Brief von Rée erhalten zu haben, mit der Bitte, sie, Elisabeth, möge Lous Abreise befördern. Dieser Brief ist nicht auffindbar und die Wahrscheinlichkeit, dass er je existierte, ist gewiss nicht groß.

Der angebliche Rée-Brief an Elisabeth ist mehr ein dramaturgisches Mittel, um den großen Streit zwischen ihr und der Generalstochter einzuführen. Nur stand dieser am Anfang der Tautenburger Tage, und es ging um's Dableiben, nicht um's Abfahren, wie Elisabeth mit einer Bosheit behauptet, die ihr Bruder gewiss für unnachahmlich weiblich gehalten hätte. Elisabeth, die Dramaturgin: *Ich erinnere mich nicht mehr genau, was in dem Brief sonst noch stand* – er ist also schon im Augenblick der Niederschrift verloren – *vielleicht eine Bemerkung, daß »Nietzsche ihre Begabung nicht so bedeutend fände, als man geglaubt hätte«, jedenfalls wurde Fräulein Salomé beim Lesen wüthend und wandte sich mit Schmähungen ... vor allem gegen meinen abwesenden Bruder.*[552] Sie müsse wohl sagen: Sie sei erschüttert gewesen, ja sie sehe sich zu den denkbar stärksten Worten veranlasst, *mit Unverschämtheit und Hohn* habe sie von Nietzsche gesprochen. Dies ist zwar nicht falsch, nur war der Anlass ein anderer, wie der Leser weiß.

Worin Elisabeth trotz einer gewissen Veruntreuung des Tatsächlichen recht hat, ist die Betonung des Schicksalshaften, die diese Begegnung für Nietzsche hatte: *Das Schmerzliche war hierbei eben nur, daß man einem Einsamen, der schon darauf verzichtet hatte, Schüler zu finden, plötzlich vorgespiegelt hatte, daß dieses Wunder ihm ein gütiges Geschick zuführte. Das können Menschen, die mitten in der*

Welt leben, gar nicht empfinden, was einem Philosophen und Einsiedler, der annimmt nur noch wenige Lebensjahre vor sich zu haben, der Glaube bedeutet, einen Jünger zu finden, der möglicherweise der Erbe seiner Ideen werden könnte.[553]

Sie mache der Frau Lou Andreas keinen Vorwurf, diese habe ihn ja nur so kurz gekannt, kaum sechs Briefe ihres Bruders dürfe sie besitzen, *die in Wahrheit nicht an sie selbst, sondern durchaus NUR an das von Malwida und Dr. Rée geschilderte Ideal gerichtet sind.*[554] Aber dass sie diese Briefe veröffentlichte, obwohl nicht einmal die richtige Adressatin, empört Elisabeth. Und dass sie sich als Nietzsches Freundin porträtierte. Und dass die Unverfrorene den Aphorismus *Sternenfreundschaft* aus der *Fröhlichen Wissenschaft* auf Nietzsche und Rée bezog, während er – da hat Elisabeth recht – ihren Bruder und Wagner meinte.

Einsamkeit. Der Schlussband der Biografie handelt von den Jahren der Einsamkeit. Elisabeth muss sich einfühlen in diese Existenzform, die ihrem Temperament sehr zuwiderläuft, auch deshalb ist sie nach Tautenburg gefahren. Im Sommer ihres größten Missvergnügens war sie ungeheuer einsam hier, gerade weil sie nicht allein war. Aber jetzt ist nichts schwieriger, als diese Seinsweise zu behaupten. Mitte September bekommt Heinrich Köselitz wieder Post von der exilierten Hauptarchivarin im Wald, sie ist schon fast vier Monate dort:

Mein lieber Freund. Sie werden sich gewiß gewundert haben, daß ich noch nicht wieder in Weimar bin, aber in dieser Woche (wollten) nun wirklich v.d. Velde kommen mit Frau und kleinen Mädchen, so daß ich mich entschlossen habe, noch einige Tage hier zu bleiben … Am Sonntag feierten wir dann Geburtstag von meiner lieben Marie v. Prott im blauen Schild in Dorndorf, das war der Vormittag, während der Nachmittag sie auf der Dornburg fand, wo auch Baron und Baronin von Münchhausen Honneurs machten: *Wir waren 15 Personen und außerordentlich vergnügt … heute gebe ich wieder ein kleines (Dinner) in Dorndorf mit v.d. Velde's, den beiden Münchhausen und der Gräfin Cedernström, Nachmittag wollen wir wieder auf (die) Dornburg, in die jetzt alle Welt verliebt ist.*[555]

Was für Arbeitstage! Natürlich Arbeitstage, wenn man das Plänemachen zum Tagewerk rechnen darf. Der Baron Münchhausen und sie entwerfen eine Nietzsche-Zeitschrift, während van de Velde den Münchhausens höchstwahrscheinlich erklärt, wie seine Villa in Weimar aussehen könnte, vorausgesetzt, er engagiere ihn.

Und dann erreicht sie, irgendwann in diesem Herbst, die Nachricht vom Erscheinen des neuesten Werkes, ihren Bruder betreffend. Das Buch des Medizinschriftstellers Möbius trägt den Titel *Über das Pathologische bei Nietzsche*. Der Autor war schon zuvor mit so wegweisenden Programmschriften wie *Über den physiologischen Schwachsinn des Weibes* aufgefallen.

Es ist nicht anzunehmen, dass Möbius' Studie ihres Geschlechts Elisabeths Beifall gefunden hat. Seine Befunde lauten etwa so: »Der Instinkt nun macht das Weib thierähnlich, unselbständig, sicher und heiter. In ihm ruht ihre eigenthümliche Kraft, er macht sie bewundernswerth und anziehend. Mit dieser Thierähnlichkeit hängen sehr viele weibliche Eigenthümlichkeiten zusammen. Zunächst der Mangel eines eigenen Urtheils. Was für wahr und gut gilt, das ist den Weibern wahr und gut.«[556]

Ihr Bruder hätte nichts anderes gesagt. Wie die Tiere seit unvordenklichen Zeiten immer dasselbe tun, so würde auch das menschliche Geschlecht, gäbe es nur Frauen, den Urzustand nie verlassen haben. Sagt Möbius. Des Rätsels Lösung ist: Alles am Weibe diene dem einzigen großen biologischen Zweck seines Daseins, Kinder zu gebären. Das ist der physiologische Schwachsinn des Weibes.

Leider ist diese Minderleistung auch nicht zu mildern, denn »so wenig, wie wir die Entwicklung des Menschen zu einem Uebermenschen zu erwarten haben, ebensowenig ist eine Aenderung der einmal festgelegten Geschlechtscharactere wahrscheinlich«.[557]

Sie will diesem Autor gar nichts vorwerfen, sie ist eine Frau, sie ist viel Leid gewöhnt, aber warum musste dieses vagabundierende Unglück von einem Psychologen sich ausgerechnet an ihrem Bruder versuchen? Wie das schon anfängt: »Zunächst musste ich die Werke Nietzsche's wiederholt lesen und mich durch die Nietzsche-Literatur durcharbeiten. Das war manchmal ein saures Stück Arbeit.«[558] Eigentlich habe er den Schlussband von Elisabeths Biografie abwarten wollen, sich schließlich aber gesagt, egal was drinstünde, das ändere auch nichts mehr. Was meint er: Verrückt bleibt verrückt, war schon immer verrückt? Wie soll sie da in Ruhe weiterarbeiten?

Und gleich auf der ersten Seite des ersten Kapitels steht: »Wenn man eine gefüllte Blume findet, so weiß man, dass sie nicht von einem wildwachsenden Strauche stammt, ebenso kann der eigenartige Nietzsche nicht von Normalmenschen abstammen.«[559] Wie furchtbar! Und dann vertieft er sich in ihren Familienstammbaum, obwohl sie doch in aller wünschenswerter Klarheit dargelegt hatte, wie kerngesund alle Oehlers und Nietzsches immer gewesen waren, und auch ihr Vater habe »die weiche Stelle im Gehirn« nur bekommen, weil er von der Treppe fiel. Es ist zu schrecklich. Der Schädelumfang ihres Bruders habe »nur 57 cm« betragen, schreibt Möbius. Und sie selbst hatte ihm die Erlaubnis erteilt, die Jenaer Krankenakten einzusehen! 57 cm! Für Möbius muss das ein »Weiberkopf« sein, er hält Frauen auch deshalb für strukturell schwachsinnig, weil sie so kleine Köpfe haben. Einen großen Hintern, aber kleine Köpfe.

Nein, sie kann das nicht lesen. Die Erkenntnislehre ihres Bruders bezeichnet er als »confuses Zeug«, eine moralistische Begabung habe Nietzsche zwar gezeigt, aber: »Zu den Philosophen ersten Ranges freilich wird man ihn nicht rechnen können, schon deshalb nicht, weil er meist aus zweiter Hand philosophiert, das heißt die Meinungen Anderer bestreitet, statt sich direct an die Wirklichkeit zu wenden.«[560] Was für eine vollkommen schwachsinnige Aussage! Aber soll sie den Autor etwa widerlegen? Nein, es ist erschütternd, es ist vernichtend. Das Fazit des Medizin-Schriftstellers: Vom *Zarathustra* an sind Nietzsches Schriften die eines Kranken. Das Wort Lues oder Syphilis fällt zwar nirgends, er spricht von progressiver Paralyse, aber es weiß ohnehin jeder, was gemeint ist. Er erklärt ihren Ursprung so: »Die progressive Paralyse ist, wie ich es auszudrücken pflege, eine exogene Krankheit, d.h. sie entsteht durch eine Einwirkung von aussen, dadurch, dass ein Gift in den Körper eindringt.«[561]

Wie ich es auszudrücken pflege! Einwirkung von außen! Soll er doch gleich Geschlechtskrankheit sagen! Das, wovor sich Elisabeth so gefürchtet hatte, es ist also geschehen.

Ihr Bruder war in seinen letzten bewussten Jahren demnach nicht bloß einsam, sondern vor allem luetisch?

Und Möbius schließt mit einer Empfehlung für jede künftige Nietzsche-Lektüre: »Seid misstrauisch, denn dieser Mann ist ein Gehirnkranker.«[562]

Potenz und Impotenz oder Rapallo im Dezember

Eine Frau kann gar keine Nietzsche-Biografie schreiben, weil ihr naturgemäß ein Hauptzugang zu diesem Denker fehlt, nämlich der geschlechtliche. Das hat schon Koegel gesagt, allerdings nicht zu Elisabeth. Der weibliche Zugang ist der der Impotenz, und dieser darf als im höchsten Maße unangemessen gelten im Falle eines Denkers, der behauptete, Grad und Art der Geschlechtlichkeit eines Menschen reichten bis in die höchsten Spitzen seiner Geistigkeit.

Aber gab es denn jemals einen deutschen Philosophen, gar einen Professor mit Unterleib? Warum musste ausgerechnet ihr Bruder der erste sein? Und dann auch noch mit dieser liederlichen, so gar nicht gesellschaftsfähigen Krankheit?

Es ist herabstimmend.

Potenzzweifel kommen der Autorin Elisabeth nicht. Sie wird immer die Auffassung vertreten, ihr Bruder war von Natur aus keusch. Das Lächeln auf den Männergesichtern nimmt sie wohl nicht wahr.

Der wahre Autor der späten Bücher war also in Wahrheit nicht ihr Bruder, sondern die Syphilis? Nein, wird sie antworten, der wahre Autor war die Einsamkeit. Und gegen einen zweiten Autor muss sie anschreiben: *Zum großen Bedauern aller Nietzscheken-ner ist von unbefugter Seite eine klägliche Zarathustra-Interpretation in vier Heften erschienen …*[563], das geht gegen Gustav Naumann, Autor des *Falles Elisabeth* und gescheiterter Junior-Verleger.

Aber wie in der Weimarer Geschäftigkeit einsam genug werden für ein Buch über die Einsamkeit?

Was werden Sie nun sagen, l. Freund, fragt sie Anfang Dezember den Grafen, *wenn ich Ihnen mittheile, daß ich nun doch wahrschein-lich noch nach d. Riviera gehe?*[564] Sie will an die Winterorte ihres Bruders, und in Weimar den großen Atem zum Schreiben zu finden, ist ohnehin fast unmöglich: *Durch all d. kleinlichen täglichen Anforderungen werde ich beständig aus den Gedankenkreisen heraus-gerissen … Wirkl., ich hatte schon tagelang den Muth verloren, jemals mit der Biographie z. Ende z. kommen.*[565]

So wie ihr armer Bruder vor genau zwanzig Jahren zu Weih-nachten allein in Rapallo fror, so will auch sie frieren! Man nennt das auch Verismus. Aber Verismus zu Weihnachten? Auf der Stra-ße sitzt sie ohnehin, denn erstens ist sie nicht gewillt, ihre Not-unterkunft ein Zuhause zu nennen, und zweitens ist sie schon besetzt, das Archiv braucht Platz. Wo die Gegenstände die Herr-schaft übernommen haben, ist für Menschen oft kein Raum mehr. Ja, ihr ist sehr veristisch zumute. War ihr Bruder etwa Weihnach-ten zu Hause?

Ein wenig Angst hat sie vor van de Velde, was, wenn alles plötz-lich fertig wird, und sie ist nicht da? Aber der Künstler ist keines-wegs ungehalten, im Gegenteil, denn der Generaldirektor der HAPAG-Reederei lädt ihn ein zu einer Winter-Orientreise. Viel-leicht könnte er künftig die Innenausstattung von Albert Ballins Ozeanriesen übernehmen?

Van de Velde und Elisabeth werden sich im Februar in Rapal-lo treffen. Und dort fährt sie jetzt hin, noch im Dezember bricht sie auf, die nach eigener Auskunft *grumplig* gewordene, unbehaus-te Archivleiterin mit der reisescheuen Alwine. Was mögen die Fischer von Rapallo denken, als sie mitten im Winter zwei älte-re Frauen in ihrem gottverlassenen Nest am Meer eintreffen se-hen? Elisabeth wohnt im Hotel *Elisabeth,* wo sonst?

Hier also war es. Hier entstand der erste Teil des *Zarathustra*. Neun Wochen bleibt sie. Sie hatte gehofft, sich hier von dem feuchten kühlen Tautenburger Sommer erholen zu können. Da wusste sie noch nicht, dass man nirgends mehr frieren kann als im Winter im Süden.

Peter Gast bekommt auch Post aus Rapallo, Philologenpost: *Ich kann noch eine Stelle nicht finden, welche besser wegbleibt und ungefähr so heißt: »Was geht es mich an, ob Hohenzollern existieren?« Das,* schlägt Archivarin vor, *wollen wir doch weglassen!*

Nach neun Wochen zieht sie um nach St. Margherita, dort wohnen sie im Albergo *Miramare*. Im Februar, hatte van de Velde versprochen, soll alles fertig sein, aber der erholt sich auf der *Auguste Victoria*.

Wie vorausschauend von ihr, dass sie die Wohnung bis April gemietet hatte, doch auch im April kann sie noch nicht einziehen.

Endlich, im Juni 1903, ist es so weit. Elisabeth ist erstaunt, überrascht, erhöht, alles auf einmal. Das ist sie also, van de Veldes unendliche Linie, durch ihr Haus geschwungen. Eigentlich wohnt sie jetzt in zwei Häusern, denn der Umbau kostet mehr als die ganze Villa vorher. Kleinere Geister würden verzweifeln, Elisabeth aber nimmt gefasst eine neue Hypothek auf. Hypothekenhügel nennen die Weimarer bald die Berglehne Silberblick, denn gleich wohnt Elisabeth zu ihrem großen Verdruss nicht mehr allein da. Spürt sie, wie die neue Schuldenlast auf das Dach drückt?

Und doch: Würdiger verbrauchen! Nie traf das mehr zu.

Es soll nur eine kleine Wiedereinzugsfeier werden, aber sie nennt das, was ihr bevorsteht, ein Völkerfest. Der Graf muss ihr unbedingt 18 Weißweingläser borgen, und könnte er nicht bei Borchardt in Berlin ein wenig Obst bestellen: *für 16 – 18 Personen (reichlich) schöne Früchte ... Bananen, Kirschen u. dergl. ... vielleicht telegraphisch, damit sie auch sicher morgen früh abgeschickt werden.*[566]

Natürlich ist auch der Hofmarschall Aimé von Palézieux eingeladen. Betrachten sich Kessler und er schon jetzt mit Argwohn?

Bald darauf, am 23. Juni 1903, wird die Max-Klinger-Ausstellung im *Museum für Kunst und Kunstgewerbe* eröffnet. Es ist die erste Aus-

stellung des neuen Weimarer. Auf den Fotos sieht das großherzog-
liche Paar sehr unglücklich und deplatziert aus. Schon im Juli folgt
die nächste Ausstellung. Kessler zeigt den überraschten Weima-
rern deutsche und französische Impressionisten und Neoimpres-
sionisten. Goethe malte anders.

Ein Kulturkampf beginnt. Welche Funktion dabei dem Nietzsche-Archiv zukommt, hatte Kessler ihr schon vor einem Jahr
gesagt: »Sie müssen es sich schon gefallen lassen, daß wir das
Nietzsche Archiv hoch oben auf dem Berg als unsere Zitadelle
ansehen.«[567]

»Man and Superman«

Am 11. September 1903 sitzt der Graf bei miserabelstem Londoner
Regenwetter im Hotel Cecil, Strand, und schreibt seiner Weimarer Freundin einen Brief, den man fast einen veritablen 11.- September-Brief nennen möchte, denn er hat etwas Schicksalshaftes.
Eigentlich führt er nur ein abrupt unterbrochenes Gespräch zu
Ende, in dem Elisabeth dem Grafen darlegte, dass der Begriff des
Kampfes, des Krieges im Werk ihres Bruders griechischen und
keinesfalls darwinistischen Ursprungs sei, höheren Ursprungs
also. Hier muss Harry Graf Kessler nun doch widersprechen, und
das Tiefdruckgebiet über der Themse gibt ihm Gelegenheit zu einer gewissen Ausführlichkeit. Wir sagen nicht, dass der Graf vollkommen recht hat, aber so viel ist auch klar: vollkommen unrecht hat er keinesfalls.

Die Empfängerin liest: »Hochgeehrte gnädige Frau. In London gestrandet durch Wind und Regen auf der Seebad Reise
fällt mir eben ein, daß ich Ihnen neulich im Gespräch die Antwort auf Ihr Plädoyer für den nichtdarwinistischen, griechischen
Ursprung der Kampfes Lobpreisung Ihres Bruders schuldig geblieben bin. Ich halte diese Frage aber für wichtig genug, jetzt
noch schriftlich darauf zurückzukommen. Der alte Grieche, der
die (Eris) für die Mutter alles Guten erklärte, meinte damit die
›gute‹, (Eris), den WETTkampf, der den Gegner anspornt, im Ge-

gensatz zu der anderen (Eris) dem Streit oder Krieg, der den Gegner vernichtet.«[568]

Der Streit als »Mutter alles Guten«? Die schoßzentrierte Wortwahl des Grafen ist bemerkenswert, so hoch konnten die alten Philosophen die Mütter kaum schätzen, Heraklit schließlich sprach vom Vater aller Dinge. Die frühen griechischen Philosophen hätten jene zweite Art des Streits, die auf Vernichtung des Gegners zielt, ausdrücklich für schlecht, für schädlich befunden, und der Graf fährt fort: »Sie aber ... ist gerade, was Darwin und Ihr Bruder für gut, für das Prinzip des Fortschritts erklären.«

Der Unterschied zwischen Friedrich Nietzsche und den frühen Griechen sei also fundamental, »und Ihr Bruder hat in der That darwinistisch, nicht griechisch gedacht«. Der Gedanke des Vernichtungskampfes sei nun einmal das Darwinistischste am ganzen Darwinismus. Nun handele es sich aber weder im Fall Darwins noch im Fall von Elisabeths Bruder um Vertreter von Anschauungen, die man haben oder nicht haben könne, beide besäßen vielmehr die Form von Ereignissen, »sie stehen jenseits von jeder bewussten Sympathie oder Antipathie, ja selbst von jeder bewussten Wertschätzung«. Er wisse sehr wohl, wie sehr Friedrich Nietzsche behauptet hat, mit Darwin nichts zu tun zu haben, aber das sei noch lange kein Grund ihm zu glauben: »Wenn Ihr Bruder geschrieben hat, Darwin Nichts zu verdanken, wenn er ihn niedrig eingeschätzt hat, so hat er sich (übrigens sehr verzeihlich) über sich selbst getäuscht; denn über sich selbst braucht keiner im Klaren zu sein.« Die Biografin aber habe die Pflicht, diese Klarheit zu schaffen! Es komme darauf an, Friedrich Nietzsche in den großen geistigen Strömungen des 19. Jahrhunderts zu situieren, und da wäre die Verzeichnung seiner Stellung zum Darwinismus »ein Kapital Fehler«.

Der Graf hat sich in Rage geschrieben, er spürt augenblicklich das Bedenkliche seines Tons und bittet die »zudringliche Argumentation« zu entschuldigen. Überhaupt könne er sie sich nur schaffend über das Manuskript gebeugt vorstellen. Und sobald er wieder einen trockenen Fuß vor die Hoteltür setzen dürfe, schicke er ihr ein kurioses Büchlein, *Man and Superman* von George

Bernhard Shaw, »ganz auf die Anschauung des Übermenschen als KÜNFTIGE Art aufgebaut«, quasidarwinistisch gewissermaßen.

Elisabeth teilt ihrem vertrauten Lektor und Korrekturleser mit, dass das entsprechende *Zarathustra*-Kapitel bereits überarbeitet sei, wie er bald den Druckfahnen entnehmen werde. Auch liege es ihr fern, den Einfluss des Darwinismus auf den Gedankenkreis Nietzsches zu leugnen, sie wehre sich *nur gegen die Vorstellung, daß sich mein Bruder unter dem Uebermenschen eine Ueberart gedacht habe,* die sich analog der darwinistischen Zuchtwahl bilden könne.

Diesen Satz gilt es festzuhalten: Dass Missverständnis des Übermenschen als Überart, als Herrenrasse, ist noch immer latent präsent, wo dieses Wort fällt. Und welcher Akademiker, damals und heute, traut gerade Lieschen Nietzsche zu, ihm nicht erlegen zu sein?

Mir scheint es als ob sich der Begriff des Kampfes bei meinem Bruder weder ... mit dem darwinschen noch mit dem griechischen deckt. Er meinte nicht Kampf ums Dasein, sondern Kampf um höheres, stärkeres Dasein[569].

Im Oktober ist der Graf zurück am Ort seines Wirkens. Am 15. Oktober, Nietzsches 59. Geburtstag, wird nach eineinhalb Jahren das Nietzsche-Archiv feierlich wiedereröffnet. Jetzt hat es einen Publikums- und Vortragsraum, sie braucht ihn nur noch zu füllen.

Vorn steht Max Klingers gemäßigt heroische Nietzsche-Herme, die Kessler bezahlt und dem Archiv als Leihgabe überlässt, solange Elisabeth lebt und unter gewissen Bedingungen auch darüber hinaus. *Als ich heute sinnend durch das Archiv wandelte u. lange Zeit vor der Büste stand, kam mir so recht zu Bewußtsein, wie sehr Sie der Ursprung von all dem Schönen sind – deshalb war ich auch so glücklich, daß gerade Sie die Büste enthüllten.*[570]

Der Graf und die Büste sind wahre Kunstwerke, sie sind vollkommen. Sind sie? Elisabeth bleibt noch öfter vor der Herme stehen. Vollkommen? Irgendetwas stimmt nicht. Und dann weiß sie, was es ist. Irgendetwas stimmt am Bart ihres Bruders nicht, wie soll sie das sagen, eben dem geistigen Ausdruck nach. Die Büste wird gleich wieder abgeholt, um auf der Achten Kunstausstellung der Berliner Secession gezeigt zu werden. Aber doch wohl nicht mit diesem Bart! Sie neigt in diesen Dingen zur Unerbittlichkeit. *Wie steht es denn nun, sehr verehrter Herr Professor,* fragt sie Anfang November bei Klinger an, *mit der kleinen Veränderung am Bart der Büste? Wollen Sie mir die große Freude machen, noch einmal hierher zu kommen?*[571]

6

**Ernest Thiel oder
Auftritt des Retters**

Der Besuch

Im Frühjahr 1904 kommt ein schwedisches Ehepaar in Begleitung des Malers Edvard Munch in Weimar an und will sie besuchen. Es wird die vielleicht folgenschwerste, nein, dieses Adjektiv passt nicht, es wird die folgenleichteste, folgenfreudigste, rettendste Visite ihres Lebens.

Im Juni erreicht sie ein Dankes- und Bekenntnisschreiben: »Hochverehrte Frau! Ich verdanke Ihrem Bruder Unendliches – vieles, wovon ich sprechen kann, vieles, worüber ich immer schweigen werde.«[572] – Friedrich Nietzsche sei der einzige Mensch, den er grenzenlose verehre, vor dem er die tiefste Ehrfurcht empfinde, »denn er hat mein Herz gewonnen, durch das, was er IST …

Einen Theil dieser Gefühle übertragen wir, meine Frau und ich, auf seine liebenswürdige, herzgewinnende Schwester.«

Ernst Thiel tritt in ihr Leben, ein jüdischer schwedischer Bankier, um dort die nächsten einunddreißig Jahre zu verharren. Ein jüdischer Bankier! Nun gut, ein nicht mehr praktizierender jüdischer Bankier, dennoch eine Inkarnation des vagabundierenden Finanzkapitals. Er hatte mit internationalen Spekulationen noch vor seinem 30. Jahr ein Vermögen gemacht. Eine Hamburger Personen-Auskunftei formuliert das in einem Sonderbericht bald so:

»E. Thiel, Privatier, Schweden, Stockholm, Blockhuusudden, Djurgarden.

… Ernest Thiel ist 1859 geboren und stammt aus Norrköping. Vor einer langen Reihe von Jahren kam er nach der Hauptstadt. Seine Laufbahn begann er als Beamter der bedeutenden Bank ›Stockholms Enskilda Bank‹. In dieser Stellung avancirte er zum

Sekretär des damaligen ersten Direktors A. O. Wallenberg. Als 1881 die ›Hernösands Enskilda Bank‹ in Hernösand ein erstes Geldinstitut, in Stockholm eine Zweigniederlassung errichtete, wurde sie Thiels Leitung, dem erste Empfehlungen zur Seite standen, unterstellt.«[573]

Ist es denn zu denken: Im selben Jahr, als ihr Bruder den Gedanken der *Ewigen Wiederkehr* fand, fand Ernest Thiel seine erste Bank! Später sei unter Thiels Führung die renommierte *Aktiebolaget Stockholms Disconto Bank* entstanden. Auch für den schwedischen Staat habe er verschiedene Anleihen vermittelt. Und einer der Hauptgründer der Theater-Obligations-Lotterie in Stockholm sei er gewesen, weiß die Auskunftei Schimmelpfennig. Gemeinsam mit dem bekannten Bankdirektor und Finanzier K. A. Wallenberg habe er »manche glückliche Transaktion durchgeführt … Sie beteiligten sich an der Ausbeutung von Erzgruben im nördlichen Schweden. Vorwiegend interessierten sie sich für die Grubenfelder in Gellivare. Hierbei verdiente Thiel viel Geld.«

Das alles weiß sie noch nicht, und doch weiß sie bereits genug, um sich fragen zu müssen, was ihr Ehemann dazu gesagt hätte, dass sie im Begriff ist, mit einem früheren jüdischen Bankdirektor eine der tiefsten Freundschaften ihres Lebens einzugehen.

Sie könnte dem Geist Bernhard Försters einen Passus aus seinen Schriften vorlesen: »Wir haben Veranlassung, auch unter uns nach … unjüdischen Juden zu suchen und wir finden sie in der That. Jeder Jude, der sich mit Liebe und Überzeugung einer Geistesrichtung ergiebt, welche ihrem Wesen nach unjüdisch ist, hört mit der Zeit auf, Jude zu sein.«[574]

Insofern darf Ernest Thiel als Musterbeispiel eines »unjüdischen Juden« gelten, denn der Bankdirektor ist längst kein Bankdirektor mehr. Die Hamburger Auskunftei sagt das so: »Vor einigen Jahren zog sich Thiel vom Geschäftsleben zurück und seither lebt er als Privatmann seinen künstlerischen und wissenschaftlichen Neigungen. Ganz speciell interessirt er sich für die Kunstmalerei. Für die Erwerbung von Kunstschätzen, hauptsächlich Gemälden, hat er bedeutende Mittel geopfert. Seine Galerie ist die grösste und sehenswerteste in schwedischem Privatbesitz.«

Vor allem aber ist Ernest Thiel jetzt Nietzsche-Übersetzer. Man kann sich seine Verehrer nicht aussuchen, hatte sie ihrem Bruder anlässlich von Brandes' Bewunderung geschrieben. Genauso ist das.

Im Augenblick überträgt Thiel gerade *Jenseits von Gut und Böse* ins Schwedische, und er hat mit seinem schwedischen Verleger einen ganz und gar »unjüdischen« Vertrag geschlossen, »und zwar dergestalt, dass eine erste Auflage von Ein Tausend Exemplaren, deren Kosten ich bestreite, zur Ausgabe gelangen wird, und … sich der Verleger verpflichtet, … den etwaigen Gewinn direkt an das Nietzsche-Archiv zu überweisen. Das Werk wird, schön und sauber ausgestattet, im Dezember erscheinen.«[575] Und das erste Exemplar werde er ihr senden und ihr größten Dank wissen, wenn sie ihm die Erlaubnis gäbe, als nächstes die *Genealogie der Moral* zu übersetzen.

Ein leibhaftiger Bankdirektor, nun gut, ein Ex-Bankdirektor, dem die Rendite schnurzpiepegal ist. Das hätte ihr Mann nicht gedacht. Was wäre die Welt doch für ein liebenswerter Ort, wenn alle Bankdirektoren Übersetzer würden.

Wir dürfen dem Geld keine Herrschaft über uns einräumen? So sieht sie das auch. Darum ist es eben so wichtig, genug davon zu haben. Damit man nicht immer daran denken muss. Darum ist es so wichtig, genug zu verdienen, wenn man doch gerade daran denkt. Auch ist dies die beste Voraussetzung für »unjüdisches Verhalten«, wie Bernhard Förster aus Thiels Steckbrief entnehmen könnte: »Thiel hat sein erworbenes Vermögen, das sich auf Millionen beläuft, sicher und zinstragend placirt. Er dürfte eine Einnahme von mehreren 100 000 Kr. jährlich zu verzeichnen haben. Für das laufende Jahr entrichtet er Steuern nach einem Einkommen von 303.800 Kr. An der vorgenannten Adresse bewohnt Thiel eine eigene Villa, die freilich auf unfreiem Grund aufgeführt ist. Dieser gehört dem Staat. Der Pachtvertrag läuft, soweit bekannt, 50 Jahre. Die Villa stellt einen Besitz der ersten Privathäuser der Hauptstadt dar. Sie ist aufs vornehmste eingerichtet. Thiel ist zum zweiten Mal verheiratet. Von seiner ersten Frau, geb. Josephsson, liess er sich scheiden, und ihr muss er eine fortlaufende grössere Rente zahlen. Aus dieser Ehe stammen 4 Kinder. Seine jetzige Frau war früher mit dem Stockholmer Grosskaufmann M. Hansen verheiratet. Vermögen hat sie ihm nicht zugebracht. Thiel ist eine respektable, hoch angesehene und sympathische Persönlichkeit.«

Sie lädt die respektable, hoch angesehene und sympathische Persönlichkeit zur Gedächtnisfeier zu Nietzsches 60. Geburtstag im Oktober ein. Wie gern wäre er gekommen!

Bald schickt er ihr das erste Exemplar von *Jenseits von Gut und Böse* und kommentiert: »Mit meiner Übersetzung der Genealogie bin ich jetzt ununterbrochen beschäftigt.«[576] Die Verachtung der Juden war die Verachtung der Geschäftemacher. Aber ist sie nicht auch eine, eine Geschäftsfrau nämlich, eine Unternehmerin in höherem Auftrag?

Er hoffe nur, dass sie genauso gut wird wie *Jenseits*! Und wenn er damit fertig ist, kommt die *Morgenröthe* dran. Oder doch zuerst die *Götzendämmerung*? Was meine sie?

Und es ist nicht nur Ernest Thiel allein. Es scheint, die Kinder der jüdischen Geschäftsleute haben nicht viel übrig für das Geschäftemachen und emigrieren lieber in die Kunst. Die kommende Berliner Avantgarde hatte sich kürzlich Noten ihres Bruders für einen Nietzsche-Abend erbeten, schickte sie wieder zurück, legte eine eigene Nietzsche-Vertonung bei und schlug vor, »den glänzend besprochenen Abend mit dem selben Programm und den gleichen Mitwirkenden in WEIMAR öffentlich zu wiederholen«.[577] Gezeichnet in riesengroßen genialischen weltverändernden Buchstaben: Herwarth Walden.

Aber Elisabeth kann jetzt nicht mit jungen Männern mit Ambitionen korrespondieren, sie hat mindestens genauso viel zu tun wie der schwedische Übersetzer, sie arbeitet am Schlussband ihrer Biografie. In kühnen Schwimmzügen gleitet sie über die Tiefseegräben der Nietzsche-Philologie hinweg. Aber lassen wir das Heinrich Köselitz berichten, in der viel späteren Mitteilung an einen Freund, als Nietzsche, seine Schwester und das Archiv längst hinter ihm liegen: »zu dem Capitel ›Der Wahrheitssinn der Frau

Förster‹ muß ich Ihnen eines der Beispiele erzählen, die mir gerade vorschweben und die mich lächeln machen. Lächeln – denn was sollte man als … Archivmensch nicht alles mitvertreten, das man als anständiger Mensch eben nie vertreten kann.«[578] Die Leiterin des Archivs zitiere in ihrem Buch einen Brief ihres Bruders, »in welchem unser damals 29jähriger Kaiser für missfällige Äusserungen über Antisemiten und Kreuzzeitung belobigt wird«.

Was Köselitz nicht wissen kann: Darüber hat Nietzsche seiner Schwester gar nichts geschrieben, wohl aber ihm, Köselitz. Elisabeth wird einmal glauben, gewisse Korrespondenzlücken ihres Bruders in seinen Mitteilungen an sie nicht verantworten zu können. Und dabei hätte er ihr so vieles in diesem Herbst 1888 noch sagen müssen, etwa, was er über den neuen Kaiser denkt, und dies nachzuholen, ist sie ihm nun behilflich. Elisabeth unterschiebt ihrem Bruder aber nach Möglichkeit nichts, was er nicht gesagt hat, nur in der Auswahl der Adressaten erlaubt sie sich leise Korrekturen. Der Passus des Begehrens, den sie sich ausborgt, lautet: *Daß ich unsern jungen deutschen Kaiser als einen »unästhetischen Begriff« bezeichnet habe, WIRD MAN SCHON HERAUSHÖREN … Übrigens gefällt er mir immer mehr: er thut fast jede Woche einen Schritt, um zu zeigen, daß er weder mit »Kreuzzeitung«, noch mit »Antisemitismus« verwechselt werden will.*[579]

Nun verfolgt Elisabeth durchaus den Ehrgeiz, den Kaiser auf ihren Bruder aufmerksam zu machen. Köselitz: »Was thut sie zu diesem Zweck? (Bitte nehmen Sie Bd. II der Biogr. zur Hand.) Sie schiebt einen Satz ein, der in dem betreffenden Brief N.'s von Ende (nicht Anfang) Oktober 1888 gar nicht steht: – sie schreibt auf S. 890, Z. 9 v.u. den Satz hin ›Der Wille zur Macht als Princip wäre ihm (dem Kaiser) schon verständlich‹ Sie erinnern sich, woher dieser Satz stammt: aus der Vorwort-Skizze zum *Willen zur Macht*, welche in Bd. XIV, S. 420 abgedruckt ist. Die Niederschrift dieser Skizze (auf dem inneren Wachstuch-Umschlag des Heftes W IX … stehend) gehört zu den schwierigsten Aufgaben der Nietzsche-Entzifferung. Vor mir hatten sich schon die Horneffers daran versucht; ihr Entzifferungstext wies aber mehr Lacunen als Worte auf. Nur gerade diesen Satz hatten sie vollständig hingeschrieben. Solche Vorarbeit wird dem, der sich als Zweiter darüberher macht, oft mehr zum Hemm- als zum Förderniss. Genug: mir, als dem Zu-Ende-Entzifferer des Stücks, entging damals, dass die Horneffer'sche Entzifferung ›Der Wille zur Macht als Princip wäre ihnen (den Deutschen) schon verständlich‹ im Zusammenhang der Vorwort-Skizze keinesfalls richtig sein kann. Und wie ich im April vorigen Jahres das Heft W IX wieder in die Hand bekomme, bestätigt sich mein Verdacht, dass es ja fraglos ›schwer verständlich‹ statt ›schon verständlich‹ heissen müsste ›der Wille zur Macht als Princip wäre ihm (dem Kaiser) schwer verständlich‹?!«[580]

»Friedrich Nietzsche, von einer Köchin beschrieben«

Im Oktober 1904, pünktlich zum 60. Geburtstag ihres Bruders, erscheint der zweite Teil des zweiten Bandes der Biografie. Endlich ist es geschafft. Sie hätte nie geglaubt, dass es so lange dauern würde, damals, als sie und Koegel gemeinsam anfingen und sie den ganzen ersten Teil in nur einem Jahr schrieb und er zur gleichen Zeit acht Bände der Gesamtausgabe erscheinen ließ. Wie lange ist das her.

Und jetzt, gerade jetzt, trifft sie die Nachricht von seinem Tod. Erst in diesem Jahr hatte er die Seifenpulverfabrik verlassen und mit Paul Schultze-Naumburg die Saalecker Werkstätten für Haus- und Gartenbau sowie für Möbel- und Innendekoration gegründet. Das Gebiet, für das Fritz Koegel keine Zuständigkeit empfand, gab es nicht. Und war diese Wahrnehmung etwa falsch? Noch als Seifenfabrikant hatte er einen Gedichtband und die Kompositionen Fünfzig Lieder herausgegeben. Mit Erfolg. Schultze-Naumburg ist Koegels Freund, Architekt, Professor für Farbenlehre und Maltechnik und im Übrigen der Auffassung, dass ohne Neuentdeckung der Bautraditionen der Goethezeit alles verloren sei. Nichts sähe mehr aus wie es selbst. Ein Schloss sei kein Schloss mehr, ein Bauernhof kein Bauernhof, ein Gartenhaus kein Gartenhaus. Kessler und van de Velde nennen seinen Namen nur im Tonfall tiefster Herablassung und auch Elisabeth fällt, wenn sie einen Namen für die vollkommene Abwesenheit einer Inspiration sucht, nur einer ein. Schultze-Naumburg. Natürlich hat Schultze-Naumburg auch Koegels Wohnhaus in Bad Kösen entworfen, Saaleck liegt eine Flussbiegung entfernt. Doch der neue Geschäftsführer der *Saalecker Werkstätten für Haus- und Gartenbau* sowie *für Möbel- und Innendekoration* wird nicht mehr einziehen.

Fritz Koegel stürzt vom Fahrrad und stirbt am 20. Oktober an einer inneren Verletzung. Er hinterlässt drei kleine Kinder und eine junge Frau, die bereits zweimal versucht hat, sich das Leben zu nehmen. Es ist Emily Gelzer, Claras Tochter, die auf ihrer Verlobungsfeier im Archiv einst ein so punktgenaues »Umso schlimmer!« sprach, als sie erfuhr, dass nicht Zarathustra, sondern ein altes Weiblein empfahl, auf gewissen Wegen eine Peitsche bei sich zu führen. Damals war Emily Gelzer ein großes musikalisches Talent gewesen, kurz darauf war sie nur noch Ehefrau und Mutter, jetzt ist sie Witwe.

Wahrscheinlich ist die Biografin tief erschüttert von dieser Gleichzeitigkeit des Schicksals. Sie waren gemeinsam aufgebrochen, sie hat das Werk vollendet, das sie damals begann, als sie glaubten, eine gemeinsame Zukunft zu haben. Und nun ist ihr erster Herausgeber tot. Das Leben neigt zu grausamen Pointen.

Zu grausamen Pointen neigen natürlich auch Kritiker. Wie jeder Autor erwartet sie nicht ohne Furcht das Urteil der Scharfrichter. Eine Kritik ist die letzte noch allgemein anerkannte Form der Hinrichtung, Himmelfahrten sind auch möglich, aber verhältnismäßig selten. Vorläufig bleibt alles ruhig, von einigem Lob abgesehen, aber Lob von solchen, von denen man nichts anderes erwartet, zählt nicht.

Ende November meldet sich der junge Berliner Musikant vom *Verein für Kunst* wieder: »… der unterzeichnete Verein beabsichtigt, am 14. Dezember im Berliner Architektenhaus einen Nietzsche-Abend zu veranstalten. Die Rezitation hat Herr Dr. Emil Geyer übernommen. An musikalischen Darbietungen sollen Vertonungen von Friedrich Nietzsche, Peter Gast, Conrad Ansorge und Richard Strauß zur Aufführung kommen. Der Abend kann bestimmt auf das größte Interesse des Berliner Publikums rechnen.« Und ebendarum wäre es großartig, fürwahr großartig, wenn sie selbst den einleitenden Vortrag halte: »Erst dadurch würde die Veranstaltung den würdigsten Charakter bekommen. Wir hoffen, daß Sie von den Bestrebungen unseres Vereins schon gehört haben. Vor einigen Wochen erlaubten wir uns schon, Ihnen unser Programmheft zu übersenden, aus dem ersichtlich war, daß bei uns nur Autoren wie Detlev von Liliencron, Johannes Schlaf, Richard Dehmel, Thomas Mann u. a. persönlich mitwirken.« Eine Aufgabe hat Herwarth Walden aber noch für die Archivleiterin, selbst wenn sie sich nicht imstande sehen sollte, den einleitenden Vortrag zu halten: »Würden Sie die große Güte haben uns mitzuteilen, welche Vertonungen Nietzsches Ihnen am geeignetsten zum Vortrag scheinen und wo diese erschienen bzw. erhältlich sind?«[581] Hat der Absender eigentlich einen Begriff davon, wie viele Menschen sich täglich an sie wenden?

Am 18. Dezember dankt der Avantgardist der Zukunft für die Zusage, schöne Noten zu schicken, nur müsse das sehr, sehr bald sein, und: »Noch eine Anfrage möchte ich mir erlauben. Herr Geyer, der den rezitatorischen Teil des Abends übernommen hat, würde gern zu Anfang des Abends ein Gedicht ›An Nietzsche‹ vortragen. Können Sie, sehr verehrte, gnädige Frau, uns ein solches vielleicht empfehlen?«[582]

Nein, kann sie nicht. Denn sie ist soeben guillotiniert worden.

Ihre Hinrichtung ereignete sich am 10. Dezember 1904 in der *Frankfurter Zeitung*, Erstes Morgenblatt: »… selten wird ein Lesepublikum gründlicher hinters Licht geführt werden, als das des Försterschen Buches … Manchmal siehts in dem Buche aus, als wolle Frau Förster den Lesern beweisen, im Grunde sei SIE ihrem Bruder immer an Weisheit voraus gewesen. ›Nietzsche, von einer Köchin beschrieben‹ – möchte ich als Überschrift vorschlagen … sie wird wohl jetzt noch als eine Heilige unter den Schwestern gepriesen. Das wird umschlagen.«[583] Nicht zuletzt dank Nietzsches Briefe an ihn, die sich im Besitz des Kritikers befinden und die einmal, also eher bald, erscheinen werden. Der Autor ist Franz Overbeck.

Franz Overbeck nennt sie beharrlich Frau Förster, selbst in der Zeitung. Er spricht ihr das Recht auf ihren Geburtsnamen ab, wahrscheinlich spricht er ihr auch das Recht ab, Nietzsches Schwester zu sein.

Und die »Köchin«?

Sie ist ein fester Topos in der Rubrik dessen, was Männer über Frauen wissen, zumal Akademiker. Was denkt ein Mann bei der Lektüre eines Buches, das keinen Mann zum Verfasser hat? »Wie schade, schon wieder eine fehlgegangene Köchin!« Der Männerbriefwechsel Overbeck – Köselitz ist voll solcher Stellen. Interessant ist, dass immer Franz Overbeck der Urheber ist, nicht Köselitz. Sich eine kleine Erleichterung verschaffen, nannte Nietzsche das.

Das Verhältnis des Mannes zur Frau ist das einer unendlichen Herablassung. Man nennt das auch Höflichkeit. Dass und wie schnell selbst diese Maske fallen kann, überrascht Elisabeth noch immer. Sie begreift, dass sie die längste Zeit ihres Lebens in einer Illusion gelebt hat. Höflichkeit hat mit Ehrerbietung, wie sie meinte, nicht viel zu tun: es war Verachtung. Und Meta von Salis, die Freundin, ist nicht mehr da, darüber reden zu können. Nicht für sie. Und auch Malwida fehlt! Wie oft muss sie an dieses mütterliche Gesicht über ihrem Leben denken; Malwida von Meysenbug starb im April des letzten Jahres.

Die Frage, woher dieser Hass rührt, wird sie wohl allein beantworten müssen. Sie hat Franz Overbeck nichts getan. Er hat ihr die Einsicht in seine Briefe verweigert, nicht umgekehrt. Aber sie hat ein Archiv gegründet, wozu sie schon als Angehörige ihres bedauerlichen Geschlechts nicht befugt war. Andere Frauen wären klug genug gewesen, das zu wissen. Dass Elisabeth es nicht wusste, nicht wissen wollte, definiert in seinen Augen das Maß ihrer Dummheit, ihrer Dreistigkeit. Denn jede Dreistigkeit ist zuerst und zuletzt Dummheit.

Noch einmal also die Frage: Woher dieser Hass bei einem Menschen, der, das darf man wohl sagen, wie Nietzsche selbst nicht zum Hass gemacht war?

Overbeck wusste nur, dass sein Freund im Winter 1882 in akuter Lebensgefahr war. Dass Elisabeth daran keine Schuld traf, dass Lou und Rée den Freund einfach in Leipzig hatten sitzen lassen, woher sollte Overbeck das wissen? Es war zu demütigend, als dass ein Mann einem anderen Mann das hätte mitteilen können, Friedrich Nietzsche fiel es schon schwer genug, diese Nachricht von sich selbst entgegenzunehmen. Also fiel die Schuld auf die Schwester. Und das war erst der Anfang. Formulieren wir es so: Was Friedrich Nietzsche in seinen Briefen an Overbeck über seine Schwester geschrieben hat, machte sie ihm nicht sympathischer.

Und Overbeck selbst?

Im Streit, der nun entbrennt, wird man Franz Overbeck als Opfer sehen. Warum? Zum einen, weil seit dem Ende des Zweiten Weltkriegs noch kein Mensch auf die Idee gekommen ist, Elisabeth als Opfer zu sehen. Zum anderen, weil Overbeck, zumal Professor statt Köchin, als historischer Wahrheitsträger gilt. Und nicht zuletzt: weil er schon sehr krank ist.

Manchmal entgeht der Nachwelt das Nächstliegende: Es ist ein Todkranker, der sich zum Vernichtungsurteil entschließt. Diese Kritik ist nichts anderes als sein Testament. Diese Saat will er noch legen. Er bereitet den Auftritt seines Nachlassverwalters vor. Er ist bereits eingesetzt.

Ist der Schlussband wirklich das Werk einer fehlgegangenen Küchenhilfe?

Aber nicht nur als Biografin, auch als Begründerin des neuen Weimar scheint sie auf der ganzen Linie zu scheitern. Alle neuen Vorhaben van de Veldes und Kesslers: Abgelehnt. Ihr ist so apokalyptisch zumute: *Wenn Weimar uns nicht braucht, wir brauchen Weimar nicht und wenn man auch nichts nichts für van de Velde thut, wenn sein jetziges Project abgelehnt oder in der allerdürftigsten Form nur angenommen wird, so gehen wir sämmtlich fort.*[584] Wir: Kessler, van de Veldes, Münchhausens, sie und andere. So hat sie das dem regierenden Weimarer Kleinmut erklärt, so ganz ohne Milde. Wer ist denn milde zu ihr? Dass Kessler ans Weggehen denkt, ist ihr ohnehin klar. Er kommt kaum noch in die Stadt, er zieht es vor, das

Gesicht des obersten Schatullenverwalters erst gar nicht sehen zu müssen. Palizieux!

Der Köchin ist noch immer kämpferisch zumute.

Zwei Tage vor Weihnachten ist der fatale Berliner wieder da: Dank für die Noten, aber das Gedicht fehle noch! Gut, dass es noch den Alltag gibt, dieses Gerüst, diese Haltevorrichtung des Lebens, die man gewöhnlich dreimal täglich verflucht.

Und ist verletzte schriftstellerische Ehre etwa ein Grund, seine Pflichten zu vernachlässigen, wozu nicht zuletzt die Rettung vom Elend bedrohter Dichter gehört? Der Graf neigt da bedenklich zur Nachlässigkeit. Er hat weder im Juli noch jetzt Anfang Januar in ihren gemeinsamen Detlev-von-Liliencron-Hilfsfonds eingezahlt, nur im Oktober kam der Betrag. Elisabeth formuliert Tadel plus Zahlungsaufforderung mit feinfühligster Rücksicht: *Natürlich habe ich d. 200 M. inzwischen ausgelegt.*

Das Jahrhundert des Kindes

»Im Bibliothekssaal des Nietzsche-Archivs war heute nachmittag der Einladung der Frau Dr. Förster-Nietzsche eine auserlesene Gesellschaft der Stadt Weimar gefolgt, um Ellen Key, die hier zur Zeit durch ihre Vorträge die Geister in Bewegung hält, näher kennen zu lernen. Die hochgestimmte Dame entwarf in einem durch Bilder von schöner Plastik geschmückten Vortrag eine überaus geistvolle Parallele Goethes und Fr. Nietzsches, an deren Abschluß sie als die Religion der Zukunft die Religion des alles belebenden Geistes hinstellte, zu der ein Portal die Bahn erschließe, an dessen beiden Seiten die prometheischen Gestalten des apollinischen Goethe und des dionysischen Nietzsche die Wache hielten.«[585] Das erfahren die Leser gleich mehrerer großer deutscher Tageszeitungen im April.

Ellen Key. Man kennt die Schwedin, seit sie im Dezember 1900 ein Buch veröffentlicht hatte, das zwei Jahre später auf Deutsch erschien und das man noch heute nennt, *Das Jahrhundert des Kindes*. Ihm vorangestellt sind zwei Zitate aus dem *Zarathustra: Eurer*

KINDER LAND sollt ihr lieben: diese Liebe sei euer neuer Adel, – das unentdeckte, im fernsten Meere! Nach ihm heiße ich eure Segel suchen und suchen! Das zweite lautet: *An euren Kindern sollt ihr GUT MA-CHEN, daß ihr eurer Väter Kinder seid: alles Vergangene sollt ihr so er-lösen! Diese neue Tafel stelle ich euch!* Also sprach Zarathustra, also sprach Friedrich Nietzsche, der so viel über das Kind als Wesen eigenen Rechts wusste und doch die Frau nicht fand, mit der er Kinder wollte.

Der erste Teil von *Das Jahrhundert des Kindes* trägt eine Über-schrift, die nietzschescher nicht sein könnte: *Das Recht des Kindes, seine Eltern zu wählen.*[586] Die Schwedin Ellen Key entfaltet den Kind-heitsdenker Friedrich Nietzsche: Das Kind sei kein unvollkom-mener Erwachsener, sondern ein Wesen eigener Vollkommenheit. Und vor allem: Wer Kinder schlägt, erzieht Sklaven! Fast alles, was Franziska Nietzsche über Erziehung zu wissen meinte, soll ab jetzt nicht mehr gelten. Hätte sie ihren Sohn und Ellen Key je ver-standen?

Die Schwedin sieht durchaus die Grenzen des Autors des *Za-rathustra* und formuliert sie mit erstaunlicher Kühle, fast Beiläu-figkeit: »Nietzsche, der von der Liebe wenig weiß – weil er vom Weibe beinahe nichts weiß – und der darum nicht viel des Lau-schens Wertes sagt, wenn er sich über diese Themen äußert …«[587] Elisabeth schätzt respektlose Äußerungen über ihren Bruder gar nicht, hier musste sie wohl zustimmen, und der Fortgang war schließlich nicht übel: Friedrich Nietzsche »hat doch über die El-ternschaft tiefere Worte gesprochen als irgendein anderer in un-serer Zeit«.[588]

»Es ist jetzt das zweite Mal, daß ich in Weimar bin, 11 Jahre sind vergangen, seit ich zum ersten Mal hieher kam, damals als Pilgerin, um auf den Pfaden zu wandeln, die Goethes Spuren tra-gen, um die Stadt kennen zu lernen, in der ER gelebt hat«, beginnt die Schwedin. Weimar, dieser kleine Fleck Erde, habe die beiden Geister getragen, welche das Höchste erreicht hätten, was »das Germanentum der Menschheit geschenkt hat«: »die Persönlich-keit als Selbstschöpfung«. Goethe und Nietzsche, das sei Anfang und Ende einer Entwicklung, »Goethe, ein sonnentrunkener Gott und, wenn der Reif zusammen gebogen ist, Nietzsche als Schluss-stein, ein in allen Meeresfarben schillernder Opal«.[589]

Eine »hochgestimmte Dame«, da hat die *Vossische Zeitung* wohl recht. Max Klingers Nietzsche-Herme schaut streng ins Publi-kum. Ellen Key ist nicht die einzige Abgesandte Schwedens im Raum. Da sind noch Signe Thiel und der Bankdirektor im Ruhe-stand, der Mitte Januar angefragt hatte, ob er jetzt an die *Morgen-röthe* gehen solle oder ob sie es lieber sähe, wenn er etwas ande-res übersetze.

Ellen Keys Erfahrung mit Nietzsche war die Ernest Thiels: Der Philosoph »hat gesehen, welche Unreinheit, welche Armut sich un-ter dem Namen der Ehe verbirgt; welches Pfuschwerk, welche Unwissenheit unter dem Namen Erziehung!«[590] Darum sitzt jetzt neben ihm nicht die Frau, die er als junger Mensch nach dem Ratschluss der Familie heiraten musste, sondern die Frau, die er liebt. Erst als er diesen unmöglichen Autor kennenlernte, von dem seine Landsmännin behauptet, er sei das Ende dessen, wovon Goethe der Anfang war, wurde sein Leben wirklich sein Leben. Und jetzt besucht er dessen Schwester schon zum zweiten Mal. In seinen Augen wie in denen so vieler Zeitgenossen ist Elisabeth ihres Bruders würdig.

Er freue sich auf das Frühjahr, weil es ihr Wiedersehen in Weimar bringen würde, hatte Ernest Thiel im Januar gesagt. Da konnte er nicht ahnen, was ihm bevorstand. Schon am Tag sei-ner Ankunft sah sich das Ehepaar kulturell und gesellschaftlich herausgefordert. Gastgeberin Elisabeth schlug vor: *Um ein Uhr bitte ich Sie, im ganz kleinen Kreis mit mir zu frühstücken. Wir sind nur sechs Personen. Halb vier Uhr bittet Harry Graf Kessler Sie aufs herzlichste, ein Konzert bei ihm anzuhören, wozu er Konrad Ansorge und ein hiesiges Streichquartett aufgefordert hat. Um acht Uhr bitte ich Sie, bei mir zu abend zu essen, diesmal in ziemlich großem Kreis. Sie treffen Herrn und Frau von Hofmannsthal, Herrn und Frau Ludwig von Hoffmann, van de Velde, Graf Harry Kessler, Baron und Baronin von Nostiz-Wallwitz, Herrn und Frau Professor Richter, Herrn Alfred Heymel und einige andere.*[591]

Und so ging das weiter. In der Fremde nach Hause kommen.

Das ist seine Weimar-Erfahrung. Ob Ernest Thiel etwas zu bemerken hätte anlässlich Ellen Keys Formulierung, die Persönlichkeit als Selbstschöpfung sei eine originäre Hervorbringung des Germanentums? Oder ob der im strengsten jüdisch-orthodoxen Glauben erzogene Mann sich sagt, dass andere auch das Recht haben müssen, etwas hervorzubringen. Als noch ein tiefes Schweigen über den Wäldern Germaniens lag, hatten die Juden schließlich schon alles Mögliche hervorgebracht, unter anderem einen Messias.

Noch könne die Menschheit nicht einsehen, fährt die Verfasserin des *Jahrhunderts des Kindes* fort, wie sehr Nietzsche der Vollender von Goethes größtem Gedanken ist, denn natürlich sei da ein großer Unterschied ihrer Naturen: »Ich ging im Walde so für mich hin …« Undenkbar bei Nietzsche. Sein Symbol sei nicht die blaue Blume, überhaupt keine Blume. Aber sie, Ellen Key, habe sie dennoch gefunden: »Ich habe SEINE Blume gefunden, als ich in der Einsamkeit des Meeresstrandes weilte. Dort zwischen den großen, wüsten, weiß von der Sonne beglänzten Dünen« stand sie, »die einsame blaue Stranddistel«, »feine violette Äderchen« habe sie, und natürlich sei sie nicht zu pflücken. Gebrochen, werde sie wohl dürr, aber niemals welk.

Der *Kladderadatsch*, dessen zustimmungsvoller Leser Nietzsche war, ergänzte den Ellen-Key-Bericht der übrigen Zeitungen um den redaktionellen Zusatz: »Wenn die ›hochgestimmte‹ Dame durchaus Weimar mit ihrem Besuch beglücken wollte, so konnte sie allerdings ihre Phrasen an keiner besseren Stelle vortragen als in dem Gebäude, das der Erinnerung an den geistreich-konfusen Philosophaster gewidmet ist.«[592]

Geistreich-konfuser Philosophaster! Wie können diese armseligen Humoristen es wagen?

Elisabeth weiß schon, woher das kommt. Möbius!

Möbius, der Nietzsches Philosophie zur Weltanschauung eines Syphilitikers erklärt hatte. Kein Wunder laut Möbius, dass dieser Mann es nie zu einer größeren zusammenhängenden Darstellung gebracht habe, Paralytiker denken nun mal in Fetzen.

Elisabeth hatte sich schon im Januar gegen Möbius gewehrt, gegen Möbius und Lou, die auf bestem Wege ist, zur mythischen Gestalt zu werden, als die einzige große Liebe ihres Bruders. Sie nannte ihren Anti-Lou-und-Anti-Möbius-Aufsatz *Nietzschelegenden*.

Und wer hat diesen unmöglichen Psychiater auf die Syphilisspur gesetzt? Overbeck, glaubt sie.

In der letzten Maiwoche empfängt der emeritierte Professor für Kirchengeschichte ein dürres Schreiben aus Weimar, Heinrich Köselitz, vormals Freund, jetzt eher Inquisitor, hat eine Anfrage:

»Hochverehrter Professor! Ihnen ist gewiss bekannt, wie durch das Buch des Dr. Julius Möbius die Fabel verbreitet worden ist, dass Nietzsche's Geistesstörung auf eine vor 1870 anzusetzende syphilitische Infektion zurückzuführen sei. Ich habe mir alle Mühe gegeben, zu erkunden, woher denn dieses Gerücht stamme, da doch gerade die Jugendfreunde (Gersdorff, Rohde, Roscher, Romundt u.s.w.) auf's Energisch'ste dagegen protestirten und protestiren.«[593] Kurz, nach Köselitz' Unterredung mit Professor Binswanger von der Jenaer Landesirrenanstalt bestätigte sich, was ihm ein früherer Assistenzarzt schon mitgeteilt hatte: Im Krankenjournal fände sich die Eintragung einer ein- bis zweimaligen luetischen Ansteckung, das sei Möbius' einzige Quelle und in Betreff des mutmaßlichen Informanten habe Binswanger seinen Namen genannt. Der Absender sehe sich zu Dank verpflichtet, »wenn Sie mich über die Zu- oder Unzutreffendheit jener angeblich auf Sie zurückgehenden Journal-Eintragungen gütigst unterrichten wollten«.[594]

Der schwerkranke Overbeck antwortet sofort. Gerade ihn als Gewährsmann für das Jugendverhalten Nietzsches anzugeben, sei absurd, da er vor 1870 noch nicht einmal dessen Namen kannte. Das Gerücht, Binswanger habe seinen Namen als Quelle der Mitteilung im Jenaer Krankenjournal genannt, drang jedoch schon vor zwei Monaten zu ihm. Er sei mit Binswanger im Februar 1890 zusammengetroffen, eine Begegnung, bei »welcher es vielmehr Binswanger war, der mir unter dem Siegel der Verschwiegenheit die syphilitische Herkunft des Gehirnleidens N.'s versicherte, ein Siegel, das ich ihm unverbrüchlich gehalten, SIE allein ausgenommen. Erinnern Sie sich des Gesprächs im Grossen Garten?«[595] Er habe bei Professor Binswanger umgehend »Reclamation« geltend gemacht, dessen Antwort lege er bei. Nietzsches Arzt Binswanger an Overbeck: »Es ist richtig, dass ich entweder Herrn Gast oder Frau Förster gegenüber die Vermuthung ausgesprochen habe, dass Sie die Mittheilung gemacht hätten. Ihre Zeilen zeigen mir, dass diese Annahme unrichtig war.«[596] Zur Sachlage heißt es außerdem: »Dr. Möbius hat mit ausdrücklicher Autorisation der Frau Dr. Förster-Nietzsche die Krankengeschichte, die hier geführt worden ist benützt. Dort findet sich die Notiz: (von der Hand des damaligen Abtheilungsarztes geschrieben) ›syphilitische Ansteckung 1866‹. Diese Angabe kann dem betr. Arzte oder einem mit dem Vorleben des Patienten vertrauten Freunde gemacht worden sein.«[597]

Warum nicht von Nietzsche selbst? Der Patient hatte nichts mehr zu verbergen und ein gutes Gedächtnis.

Overbeck hat sich dem Nietzsche-Archiv gegenüber nicht erklärt, denn dieser Institution gegenüber gibt er keine Erklärungen ab.

Am 30. Juni 1905 stirbt Franz Overbeck. In der *Neuen Zürcher Zeitung* erscheint ein Nachruf seines Schülers C. A. Bernoulli: »Overbeck stellte in sich eine eigene, abgeklärte und völlig unabhängige Tradition über Nietzsche dar, und sah sich im Laufe der Zeit genötigt, zum Nietzsche-Archiv in schroffen Gegensatz zu treten.« Dieses nun ist unwahr, denn Overbeck stand dort von allem Anfang an, doch weiter: »Er konnte sich nicht darein finden, seinen Freund, den er wie nicht leicht ein zweiter als lebendiges Wesen gekannt hat, zum Museumsobjekt herabgewürdigt zu sehen.«

Bernoulli wirft den Fehdehandschuh Richtung Weimar. Was Franz Overbeck behauptete, am tiefsten zu verachten, Nietzsche den Zeitungen und Zeitschriften preiszugeben, wird C. A. Bernoulli ab sofort mit unermüdlichem Ehrgeiz verfolgen und sich dabei an keine Grenzen halten, auch nicht an die, die Franz Overbeck gewahrt wissen wollte.

1901 hatte Heinrich Köselitz den Freund gebeten, seine Briefe an ihn zu verbrennen, immerhin handelte es sich bei der Korrespondenz Overbeck-Köselitz um einen veritablen Elisabeth-Schmähbriefwechsel. Overbeck verstand das, wollte das große Feuer jedoch noch etwas verschieben: »Sie wünschen Verbrennung Ihrer Briefe. Außer dem Widerwillen gegen sofortige Vornahme der Execution bei mir stand dem im Augenblick, da mir Ihr Wunsch kund wurde, und steht auch heute noch, nichts im Wege, namentlich nichts, was irgendwelchen Zusammenhang mit jenem meinem Plan hätte.«[598] Overbeck dachte an eine eigenständige Nietzsche-Publikation: »Nicht eine Zeile des Textes Ihrer Briefe soll darin Verwendung finden: sie sind in dieser Hinsicht schon jetzt so gut wie verbrannt.«[599] Hier irrt Overbeck.

Wer ist C. A. Bernoulli? Ein aufrichtiger Elisabeth-Skeptiker beurteilt ihn so: »Als Mensch wiegt der arme Peter – Peter Gast, K. D. – 10 Bernoullis auf. B. ist ein Pfaffe im schlechtesten Sinn, ein Schmock, ein Routinier, der weiß wie man Rummel macht!«[600]

Noch in diesem Jahr lernt C. A. Bernoulli Koegels Witwe Emily in Berlin kennen und bald darauf die *Exzerpte*. Der frühe tragische Tod ihres Mannes hatte Clara Gelzers Tochter Elisabeth nicht nähergebracht; Bernoulli schildert Begegnung und Manuskriptübergabe so: »Frau Dr. Kögel versicherte mich ihres aufrichtigen Interesses an meiner Aufgabe, deren Schwierigkeit sie besser als irgendwer ermessen konnte.«[601]

Die Köchin schlägt zurück

Was Peter Gast alias Heinrich Köselitz und Elisabeth trotz allem verbindet, hat Franz Overbeck nie verstanden, und Köselitz hat nie auch nur versucht, es ihm zu erklären. Da ist etwa ein Brief vom Oktober 1895. Sie schreibt ihrem entlassenen Herausgeber. Ein gewöhnlicher Mann in seiner Position, die eine Minus-Position ist, die mehr ist als eine Kränkung, ihm zugefügt von einer Frau, wäre ihr Todfeind. Bei Köselitz verhielt es sich anders, und auch deshalb schrieb sie ihm, nur fünf Tage nach Nietzsches Geburtstag, und dass er nicht kam, nicht kommen konnte, obwohl es das Natürlichste gewesen wäre, empfand sie: *Ich würde mir … nicht erlaubt haben mich an Sie zu wenden wenn ich nicht Ihren Brief über die Biographie an G. Naumann gelesen hätte. Ich kann nur sagen: dieser Brief und alles was Sie inzwischen über die Gesammtausgabe sagten, zeigt die Größe Ihres Charakters und die echte und große Freundschaft, die Sie stets für meinen Bruder empfunden haben. Von allen begeisterten Briefen, die ich nach der Biographie erhielt, hat er mich am Allermeisten erfreut.*[602]

Natürlich konnte sie Köselitz schwerlich nur das schreiben; sie bittet ihn um Auskunft über das, was gewissermaßen die Urszene des Archivs war, nur dass sie sich zu diesem Zeitpunkt schon wieder in Paraguay befand. Die Archivarin plagt die Urangst aller Archivare: Es könnte nicht vollständig sein. Sie schildert ihm ihre Erinnerung des Sachverhalts und bittet ihn um Korrektur oder Ergänzung: *Meine Mutter bat Sie im Herbst 1892 nach Naumburg zu kommen um die Kisten mit Manuskripten meines Bruders, welche Herr Professor Overbeck aus Thurin, Basel und Sils-Maria gesammelt … hatte, durchzusehn. Sie mussten durchaus annehmen, dass es die einzig noch auffindbaren Schriften Nietzsche's seien, da Sie wiederholt unsere Mutter fragten: ob noch Irgendetwas sonst an biographischem Material oder anderen schriftlichen Aufzeichnungen meines Bruders vorhanden wäre und immer nur dieselbe Antwort erhielten: »Nichts, absolut nichts mit Ausnahme einiger Briefe.«*[603]

Die Frage macht klar, dass Köselitz etwas suchte, was er nicht fand. Schon im Januar 1889, kurz nach Nietzsches Zusammenbruch, schrieb er Overbeck über das, was er vermisste. Nicht nur einmal hat Nietzsche ihm von der *Umwerthung aller Werte* geschrieben, an der er arbeite, aber unter dem, was Overbeck – er war nicht viel länger als 24 Stunden in Turin gewesen – mitbrachte, fand sich kein diesbezügliches Manuskript. Köselitz an Overbeck am 18. Januar 1889: »Dass die auf dieses Werk bezüglichen Manuscripte nicht unter den von Ihnen mitgenommenen Sachen sind, ängstigt mich, ich muss es sagen. Aber vielleicht haben die mit dem Zusammenpacken und Absenden der Turiner Effecten betrauten Personen keine Idee von der Wichtigkeit der Papiere und Zettel u.s.w., so dass hoffentlich alles in seiner Integrität ankommt.«[604]

Die Familie Fino, bei der Nietzsche in Turin wohnte und die unter dem dionysischen Temperament ihres Gastes, der die Klammer seiner verschiedenen Ichs, die wir auch Selbst-Bewusstsein nennen, auf dramatische Weise verlor, nicht wenig zu leiden hatte, war mit der Nachsendung beauftragt. Als Heinrich Köselitz also 1892 alles Gesandte und Nachgesandte sichtete, vermisste er noch immer, wonach er am meisten suchte.

Elisabeth hatte schon in ihrer Vorrede des *Willens zur Macht* 1901 angedeutet, dass möglicherweise Aufzeichnungen verloren seien, die die behelfsmäßige Rekonstruktion des Textes zumindest teilweise überflüssig gemacht hätten. Es war kein Hirngespinst Elisabeths, die gewohnt sei, ihren eigenen Lügen zu glauben, wie selbst namhafte Rudolf-Steiner-geleitete Nietzsche-Forscher suggerieren, es war vielmehr die tiefe Überzeugung Heinrich Köselitz', des nächsten Vertrauten in Nietzsches letzten produktiven Jahren.

Warum das erzählen? Sie hat keinen Namen genannt bisher, das wird nun anders. Overbeck und Bernoulli haben sie öffentlich angegriffen, nicht nur ihre Fähigkeiten, sondern auch ihre Absichten diskreditiert. Es ist ein fatales, gleichwohl gültiges Gesetz öffentlicher Auseinandersetzung: Der Angegriffene muss sich wehren, alles andere hieße, die Vorwürfe zu akzeptieren.

Die Köchin greift nach ihrem großen Löffel und schlägt zurück. Am 6. Juli steht ein Overbeck-Gedächtnisartikel im *Berliner Tageblatt;* der am 26. Juli folgende Artikel Elisabeths trägt den Titel *Nietzsches literarischer Nachlaß und Franz Overbeck.* Ohne sie und das Archiv gäbe es diesen Nachlass so nicht, da hat sie wohl recht. Er nannte sie öffentlich eine Köchin, Elisabeth nennt Overbeck öffentlich einen Manuskripte-Verlierer, und nicht nur im *Berliner Tageblatt: Durch die Nachlässigkeit des verstorbenen Professors Franz Overbeck in Basel sind nach der Erkrankung meines Bruders im Januar 1889 sowohl in Turin als auch in Sils Maria einige seiner Handschriften verloren gegangen.*[605] Nachlässigkeit, bei dieser beispiellosen Rettungsaktion in letzter Minute?

Es ist miserabel, es ist unwürdig, mindestens so miserabel, so unwürdig wie Overbecks Ankündigung, mit der Veröffentlichung seiner Nietzsche-Briefe werde das Publikum die Wahrheit über Elisabeth erfahren.

Bernoulli und Elisabeth liefern sich ein publizistisches Kopf-an-Kopf-Rennen. Beide Seiten bringen es bis zum Jahresende bzw. Januar 1906 auf sechs gedruckte Feindseligkeiten gegeneinander in den großen Tageszeitungen.

Und der Zeitpunkt der vermeintlichen Wahrheit naht: Diederichs nebenan in Jena will Nietzsches Briefe an Overbeck mit Freude verlegen, am besten gleich.

Elisabeth geht gerichtlich gegen dieses Vorhaben vor. Diederichs könne die Briefe ihres Bruders gar nicht drucken, denn wer besitze das Urheberrecht an Nietzsche? Sie. Und bei Nietzsche-Briefen handele es sich grundsätzlich nicht um private Korrespondenz, sie trügen vielmehr Werkcharakter. Die Schutzfrist des Urheberrechts gelte dreißig Jahre, und so lange verbiete sie jedwede Publikation. Die Prozesskosten hätten selbstredend die Vorwitzigen zu tragen. Das beklagte Duo Diederichs und Bernoulli wendet ein, dass es sich bei den Briefen Nietzsches an den Freund doch um rein private Mitteilungen handele. Das Weimarer Gericht denkt lange nach, dann weist es Elisabeths Klage ab. Die Prozesskosten trage sie. Elisabeth legt Berufung beim Reichsgericht in Leipzig ein.

Und sie hat noch mehr Prozesskosten in Aussicht. Für fast jeden Artikel, den sie in diesem Jahr veröffentlicht, wird sie von Overbecks Witwe verklagt. Wegen Beschimpfung des Andenkens ihres Gatten.

Würdiger verbrauchen! Prozesskosten fallen eher nicht unter diese Programmatik. Und doch ist Elisabeth eine große Anhängerin des Justizwesens. Ist das Recht nicht das, was nach dem Duell kommt? Während ihrer schlimmsten Demütigung durch Koegel hat sie empfunden, was sie von den Männern trennt: Sie konnte ihren Herausgeber nicht zum Duell fordern. Sie konnte nicht sagen: Bis hierher und keinen Schritt weiter. Sie ist als Frau nicht satisfaktionsfähig, so wie es ihr Mann dem jüdischen Schnapsfabrikanten ins Gesicht sagte: Sie sind nicht satisfaktionsfähig! Das verbindet sie mit den Juden. Aber rechtsfähig sind sie, die Juden und die Frauen.

Zumal man beim Duell sein Leben verlieren kann, vor Gericht nur sein Geld. Gerichtskosten sind Ehrenkosten! So sieht sie das. Bald wird sie in sechs verschiedene Verfahren verwickelt sein.

Und an das Thema Geld denkt sie besser gar nicht erst. Die Weimarer werden, wie längst erwähnt, ihren Kleinst-Berg bald Hypothekenhügel nennen, weil dort zu ihrem höchsten Verdruss noch mehr Villen gebaut werden sollen. Aber selbst wenn sich der Spott nur auf sie beziehen sollte, er träfe schon zu. Van de Veldes Umbau war teurer als das ganze Haus. Statt ursprünglich 19 000 M beträgt die Hypothekenlast jetzt 64 000 M.

Sie will jetzt unbedingt die bereits vereinbarte zehnbändige Taschenbuchausgabe herausbringen, Naumann ist einverstanden, aber er will die Bedingungen ändern. Und sie ist ihm ausgeliefert, weil sie einen Kredit, den er ihr gewährt hatte, nicht zurückzahlen kann, nicht jetzt. Geld ist nur ein Zirkulationsmittel, sie weiß es, aber der Vorteil, welches zu haben, liegt allein schon darin, nicht immer daran denken zu müssen.

Und noch etwas ist geschehen. Alwine geht. Alwine Freytag, der getreue Hausgeist seit 27 Jahren. Ist Alwine nicht die Einzige, die noch übrig ist von ihrer Ursprungsfamilie? Sie half der Mutter, pflegte mit ihr gemeinsam den Bruder, dann kam sie mit nach Weimar. Was soll sie anfangen ohne sie? Aber Alwine geht. Sie heiratet einen Weimarer Gärtner. Was, jetzt noch, so spät?, hätte Elisabeth fragen können. Nein, hätte sie nicht, sie gerade nicht.

Herwarth Walden oder Elisabeth und die Avantgarde

»Sehr geehrte, gnädige Frau! Dürfte ich höflichst um Mitteilung bitten, was Sie uns für eine Auskunft über unseren Plan, einen Nietzsche-Abend in Weimar zu veranstalten, geben können ...«[606]

Da ist er wieder, der enthusiasmierte junge Mann, dieses entlaufene Kind des jüdischen Großbürgertums, dessen sich ins Genialische neigende Unterschrift von Mal zu Mal größer wird. Herwarth Walden heißt gar nicht Herwarth Walden, den markigen Namen hat Georg Lewin von seiner Frau, der Dichterin Else Lasker-Schüler bekommen. Herwarth Walden scheint sich an Elisabeths ramponiertem Ruf nicht zu stören, ja, im Gegenteil, er hat Großes mit ihr vor, das erfährt sie im April:

»Hochverehrte, gnädige Frau. Darf ich mir die Anfrage erlauben, ob ich Sie Montag, Dienstag oder Mittwoch nächster Woche auf eine halbe Stunde aufsuchen darf, in einer Angelegenheit, die Sie interessieren dürfte.

Wir sind mit den Vorarbeiten beschäftigt eine Zeitschrift des ›Vereins für Kunst‹ unter dem Namen ›Stimmen der (Runde)‹ herauszugeben, der auf dem Boden der Nietzscheschen Weltanschauung steht. Es ist unser Hauptbestreben, für den großen Philosophen, Dichter und Künstler in positiver Form Stellung zu nehmen und den Namen, den Ruhm und den Glanz und die Bedeutung des Meisters in die weitesten Kreise zu tragen, die z. T. ihm noch ablehnend, kühl oder nicht mit der nötigen Intimität gegenüberstehen.«[607] Äußerlich solle diese Absicht auch dadurch zu Tage treten, daß jedes Heft eine Beilage *Nietzsche-Studien* enthalte. Das Nähere würde er der obersten Archivarin gern mündlich vortragen. »Wenn Sie gestatten, würde ich meinen Freund, O. S. Friedländer mitbringen, dessen Aufsatz über Nietzsche ja Ihren Beifall gefunden hat. Mit der Bitte um umgehende Antwort …«

Wie oft hat sie schon über eine eigene Zeitschrift nachgedacht, mit Münchhausen und dem Grafen, und doch alle Pläne wieder beerdigt.

Bayreuth hat die *Bayreuther Blätter* … Schlecht wäre es nicht, ein eigenes, wie soll man das nennen, nun ja, ein eigenes Zentralorgan zu besitzen. Trotzdem sieht sie sich gehalten, den jungen Mann vor seinem eigenen Enthusiasmus zu warnen. Zeitschriften bringen nur Ärger, wer wüsste das besser als sie? Und dann das Risiko, für jeden Artikel, den man schreibt, einzeln verklagt zu werden!

Ende Juni erfährt Elisabeth, dass Walden von »einem der allergrößten Verleger« bereits »eine prinzipielle Zusage« erhalten habe. Wenn einige Nummern der Zeitschrift erschienen sind, werde er sich erlauben, nochmals sein »Anerbieten, betreffend Benutzung der Zeitschrift als offizielles Organ des Nietzsche-Archivs vorzutragen. Bis dahin werde ich selbstverständlich AUF KEINE WEISE das Nietzsche-Archiv in Zusammenhang mit der Zeitschrift bringen. Sie können deshalb vollkommen beruhigt sein.«[408]

Und dann muss er der Zeitschriftenskeptikerin noch etwas sagen, etwas mehr Grundsätzliches, mehr Allgemeines: »Das Bedürfnis für unsere Zeitschrift ist durchaus vorhanden und sogar aktuell! Welche Zeitschrift der MODERNE ist denn vorhanden?« Dass Nietzsche Avantgarde ist, Moderne ist, scheint Herwarth Walden keiner Erörterung zu bedürfen. Die *Neue Rundschau*, legt er dar, diene nur wenigen und werde ohnehin immer reaktionärer. »Wenn ich im Übrigen jetzt nicht den Glücksfall mit dem Verleger gehabt hätte, würde ich (sogar) mit 5000 Mk die Zeitschrift angefangen haben.« Den *Verein für Kunst* habe er mit einem Anfangskapital von 20 Mk gegründet und nein, er glaube nicht, daß sich bei solchen Dingen Maximen aufstellen lassen: »… was in der Kunst erreicht ist, wurde erreicht durch IDEALISMUS, OPTIMISMUS und Opferwilligkeit. Noch niemals hat ein Kaufmann oder ein Praktiker Etwas für die Kunst getan, wenn nicht erst Andere unter großen Opfern die Initiative ergriffen haben. Das Traurige ist, daß bei allen Dingen immer die MATERIELLEN Erfolge von denen eingeheimst werden, die Nichts zu der Sache geben können, als Geld. Das mag aber in der Natur der Sache liegen, mich wird es jedenfalls niemals abhalten.« Hier hätte Bernhard Förster mal etwas lernen können!

Und dann erfährt sie noch, dass der Enthusiast gedenke, am 15. Oktober in Weimar einen Nietzsche-Abend zu geben, wozu er im Juli sieben Fragen hat: »1.) Ist die ›Erholung‹ der VORNEHMSTE Ort in Weimar? 2.) Welches sind in Weimar die üblichen Eintrittspreise? 3.) Ist Aussicht vorhanden, den Hof für den Abend zu interessieren? 4.) Würden Sie sich für den Besuch des Abends verwenden?«[609]

Schließlich wird der 28. Oktober als Tag der Festlichkeit bestimmt, leider findet zur gleichen Zeit eine Parallelveranstaltung in einem Weimarer Museum statt, so dass Elisabeth die Aufgabe zufällt, die Konkurrenz davon zu überzeugen, auf ihren Abend zu verzichten, zumindest am 28. Weiß sie eigentlich schon, dass am 16. März 1906 im »V.f.K.« in Berlin ein zweiter Nietzsche-Abend stattfindet?. Außerdem wäre die Avantgarde ihr zu großem Dank verpflichtet, wenn sie die Noten der Bass- und der Sopranstimme an die Bass- und die Sopranstimme schicken könnte. In der zweiten Oktoberhälfte treffen fast täglich Kurznachrichten aus Berlin ein, kleinere oder größere Aufträge enthaltend.

Und dann ist es so weit: »Weimar. 29. Oktober. Der ›Berliner Verein für Kunst‹ veranstaltete gestern abend einen Friedrich-Nietzsche-Abend, an dem Dr. Geyer (Berlin) mehrere charakteristische Abschnitte aus der Bibel der Nietzsche-Gemeinde ›Also sprach Zarathustra‹; einige Gedichte mit allzumächtigem Pathos, aber klarer Gliederung der Rede vortrug. Herr Herwarth Walden (Berlin) begleitete am Flügel die Liedervorträge, in denen das rühmlichst bekannte Quartett Quensel, Schenk, Heydenbluth und Bucha Ausgezeichnetes leistete. Jedenfalls sind die Vertonungen der meisten Lieder Nietzsches ›interessant‹, aber nicht im modernen Sinne des Wortes.«[610]

1905, ist es nicht ein schicksalhaftes Jahr? Weimar, Deutschland und die Welt feiern Friedrich Schillers 100. Todestag. Und nicht nur in Weimar stellen viele die Frage: Kann es nicht wieder so werden, wie es nie war? Diesem Maschinen- und Verkehrszeitalter, in dem Geschäftigkeit und Geschäftstüchtigkeit als höchste Tugenden gelten, fehlt die Größe. Auch in der Kunst, auch im Geiste. Ernst von Wildenbruch fordert Schiller auf: *Heros bleib bei uns!* Er diagnostizierte, Witz und Klugheit hätten Glauben und Mut abgelöst, und er stellte einen Misstrauensantrag gegen das »Taumellied wild-wüt'ger Lehren«. Dies richtet sich natürlich gegen den Hypothekenhügel. Elisabeth, ob sie es will oder nicht, ob sie es weiß oder nicht, befindet sich im Mittelpunkt der Avantgarde.

»Sie müssen jetzt die Verwalterin des ganzen Weimarischen Erbes werden ...«

Heros bleib bei uns? Friedrich Schiller ist ein harthöriger Genius, er lässt die Bedürftigen und Beklommenen gleich wieder allein. Schon im Januar des Jahres 1 nach Schillers 100. Todestag besehen die Weimarer ungläubig ein paar dramatisch unbekleidete Frauenleiber. Urheber: Auguste Rodin. So heißt, wenn sie ihrem neuen Museumsdirektor Harry Graf Kessler glauben sollen, ein Hauptgenius der Gegenwart. Heros, bleib bei uns!

Der Porträtmaler und Professor an der Kunstschule Hermann Behmer ruft seinen Mitbürgern aus der Zeitung zu: »Möge der Franzose in seinem Künstler-Kloakenleben sich ins Fäustchen lachen ... wir wollen uns das nicht gefallen lassen und rufen: Pfui und tausendmal Pfui über den Urheber und seine Helfershelfer, die solche Abscheulichkeiten uns vor Augen stellen.«[611]

Der oberste Helfershelfer erwägt, den Porträtmaler zum Duell zu fordern. Kurz darauf findet er Anlass, auch den Kabinettssekretär des Großherzogs sowie den obersten Schatullenverwalter auf das Feld der Ehre zitieren zu wollen, und zwar nach den Regeln des preußischen Ehrenkodexes. Harry Graf Kessler wird Elisabeth oben auf der Zitadelle von diesen Vorsätzen nichts mitgeteilt haben, sie hätte ihn sehr getadelt. Er kann nicht den halben Hofstaat des Großherzogs erschießen, auch wenn Kessler schon im Dezember zu der Überzeugung gelangte, dass Wilhelm Ernst »als unter dem Durchschnitt begabter Mensch und bösartiger Charakter« endgültig aufgegeben werden müsse.

Es ist gar nicht leicht zu sagen, wer im Augenblick mehr Feinde hat, Elisabeth oder der Graf. Aber da ist noch ein Graf, von dem sie jetzt öfter Post bekommt, er hatte ihr sein Debütwerk, betitelt *Das Gefüge der Welt*, geschickt, das ist zwar kein ganz bescheidener Gegenstand für einen Erstling, aber die Leiterin des Archivs hatte sich bedankt, den Autor ermutigt, aber zugleich ermahnt, an seine Zukunft zu denken und ein gewisses partielles Unverständnis, den Inhalt der Sendung betreffend, der Ehrlichkeit halber nicht verborgen.

»Dass Vieles in meinem Buche Sie fremd berührt, wundert mich nicht«, lautet die abgeklärte Antwort, »es dürfte den meisten so gehen.« Auch handele es sich bei diesem Werk doch vorerst mehr um ein Versprechen als um eine Erfüllung. »Um meine Zukunft ist mir nicht bang: Irgend etwas findet sich …«[612]. Das hat Hermann Graf von Keyserling richtig diagnostiziert. Noch im Juni darf er im Archiv einen Vortrag halten, und zwar über die Philosophie der Kunst. Bei der vorübergehenden Adresse Keyserlings mag die Archivleiterin aufgemerkt haben, »Friedrichsruh bei Fürstin Bismarck«. Sie fragt nach, ob es nicht statt »Philosophie der Kunst« richtiger »Philosophie als Kunst« heißen müsse? – »Hochverehrte gnädige Frau. Natürlich ist der Titel ›Philosophie ALS Kunst‹ der richtige! Der andere wäre ja Thodes-würdig!«[613]

Am 20. Juni bedankt sich ein enthusiasmierter Autor für »die zu schnell vergangenen Weimarer Tage! – Der 16. Juni ist VIEL für mich gewesen; ja er kann … epochemachend für mich werden, wenn gewisse Ahnungen in Erfüllung gehen, zu denen die letzten Ereignisse den Keim gelegt. Und jedenfalls ist IHR Wohlwollen u. das Ihrer Freunde eine wahre Bereicherung meines Lebens … Jedenfalls hoffe ich mit Bestimmtheit, dass wir von nun ab in reger Beziehung bleiben.« So wird es sein.

Was wäre sie, was wäre ihr Welt- und Selbstvertrauen ohne solche Begegnungen? Sie fördert in begabten jungen Männern die Schüler, die ihr Bruder so vermisste. Und so sagt sie ihnen das auch.

Nur ihr Erstgraf macht ihr Sorgen. Statt Wilhelm Ernsts Hofstaat zu erschießen, reicht Harry Graf Kessler am 7. Juli 1906 sein Rücktrittsgesuch als Direktor der Weimarer Museen ein, es wird angenommen. »Ich bin glücklich im Gefühl der endlich wiedererlangten Freiheit. Es wäre ohnehin unmöglich gewesen, die Rodin Verunglimpfung ohne eklatante Genugtuung mit meiner Stellung im Künstlerbund weiter zu vereinigen«, teilt ihr Harry Graf Kessler mit, und: »Jetzt müßen wir zur Rache nur das Eine thun: UNSEREN Kreis immer MEHR zum wirklichen Weimar machen, den Hof zur Seite schieben, was er ja übrigens schon

Elisabeth im Garten des Nietzsche-Archivs, 1903

selbst besorgt. Bitte helfen Sie hier mit VEREINTER Kraft, SIE müßen jetzt die Verwalterin des GANZEN Weimarischen Erbes werden, da der Geburtserbe sich zu schwach und zu unfähig erwiesen hat.«[614] Nun erst recht müssten alle Kräfte angespannt werden, unter Abkehr von Hof und Hofgesellschaft, »denen es Schmerz genug bereiten wird, dem intereßanten Beispiel nicht beiwohnen zu können«. Man spürt, der Graf denkt noch immer an Genugtuung und, obgleich nun stellungslos, kann und will er hier nicht weg. Er hat noch eine Schlacht zu gewinnen, »in dieser Weimarer Atmosphäre, so wie es nirgends anders geschehen kann … Jetzt wird es erst schön in Weimar! Ihr alter treuer in unterthänigster Anhänglichkeit Kessler.«

Er will sie also in die Schlacht schicken, dabei weiß sie nicht einmal, ob sie den Feinden, die sie schon hat, standhält. Am 10. Juli wird Elisabeth, die Vielgeschmähte, sechzig Jahre alt, das Archiv verwandelt sich in ein Blumenmeer, sie erhält Glückwünsche aus aller Welt. Es tut ihr wohl.

Sie selbst schenkt sich zum Geburtstag eine Taschenbuchausgabe ihres Bruders in zehn Bänden, Herausgeberin: Elisabeth Förster-Nietzsche. Nur Band 9 und 10 haben zwei Herausgeber, denn sie arbeitet im Herbst mit Köselitz geradezu fieberhaft am *Willen zur Macht*. Man wird das Hauptwerk ihres Bruders nicht mehr wiedererkennen, es nimmt in staunenswerter Weise an Umfang zu. Elisabeth hatte, wahrscheinlich einem Hinweis von Köselitz folgend, noch im Erstberscheinungsjahr 1901 eine Entdeckung gemacht, die sie über alle Maßen empörte: Horneffer hatte Texte weggelassen! *Es ist in der That unbegreiflich aber wahr, daß der älteste Horneffer … mindestens gegen 70 bemerkenswerthe Aphorismen bei Seite gelassen hat u. noch dazu solche, bei denen eine ganz bestimmte Willensäußerung meines Bruders vorlag, daß sie zur Umwerthung gehören sollen. … Ich frage mich manchmal warum ICH nun gerade mit solchen Unglücksfällen gequält werde? Aber die richtige Erklärung ist eben wohl, daß im Nietzsche-Archiv sogenannte Outsiders arbeiten.«[615] Nur 70? Wahrscheinlich übertreffen sich Elisabeth und Gast gegenseitig im Ehrgeiz des Hinzufügens. Der gescholtene Her-

ausgeber arbeitet inzwischen an seiner Verteidigungs- und Recht-
fertigungsschrift *Nietzsches letztes Schaffen*, die Elisabeth sehr er-
bost.

Und auch an den übrigen Fronten wird gekämpft. In der Un-
terhaltungsbeilage der *Berliner Zeitung* erscheint eine Artikelse-
rie, betitelt *Nietzsches Freundschaftstragödien*. Wie viele Freunde
hatte der zur Freundschaft so Begabte verloren, die Overbeck-Ent-
täuschung aber sei die schlimmste gewesen, ja, der Autor geht so
weit, von Verrat zu sprechen. Vielleicht ist es nicht müßig, an dieser Stelle festzuhalten, dass von einem Verrat Overbecks an seinem Freund niemals die Rede sein konnte. Und dass Overbeck
Elisabeth verraten hätte, lässt sich nicht sagen, da er Lieschen Nietzsche nie etwas anderes als tiefempfundene Geringschätzung ent-
gegenbrachte. Overbecks Schwertträger Carl Albrecht Bernoulli
nimmt in zwei Novemberausgaben derselben Zeitung Anlauf zur
Gegendarstellung.

Wer gewinnt einen Krieg? Immer der, der am längsten durch-
hält?

Mit dem späten Herbst kommt das Gefühl der Vergeblichkeit.
Sie spürt plötzlich, wie müde sie ist. Was hat sie, eine Frau, auf
dem Schlachtfeld der Männer verloren? Frauen, so will es die Normalität ihres Gefühls, werden geschont. Kommt den Frauen zart
entgegen! Goethe. Sie aber steht nicht nur auf eine sehr unweibliche Weise im Licht der Öffentlichkeit, sondern sie wird auch
angegriffen wie ein Mann, also schonungslos. Ihr Verstand kann
das zwar begründen, aber ihr sittliches Empfinden sieht sich außerstande, diesem Lehrmeister zu folgen.

Am 6. Dezember fährt sie nach Hamburg, zu einer Unterredung mit dem Bürgermeister der Hansestadt Johann Georg Mön-
ckeberg. Es geht um Nietzsche-Manuskripte aus Sils Maria, sie
hat da einen Hinweis bekommen. Nietzsches Wirt dort oben, der
Krämer Durisch, hat sich immer gefreut, wenn jemand kam und
sich nach seinem früheren Gast erkundigte, er durfte meist auch
etwas Handschriftliches als Souvenir mitnehmen. Sie versucht
schon lange, die Souvenirs wieder einzusammeln, darum fährt
sie jetzt nach Hamburg. Sie reist allein, *ohne Mädchen, ohne Die-*

ner, allein mit ihren schlechten Augen. Am Anhalter Bahnhof in Berlin steigt sie aus, um kurz den Grafen zu treffen.

Am Anhalter Bahnhof hatte, kaum klarer blickend als sie, einst ihr Bruder versucht, Lou von Salomé zu kapern, aber die Generalstochter kam gar nicht erst. Kessler jedoch erwartet sie. Vom Lehrter Bahnhof wird sie weiterfahren, dazwischen liegen zwei Stunden, die den Freund tief irritieren: »Sie schien im allgemeinen recht niedergedrückt. Der Kampf mit Bernoulli über Overbeck hat sie müde gemacht. Sie sagt, sie habe sich entschlossen, die ganzen Papiere aus dem Archiv der Universität Jena zu schenken.«[616] Es sei schon alles besprochen.

Der Graf ist erst überrascht, dann entrüstet: »Ich protestiere lebhaft. Sie solle doch nicht das Angefangene aufgeben. Die Universitäten bilden mit ihrem geistigen Nepotismus eine schon fast ebenso grosse Last für das deutsche Leben wie der heutige Staat.« Und habe nicht gerade ihr Bruder unter dieser Verfasstheit der Universität am meisten gelitten? Es sei nicht ausgeschlossen, dass auch das Archiv den Weg aller Institutionen gehe, »eng und orthodox« werde, aber doch auf andere Weise. Jetzt aber sei das Archiv vor allem eins: ein Gegengewicht. Und durch Zuwendungen, Stiftungen könne es wachsen. Harry Graf Kessler kann es nicht glauben. Was geschieht da mit seiner Zitadelle?

Sie wird nicht geschleift, sie schleift sich selbst? Das ist kein militärisch akzeptables Verhalten. Und er bietet auf dem Lehrter Bahnhof all sein rhetorisches Talent auf, die Freundin umzustimmen. Das Archiv sei »ein kleiner Fleck freier Erde, auf dem man zwischen den bedrückenden Riesenbauten des Staats und der deutschen Universität den offenen Himmel sehen könne.«

Ein kleiner Fleck freier Erde? Das rührt sie. Als sie weiterfährt, nimmt er ihr das Versprechen ab, nichts zu tun, ohne ihn nochmals zu fragen.

Vielleicht gibt es in der Tat etwas wie einen dritten Weg. Macht Kessler hier während ihrer Unterredung auf dem Lehrter Bahnhof den Vorschlag, eine Stiftung zu gründen, ein Kuratorium zu bilden? »Wenn sie das Archiv schon jetzt bei Lebzeiten einem Kuratorium übergeben könne, sei ihr auch, und wie sie zugebe, in besserer Weise geholfen. Sie denkt für das Kuratorium an Gast, Oehler, Raoul Richter, Graef und mich.«

Ende Dezember schickt er ihr, diesmal von London aus, die gewohnte Bonbonniere, »damit dieses Jahr nicht blos Bitteres, sondern an seinem letzten Tage auch etwas Süßigkeit ins Archiv getragen haben möge«.[617]

Doch Elisabeth fährt fort, wenn nicht in Schwarz, so doch in Dunkelgrau zu denken. Wie soll ausgerechnet eine alte Frau wie sie ein Stück freier Erde schaffen können? Mitte Januar erreicht sie eine ernste Mahnung aus dem Lieblingshotel des Grafen am Strand in London: »Ihren Entschluß mit Jena fahre ich fort tief zu bedauern. Meine Einwendungen sind PRINZIPIELLER Natur. Die Universitäten, die so Großes geleistet haben und noch leisten, bieten durch ihre Übermacht eine große Gefahr für das (die) deutsche Geistestat, eine umso größere, als sie sehr stark mit Vetternschaften und Nepotismus durchsetzt sind. Es ist daher von allergrößter Wichtigkeit, daß möglichst ebenbürtige, VON IHNEN UNABHÄNGIGE geistige Institutionen neben ihnen aufwachsen, die eine geistige Orthodoxie hindern helfen.«[618]

Als Bestandteil der Universität Jena würde es zu einer ganz gewöhnlichen, wenn auch ihrem Inhalt nach bedeutsamen Dokumentensammlung niedersinken.

Das kann sie nicht wollen, Kessler setzt die Pointen gekonnt. Sie ist eine Kämpferin, er weiß es wohl, nur hat sie es augenscheinlich vergessen. Er muss sie wieder aufwecken.

Die Rechnung des Grafen geht auf. Statt einer Schenkungsurkunde beginnt Elisabeth Anfang 1907 etwas ganz anderes zu verfassen. Sie gibt ihrer Kampfschrift den Titel *Das Nietzsche-Archiv, seine Freunde und seine Feinde*. Wie im Fall fast aller Kampfschriften zählt Fairness nicht zu ihren Haupttugenden.

Wahrscheinlich fühlt sie schon beim Schreiben, wofür ihr Bruder den Kampf so gelobt hat, nicht lediglich für seinen Nutzen, den Sieg. Vielleicht sogar am wenigsten dafür, denn: … *mir scheint schon das MEHRGEFÜHL, das Gefühl des STÄRKER-WERDENS, ganz abgesehn vom Nutzen im Kampf, der eigentliche FORTSCHRITT: aus diesem Gefühle entspringt erst der Wille zum Kampf*[619].

Das Nietzsche-Archiv,
seine Freunde und Feinde

Die Schrift zählt fast einhundert Seiten. Weder in den Angriffen der Overbeckianer noch in Elisabeths öffentlichen Verteidigungen bisher wird das Eigentliche angesprochen. Es ist zu diffus, es ist zu persönlich, es setzt zu viel intime Kenntnis voraus, um vor Publikum zur Sprache gebracht zu werden, und vor allem: Es ist nicht justiziabel. Overbeck hielt es für einen schlechten Witz, dass ausgerechnet Nietzsches Schwester sich für dessen Erbe zuständig fühlt. Woher soll eine Frau wissen, und dann noch diese, was es bedeutet, ein geistiges Schicksal zu haben? Aber so konnte er das nie fragen, das Publikum erwartet Fakten. Veruntreuung Nietzsches wäre ein Fakt. Und eben als Veruntreuerin, die ihren Bruder öffentlich ausstellte, macht Bernoulli Elisabeth im Namen Overbecks verdächtig. Veruntreuung?

Selbst bei einem flüchtigen Rückblick, beginnt die Verdächtigte, *wird jedermann einsehen müssen, daß ohne meine Sammlung der Handschriften und Briefe meines Bruders die Entstehung seiner Werke und sein gesamtes Leben und Wirken dem Mythos verfallen wäre. Es würden die wichtigsten Grundlagen fehlen. ... Auch die Briefsammlungen wären nach dem Tode der einzelnen Freunde und Bekannten wahrscheinlich in den Besitz Unbekannter geraten oder ... liegen geblieben.*[620] Das, in der Tat, ist ihr Verdienst. Keiner der einstigen Freunde hätte getan, was sie getan hat. Also berichtet sie, von allem Anfang an, wie das Nietzsche-Archiv entstand, das inzwischen neben 1200 Briefen 17 Druckmanuskripte, *einige Dutzend mit losen Blättern gefüllte Mappen* und 160 Oktav-, Quart- und Foliohefte umfasst, *darunter sind 44 Notiz- und Taschenbücher, 51 Hefte mit philologischen Studien und Vorlesungen und 45 gebundene Hefte.*[621]

Aus Turin stamme von alldem *kaum der zehnte Teil.* Vielleicht, suggeriert die Archivarin, wäre es mehr, hätte Overbeck auf die Manuskripte achtgegeben, als er Nietzsche abholte. Er hätte sie etwa dem deutschen Konsulat in Turin übergeben können. Heißt: Die Veruntreuerin ist nicht sie, der Veruntreuer ist Overbeck.

Wahrscheinlich kennt sie Overbecks Geständnis aus dem Januar 1889, an die »Umwerthung« nicht gedacht zu haben, »und wenn es der Fall gewesen wäre, hätte ich im Drange jenes Tages dem Gedanken unter dem in letzter Zeit zumal in trostloser Weise angewachsenen Wuste der Skripturen N.'s sie zu finden kaum Folge geben können. GESUCHT habe ich um sie zu entfernen nur nach den Erzeugnissen des Wahnsinns, das völlig Unleserliche liegen lassen, anderes an mich genommen.«[422]

Ein »in trostloser Weise angewachsener Wust von Skripturen«? Nach Wertschätzung klingt das nicht. Kein Wunder, suggeriert Elisabeth, dass Overbeck nicht auf Sicherstellung des »Wustes« bedacht war, dabei wäre alles so einfach gewesen: *Das deutsche Konsulat in Turin, wohin der italienische Wirt bereits zur Anmeldung gegangen war, würde dann den gesamten Nachlaß übernommen und versiegelt haben.*[623]

Warum habe Overbeck, als er den Freund abholte, dieses Elisabeth zufolge Nächstliegende nicht getan? Der Leser, hofft die Autorin, mag es sich selber sagen: aus Geringschätzung. Und sie muss sich von Overbecks Nachlassverwalter Veruntreuung vorwerfen lassen, sie, die Hüterin jedes einzelnen Buchstabens ihres Bruders?

Wie war es möglich, dass Nietzsche-Manuskripte nur allzu bald im Reich gehandelt wurden? Wie war es möglich, dass Nietzsches früherer Wirt in Sils Maria im Jahr 1890 einem ehrfurchtsvollen Berliner Buchhandelsvolontär und Nietzsche-Verehrer einen Wandschrank öffnete, »einen Arm voll beschriebenen und bedruckten Papiers« heausholte »und sagte, indem er es auf den Tisch legte: ›Hier suchen Sie sich aus, was Ihnen gefällt!‹«[624] Und der überwältigte Volontär sei nicht der Erste gewesen, der sich erkundigt habe, ob nicht noch etwas Handschriftliches von Nietzsche da sei. Nietzsches Wirt, der Krämer Durisch, war immer sehr erfreut, wenn sich jemand für seinen einstigen Pflegling interessierte, neigte zur Freigiebigkeit und wäre außerstande gewesen, Geld für seine Souveniers anzunehmen.

Warum meldete sich Overbeck nicht bei dem spendablen Krämer, oder, auf Drängen von Gast, erst als es zu spät war? Schließlich, so Elisabeth, sei er der Beauftragte gewesen.

Welcher Beauftragte? Müsste es nicht richtiger heißen: der Selbstbeauftragte? Ja, er hatte der Mutter noch im Januar 1889 die Fürsorge für Nietzsches Handschriften zugesagt, aber doch immer als freiwillig Selbstbeauftragter. Es ist keine Frage, die Sache hat etwas Schmähliches. Was Overbeck selbstlos für den Freund getan hat, was er nicht hätte tun müssen: Jetzt wird es gegen ihn verwandt. So wie Elisabeths Rettung des Nachlasses ihres Bruders gegen sie verwandt wird.

Es ist die Vernichtungslogik eines vor Publikum ausgetragenen Kampfes, in dem Aufgeben Alles-Zugeben hieße, weshalb er immer rücksichtsloser geführt wird und ihm eine Tendenz zur schlechten Unendlichkeit innewohnt, nur: Elisabeth hat ihn nicht begonnen.

Zudem habe sie selbst schon bei Gründung des Archivs vorgeschlagen, es der Universität stiften zu wollen, an der ihr Bruder zehn Jahre lehrte, sie habe dem Basler Professor Overbeck diesen Vorschlag gemacht, den er jedoch *in überraschend nichtachtender Weise zurückwies.*[625] Das mag sein: Nietzsche hatte sich als Gelehrter unmöglich gemacht, jede Universität wäre damals peinlichst berührt gewesen von diesem Angebot. Natürlich interpretiert Elisabeth Overbecks Ablehnung als persönliche Geringschätzung. Und in der Tat, das lässt sich heute sagen, erst recht, nachdem die Briefwechsel Overbecks mit Heinrich Köselitz und Erwin Rohde erschienen sind, hielt Overbeck Nietzsches aufsteigenden Ruhm für ein Missverständnis, vor dem er ihn nach Möglichkeit bewahren wollte.

Overbeck, der Manuskripteverlierer?

Elisabeth wehrt sich auch gegen Bernoullis Vorwurf einer unhaltbaren Editionspraxis, der leider auch ihr früherer Herausgeber sekundierte, der den höchsten Unwillen der Archivherrin erregte, als er 1901 die gefühlte Hälfte der Manuskripte des *Wille zur Macht* titulierten Nachlasswerkes weggelassen hat. Inzwischen sah er sich zu der nachweisenden Behauptung oder dem behauptenden Nachweis veranlasst, dass gewiss keine wichtigen Manuskripte aus Turin fehlen, denn der *Antichrist* sei bereits die ganze Umwertung. Ursprünglich, als Mitarbeiter des Archivs, hatte Horneffer zwar das Gegenteil behauptet; nun behauptet Elisabeth umgehend das Gegenteil. Und was heiße, die einzig mögliche Weise einer Nietzsche-Edition sei, alles nacheinander zu drucken, Notiz für Notiz, jenseits jeden Zusammenhangs? Da kann die oberste Archivarin nur lachen.

Mit Nietzsches Jugendfreund und Mitphilologen Erwin Rohde habe sie die Editionsprinzipien der Gesamtausgabe einst besprochen, auch die Möglichkeit simpler Chronologie: *Den Vorschlag ... alles so abzudrucken, wie es nacheinander in den Entwurfsheften steht, was ja das bequemste gewesen wäre, bezeichnete Rohde angesichts der Manuskripte und seiner eigenen Erfahrungen als eine »Albernheit ersten Ranges«.*[626] Nicht zuletzt, weil der Geist eines Autors springt, zumal der eines schöpferischen Autors. Wäre es anders, würde er die vorherige Notiz fortsetzen, statt eine neue zu beginnen. Dem besseren Verständnis dessen, was der Verfasser uns sagen wollte, dient die Tugend des chronologischen Abdrucks in der Tat nicht, doch stellt sie eine Form der Aufrichtigkeit, der Bescheidenheit dar.

Es ist hier nicht der Ort, der Autorin von *Das Nietzsche Archiv, seine Freunde und Feinde* auf alle philologischen Kriegsschauplätze zu folgen, die ein allgemeines Publikum schon damals überfordert haben dürften.

Die Grundidee des Buches ist einfach: Sie ist nicht die Veruntreuerin, sondern die Hüterin des Nachlasses ihres Bruders. Sie kann das auf durchaus eindrucksvolle Weise bezeugen: Als Gustav Naumann in ihrem Auftrag Ende 1894 nach Genua reiste, habe er dort noch Nietzsche-Manuskripte gefunden, und zwar *mit großer Mühe und Geschicklichkeit.* Und es waren noch immer nicht alle. Ende der neunziger Jahre folgten zwei weitere, höchst wertvolle Handschriften: *So scheint in Genua nichts verloren zu sein; wir haben von dort zehn große und kleine vollbeschriebene Hefte wiedererlangt. Diese Niederschriften bilden den Hauptinhalt des elften und zwölften Bandes der großen Gesamtausgabe*[627]. So sehen ihre Bilanzen aus. Sie findet, sie kauft an. Sind das die Resultate einer verantwortungslosen Möchtegernarchivarin?

Wenn es einen Veruntreuer geben sollte, dann sei das wohl Overbeck, suggeriert die Psychologin Elisabeth und wird nun auf subtile Weise perfide oder auf perfide Weise subtil. Denn natürlich kann auch sie ihre größte Besorgnis nicht vor Publikum aussprechen. Wie Overbeck muss sie über das schweigen, was sie am meisten quält. Was, wenn sie in den Briefen ihres Bruders an den schrecklichen Professor für Kirchengeschichte und neutestamentliche Exegese dastünde als die Frau, die Friedrich Nietzsche verabscheut hat? Er konnte so maßlos sein in seinem Zorn. Dagegen könnte sie sich nicht wehren, sie könnte auch nichts erklären. Denn es gibt Felder, auf denen man sich selbst nicht verteidigen kann, und das hier ist eins.

Aber das Publikum weiß das nicht, und sie gibt sich so, als sei ihr nichts rätselhafter als die Feindschaft dieses Mannes. Sie entschließt sich zu folgender Vermutung: *Prof. Overbeck scheint durch die Entdeckung der Manuskriptverluste aus dem literarischen Nachlaß Nietzsches, dessen Fürsorge ihm anvertraut war, außerordentlich verletzt gewesen zu sein … er konnte deshalb in der Begründung des Nietzsche-Archivs nichts weiter sehen als einen Protest gegen seine Unachtsamkeit.*[628]

Nobelpreisträgerin Elisabeth?

Der Herausgeber der *Kant-Studien* Professor Hans Vaihinger bekennt am 12. März 1907 in gewohnter Delirium-tremens-Handschrift, der ihm zugesandten Schrift *Das Nietzsche-Archiv, seine Freunde und Feinde* zu entnehmen, »daß Ihre Vertheidigung gegen die Overbeckianer auf guten Füßen steht«, auch wenn es nicht anders als tragisch zu nennen sei, daß »um den toten Helden Nietzsche … solche Kämpfe entstehen«[629]. Und Vaihinger fasst einen Entschluss.

Ein Vierteljahr später, am 28. Juni, wird Elisabeth Förster-Nietzsche von den deutschen Professoren Hans Vaihinger, Alois Riehl und Max Heinze für den Nobelpreis für Literatur 1908 vorgeschlagen.

Wer für den Nobelpreis vorgeschlagen wird, kann sein Lebenswerk nicht verschenken. Er kann es nicht niederlegen, er darf nicht sagen: Ohne mich. Die Zitadelle steht!

Elisabeth ist *in tiefster Seele ergriffen,* ja, sie ist fassungslos. Das Stockholmer Komitee auch? Friedrich Nietzsche gilt inzwischen europaweit wie einst Sokrates als Verführer der Jugend, und in Skandinavien hat schließlich alles angefangen. Wie sagte doch der Wahl-Weimarer Ernst von Wildenbruch? Ein »Taumellied wild-wüt'ger Lehren«. Das passt natürlich schlecht. Und ob Nietzsches Selbstankündigung *Ich bin Dynamit!* seine Schwester ausgerechnet für den Nobelpreis qualifiziert, darf bezweifelt werden. Die Kandidatin selbst rechnet sich keine Chancen aus, *da die Akademie in Stockholm reichlich zurückgeblieben sein soll und sich deshalb vor dem Namen Nietzsche fürchtet.*[630]

Der temporäre Archivmitarbeiter Richard Oehler, auch ein Elisabeth-Cousin wie Adalbert und eigentlich Bibliothekar in Florenz, hat da eine Idee. Wie wäre es, wenn Ernest Thiel in seiner Eigenschaft als Schwede dem Nobel-Komitee zu verstehen gäbe, dass das »Taumellied wild-wüt'ger Lehren« ein Missverständnis sei, was er – wer wenn nicht er? – auf überzeugende Weise darlegen könne. Am besten, er fragt ihn das direkt. Richard Oehler an Ernest Thiel: »Da aber Nietzsche in der Öffentlichkeit noch immer ein etwas umstrittener Gegenstand ist, halten es die genannten Herren« – Vaihinger & Co. – »für nicht unmöglich, daß der Antrag abgelehnt wird und meinten, es sei gut, wenn vielleicht noch von anderer Seite für die Sache gewirkt werden könnte. Und so möchte ich es nun wagen, an Sie, hochgeehrter Herr Thiel, die Anfrage zu richten, ob Sie wohl vermöge Ihrer persönlichen Beziehungen in der Lage wären …«[631]

Der Angefragte bedauert. Jedes Engagement von seiner Seite hätte eine eher herabstimmende Wirkung auf die Entscheidungsträger. Der hohe Rat schätze generell keine Einflüsterungen. Aber Ernest Thiel kommt ein Verdacht. Beim Nobelpreis geht es schließlich nicht nur um die Ehre, es geht auch um Geld, um ziemlich viel Geld.

Geht es um Geld? Und Thiel bittet Oehler, ihn doch über die finanziellen Verhältnisse des Archivs aufzuklären. Dass sich Elisabeth im vergangenen Winter 11 000 Mark von ihm borgen wollte, hatte ihn hellhörig gemacht.

Was soll Richard Oehler vom Hypothekenhügel antworten? Dass Elisabeth eine pekuniäre Optimistin sei und dass allein ihre Energie das Archiv schon über Wasser halten werde? Dass aber, was nach ihrem Tod mit dem Archiv geschähe, in den Sternen stünde, weshalb Elisabeth es schon jetzt am liebsten entweder der Universität Jena oder der Stadt Weimar vermachen wolle. Fraglich sei jedoch, ob die ein so hoch verschuldetes Institut übernähmen. Und Oehler setzt Thiel auch in Kenntnis der Pläne von Freunden, eine private Stiftung zu gründen, allerdings hege er Zweifel an der Durchführbarkeit.

Und dann kommt ein Tag im September 1907, an dem Elisabeth viel weinen muss. Sie weint so, wie sie nie mehr glaubte weinen zu können: vor Glück. Ernest Thiel teilt ihr mit, dass er dem Nietzsche-Archiv 300 000 Mark spende, Zeitpunkt der Auszahlung: nach ihrem oder nach seinem Tod, je nachdem, welcher früher eintritt. Sie beide sind sterblich, das Archiv aber wird leben! Und das Dach der Villa wird nicht unter seiner Hypothekenlast über ihr zusammenbrechen.

Als die Glücksversehrte zu weinen aufhört, beginnt etwas in ihr, Arithmetik zu treiben: Sie, nein, ihr Lebenswerk wird einmal 300 000 Mark geschenkt bekommen. Die Zukunft wird sie also überleben, aber wie überlebt sie die Gegenwart? Sie schuldet im Augenblick vier Anwälten in sechs verschiedenen Prozessen 3000 Mark. Tendenz steigend. Denn ein Ende der Verfahren ist nicht abzusehen. Anwälte sind ungeduldig, die warten bestimmt nicht, bis sie tot ist. Wenn das ihre Mutter noch erlebt hätte!

Vier Anwälte. Sechs Prozesse

Zur gleichen Zeit, als Elisabeth sich gerettet und doch nicht gerettet weiß, schärft der Haupturheber ihrer Gerichtskosten seine Munition. Die Streitschrift darf nicht unbeantwortet bleiben: »Daß früher oder später der Moment kommen würde, in dem es sittliche Pflicht ist, notwendigen Falles den andauernden unglaublichen Unwahrheiten der Frau Förster mit einer oder mehreren der Kögelschen Geheimstellen in der Hand entgegenzutreten, war mir von allem Anfang an klar.«[632]

Auch sieht sich C. A. Bernoulli außerstande, den Reaktionen erster Leser der Koegel'schen Was-Friedrich-Nietzsche-wirklich-über-seine-Schwester-dachte-Exzerpte zu widerstehen. Charles Andler etwa, Germanistik-Professor an der Pariser Sorbonne, war überwältigt: Wie ergreifend! Wie menschlich tief ergreifend! Und er hat einen Vorschlag, nein, er hat eine Forderung: »Das muss heraus! Das muss heraus!«[633]

Nichts verbreitet sich leichtfüßiger als das Geheime, wenn es sein muss bis nach Paris. Welches Wissen ist es denn wert, gewusst zu werden? Nur das Geheimwissen. Im Gegensatz zu Elisabeth ist man also schon in Frankreich darüber informiert, wie sehr Friedrich Nietzsche unter seiner Schwester litt.

Inhaber von Geheimnissen fühlen nicht selten einen enormen Drang nach Öffentlichkeit, und Menschen mit Missionen neigen nur selten zu Selbstzweifeln, C. A. Bernoullis Mission ist es, Elisabeth im Namen Franz Overbecks zu vernichten. Gleich, noch bevor das Jahr zu Ende geht, wird sein Buch *Franz Overbeck und Friedrich Nietzsche. Eine Freundschaft* erscheinen, und zwar in unmittelbarer Nachbarschaft des Archivs, bei Diederichs in Jena. Und mit Zitaten aus den elisabethfeindlichen Briefen, die Peter Gast einst an Franz Overbeck richtete und deren Existenzmodus der Empfänger als »so gut wie verbrannt« angab. Aber kann man aus Verbranntem zitieren?

Es sieht nicht so aus, als würden Elisabeths Gerichtskosten in absehbarer Zeit sinken. Obwohl es in diesem Fall die Gasts sein werden. Zitate aus persönlichen Briefen dürfen seiner Ansicht nach nur mit Zustimmung des Autors erfolgen, und er verweigere diese Zustimmung auf das Entschiedenste. Schon wieder ein neuer Prozess!

Nein, so ganz sicher ist es doch nicht, ob das Dach der Villa hält. Im nächsten Jahr wird eine Hypothek von 9000 Mark fällig, und sie hat nicht die leiseste Idee, wie sie die bezahlen soll. Sie schreibt Thiel das. Tränen und Zahlen lügen nicht. Auch hat sie da eine Idee. Wie wäre es, wenn er ihr die erste Rate schon jetzt überweise? Natürlich ist das ein beinahe unverschämtes Ansinnen, aber stellt das Leben nicht immerzu unverschämte Ansinnen an uns? Und die Vorteile, sie darf gar nicht an die Vorteile denken: Sie könnten schon jetzt die Stiftung gründen und sie, eine, nun ja, schwache Frau mit vielen Feinden, stünde nicht länger allein.

Im Oktober, als der Höherbeauftragte Bernoulli über seine sittlichen Veröffentlichungspflichten nachdenkt, sieht sich Elisabeth veranlasst, das Originalmanuskript der *Götzendämmerung* zu verschenken. Mit Widmungsurkunde! Sie hat Antwort aus Schweden bekommen:

Meinen theuren Freunden

Herrn Ernest und Frau Signe Thiel

den gütigen Stiftern und Begründern

der Nietzsche-Stiftung

schenke ich das von meinem geliebten Bruder eigner Hand geschriebene Druckmanuskript der

Götzendämmerung

oder

Wie man mit dem Hammer philosophiert

...

Die Besten sollen das Beste haben

Weimar Oktober 1907

Elisabeth Förster-Nietzsche

Friedrich Nietzsche hat selbst dieses Druckmanuskript als sein allersauberstes Manuskript bezeichnet, aber die Post und die Druckerei hat es übel behandelt.

In diesem Manuskript giebt es eine Reihe Stellen, die im Druck verändert oder gestrichen sind.[634]

Und darunter stehen, in ihrer Abschrift, die Nietzsche-Worte:

Aber was gehen mich die Deutschen an! Ich schreibe, ich lebe für die Wenigsten. Sie sind überall ... Man muß, um Ohren für mich zu haben, zuerst ein guter Europäer sein – und dann noch einiges dazu ...

Sils Maria Oberengadin am 3. September 1888

Und dann erscheint Anfang Dezember Diederichs Verlagsanzeige des Buches *Franz Overbeck und Friedrich Nietzsche. Eine Freundschaft. Nach ungedruckten Dokumenten und im Zusammenhang mit der bisherigen Forschung.* Der Text der leider verlorenen Anzeige empört Elisabeth so sehr, dass sie auf der Stelle beschließt, Bernoulli und Diederichs allein für die Anzeige wegen Beleidigung zu verklagen. Noch ein Prozess mehr! Der Leipziger Insel-Verleger Anton Kippenberg, mit dem Elisabeth gerade eine Prachtausgabe des *Ecce homo* vorbereitet, teilt die Entrüstung der Vielklagenden, Vielverklagten: Es wäre eine Schande für den deutschen Buchhandel, wenn eine solche Form der Reklame unbestraft bliebe.

Das neue Jahr beginnt mit einem kleinen Paukenschlag, zuerst hört ihn Hans Vaihinger. Der Begründer der *Philosophie des Als-Ob* liest: »Wir bekennen uns zum Empfang Ihres geehrten Schreibens vom 25. ds. Mts. nebst ›Antrag auf Ertheilung des Nobelpreises an Frau Dr. Förster-Nietzsche‹ und haben die beiden Schriftstücke für statutenmässige Behandlung an der (sic!) Nobelkommission der schwedischen Akademie übergeben. Die uns früher von Ihnen übersandten Schriften der Frau Förster-Nietzsche haben wir, seiner Zeit, der erwähnten Nobelkommission zugestellt. Hochachtungsvoll …«[635]

Im Mai wird in Weimar die *Stiftung Nietzsche-Archiv* gegründet. Der Geheime Staatsrat und Vorsteher des Großherzoglichen Ministerialdepartments des Innern und Äußeren Arnold Paulssen bestätigt am 23. Mai die Nietzsche-Stiftung »als gemeinnützige, wissenschaftliche und kulturelle Institution«. Elisabeth und Paulssen werden sich nie mehr aus den Augen verlieren, um nur das Mindeste zu sagen. 1. Vorsitzender der Stiftung: Adalbert Oehler. Mitglieder des Stiftungsvorstandes: die Professoren Max Heinze, Raoul Richter und Hans Vaihinger, dazu der freie Denker, Ausstellungsmacher, Dandy und Mäzen Harry Graf Kessler, der Mediziner Hermann Gocht und ein weiterer Cousin Elisabeths, dreißig Jahre jünger als sie: Max Oehler, der das Archiv einmal von ihr übernehmen wird und der mit Mussolinis Dionysos 1943 durch den Bombenhagel vom Bahnhof zum Archiv fahren wird.

Noch weist nichts auf Max Oehlers spätere Laufbahn hin, der Absolvent der Kriegsakademie Berlin ist preußischer Offizier und macht im Archiv gerade Ferien vom Stumpfsinn des Militärs. Wie soll man die Wirkung nennen, die der junge Oberleutnant seiner Cousine erregt? Vielleicht darf man von einem äußersten Wohlwollen sprechen. Sie fühlt sich ihm verwandt, *auch lieben wir dieselben Bücher*, tapfer sei er, und heiter sei er. Dass er ihren Bruder liebt wie sie, versteht sich von selbst. Max Oehler ist zwar ihr Cousin, aber könnte er nicht ihr Sohn sein? Sie wird ihm einmal anbieten, ihn zu adoptieren, denn trüge er dann nicht den einzig wünschbaren Namen?

Vorerst ernennt sie ihn zu ihrem Neffen, es entspricht mehr ihrem mütterlichen, fürsorglichen Empfinden und dem Altersunterschied zwischen ihnen. Sie würde ihn am liebsten gleich ganz dabehalten, immerhin ist das Militär einsichtig genug, den Urlaub ihres Wahlneffen, der am 1. Juli enden sollte, noch bis zum Dezember zu verlängern. Als größten Vertrauensbeweis entsendet sie ihn als ihren offiziellen Botschafter und Bevollmächtigten nach Schweden zu Ernest und Signe Thiel, um die Stiftung en detail vorzubereiten. Weder der junge Oberleutnant noch seine Cousine noch die zu Besuchenden ahnen, welche Gefährdungen dieser Besuch birgt. Denn der Gesandte wird seine Kompetenzen in allerbedenklichster Weise überschreiten. Er verliebt sich in haltloser Weise in die Mitstifterin, in Ernest Thiels Frau Signe. Als Max Oehler Stockholm wieder verlässt, ist Signe Thiel guter Hoffnung, wenn dieses Wort denn hier angemessen sein sollte.

Als Max Oehler dem größten außermilitärischen Abenteuer seines Lebens entgegenfährt, stellt sich im Archiv ein schon nicht mehr ganz junger Mensch vor, der es als seine Lebensaufgabe betrachtet, der angelsächsischen Welt das Evangelium Friedrich Nietzsches zu bringen.

Das haben vor Oscar Levy zwar schon andere versucht, jedoch immer in Auswahl; der Sohn eines hinterpommerschen vermögenden jüdischen Versicherungskaufmanns aus Stargard bei Stettin aber geht aufs Ganze. Man erkennt diese Neigung auch an seinem philosophischen Erstling, dem er vier Jahre zuvor den bescheidenen Titel *Das 19. Jahrhundert* gegeben hat. Der ebenso verdienst- wie geistvolle Levy-Wiederentdecker und Herausgeber Steffen Dietzsch hat nicht zu Unrecht behauptet, dass man schon bis zu Heines *Religion und Philosophie in Deutschland* zurückgehen müsse, um Vergleichbares zu finden. Leider hat Elisabeth Levys Hauptwerk nicht gelesen, obwohl er nicht versäumt hatte, es ihr zuzusenden, schließlich stammt von ihrem Bruder das Licht, das auf das 19. Jahrhundert fällt. Wie auch immer, die Nicht-Lektüre verschafft der Kandidatin für den Nobelpreis und Leiterin des Archivs, das nunmehr eine gemeinnützige Stiftung ist, keinen Symphatiebonus. Levys Vater, der hinterpommersche Versicherungskaufmann, immerhin hatte es gelesen, seinem Sohn eine schwere Zukunft prophezeit und ihn einen Fantasten genannt. Kurz darauf ist er gestorben.

Levy gehört zu den ganz wenigen Menschen – oder ist Levy gar der einzige? –, auf die Elisabeth bei der ersten Begegnung einen Eindruck macht, als hätten sie zuvor gelesen, was die zweite Hälfte des zwanzigsten Jahrhunderts meinte, über Nietzsches Schwester zu wissen: »Einen Tag lang durchstreifte ich die Straßen von Weimar und fragte mich, wie es möglich war, dass ein solcher Mann solch eine Schwester hatte. Im Großen und Ganzen habe ich Mitleid mit dieser Frau, die ihren ›Ruhm‹ schon sehr teuer bezahlt.«[636] Wahrscheinlicher ist, dass Levy zuvor zu viel Bernoulli gelesen hat. Auch neigt ein durch Ignoranz gekränkter Autor durchaus zur Unbarmherzigkeit. Die Verabredung betreffs Gesamtausgabe kommt dennoch zustande. Levy hat von seinem Vater, der ihm prophezeite, dass er auf keinen grünen Zweig kommen würde, ein kleines Vermögen geerbt: Er nimmt alle Risiken auf sich und bietet der unmöglichen Schwester zudem »erst bei Abschluß des Vertrages zahlbar, Dreitausend Mark, und danach einmals eintausend Mark, zahlbar am 1. Juni 1911.«[637]

Im September 1908 erscheint in Jena ein Buch mit vielen unansehnlichen Seiten, es ist Carl Albert Bernoullis Fortsetzung von *Franz Overbeck und Friedrich Nietzsche. Eine Freundschaft.* Die Stellen aus Peter Gasts Briefen sind geschwärzt, weshalb man das Buch im Archiv nur den Schwarzen Peter nennt.

Die Laune der obersten Archivarin tendiert zum Übermut. Es ist ohnehin keine Frage, wer in diesem Jahr die schöneren Bücher macht, Weimar oder Jena, das Archiv oder Diederichs, selbst wenn Letzterer nicht den Schwarzen Peter hätte. *Also sprach Zarathustra* erscheint bei Insel; Einband und Ornamente in Schwarz, Purpur und Gold: Henry van de Velde. Es sind 500 nummerierte Exemplare, die ersten fünfzig sind in Maroquinleder gebunden, alle anderen in Pergament. Dem Zarathustra folgt *Ecce homo*, gleicher Verlag, gleicher Ausstatter. Die Auflage beträgt 1250 Exemplare, 150 Exemplare davon auf Japanpapier abgezogen, die übrigen auf Halbpergament. Aufgrund ihres Preises kennt man diese Ausgaben ab sofort auch unter dem Namen »Nietzsche für Bankiers und Häuserspekulanten«.

Mehr als zehn Jahre also hat es gedauert, bis Elisabeth und ihr einstiger bibliografischer Berater ihren Plan verwirklicht haben, das tendenziell schönste Buch der Welt seit Jahrhunderten zu machen, zumindest das schönste Nietzsche-Buch. Es war ein irritabler Weg, voller Rück- und Winkelzüge und großen Müdigkeiten der Beteiligten, die das Projekt zwischendurch immer wieder vergaßen, im Gegensatz zu den verwechselnden ins Auge gefassten Verlegern.

Immerhin muss Elisabeth an ihren bibliografischen Berater nun vorläufig nicht mehr Briefe wie diesen schreiben: *Drugulin* – dieser Verleger hatte bereits die vom bibliografischen Berater als unabdingbar bezeichnete sündhaft teure Drucktype *Lemmen* herstellen lassen – *ist außer sich, er hat 15000 Mk. in die Schrift des Zarathustra gesteckt, und die Sache bleibt absolut liegen. Schuster* – ein Alternativverleger, der auf eine vage Hoffnung hin sein Geld in unverzichtbarem extraschwerem handgeschöpftem Büttenpapier anlegte – *ist ebenso außer sich, und die ganzen Unannehmlichkeiten, die ich mit ihm hatte, basirten auf dieser theuren, nicht zu Stande gekommenen Zarathustra-Ausgabe. Nun sieht van de Velde immer so elend aus, daß es mir wie eine Grausamkeit scheint, ihn auch noch zu drängen, u. so wollte ich Sie fragen: WOLLEN WIR NICHT DIE GANZE SACHE LASSEN, SIE WIRD JA DOCH NIE FERTIG* [638]?

Das kann man so nicht sagen. Der »Nietzsche für Bankiers und Häuserspekulanten« ist schon im Augenblick seines Erscheinens ausverkauft.

Die Verachtung der Vierfüßler
oder Gast geht

Hurrah, hurrah, nun ist die Sache glänzend gewonnen! [639], hatte Elisabeth im Herbst gejubelt, als das Gericht bestätigte, dass aus persönlichen Briefen nur mit Zustimmung des Autors zitiert werden dürfe, was bedeutete, dass Bernoulli und Diederichs den Schwarzen Peter behalten mussten.

Dass Overbeck seinen Schüler Bernoulli im Januar 1905 mit Verrichtungsaufforderung auf den Kriegspfad schickte, hatte das Gericht doch sehr unangenehm berührt, und nicht nur das Gericht: »Man weiß nicht, ob er mehr ekelhaft, oder mehr grotesk ist«, befindet der Graf über den Overbeck-Brief und glaubt im Übrigen, dass »Overbecks Motive auch unter Vierfüßlern nur Verachtung ernten würden«. [640]

Aber der Sieger Peter Gast alias Heinrich Köselitz spürte nichts von Triumph. Wahrscheinlich verabscheut er inzwischen sogar den Namen, den ihm Nietzsche einst gab, und den er – als Musiker – so lange mit Stolz trug. Ist er denn noch Peter Gast?

Ein »Tölpel«. Ein »schwerfälliger Klotz mit mangelhaftem Takt und plebeischen Sitten«. Das hat Friedrich Nietzsche über ihn gesagt? Heinrich Köselitz fand dieses Porträt seiner selbst im März 1908 in einer Aktennotiz der Gegenseite. Quelle: eine Mitteilung Elisabeths 1894 an Ida Overbeck. Ida Overbeck verklagt Elisabeth wegen Verleumdung ihres Gatten; vermutlich soll diese Äußerung über Köselitz die verleumderische Grundnatur der Verklagten belegen. Doch Köselitz, der treue Gefährte, glaubt keinen Augenblick an eine Denunziation Elisabeths. Es ist, als würde ihm ein Schleier von den Augen genommen. Aber dem eigenen Anblick und dem des toten Freundes ohne Schleier ist er kaum gewachsen. »Mir war seit Montag schauderhaft zumute, ich werde diese Tage nie vergessen«[641], schreibt er Elisabeth am 2. April 1908, und: »Voll grauenhafter Gedanken über meine Zukunft, meine Kunst, mein Leben, Ihr zu Grunde gehender Peter Gast.«[642]

Die Leiterin des Archivs versucht ihm Halt zu geben, wer könnte das besser als sie? Aber Peter Gast zählt nicht zu den Tröstbaren: »Ich hatte keine Ahnung, wie Nietzsche und die Seinen über mich eigentlich dachten, sonst hätte ich ja bei so elender Beschimpfung meiner selbst, meiner Familienehre, mich überhaupt von Nietzsche sofort zurückgezogen, anstatt ihm Opfer an Zeit und Mühe zu bringen, wie sie kein anderer ihm gebracht hat.«[643]

Natürlich erinnert er sich des Waffenstillstandsabkommens, das seinem Wiedereintritt ins Archiv vor neun Jahren zugrundelag: Beide Seiten verfügen über eine privilegierte Kenntnis dessen, was Friedrich Nietzsche über die jeweils andere Seite gesagt hat, und haben die ausdrückliche Absicht, sich mit diesem Wissen zu verschonen. Wer aber vor Gericht geht, wählt die Schonungslosigkeit. Vielleicht hat sich Heinrich Köselitz damals nicht vorstellen können, der Mann, den er liebte wie keinen anderen, habe etwas wirklich Übles über ihn geäußert. Welchen Grund hätte er denn gehabt? Der Leser kennt ihn: Lou und Rée zu verlieren, hieß: *Jetzt bin ich allein.* Als intimster Mitwisser seiner selbst kam Gast nicht in Betracht, Nietzsche hat es seiner Schwester nicht nur einmal geschrieben. Das wiegt beinahe noch schwerer. Der »Klotz«, die »plejbeischen Manieren« waren wohl nur die Konkretion. Und ja, jemandem zuzuhören, der so unverdrossen sächselte wie Heinrich Köselitz, war für Friedrich Nietzsche durchaus eine Prüfung seiner ästhetischen Leidensfähigkeit.

Dabei sind ausgerechnet in diesem Jahr die Briefe erschienen, die Nietzsche ihm schrieb, in jenem schönen grünen Leineneinband der Insel-Briefausgaben. Als Heinrich Köselitz geht, nimmt er sie mit, er zieht aus mitsamt der Nietzsche-Originale, unbekümmert um die Archivherrin und deren Auffassung des Urheberrechts.

Sie ruft ihn zurück, aber er hört nicht mehr: »Ich kann mich mit all diesen Dingen keinen Augenblick mehr einlassen und flehe zu Ihnen und aller Welt um nichts als Ruhe, Ruhe.«[644] Und Nietzsches Briefe gibt er auch nicht zurück.

Nietzsches (und Elisabeths) Briefe an Mutter und Schwester

Es folgt nun, im Jahr 1909, der 5. Band der Nietzsche-Korrespondenz, die *Briefe an Mutter und Schwester*. Das ist auch dringend nötig, denn das Publikum wartet darauf, nun endlich die Wahrheit zu erfahren über Friedrich Nietzsches Verhältnis zu seiner Schwester. Und wo sonst sollte diese Wahrheit stehen, wenn nicht in seinen Briefen an sie?

Die Wahrheit?

Die Herausgeberin befindet sich, wer wollte das verkennen, in einer gewissen Verlegenheit. Die Publikation hat, ob sie will oder nicht, Beweisstatus. Der Ehrgeiz der Herausgeberin geht dahin, im Bewusstsein der Leser als intime Vertraute ihres Bruders fortzuleben, als die treue Begleiterin und Ergänzerin seines Lebens. Und hatte sie je etwas anderes sein wollen? Hätte er ihr nicht mehr mitteilen müssen? Er hat es versäumt; ist es da nicht an ihr, ihm Gelegenheit dazu zu geben? Sie würde nie so weit gehen, Friedrich-Prosa mit Elisabeth-Prosa zu kontaminieren, wenn es die Not nicht gebietet – leider gebietet sie es doch punktuell. Ihr Hauptaugenmerk aber geht auf anderes.

Bei der Durchsicht der Brief-Bestände ihres Bruders gewinnt sie wiederholt den schmerzlichen Eindruck, dass er das, was er anderen schrieb, auch ihr hätte schreiben können. Also nachträglich. Was hat er für böse Sätze über sie und ihre Mutter gesagt. Und sie muss damit leben.

Sie kann es, denn sie ist eine Frau, und Frauen sind stark. Köselitz jedoch ist auf der Stelle davongelaufen, beim ersten, vergleichsweisen milden Vorbehalt gegen seinen Gestus, in der Welt zu sein.

Elisabeth gibt ihrem Bruder Gelegenheit, wiedergutzumachen, was er versäumte. Zumal ihr Bruder zu den Autoren gehört, die das Gleiche nicht selten mehreren Adressaten mitteilten.[645]

Es ist nur angemessen, wenn die Schwester immer ein wenig mehr weiß als andere, oder mindestens genau soviel. Wahrscheinlich ist die Koautorin der Briefe Friedrich Nietzsches an Mutter und Schwester sehr zufrieden mit dem Ergebnis ihrer vereinten Kräfte. Auch sieht sie sich gezwungen, ihrer Mutter ein wenig Sohnestext wegzunehmen um der Balance willen. Allerdings ist sie nicht immer sorgfältig genug.

Karl Schlechta wird seine Elisabeth-Entlarvung auf ebendiese Ausgabe der Briefe an Mutter und Schwester stützen: »Bei genauer Betrachtung der Vorlage« – eines Briefes aus dem Sommer 1875 – »zeigt sich nun, daß am Anfang und am Ende eines Entwurfs an je einem dort befindlichen Tintenklecks radiert worden war. Nun sind Kleckse in bloßen Notizheften an und für sich nichts Aufsehenerregendes … Aber mit den obengenannten Klecksen und Rasuren hatte es doch seine Bewandtnis. Der Entwurf begann nämlich mit ›Liebe‹ und dann kam der Klecks und die Rasur; nach dem entsprechenden von Nietzsches Schwester veröffentlichten Brief müßte gefolgt sein: ›Schwester‹. Also: Liebe Schwester! Am Schlusse des Entwurfs stand: »Dein«, darauf folgten wieder ein Klecks und eine Rasur; zuletzt aber kam noch das Wort ›Fritz‹. Nach dem von Frau Förster-Nietzsche publizierten Brief wäre zu lesen: ›Dein Bruder Fritz‹. An Stelle des zweiten radierten Kleckses mußte demnach das Wort Bruder gestanden haben. Nun war hier aber schlecht gekleckst und radiert worden, denn von dem einstigen, in Frage stehenden Wort war noch eine Unterlänge, eine schmale Schleife erhalten geblieben: ein Buchstabenrest, der das Wort ›Bruder‹ ausschließt. Da aber andererseits in der Zeit, in die Entwurf und Brief fallen, Nietzsche nur Briefe an die Mutter noch mit Fritz unterschrieben hat, drängt sich unabweisbar das Wort ›Sohn‹ auf, das in der von Nietzsche durchweg gebrauchten Schreibweise ja auch eine Unterlänge hat. Nun erklärte sich auch der erste Klecks samt Rasur: dort hatte ›Mutter‹ gestanden.«[646]

Schlechta nimmt an, dass solche kalligraphischen Mängel weniger auf Schlamperei als auf Elisabeths starke Kurzsichtigkeit zurückgehen. Ihr fällt nichts auf, und fürwahr, es ist ein schöner Band.

Sie testet die Wirkung am Grafen, und, was soll sie sagen, die Wirkung ist durchschlagend: »Liebe gnädige Frau, heute, als an dem Tage, da ich den ersten Band der Briefe Ihres Bruders an Sie und Ihre Mutter zu Ende gelesen habe, drängt es mich, Ihnen tief erschüttert meinen Dank für die Zusendung dieses wahrhaft tragischen Buches zu sagen.«[447] Sich in dem Autor »dieser schrecklichen Krankheitsberichte« den von *Menschliches, Allzumenschliches* und gar des *Zarathustra* denken zu müssen! »Mit thränenerstickter Stimme hätte ich Ihnen von diesem Buche sprechen müßen, wenn wir uns heute gesehen hätten; so ist es mir lieb, daß ich bloß zu schreiben brauche.«[448] Und eine Woche später: »Übrigens kann ich Ihnen nicht genug danken für die Kräftigung, die mächtige Anregung aller meiner lebendigen Kräfte, die mir diese beiden Bände verschafft haben … Man dürfte eigentlich nie mehr den Zarathustra ohne diese beiden Briefbände lesen, die dazu den menschlichen Kommentar liefern … Daß Sie darin eine so schöne, rührende Rolle spielen, müßte Sie, liebe gnädige Frau, für alle Zeiten verehrungswürdig machen.«[449] Sie könnte ihre Hoffnung nicht besser formulieren. Aber ist der Graf Künstler genug, um zu wissen, in welchem Maße man gegebenenfalls selbst verantwortlich ist für das Maß seiner Verehrung? Und ist Elisabeth Künstlerin genug, um zu wissen, welches Risiko sie eingeht, auch den Abscheu aller Zeiten zu erregen?

Vieles ist ihr bewusst. Es ist ein eigenartiger kurzer Meinungsaustausch, der sich da im Sommer 1909 zwischen Kessler und ihr entspinnt. Wem von beiden würde man wohl welche Äußerung zurechnen? »Ich finde, es wäre an der Zeit, endlich einmal mit der Legende aufzuräumen, als sei Nietzsche undeutsch oder antideutsch gewesen. Ihm waren GEWISSE Deutsche unsympathisch, er fand die Atmosphäre der Gründerjahre mit Recht abscheulich; aber als Mensch und Denker ist Nietzsche nicht nur fundamental deutsch, sondern sogar fundamental norddeutsch und protestantisch.« Die Antwort: »... es darf nicht verborgen bleiben, daß« Friedrich Nietzsche »in den letzten Jahren seines Lebens wirklich eine tiefe Abneigung gegen Deutschland empfunden hat und einzig von allen deutschen Einrichtungen das Heerwesen ausgenommen hat ... Infolgedessen haben die Franzosen die volle Berechtigung sich so auszudrücken, wie sie es jetzt tun.« Sollte man nicht das stolze Mitglied des »Heerwesens«, den gebürtigen Kosmopoliten Kessler als Urheber der zuletzt genannten Auffassung vermuten? Es ist aber Elisabeth[650]; die Antwort zeugt durchaus von einer unglücklichen Liebesaffäre mit der Wahrheit.

Die Witwe Försters hält die antideutsche Gesinnung ihres Bruders durchaus aus, sie toleriert sogar, dass die Franzosen ihn nicht ohne Häme als Kronzeugen gegen sein Vaterland in Anspruch nehmen. Der Graf ist es, der dieser antideutschen Propaganda nicht tatenlos zuschauen will, allerdings hat er, das ist der Gerechtigkeit halber umgehend zu ergänzen, eine durchaus geistige Relation vor Augen: »... aber als Mensch und Denker ist Nietzsche nicht nur fundamental deutsch, sondern sogar fundamental norddeutsch und protestantisch: Übermensch in eben ganz speziellem Sinne von ›überdeutsch‹ und ›überprotestantisch‹, d. h. als höchste Steigerung des durch den Protestantismus hervorgebrachten nordgermanischen Typus des Gewissensmenschen.«[651] Geschrieben im Jahr 1909. Es sind noch fünf Jahre bis zum Ausbruch des großen Krieges. Was für eine Virulenz wird ein solches – sehr berechtigtes – Bemerken bald erhalten, und es wird mehr sein als Gegenpropaganda. Doch in den Zeiten des Krieges wird alles zur Waffe, sogar die Erkenntnis. Ist es dann noch Erkenntnis? Vielleicht wäre es am redlichsten, in den Zeiten des Krieges das Erkennen überhaupt einzustellen. Vielleicht hat Friedrich Nietzsche die bellizistische Seite des Denkens doch überbetont, denn das Denken ist, selbst wenn seine Lebendigkeit durchaus von der Angriffsseite weiß, zugleich Ausgleich. Es ist seinem Wesen nach befriedend.

Elisabeth erfährt es oft genug. Den Namen ihres Bruders zu tragen, in seinem Namen zu wirken, heißt beinahe täglich die Grenzen der Welt ihres Mannes zu überschreiten. Was soll sie dagegen machen, dass so viele, die ihren Bruder lieben, Juden sind? Sind sie nicht bereits durch diese Exaltation ihres Gefühls, ihres Geistes gerechtfertigt? Ihre Welt beginnt, wo die Welt des Geldes aufhört! Hat Bernhard Förster nicht auf diesen Menschenschlag all seine Hoffnung gesetzt? Ja, vielleicht hätten sie Nueva Germania mit jüdischen Auswanderern begründen sollen?

Ob sie mit Oskar Erck darüber gesprochen hat? Wohl kaum. Im Juli kommt ihr einstiger Verwalter aus Paraguay zu Besuch, mit Frau und Sohn. Es ist ein erschütterndes Wiedersehen, und Elisabeth spricht umstandslos von der *schwersten Zeit meines Lebens*, die jene mit *durchlebt und mit getragen haben*[652]. Welche Bindungen gehen tiefer?

Damals hat sie jenen einen Satz an ihren Bruder geschrieben, der ihr erspart hätte, im Bewusstsein der Nachwelt als Monstrum fortzuleben. Sie hätte nicht seinen rasenden Zorn erregt. Natürlich weiß die Nachwelt nicht, dass es jener eine Satz über Georg Brandes war, über den Entdecker ihres Bruders. Es war die so nicht einmal beabsichtigte Herablassung darin. Und nun, im Mai 1910, steht der Däne leibhaftig vor ihrer Tür. Der Mann, der in zu viele Töpfe geguckt, von zu vielen Tellern gegessen habe, wie sie schrieb. Nur ein paar Worte. Wären sie ungeschrieben, ihr Bruder hätte in den letzten Tagen und Wochen seines bewussten Lebens anders an sie gedacht, von der Nachwelt abgesehen, denn was kommt es zuletzt auf die Nachwelt an?

Brandes. Es ist ihr nicht wohl dabei. Sie kann nicht anders, als ihn mit den Augen von damals zu sehen, also mit den Augen ihres Mannes. Es kommt ihr vor, namentlich am ersten Abend, als gehörten sie *verschiedenen Welten an*[653]. Er sei ein charmanter Unterhalter. Also ein Virtuose im Uneigentlichen? Ein »Zwischenhändler des Geistes«, wie auch Deutschlands vermeintlich größter lebender Dichter, ihr guter Freund Richard Dehmel sagt? *Aber am dritten Tage, da kam auf einmal seine Seele hervor und sein reicher, umfassender Geist.* Sie begreift, dass seine Fähigkeit, sich in verschiedenste Denk- und Seelenzustände hineinzuversetzen, etwas Originäres hat. *Wir schieden in wahrer Herzlichkeit und er sagte mir auch, daß er bald wiederkommen würde.*

Zum Leben gehört, wer das noch sagen kann! Detlev von Liliencron ist tot. Sie empfing die Nachricht nicht ohne Erschütterung. Über viele Jahre hatten Kessler und sie ihren privaten Liliencron-Hilfsfonds aufgelegt, und sie ermahnte den Grafen, wenn seine Zahlungen ausblieben. In diesem Sommer nun sollte ihre Stiftung auslaufen, so war es verabredet, wahrscheinlich meinte der Graf, dass das Prinzip Hilfe mit dem Prinzip Ewigkeit nichts zu tun habe. Auch hält er wie ihr Bruder das Mitleid nicht für eine Tugend ersten Ranges. Sie hatte es Liliencron sagen wollen bei ihrem letzten Wiedersehen. Aber nichts an ihm schien auf eine solche Nachricht gefasst zu sein. Sie konnte es nicht. Also lieber: schriftlich, und vor allem: später. Sie schob diesen Brief vor sich her, und nun ist Liliencron begraben, und sie ist froh, *dass ich einen solchen Erinnerungsbrief, der mir wie eine Last auf der Seele lag, nicht geschrieben habe.*[654]

Nietzsches Schwester hat den Nobelpreis zwei Jahre zuvor natürlich nicht bekommen. Er ging nicht nach Weimar, sondern nebenan nach Jena an Rudolf Eucken, den Philosophen für jede Gelegenheit. Eucken, der in Basel einst jene Philosophie-Professur bekam, die Nietzsche haben wollte, hatte seine Schrift *Grundlinien einer neuen Lebensanschauung* eingereicht, deren titelgebenden Zug ins Ungefähre sie in keiner Zeile widerlegte. Bei ihrem Vorgänger *Der Sinn und der Wert des Lebens* verhielt es sich kaum anders, doch vermag das den Erfolg dieses Philosophen bis zur Stunde kaum zu mindern, kamen in Hamburg doch 1600 Hörer zu einem Vortrag, um sich von Eucken darüber unterrichten zu lassen, warum sie auf der Welt waren[655]. Bei der Lektüre eines Eucken-Buches läuft der Leser beständig Gefahr, dass ihm vor semantischer Vagheit die Buchstaben vor Augen verschwimmen. Vielleicht war das der Grund, dass Ernst Haeckel bei der Nachricht, der Nobelpreis für Literatur ginge nach Jena, sofort glaubte, er werde ausgezeichnet. Der Zoologe in welterklärender Absicht, Euckens größter Feind und Nachbarprofessor an der Alma Mater, sieht sich weitgehend außerstande, seinen Kollegen ernst zu nehmen. Dass Eucken den Preis erhielt, lag zum einen daran, dass er sich hervorragend eignet, diejenige Größe abzugeben, die man auch als kleinsten gemeinsamen Nenner bezeichnet, näherhin aber an dem Umstand, dass er einem Göteborger Professor bei der Verbreitung seiner Streitschrift gegen die Nietzscheanerin Ellen Key geholfen hatte und das Vorwort zur deutschen Ausgabe schrieb, was der Professor nicht vergessen hatte, als er in die Schwedische Akademie gewählt wurde.[456]

Dass die *Grundlinien einer neuen Lebensanschauung* eines nicht enthielten, nämlich die Grundlinien einer neuen Lebensanschauung, versteht sich von selbst. Sie bereiten vielmehr den Boden dafür vor. Man nennt das auch Idealismus. Eucken begreift sich als erbitterten Kämpfer gegen den Materialismus, diese philosophische Richtung, der entscheidende Impulse seines Denkens zu verdanken Friedrich Nietzsche immer betont hatte. In seiner Dankesrede führte Eucken aus: »Wir konstatieren heute ein hoffnungsvolles Wiedererwachen des Idealismus, nicht nur in Deutschland …« Der Erfinder des Dynamits hatte zwar gerade nicht die größtmögliche Vagheit gemeint, als er vom »Idealismus« sprach, sondern mehr den trotz Hindernissen tätig werdenden Geist, aber welchen Einspruch wollte er noch erheben?

In der Begründung der Akademie zur Verleihung des Nobelpreises für Literatur 1908 an Rudolf Eucken hieß es, er bekäme die Auszeichnung »in Anerkennung seines Suchens nach Wahrheit, der durchdringenden Gedankenkraft, der Weite seines Blickes, der Wärme und Kraft der Darstellung, womit er in zahlreichen Werken eine ideale Weltanschauung vertreten und entwickelt hat.«[457] Euckens Nobelpreisrede trug den Titel *Naturalismus oder Idealismus?*, eine Alternative, die Friedrich Nietzsche von Herzen bemitleidet hatte.

Aber Elisabeth nimmt Eucken das alles nicht übel, sie ist eine gute Verliererin, obwohl sie das viele Geld viel besser hätte gebrauchen können, schließlich führt sie ein privates wissenschaftliches Institut, statt das Gehalt eines Ordinarius zu beziehen.

Nein, Elisabeth lädt Rudolf Eucken zur Gedächtnisfeier ihres Bruders ein, schließlich haben sie so etwas wie eine gemeinsame Basler Vergangenheit und eine beinahe nachbarschaftliche

Gegenwart. Doch Eucken entschuldigt sich, er habe das Haus voller Gäste aus allen Teilen der Welt, die ebenso wie er unlängst am *Berliner Weltkongreß für freies Christentum und religiösen Fortschritt* teilnahmen. Man befinde sich augenblicklich in der Nachbereitung.[658] Wahrscheinlich fragt Eucken sich auch, was er auf der Geburtstagsfeier des toten Antichristen verloren hätte. Hat er ihn nicht längst widerlegt, nicht direkt zwar, denn das wäre unter der Würde eines deutschen Ordinarius, auch verabscheut Eucken Eindeutigkeiten, aber wohl in gebotener Eucken'scher Allgemeinheit und Indirektheit? »Man betrachte die Männer, deren Lebensarbeit mit besonderem Nachdruck für eine ursprüngliche und wesensbildende Moral eingetreten ist. Männer wie Sokrates, Platon, Luther, Kant, Fichte, Männer, welche im sicheren Besitz einer überlegenen Ordnung die vorgefundene Welt aus den Angeln zu heben vermochten und vergleiche sie mit den sensiblen ›Übermenschen‹ des modernen Subjektivismus, kann man zweifeln, auf welcher Seite die wahre Kritik und die wahre Größe ist?«[659]

Allein der Name des Kongresses … *für religiösen Fortschritt* hätte Friedrich Nietzsche viel Spaß bereitet. Dass selbst eine per se rückwärtsgerichtete Sache wie die Religion in diesem progressionswütigen Zeitalter darauf bestehe fortzuschreiten, ist nicht ohne Komik zu denken.

Das lebendige Denkmal

Wenn sie einen *Zarathustra* »für Bankiers und Häuserspekulanten« herausgibt, ist das eine Sache, eine ganz andere aber beginnt, wenn sich die Häuserspekulanten ihrem Hügel nähern, vom Grafen auch gern der »heilige Berg« genannt. Der Weimarer Weingroßhändler und Grundstücksspekulant Arno Krehan hat von der Stadt den halben Hügel unter ihr gekauft, und zwar nicht aus Freude am leeren Raum. Straßenbau? Baugrundstücke? Und darauf Häuser, die ihre Aussicht verstellen werden, die letzte Aussicht ihres Bruders? Unfassbar. Undenkbar!

Am 5. Januar 1911 bedankt sie sich für die Über-Bonbonniere, die ihr der Graf jedes Jahr um diese Zeit schickt, und dann schreibt sie ihm noch etwas, von dem sie sich bald wünschen wird, sie hätte nie davon angefangen: *Nun aber möchte ich Ihnen ganz besonders ans Herz legen, doch recht bald hierher zu kommen. Es werden da allerhand Pläne in dem nächsten Kreis Ihrer Freunde erwogen, ... van de Velde rechnet besonders stark auf ihre Hilfe und Erfahrung.*[660]

Bald wird kalter Krieg zwischen ihnen herrschen, ein briefloses Jahr wird kommen, das ohne Bonbonniere beginnt, und ein zweites, das nicht besser zu werden verspricht.

Es ist nicht mehr ganz feststellbar, von wem die Ursprungsidee stammt. Vielleicht hat Elisabeth im Kreis ihrer Freunde über ihre Ahnung der Apokalypse gesprochen. Sie bemächtigt sich eines normalempfindenden Menschen spätestens dann, wenn er von Plänen erfährt, ihm die Aussicht zu verbauen. Denn die Aussicht eines Menschen ist seine intime Beziehung zum sinnlich erfahrbaren Weltganzen, vielleicht hat sie es so erklärt, vielleicht etwas anderes, wahrscheinlich brauchte sie gar nichts weiter zu sagen, und van de Velde sprang ganz von allein auf: Wir bauen ein Nietzsche-Denkmal auf Krehans Grundstücken! Ein Denkmal statt Villen! Und irgendein steinreicher Nietzsche-Verehrer kauft Krehan das Land ab, ehe er Unfug damit treiben kann. Ein Denkmal zu Nietzsches 70. Geburtstag am 15. Oktober 1914!

Zu diesem Zweck wäre natürlich ein Komitee zu gründen, am besten ein internationales Komitee, da der zu Ehrende nun einmal eine internationale Erscheinung ist. Und in wessen Händen wären Komitee und Plan und Finanzen am besten aufgehoben? Zweifelsohne in denen des Grafen.

Harry Graf Kessler ist entzündet. Endlich wieder ein Projekt mit Tendenz zur Größe! Er wird der kleinen widerspenstigen Stadt schon noch den Stempel seines Wollens aufdrücken. Bereits im Februar steckt er mitten in Plänen. Leider gibt es Unstimmigkeiten, was die Besetzung des Komitees betrifft. »Überhaupt steht kein einziger Engländer drauf. Ich würde Shaw, George Moore, Yeats, den Professor Gilbert Murray in Cambridge, Will. Rothenstein, den Professor Walter Raleigh in Bedford, Granville Barker, Arth.

Eric Gill, und in Frankreich Rodin, Maillol, Maurice Denis, Anatole France, Bergson, Charles Maurras, Maurice Barrès vorschlagen.«[461] Aber mit dem Vorgeschlagensein fangen die Probleme erst an: Deutschlands schon nicht mehr größter Dichter Richard Dehmel sieht sich außerstande, mit dem »geistigen Zwischenhändler« Georg Brandes im selben Komitee zu sitzen. Elisabeth besteht jedoch darauf und schreibt Beschwörungsbriefe an Dehmel. Eucken, der Nobelpreisträger von nebenan, möchte nicht in ein Gremium eintreten, dem unter Umständen auch Gabriele d'Annunzio angehören könnte. Aber d'Annunzio ist ein großer Dichter und er ist ohne Nietzsche gar nicht zu denken. Eucken wiederum ist ohne Nietzsche zu denken und auch kein großer Dichter.

Dass Europa eins werden will, war Nietzsches Überzeugung: *Bei allen tieferen und umfänglichen Menschen dieses Jahrhunderts war es die eigentliche Gesamt-Richtung in der geheimnisvollen Arbeit ihrer Seele, den Weg zu jener neuen SYNTHESIS vorzubereiten und versuchsweise den Europäer der Zukunft vorwegzunehmen*[462]. Die guten Europäer der Zukunft müssen noch sehr an ihren Seelen arbeiten, aber sie haben noch fast dreieinhalb Jahre Zeit bis zur Einweihung des Denkmals.

Denkmal? Ein Tempel wäre besser, ein Tempel von van de Velde. Und vor dem Tempel würde eine weiße Jünglingsgestalt stehen, das apollinische Prinzip verkörpernd. Als Schöpfer kommt für Kessler nur Aristide Maillol in Frage, denn er ist *das wiedererstandene Griechentum in seiner ganzen Lebenswärme; nicht klassizistisch, nicht einmal römisch oder lateinisch-italienisch umgedeutet*[463]. Klinger – ist er nicht schon etwas alt geworden? – könnte dafür im Innern ein paar Reliefs machen. Elisabeth fragt, ob dieser, nun ja, Tempel nicht ihre ganze Nietzsche-Kunst aufnehmen könne, denn im Haus sei kein Platz mehr, um auch nur ein einziges Bild aufzuhängen.

Wahrscheinlich weist der Graf Elisabeth auf den Unterschied zwischen einem Depot und einem Tempel hin. Letzterer stünde am besten in einem Nietzsche-Park, man müsste dem Grundstücksspekulanten also das ganze Land auf einmal abkaufen. Um

all das zu finanzieren, könnte man Nietzsche-Faksimiles herausbringen, außerdem könnte Richard Strauss in Paris Benefiz-Kon-
zerte veranstalten, Gustav Mahler in Wien und immer so weiter.

Am 12. März 1911 findet in Berlin die erste Sitzung des *Arbeits-*
ausschusses für die Errichtung des Nietzsche-Denkmals in Weimar statt.
In seinem Bericht spricht der Präsident des Ausschusses an die
Freundin auf dem gefährdeten Hügel von dem »Denkmal, das
vor Ihren Augen erstehen soll und das für alle Zeit den Blick sichert, der Ihres Bruders letzter Trost gewesen ist«[664]. Elisabeth
muss weinen, als sie das liest, und auch, *weil wir noch aus d. alten*
Zeit stammen, wo Dtschl. noch so arm u. sparsam war.[665] Denn mit
Sparsamkeit ist hier nichts auszurichten.

Nein, sparsam ist der Denkmalsbeauftragte nicht, im Gegenteil, er sieht sich einer wahren Kostenexplosion gegenüber, die
ihn jedoch nicht beunruhigt. Hatte er anfangs 40 000 Mark ver-
anschlagt, so nähern sich die voraussichtlichen Ausgaben unaufhaltsam der Millionengrenze. Einen Monat nach dem Brief, über
den Elisabeth weinen muss, modifiziert er den Plan noch einmal
etwas. Was hielte sie davon, wenn sie statt eines »toten Denkmals«
ein »lebendiges Denkmal« errichten würden? Aber nein, der Graf
fragt sie das nicht, er formuliert das so: »Ich gehe davon aus, daß
wir kein totes Denkmal sondern ein lebendiges Ihres Bruders,
der das Leben so geliebt hat, setzen wollen. ... Wenn die Sache
einen SINN haben soll, muß irgendein Leben IN DEN TEMPEL
hinein.« Kurz, der Tempel müsse eine Halle werden, zu nutzen
für Musikaufführungen, Gedächtnisfeiern, aber auch »für edle
Tänze«: »Ihr Bruder war der Erste, der WIEDER dem Tanz seine
Stellung in der Reihe der Künste zuwies.« Er würde nur an einen
Gott glauben, der tanzen kann, schon richtig, das hat er gesagt.
Aber heißt das nicht, die Götter sollen tanzen, nicht wir?

Es fällt unendlich schwer, sich Friedrich Nietzsche als Tänzer
vorzustellen, woher also dieses Augenmerk? Weil Wagners Musik vieles besaß, aber nichts Tänzerisches? Wider den Geist der
Schwere! Doch der Graf, das ahnt sie wohl, will sie gar nicht in
einen Disput über den Stellenwert des Tanzes im Werk von Friedrich Nietzsche in seiner Frontstellung zu Richard Wagner verwi-

ckeln. Er ist auch noch keineswegs fertig, das Neue, das Revoluti-
onäre, das Zukunftsweisende kommt erst noch: »Nun das NEUE,
was ich als Erweiterung und zur vollen Verlebendigung der Sache mir hinzuwünschte. Ich möchte (nochmals bitte ich, nicht zu
erschrecken) der Anlage, wie ich sie geschildert habe, ein STA-
DION für Wettspiele, Rennen (Fußrennen), Ringkämpfe, Turn-
spiele aller Art angliedern.«[666]

Diesmal kommen ihr bei der Lektüre des Grafen nicht die Tränen, und wenn doch, dann aus einer direkt entgegengesetzten
Gemütslage heraus. Wahrscheinlich liest sie das Gelesene gleich
noch einmal, tatsächlich, es ist seine Hand, er hat es geschrieben.
Auch deutet nichts darauf hin, dass ihm nach einem Scherz zumute war. Natürlich kann er das Friedrich-Nietzsche-Stadion auch
begründen: »Ihr Bruder war der Erste …«[667], usw., usw. Wir verzichten an dieser Stelle darauf, den Philosophen als Bezwinger des
Stufenbarrens in der Erinnerung seines Schulfreundes Deussen
vorzustellen. Angemessen wäre natürlich ein Friedrich-Nietzsche-
Wanderverein, doch dürfte er nur ein Mitglied aufnehmen, denn
der Philosoph war Alleinwanderer.

Es versteht sich von selbst, dass ein Stadion nicht vor ihr Haus
passt, dann schaute sie doch besser auf andere Häuser, und was
geht den Grafen ihre Aussicht an? »Wir brauchen zur Verwirklichung einen Terrainstreifen von etwa 1000 bis 1500 Meter Länge
und etwa 400 M. Breite (Feststraße und Park 500 bis 800 Meter
aufsteigendes Terrain) Tempel mit Terrasse etwa 100 Meter, Stadion etwa 300 Meter.«[668] Wobei die Sitzreihen des Stadions einen
prachtvollen Hintergrund für den Tempel abgeben würden. Fi-
nanztechnisch gesehen, seien nur Vorteile zu erwarten, da »wir
die ganzen Sportskreise, die hunderte von Sportvereinen u.s.w.
u.s.w. heranbekommen.« Und der Graf spricht vom »ungeheuer
erweiterten Kreis der Breitenspende«.

Wir haben uns daran gewöhnt, den Nietzsche-Kult als faschis-
toides Phänomen zu sehen und in der Leiterin des Archivs dessen größte Förderin zu erblicken. Das ist an dieser Stelle nicht zu
kommentieren, aber eine Irritation geläufiger geistiger Wahrneh-
mungsmuster sei ausdrücklich vermerkt.

Der visionäre Schöpfer des größten Nietzsche-Kultbaus der Geschichte wartet auf Antwort. Aber es kommt keine. Nach vier Tagen, am 19. April 1911, fragt der Graf vorsichtig nach: »Hochgeehrte gnädige Frau, es beunruhigt mich, daß ich auf meinem Brief vom vorigen Sonnabend noch keine Antwort habe ...«[669]

Die Dame mit der gefährdeten Aussicht löst sich aus ihrer Schockstarre und teilt dem Grafen mit, dass sie sich nicht vorstellen könne, dass die Verehrer ihres Bruders Veranlassung spürten, *einen Sportplatz u. eine Music-Hall* zu finanzieren. Wenn Menschen um ihres Bruders willen nach Weimar kämen, dann suchten sie etwas *feierl. Ernstes, Stilles.* Sobald etwas der *Masse ausgeliefert wird, das wissen wir doch, m. l. Freund – wenigstens weiß ich es mit m 65 Jahren – so wird es gräßlich u. vulgär; und man soll m.d. Namen m. Br's nichts taufen, wovon wir schon heute wissen, wie ordinär es enden wird.*[670]

Das ist Elisabeths Antwort auf den Vorschlag der »vollen Verlebendigung« und »Breitenspende«. Und wenn schon »volle Verlebendigung«, dann wolle ihr ein Friedrich-Nietzsche-Säuglingsheim in Apolda doch passender scheinen.

Harte Worte.

Sie gibt sich so, als ginge der Plan auf van de Velde zurück. Vielleicht, weil sie glaubt, dass nur der Ehrgeiz eines Architekten, der noch nie ein Stadion gebaut hat, es aber auch einmal probieren möchte, auf eine derart verstiegene Idee käme, oder weil sie ihm in der Demonstration ihrer mentalen Unfähigkeit, Kessler als Urheber überhaupt zu denken, das Absurde seines Plans vor Augen zu stellen sucht.

Der Leiterin des Archivs wird gewöhnlich unterstellt, mit Bayreuths Hügel zu rivalisieren. Wäre das ihr Ziel, müsste sie Kesslers Pläne, die auf das Großereignishafte zielen, ausdrücklich begrüßen.

Der Gedemütigte erkundigt sich, ob Elisabeth Oympia oder Delphi auch als Sportplätze bezeichne. »Was ich vor mir sehe ist Etwas das fast genau einem GRIECHISCHEN TEMPELBEZIRK entspricht und genau in derselben EDLEN dem Körper wie dem Geist gerecht werdenden Weise benutzt würde; mit andren Worten Etwas, das dem HÖCHSTEN; WAS DIE KUNST UND DIE EHRFURCHTSVOLLE VEREHRUNG VON HEROEN UND GÖTTERN geschaffen hat, nahesteht.«[671] Es ist das tief Illusionäre in Kesslers Idee zu glauben, dass sich ein altgriechischer Kultus wiederbeleben lasse, für den keine gesellschaftliche Grundlage mehr existiert. Der erboste Graf vertraut seinem Tagebuch eine Elisabeth-Charakteristik an: »Sie ist im Grunde doch eine kleine spiessige Pastorstochter, die zwar auf die Worte ihres Bruders schwört, aber entsetzt und empört ist, sobald man sie in Taten umsetzt.«[672] Dies nun ist eine sehr gewagte Interpretation. Und er ist noch nicht fertig: »Sie rechtfertigt Vieles, was ihr Bruder über die Frau gesagt hat; sie war ja auch die einzige Frau, die er intim gekannt hat.«

Mag sein, der Graf tut ihr leid, und war bis jetzt nicht alles großartig, was er gewollt hat? Temporär unterliegt die Hinterbliebene ihrer Aussicht seiner Vehemenz, schaut sich sogar das Riesengrundstück an der Berkaer Chaussee mit an, das Kessler noch im April findet. Hat sie nicht selbst gesagt, sie habe mit dem Denkmal nichts zu tun? Also bitte. Sie beobachtet nur.

Aber dann, im Oktober, unternimmt sie den nächsten Versuch, ihn zu stoppen, diesmal bewaffnet mit einem Zitat ihres Bruders über Bayreuth: *Die Nachäfferei des Griechenthums vor diesem reichen müssiggängerischen Gesindel aus ganz Europa ist mir ein Greuel. Die Leute ahnen nicht aus welchen Tiefen religiöser u. politischer Vorstellungen die griechischen Feste hervorgegangen sind. Ich flüchte vor diesem hohlen Lärm sensationsgierier Darsteller und Zuschauer in die Einsamkeit und Stille.*[673] Na also, hat sie das nicht gleich gesagt? Und sie möchte den Freund doch sehr bitten, seine Pläne *ad acta zu legen oder wenigstens zehn Jahre zu warten – da werde ich ja hoffentlich tot sein.*[674]

Der Graf antwortet, dass er ihr Ansinnen leider als unerfüllbar zurückweisen müsse, schließlich sei das Grundstück, wie sie wisse, schon gekauft. Die beiden Berliner Bankiers Paul von Schwabach und Julius Stern haben einen zinslosen Kredit von 60 000 Mark gewährt. Wolle sie den etwa zurückzahlen? Außerdem sei schon halb Europa enthusiasmiert oder zumindest involviert.

Das große Schweigen beginnt.

In stillem Grimm sieht Elisabeth etwas westlich unter ihr ein unsagbar hässlich scheinendes Haus in die Höhe wachsen. Es ist der steingewordene Lebenstraum des Weingroßhändlers und Grundstücksspekulanten Arno Krehan, der sie von nun an jeden Morgen begrüßt.

Im Herbst findet in Weimar der erste Psychoanalytische Kongress statt. Viele Teilnehmer pilgern zu ihr hinauf, um dem eigentlichen geistigen Vater der Psychoanalyse ihre Reverenz zu erweisen. Natürlich sind es nur Männer. Aber eine Frau ist dennoch auf dem Kongress, doch kam auch sie als Begleitung eines Mannes, allerdings nicht des eigenen. Es ist Lou Andreas-Salomé. Sie bleibt lieber unten.

Das Schweigen des Grafen

Als ihr alter Verleger Naumann vor einem Jahr sein Amt niederlegte, wegen *schwankender* Gesundheit und Altersmüdigkeit, war sie doch ein wenig traurig, trotz des vielen Ärgers, den sie miteinander hatten. Aber über welchen Verleger hätte sie sich nicht geärgert? Sie verliert, trotz allem, einen Kampfgefährten. Naumann also ging in den Ruhestand, dabei ist er nicht viel älter als sie. Manchmal erstaunt es sie doch, wie schnell das Leben vorbei geht, dabei hat sie die Windmühle mit den zerbrochenen Flügeln, *dieses Gleichnis unseres Daseins*, täglich vor Augen.

Sie wird sich also an ein neues Ärgernis gewöhnen müssen. Es trägt den Namen Kröner, Alfred Kröner. Krehan und Kröner. Immerhin ist Letzterer der Sohn des Inhabers der legendären Cotta'schen Verlagsbuchhandlung in Stuttgart Gustav Adolf von Kröner. Vor wenigen Jahren erst ist Kröner junior mit seinem neugegründeten Verlag nach Leipzig umgezogen, und an ihn hat Naumann sein Unternehmen verkauft.

Der Neue hatte auch gleich Arbeit für sie. Ihre dreibändige Nietzsche-Biografie sei gewiss nicht übel, aber ginge das nicht auch kürzer? Da sie aus Frankreich unlängst eine ähnliche Anfrage erreichte, beschließt sie darüber nachzudenken. Warum nur ist es unter Umständen schwerer, ein kurzes Buch statt ein langes zu schreiben? Auch hat sie keine Vorstellung, woher sie das nehmen soll, was man die unabdingbare Einsamkeit des Autors nennt. Aber da sie sehr fleißig und zielstrebig ist, wird der erste Teil der Kurzbiografie schon am Jahresende fertig.

Der Jahresanfang 1912 hat ein Loch, das bemerkt sie gleich. Es kommt keine Übermenschen-Bonbonniere vom Grafen. Außer erheblichen Baufortschritten an dem unfassbar hässlichen Haus vor ihr passiert eigentlich wenig. Vielleicht ist das eine gute Gelegenheit, Elisabeths architektonischen Schönheitsbegriff zu präzisieren. Als noch keine einzige Krehan-Wand steht, vermutete sie, der werde es geschmacklich ohnehin nur bis zu Schultze-Naumburg bringen. Es klang sehr abfällig. Schultze-Naumburg ist jener Weimarer Architekt, der glaubt, dass ohne Rückbesinnung auf die Goethezeit aller Fortschritt am Bau verloren ist. Er wird Elisabeth und dem Archiv einmal noch sehr nahetreten. Jetzt fällt sein Name, wenn nicht mit Verachtung, so doch mit Achtlosigkeit. »Schön« bedeutet für die treue Freundin van de Veldes noch immer Avantgarde.

Und die hat es auch anderswo nicht leicht.

Ende Februar 1913 erreicht sie wieder eine Aufforderung von dem jungen Avantgardisten aus Berlin, dem sie vor vier Jahren beistand, als er als Redakteur der Theaterzeitschrift *Der Neue Weg* nach nur drei Nummern entlassen wurde. Damals, im März 1909, erschien eine Sommernummer, betitelt *Ein Protest in Sachen Herwarth Walden*. Die Namen der Protestierenden standen auf dem Titelblatt, das kulturelle Gewissen des ganzen Landes erhob Einspruch, und unter lauter Männernamen von A wie Peter Altenberg bis V wie van de Velde stand auch der ihre: *Es hat den Herren des Nietzsche-Archivs und mir sehr leid getan, daß man gegen Herrn Herwarth Walden so rücksichtslos verfahren ist. Wir hielten ihn bei seinen vielfachen literarischen Beziehungen für so sehr geeignet, eine vornehme, literarisch-ästhetische Zeitschrift zu begründen und die Redaktion zu führen. Es war dies auch der Grund, weshalb das Nietzsche-Archiv sich an dieser neuen Zeitschrift beteiligen wollte. Mit dem Weggang des Herrn Herwarth Walden als Redakteur verschwindet auch das Verspre-*

chen des Archivs, durch unveröffentlichte Briefe Friedrich Nietzsches oder direkt das Archiv betreffenden Mitteilungen der neuen Zeitschrift einen besonderen Wert zu verleihen; dies Versprechen war an die Person Herwarth Walden geknüpft.[675] Darunter stand gleich Peter Gasts Protestnote: »Daß Herr Herwarth Walden zum Herausgeber einer Zeitschrift weiteren Horizonts sich hervorragend eignet, widerlegen nicht, sondern BEWEISEN die ersten drei Nummern des Neuen Wegs ...«[676]

Diesmal soll sie gegen die Beleidigung eines avantgardistischen Malers protestieren: »Sehr geehrte Frau Doktor. Wir setzen Sie hierdurch von der unerhörten Beschimpfung Kandinskys im Hamburger Fremdenblatt in Kenntnis und bitten Sie höflichst, einliegenden Protest zu unterschreiben, und ihn vielleicht auch mit den Namen von anderen Freunden Kandinskys zu versehen, uns möglichst UMGEHEND zurückzusenden. Der Protest mit allen Unterschriften wird in der Zeitschrift der STURM veröffentlicht werden. Hochachtungsvoll Herwarth Walden«[677]. Sie versteht das schon. Beistand tut gut bei öffentlichen Beleidigungen, wer wüsste das besser als sie? Und sie hat ihren Freunden, auch Kessler, längst schon angedeutet, dass sie gegen ein wenig mehr öffentliche Unterstützung nichts einzuwenden hätte. Es müssen ja nicht gleich Protestnoten sein. Und immerhin ist der Graf vor drei Jahren wegen ihr nach Paris gereist als Zeuge der Zeugenvernehmung des Professor Andler. Es ging noch immer um die Frage, ob Friedrich Nietzsches Briefe privaten oder Werkcharakter besitzen, und da sich die Overbeck-Gegenseite weigerte, das Material vorzulegen, wurden nun Zeugen vernommen, von denen man sagt, dass sie es kennen.

Es ist schon schade, dass der Graf so ausdauernd schweigt, er fehlt ihr. Es ist schon das zweite Jahr ohne Neujahrsbonbonniere. Dafür steht sie jetzt in fast intimen Austausch mit seinem vertrautesten Freund, dem Baron von Bodenhausen.

Im Juni legt ihr der Graf per Telegramm aus Paris nahe, einen englischen Komponisten zu empfangen, der eine monumentale *Zarathustra*-Kantate komponiert habe. Das ist doch ein Anfang! Als sie hört, dass er im August nach Weimar kommt, lädt sie ihn

versuchsweise ein, und, was soll sie sagen, sie erhält gleich mehrfach Antwort, bald sogar die folgende: *Liebe gnädige Frau ... Daß
man sich Ihnen gegenüber immer die größte Freiheit der Meinung bewahren darf, ist, was Sie so vor allen andren Frauen die ich kenne, aus-
zeichnet. Sonst kann man nur mit Männern, und mit nur wenigen Männern, wirklich unbesorgt diskutieren; alle andern Frauen und fast alle
Männer sind von der FREIHEIT des Geistes so weit entfernt, daß ein
Gespräch mit Ihnen sich nicht lohnt!* [678]

Konnte er das besser sagen? Vielleicht sollten sie auch einmal
wieder in aller Freiheit des Geistes über das Nietzsche-Stadion
reden? Lieber ein Nietzsche-Stadion als kein Graf. Das Grundstück an der Berkaer Straße ist nun einmal da. Van de Veldes Pläne sind nun einmal da. Und wenn man den Weimarer Gerüch-
ten glauben darf, die sogar schon bis zum Großherzog gedrungen
sind, sind sogar Millionen da, eingesammelt vom Grafen. Weshalb der Großherzog schon ganz von allein auf die Idee kam, die
Schirmherrschaft zu übernehmen. Doch noch weiß niemand etwas Genaues, was auf die unmittelbar Beteiligten in besonderem
Maße zutrifft. Der Graf war zum Spendensammeln in den letzten Monaten auch zu niedergeschlagen, er fand nicht einmal mehr
Kraft, sein Tagebuch ordentlich zu führen, was ein bedenkliches
Zeichen ist. Nur wer glaubt, dass seine Tage Wert haben, führt
Tagebuch. Mag sein, die Autorin des Schweigens ist die Schwer-
mut, die er so gut kennt. Mag sein, die Beträge fließen ihm jetzt
von allein zu, zur Aufmunterung, zum Zeichen, dass man an ihn
glaubt.

Am 70. Geburtstag ihres Bruders im Oktober 1914 sollte das
Denkmal fertig sein. Fertig ist aber nur das abscheuliche Haus
des Grundstücksspekulanten in ihrer Aussicht. Vielleicht könnte
man am 15. Oktober 1914 den Grundstein »des lebendigen Denkmals« legen? Sogar der Großherzog ist dafür. Wettkämpfe in Weimar, das ist doch mal etwas anderes als Goethe. Aber Nietzsche?
»Ist es wohl unerläßlich, das Projekt des Grafen Kessler so offen
mit dem Namen Friedrich Nietzsche zu verbinden, lieber Professor?« [679], fragte er van de Velde. Die Antwort stand im Blick des
Architekten. Die Weimarer sind der Ansicht, dass jugendliche Hor-

den von Athleten in ihrer Stadt nichts, aber auch gar nichts verloren haben.

Am 15. Oktober 1914 will eine internationale Festgesellschaft den Grundstein des Friedrich-Nietzsche-Stadions mit Tempel legen. Oscar Levy, der Herausgeber der englischen Nietzsche-Gesamtausgabe, hat soeben den achtzehnten und letzten Band abgeschlossen. Gott kann sich nach seinem Sieben-Tage-Werk nicht erhobener, nicht befreiter gefühlt haben. Levy kündigt das Bevorstehende so an: »Eine beträchtliche Summe für die Gedenkstätte ist bereits eingesammelt worden, etwaige Überschüsse sollen zur Unterstützung des Nietzsche-Archivs verwendet werden, das unter der Leitung von Nietzsches Schwester so erfolgreiche Arbeiten für das Studium der Philosophie Nietzsches leistet. Es ist vorgesehen, das Nietzsche-Archiv zu einem kulturellen Zentrum für die Einheit Europas zu machen – als Vorläufer für die politische und wirtschaftliche Einigung Europas.«[680]

7

»The Euro-Nietzschean War«
1914 – 1918

Ein heroisch gestimmter Igel

Ich bringe den Krieg.[681] Das hat ihr Bruder in den letzten Tagen seiner bewussten Anwesenheit auf Erden geschrieben. Was für ein
erfreuliches, so ganz zur historischen Stunde passendes Zitat. Aber
schon der nächste Satz ist durchaus erkältend: *NICHT zwischen
Volk und Volk: ich habe kein Wort, um meine Verachtung für die fluch-
würdige Interessen-Politik europäischer Dynastien auszudrücken, welche aus der Aufreizung zur Selbstsucht Selbst(üb)erhebung der Völker
gegen einander ein Prinzip und beinahe eine Pflicht macht.* Wie schade! Konnte ihr Bruder nicht ein Mal etwas schreiben, mit dem er
nicht auf einer halben Seite alle gegen sich aufbringt?

Elisabeth hat ein Problem. Die historische Stunde ist eine vater-
ländische, ist eine patriotische Stunde. Was aber hat ihr Bruder
Erhebendes über sein Vaterland gesagt? Soll sie etwa schreiben,
dass das Deutsche Reich ihren Bruder immer an einen *heroisch
gestimmten Igel* erinnerte? Oder dass, wenn er sich einen völlig missratenen, seinen Instinkten zuwiderlaufenden Menschen denke,
ihm immer ein Deutscher einfalle?

Ja, sie könnte ein mehrbändiges Werk herausgeben, das nur
seine Schmähworte gegen seine eigene Nation enthielte. Und, hor-
ribile dictu, gegen den Kaiser, gegen die Hohenzollern. Das Fragment, das so schön anfängt, *Ich bringe den Krieg!*, stellt schon im
dritten Satz fest, dass er auch nicht den Krieg zwischen den Ständen bringe, denn *wir haben keine höheren Stände, folglich auch (keine) niederen ...* Nein, sein Krieg zielt auf etwas anderes. Er kenne
nichts Fluchwürdigeres als die Aufreizung zur Völker-, zur Ras-
sen-Selbstsucht, *ich habe kein Wort um meine Verachtung vor dem
(geistigen) Niveau auszudrücken, das jetzt in Gestalt des deutschen*

Reichskanzlers und mit den preuß(ischen) Offizier-Attitüden des Hau-
ses Hohenzollern sich zu Lenkern der Geschicke der Menschheit berufen
glaubt ... Mögen sie ihre Kartenhäuser (bau)en! ... Es giebt mehr Dyna-
mit zwischen (Himm)el und Erde als diese gepurperten Idioten sich träu-
men lassen ...

Das ist ziemlich hellsichtig erwogen, passt aber nicht an einen
Kriegsbeginn. Besser, niemand fängt auch nur an, sich zu fragen,
wie ihr Bruder zu seinem Vaterland stand und zum Kaiser. Und
was hat dieser Kaiser soeben verkündet? Er kenne jetzt keine Parteien mehr, sondern nur noch Deutsche! Das ist sehr bedenklich.
Als Deutscher war ihr Bruder, sie kann es wenden wie sie will,
eine glatte Fehlbesetzung.

Sie muss allen, die da möglicherweise einmal genauer nachschauen wollen, zuvorkommen. Auch ist dies keine Stunde der
Textkritik, nein, es ist eine Stunde der Begeisterung, der Tat. Und
ändert das nicht alles? Hätte es auch ihren Bruder geändert? Die
Deutschen, die er so verachtete, scheinen statt ihrer kleinlichen
Tagesinteressen plötzlich eines zu haben, gegenüber dem das Individuum gar nicht mehr in Betracht kommt? So ungefähr hat er
das doch formuliert: Friedrich Nietzsche, der Denker der heroischen Weltanschauung. Natürlich, er hat sein Werk gemeint, dem
gegenüber er gar nicht mehr in Betracht kommt. Er war nur das
Mittel zum Werk. Aber was ist das Werk eines Volkes? Ist es vielleicht: der Krieg? Und vor allem: das Ende der großen europäischen Dekadenz, die er so beklagte. Die Vermännlichung des Erd-
teils, die er beschwor.

Sie muss ihre Gedanken ordnen. Am besten, sie schreibt einen
Aufsatz über ihren Bruder und den Krieg. Und sie muss ihrem
lieben Freund und Sponsor Ernest Thiel antworten, der ihr versichert, wie sehr sich Friedrich Nietzsche über das gegenwärtige
Deutschland gefreut hätte. Von allen Seiten erreicht sie jetzt solche Post. Sogar Professor Vaihinger, der große Sympathisant der
angelsächsischen Welt, der bekennende Internationalist fragt sie:

»Hochverehrte gnädige Frau ... Was würde Friedrich Nietzsche zu dieser grandiosen Zeit gesagt haben! Schade, sehr schade,
dass es ihm nicht vergönnt war, seinen 70. Geburtstag zu erleben.

Er würde im Interesse der europäischen Kultur, als ›guter Europäer‹ diese Selbstzerreissung Europa's auf das schwerste beklagt haben, aber er würde doch aufgejubelt haben über die grossartige Erhebung des deutschen Volkes, welche hoffentlich zum Sieg führen wird.«[682] Soll sie da etwa etwas Herabstimmendes sagen? Das werden schon die Feinde tun, sie kann es auch gar nicht, sie erklärt: *Wir sind von Norden bis zum Süden ein Heerlager stolzer, glücklicher Krieger*[683]. Und sogar ihr kleines Weimar: Erst wird die Reserve einberufen, *dann Landwehr, Ersatz I und II, dann Landsturm* und als sie meint, jetzt sind alle weg, ist die Stadt wieder voller Soldaten.

Wie patriotisch der Vaihinger plötzlich klingen kann: »Damit wird auch die deutsche Kultur, welche so viele grosse Werte besitzt und welche für die Menschheit unersetzlich ist, sich erhalten und sich noch weiter durchsetzen. Aber es wird dann notwendig sein – und dies glaube ich im Sinne Nietzsche's zu sprechen – dass wir, vielleicht noch mehr als bisher das Gute und das Beste der anderen Kulturen in uns aufnehmen. Dafür müssen dann diejenigen wirken, welche jenes Gute bei anderen Nationen kennen, und damit werden wir dann unserem Volke noch neue schöne Werte zuführen und seine wahrhaft grossen Züge und Vorzüge ins Unermessliche steigern.«[684] Ja, so wird es richtig sein. Heute besiegen wir die anderen, und morgen lernen wir von ihnen. Vielleicht hätte dem sogar ihr Bruder zugestimmt. Denn ist das nicht ein tragischer Widerspruch? Also einer, den man nicht auflösen, nur aushalten kann? Sie trägt ihn doch selber in der Brust. Einerseits fühlt sie sich so erhoben, und andererseits hat sie namenlose Angst um alle, die sie jetzt im Krieg weiß, um ihren Vetter Max, um den Grafen, es sind so viele. Ist das nicht das tragische Bewusstsein, das ihr Bruder meinte? Erhoben und niedergerissen sein zugleich, das ist der tragische Affekt.

Immerhin hat sie schon Nachricht von Max. Er hat die Schlacht von Tannenberg überlebt und klingt, als wäre er latent unsterblich, dabei hat er Ischias: »Alle Infanterie Regimenter haben starke Verluste gehabt infolge des starken und rücksichtslosen Draufgehens. Das war eine wahre Pracht! Die Kerls waren nicht zu halten. Gegen diesen Schneid helfen auch die besten Feuerwaffen nichts. Es wird immer große Verluste geben, aber unsere Armee ist unbesiegbar.«[685] Das sagt er als Ischias-Befreiter.

Doch ein anderer Verwandter ist bereits gefallen, Hauptmann Kurt Nietzsche, der sie noch im Frühjahr besucht hatte. Er wurde in Belgien verwundet und starb am 25. August, dem Todestag ihres Bruders.

Auch Kessler ist in van de Veldes Heimatland einmarschiert. Was hat er da zu suchen? Aber es ist nicht die Stunde für solche Fragen.

Sie schreibt Thiel, er und Signe sollen nicht zum 70. Geburtstag ihres Bruders kommen, sie müssten sonst allein feiern: *Die Veranstalter jenes Aufrufs, die erst diese ganze Schar berühmter Männer zur Unterschrift veranlasst haben stehen sämtlich im Feld, und von dem Verwaltungsrat, den ich Ihnen neulich nannte, sind auch 5 entweder an der Front oder in Etappen. Wenn sie jetzt kämen, meine teuren Freunde, könnten wir drei allein anbeten.*[686] Sie ist nicht traurig darüber, ist ein Jahrestag, den sie alle still begehen, nicht viel feierlicher? Auch erinnert sie sich noch des Krieges von 1870, in dem auch ihr Bruder stand. Im November war Beethovens 100. Geburtstag, und man hat die Feiern einfach um ein Jahr verschoben. So will sie es auch halten und hoffen, in einem Jahr *nach dem glänzendsten Siege den schönsten Frieden zu haben.*[687] Auch Vaihinger kommt auf diesen Gedanken, aber er formuliert ihn doch etwas verhaltener: »… ob wir im nächsten Jahre imstande sein werden, die Feier nachzuholen, liegt im Schoß der Götter.«[688] Und es komme auch nicht darauf an, denn »das Beste der anderen Kulturen in uns aufnehmen … wäre … die schönste Feier«.

Dabei wünschen die Menschen auf den Straßen einander schon nicht mehr »Guten Tag!«, viele sagen stattdessen: »Gott strafe England!« Der Gegengruß lautet: »Er strafe es!«

Als das Empire dem Deutschen Reich am 4. August 1914 den Krieg erklärte, verlor der Zoologe, Darwinist und Pazifist Ernst Haeckel nebenan in Jena den Glauben an die menschliche Vernunft. Und er besitzt keinen anderen Glauben, auf Gott kann er sich nicht berufen, denn er hatte ihn einst als »gasförmiges Wirbeltier« bestimmt. Es gibt keine Vernunft als die menschliche, und dass England als fortgeschrittenstes Land der Erde ihr Bannerträger sein müsse, schien ihm nie einem Zweifel zu unterliegen. Das Empire als Garantiemacht einer auf dem Völkerrecht gründenden Weltordnung! Vorbei. Haeckel war Pazifist, seit dem 4. August ist er es nicht mehr, er kann es nicht mehr sein. Im Jenaer *Volksblatt* veröffentlicht er den Leitartikel *Englands Blutschuld am Weltkriege*. Und am 25. August 1914 gibt er alle von Großbritannien jemals empfangenen Ehrungen zurück:

»Erklärung. Unter einem nichtigen Vorwande, der am wenigsten vor seiner eignen Geschichte standhält und der durch zahlreiche Dokumente der letzten Tage in seinem wahren Wesen klargestellt ist, hat England seit Jahren die Völker gegen uns aufgewiegelt und insbesondere sich mit Rußland und Frankreich verbündet, um unsere Weltmacht zu vernichten, unsere Kultur zu erschüttern.

Nur im Vertrauen auf Englands Mitwirkung und Hilfe konnten Rußland, Frankreich, Belgien und nunmehr auch Japan uns den Fehdehandschuh hinwerfen. England vor allem trifft die moralische Verantwortung für den Völkerbrand, der furchtbares Unheil über Millionen von Menschen zur Folge haben und unerhörte Opfer an Gut und Blut fordern wird. Der brutale nationale Egoismus von England, der lediglich seiner unersättlichen Herrschsucht und Habsucht folgt, hat ihm eine untilgbare Schuld aufgeladen.

In einem parlamentarisch regierten Lande ist jedermann mitverantwortlich für die Handlungen der Regierung.

Was wir an Auszeichnungen von Großbritannien empfangen haben, hat für uns seinen Wert verloren, englische Ehrentitel haben aufgehört, für uns Ehrentitel zu sein.

Wir verzichten hierdurch öffentlich auf alle uns von englischen Universitäten, Akademien und gelehrten Gesellschaften erwiesenen Ehrungen.

Ernst Haeckel (Jena), Ehrendoktor der Universitäten Cambridge und Edinburgh, Inhaber der Goldenen Darwin-, Linné- und Challenger-Medaillen, Ehrenmitglied zahlreicher wissenschaftlicher Gesellschaften in England und seinen Kolonien.«[689]

In London findet der Herausgeber der soeben vollendeten englischen Nietzsche-Gesamtausgabe inzwischen im Briefkasten seines Hauses eine Nummer der Edinburger Zeitung *The Scotsman*, die er nicht abonniert hatte. Darin ist mit blauem Stift ein Artikel angestrichen. Der Artikel handelt wie Elisabeths Aufsatz von Nietzsche und dem Krieg, kommt aber zu einem ganz anderen Ergebnis. Ein schottischer Geistlicher beweist, »daß die heidnische, antichristliche Gesinnung Nietzsches, seine Verachtung aller landläufigen Moral, seine Predigt des Willens zur Macht und seine Verherrlichung des Übermenschen den Deutschen den Kopf verdreht und sie zum Überfall des kleinen Belgien und zur Aussendung von vier Kriegserklärungen in einer Woche veranlaßt habe«, berichtet der Empfänger der Gratis-Nummer des *Scotsman*. Auf dem Zeitungsrand steht in großen blauen vorwurfsvollen Buchstaben: »YOU have brought this poison to England.«[690]

Wenn Oscar Levy in diesen Augusttagen zum Picadilly geht, sieht er im Schaufenster eines großen Buchhändlers alle 18 Bände seiner Gesamtausgabe, darüber steht: »The Euro-Nietzschean War. Read the Devil, in order to fight him the better«[691].

Die Bibliothek von Löwen

An dem Tag, an dem Ernst Haeckel all seine Auszeichnungen zurückgab, die er jemals aus England erhalten hatte, springt der Funke über, der den Parallelkrieg eröffnen sollte, den Krieg der Geister – das Wort ist von Nietzsche –, das Gemetzel der Dichter und Denker. Er entzündet sich am Schicksal einer Bibliothek. Darum, und weil die Geschichte dieser Bibliothek bald zur erweiterten Familiengeschichte Elisabeths und des Archivs gehören wird, sei sie von nun an immer mitgedacht.

»Meine Herren, das widerspricht dem Völkerrecht!«, gab der deutsche Reichskanzler noch am Vorabend des Einmarsches in Belgien zu bedenken, schließlich war das kleine Land neutral. Einmarschieren? Durchmarschieren, so war es gedacht. Und außerdem: Notwehr, denn der Feind stand an zwei Fronten, daraus sollte so schnell als möglich eine werden. Den unvermutet starken belgischen Widerstand empfand man als sehr unpassend. Am 19. August besetzen deutsche Truppen auch die kleine Stadt Löwen, die die belgische Armee am Vortag geräumt hatten. Die Häuser durften nicht verriegelt werden, die Fenster waren auch nachts zu erleuchten, totale Ausgangssperre ab 20.00 Uhr, Todesstrafe bei Zuwiderhandlungen. Sechs Tage später, am 25. August, greifen belgische Truppen im Norden an. Alle hören das Gewehrfeuer, die Löwener und ihre Besatzer. Beide Seiten haben Angst, schließlich sind sie alle Kinder des Friedens, nur die Alten haben schon einmal einen Krieg erlebt, das ist bald ein halbes Jahrhundert her. Die Deutschen haben vor allem Angst vor Heckenschützen, Freischärlern, Franctireurs genannt, man wird einmal von der »Franctireurs-Psychose« sprechen. Am Abend des 25. August, Nietzsches Todestag, geschieht es: In Löwen fallen Schüsse, mehrere deutsche Soldaten sterben. Die genauen Umstände wurden nie aufgeklärt.

Die Vergeltung ist furchtbar. Wo die Toten liegen, werden die Löwener aus ihren Häusern getrieben, die Häuser niedergebrannt, fast alle im alten Zentrum der Stadt. 200 Menschen sterben. Die Brände sind schwer begrenzbar, auch öffentliche Gebäude sind bedroht, in einem aber wird bewusst ein Feuer gelegt: in der Bibliothek von Löwen. Sie befindet sich in einer alten Tuchhalle aus dem 14. Jahrhundert, als Löwen eine der bedeutendsten Handelsstädte Europas war. Der Brand wird wahrscheinlich in Unkenntnis dessen gelegt, was das Haus enthält, angeblich, um durch ein *Gegenfeuer* das Übergreifen der Flammen auf das Rathaus und die Peterskirche zu verhindern. Die Peterskirche fängt trotzdem Feuer, wird aber genau wie das Rathaus gerettet.

Doch die Bibliothek brennt mehrere Tage. »Zerborstene Pfeiler und ein Berg von Steinen, Ziegeln und verkohlten Balken verstellten den Zugang ins Innere, wo in der noch immer nicht erloschenen Glut Tausende von Büchern schwelten. Die Außenmauern ragten düster und bedrohlich in den Himmel. Das war alles, was von dem majestätischen Bau der Halles Universitaires und seinen Schätzen übrigblieb. In den Straßen der verlassenen Ruinenstadt sah man plündernde Soldaten, und der Wind trieb die halbver-brannten Blätter der Bücher und Zeitschriften bis weit in das Land hinaus«[692], berichtet Paul Delannoy, der Direktor der Bibliothek von Löwen.

Es ist das Sarajewo des europäischen Geistes.

Am 29. August schreibt Romain Rolland einen Offenen Brief an Gerhart Hauptmann: »Aber Sie, Hauptmann, wer sind denn Sie, und wie wollen Sie von jetzt an noch genannt werden, wenn sie den Titel: ›Barbar‹ ablehnen? Sind Sie der Nachkomme Goethes oder Attilas? Führen Sie Krieg gegen Armeen oder gegen den menschlichen Geist?«[693]

Seit dem Brand der Bibliothek von Alexandria weiß man, wer Bücher in Rauch aufgehen lässt: die Barbaren. 641 hatten die Araber Alexandria erobert und standen voller Ratlosigkeit vor der größten Büchersammlung der antiken Welt, einer untergehenden, ungläubigen Welt also. Wozu ihre Bücher aufheben? Der Richtspruch des Kalifen Omar soll gelautet haben: »Wenn diese Bücher mit dem Koran übereinstimmen, so sind sie nutzlos und brauchen nicht erhalten zu werden. Wenn sie ihm aber widersprechen, sind sie gefährlich und müssen vernichtet werden.« Sechs Monate lang soll sich die Weisheit der antiken Welt als Rauch durch die Schornsteine der viertausend Badehäuser der Stadt ge-schlängelt haben. 54 800 bis 500 000 Schriftrollen – die Schätzungen divergieren – besaß die Bibliothek von Alexandria. Auch wenn diese Fassung des Geschehens kaum zu halten ist, sie hat den Ruf der Araber in Europa nicht verbessert.

Als der kriegsversehrte Friedrich Nietzsche nach dem letzten deutsch-französischen Waffengang hörte, dass der Louvre brennt, fand er sich mehrere Tage lang *aufgelöst in Thränen und Zweifeln.* Die ganze künstlerisch-philosophische Existenz schien ihm ab-surd. Für die vermeintlichen Brandstifter, die Kommunarden, hatte er schon zuvor denkbar wenig Sympathien.

Die Deutschen galten nun im feindlichen Europa als eine be-sonders fatale Mischung aus Kommunarden und dem Kalifen Omar. Sätze wie »Kultur has destroyed the treasures of Louvain«[694] werden ab sofort als durchaus sinnvolle Aussagen empfunden.

Der englische Dichter Thomas Hardy schickt Leserbriefe an die *Daily Mail* und den *Manchester Guardian*: »Ich meine, seit Beginn der Geschichte gibt es kein Beispiel dafür, daß je sich ein Land durch einen einzelnen Autor so der Moral entfremdet hat.«[695]

In Amerika wird H. L. Mencken festgenommen und verhört. Der Buchhändler wird beschuldigt, ein Agent »of the german monster Nietzky« zu sein.

Auf dem Schlachtfeld von Metz

Elisabeths Aufsatz *Nietzsche und der Krieg* erscheint am 10. September 1914 zuerst in *Der Tag*: *Wenn es jemals einen Freund des Krieges gab, der Krieger und Kämpfer liebte und auf sie seine höchsten Hoffnungen setzte, so war es Friedrich Nietzsche.* »Meine Brüder im Kriege! Ich liebe euch von Grund aus, ich bin und war euresgleichen.«[696] Das hat zwar Zarathustra gesagt und nicht Friedrich Nietzsche, aber ist das jetzt die Stunde, um Erbsen zu zählen?

Und ebendarum, weil solche Stunden den Verstand lähmen, hat der vermeintliche Bellizist Nietzsche noch während des Krieges, den er selbst mitmachte und an dessen Ende die Gründung des Deutschen Reichs stand, seinen Freunden mitgeteilt, dass der Geist, sie selber also, nun wohl ins Exil gehen müssten. Man werde wieder Klöster nötig haben, Klöster für freie Geister, erfuhr Rohde. Und Gersdorff las: *Im Vertrauen: ich halte das jetzige Preußen für eine der Cultur höchst gefährliche Macht.*[697]

Von diesem vaterländischen Abgesang, noch während er selbst für dieses Vaterland auf dem Schlachtfeld bei Metz stand, findet sich bei Elisabeth kein Wort. Er war, seiner schlechten Augen wegen, als Sanitäter eingesetzt, hatte zuletzt drei Tage und drei Nächte lang sechs Schwerverwundete allein zu pflegen. Er wechselte stundenlang die stinkenden Verbände; fast alle hatten außer ihren Wunden auch noch die Ruhr, zwei obendrein Diphterie. Schon im Umkreis dieses Waggons war es ein Leichtsinn, Atem zu holen, wie erst drin. Doch der Philosoph hielt durch, das Aufgeben lag nicht in seinem Naturell. Als er seine Verwundeten schließlich an der Sammelstelle ablieferte, hatte er die Ruhr und Diphterie. So kam er zur Genesung nach Naumburg, das Unwahrscheinliche seines Entrinnens stark empfindend. Was mag er seiner Schwester damals erzählt haben?

Elisabeth wird immer behaupten, ihr Bruder habe den Gedanken des Willens zur Macht auf dem Schlachtfeld von Metz gefunden. Aber ein Mann am äußersten Rand seiner nervlichen und körperlichen Kräfte mit Ruhr und Diphterie neigt eher nicht zu solchen Wahrnehmungen. Zumal die Denkfigur des Willens zur Macht damals noch keine Rolle spielte. Und doch, es ist derselbe Mensch, der sie einmal finden wird, wie kann er je ganz unempfindlich gegen diese Elementarwahrnehmung gewesen sein?

Es war nicht 1870, sondern im Herbst 1885, kurz vor ihrer Überfahrt nach Paraguay, als Friedrich Nietzsche noch einmal versuchte, seiner Schwester zu erklären, wer er wirklich ist, was in seinem Falle hieß, was er wirklich denkt, einen langen Naumburger Bruder-und-Schwester-Spaziergang lang. Mag sein, das Schlachtfeld war ihm nur ein Beispiel, um ihren Verstand für das zu öffnen, was er meinte. Sie wird es so notieren: Beim Aufmarsch der preußisch-deutschen Armeen habe er gefühlt, *daß der stärkste und höchste Wille zum Leben nicht in einem ewigen Ringen ums Dasein zum Ausdruck kommt, sondern als Wille zum Kampf, als Wille zur Macht und Übermacht.*[698] Das verstand sie. Und genau das wollte er.

Elisabeth schreibt es genau zehn Jahre vor Ausbruch des Krieges und sie besitzt keinen weltanschaulichen Eigenehrgeiz. Das Denken ihres Bruders willentlich zu kontaminieren, wäre ihr als Frevel erschienen.

Und doch ist es wohl vertrackter, als Elisabeth begreifen kann: Nietzsche betrat das Schlachtfeld nicht im Augenblick des Aufmarsches, sondern etwas später, als es schon ein riesiger Friedhof geworden war, der Gestank des Todes darüber lag und Mensch und Tier nebeneinander verwesten. Hier war also nicht der Wille zur Macht in Aktion zu besichtigen als vielmehr die absolute Sinnlosigkeit. Was den Menschen – und gerade einen von Nietzsches Sensitivität – dennoch dazu bringt, dieser Suggestion des Vergeblichen nicht zu erliegen, ist etwas anderes, auch etwas anderes als der pure Überlebensinstinkt. Ist es, eben doch: der *Wille zur Macht*? Und hätte sie das etwa schreiben sollen?

August 1914. Nein, es ist nicht die Stunde der Nuancen. Und Elisabeth war noch nie eine Erkunderin der Nuancen, ihr gerader, wenig faltenreicher Sinn fährt fort: *Mein Bruder konnte nie genug die reinigende, erhebende und in die Höhe reißende Wirkung des Krieges betonen*[699]. Vor lauter Enthusiasmus vergisst sie – und sie wird sich darüber sehr ärgern –, ihre festeste Überzeugung kundzutun: dass ihr Bruder trotz seiner siebzig Jahre als Freiwilliger mit ins Feld gezogen wäre. In einen Krieg, den er von ganzem Herzen verachtet hätte? Was macht sie da so sicher?

Nietzsche und der Krieg wird bald von anderen Zeitungen nachgedruckt. Sie schickt den Artikel auch dem Grafen an die Front, er antwortet: »Den prächtigen Artikel über Nietzsche und den Krieg hatte ich schon vorher gelesen, freue mich aber, ihn jetzt aus Ihrer Hand zu besitzen. In den Zeitungen lese ich, daß die drei Bücher, die am meisten von Kriegsfreiwilligen in München gekauft werden, um sie mitzunehmen, das Neue Testament, der Faust und der Zarathustra sind. Diese drei drücken auch meines Erachtens genau die Linie aus, auf der sich der Geist unserer Truppen im Felde bewegt.«[700] Und der Graf, der im August in van de Veldes Heimat einmarschierte und im November bereits kurz vor Krakau liegt, um die Russen zu besiegen, spricht seine Überzeugung aus, dass »die Freiwilligen, die bei Langemark siegend in den Tod giengen« ihren Bruder so ergriffen hätten »wie Nichts in seinem Leben«. Das ist, selbst für einen preußischen Offizier im Krieg, eine gewagte Behauptung. Der feinsinnige Kessler ist als Nietzsche-Interpret keiner der schlechtesten, er besitzt jene Infinitesimalwahrnehmungen des Geistes, die für die Lektüre Nietzsches unabdingbar sind, umso mehr verblüfft das Unumwundene, das Bestimmte seiner Aussage. Nietzsches höchster Augenblick: Krieger, die für ihr Vaterland sterben?

Ich bringe den Krieg. Nietzsches Selbstankündigung läuft zu auf den Satz: *Ich bringe den Krieg quer durch alle absurden Zufälle von Volk, Stand, Rasse, Beruf, Erziehung, Bildung: ein Krieg wie zwischen Auf-*

gang und Niedergang, zwischen Willen zum Leben und RACHSUCHT gegen das Leben ...[701] Und schließlich folgt der Satz: – *es wird Kriege geben, wie es noch keine auf Erden gab.*

Hatte Elisabeth ein Recht auf den Artikel, den sie schrieb?

Es ist unmöglich, aus ihrem Bruder einen Pazifisten, einen Kriegsgegner zu machen. Pazifisten und Kriegsgegner gehören ihm zum »faulen Frieden«. Eins aber vergisst Elisabeth nicht nur zu erwähnen, sondern auch zu denken, ebenso wie der Graf und alle anderen in dieser dem Geist nicht günstigen Stunde: Nietzsches Begriff des Krieges ist nicht der landläufige. Er ist der große Wiederentdecker der vorplatonischen Philosophie. Sein Gewährsmann ist Heraklit: Der Krieg ist der Vater aller Dinge. Man könnte auch übersetzen: der Streit, der Wettkampf.

Es geht um die Elementarverfasstheit des Daseins, um den Widerspruch am Grund aller Dinge. Hätte er nicht wie jeder ordentliche Kathederphilosoph seine Begriffe definieren müssen, darlegen, in welcher Hinsicht er sie verwendet? Es gäbe wohl nichts, was dieser Autor tiefer verachtet hätte. Denn die Art der Verwendung eines Begriffs erschließt sich aus dem Text. Einen philosophischen Text nachvollziehen aber nennt man auch: denken.

Elisabeths Artikel hätte nicht *Nietzsche und der Krieg* heißen dürfen, sondern *Der Altphilologe und der Krieg.* Sie hätte in wünschenswerter Klarheit darlegen können, dass sein Begriff des Krieges von Heraklit stammt.

Aber stammt, was da eben ausbrach, auch von Heraklit? Das Bedenkliche an Kriegszeiten ist, dass kein Mensch mehr Artikel drucken möchte, die *Der Altphilologe und der Krieg* heißen. Noch bedenklicher ist, dass sie auch keinem mehr einfallen.

Und sollte man wirklich den Altphilologen die Definition von modernen Kriegen überlassen?

Philosophischer Zwischenruf

Doch hat Friedrich Nietzsche etwa nicht von *Herrenmoral,* von der *blonden Bestie* und von *Renaissancemenschen* resp. *Übermenschen* gesprochen? Vielleicht sei hier am besten gleich vermerkt, wer die *blonde Bestie* ist: Kein SS-Mann, ein Löwe. Zu Zarathustras Tieren zählen nicht nur Adler und Schlange, sondern auch der Löwe.

Romain Rolland hatte nicht nur Gerhart Hauptmann gefragt, ob er sich als Nachkomme Goethes oder Attilas begreife, er gibt auch eine Interpretation des *Übermenschen* in den Zeiten des Krieges: »Ein Übermensch ist ein erhabener Anblick. Zehn oder zwanzig Übermenschen werden schon unangenehm. Aber Hunderttausende, die jene hochmütige Überspanntheit mit Mittelmäßigkeit oder einer natürlichen Niedrigkeit verbinden, werden zu einer Geißel Gottes, gleich der, die Belgien oder Frankreich verwüstet.«[702] Das ist nicht ohne Witz gedacht und trotzdem Unfug. Ein Übermensch wäre kein »erhabener Anblick«, er böte überhaupt keinen. Der Übermensch ist der Moment des Übergangs in uns.

Niemand hat besser gesagt, was die Worte der Abgrenzung im Kontext von Nietzsches Denken bedeuten, als Josef Hofmiller, Sohn einer kreuzkatholischen Familie aus dem Allgäu, dem während seines Studiums der katholischen Theologie etwas Merkwürdiges geschah, und was hier, obgleich höchst persönlich und scheinbar nicht von allgemeinerem Belang, doch anzugeben ist: »Im Priesterseminar wurde ich durch die APOLOGETIK, die ich studierte, Atheist! Damals lernte ich Nietzschen kennen, mit jenem Entzücken, das einen auf jeder Seite ausrufen läßt: ›Ja!!, ja!! so ist es! Ich WUSSTE das Alles! Und du – SAGST es mir!‹ Es ist ein ungeheurer Moment, wenn ein Suchender plötzlich die Worte hört: ›HIERHER gehörst Du! DAS bis Du! Werde der du bist!‹ – DAHER meine leidenschaftliche Teilnahme am Problem der Wiederkunft. Das sogenannte metaphysische Bedürfnis ist etwas sehr Ernstes, Tiefes; wir LEIDEN daran, wir stolzen freien Geister.«[703]

Damals zählte der so Ergriffene fünfzehn Jahre und seine Tage am erzbischöflichen Internat des Gymnasiums zu Freising waren bald gezählt. Menschen wie er sind die eigentlichen Nietzsche-Leser, gefangen im Zauberkreis des Denkens, denn man kann sich diesem Autor nicht von außen nähern. Keine Philosophie ist eine Handlungsanleitung, und ist sie es doch, so ist sie wohl keine Philosophie mehr.

Elisabeth, die im Unterschied zu Hofmiller, Lou von Salomé und so vielen anderen nie eine originär geistige Erfahrung gemacht hat, stößt hier an ihre Grenzen. Für Elisabeth findet eine Theorie ihre höchste Erfüllung in der Praxis. Diese Auffassung teilt sie mit Marxisten und vielen anderen gar nicht dummen Leuten, aber vor allem teilt sie diese Auffassung mit dem Feind: »Einer der Gründe, warum wir an diesem Krieg teilnehmen, ist der, daß wir die Welt, den Fortschritt und die Kultur davor bewahren müssen, der Philosophie Nietzsches zum Opfer zu fallen«[704], verkündet der britische Weltmachtstratege und langjährige Generalbevollmächtigte für Ägypten Lord Cromer im *Spectator*.

Auf dieser Bahn ist kein Halten mehr. Friedrich Nietzsche hat versäumt, etwas öfter und etwas lauter zu sagen, was wenige wussten so wie er: dass der Krieg das Ende des Denkens ist. Alles, auch alle geistigen Bestände, werden jetzt zur Waffe. Aber hat er wirklich versäumt, es zu sagen?

Friedrich Nietzsche hatte schon die Vorrede des Buches entworfen, das er den *Willen zur Macht* nennen wollte: *Ein Buch zum Denken, nichts weiter: es gehört denen, welchen Denken VERGNÜGEN macht, nichts weiter. Daß es deutsch geschrieben ist, ist zumindest unzeitgemäß: ich wünschte es französisch geschrieben zu haben, damit es nicht als Befürwortung irgendwelcher reichsdeutscher Aspirationen erscheint.*

Und nun Josef Hofmiller: »Richtig ist, daß wo Nietzsche von ›blonden Bestien‹, Renaissancemenschen u.s.w. spricht, er nur die SUBLIMIERUNGEN jener Grundtriebkräfte als erstrebenswert bezeichnet …, daß mit der Lehre von der schenkenden Tugend Nietzsche's Egoismus in Altruismus und Universalismus umschlägt. … Es muß immer wieder betont werden, dass Nietzsche ethische Forderungen nur für sich und die Seinen aufstellt.«[705]

Man stimme seinen Ansichten nur zu, wenn man sie bereits habe: »Man WIRD ›Nietzscheaner‹ (um dieses abscheuliche Wort ausnahmsweise zu gebrauchen), weil man es IST. Jede Bereicherung der Weltanschauung ist nur eine blitzartig aufleuchtende und tief beglückende Anagorisis.«[706]

Doch es ist die Stunde der anderen.

Der Nobelpreis für Elisabeth.
Zweiter Versuch

Das Buch, an dem sie noch immer schreibt und das sie ihrem Bruder zum 70. Geburtstag aufs Grab legen wollte, passt so gar nicht in diesen Kriegsherbst. Denn in ihm ist alles Kriegerische von vornherein ausgeklammert, es heißt *Wagner und Nietzsche zur Zeit ihrer Freundschaft*. Sie beginnt es mit einem Satz des *Zarathustra*-Komponisten, den Kessler ihr zutrug: *Richard Strauß hat einmal gesagt, ... daß er jene Jahre, wo Richard Wagner und Friedrich Nietzsche in Freundschaft innig verbunden waren, als einen der höchsten und feierlichsten Kulturmomente des 19. Jahrhunderts betrachte.*[707]

Es war auch ihre schönste Zeit. Ahnt etwas in ihr, dass dieser Krieg die Welt untergehen lässt, von der es berichtet, ihre Welt also?

Aber seit er ausbrach, hört sie nichts mehr von ihrem Münchner Verleger. Sie nimmt es als Ermutigung, eine Umarbeitung zu beginnen. Sie hofft, dass der Krieg ungefähr so schnell ist wie sie, am besten, sie würden zugleich fertig, Druck und Sieg.

Manchmal begreift sie ihre Landsleute nicht. Van de Velde gilt jetzt als feindlicher Ausländer. Van de Velde, ein feindlicher Ausländer? Die Leiterin des Archivs diagnostiziert schon vor Ende des Jahres eine Art *Kriegspsychose*. Nicht nur, dass man dem Freund auf der Straße hässliche Worte nachruft, dass er sich dreimal täglich bei der Polizei melden muss, auch der Großherzog scheint *von dieser Kriegsps(ychose) gegen Ausländer in stärkster Weise befallen*. Er will van de Velde kündigen. Da kündigt van de Velde selbst, es hat mehr Stil so. Souverän ist, wer selbst entscheidet, wann er geht. Nachdem das klar ist, erklärt er sich bereit, noch etwas zu bleiben, übergangsweise.

Hat Elisabeths Architekt das Nietzsche-Archiv nicht seine Zitadelle genannt? Wäre sie demnach nun die Kommandeuse einer belgischen Festung? Es ist ihr egal, sie steht fest an van de Veldes Seite. *Mit mir sind alle Leute sehr nett, obgleich es versucht wurde mein ziemlich leidenschaftl. Eintreten für v.d.Velde mir als Mangel an Patriotismus auszulegen.*[708]

Sie muss ihm eine neue Stellung verschaffen und fragt Vaihinger nebenan in Halle, ob der nicht eine Professur für ihn wüsste. Er würde sich bemühen, das weiß sie, denn dass ein Schützling Vaihingers 1911 eine Professur in Jena erhielt, war ein wenig auch das Verdienst ihrer freundlichen Fürsprache. Wüsste ihr Bruder, dass die Universitäten jetzt schon auf Lieschen Nietzsche hören, wenn sie philosophische Lehrstühle besetzen wollen, er wäre wohl noch skeptischer, was die Wünschbarkeit der *ewigen Wiederkunft des Gleichen* angeht.

Der Philosoph des Als-ob trifft zur strategischen Lagebesprechung im Nietzsche-Archiv ein, muss aber schon am 26. Oktober seine Kapitulation erklären, es herrsche »kriegsbedingte Entschlusslosigkeit«, und wahrscheinlich ist man auch in Halle der Meinung, dass für diesen begabten Architekten gewiss vieles spreche, aber eines ganz sicher nicht: seine Nationalität. Der bekennende Europäer Hans Vaihinger leidet. Am gleichen späten Oktobertag kommt noch ein zweiter Brief aus Halle. Wenn er van de Velde schon keine Professur verschaffen kann, dann vielleicht doch ihr den Nobelpreis. Oder sollte man sagen, er schlägt unter ihrem Namen vor, Nietzsches Vision eines geeinten Europa auszuzeichnen –?

»Ich hoffe doch sehr, dass Sie für den Preis in Stockholm ernstlich in Betracht kommen und ich werde, sobald Sie mir ein Exemplar ihres neuen Buches zusenden, das meinige tun, um jenes Ziel herbeizuführen. Ich werde nach Stockholm schreiben, dass das Nietzsche-Archiv eine internationale Sache ist, dass es geeignet ist, die durch den Krieg abgebrochenen Fäden mit dem Auslande wieder anzuknüpfen und dass Nietzsche in Frankreich wie in England viele Verehrer hatte und noch haben wird, dass Sie es ganz ausgezeichnet verstehen, die internationale Stellung des Archivs zu wahren usw.«[709]

Von den Harthörigen als der Mann verdächtigt, der den Krieg gemacht hat, ist der Name Friedrich Nietzsche doch zugleich ein Versprechen für die Nachkriegsordnung. Hat die Nobelstiftung nicht die Pflicht, ihre kollektive Intelligenz auf die Höhe dieses Gedankens zu heben?

Wahrscheinlich hegt Vaihinger selbst Zweifel.

Nobelpreisträger Eucken, der Philosoph für jede Gelegenheit von nebenan, hat auch die Gelegenheit dieses Jahres nicht verstreichen lassen, und so erscheint noch 1914 seine Flugschrift *Die weltgeschichtliche Bedeutung des deutschen Geistes*. Es gäbe im deutschen Wesen eine Spannung, wie sie in dieser Ausprägung bei keinem anderen Volke zu finden sei: »Seelenkultur« und »Arbeitskultur« nennt er deren Pole. Niemand habe das Unverträgliche so produktiv gemacht wie die Deutschen, darum obliege es ihnen, *die weltumspannende Innerlichkeit zu versöhnen und auszugleichen mit tüchtiger Arbeit an der sichtbaren Welt.*[710] Ein deutscher Sieg bedeute darum den Sieg der Menschheit, da »die Vernichtung der deutschen Art die Weltgeschichte ihres tiefsten Sinns berauben würde«.[711]

Es ist diese Art Prosa, die Nietzsche akute Übelkeit erregte, aber ist nicht vielmehr er es, der Europa allgemeine Übelkeit erregt? »Idealismus« und ein fester Glaubensstandpunkt gelten auch der Stockholmer Akademie als Grundkriterien für einen aussichtsreichen Kandidaten. Zu glauben ist, wenn irgend möglich, an einen persönlichen Gott. Die Akademie ist also geneigt, ebendas auszuzeichnen, was Nietzsche nicht ertrug. Gute Voraussetzungen sind das nicht.

Hans Vaihinger dürfte sich wohl des vorsätzlichen Don-Quichottismus verdächtigen, doch er verfolgt sein Anliegen mit Nachdruck. Warum kommt Elisabeths Nietzsche-Wagner-Buch nicht, das er schon längst mitsamt Begleitschreiben weiterleiten wollte? Er schickt einen mahnenden Jahresend-Brief nach Weimar: »Es wäre doch sehr schade, wenn die Chancen, die Sie jetzt in Stockholm haben, nicht noch zur rechten Zeit ausgenützt würden.

In Eile, zugleich aber mit den herzlichsten Wünschen zum Neuen Jahre

Ihr aufrichtig ergebener Hans Vaihinger

P.S. Unsere Siege über die Russen, insbesondere der heute gemeldete grosse Sieg mit 56 000 Gefangenen wird in Schweden großen Eindruck machen, da ja die Schweden in den Russen ihre Erbfeinde sehen, auch das kann unbewusst oder stillschweigend dazu mitwirken, dass die Schweden jetzt den Nobelpreis nach Deutschland geben.«[712]

Das ist zugegebenermaßen eine recht kleine Erwägung für einen großen Geist.

Am Ende des Jahres trifft wie immer eine Bonbonniere des Grafen ein, nur kommt sie diesmal weit aus dem Osten. Russisches Konfekt? *Eigentlich ist es verkehrte Welt, daß Sie mir vom Kriegsschaupl[713] Süßigkeiten schicken, aber trotzdem habe ich mich von Herzen darüber gefreut, u. es ist für alle eine Merkwürdigkeit, daß wir hier jetzt russische Süßigkeiten essen.[714]*

Aber *Nietzsche und Wagner* kommt nicht, Vaihinger wird sehr ungeduldig und will die Aushängebogen nach Stockholm schicken. Aber auch die sind noch nicht fertig, denn es ist Krieg. Dann wenigstens die Korrekturbogen!, fleht der Professor. Es gibt kriegsbedingt auch keine Korrekturbogen.

Dafür wird Elisabeths Diener Karl einberufen, dabei ist er schon 43 Jahre alt. Karl Gustav Gnichtel ist Gefreiter und wird wohl bald Unteroffizier sein und Truppen ausbilden. Heißt: Er wechselt die Seiten. Aus dem Befehlsempfänger Karl Gustav Gnichtel wird ein Befehlsbevollmächtigter. Die Archivleiterin weiß zwar noch nicht, was werden soll ohne Karl. Gewöhnlich sagt sie *mein Karl*. Und nun plötzlich ist ihr Karl nicht mehr ihr Karl. An solche Dinge muss sich der Mensch doch erst gewöhnen.

Andererseits bringt sie dieses Opfer gern und wird bald auch ihre Köchin für gehobene Tafelfreuden entlassen, denn die Haute Cuisine passt nicht in eine Zeit, in der selbst die Tapfersten mit der Feldküche vorliebnehmen müssen. Eignen sich Gourmets eigentlich für den Kriegsdienst? Sie stellt sich die Ernährungslage des Grafen recht verzweifelt vor und schickt ihm Naturalien ins tiefste Polen.

Immerhin ist »sein Paul« bei ihm. »Ihren Karl« musste sie abgeben, Kessler aber hat »seinen Paul« einfach mitgenommen, sie dienen im gleichen Regiment. Kessler wird die Ausgabe seiner Feldpostbriefe 1921 »dem treuen Kriegskameraden Paul Schulze« widmen, nicht »meinem Paul«. Sie schreibt dem Grafen jetzt manchmal »Plauderbriefe« an die Front, denn er hatte ihr gesagt, es fiele ihm beim Lesen ihrer Post leichter sich vorzustellen, dass es noch eine andere Welt gibt als den Krieg. Aber einen Plauderbrief muss sie unterbrechen, als sie die Todesnachricht von drei jungen Doktoren der Philosophie erreicht, die nach dem Krieg im Archiv volontieren wollten. *Es schien mir als ob die intelligente Zukunft Dtschl's dahin gemäht würde.*[115]

Sommer 1915. Wie anders kommt er ihr vor als der des letzten Jahres. So viel August war nie, und jetzt fühlt sie sich wie gelähmt, sie findet kaum noch die Kraft, ihr Haus verlassen. Und wenn sie sich dazu zwingt, ist es wie ein Trauergang: Van de Veldes Kunstgewerbeschule wird endgültig geschlossen. Sie hat das Empfinden, *als ob ein Erbe auseinandergerissen würde, obgleich der Erblasser noch lebt u. mitten in der Auflösung steht.*[116]

Und aus der nachgeholten gesamteuropäischen Geburtstags-Sieges-Feier ihres Bruders wird auch nichts. Und selbst wenn Frieden wäre: Welche der Gäste würden denn noch kommen? Sie trauert um ihre europäischen Freunde. … *ich sage mir oft, es ist nun alles vorbei, denn so lange ich noch lebe wird sich nicht mehr dieser furchtbare Haß mildern, der in diesen Ländern gegen uns emporgewachsen ist.*[117] Gewiss wird eine Zeit kommen, die wieder Brücken baut, aber für sie wird es zu spät sein.

Vaihinger dagegen ist ein unermüdlicher Brückenbauer. Endlich, im Juni 1915, erscheint *Wagner und Nietzsche*, und der Professor baut sofort an der Brücke, die von Weimar über Stockholm nach Europa führen soll.

Sie bekommt die Kopie seines Schreibens an die »hochverehrliche Verwaltung der Nobelstiftung« vom 6. Juni: »Im Anschluss an meinen vor ein einhalb Jahren eingesendeten Antrag auf Erteilung des Literaturpreises der Nobelstiftung an Frau Dr. Elisabeth Förster-Nietzsche in Weimar, resp. an das von ihr begründete Nietzsche-Archiv ebendaselbst, beehre ich mich ganz ergebenst folgendes nachzutragen.

Frau Dr. Elisabeth Förster-Nietzsche hat eine neue Schrift geschrieben, welche ich gleichzeitig als Drucksache an die Nobelstiftung abgehen lasse. Die Schrift, welche den Titel führt ›Wagner und Nietzsche zur Zeit ihrer Freundschaft‹, sollte ursprünglich Weihnachten 1914 erscheinen, ist aber infolge des Krieges erst jetzt fertiggestellt worden. Diese Schrift ist wiederum ein neuer Beweis von der literarischen Kunst der Verfasserin und würde naturgemäß in Friedenszeiten in ganz Europa Beachtung gefunden haben.

Der schreckliche europäische Krieg, welcher nun auch diesem kleinen Buch den Weg versperrt, könnte vielleicht von Manchem als ein Hindernis betrachtet werden, den Literaturpreis der Nobel-Stiftung an Frau Dr. Förster-Nietzsche und das Nietzsche-Archiv zu geben. Aber ich glaube, dass im Gegenteil gerade das Nietzsche-Archiv in Weimar dazu berufen ist, nach diesem Kriege die jetzt so zerrissenen internationalen Beziehungen der Intellektuellen aller Kulturnationen wieder aufzunehmen.«[718] Auch die Verkennung des großen Mannes, auf den das Ideal des ›guten Europäers‹ zurückgeht, werde dann aufhören, und man werde wieder wissen, »dass dieser grosse Geist nicht blos dem Lande gehört, in welchem er zufällig geboren ist, sondern dem ganzen geistigen Europa, ja der intellektuellen Welt überhaupt«. So spricht ein unbeirrbarer Kantianer und das ist erst der Anfang von Vaihingers Beschwörung der Nobelstiftung. »Ob nun meine Aktion für Sie in Stockholm irgend welchen Erfolg hat oder nicht – ich habe getan, was in meinen Kräften steht und was ich für meine Pflicht hielt«, lässt er die Auszuzeichnende wissen. Gegen den Propagandaunfug der Engländer, der Wille zur Macht sei die deutsche Nationalphilosophie und verantwortlich für den deutschen Imperialismus, habe er einschreiten müssen. Und wenn sie das selber glauben: umso schlimmer.

Im Juli erreicht den Professor und seine Kandidatin eine Nachricht aus Stockholm. Die Verleihung der Preise sei auf das nächste Jahr verschoben.

Vom Geist der Nation

Man weiß gar nicht mehr, was man denken soll.

Dem *Monatsblatt des Deutschen Bundes gegen die Frauenemanzipation*, deren Mitglied Elisabeth ist, schon weil die Schwester eines der größten Gegner der Frauenemanzipation nicht für diese sein kann, entnimmt sie, dass Ellen Key, die so viel von ihrem Bruder weiß, auch dass er eine verzauberte Stranddistel ist, sich ebenfalls von Deutschland abgewandt hat: »Die schwedische Zeitschrift ›Forum‹ brachte Ellen Keys Gedanken über das Deutschland unserer Tage, dies Deutschland, das uns so stark, so mutig und frei sein läßt trotz ernster, schwerer Zeit, dies Deutschland, das unser Vaterland nennen zu dürfen uns mit einem Stolze erfüllt, wie er berechtigter wohl noch nie in eines Volkes Seele lebte …« Kriegsprosa. Jeder Tag beginnt und endet jetzt mit solchen vaterländischen Expositionen. Elisabeth sagt nicht, ob auch sie schon dazu übergegangen ist, Artikel mehr von ihrem Ende her zu lesen. Dort steht meist etwas Fassliches, in diesem Fall, dass Ellen Key zufolge die Deutschen begonnen hätten, den Geist Goethes mit dem Bismarcks auszutreiben. Der Name Nietzsche fällt nicht. Und wie schön hatte sie dargelegt, dass Nietzsche am Ende des Weges steht, den Goethe zuerst betrat. Jetzt sagt sie Bismarck, nicht Nietzsche. Schade.

»Ellen Key kennt unser Deutschland nicht«, schlussfolgert die federführende Streiterin gegen die Frauenemanzipation, Ellen Key wisse nicht, »wie ergänzungsfroh in unserm Vaterlande alles ineinandergreift«. Und sie nähert sich unaufhaltsam der conclusio: »Wir SEHEN DEN KAMPF – fast möchte man sagen, den blindwütigen Kampf – DES FEMINISMUS GEGEN DAS MÄNNLICHE STAATSWESEN DEUTSCHLAND.«[19] Nein, es ist fürwahr nicht leicht, noch einen klaren, nicht ergänzungsfrohen Gedanken zu fassen.

Aber das eine weiß Elisabeth: Wenn der Krieg vorbei ist, wird sie, wird das Archiv, wird ihre Heimat die Arme wieder öffnen gen Europa. Das ist einerseits eine schöne Aussage, nur die Begründung wird vielleicht nicht jedem Europäer gefallen: *der Sieger ist … stets großmütig.* Anders kann sie es noch immer nicht denken. Sie ist das Kind einer Zeit, da es mit ihrem Vaterland immer aufwärts ging, es entspricht der Normalität ihres Gefühls.

Neben Todesnachrichten von der Front trifft im Herbst auch eine aus Stockholm ein. Signe ist tot, Signe Thiel, die sie liebte wie eine Tochter. Sie kann es nicht glauben. Ihre Signe hat sich mit einer Überdosis Opium das Leben genommen. Wie kann eine Frau aus dem Leben scheiden, wenn sie einen Mann hat wie Ernest Thiel? Dass ihr Sohn Tage nicht Thiels Sohn, sondern der ihres »Lieblingsneffen« Max Oehler ist, weiß sie vielleicht noch immer nicht. Ertrug Thiels Frau nicht, dass sie sich um Max Oehler im Krieg sorgte, als sei er ihr Mann? Musste sie, als Mutter seines Kindes, nicht allzeit wissen, wo er war, und nicht zuletzt: ob er noch lebte? Und außerdem: Max hatte geheiratet. Mag sein, Signe Thiel hielt die Spannung nicht mehr aus, in der sie lebte. Sie hatte im Oktober 1913 noch ein Kind geboren, Inge Maria Elisabeth Thiel. Wem zu Ehren das Mädchen seinen Namen bekam, liegt auf der Hand. Elisabeth wurde Großmutter, Wahl-Großmutter. Und nun hinterlässt Signe Thiel eine kleine Elisabeth, die noch keine zwei Jahre zählt.

Elisabeth bittet den Freund, den Witwer, um irgendetwas, das ihr Verstehen erleichtern könnte. Doch ihr Vertrauter schweigt. Er kann noch nicht darüber reden und schreiben schon gar nicht. Ja, wenn man sich sehen könnte! Doch Kriegszeiten sind schlechte Reisezeiten. Die beiden Hinterbliebenen Ernest Thiel und Elisabeth rücken nun noch näher zusammen. Jeder Mensch braucht einen nächsten Vertrauten. Und für Elisabeth ist es neben dem Grafen dieser jüdische Millionär aus Stockholm.

Thiels Trauer um seine Frau findet einen seltsamen Ausdruck. 300 000 Mark wollte er dem Archiv nach seinem oder Elisabeths Tod hinterlassen, mit einer ersten größeren Rate wurde die Stiftung Nietzsche-Archiv gegründet. Jetzt beginnt er, Elisabeth immer öfter kleinere und größere Beträge zu senden, wobei es sich auch bei den kleineren Beträgen um größere Beträge handelt.

Elisabeth kauft Kriegsanleihen.

Im Herbst hält Bruno Bauch einen Vortrag mit dem Harmlosigkeit versprechenden Titel *Vom Begriff der Nation*. Denn was mit *Vom Begriff des* … anhebt, neigt gewöhnlich zu dieser Geisteslage. Doch es kommt anders. Bruno Bauch ist Vaihingers Schützling und Redakteur der *Kant-Studien*, dem Elisabeth eine Professur in

Jena mitverschafft hat, wo Eucken und Haeckel gemeinsam auf ihn herabsehen. Aber jetzt tritt er aus ihrem Schatten.

Von Kant aus gesehen ist ein Volk oder eine Nation die Einheit, deren Ziel es sein muss, sich zu einer Moral emporzuarbeiten, die für alle Völker, alle Nationen gelten kann. Wer aber gerade mit fast allen Nationen, allen Völkern Krieg führt, muss solchen Ehrgeiz zumindest vertagen. Der schaut vergangenheitstiefer nach den Wurzeln des Eigenen. Liegt in einem Woher nicht auch ein Wohin beschlossen? Und was ist mit den Anderswurzelnden, die das Woher nicht mit uns teilen?

»Der völkische Fremdling mag durch Generationen unter uns leben und keine andere Sprache mehr zu sprechen vermögen, als die unsere. Dennoch ist seine Sprache nicht die unsere.«[70] Es bleibe eine letzte Fremdheit: »Belege sind mit Händen zu greifen, vom Jargon der Sprache bis zu den berühmtesten Gedichten.« Hier ist ohne Zweifel Heinrich Heine gemeint, über den Friedrich Nietzsche sagte, er habe jene Bosheit besessen, ohne die er sich das Vollkommene nicht zu denken wisse. Es ist das Moment der Negation noch in der Bejahung, auf das Bauch zielt. Der Vorbehalt hat einen schweren Stand in Kriegszeiten. Und gar Nietzsches *Pathos der Distanz*! Von Bauch aus gesehen müsste wohl auch Friedrich Nietzsche als jüdischer Denker gelten.

Im Heer findet gerade eine Zählung der Anderswurzelnden statt, auch *Die Judenzählung* genannt. Vielleicht will man per späterer Statistik eine Frage beantworten, auf die es keine einfache Antwort gibt: Warum sollten die Juden sich für ein Land opfern, in dem sie zwar leben und das neuerdings überaus erfolgreich, das aber Vaterland zu nennen semantisch doch sehr gewagt wäre. Und Bauch kommt zu dem Schluss, dass der Jude ein »Gast« sei und bleibe, »Gast im deutschen Hause«. Zu den nicht geringen Risiken dieses Status zählt, dass man Gäste fortschicken kann, ja, dass der Gast dadurch definiert wird, dass er auch wieder geht, aber auf diese näheren begrifflichen Bestimmungen geht Bauch nicht ein. Wer sich das nicht selbst sagen kann, besucht kaum einen Vortrag in der Staatswissenschaftlichen Gesellschaft zu Jena.

Und Bruno Bauch bewegen seit Kriegsbeginn überhaupt recht unkantische Bedenken: Sterben in einem Krieg nicht immer die Tapfersten zuerst? Was, wenn der Friede am Ende nur ein Friede für die übriggebliebenen Feiglinge ist? Ein Darwinist müsste hier von negativer Selektion sprechen, Bauch scheut – an anderer Stelle – nicht die nietzscheanische Härte und sprach von den »Minderwertigen«. Er hegt überhaupt beträchtliche Sympathien für diesen Denker.

Die Rede wird nicht folgenlos bleiben. Besondere Begeisterung erregt sie bei Elisabeths neuer philosophischer Mitarbeiterin Frau Doktor Ripke-Kühn. Eigentlich wollte Elisabeth die Arbeit des Archivs kriegsbedingt vorübergehend einstellen, aber das erwies sich als nicht recht praktikabel, denn sie hätte sich weigern müssen, Post zu empfangen. Mit über 200 Personen steht sie in regelmäßiger Korrespondenz, und die schreiben eher häufiger als seltener. Auch wissenschaftliche Arbeiten aller Art gehen nach wie vor ein. Und nicht zuletzt darum ist es so begrüßenswert, dass Frau Ripke-Kühn bei ihr ist, Frau Doktor Leonore Ripke-Kühn, wie Bauch ist sie eine Schülerin des Kantianers Heinrich Rickert. Und diese *ausgezeichnete philosophische Mitarbeiterin* trägt unermüdlich den *Berg der Doktordissertationen und anderen Zusendungen* ab, erstattet *schönen, klaren Bericht* und antwortet den zumeist hoffnungsfrohen, nach Zuspruch begierigen Absendern, allerdings im eigenen Namen, nicht in dem des Archivs. Doch ist Leonore Ripke-Kühn eine Frau unter Einfluss, denn ihr Mann gibt die Zeitschrift *Der Panther* heraus.

Bereits seinem Titel ist zu entnehmen, dass es sich weniger um ein professorales Periodikum handelt. Vielleicht verdankt sich sein Titel nicht zuletzt der Nietzsche'schen erkenntnistheoretischen Einsicht, wonach der Geist die wesentlichen Erkenntnisse nicht findet, auch nicht nach ihnen graben oder mittels anderer Geduldsarbeiten zu ihnen vordringend kann, nein, er muss sie erspringen. Doch die Panthersprünge des Axel Ripke hat Friedrich Nietzsche nun gerade nicht gemeint. Das Periodikum nennt sich im Untertitel *Deutsche Monatsschrift für Politik und Volkstum.*

Vermutlich hätte Nietzsche sie behandelt, wie er es bezüglich einer früheren Antisemiten-Postille bereits seiner Mutter nahelegte: mit spitzen Fingern anfassen, unterwegs nicht reinschauen und geradewegs zum Papierkorb tragen. Der *Panther* veröffentlicht Bauchs Rede als erste, in lobenden Auszügen.

»Wir sollten Belgien behalten!«
Das Kriegsjahr 1916

Dass sie ihren siebzigsten Geburtstag im Frieden feiern würde, unterlag ihr keinem Zweifel. Doch es wird das Jahr der unbarmherzigsten Materialschlachten, eines Krieges, wie er bisher nicht vorstellbar war. Man erobert den Boden des Feindes jetzt meterweise und gibt ihn ebenso wieder preis. Am 21. Februar 1916 beginnt die Schlacht um Verdun, sie wird am 19. Dezember enden, doch der Frontverlauf ist dann noch immer fast der gleiche.

Im Januar macht Elisabeth Pläne für eine Nachkriegs-Friedensordnung. Und da gehen ihre Vorstellungen und die Vorstellungen des Auswärtigen Amtes, zu dem sie neuerdings gute Beziehungen unterhält, doch etwas auseinander. Sie jedenfalls ist dafür, *dass wir Belgien behalten.*[721] Um Belgiens willen, um Löwens willen, hat die Feindpropaganda ihr Vaterland zum Heimatland der Barbarei erklärt, darum, glaubt Elisabeth, sei es gewissermaßen eine Frage der Selbstachtung, es sich anzugliedern: *Vielleicht als neuer Bundesstaat?* Und sie ist sicher, hier im Namen des ganzen Volkes zu sprechen. Ob sie diesen Plan auch mit van de Velde beraten hat? Aber es geht ja um van de Velde und um die Demütigung, die er von ihren Mitweimarern erdulden musste. Sie kann nicht verstehen, dass Kessler noch immer wünscht, dass van de Velde hier aushalten solle. Diesen menschlichen Larven, allen voran dem Großherzog, könne man nur den Rücken kehren. Auch das sei eine Frage der Selbstachtung. Aber in Elisabeths Nachkriegsordnung wird ihr Heimatland alles wiedergutmachen, und genau dafür will sie ihre neuen Beziehungen zum Auswärtigen Amt benutzen.

Der Krieg hat offenbar keinen günstigen Einfluss auf den Verstand der Menschen. Wenn alle Erdungen wegfallen, tendiert das Denken zu Formatfehlern. Doch nicht nur bei Elisabeth sind solche Trübungen zu verzeichnen, auch der Graf neigt zu eigentümlichen Betrachtungen. Der Fronturlauber kommt im April 1916 kurz nach Weimar, besucht Elisabeth und danach das Goethehaus, an seiner Seite seine neueste literarische Entdeckung, es ist der expressionistische Dichter Johannes R. Becher. Kessler beobachtet seine Reaktionen: »... das Sterbezimmer machte auf ihn einen überwältigenden Eindruck. Auch auf mich.« Und dann folgert er: »... um dieses kleine Zimmer, und die Bibliothek in Sanssouci, wird der Weltkrieg gekämpft; damit was dort gesät ist, weiterbestehen kann. Wie viel Blut, damit diese deutsche Geste nicht untergeht.«[722]

Die Bibliothek von Sanssouci also.

Und was ist mit der Bibliothek von Löwen?

Seit dem Frühsommer 1915 verwaltet der Mitarbeiter des Nietzsche-Archivs, Elisabeths Cousin Richard Oehler, von Brüssel aus das belgische Bibliothekswesen. Er richtet die Sammelstelle für Kriegsveröffentlichungen in Belgien ein, organisiert den Benutzerverkehr der Bibliotheken neu und versucht so gut als möglich dem Bild zu entsprechen, das man vor dem Krieg von seinen Landsleuten hatte: Sie sind Angehörige einer Nation des Geistes, der Bücher. Denn was ist ein Buch? Versinnlichter Geist. Oehlers Dienstzimmer in Brüssel liegt in der Rue de Louvain, in der Löwener Straße. Er fährt immer wieder dorthin, geht durch die ausgebrannte Wandelhalle. Es gibt nichts Erschütternderes für einen Bibliothekar als eine vernichtete Bibliothek. Elisabeths Cousin kann nicht wissen, dass namhafte französische Gelehrte inzwischen darlegen, inwiefern ihre Zerstörung zwangsläufig war: »Weil sie das Symbol der katholischen Wissenschaft und des Patriotismus war, zog sie die ersten Schläge der germanischen Barbarei auf sich.«[723]

Oehler befindet sich demnach am Ort eines Martyriums, dessen Gedächtnis niemals verblassen soll, weshalb sich in Paris bereits ein internationales Komitee für den Wiederaufbau der Bibliothek gegründet hat, dem bis 1918 239 Persönlichkeiten aus 25 Ländern ihre Unterstützung zusagen werden: »Der Wiederaufbau der Löwener Bibliothek in gemeinsamer Anstrengung wäre ein Werk, mit dem die Welt des Geistes demonstrieren würde … wie groß ihre Bereitschaft ist, das in Jahrhunderten aufgebaute künstlerische und wissenschaftliche Erbe zu verteidigen.«[724] Gegen die *barbarie savante* der deutschen Philosophie, wie der siebzigjährige Philosophieprofessor Emile Boutroux darlegt, dem erst jetzt das wahre Wesen dessen aufgeht, womit er sich ein Leben lang beschäftigt hat. Das ordentliche Mitglied der Académie des Sciences Morales et Politiques hat es in einer erstaunlichen Alterskarriere inzwischen zum obersten *philosophe de guerre* gebracht.

Die Herrin des Archivs als Greisin

Wenn es eine deutsche Professur für Weltkriegsphilosophie gäbe, hätte sie wohl Nobelpreisträger Rudolf Eucken in Jena verdient. Eucken teilt mit seinem französischen Kollegen Emile Boutroux und Elisabeth das gleiche Geburtsjahr, Eucken wird schon im Januar mit Ehrungen überhäuft. Elisabeth folgt ihm im Juli.

Nach Art aller älteren Menschen ist auch sie mit den Jahren rein körperlich nicht eben größer geworden, doch fällt diese rein physische Tendenz zum Verschwinden bei ihr noch mehr ins Auge. Schon immer ist ihre Zartheit gegenüber der kräftigen Statur ihres Bruders aufgefallen, aber nun umso mehr. Wie also sieht sie aus, die unerschrockene Bellizistin, die Belgien behalten möchte, um es van de Velde zu Füßen zu legen?

»Frau Förster-Nietzsches Erscheinung ... war winzig, rundlich, sie trug Kinderschuhe und -handschuhe, hatte blaue, ganz schwachsichtige Augen, eine blonde Perücke, rosa Bäckchen und ein Näschen, das die Brille kaum tragen konnte, alles an ihr war -chen«[715]. Eine Freundin beschreibt sie so, und sie findet noch mehr Anhaltspunkte des Befremdens.

Statt von einer Aura des Tragischen umgeben zu sein, habe die Herrin des Archivs in ihrem schwarzen Atlaskleid mit weißem Spitzenhäubchen »sehr bürgerlich« gewirkt, »um nicht zu sagen: spießig. Aber eine eiserne Energie und bedenkenlose Zielstrebigkeit im Fanatismus für ihres Bruders Werk beseelte die kleine Frau, die mancher mutige Mann fürchtete.«[716] Ein weißes Spitzenhäubchen? Das trug Elisabeth möglicherweise jetzt noch nicht, aber irgendwann wird sie doch der Auffassung sein, sehr alte Frauen müssten aussehen wie Erdmuthe Nietzsche.

Trotz ihrer physischen Unerheblichkeit telegrafiert Vaihinger am 10. Juli 1916: »der grossen Schwester des grossen philosophen heil und gruss«[717]. Er ist einer von über fünfhundert Gratulanten aus aller Welt. Das Archiv wird wieder zum Blütenmeer. Das Geburtstagskind, das Belgien behalten will, lädt auch Kriegsinvaliden ein.

Und noch einer nähert sich mit den besten Wünschen, Bruno Bauch, der im letzten Herbst öffentlich über den *Begriff der Nation* nachgedacht hatte und zu dem Schluss gekommen war, dass die

Juden noch lange nicht unsere Sprache sprechen, wenn sie unsere Sprache sprechen. Der jüngere Kantianer darf sicher sein, dass sein Förderer, der ältere Kantianer, den Inhalt seines Vortrags mit Herz und Hirn missbilligt. Und überhaupt: Was hätte der Universalist Kant dazu gesagt? Immerhin streitet Vaihinger im Namen Nietzsches und seiner Schwester in Stockholm gerade für die gegenteilige Wahrnehmung.

Noch im gleichen Monat teilt Vaihinger ihr mit, dass eine vierte Auflage seines Buches *Nietzsche als Philosoph* erscheinen wird, »und zwar ausschließlich als Feldausgabe«. Vor einem Jahr hatte sie ihm von einem gefallenen Russen berichtet, in dessen Tornister Vaihingers *Nietzsche als Philosoph* gefunden wurde, der Professor antwortete: »Ich wusste, dass zwei russische Übersetzungen meines Buches existieren.«[728] Und er dachte darüber nach, dass die Russen wohl inzwischen eine ganze *Zarathustra*-Bibliothek eröffnen könnten, mit ihren Funden aus deutschem Marschgepäck.

Elisabeth verschickt ihre Kriegsschriften an alle Freunde des Archivs, Vaihinger regt an, sie möge doch »eine Sammlung ... sämtlicher Aufsätze veranstalten«[729], sie dürfe sich des großen Interesses gewiss sein. Welche Wertschätzung von dem Begründer der *Kant-Studien*!

Goethe als Vorbild

Und doch, so viele kluge Menschen in ihrer Umgebung sind den Juden gegenüber plötzlich skeptisch. Das muss Elisabeths Interesse wecken, schließlich war sie einmal die Frau ihres Mannes. Und bleibt da nicht immer eine letzte Fremdheit, selbst beim Grafen, selbst gegenüber den Juden, die er hoch schätzt wie Maximilian Harden, den Herausgeber der *Zukunft*: *überall im Negativen geistreich, im Positiven, wie gegenüber Maillol, den er ausschweifend lobpries, leer und ohne eigene Wendungen. Er ist wie die meisten Juden ein Anempfinder; mir wird seine Anempfindung* GEGEN *die Gegenstände, die sie hervorrufen, produktiv: er muss sich immer* GEGEN *Etwas emporranken ...*[730]

Die *Kant-Studien*. Noch ist Bruno Bauch ihr Chefredakteur. Ist nicht allein der Name wie das Versprechen eines kühlen Kopfes? Die jüdischen Philosophen müssen auf Bauchs Vorstoß antworten, so viel ist klar. Ernst Cassirer, Schüler des Oberhauptes der Marburger Schule des Neukantianismus, des jüdischen Professors Hermann Cohen, hat lange an seiner Erwiderung auf Bruno Bauchs Rede *Vom Begriff der Nation* gearbeitet. Sie sind beide Kantianer, Universalisten demnach. Im Oktober trifft Cassirers Antwort bei den *Kant-Studien* ein. Ihr Chefredakteur, zugleich der befehdete Autor, lehnt die Veröffentlichung ab. Es handele sich doch mehr um einen politischen als einen philosophischen Beitrag und sei demnach für das Medium nicht geeignet.

Dass Cassirer vehement Einspruch erhebt gegen den ihm und seinen Kollegen zugebilligten Gaststatus, kann man in der Tat als politische Erörterung auffassen. Seine mittelbare Erkundigung, ob die Notwendigkeit der Scheidung einer jüdischen und einer deutschen Nation denn auch die Notwendigkeit der Scheidung einer jüdischen und einer deutschen Logik nahelege, ist eine durch und durch philosophische Anfrage[731]. Nun haben sich die Vertreter der Marburger Schule des Neukantianismus, der Cassirer angehört, und die der Südwestdeutschen Schule, der Bauch angehört, noch nie durch Einmütigkeit ausgezeichnet.

Die Ablehnung des Aufsatzes sorgt für Aufruhr unter den Universitätsphilosophen. Bruno Bauch legt zum Ende des Jahres die Redaktion der *Kant-Studien* nieder. Dass der *Panther* in Person von Elisabeths neuer *ausgezeichneten philosophischen Mitarbeiterin* Bauch in immer neuen Sprüngen unterstützt hatte, war seiner Position nicht förderlich.

Können Juden das Tiefste bei Nietzsche verstehen? Ihre philosophische Assistentin und Bauch glauben das also nicht. Die Leiterin des Archivs sieht sich veranlasst, Leonore Ripke-Kühn etwas aus dem antisemitischen Erfahrungsschatz ihres Lebens mitzuteilen. Vaihinger bekommt einen Durchschlag des verlorenen Briefes, denn Freunde sollten wissen, worüber der andere gerade nachdenkt.[732] Vaihinger schickt ihr das Schriftstück vor Schreck gleich wieder zurück: »... der Brief spricht so scharfe Urteile gegen die Juden aus, dass er Unheil anrichten könnte, wenn er in unberufene Hände käme. Denn viele würden es schwer verübeln, wenn ihnen gerade aus dem Nietzsche-Archiv so scharfe Urteile entgegen kommen würden.«[733] Aber nicht diese Urteile sind es, die den Philosophen des Als-ob so erregen, sondern die Unbefangenheit ihrer Mitteilung im Freundeskreis.

Und jetzt sage er ihr mal, wie man verantwortungsvoll mit Briefen umgeht: »Als Goethe 70 Jahre alt wurde, liess er sich alle Briefe zurückgeben, von denen er befürchtete, dass sie Unheil anrichten könnten, auch noch nach seinem Tode. Er liess es sich viel Zeit und Kraft kosten, solche Briefe im Original zurückzuerhalten, und vernichtete sie dann, nach dem sie nach Weimar zurückgelangt waren.« Das ist verantwortungsvoller Umgang mit persönlicher Korrespondenz. Und er könne nur hoffen, dass die furchtbare Ripke-Kühn diesen Brief keinem Unberufenen zu lesen geben wird, und unberufen sind eigentlich alle.

Wer gäbe schon noch etwas auf das Ideal internationaler Kultur, auf das Ideal des »guten Europäers«? Er aber könne sich »persönlich in diese Atmosphäre der gegenseitigen Missverständnisse der Völker, an denen freilich unsere Gegner weit mehr schuld sind als wir, nicht hineinfinden. Manchmal freilich muss ich an einen Ausspruch Nietzsches im ›Willen zur Macht‹ (dort findet er sich wohl) denken: In Zukunft wird man Kriege führen um Weltanschauungen, um philosophische Prinzipien.

Dieser Ausspruch scheint sich insofern jetzt zu bewahrheiten, als in der Tat von beiden Seiten, insbesondere aber von der deutschen, der Krieg, den wir führen, als ein Weltanschauungskrieg betrachtet wird, als ein Krieg des deutschen Idealismus gegen die entgegengesetzten Weltanschauungen der Gegner und sicher ist auch etwas richtiges daran. Es sind in der Tat zum Teil verschiedene Weltanschauungen, die sich jetzt mit Maschinengewehren und Handgranaten bekämpfen.«

Wenige Tage später erläutert er ihr nochmals, warum es manchmal wichtig ist, seine Korrespondenz zu vernichten: »Es kommt garnicht selten vor, DASS AEUSSERUNGEN, die wir schriftlich oder mündlich machen, dann leicht MISSVERSTANDEN werden können, wenn sie ausser dem Zusammenhang mit der Gelegenheit, bei der sie getan werden und mit der Person, an die sie gerichtet werden, für sich herausgerissen einem Fremden zu Gesicht oder Gehör kommen. ... Wir selbst denken uns, wenn wir eine solche Äusserung tun, etwas ganz anderes dabei, als der Dritte oder Vierte, an den jene Äußerung zufällig gelangt; daraus entstehen ja eben so viele Missverständnisse des geschriebenen und des gesprochenen Wortes und darum kann es wohl zweckmäßig werden, dafür zu sorgen, dass Äusserungen, die wir an Vertraute tun, nicht an Fremde gelangen und deshalb ist es wohl empfehlenswert, unter Umständen dem Beispiel Goethes zu folgen, aus dessen Lebensklugheit wir ja immer lernen können.«[734]

Wer wüsste das eigentlich besser als sie?

Und selbst als Philologe scheint er ganz von selbst ihren Standpunkt zu teilen, ja ihn virtuos zu überbieten. Es ist Elisabeth schließlich doch noch gelungen, den Briefwechsel Nietzsches und Overbecks nach ihren Maßgaben herauszugeben. »Dass dieser Band mitten im Weltkrieg erscheinen kann, ist wieder einer der vielen Beweise der Unzerstörbarkeit der deutschen Volkskraft, die trotz des furchtbaren Unwetters rings herum sich mutig betätigt.«[735] Aber da sei eine Stelle, eine geradezu »schreckliche Prophezeiung Nietzsches, in welcher er die Einkreisung Deutschlands durch seine äußeren Feinde ... vorhersagt«, und er sage sie nicht nur vorher, sondern würde sie am liebsten »selbst herbeiführen«. In der Briefausgabe stehe das nun einmal, aber er hoffe nur, nirgendwo anders. Er hoffe, Nietzsches *Promemoria für die europäischen Höfe* sei »überhaupt gar nicht mehr vorhanden und wohl mit den Turiner verlorenen Kisten verschwunden«[736]. Das philologische Gewissen in den Zeiten des Krieges. Konnte Vaihinger seine Empfehlung deutlicher aussprechen?

Eigentlich ist es eine groteske Situation: Den Nachbarn gilt Nietzsche als Kriegstreiber, doch dieser Kriegstreiber empfiehlt ihnen, sein Heimatland zu vernichten.

Vaihinger stellt auch für das für das Jahr 1917 den Antrag, der Schwester des miserabelsten Patrioten des Reichs den Nobelpreis zuzuerkennen. Aber Schweden sei ein neutrales Land, und da wird man den Preis kaum an die Schwester eines Mannes geben, den die bellizistische Hermeneutik halb Europas als Kriegsursache identifiziert hat.

Es wäre einfach nicht neutral genug.

Die Leiterin des Nietzsche-Archivs ist inzwischen der Ansicht, dass auch die neuen Verbündeten Deutschlands, *die vorzüglichen Türken*, von Friedrich Nietzsche lernen sollten. Dass die Nachricht vom Tode Gottes im Osmanischen Reich kaum auf enthusiastische Reaktionen treffen kann, dämpft ihre Lust des Gebens nicht. Schließlich sind die Osmanen nicht einfach in den Krieg gezogen, sondern sie haben den Heiligen Krieg erklärt. Elisabeth schenkt noch 1916 dem philosophischen Seminar der Universität von Konstantinopel eine Art trojanisches Pferd des Geistes, nämlich die Gesamtausgabe der Werke ihres Bruders.

Kann ein Jude »das Tiefste bei bei Nietzsche verstehen«?

Sie denkt schon länger daran, ein Buch zu schreiben, das *Friedrich Nietzsche und der Krieg* heißen müsste. Es wäre nicht zuletzt ein Buch gegen die feindlichen Missverständnisse ihres Bruders. Sie hat neben ihrer antisemitischen Mitarbeiterin Ripke-Kühn nur noch einen einzigen Mitarbeiter, das ist Max Brahn. Mit etwas mehr Glück wäre er jetzt Professor für Psychologie und experimentelle Pädagogik, aber die Leipziger Fakultät lehnte den Kandidaten im letzten Vorkriegsjahr ab. So fand er die unfreiwillige Muße, den Band *Friedrich Nietzsches Meinungen über Staaten und Kriege* herauszugeben, und eben gerade besorgte er die Neuausgabe des *Willens zur Macht*. Sie wüsste nicht, wo sie wäre ohne Brahn, den letzten Mann im Archiv, alle anderen sind im Krieg.

Vaihinger bedankt sich sehr für Brahns neuen *Willen zur Macht*. Aber der dazugehörige Brief der Freundin hat ihm schon wieder eine schlaflose Nacht bereitet. Sie möchte ihn und seinen einstigen Schüler versöhnen! Am nächsten Morgen will Hans Vaihinger verreisen, und statt letzte Reisevorbereitungen zu treffen, sieht er sich nun zu letzten Erklärungen veranlasst, »um Ihre Missverständnisse zu heben, was ich in größter Eile noch tue«.[737] Warum sind diese Frauen, selbst wenn sie bellizistische Gesinnungen hegen wie Nietzsches Schwester, immer so friedensbedürftig, wollen überall ausgleichen und vermitteln, selbst zwischen ihm und Bauch?

Vom Geist der Nation! Zwischen ihm und einem Mann, der solche Reden hält, gibt es nichts mehr zu vermitteln. Er halte die Aussage, ein Jude könne den deutschen Idealismus, insbesondere Kant »nicht voll und ganz verstehen«, für unsinnig, für genauso unsinnig wie die Aussage, ein Jude könne das Tiefste bei Nietzsche nicht verstehen, und falls sie eines Beweises bedürfe, nehme sie von ihm aus Brahn. Die Archivleiterin ist aufrichtig überrascht. Ihr neuer Herausgeber des *Willens zur Macht*, ein Jude?

Dass die Juden Nietzsche verstehen, ist keine Frage. Aber wenn sie »das Tiefste« nicht verstünden, so würde Elisabeth das durchaus einleuchten. Diese Herkunft aus dem deutschen Pfarrhaus, all diese geistig-gefühlshaften Koordinaten, die doch prägend sind …? Die Erwägung ist legitim, bald wird aus dieser Wahrnehmung eines der im guten wie im leicht entnervenden Sinne »tiefsten« Bücher über Nietzsche geschrieben werden, Ernst Bertrams *Nietzsche. Versuch einer Mythologie.*

Und doch liegt die entgegengesetzte Frage genauso nahe. Kann sie etwa das Tiefste bei Nietzsche verstehen? Eine Frau, die noch nie in eine Denknot geraten ist? Was meint sie denn, warum ihr Bruder sich den Juden so verwandt fühlte? Ob ihr Oscar Levy, der Herausgeber der englischen Nietzsche-Gesamtausgabe und im Augenblick als solcher sowie seiner Herkunft nach gewissermaßen ein double-enemy-alien, ihr je erzählt hat, wie er zu Nietzsche kam? Er war Mediziner wie Brahn, verdingte sich irgendwann als Arzt am Deutschen Theater in London, weil der Mensch doch etwas tun muss, wenn er noch nicht weiss, was er wirklich tun muss. So machte der Hinterpommer kurz vor der Jahrhundertwende betrunkene Schauspieler wieder auftrittsfähig und verbrachte ansonsten seine Tage im Lesesaal des *British Museum*, gefolgt vom *Vienna Cafe*. Und dann kam, was seine Biografen Levys Damaskus-Erlebnis nennen, und wie jede Bekehrung, so bedurfte auch diese einer Vorbereitung. Irgendwann auf dem Weg nach Hause kam ihm ein Gedanke, wie ihn kein Jude denken kann, solange er sich mit der Geschichte seines Volkes noch fest verbunden weiß: Was, wenn der Übergang vom Polytheismus zum Monotheismus kein Fortschreiten gewesen wäre? Die antiken Götter waren zugleich Bürgen der Schönheit und symbolische Schützer einer Hochzivilisation. Sie wurden abgelöst von dem, was Heine die »große Menschenmäkelei« nannte – Oscar Levy fand sich geneigt, es jetzt durchaus als Tragödie zu begreifen, und er fragte sich: »But when the Jews were wrong?«[738]

Kurz darauf behandelte er eine indisponierte amerikanische Schauspielerin, die der Lektüre eines merkwürdigen Buches oblag: »Its author was Friedrich Nietzsche of whom I had not heard a word previously. … But my curiosity was once awakened, an I go across to the British Museum and ask for Nietzsche's *Jenseits von Gut und Böse*. I see the light, and I never lost it since.«[739]

So beginnen die »tiefsten Verständnisse«, und ein solches ist Elisabeths zum Unproblematischen neigende Natur nie zuteilgeworden, sie könnte das wissen.

Aber wir haben Hans Vaihinger unterbrochen. Der Brief an Elisabeth, den er nach einer schlaflosen Nacht diktiert, enthält noch eine wichtige Ankündigung: Wenn Bauch in das Kuratorium der Nietzsche-Gesellschaft eintreten solle, träte er aus. Punktum.

Er ist genauso alt wie sie, er hat genauso schlechte Augen, nein, seine sind schlechter, Hans Vaihinger ist eigentlich schon blind, weshalb sie längst keine Briefe mehr in seiner unverwechselbaren Handschrift bekommt. Doch nun treffen auch keine getippten mehr ein, nur noch eine dürre Notiz: Er öffne vorerst keine Post vom Nietzsche-Archiv mehr, »da ich annehme, dass auch Ihr neuer Brief … sich auf die leidige Bauch'sche Angelegenheit bezieht«[740].

Hatte sie gehofft, dass auch Vaihinger nach Weimar kommen würde?

Es ist Pfingsten, die Tage der Erinnerung an die Ausschüttung des Heiligen Geistes, aber statt der vom göttlichen Verstehen erleuchteten Eintracht wächst nur nur noch die vom kriegerischen Missverstehen alles verdunkelnde Zwietracht. Vaihinger fährt nach Bad Kösen zur Kur, während sich in Weimar eine neue philosophische Gesellschaft gründet, die *Deutsche Philosophische Gesellschaft*. Es versammeln sich Philosophen, die auf verschiedene Weise den Gedanken nicht ganz absurd finden, dass ein Jude »das Tiefste bei Nietzsche nicht verstehen kann«. Es geht um die Vergewisserungen des Eigenen, um den Wiederanschluss an die Traditionen des Deutschen Idealismus.

Die Wiederanschlussberechtigten finden sich natürlich auch im Nietzsche-Archiv ein, wo Elisabeths *ausgezeichnete Mitarbeiterin* Frau Dr. Leonore Ripke-Kühn über die *Welt- und Lebensauffassungen von Fichte und Nietzsche* referiert. Der wahre Reichtum liegt in den Vorträgen, die wir nicht hören, mag sich Hans Vaihinger sagen, in der Kösener Sole badend.

»An deutschen Gedanken wird die Welt erkranken«

Mag sein, selbst die Philosophen sind schon unterernährt. Die Blockade der Engländer wirkt hervorragend, der Kohlrübenwinter 1917/18 naht. Menschen, die hungern, sind schlechte Patrioten, glauben die Briten im *Euro-Nietzschean-War*. Aber Elisabeth ist Farmerin.

Das Nietzsche-Archiv ist nicht nur ein wissenschaftliches Institut, es ist, wenn es sein muss, auch ein Bauernhof. Die Leiterin des Archivs hat längst einen selbst angelegten Gemüsegarten, Hühner und ein Schwein. Sie wird jetzt gleich zweiundsiebzig, sie hätte ein Recht auf den gebeugten Gang, aber das ist keine patriotische Körperhaltung, also hält sie sich gerade. Abgesehen von den Verrichtungen, die den Rücken von selber krümmen: Hühner füttern, Schweinestall ausmisten, sähen und ernten: Es ist beinahe ein wenig wie früher, wie während des größten Abenteuers ihres Lebens. Wahrscheinlich weiß Elisabeth noch nicht, dass man auf einem Hühnerhof viel über Rassen lernen kann, denn es gibt, wie ein führender deutscher Psychologe bald darlegen wird, nicht nur Nord- und Südmenschen, sondern auch Nord- und Südhühner. Die Südhühner seien nicht viel besser als die Südmenschen. Woraus sich für Bernhard Försters Neu-Germanien das Problem ergeben hätte, ob Nordmenschen Südhühner halten dürfen. Elisabeths Südhühner hätten sie beinahe überrannt. Leider kann Elisabeth dem großen Rassepsychologen ihre Südhühner-Erfahrungen nicht mehr mitteilen, denn als sein Werk *Der Hühnerhof als Forschungs- und Aufklärungsmittel in menschlichen Rassefragen* erscheint, weilt sie schon nicht mehr unter den Lebenden.

Vielleicht war gar nicht Paraguay das größte Abenteuer ihres Lebens, vielleicht ist es das Archiv.

Im Januar 1918 kommen 60 000 Mark aus Schweden an. Thiel! Da es sich um Geld einer englischen Firma handele, dürfe Elisabeth es als erste Kriegsentschädigung Englands betrachten, sagt der Witwer. Thiel weiß, dass die Patriotin Elisabeth große Teile seines Vermögens in deutschen Kriegsanleihen investiert. Mag sein, dass seine Bankiersseele leidet, denn ist das nicht eine Art und Weise von vorsätzlicher Geldvernichtung? Aber Thiel äußert keine Bedenken, im Gegenteil.

Sie schreibt ihrem einstigen bibliografischen Berater, dass sie ein Angebot für eine neue Luxusausgabe habe. Und nicht nur für den *Zarathustra*, sondern für alle Werke ihres Bruders. Ausgerechnet jetzt. Aber es freut sie. Denn sie beobachtet schon lange, dass nur kleine Dichter große Ausgaben bekommen.

Sie gibt auch den Kriegs-*Zarathustra* neu heraus. Im letzten Jahr, 1917, wurden allein 30 000 Exemplare verkauft. Von Krankenschwestern weiß sie, wie oft das Buch in den Betten der Verwundeten liegt, es gäbe Kraft, sagen sie. Auch der neuen Auflage – sie überschreitet die 200 000 – sind wieder *Nietzsche-Worte für Krieg und Frieden* vorangestellt, von ihr ausgesucht.

Das erste lautet: »*Das Paradies ist unter dem Schatten der Schwerter*« – auch ein Symbolon und Kerbholz-Wort, an dem sich die Seelen vornehmer und kriegerischer Abkunft verrathen und errathen.[741] Ahnt sie ihre Ahnungslosigkeit? Es gibt keinen Schatten der Schwerter mehr, es gibt Giftgasangriffe. Es gibt kein Paradies, das aus dem Schatten dieses Krieges wachsen könnte, ist diese Kunde noch nicht zu ihr gedrungen?

Was zur Größe gehört. – Wer wird etwas Großes erreichen, wenn er nicht die Kraft und den Willen in sich fühlt, große Schmerzen ZUZU-FÜGEN? *Das Leidenkönnen ist das wenigste: darin bringen es schwache Frauen und selbst Sklaven oft zur Meisterschaft. Aber nicht an innerer Noth und Unsicherheit zugrunde gehn, wenn man großes Leid zufügt und den Schrei dieses Leides hört, – das ist groß, das gehört zu Größe.*[742] Seelenqualen eines Autors, der im Begriff ist, sein Publikum zu verspielen. Was hat diese Sentenz hier zu suchen?

Es sind aber auch Aphorismen darunter, die keines Kommentars bedürfen: *Der Krieg unentbehrlich. – Es ist eitel Schwärmerei und Schönseelenthum, von der Menschheit noch viel (oder gar: erst recht viel) zu erwarten, wenn sie verlernt hat Kriege zu führen. Einstweilen kennen wir keine anderen Mittel, wodurch mattwerdenden Völkern jene rauhe Energie des Feldlagers, jener tiefe unpersönliche Haß, jene gemeinsame organisierende Gluth in der Vernichtung des Feindes, jene stolze Gleichgültigkeit gegen große Verluste, gegen das eigene Dasein und das der Befreundeten, jenes dumpfe erdbebenhafte Erschüttern der Seele ebenso stark und sicher mitgetheilt werden könnte, wie dies jeder große Krieg thut: von den hier hervorbrechenden Bächen und Strömen, welche freilich Steine und Unrath aller Art mit sich wälzen und die Wiesen zarter Kulturen zugrunde richten, werden nachher unter günstigen Umständen die Räderwerke in den Werkstätten des Geistes mit neuer Kraft umgedreht.*[743] Es ist ein Aphorismus aus *Menschliches, Allzumenschliches*. Der Krieg als Jungbrunnen einer vergreisenden Kultur! Es ist schade, dass man Autoren nicht dazu verurteilen kann, zu Zeugen der Ausführung ihrer Wünsche zu werden.

Im Herbst beginnt ein großer deutscher Rückzug, kaum einer glaubt noch an den deutschen Sieg, außer Elisabeth: *Aber nun triumphieren die Feinde und vergessen ganz, daß sich alles auf französischer Erde abspielt.* Wie könne man einen strategischen Schachzug für einen Rückzug halten? *Wir vertrauen fest auf unseren ENDsieg, und wenn die Feinde fordern, wir sollen Belgien und das Stück Frankreich herausgeben, so rufen wir lachend: ›holt es euch!‹*[14]

Und dann ist auf einmal alles vorbei. Die Linken machen Revolution, die Soldaten verraten den Krieg und das Vaterland. Seit wann bestimmen die Soldaten, wann der Krieg vorbei ist?

Ausrufung des Freistaates Bayern am 8. November. Thronverzicht Wilhelm II. am 9. November. Ausrufung der Republik und Waffenstillstand am 11. November 1918: Ihr Bruder, der große Verächter der Massen, hätte wohl von einem Sklavenaufstand gesprochen. Elisabeth möchte sterben. An jedem neuen Novembermorgen wünscht sie, sie hätte ihn nicht mehr erlebt.

Aber was heißt Krieg? Es war das große Sterben. Auf den Gedanken, dass es höchste Zeit war, es irgendwie zu beenden, kommt sie nicht.

Sie hat das Herz eines Soldaten, wie es in diesen Krieg schon nicht mehr passte. Sie sah ihn mit den Augen ihres Bruders. Er hatte prophezeit, dass wir – mit Napoleon beginnend – ins KLASSISCHE ZEITALTER DES KRIEGS getreten sind. Sollte er sich geirrt haben? Oder sprach er von den Materialschlachten des Fortschritts und der Kapitalverwertung?

Dass er ihn verabscheut hätte, verbarg sie sich. Mit welchem Abscheu er auf die revolutionären Massen geblickt hätte, auf die viel zu vielen, die jetzt ihre unberufenen Köpfe heben, dagegen weiß sie genau.

Vielleicht hat es niemand so scharf ausgesprochen wie Hans Vaihinger. Er antwortet auf einen Aufruf des Generalfeldmarschalls von Bülow, der sich am vorletzten Tag des Jahres persönlich an ihn gewandt hatte. Der Generalfeldmarschall schlägt vor, sich jetzt in den Grenzen der Vernunft dem sozialistischen Gedanken zu öffnen. Vaihingers Antwort, die vor Widerwillen kaum die Grenzen der Höflichkeit wahrt, schickt er auch an das Nietzsche-Archiv, vielleicht, weil es nicht zuletzt eine Nietzsche'sche Antwort ist. Sie sei hier fast ungekürzt wiedergegeben:

»Der Aufruf erhebt gegen die bürgerliche Gesellschaft den Vorwurf, sie habe vor dem Kriege nichts getan, um dem Sozialismus gerecht zu werden. Ich finde umgekehrt, dass die bürgerliche Gesellschaft seit 39 bis 40 Jahren viel zu viel in Sozialismus gearbeitet hat. Die Kathedersozialisten und die Kanzelsozialisten haben sich redlich bemüht, das Selbstbewusstsein und die Kraft der bürgerlichen Gesellschaft zu untergraben und haben immer mehr die einfache Erkenntnis jedes gesunden Menschenverstandes ausgelöscht, dass soziale Ungleichheit die Vorbedingung jeder menschlichen Gesellschaft ist, die auf Dauer bestehen und etwas leisten will. Man hat ferner systematisch von Oben her und von Innen heraus die Einsicht dafür weggenommen, dass nur individueller Unternehmungsgeist etwas Grosses schaffen kann und dass die Ausschaltung des Individualismus eine Sünde gegen die natürlichen psychologischen Grundlagen des Menschengeschlechtes ist. Durch die Versicherungsgesetze hat man das individuelle Verantwortlichkeitsgefühl und das persönliche Streben des Einzelnen auf ein Minimum herabgesetzt und hat die Arbeiter daran gewöhnt statt für sich selbst zu sorgen, alle Fürsorge vom Staat zu erwarten.

Der gesunde Menschenverstand hätte uns sagen müssen, dass es klug und notwendig sei, in dem Arbeiter das Streben zu persönlichem Besitz und den Spartrieb zu erhöhen und ihn zum besitzenden Kleinbürger zu machen; statt dessen hat man die Kleinbürger und so auch die bürgerlichen Angestellten in die Kategorie der Arbeiter hinunter gestossen, die Alles vom Statte (Staate) erwarten, statt von sich selber.

Man hätte danach streben müssen die unsinnige Zunahme der Bevölkerung zu vermindern, anstatt die Massenproduktion von Menschen zu steigern.

Was ich hier sage, oder vielmehr andeute, ist dem Durchschnittsdeutschen vollständig unverständlich, denn seit 30 bis 40 Jahren wird der Sozialismus in Deutschland von allen Dächern gepredigt und der gesunde Menschenverstand ist durch Utopien und utopische Vorstellungen verdrängt worden.

Bei den Westvölkern und in Amerika ist dagegen der gesunde Menschenverstand bei der Majorität der Bevölkerung erhalten geblieben.

In dem Aufruf heisst es: Der Sozialismus bedeute eine Reform der Menschheit. In Wirklichkeit bedeutet er eine geistige Massenerkrankung der Mitteleuropäischen und Osteuropäischen Völker.

Es ist mir natürlich vollständig klar, dass in dem jetzigen Deutschland mit dem Standpunkt, den ich einnehme garnichts zu machen ist, da ja die ganze Bevölkerung von Unten bis Oben ›Sozial‹ sein will und mit diesem übertriebenen Sozialismus die Grundlagen der menschlichen Gesellschaft auflöst.

Mit vorzüglicher Hochachtung Ihr ganz ergebener gez. Vaihinger«[745]

Alles hätte sie sich vorstellen können, aber dieses Kriegsende nicht. Sie ist nicht die Einzige. Sie ist eine typische Vertreterin des deutschen Bürgertums, das bis zum Ende an das Vaterland glaubte und sein Geld in Kriegsanleihen investiert hatte, weshalb es nun verloren ist. Das Geld vielleicht, aber die Nation nicht. Nicht, solange es noch Menschen gibt wie Elisabeth.

Ende November 1918 wird die Deutsche Nationale Volkspartei gegründet. Ihr Programm ist ganz einfach: Alles soll wieder so werden, wie es vor dem Krieg war. Gegen Demokratie und Pöbelherrschaft!

Vielleicht entschuldigt sich Elisabeth beim Geist ihres Bruders, als sie Anfang 1919 gemeinsam mit ihren Cousins in diese Partei eintritt. Sie weiß, wie sehr er die Parteienherrschaft verachtete. Aber man muss ab jetzt in einer Partei sein, um die Parteienherrschaft wirksam zu bekämpfen.

Zu ihrem größten Missfallen wird Elisabeth Förster-Nietzsche, das überzeugte Mitglied der *Deutschen Gesellschaft zur Bekämpfung der Frauenemanzipation,* bald das Wahlrecht erhalten.

Im diesem Herbst, im schlimmsten Herbst ihres Lebens, werden in vier Wochen 25 000 Zarathustras verkauft.

8

**Il superuomo
Elisabeth und Mussolini**

Horaz und der Bezirksverein oder
Parlamentarischer Tee im Nietzsche-Archiv

Als Elisabeths einstiger bibliografischer Berater am 23. Februar 1919 auf dem Hügel über Weimar erscheint, hat Elisabeth gerade Besuch, und zwar von der Fortschrittlichen Volkspartei.

Nie und nimmer dürfen wir einen diktierten Frieden annehmen! Das muss auch die Fortschrittliche Volkspartei einsehen. Zwar schreitet ein Volk nach Nietzsche nicht fort, aber es ist nicht die Stunde kleinlich zu sein, Elisabeth agitiert.

Das Land versinkt im Chaos.

Die Spartakisten haben den Oberbürgermeister von Düsseldorf gestürzt, das ist, nein, das war Elisabeths Cousin Adalbert Oehler. Er hat es bis ins Nietzsche-Archiv geschafft. Elisabeths zweiter Cousin Offizier Max Oehler ist vorläufig im Kriegsministerium mit einer Aufgabe betraut, die Militärs eher selten zufällt: Er und seine Mitbefehlshaber sollen die Armee auflösen, eine im Felde unbesiegte Armee, wie nicht nur Max Oehler immer wieder betont. Diese Demütigung wird ihn eine Staatsform, die das hinnimmt, nur als unwillkommenes Provisorium begreifen lassen. Ab März findet auch er Zuflucht und Zukunft im Nietzsche-Archiv. Elisabeths dritter Cousin Richard Oehler ist zwar nicht mehr für die Verwaltung des belgischen Bibliothekswesens zuständig, aber schon bald wird er wieder nach Löwen fahren.

Der Friedensvertrag von Versailles wird einen eigenen Artikel zur Bibliothek von Löwen enthalten, den Artikel 247: »Deutschland verpflichtet sich, der Universität Löwen innerhalb von drei Monaten nach der ihm durch die Vermittlung der Reparationskommission zugehenden Aufforderung Handschriften, Inkunabeln, gedruckte Bücher, Karten und Sammlungsgegenstände in gleicher Zahl und in gleichem Werte zu liefern, wie sie durch den von Deutschland an die Bibliothek von Löwen angelegten Brand zerstört wurden. Alle diesen Ersatz betreffenden Einzelheiten werden von der Reparationskommission bestimmt werden.«[746] Ursprünglich hatte man an den Zeitraum von einem Jahr gedacht, am Ende scheinen drei Monate angemessener.

Doch wenn das der Artikel 247 ist, wie müssen dann erst die anderen aussehen?

Der Blick nur auf eine Familie der deutschen Mittelschicht, die Familie Nietzsche-Oehler, lässt nichts Gutes ahnen. Demütigung ist kein Affekt, der Hirne und Herzen einer ungewissen Zukunft öffnet. Friedrich Nietzsche hatte einmal von *vorbereitenden Menschen* gesprochen. Diese Zeit schafft den genauen Gegentypus.

Der Versailler Vertrag wird die alleinige Kriegsschuld Deutschlands feststellen, davon hören die meisten Deutschen zum ersten Mal. Darauf wären sie nie gekommen, und kaum ein Gegenwarts-Historiker mag sie mehr beglaubigen. Doch wäre das Deutsche Reich nicht allein schuld, könnte man dieses erschöpfte, kriegsmüde, hungernde Land nicht allein für den Krieg bezahlen lassen, und genau das ist die Losung der Stunde: L'Allemagne payera, Deutschland wird zahlen.

Noch kann sich eigentlich niemand vorstellen, dass es so kommen könnte, Elisabeth schon gar nicht. Obwohl es bereits kein gutes Zeichen ist, dass die deutsche Delegation an den Versailler Friedensverhandlungen gar nicht teilnehmen darf.

Seit zwei Wochen tagt die Nationalversammlung im Weimarer Theater, niemand hat sie eingeladen, im Gegenteil, Weimar fühlt sich sehr belästigt. 423 Deputierte! 3000 Beamte und Journalisten! Wo sollen die wohnen? Was sollen die essen? Im unterernährten Weimar ist kein Tisch gedeckt. Und doch ist die kleine Residenzstadt zum deutschen Schicksalsort geworden. In Berlin hat kürzlich Karl Liebknecht die Sozialistische Republik ausgerufen, spartakistische Aufstände erschüttern die großen Städte, und die Arbeiter- und Soldatenräte wollen statt einer so vorläufigen halben Sache wie der deutschen Demokratie lieber gleich die

Diktatur des Proletariats errichten. Darum Weimar. Es lässt sich militärisch abriegeln. Sechstausend Mann bewachen den zehn Kilometer tiefen Sperrbezirk um die Stadt. Leipziger Spartakisten, die ihren Marsch auf Weimar beginnen, werden schon bei Großkorbetha wieder zurückgeschickt.

Und das Theater ist ohnehin zu groß für ein Provinznest, es ist der ideale Tagungsort, zumindest, nachdem das gewöhnliche Theater-Gestühl ausgebaut und die Reichstagssitze eingebaut sind.

Und natürlich ist die Stadt doch auf Menschen eingerichtet, die bald wieder gehen, man nennt das auch Fremdenverkehr, Abgeordnetenverkehr also in seiner unmittelbaren Nachkriegsvariante. Hermann Pachnicke von der Fortschrittlichen Volkspartei, Mitglied der Weimarer Nationalversammlung und zur Audienz geladen bei Elisabeth auf dem »heiligen Hügel«, wie der Graf gern sagt, will nicht die Diktatur des Proletariats errichten und wahrscheinlich verspricht er auch, jeden diktierten Frieden abzulehnen, darum redet sie mit ihm, und außerdem liebt er, auf seine Art, Nietzsche.

Obwohl seit ein paar Monaten ein enormer Linksruck durch den Grafen geht, der vielen rätselhaft bleibt, die meisten geradezu schockiert, nicht zuletzt seine alte Freundin, bewahrt Kessler den unendlich herablassenden Blick des Dandys auf die bemühten bildungsbeflissenen Aufsteiger und Repräsentanten des Volkes, Elisabeths Besuch nicht ausgenommen: »Ich vermute, er zitiert Horaz und denkt dabei an den Bezirksverein.«[747]

Dr. Hermann Pachnicke war seit 1890 Mitglied des Reichstags und seit 1907 Mitglied des preußischen Abgeordnetenhauses. Was den Grafen an Dr. Hermann Pachnicke besonders spaßhaft berührt: »Pachnicke hat als junger Student an Nietzsche geschrieben und ihn gebeten, sein geistiger ›Vater‹ zu werden.« Ein Nietzsche-Leser, der in der Lage ist nach seiner Lektüre solche Anfragen zu stellen, hat nichts begriffen. Elisabeth scheint ihrem Besucher aber dennoch mit einiger Faszination zu folgen, was der Graf nicht ohne einen Hauch Verachtung registriert: Sie steht in ihrem siebenten Jahrzehnt und kann noch schwärmen »für Diesen oder Jenen wie ein siebzehnjähriges Mädchen«, selbst wenn es ein Pachnicke ist. Das Erbteil des Weibes, das schwärmerische Weltverhältnis, auch bei dieser Veteranin ihres Geschlechts? Und jetzt folgt der härteste Satz, den der Graf im Zusammenhang mit Elisabeth sprechen wird, wohlgemerkt im Zusammenhang mit ihr, nicht über sie: Dieses deplaziert Backfischhafte, das Kessler immer Unwohlsein erregt, mache Elisabeth zum »weiblichen Ebenbild von Pachnicke, d. h. Verkörperung gerade Dessen, was ihr Bruder bekämpft hat«.

Man hat nicht verfehlt, diesen Satz, aus dem Zusammenhang gelöst und kommentarlos, als Kesslers Fazit über Elisabeth zu präsentieren, was angesichts ihrer Freundschaft, die bis zu ihrem Tode währen wird, einigermaßen absurd ist[748]. Was Kessler meint, ist: Da sitzen zwei, die nichts wissen vom *Pathos der Distanz*.

Menschenunfreundlich formuliert: Sie sind unfähig zu nietzeanischer Kälte, die Kessler trotz allem kultiviert, und wenn er zehnmal zur Demokratie konvertierte. Er fährt fort: »Im Bildungssumpf tummelt sich das Getier ahnungslos freudig, bis die ganze schöne Sumpfwelt in der Katastrophe von Weltkrieg und Revolution zusammenbricht. Die harte Berührung mit der Wirklichkeit hat unseren Studierten gefehlt.«[749] Kessler weiß schon, was nötig wäre, um die Zahl der Pachnickes künftig zu begrenzen: »Zur Gesundung des ganzen Volkes müsste jeder Junge mindestens zwei Jahre lang auf sich selbst gestellt werden, abgeschnitten von allen Subsistenzmitteln: ein Handwerk lernen mit 13, 14 Jahren und vom 18ten bis 20ten ohne Mitleid in die Welt hinausgestoßen werden«, empfielt der Mann, der noch als Restjugendlicher Millionär wurde. »Alles Andere ist Mumpitz, wenn von Einheitsschule, engerer Berührung mit dem Volke, Demokratie gefaselt wird. Die menschliche Überlegenheit des tüchtigen Proletariers beruht auf dieser Erziehung durch die Tat. Alles Gute in jeder Erziehung geht direkt oder indirekt darauf zurück.« Vielleicht sei ein solches Hinausstoßen nur in einer neuen Gesellschaftsordnung möglich. Eine sehr eigenwillige Antizipation des Sozialismus.

Aber Kessler antizipiert noch mehr. Nach diesem Kriegsende ist kaum ein Deutscher mehr gut auf den Rest Europas zu sprechen, und der Rest Europas nicht auf Deutschland. Dem Herausgeber der englischen Nietzsche-Gesamtausgabe geschieht es immer wieder, dass Hotels ihn wegschicken, weil er ein Deutscher ist, und in seinem Londoner Haus wohnen fremde Leute, denn es ist das Haus eines former enemy alien.

Harry Graf Kessler aber ist der Meinung, genau dies sei die Stunde, das europäische Haus der Zukunft endlich zu begründen. Am 23. April 1919 hält er in Berlin einen Vortrag, in dem er *Richtlinien für einen wahren Völkerbund* entwirft. Schon am nächsten Tag sendet er Elisabeth einen Auszug daraus: »Ich glaube damit dem Ideal des ›guten Europäers‹ und seiner Verwirklichung nützlich gewesen zu sein. Ich würde mich freuen, wenn Sie sich ihn wenigstens zum Teil vorlesen lassen und mir Ihre Meinung sagen wollten.«[750]

Elisabeth lässt sich Zeit mit ihrer Antwort, allerdings kann sie das auch begründen. Der Freund hatte auch ein kleines Büchlein angekündigt, und darauf habe sie gewartet, vergeblich. Trotzdem, wer im April um die Meinung eines anderen fragt, ist gewiss leicht erschüttert, wenn er Mitte Juni Post bekommt. Nur aus dem, was er ihr geschickt habe, könne sie nicht recht ersehen, *wie Ihr schöner Völkerbundplan ausgeführt werden sollte. Ich selbst fühlte natürl. die Sehnsucht meines Bruders nach dem »Guten Europäer« heraus, aber Ihr Vortrag u. diese Sehnsucht, hatte VOR den Friedensbedingungen der Gegner noch eine andere Berechtigung als wie jetzt u. deshalb wird es wohl noch einige Zeit dauern, ehe Sie Ihr Büchlein der Oeffentlichkeit übergeben werden.*[751] Sie sieht nirgends einen *guten Europäer*, sie sieht nur Not und Chaos. Die Briten haben eine neue Blockade begonnen, mitten in der Hungerzeit. Nein, sie hat keine Lust, sich mit England zu verbünden: *Durch solche Zeiten wird der Hass tief in die Menschen hineingesenkt u. ich sehe keine Möglichkeit, wie andere Empfindungen wieder neu emporwachsen sollen. Wir sind jetzt ohne unseren Wunsch in W. im Mittelpunkt des Weltgeschehens u. warten nun von Tag zu Tag daß die Nat.-Vers. die Entscheidg vorgelegt wird. Aber wir alten Leute, die wir das stolze schöne Deutschland u. s. Aufstieg gesehen haben u. nichts, als Siege: 64, 66, 71 erlebten, wir können uns nicht in diese entsetzl. Demütig hineinfinden, in diesen Selbstmord Deutschl's, denn besiegt sind wir nicht!*

Sie hospitiert bei der Nationalversammlung auf der Besucher-tribüne und findet sich unangenehm berührt. Sie meint an man-chen Rednern fanatisch verzerrte Gesichtszüge wahrzunehmen. So bildet sich also die öffentliche Meinung.

Wie sagte ihr Bruder doch? *Öffentliche Meinung – private Faul-heit.* Überhaupt mag sie während der Stunden auf der Besucher-tribüne versucht haben, das alles mit Friedrich Nietzsches Augen zu sehen. Der Sozialismus galt ihm als die *Tyrannei der Dümmsten und Geringsten*, und dass die bürgerliche Welt mit ihrem Republi-kanismus und der Sozialismus zwei grundverschiedene Dinge seien, hätte er bestritten. Nach Friedrich Nietzsche bringt der So-zialismus lediglich die Tendenzen zur Konsequenz, die er schon an der bürgerlichen Gesellschaft verabscheut: Gleichheit, Freiheit ohne Ziel, Diktatur des Glücksstrebens.

Und dennoch. Ist sie nicht im besten Falle ein Kunstwerk, das Zusammenleben von ungeheuren Menschenmassen ermögli-chend, ganz ohne äußeres Zwangsregime? Ein Denker der Per-spektiven, ein Ästhet zumal, dürfte diese Perspektive nicht au-ßer Acht lassen.

Die Belehrung des Grafen

Seit dem 1. März ist ihr Lieblingsneffe Major Max Oehler bei ihr im Archiv. Er hat die Schlacht bei Tannenberg nicht zuletzt wegen seines Ischias überlebt, zuletzt war er im vormaligen Kriegsmi-nisterium für die Selbstauflösung einer militärisch unbesiegten Armee zuständig. Elisabeth ist eine Frau unter Einfluss. Wäre sie ohne Max Oehler womöglich bei Kriegsende nicht in die Deutsch-nationale Volkspartei eingetreten? Es ist wohl müßig, das zu fra-gen. Der tägliche Lagereport aus dem Gesichtsfeld eines gede-mütigten Offiziers, dessen Berufsstand die Siegermächte gleich ganz abschaffen wollen, mag seine Wirkung nicht verfehlen. Eli-sabeth hört, was man bald die Dolchstoßlegende nennen wird, aus erster Hand. Sie wird auch dem Offizier Kessler bald mittei-len, wie es wirklich war: Wenn Deutschland *zusammengebrochen ist, dann nur, weil man es durch die Sozialisten und fremdrassige Agenten in empörendster Weise belogen hat. Offenbar kennen Sie nur wenig von dem, was hinter den Coulissen vorgegangen ist.* Kriegsberichterstatterin Elisabeth holt es nach. Kessler erfährt, wie die Front in Polen zum Einsturz kam: Die Völker wollten eine allgemeine Verbrüderung feiern, erfuhren die Kriegsmüden von den Sozialisten, nur ihre Generäle würden das noch immer verhindern. Höchste Zeit, die Waffen niederzulegen, denn gleich sei Revolution! *Deßhalb wußten die Truppen in Polen viel früher den Tag der Revolution, als wir in Deutschland … Und Einzelne aus der Truppe selbst haben sich später mir gegenüber so ausgesprochen: »Wenn wir gewußt hätten, daß alles was uns diese Kerle (Sozialisten und russische Agenten) sagten, vollständig erlogen war, wir hätten sie totgeschlagen.*

Muss er das lesen?

Muss er wohl. Dieser Brief ist geschrieben am Tag der Ratifizierung des Versailler Friedensvertrages durch die Weimarer Nationalversammlung. Die Entente-Mächte drohten, in Deutschland einzumarschieren, die britische Seeblockade ließ eine noch größere Hungersnot befürchten, darum hatte die deutsche Delegation im Juni den Friedensvertrag unterschrieben, wenn auch unter »Protest«.

Harry Graf Kessler erlebt diesen Tag nicht viel anders als Elisabeth, als Einschnitt »tragischer Grösse des furchtbaren Augenblicks«[752]. Kurz vorher war er bei ihr. Und trotz partiell gleichen Empfindens sprachen sie bald von verschiedenen Seiten her.

Elisabeth mag es nicht glauben: Wie kann ihr bibliografischer Berater mit den Republikanern gehen? Zum ersten Mal teilt sie ihm mit, von seinem Besuch sehr beeinträchtigt worden zu sein, schreibt es am Tag der Ratifizierung des Versailler Vertrags:

Lieber Freund! Ihr letzter Besuch hat mich außerordentlich betrübt! Vor Kummer habe ich die Nacht nicht schlafen können und immer wieder fragte ich mich, wie es nur möglich ist, daß Sie sich von all diesen Leuten: Harden, Cassierer, Rathenau usw. haben so beeinflussen lassen, dass Sie deren Ansichten vertreten. Diese jüdischen Herren haben ein Recht auf solche Ansichten, denn sie sind ein Volk des Ressentiments und zwar des ererbten, berechtigten Ressentiments. Aber Sie, mein lie-

ber Freund, wir haben unserer Herkunft nach kein Recht dazu.[753] Es ist hier vielleicht nicht der Ort, über Elisabeths eigenwilligen Gebrauch des für Nietzsche so wichtigen Begriffs des Ressentiments zu befinden. Das Ressentiment gehört für ihn zum Sklavenbewusstsein, es ist die Reaktionsbildung derer, denen die eigentliche Reaktion versagt ist. Adorno hat einmal gesagt, den Juden und den Frauen merke man an, dass sie lange unterdrückt waren. So gesehen, mag Elisabeths Gebrauch des Wortes nicht ganz fehlgehen.

Bisher waren die Juden, trotz ihres Geldes, die gerade im gehobenen Bürgertum Europas verachtete Schicht, jetzt hat sich ganz im Sinne Nietzsches und ganz und gar nicht in seinem Sinne eine Umwertung aller Werte vollzogen: Nun sind die Deutschen Europas verachtete, gedemütigte Nation. Wem bisher zu verstehen gegeben wurde, dass er nicht wirklich dazugehört, muss jetzt eine Art Genugtuung spüren, meint Elisabeth: *Fühlen Sie nicht das innerliche Frohlocken all jener Leute heraus, daß (durchaus mit ihrer Hilfe) Deutschland nun so tief darniedergeschlagen ist, daß sie jetzt hoffen können, daß wir die Rolle der verachteten Juden in Zukunft einnehmen.* Der Graf könne das allein der unvorstellbaren Zahl von zehn Millionen Menschen entnehmen, die nun ihre Heimat verlassen müssen, die abzutretenden Provinzen Elsaß-Lothringen, Posen, Westpreußen, Oberschlesien, Memelland, Nordschlewig und Eupen-Malmedy.

Und das alles muss er, der Offizier Harry Graf Kessler, sich von einer Frau erklären lassen? Wahrscheinlich fiele ihm kein Mensch ein, von dem er diesen belehrenden Ton dulden würde, höchstens von Nietzsche, aber nicht von seiner Schwester.

Es gibt keine Antwort des Grafen auf diesen Brief.

Er hätte kein Recht zum Pazifismus, sagt sie, gewissermaßen qua Geburt nicht? Aber er ist Kosmopolit von Geburt an, das in Paris geborene Kind einer irischen Mutter und eines deutschen Vaters; er kann nicht atmen in der nationalen Stickluft, egal welchen Landes, nicht zuletzt das macht ihn Nietzsche, dem staatenlosen Streuner, so verwandt. Sie wisse genau, fährt Elisabeth fort, wie viel Unvorteilhaftes ihr Bruder über die Deutschen gesagt hat, aber das habe dem *reichgewordenen Deutschland* gegolten. Die Siegermächte wollen Deutschland demilitarisieren, was, so scheint es ihr, eine Abschaffung der deutschen Kultur überhaupt bedeute, denn: *Mein Bruder verstand unter Cultur die Einheit des Stils in allen Lebensäußerungen. Diese gab es in Deutschland nur in unserem Offizierscorps ... und mein Bruder bezeichnete es als ein Kunstwerk ohne schaffende Künstler.* Ob sie weiß, dass sie in ihrem Juli-Brief an Kessler zu weit geht? Wegsehen sei meine einzige Verneinung, hat ihr Bruder im Jahr ihres großen Schismas bekannt. Und sie hat die Stirn, ihm in läuternder Absicht seitenlang mit Nietzsche-Zitaten zu ermahnen! Und sie ist noch nicht fertig.

Gewiss werde sich der Freund wundern, *daß ich in diesen Dingen so gut Bescheid weiß, aber meine Beziehungen, d.h. die Beziehungen des Nietzsche-Archivs reichen so weit, wie Sie sich gewiss nicht vorstellen können.* Und das liege vor allem daran, dass jedermann die Schwester Nietzsches für eine Instanz jenseits aller Parteien und der Zwistigkeiten des Tages halte.

Vielleicht gibt Kessler der alten Freundin in Fragen Kultur und Militär mehr Recht, als er will, denn sein Leben ist gar nicht denkbar ohne sein Regiment. Und trotzdem ist er nun Pazifist, vielleicht nicht zuletzt, weil ihm die gedemütigten Deutschen noch unheimlicher sind als die sich feiernden Deutschen. Und dennoch mag er sie, auf seine Weise. Und dennoch mag er Elisabeth, auf seine Weise. Aber antworten kann er nicht auf diesen Brief.

Doch bleiben wir noch kurz bei der chemischen Zusammensetzung von Elisabeths unmittelbarem Nachkriegsbewusstsein. Es wäre verfehlt, dieses dem Kriegsministerium unter dem eigenen Dach namens Max Oehler anlasten zu wollen. Die wirklichen Entscheidungen im Leben haben nie nur einen, sie haben meist mehrere Hintergründe, daher ihre oft irritierende Festigkeit.

Elisabeth Förster-Nietzsche, Mitte siebzig bei Kriegsende, spürt mit einem Schlag, dass mit diesem Krieg ihre Welt untergegangen ist. Egal wie die Welt sein wird, die nach der ihren kommt, sie wird sie nicht mehr bewohnen. Sie ist alt, sie ist eine Frau von gestern. Für einen Tatmenschen wie sie ist das eine erschütternde Erkenntnis. Und nein, die neuen Wirklichkeiten werden nichts aufbieten können, das Nietzsches Schwester für sie einnähme. Früher sei Weimar schön gewesen, heute sei es voller Sozialdemokraten.

Aber hätte sie sich nicht wenigstens sagen müssen, dass Nietzsches Schwester nicht in eine Partei eintreten kann? Es gibt für Parteimitglieder keinen Zutritt ins Nietzsche-Universum, egal welcher man angehört. Hier werden nur Einzelne eingelassen: Das ist, noch immer, das Berückende an diesem Philosophen, das, was Sicherheit gibt. Man kann nicht Nietzscheaner sein und, im schlimmsten Fall, Teil einer Meute. Eine NSDAP, die sich auf Nietzsche beruft, ist schon deshalb ein böser Witz.

Aber nicht nur Elisabeth und ihre Cousins treten in Parteien ein, alle Welt macht das plötzlich, auch Kessler tritt den Deutschen Demokraten bei. Es sind Mitgliedschaften unter Verweigerung der letzten inneren Anteilnahme. Man verachtet die Parteien und wählt trotzdem eine, ihr beizutreten. Denn das parlamentarische Spiel nicht mitzuspielen, hieße sich selbst aus dem Spiel zu nehmen, zumal der Weltgeist – und im Augenblick gibt er sich parlamentarisch – plötzlich ein Weimarer ist. Dass dieses Spiel irgendwann bei einer Partei endet, deren erklärtes Ziel es ist, den Parteienunfug abzuschaffen, ist nicht ohne innere Konsequenz.

Elisabeth aber unterläuft Konsequenzen, das liegt einerseits an ihrem Temperament und andererseits an ihrem Kulturbegriff.

Männer neigen zur Konsequenzmacherei, zu Absolutismen, die ins Lebensfeindliche umschlagen. So wurde ihr Mann Antisemit und ihr Bruder verabsolutierte den Willen zur Macht, was nun auch kein lebensfreundlicher Gedankenkreis ist, das hat sie schon immer so gesehen. Immerhin war sie eine seiner frühesten Kritikerinnen. Und weil Männer meist Konsequenzmacher sind, ist es Aufgabe der Frauen, diesen Konsequenzen die lebensfeindliche Spitze abzubrechen. So sieht sie das. Es gilt zwar als weibliche Irrationalität, ist in Wahrheit aber eine Kulturleistung obersten Ranges. Und darum wird die deutschnationale Elisabeth teilweise brüskierend gute Beziehungen zu Sozialdemokraten unterhalten.

Ja, sie hat sogar schon einen *Diplomatischen Tee* gegeben und den Arbeiterfunktionär August Baudert dazu eingeladen. Ein Arbeiterfunktionär im Nietzsche-Archiv! Was ihr Bruder wohl dazu gesagt hätte, dass dieser Mann seit dem 9. November 1918 gewissermaßen Weimar regiert? Der Baudert machte ihr gar keinen üblen Eindruck, und es ist wichtig, ihn zu kennen, denn er muss helfen, van de Velde nach Weimar zurückzuholen. In diesem Vorsatz wissen sich Kessler und Elisabeth einig.

Als van de Velde Weimar verließ, hatte er Gropius als seinen Nachfolger empfohlen. Der wurde nun, im April 1919 offiziell, Direktor des Staatlichen Bauhauses zu Weimar. Im Bauhaus haben sich die frühere Kunstgewerbeschule und die Kunsthochschule zusammengeschlossen. Die Studenten der Kunstschule wünschen *brennend*, dass van de Velde zurückkehrt, lässt Elisabeth Kessler wissen. Und auch, dass der regierende Arbeiterfunktionär alles in die Wege geleitet hat. Gropius soll also seinen Vorgänger nach Weimar rufen. Aber wer garantiert ihm, dass sein Vorgänger nicht Ehrgeiz besitzt, sein Nachfolger zu werden?

Gleichwohl erscheint der Bauhausdirektor im Archiv. Es muss sich um eine eher dürre Audienz gehandelt haben[754], sonst hätte Elisabeth ausführlicher von ihr berichtet. Und was hat Gropius, der Meister des Quadrats, mit einem Enthusiasten der unendlichen Linie zu schaffen, die dazu auch noch so unhaltbar vorgestrig geschwungen ist?

Die Bonbonniere

Es geschieht nicht oft, dass Menschen angesichts einer Bonbonniere fast die Tränen kommen. Elisabeth hält die Ankunft eines Paketes aus Berlin im Dezember 1919 zuerst für einen Irrtum, sie hatte dort nichts bestellt, und die Menschen haben in diesem Hungerwinter, der zudem ein tödlicher Grippewinter ist, gewöhnlich nichts mehr, was sie verschicken könnten. Die Spanische Grippe fordert weltweit mehr Opfer als der Erste Weltkrieg. Und der Graf sendet eine Bonbonniere. Dass es so etwas überhaupt noch gibt! Erst beim Anblick dieser Pralinenschachtel begreift sie wirklich, dass Frieden ist.

Elisabeth ist zum Jahreswechsel nur kurz im Archiv, sie hat vor Weihnachten schon sechs Wochen in einer kleinen Wohnung in Bad Berka verbracht und fährt gleich wieder hin. Die Villa ist zu kalt. Es gibt keine Kohlen, die letzten reichen gerade, um die Archivräume zu heizen. Im ersten Stock herrscht meistens Frost, Elisabeth geht ins Exil nach Bad Berka.

Mitleid ist kein statthafter Affekt für einen Nietzscheaner. Elisabeth aber gibt diesem Affekt trotzdem immer wieder nach. Da ist etwa dieser frühere Akademieprofessor Wilhelm Schölermann, Kunsthistoriker, Schriftsteller und Übersetzer. Er besitzt lauter Qualifikationen, die einen im Ernstfall nicht vor dem Verhungern bewahren, und Frau und Kinder hat er auch. Elisabeth hält ihn für im Grunde talentiert, *Leute mit viel weniger Begabung u. geringerem Charakter gelingt es viel besser sich durchs Leben zu schlagen.* Nun hat sie im Augenblick ein großes Loch in der Kasse, ist aber dennoch der Auffassung, dass dem Mann geholfen werden muss, und Graf Kessler erfährt: *ich will ihm heute 100 M. schicken und bitte Sie das Gleiche zu tun, oder etwas mehr.*[755] Das ist Nötigung, aber es ist ihr egal.

Der Graf gehorcht, er schickt 200 Mark für den verhungernden Akademieprofessor, aber nicht ohne Elisabeth darüber aufzuklären, »daß es nicht unsere Sache ist, Leute zu unterstützen, nur weil es wohlmeinende gute Leute sind«.[756]

Eigentlich will die Leiterin des Archivs mit dem Ausland erst wieder in Verbindung treten, wenn der Versailler Vertrag revidiert wird, andererseits freut sie sich doch über den Brief eines Engländers, der ihr erklärt, dass sie aufgrund ihrer beiden Bücher *Der junge Nietzsche* und *Der einsame Nietzsche* zu den bedeutendsten Frauen der Weltgeschichte gehöre. Beide Bücher laufen ziemlich gut in England, und in Amerika auch.

Gegen die Weimarer Regierung im Jahr 1920 hat Elisabeth im Grunde nichts einzuwenden, obwohl sie gehört hat, *daß der wahre Regent der Aktionsausschuss der bewaffneten Arbeiter sei.*[757] Sie hofft, die Nachricht freut ihn. Der Graf will einen Preis stiften für die beste Arbeit über das Thema *Individualismus und Sozialismus.* Soll er. Warum nicht?

Die Förderung junger Dichter und Philosophen war immer schon ihr Lieblingsvorhaben, am liebsten wollte sie Reise-Stipendien vergeben für junge »Juristen, Offiziere, Schriftsteller, Künstler und Gelehrte«, damit sie einmal alles vergessen und unterwegs in Ruhe nachdenken könnten. Stipendien für eine temporäre Friedrich-Nietzsche-Existenz.[758]

Daraus ist zwar nichts geworden, aber sie hat einen reichen Hamburger Kaufmann gefunden, der einen Nietzsche-Preis stiftet. 5000 Mark für das beste im Geiste Nietzsche geschriebene Buch. Der Konsul heißt Christian Lassen, sein Preis ist der Lassen-Preis, er konnte erst 1918 zum ersten Mal vergeben werden. Und da es gleich mehrere solcher Bücher gab, wurde er geteilt. Ein Gewinner war Thomas Mann, Sohn eines Lübecker Kaufmanns und Konsuls, der diesen Stand einst so entblößt hatte, dass er sich in seiner Heimatstadt lange nicht mehr blicken lassen konnte. Neuerdings hat er neben einer Vaterstadt auch keinen Bruder mehr, denn Thomas Mann kämpft in seinem prämierten Werk *Betrachtungen eines Unpolitischen* den Kampf Zivilisation versus Kultur gewissermaßen in der eigenen Familie noch einmal. Der Feind ist sein unheilbar pazifistischer, unheilbar frankophiler Bruder Heinrich, der in seinem *Zola*-Essay Kultur und Kunst an die Zivilisation verraten hatte. So sieht er das. Auch Bertrams *Nietzsche. Versuch einer Mythologie*, erschienen im August 1918, wurde ausgezeichnet.

In diesem Jahr wird der Sohn eines Harzer Postbeamten prämiert:

»Herrn Oswald Spengler.

Euer Hochwohlgeboren werden ergebenst benachrichtigt, daß die auf Grund der Stiftung des Herrn Consul Christian Lassen zu Hamburg beim Nietzsche-Archiv eingesetzte Kommission beschlossen hat, für das Jahr 1919 je einen Ehrenpreis der Stiftung Nietzsche-Archiv folgenden Verfassern:

Herrn Geheimem Regierungsrat, Universitätsprofessor Dr. Vaihinger für das Werk. ›Die Philosophie des Als Ob‹

Herrn Oswald Spengler für das Werk ›Der Untergang des Abendlandes‹

Herrn Grafen Hermann Keyserling für das Werk: ›Das Reisetagebuch eines Philosophen‹

zu verleihen.

Es gereicht mir zur besonderen Freude, Ihnen dies mitteilen zu können. Ein künstlerisches Diplom über diese Auszeichnung wird Ihnen später noch übersandt werden.

Ich bitte Sie um gefällige Mitteilung an das Nietzsche-Archiv, an welche Adresse der Betrag von 1500 Mark gesandt oder überwiesen werden soll.

Mit vorzüglicher Hochachtung

Dr. Oehler

Oberbürgermeister

Vorsitzender der Stiftung Nietzsche-Archiv zu Weimar«[759]

Die Auswahl war nicht übel, sie hält stand weit über den historischen Augenblick hinaus. Der Benachrichtigte ist gerade dabei, sich von einer schweren Niedergeschlagenheit und dem Versagen seiner Nerven zu erholen: »Ich habe nun sieben Jahre lang, ohne Erholung, unter den ungünstigsten äußeren Verhältnissen gearbeitet und endlich doch wenigstens das eine Buch fertiggebracht, immer in der Hoffnung auf eine Erlösung von dieser Art von Dasein.«[760] Sein Buch erschien kurz vor Kriegsende, doch der Titel bezog sich keineswegs darauf, er nahm dieses Ende auch nicht vorweg. Dass man es nun anders auffasst, ist seinem Erfolg jedoch günstig. Fast jeder meint gerade, dem Untergang des Abendlandes beizuwohnen.

Der niedergeschlagene Autor erprobt eine neue Weise der Geschichtsbetrachtung, die die Historie nicht wie üblich als politische Geschichte behandelt, um Kunstgeschichte und Wissenschaftsgeschichte als sekundär nachzutragen. Nein, dieser Autodidakt, der den ungeliebten Schuldienst quittierte, um mit einer kleinen Erbschaft seiner Mutter das Wagnis einer Existenz als freier Autor einzugehen, wollte etwas anderes: »Was ich zum ersten Male gezeigt habe ist, daß ›Volk‹ ebenso wie Staat, Kunst, Mathematik ein AUSDRUCK ist, daß die Völkerformen ebenso wie die Kunstformen vom STIL einer Kultur bestimmt sind, und also nicht als stationäre Substanzen der Geschichte zugrunde gelegt werden können.«[761] Kulturen sind nach Spengler Lebewesen, sie machen Phasen des Wachsens, der Reife und des Absterbens durch. In welcher Phase sich das Abendland nach Ansicht des Verfassers gerade befindet, sagt der Titel.

Hätte Oswald Spengler die Nachricht im November im Jahr zuvor erreicht, er hätte vermutlich kaum die Kraft zu einer Antwort gefunden: »Ich habe nicht schreiben können, weil Ekel und Scham über die schmachvollen Ereignisse der letzten Zeit« – militärischer Zusammenbruch, Ausrufung des Freistaates Bayern, Thronverzicht Wilhelm II, Ausrufung der Republik und Waffenstillstand am 11. November 1918 – »mich so angegriffen haben, daß ich manches Mal dachte, es nicht überstehen zu können. Wenn ich nicht meine Aufgabe hätte, die erfüllt sein will, wer weiß, wozu meine Stimmungen mich hingerissen hätten.«[762] Inzwischen ist er da gelassener, er schaut zu, wie die Mächte der *Entente* an der Wiederherstellung seines Geschichtsbildes arbeiten und er ist der Meinung, dass sie gute Arbeit leisten. Als Spengler die Nachricht seiner Auszeichnung trifft, erscheint gerade seine Arbeit über *Preußentum und Sozialismus*.

Der Graf darf mit Gewissheit davon ausgehen, dass seine Vorstellungen von Preußentum und Sozialismus nicht mit denen des Postbeamtensohnes übereinstimmen, der jetzt in aller Munde ist. Auch ließe sich sein Völkerbund mit einem Spengler'schen Volk unmöglich errichten, er lässt sich ohnehin unmöglich errichten, meinen die meisten.

Aber Leichtgewichte, das muss der Graf schon zugeben, sind die bisherigen Preisträger nicht, auch wenn keiner in seine Richtung denkt. Grund genug, einen eigenen Preis zu stiften. Der Autor des besten Beitrags über *Sozialismus und Individualismus* soll

6000 Mark bekommen, ist das nicht ein Anreiz? 20 000 hatte Kessler gestiftet. Das Thema für ein zweites Preisausschreiben hat er auch schon: *Nationalismus und Kosmopolismus*.

Am 14. Mai 1920 verständigt sich das Archiv auf die Preisrichter: Elisabeth, der Graf, der von den Spartakisten vertriebene Bürgermeister Adalbert Oehler, Professor Alfred Weber und der frühere Leiter der Kriegs-Rohstoff-Abteilung Oberst Koeth, Nietzschekenner. Abgelehnt werden Walter Rathenau, »weil Rathenau sowohl in industriellen wie in philosophischen Kreisen wenig angesehen sei«[763], wie Professor Brahn meint. Ein Jude votiert gegen einen anderen Juden? Kessler hingegen wendet sich gegen den Soziologen Werner Sombart, der in seinem antibritischen Kriegs-Buch *Händler und Helden. Patriotische Besinnungen* entschieden zu weit gegangen sei. Das Volk, dem auch er zur einen Hälfte entstammt, nichts weiter als ein engherziges, skrupelloses, auf seinen Vorteil bedachtes Händlervolk? Er muss es als Beleidigung seiner Herkunft auffassen.

Kesslers Briefe tragen noch immer einen Trauerrand, seine Mutter war im September 1919 in ihrem Schloß in der Normandie gestorben, sie hatte während des Krieges wieder die britische Staatsbürgerschaft angenommen. Als Deutscher ist Kessler von seinem Erbe vorläufig ausgeschlossen, doch muss er zumindest etwas davon erlangt haben, denn nun kauft er das Haus in der Cranachstraße 15, nachdem er schon siebzehn Jahre darin wohnte, und baut die *Cranach-Presse* für Luxusdrucke weiter auf.

Der Graf leidet also nicht unter den gewöhnlichen Sorgen der gewöhnlichen Menschen dieser außergewöhnlichen Zeit. Elisabeth und das Archiv leben hauptsächlich von den Tantiemen der Bücher ihres Bruders, und sie könnten das jetzt besser denn je tun, denn diese verkaufen sich besser denn je, oder besser: sie könnten sich besser denn je verkaufen, aber es werden wegen Papiernot kaum neue gedruckt.

Schon Spenglers *Untergang des Abendlandes* konnte wegen Papierknappheit lange nicht erscheinen. Wäre Nietzsche ein Kriegsphilosoph, er sänke zurück in die Bedeutungslosigkeit, doch augenscheinlich wollen die Erniedrigten und Beleidigten des Friedens jetzt bei ihm das Überstehen lernen. Hätte sie nicht Ernest Thiel in Stockholm, sie müsste das Archiv wohl schließen. Leben kann nur, wer über Geld aus dem Ausland verfügt. Kessler schickt ihr zwei Artikel, der eine handelt vom Elend der Kinder im Nachkriegsberlin, der andere vom Prozess gegen die Männer, die angeklagt waren, Rosa Luxemburg und Karl Liebknecht ermordet zu haben und wegen Mangel an Beweisen freigesprochen wurden. Nach dieser Lektüre meint sie seine Wandlung zum ersten Mal zu verstehen: *Es kommen da … Gesichtspunkte zum Ausdruck, die ich sonst noch nicht erwähnen hörte u. manches von Ihrem großen Plan ist mir dadurch erst klar geworden.*[164] Die Schrift des Grafen über das Kinderelend in Berlin erschüttert sie; sie hätte eine solche Not in ihrem Heimatland nie für möglich gehalten, unter der die Kleinsten, Kriegswaisen und -Halbweisen am meisten leiden. Unter dem Vorsitz des Grafen gründet sich die *Wirtschaftshilfe für deutsche Kinder und Familien*, unter den ersten Spendern ist auch Elisabeth. Die Zeitung *Deutsche Nation* wird bald die Namen von 88 Personen drucken, die bis zum Februar 350 000 Mark gegeben hatten.

Im Januar erfährt der Graf, dass sein Preisausschreiben außerordentliches Interesse erweckt, Elisabeth hat dazu auch gleich eine Frage: *Wer aber soll all die zu erwartenden Schriftstücke lesen?*[165]

Bis April 1921 sind bereits 92 Einsendungen zum Thema *Individualismus und Sozialismus* eingegangen.

Die Stunde der Bibliothekare oder Frau Doktor h. c. Elisabeth Nietzsche

»Nietzsche sah dem heraufkommenden Zeitalter der Kriege nicht mit Schaudern entgegen, sondern mit dem gespannten Interesse für das, was es an Werten bringen würde. Ein Auge, das wie das seinige sich weitet über Jahrhunderte, Jahrtausende hinweg, arbeitet wie die Natur selbst: es erschrickt nicht beim Anblick von Millionen, die in den Staub dahinsinken, denn es sieht, daß auch ringsum in der Lebewelt Millionen fortwährend untergehen und wiedererstehen; es stellt seine Sehkraft lediglich ein auf das große Bleibende in allem Wechsel, auf die dauernden Werte, die über den Untergang von unzähligen Einzelnen hinweg in die Ewigkeit hineinragen.«[766] Ein Bibliothekar im vaterländisch-dionysischen Vollrausch. Beinahe eine absurde Parodie auf das Motiv der *Unendlichen Wiederkehr des Gleichen*.

Richard Oehler betrachtet anlässlich des 75. Geburtstags seiner Cousine die Kulturphilosophie seines Cousins, und zwar »im Spiegel unserer Zeit«. Auf eine Nüchternheit am nächsten Morgen ist hier wohl kaum zu hoffen. Aber wenn schon die Bibliothekare, eine an sich genügsame friedfertige Species Mensch, anfangen, solche Aufsätze zu schreiben, wie muss es dann um die Hirne der Übrigen bestellt sein? Richard Oehler hatte 1903 an der Universität von Halle/Wittenberg über »Nietzsches Verhältnis zur vorsokratischen Philosophie« promoviert, bevor er die pazifistische Laufbahn eines Bibliothekars einschlug. Heraklits Satz, dass der Krieg der Vater aller Dinge sei, würde er nie mehr vergessen. Er hatte nur versäumt, ihn in ein Verhältnis zu setzen zum Krieg im industriellen Zeitalter, mit Marx gefragt: Wäre die Ilias möglich mit Pulver und Blei?

Der Vater der Bibliotheken ist der Krieg zumindest nicht. Richard Oehler ist inzwischen Reichskommissar für den Wiederaufbau der Löwener Bibliothek geworden. Der Wert der verlorenen Bibliothek betrage genau 4 022 796 Goldmark, hatte Oehler im Vorjahr zu seinem größten Erstaunen erfahren. Genau 4 022 796? Auf diese Summe war vierzig Jahre zuvor die Darmstädter Bibliothek geschätzt worden, doch die besaß 100 000 Bände mehr. Die drei Monate, in denen sämtliche Verluste zu ersetzen waren, ließ der Reichskommissar ruhig verstreichen. Aber das Wunder geschah: Zwischen Oehler und dem belgischen Directeur de l'Office de la Restauration de la Bibliothèque de l'Université de Louvain, Louis Stainier, entstand eine wahre Bibliophilenfreundschaft, brüderlich gehen sie inzwischen an das große Restitutionswerk, ohne wie befürchtet die deutschen Bibliotheken zu plündern. Doch Doubletten her!

Ja, wenn die Welt von Bibliothekaren regiert würde, wäre Friede möglich. Aber sie ist es nicht.

Es sind nicht nur Bibliothekare in der Festschrift zum 75. Geburtstag der Archivleiterin am 10. Juli 1921 vertreten, auch Thomas Mann, Ernst Bertram oder Friedrich Würzbach sprechen zur Jubilarin. Und Bruno Bauch sowie Hans Vaihinger. Bauch hatte bis zuletzt an die Regierung appelliert, keinen Frieden zu schließen, der mit deutschen Landabtretungen verbunden wäre. Jetzt denkt er zu Ehren Elisabeths über Nietzsches aristokratisches Ideal nach, also über etwas, das so gar nicht in diese Zeit passt. Was meinte Nietzsche, als er davon sprach, dass das Ziel der Menschheit in ihren höchsten Exemplaren liegt?

»Gerade da, wo Nietzsche davon spricht, daß der Typus Mensch bisher immer durch eine aristokratische Gesellschaft erhöht worden ist und allein durch sie auch künftig erhöht werden kann …, fügt er hinzu, daß sie auch ›Sklaverei in irgendeinem Sinne nötig hat‹. Auf diesen ›Sinn‹ aber kommt alles an. Ein primitives Denken kann sich auch Sklaverei nur primitiv denken.«[767] Es stelle sich den Sklaven an Ketten geschmiedet im Joch vor. Doch gemeint sei ein geläutertes Verhältnis von Führerschaft und Gefolgschaft: »Wenn an dieser Rangordnung gerüttelt wird, wenn der Aberglaube an allgemeine Gleichheit, an gleiche Rechte und gleiche Pflichten diese Rangordnung untergräbt, untergräbt er auch die Kultur. Gelangte jener Aberglaube zur Herrschaft, dann wäre es um die Kultur geschehen.«[768] Wir lassen das hier so stehen, ohne Kommentar. Vermerkt sei nochmals die Jahreszahl, 1921, und auch, dass dies gewiss keine illegitime Interpetation Nietzsches darstellt, allerdings liegt die tiefere Bedeutung der Worte von Herren- und Sklavenmoral im Individuum, dort wo schon Lou von Salomé sie ausgemacht hatte: Jeder Mensch trägt beide in sich, ihr Widerstreit ist das, was Nietzsche die *Selbstüberwindung* nennt, ihr Maß bestimmt seinen Rang.[769]

Und den Rang von Nietzsche als Denker bestimmt es wohl, dass man ihn nicht »widerlegen« kann; man kann ihn natürlich verfehlen, doch sind Bauch und fast alle, die noch kommen werden, natürlich auch Alfred Bauemler, als Denker durchaus ernst zu nehmen. Interessant ist die Drift der gedanklichen Richtung: weg vom Individuellen hin zum Gesellschaftlichen als Gemeinschaftlichen. Doch Nietzsches ureigenster Wahlspruch, dieses *Folge nicht mir, folge Dir nach!* wird auf diesem Felde sinnlos, um es vorsichtig zu sagen.

Was lässt sich lernen angesichts der Verschiedenheit, von Nietzsche zu lernen? Dass die Freiheit des Denkens in gewissem Sinn eine Illusion ist. Wir denken nicht, was wir wollen. Die Zeit denkt in uns, sie bestimmt die Art und Weise, Philosophen zu lesen.

Die Denk-Schrift trägt den sprechenden Titel *Den Manen Friedrich Nietzsches. Weimarer Weihgeschenke zum Geburtstag der Frau Elisabeth Förster-Nietzsche.* Nur einer fehlt im Buch, einer, dessen Wort sie besonders schmerzlich vermisst. Der Graf hatte einen Beitrag *Nietzsche und der Ewige Friede* zugesagt. Er hat ihn nicht geschrieben, trotz Fristverlängerung hat er die lang geplante, lang vorbereitete Schrift nicht beendet. Von den übrigen wundert das niemanden, denn wie soll man auch über etwas schreiben, das es gar nicht gibt?

Aber das ist voreilig gedacht, denn gewiss hat der Graf in *Menschliches, Allzumenschliches* gelesen, Paragraf 284: *... Der Lehre von dem Heer als Mittel der Notwehr muss man ebenso gründlich abschwören als den Eroberungsgelüsten. Und es kommt vielleicht ein großer Tag, an welchem ein Volk ..., durch die höchste Ausbildung der militärischen Ordnung und Intelligenz ausgezeichnet und gewöhnt, diesen Dingen die schwersten Opfer zu bringen, freiwillig ausruft: ›WIR ZERBRECHEN DAS SCHWERT‹ – und sein ganzes Heerwesen bis in seine letzten Fundamente zertrümmert. SICH WEHRLOS MACHEN, WÄHREND MAN DER WEHRHAFTESTE WAR, aus einer HÖHE der Empfindung heraus, – das ist das Mittel zum WIRKLICHEN Frieden, welcher immer auf einem Frieden der Gesinnung ruhen muss: während der sogenannte bewaffnete Friede, wie er jetzt in allen Ländern einhergeht, der Unfriede der Gesinnung ist, der sich und dem Nachbarn nicht traut und halb aus Hass, halb aus Furcht die Waffen nicht ablegt.*[770]

Auch die Leiterin des Archivs kennt natürlich diesen Aphorismus, sie selbst wird den Vortragsreisenden gleich darauf hinweisen, als sie hört, dass er sich wieder pazifistisch in Frankreich betätigt: *In der Tat, Frankreich wäre jetzt das Land, das, wenn es auf der Höhe der Anschauungen stünde, wie es einem wirklichen Sieger zu-*

kommt, mit der großen Geste jetzt das Schwert zerbrechen könnte. *Sie kennen den wundervollen Aphorismus 284, aus der »Wanderer u. sein Schatten«*[711]. Wenn er in diesem Sinne wirke *in den Ländern der Sieger* fände das ihren vollen Beifall, aber eine Einschränkung muss sie doch machen: *obgleich das Beispiel Deutschlands, das sich sozusagen beinah freiwillig als Republik wehrlos gemacht hat, ein schreckliches Beispiel liefert, was daraus folgt.*[712] Der Graf ist der Meinung, dass der Aphorismus 284 an jeder Straße angeschlagen werden solle, gewissermaßen als Erdung des Bewusstseins. Im Übrigen sei Deutschland in Frankreich viel weniger unbeliebt als vor dem Krieg, »jedenfalls geachteter als vor 1914«, sagt Kessler. Und überall könne man deutsch sprechen.

75 Jahre. Noch nie hat sie einen so feierlichen Geburtstag erlebt. An der Universität Jena legen Dekan und Ordinarien ihre prächtigsten Festgewänder an, um in einer großen Zeremonie was zu tun? Sie kann es selbst kaum glauben: Sie verleihen ihr, der Absolventin von Johanna von Paraskis Naumburger Mädchenbildungsinstitut, auf dem die Schülerinnen lernten, wie man einen Knicks macht, die Ehrendoktorwürde. Noch nie ist das einer Frau geschehen. Der Dekan der philosophischen Fakultät betont das auch, Elisabeth achtet vor allem auf seine Kleider: roter und violetter Samt mit viel Gold. Was würde ihr Bruder sagen, könnte er sie hier sehen?

Sollten die Nobelpreis-Chancen einer promovierten Schwester nicht steigen? Im November 1922 wird Elisabeth Förster-Nietzsche nochmals in Stockholm vorgeschlagen.[713]

Jetzt, im Herbst 1921, besitzt die Mark nur noch ein Hundertstel ihres Wertes von 1914. Die Reparationsleistungen müssen in Goldmark, Devisen oder Sachgütern erbracht werden, die Republik hat sich auf eine Gegenfinanzierung durch Rastlosigkeit der Notenpresse entschieden. Die Geldmenge wächst, der Schwarzmarkt ebenso; auch Elisabeth ist eine gute Schwarzmarktkundin. Wer meint, auf Kaffee, Tee oder Schokolade nicht verzichten zu können, sollte Gold oder Devisen besitzen. Dank Ernest Thiel gehört sie zu den Bevorzugten; auch kommen regelmäßig Care-

Pakete aus Stockholm. Seit vielen Jahren, mit nur wenigen Unterbrechungen, gibt die Herrin des Archivs sonnabends ihren *Nachmitttags-Tee*, bei dem man auch Kaffee trinken kann. Elisabeth sieht nicht ein, dass sie damit aufhören sollte, nur weil die Welt kopfsteht. Die Weimarer danken es hier, für ein paar Nachmittagsstunden wandern sie auf den Hügel hinauf, sie wandern aus in die *gute alte Zeit*, hören Musik und Vorträge, blicken hinunter auf ihre Stadt und manchmal ist ihnen, als müssten sie gleich aus einem bösen Traum aufwachen.

Blut und Geld

1922. Da der Graf überall in Europa pazifistische Vorträge hält und keine Zeit hat, sich um die Folgen seines Preisausschreibens zu kümmern, geschweige denn die Arbeiten zu prüfen, muss das Archiv alle allein lesen. Die Überzahl wird als durchaus herabstimmend befunden, offenbar hielt sich fast jeder für befugt, zum Thema Sozialismus und Individualität eine zitierfähige Meinung zu haben. Am Ende wählte die Jury aus der Flut der Einsendungen statt einer Arbeit sechs aus und schickt jedem Preisträger 1000 Mark. Erst jetzt erfährt man die Identität der Absender: drei der sechs sind Universitätsprofessoren. Offenbar haben sie es nötig, etwas dazuzuverdienen. Das Gehalt dieses einstmals so geachteten Standes ist inzwischen nur noch doppelt so hoch wie das eines ungelernten Arbeiters.

Das nächste Mal will man eine Aufgabe stellen, die alle Dilettanten von vornherein ausschließt. Ihr Bruder selbst hat einmal die folgende Preisfrage angeregt: *Welche Fingerzeige giebt die Sprachwissenschaft, insbesondere die etymologische Forschung, für die Entwicklungsgeschichte der moralischen Begriffe ab?* Das Thema wird die Zahl der Zuschriften gewiss begrenzen. Max Oehler schickt die Preisfrage zur Veröffentlichung an 22 Zeitungen und sämtliche Universitäten.

Die Freude aller diesjährig Prämierten ist gewiss begrenzt, zumindest wenn sie ihr Preisgeld nicht sofort ausgegeben haben, denn die Inflation beginnt mit Jahresbeginn 1922 zu galoppieren. Allein den Preisträgern ihre Arbeiten zurückzuschicken, kostet Elisabeth ein kleines Vermögen. Und da sich die stattliche Stiftung des Grafen bis zum nächsten Jahr pulverisiert haben wird, wird es keinen Preisträger von 1923 mehr geben.

Es wäre wirklich nicht übel, wenn sich die Nobelstiftung diesmal für sie entschiede. Im August 1923 rechnet sie aus, dass sie 40 bis 50 Millionen haben müsste, wollte sie Kohlen für den Winter kaufen.

Wie gut könnte sie jetzt den Nobelpreis gebrauchen, aber den bekommt in diesem Katastrophenjahr ein anderer Nietzscheaner, der irische Dichter William Butler Yeats. Auf diese Weise kommt ihr Bruder doch noch in der Schwedischen Akademie an.

Oswald Spengler hat den zweiten Teil des *Untergangs des Abendlandes* beendet; sie erhält ihn im Mai 1922 mit den Worten: »Ich bitte Sie, es als Zeichen meiner persönlichen Verehrung anzunehmen und auch als Ausdruck meines Gefühls dafür, was ich den Werken Ihres Bruders im Laufe der Jahre immer aufs neue schuldig geworden bin.«[714]

Er soll gleich einen Vortrag über *Moral und Sitte* halten, denn Nietzsche sei einer der Ersten gewesen, der diese Zweiheit bemerkt habe. Elisabeth hält das Thema jedoch für die Verhältnisse vollständig unangemessen, da weder das eine noch das andere zur Zeit in nennenswerter Weise existiere. Zeiten der Inflation sind sittenwidrig und moralfern, sie plädiere daher für einen Vortrag über *Geld und Blut*. Spengler nimmt die Herausforderung an: »Das Thema soll also, Ihren Wünschen entsprechend, ›Geld und Blut‹ heißen.«[715]

Elisabeth befindet sich gerade in einem Krieg mit ihrem neuen Verleger. Schon im Oktober hatte sie Kröner mitgeteilt, dass diese *entsetzlichen Bücherpreise ... mir wirklich das Herz zerreißen.*[716] Als sie erfährt, was ihre kleine Nietzsche-Biografie inzwischen kostet, möchte sie weinen. Am 15. Januar 1923 geht sie in die Offensive. Der Kröner-Geschäftsführer erfährt: *Die Entrüstung über die völlig ungerechtfertigt hohen Preise der Nietzsche Bücher wächst in und außer dem Archiv. Ich werde vielleicht unserer Entrüstung öffentlich Ausdruck geben und plane sogar, den ganzen Nietzsche-Verlag einer anderen Firma zu geben.*[111]

Jawohl, *Blut und Geld* ist das einzig passende Thema. Oder sie geht zum *Sturm*-Ball in Berlin, »expressionistische Ausstattung der Säle: Paul Busch, Nell Walden, William Wauer«, dort könnte sie gewiss für ein paar Stunden vergessen, in welcher Zeit sie lebt. Die Radikal-Avantgarde war so umsichtig, ihr eine Einladung zu schicken. Doch das ist gewiss keine seniorengerechte Veranstaltung, und sie muss mit ihrem Verlag kämpfen.

Vielleicht gibt es ja doch noch etwas wie Moral und Sitte. Wenn sie sich mit einem geringeren Honorarsatz zufrieden gäbe, wenn sie statt den vereinbarten mehr oder minder 15 Prozent nur noch 10 oder 11 Prozent bekäme, müsste der Verlag die Bücher auch billiger machen.

Sie teilt dem Vorsitzenden der Nietzsche-Stiftung, dem früheren Oberbürgermeister von Düsseldorf Adalbert Oehler, ihre Absichten mit. Oehler hält das für keine gute Idee, dabei empfängt er schon seit längerem Post von seiner Cousine, *niemand mehr aus dem Mittelstand* könne sich mehr *gute Bücher kaufen,* und daran möchte sie nicht mitschuldig sein. Aber Adalbert Oehler schlägt ihr vor, statt niedriger vielmehr höhere Honorarforderungen zu erheben, denn alles andere wäre Wahnsinn. Wahrscheinlich verletzt es Oehlers elementaren Sinn für Logik, ausgerechnet dann, wenn alles auf so unfassbare Weise teurer wird, viel weniger zu verdienen. Aber die Dinge sind komplizierter, und Elisabeth kann den früheren Bürgermeister von Düsseldorf nicht einfach zum Idioten erklären, denn er ist inzwischen Honorarprofessor für Staatswissenschaften und Verwaltungsrecht in Detmold und hat sie noch nie schlecht beraten, im Gegenteil. Er hat jede Verlagsverhandlung tagelang mit ihr vorbereitet, ist alle Punkte mit ihr durchgegangen – Ladenpreise, Honorare, Anfangszahlungen, Nachzahlungen für eine Unmenge von Bänden – und hat anschließend ein oft sehr umfängliches Protokoll der Ergebnisse einschließlich der offenen Fragen erstellt.

Erst im Frühjahr 1922 hatten er und Elisabeth mit Kröner einen neuen Verlagsvertrag geschlossen, weil alte Vereinbarungen sowohl für Verlage als auch für Autoren bestenfalls noch ein wehmütiges Lächeln wert waren. Eigentlich hätten beide ihre Tätigkeiten bis zur Rückkehr dessen einstellen müssen, das irgendeine Ähnlichkeit mit dem hätte, was wir auch »die Normalität« nennen. Oehler weiß, »daß man bei einem Schriftsteller von dem Range eines Nietzsche ein Honorar von 20 Prozent des Ladenpreises broschiert – ohne Einband – wohl fordern könne«.[178]

Unmöglich, sagte der Geschäftsführer.

Oehler: Dann 15 Prozent, weniger sei unmöglich.

Unmöglich, sagte der Geschäftsführer.

Beide Parteien saßen sich einen Tag lang in entschlossener Unnachgiebigkeit gegenüber, bis Elisabeth am Nachmittag gegen 17.00 Uhr erklärte: Nun gut, dann 10 bis 12 Prozent! Auf diese Wortmeldung hin verließ Adalbert Oehler das Zimmer. Er sehe sich außer Stande weiterzuverhandeln, da seine Partnerin auf die Gegenseite übergelaufen sei.

Das war ihr erster großer Dissenz. In dieser Zeit auf finanzielle Vorteile bedacht zu sein, schien ihr nicht als vornehme Gesinnung im Sinne ihres Bruders. Adalbert Oehler wird ihr erwidert haben, dass es statt aufs Geldmachen und Gesinnungen darauf ankäme, diese Zeit zu überstehen.

Sie einigten sich schließlich mit dem Verlag auf einen Kompromiss, den hier darzustellen jeden Rahmen sprengen würde. Das Prinzip war: zwar keine 15 Prozent, aber dafür Nachzahlung bei jeder Preiserhöhung. Adalbert Oehler durfte seine Forderung zumindest symbolisch gewahrt wissen.

Und dann sagte Elisabeth der Gegenwart ins Gesicht, was sie von ihr hält, oder nein, das ist nicht das Amt einer Frau. Sie sagte ihr durch den Mund ihres Bruders ins Gesicht, was sie von ihr hält: *Nietzsche-Worte über Staaten und Völker* heißt der neue kleine blaue Band: *So oft fragt man mich: »Was würde wohl Nietzsche zur Gegenwart sagen, er hat ja alles vorausgesehen.« Das ist richtig ... und beim Durchblättern der Taschenausgabe habe ich ... Stellen angestrichen und sie in diesem Büchlein zusammengestellt. ... Hier und da wird sich der Parteimann freuen, denn er findet Bemerkungen, die ganz nach seinem Herzen sind – aber, aber einige Seiten später findet er, daß Nietzsche dieselbe Sache auch von einem ganz andern Gesichtspunkt aus betrachtet. Nicht umsonst hat mein Bruder so oft gesagt, daß jede Sache, jedes Erlebnis nicht nur zwei, sondern vier bis fünf verschiedene Seiten habe. Nein, er war kein Parteimann, oder, wenn er eine Partei hätte begründen können, so wäre es die der unabhängigen vornehmen Seele gewesen, die er in allen Ständen gefunden hat.* Das geht natürlich gegen die Sozialdemokratie, und Elisabeth träufelt süßes Gift. Ja, auch in der Arbeiterklasse gäbe es solche Männer, ihrem Bruder zufolge. Sie hat schon ihre Gründe, sich mit einer kleineren Gewinnspanne zufrieden zu geben. Auch die Arbeiter sollen die Bücher ihres Bruders kaufen können, und vor allem dieses.

Lesen Arbeiter Nietzsche, und dann noch während einer Inflation? Ja, sie lesen. Sie lesen Nietzsche inzwischen schon lieber als Marx. Und sie findet in der Tat berückende Stellen: *ARBEIT. – Wie nah steht auch dem Müßigsten von uns die Arbeit und der Arbeiter! Die königliche Höflichkeit in dem Wort »wir Alle sind Arbeiter!« wäre noch unter Ludwig dem Vierzehnten ein Zynismus und eine Indezenz gewesen.*[119] Da hat Friedrich Nietzsche natürlich vollkommen recht, nur interessiert ihn weniger der Arbeiter als der europäische Sonderweg der Hochschätzung der Arbeit selbst bei denen, die es nicht nötig hätten zu arbeiten. Die Linie, die Nietzsche mit dem Proletariat verbindet, liegt auf der Hand. Es ist die Hochschätzung der Schaffenden. Anders kann er sich den Menschen der Zukunft nicht denken.

Nichts sei ihm dunkler als seine eigene Zukunft, bekannte Friedrich Nietzsche anno 1883. Inzwischen kann das fast jeder Deutsche sagen, und das hält keine Nation aus. Der Intellektuelle mag es als Preis seiner Existenz begreifen, aber der, der nicht mehr vom Leben will als ein wenig Sicherheit?

Elisabeth sammelt gewissermaßen posthume Nietzsche-Kommentare zur Zeit und ordnet sie in vier Kapiteln: *Der Staat, Die soziale Frage, Der Einzelne in der Gemeinschaft und Deutschland und*

Europa. Und es stimmt, Nietzsche liest sich suggestiver als Marx, denn Aphorismen sind kürzer als *Das Kapital.* Und klug sind sie trotzdem: *VON DER BEREDSAMKEIT. – Wer besaß bis jetzt die überzeugendste Beredsamkeit? Der Trommelwirbel: und so lange die Könige diesen in der Gewalt haben, sind sie immer noch die besten Redner und Volksaufwiegler.*[780] Dabei teilen Marx und Nietzsche den gleichen Ausgangspunkt: die Tragödie als Ursprung der Kultur. Nur dass Marx, der verhinderte Dramatiker, der Suggestion Hegels noch unmittelbar ausgesetzt war, während Nietzsche den Willen zur großen Sythese per Negation aus sicherem Abstand belächelte. Nicht die Negation, wohl aber die große Synthese. Und was sind Parteien anderes als Partikel mit dem Willen zur großen Synthese, Teilwahrheiten mit dem Anspruch auf Allwahrheit?

Elisabeth möchte das Volk so gern dem Parteigeist abspenstig machen und scheut nicht den hohen Ton: *Was ich aber vom Schicksal erflehe, ist, daß ich es trotz meines Alters noch erleben möchte, daß diese tapfere, ehrfürchtige Seele als Ideal über allen Schulen und Erziehungsstätten stehen … möchte. Oh, meine Freunde, dann dürften wir in Deutschland trotz aller Armut, Elend, Demütigung und Zerrissenheit noch Herrliches erleben. Nietzsche-Archiv, November 1922. Elisabeth Förster-Nietzsche*[781].

Und da steht das Schlimmste noch bevor.

Was Elisabeth besonders verstimmt: Trotz ihres Entgegenkommens werden die Bücher ihres Bruders immer teurer. So war das nicht gemeint! Das habe ich doch gleich gesagt, erklärt ihr Cousin.

Elisabeth fühlt sich von Kröner verraten, ihr Misstrauen wird abgründig, als zudem falsche Abrechnungen eingehen. Und wieso sagte ihr Verlag Nietzsche 10 Prozent plus, wenn Oswald Spengler und andere ganz selbstverständlich 15 Prozent bekommen?

Enttäuschtes Vertrauen neigt zur Unmäßigkeit. Schließlich fordert sie 60 Millionen Nachzahlung, 17 Millionen erkennt Kröner an. 60 Millionen? Wahrscheinlich ist ein besonders hohe Strafe für enttäuschtes Vertrauen eingerechnet, außerdem findet sich kein Mensch mehr in seinen Abrechnungen zurecht, das betrifft Absender und Empfänger gleichermaßen. Hier kann er nicht mehr mit, sagt der Detmolder Honorarprofessor für Staatswissenschaften und Verwaltungsrecht.

Im Mai 1923 legt er sein Amt als Vorsitzender der Stiftung Nietzsche-Archiv nieder. Die Inflation zerstört die besten Familien.

Im Juni bekommt man für 110 000 Mark noch einen Dollar.

Im August kostet ein Dollar 4,6 Millionen.

Im Oktober sind es Billionen. Wie viele, interessiert niemanden mehr. Kein Mensch schickt mehr Abrechnungen.

Blut und Geld.

Japaner in Weimar oder
Die blonde Bestie

Es ist eine ganze Abordnung von japanischen Universitätsprofessoren, die da den Hügel hinauf kommt.[782] Was macht ihr Bruder in Japan? Liegt es daran, dass dem buddhistischen Kulturkreis die Ewige Wiederkehr des Gleichen irgendwie bekannt vorkommt? Oder daran, dass Friedrich Nietzsche die Japaner ausdrücklich zu den blonden Bestien gezählt hat? Ja, das hat er getan. Auch die Araber ernannte er zu *blonden Bestien*, kurz Kulturen, die sich ihr kriegerisches Ethos bewahrt haben, die ihr Löwen-Erbe noch nicht ganz vergessen haben.

Andererseits: Haben die Japaner nicht die viel tragfähigere Philosophie? Wie soll man eine Inflation überstehen, wenn nicht in der Gemütsverfassung eines Zen-Buddhisten?

Wenn der eigene Verlag zur blonden Bestie wird, man wegen einer geringeren Gewinnbeteiligung den eigenen Cousin verliert: Ist die Formel des *Willens zur Macht* da nicht beinahe Spott, Sarkasmus? Und vor allem, sie hat nicht nur den Vorsitzenden ihrer Stiftung verloren, ihren unternehmerischen Rückhalt, sondern auch das gesamte Vermögen des Archivs. Fast 800 000 Goldmark. Da ist nichts mehr zu verwalten. Thiels Vermögen: weg. Ja, der Zen-Buddhismus ist eine gute Weltanschauung für Inflationsopfer.

Der Graf wird es bald so formulieren: »Bewundernswert die Resignation und der Mut der achtzigjährigen Frau, mit dem sie

den Verlust des gesamten angesammelten Vermögens der Nietzsche-Stiftung in Höhe von 800 000 Goldmark durch die Inflation
erwähnte.«[783] Vielleicht sollte sie Zen-Buddhistin werden?

Andererseits ist sie als Schwester ihres Bruders zur Zeitgenos-
senschaft verpflichtet, und sie fragt den Jenaer Philosophen, der
statt ihrer den Nobelpreis bekam: ... *ist es jemals in der Weltgeschichte vorgekommen, daß der beste Stand eines Volkes, die geistigen Arbeiter und der gebildete Mittelstand, vom Staat einfach ruiniert wird?*[784]
Deutschlands Mittelstand: Es gibt ihn nicht mehr.

Oswald Spengler spricht in diesem Jahr nicht über *Blut und Geld*,
sondern am 15. Oktober über *Nietzsche und sein Jahrhundert*. Auch
jetzt ist ein japanischer Professor anwesend nebst anderen Aus-
ländern, aber einer fehlt schon wieder: der Graf. Die Gastgeberin vermisst ihn, jedes Mal, wenn sie auf die wunderbaren Blumen blickt, die er statt seiner selbst geschickt hat. Wie haben sie
diesen Tag früher gemeinsam begangen, und plötzlich ist das fast
ein Vierteljahrhundert her. Sie hat nach Art der alten Menschen
öfter Sehnsucht nach früher, nach ihrem alten Kreis, auch wenn
sie vermutet, *daß der Kreis, der sich jetzt versammelt, von N. mehr versteht, als der alte*[785].

Meint sie etwa Spengler?

Natürlich meint sie den, und Ernst Bertram natürlich mit seinem *Nietzsche. Versuch einer Mythologie*, all diese vergangenheits-
tiefen Grübler. »Geschichte, zuletzt doch Seelenwissenschaft und
Seelenkündung, ist niemals gleichbedeutend mit Wiederherstellung irgendeines Gewesenen ... sie ist eine Wertsetzung«[786], sagt
Bertram und beruft sich auf Novalis: »Alles Vollendete spricht
sich nicht allein, es spricht eine ganze verwandte Welt mit aus.«

Was weiß der Graf schon von solchen Welten?

Was weiß er von Arthur Moeller van den Bruck, der Elisabeth
noch während des Krieges erklärt hatte, dass ihr Bruder ein Revolutionär sei, und zwar ein konservativer Revolutionär. Im letzten
Jahr hat er eine Programmschrift veröffentlicht, ihr Titel: *Das dritte
Reich*. Nietzsches *Ewige Wiederkehr des Gleichen* ist ihr Grundge-
danke. Am Liberalismus, prophezeit der parteienverachtende Autor, werden die Völker zugrunde gehen, nicht zuletzt, weil das

politische System den gleichen kapitalistischen Grundsätzen folge wie die liberale Wirtschaftswelt. Das *Dritte Reich* des Dostojewski-Übersetzers Moeller van den Bruck ist eine metaphysische Vision, keine politische Handlungsanleitung. Dass der nationalsozialistische Pöbel bald die Hände nach seinem Wort ausstreckt, ist ihm widerwärtig.

Nein, der Graf sucht keine metaphysische Vision, kein drittes Reich, sondern eine lebbare Welt. Er hat im vergangenen Jahr

Oswald Spengler, Autor des *Untergangs des Abendlandes*

zugestimmt, Oswald Spengler in den Vorstand der Nietzsche-Stiftung zu wählen, aber das heißt doch nicht, dass er ihm auch noch zuhören muss. Er erträgt die Arroganz des Vortragenden nicht.

Oswald Spengler fühlt sich durch diesen Moeller van den Bruck durchaus ein wenig geistig ausgeplündert, oder sollte man von Inspiration sprechen müssen? Drittes Reich! Der diebische oder vielmehr inspirierte Autor erleidet jetzt im Herbst 1924 einen schweren Nervenzusammenbruch und wird im kommenden Frühjahr den Freitod wählen. Oswald Spengler aber beginnt: »Wer heute auf das 19. Jahrhundert zurückblickt und seine großen Menschen an sich vorbeiziehen läßt, der findet in der Erscheinung Nietzsches etwas Erstaunliches, wie es seine Zeit kaum hat empfinden können. Alle anderen, auch Wagner, auch Strindberg, auch Tolstoi haben doch irgendwie die Farbe und die Form jener Jahre getragen, sind irgendwie mit dem platten Optimismus ihrer Fortschrittsphilister, ihrer Nützlichkeits- und Gesellschaftsethik, ihrem Weltbild aus Kraft und Stoff und Anpassung und Zweckmäßigkeit verhaftet gewesen und haben dem Zeitgeist Opfer über Opfer gebracht. Eine rücksichtslose Ausnahme davon macht nur einer …«[787] Er stehe damit in tiefem Gegensatz zu Goethe, führt der Morphologe aus, denn der sei auf der »Sonnenhöhe abendländischer Kultur« geboren, und brauchte nichts »als ganz Mensch jener Zeit zu sein, um zu jener formvollen Abgeklärtheit zu gelangen, die gemeint war, wenn man ihn später Olympier nannte«.[788]

Aber Nietzsche? »Es war sein Verhängnis jenseits des Rokoko zu stehen, mitten in der vollkommenen Kulturlosigkeit der sechziger und siebziger Jahre. In was für Straßen und Häusern mußte er leben! Was mußte er an Manieren, Kleidung, Möbeln um sich sehen!«[789]

Mag sein, das Auditorium mustert den Erfolgsautor jetzt etwas ratlos. Sie sind also die Kinder einer vollkommenen Kultur- und Formlosigkeit? Vor bald zwanzig Jahren sprach Ellen Key hier über das gleiche Thema, über Nietzsche und Goethe, damals war Goethe der Anfang eines Weges, an dessen Ende Nietzsche als Vollender stand. Jetzt ist Goethe der Vollender und Nietzsche der Aufbrechende auf einer neuen, abschüssigen, kaum passierbaren Straße.

Spengler spricht die Vermutung aus, dass Nietzsches Art zu sehen weiterwirken wird, selbst dann, wenn niemand mehr seine Bücher lesen werde, bei Freund und Feind werde sie wirken, und darum komme alles darauf an, handeln zu lernen: »Wenn wir nicht HANDELN lernen, wie es die wirkliche Geschichte meint, mitten in einer Zeit, die weltfremde Ideale nicht duldet und an ihren Urhebern rächt …« Wie schade, dass Kessler diesen Vortrag nicht hört, er hätte den Vortragenden gewiss mit Blicken zum Duell gefordert, doch ist anzunehmen, dass der größere Teil des Auditoriums Spengler nur allzu ergeben, gleichsam erlösungsbedürftig folgt; Menschen, die gerade ihr gesamtes Vermögen verloren haben, neigen zu solchen Seelenlagen, die Leiterin des Archivs eingeschlossen. Und Oswald Spengler kann noch genauer angeben, welcher Art diese Zeit ist, nämlich eine, »in der das harte Tun, das Nietzsche auf den Namen Cesare Borgias getauft hat, allein Geltung besitzt, in der die Moral der Ideologen und Weltverbesserer noch rücksichtsloser als sonst auf ein überflüssiges Reden und Schreiben beschränkt wird …«[790] Und der Redner schließt mit der Propheizeiung, dass »wir als als Volk aufhören zu sein«, wenn »wir nicht das HANDELN lernen«[791].

Es ist, als ob ein Schalter umgelegt würde. In einer seiner Vorwortskizzen zum *Willen zur Macht* hatte Nietzsche dekretiert, dies sei ein Buch für alle, *denen Denken Freude macht, nichts weiter.* Jetzt lautet die Alternative, von einem Denker gestellt: Handeln oder Untergang.

Auf einen neuen Cesare Borgia müssen wir warten!, lernen die Hinterbliebenen Friedrich Nietzsches.

Aber müssen wir überhaupt noch warten?, mag sich Elisabeth fragen. Haben wir ihn nicht schon gefunden, eben gerade, in diesem Jahr, in diesem Oktober, genauer, und es ist weiß Gott erschütternd zu denken: gestern! Denn am Tag vor Nietzsches Geburtstag erschien in der *Deutschen Allgemeinen Zeitung* ein Artikel, der die Überschrift trug *Mussolinis Bekenntnis zu Nietzsche.* Er stand zuvor in der *New York Times*, aber die liest sie eher selten.

Il superuomo

Elisabeth kennt den Verfasser, es ist Oscar Levy.

Als der Krieg zu Ende war, schrieb der Nietzsche-Entdecker Georg Brandes dem Herausgeber der englischen Nietzsche-Gesamtausgabe Oscar Levy, dass nun wohl überall die Revolution ausbrechen werde. Das war, unter Nietzscheanern gesprochen, keineswegs ermutigend gemeint. Und Brandes wusste auch schon, wo es geschehen werde: »vor allem in Italien, und zwar zuerst in Mailand«. Das war ziemlich richtig, Levy wurde neugierig, erst las er ein paar Reden und Manifeste des italienischen Revolutionsführers, der zugleich ein Gegenrevolutionsführer war, und bald gelangte er zu der Überzeugung, dass dieser Mann, Benito Mussolini, Nietzsche gelesen haben müsse. Anders war es gar nicht zu denken.

Also fragte der Herausgeber der englischen Nietzsche-Gesamtausgabe bei Mussolini an, ob, und wenn ja, wie und wann er diese Vermutung erhärten könne. Die Antwort erfolgte umgehend, und so saß Oscar Levy am 16. Juli 1924 im Palazzo Chigi an der Piazza Colonna in Rom dem Duce gegenüber, und sie sprechen über das Nietzsche-Problem: Wie man wird, was man ist. Die Gefährdung dieses Prozesses, die in der Frage läge, wie man wird, was man nicht ist, klammerten sie aus.

Benito Mussolini erklärte seinem Interviewer: »In dem Briefe, den ich von Ihnen erhielt, sprechen sie von dem Nietzscheschen Grundton meiner Reden und Schriften. Sie haben ganz recht mit Ihrer Annahme, daß ich von ihm gelernt habe. Als ich ein junger Mann war und von einem Schweizer Kanton in den anderen ausgewiesen wurde, kamen mir seine Werke in die Hand. Ich habe sie ohne Ausnahme gelesen. Sie machten auf mich tiefen Eindruck; sie haben mich von meinem Sozialismus kuriert; sie öffneten mir die Augen über den ›Cant‹ der Staatsmänner, der Zustimmung des souveränen Volkes und über den inneren Wert der ›Parlamente‹ und des ›Allgemeinen Stimmrechts‹. Auch eine positive Lehre hat tiefen Eindruck auf mich gemacht: ›Lebe gefährlich‹. Ich habe danach gehandelt.«[792]

Elisabeth ist außer sich vor Erlösung. Ein Italiener, ausgerechnet! Ein Sohn des Landes, das ihr Bruder so liebte. Und dazu ein Staatsmann! Sollte das kein Zeichen sein?

Das allgemeine Chaos ist demnach nicht das letzte Wort. Da ist ein Licht am Ende des Tunnels. Il superuomo!

Ich kann oft vor Kummer nicht schlafen, daß wir, ein großes starkes Volk, solchen Demütigungen ausgesetzt sind. Aber vielleicht ändert sich auch das noch, solange ich lebe. Ich bin immer etwas ungeduldig, weil ich doch nicht hoffen kann, noch allzu viele Jahre auf dieser Erde einherzuwandeln, und vorher möchte ich doch Deutschland in seiner alten Kraft und Glanz sehen. Da antwortete mir neulich jemand: »da müssen Sie freilich mindestens 90 Jahre alt werden«[793].

Welch gespenstische Präzision der Zeitangabe. Aber il superuomo ist schon da. Sie muss es Thiel berichten, im Februar 1925, kommt ihr schwedischer Retter, Ernest Thiel, der Halt ihres Lebens.

Was bleibt einer Veteranin des Lebens tendenziell anderes als der Ausblick aus ihren Fenstern? Von hier oben sieht Weimar aus wie immer, schräg gegenüber auf seinem Hügel das Goethe-Schiller-Archiv, auf dem Ettersberg der Bismarckturm, zu dem der Graf einst von seinem Nietzsche-Stadion aus eine Sichtachse, nein, eine Geistes-, eine Konkurrenzachse herstellen wollte. Elisabeth Förster-Nietzsche ist nicht der Meinung, dass man mit 79 Jahren zu alt ist, eine Hypothek aufzunehmen. Sie muss das Land vor dem Archiv kaufen, um den hässlichen Häusern das letzte Stück Weg zu ihr hinauf zu versperren, es gehört noch immer dem Grundstücksspekulanten Krehan, der in seinem unfassbar missratenen Haus, wie sie meint, schräg unter ihr wohnt. Er hatte 1911 versprochen, die Parzelle für das Archiv aufzuheben, für bessere Zeiten. Bessere Zeiten? Egal wie, 8000 Mark zahlt sie an, den Rest zahlt die Zukunft. Aber welche Zukunft?

Es ist Zeit, auch an die letzte Immobilie zu denken, die auf jeden wartet: das Grab. Aber sie hat keins. Da ist kein Platz mehr für sie auf dem Röckener Friedhof in der Nähe ihrer Familie. Das beunruhigt sie. Nach Kriegsende hatte sie verfügt, man möge sie nach ihrem Tode verbrennen und ihre Urne am Kopfende des Grabes ihres Bruders aufstellen.[794] Aber eigentlich möchte sie es anders. Vielleicht, wenn neben ihrem Bruder ein Lebensend-Grundstück frei wird, dann müsste man allerdings auch die Gräber ihrer Eltern versetzen lassen. Sie wird das im Auge behalten.

Ihr Grab und diesen Mussolini auch.

Im Februar 1925 stirbt Reichskanzler Friedrich Ebert an einer verschleppten Blinddarmentzündung, er wird nur 54 Jahre alt.

Bei den folgenden Wahlen im März erreicht kein Kandidat die absolute Mehrheit. Da beschließen die Rechtsparteien sich an den 77-jährigen Ruheständler Paul von Hindenburg zu wenden: Könnte er nicht als Reichspräsident kandidieren? Der Sieger von Tannenberg, der Mann, der schon während des Krieges die Regierung regiert hatte, antwortete mit einem klaren Nein!, bei dem er mehrere Tage ausharrte. Dann gab er auf.

Paul von Hindenburg siegte am 26. April 1925 mit 48,3 Prozent der Stimmen. In kleineren Städten kommt es zu Aufmärschen und Umzügen. Elisabeth hatte den General schon während des Krieges zum Übermenschen im Sinne ihres Bruders erklärt[795].

Dass dieser Titel niemandem zuzusprechen ist, dass er möglicherweise eher einen der Unsichtbaren als die allzu Sichtbaren meint, war keine Überlegung, die sich ihr nahelegte. Und wenn selbst Romain Rolland glaubte, dass diese Entwicklungsform der Gattung Mensch etwas äußerlich Wahrnehmbares sein müsse: warum sollte sie es besser wissen, zudem in Kriegszeiten.

Aber der Frieden danach war wie ein Krieg mit anderen Mitteln. Und jetzt, glauben Millionen von Hindenburgianern, haben sie endlich den Frieden gewonnen, zumindest symbolisch. Der Mann an der Spitze der Republik ist kein geistiger Repräsentant der Republik.

Zum ersten Mal ist Elisabeth zumute, als dürfe sie wieder an dieses Volk glauben. Einen alten Soldaten und Monarchisten hat es gewählt. Kessler besucht seine alte Freundin, er freut sich auf sie, aber zugleich fürchtet er sich vor ihrer Freude. Der Graf hält Hindenburgs Sieg für einen Sieg der Philister, Hindenburg »ist der Gott all derer, die sich ins Philistertum zurücksehnen, in die schöne Zeit, wo man nur verdienen und verdauen brauchte mit einem nach oben gerichteten Augenaufschlag. Hindenburg soll die Verhältnisse ›konsolidieren‹; d.h. wieder auf den Philister zuschneiden. Adieu Fortschritt, Adieu Vision einer neuen Welt, die das Lösegeld der Menschheit für den verbrecherischen Krieg sein sollte …«[796]

Aber was stört ihn? War diese Wahl nicht der Inbegriff der Demokratie? Paul von Hindenburg ist der einzige Reichspräsident, der jemals vom Volk frei und direkt gewählt wurde. Das deprimiert den Grafen, sie versteht es.

Und dann kommt auch noch ein soeben nach Weimar versetzter älterer General den Berg herauf, während der Freund bei ihr ist. Wie sie diesen Abgesandten des Kriegswesens begrüßt, mit welchem Enthusiasmus! Wie unpassend. Weiß sie denn gar nichts mehr von dem, was ihr Bruder das *Pathos der Distanz* nannte?

Weimar, die Stadt der Republik, hatte dem General am Vortag mit einem Festzug begrüßt, und sie war dabei, vor allem, weil ihr kleiner Großneffe vorn auf dem Bock sitzen wollte, mit Stahlhelm auf dem Kopf und einer Trommel in der Hand. Der Graf fasst es nicht. Sie ist doch nicht irgendeine Großmutter, die das »blödeste Kleinkinder Soldatenspielen« mitmachen dürfte. Ja, eigentlich ist sie überhaupt keine Großmutter!

Ebendarum, sagt sich Elisabeth.

Sie durfte als Kind fast nie am Krimkrieg teilnehmen, der beinahe täglich in der Naumburger Neugasse stattfand. Der Krimkrieg war das Privileg ihres Bruders. Und gewiss hätte sie zu ihrem Lieblingsgedicht »Wie ich auftrat, da hat die Welt gezittert; / die Welt soll zittern, muss ich untergehen …« auch gern die Trommel geschlagen, doch das war undenkbar im Haus der Erdmuthe Nietzsche unter Friedrichs Aufsicht. Sie kann nicht Nietzsches Schwester und eine Feindin der Wehrhaftigkeit sein. Dass der Graf seine Schrift über ihren Bruder und den ewigen Frieden nie beendet hat, ist vielleicht kein Zufall. Aber das sagt sie ihm nicht, denn das Alter ist höflich. Und ein Privileg hat es noch: Es darf aus der Rolle fallen.

Manche halten das Alter ohnehin für schlechthin unberechenbar, und deshalb stellt sie sich den Freibrief aus, nicht nur an Umzügen ihrer Wahl teilzunehmen, sondern auch an fremde Staatsoberhäupter Weihnachtsgeschenke zu schicken. Benito Mussolini erhält 1925 *Nietzsche-Worte über Staaten und Völker* mit herzlichen Grüßen zum Fest. Er wäre gewiss nicht der schlechteste Leser, er muss nur seine Chance bekommen. Und was soll sie sagen? Ein Telegramm aus Rom trifft ein.

Benito Mussolini bedankt sich sehr und verspricht »Brief folgt«[797].

Besuch aus Bayreuth oder
Oswald Spengler hält einen Vortrag

Im Sommer 1926 erhält Reichspräsident Paul von Hindenburg eine Petition, unterzeichnet von Schriftstellern, Dichtern und Denkern, die ihn bitten, der Schwester Friedrich Nietzsches einen Ehrensold zu gewähren, aufgrund ihrer Verdienste um die deutsche Nation. Paul von Hindenburg ist ein sehr frommer Mann, er weiß, wer den Glauben zersetzt, zersetzt die Grundlagen menschlicher Gemeinschaft. Er hat fürwahr wenig Grund, den Schwestern von selbsternannten Antichristen Rentenbeihilfen zu gewähren, aber die Begründung darf schon auf das Interesse eines alten Soldaten rechnen: »Friedrich Nietzsches Hauptwerk *Also sprach Zarathustra* war das Buch, das neben der Bibel und Goethens Faust, am häufigsten von den deutschen Soldaten mit hinaus ins Feld genommen wurde. Es unterstreicht den Wert solcher soldatischen Tugenden wie Härte, Gehorsam, Disziplin. Indem Nietzsches Schwester diese Ideen zu verbreiten half, hat sie die ethische Wirkung der Schriften ihres Bruders möglich gemacht. Sie hat die Kenntnis seines vorbildlichen, makellosen Lebens durch eine umfassende Biographie in einer großen und gekürzten Ausgabe vermittelt, hat den Nachlaß gesammelt, geordnet und in elf

Bänden veröffentlicht ... »[798] Die Aufzählung ihrer Verdienste ist noch lang, Verdienste einer Frau, die sich einem weitgehend mittellosen Lebensabend gegenübersieht: »Da das Stiftungsvermögen, das sie über viele Jahre angesammelt hatte, durch die Inflation verloren gegangen ist, gebührt ihr die Unterstützung vom Staat. Durch die Gewährung eines Ehrensoldes würde die verdienstvolle Frau in ihrem hohen Alter wenigstens der schwersten materiellen Sorgen enthoben werden.«[799] Der Reichspräsident müsste das verstehen, er ist gerade ein Jahr jünger als sie. An ihrem Geburtstag spricht ihr der Sieger von Tannenberg, der seit 1916 das Reich durch den Krieg führte und ihn Elisabeth zufolge gewonnen hätte, wäre er nicht verraten worden, einen Ehrensold von 450 Mark zu. Sie war schon immer Hindenburgianerin und hat jetzt noch einen Grund mehr, es zu sein.

Die Alliierten blicken sehr misstrauisch auf die Republik und ihren neuen Repräsentanten, doch Hindenburg hält sich eisern an die Weimarer Verfassung, als handele es sich um die preußische Felddienstordnung.

Dann kam aber noch etwas anderes, was mich viel in Anspruch nahm, nämlich die dtsch. Festspiele hier in W., in welchen Siegf. Wagner und Prof. Lienhard gefeiert wurden. Ja, denken Sie nur, l. Freund, alle Wagners, Siegfried u. Frau, Frau Geheimr. Thode, Gräfin Gravina, machten mir Besuch! Und ich habe dann ein feierliches Frühstück gegeben, was wirklich ungemein festlich verlief u. mit einer allgemeinen Seelenverbrüderung endete, ohne daß jede der verschiedenen Parteien der andern irgendwelche Zugeständnisse machte. ... Ich bin von Siegfr. Wagners Bärenhäuter wirklich begeistert, u. begreife nicht, daß diese Oper nicht zu den meist aufgeführtesten Repertoireopern der deutschen Bühnen gehört.[800]

Wenn sie daran denkt, wie ihr der kleine Junge gefallen hatte bei ihrem ersten Besuch in Tribschen. Und wie sie später in Bayreuth Wagners Kinderschar hütete und Cosimas Haushalt konsolidierte, und jetzt ist sie eine sehr alte Frau und sitzt inmitten der längst Verlorenen. Und Paul von Hindenburg gewährt ihr einen Ehrensold! Es wird alles gut.

Nein, nicht alles. Nobelpreisträger Rudolf Eucken stirbt, der Philosoph für jede Gelegenheit. Das ist keine schöne Geste. Schließlich sind sie beide achtzig, und er hatte eben noch, beim festlichen Geburtstags-Mittagessen, eine Rede auf sie gehalten, *so frisch, so jugendlich und begeistert.* Und jetzt, im September, ist er tot. Es stürzt sie in eine veritable kleine Depression. Dagegen, das weiß sie, hilft nur eins: Man muss etwas vorhaben.

In München gründeten Thomas Mann, Hugo von Hofmannsthal, Ernst Bertram, Friedrich Würzbach und andere 1919 eine Nietzsche-Gesellschaft. Die Direktorin des Archivs kann nicht sagen, dass ihr diese exterritoriale Einrichtung auf Anhieb sympathisch war, aber sie hat sich an ihre Existenz gewöhnt. In diesem Jahr haben die Münchner einen 6000-Mark-Preis für die beste Arbeit über »den Einfluss Nietzsches auf das geistige Frankreich« ausgeschrieben. Dass fremde Institutionen eigenmächtig Nietzsche-Preise vergeben, findet gewiss nicht ihren ungeteilten Beifall, aber was kann sie zun? Um die Balance besser zu halten, hat sich inzwischen auch eine *Gesellschaft der Freunde des Nietzsche-Archivs* gegründet, der weltweit bald über 500 Mitglieder angehören, auch Romain Rolland, der bis vor kurzem noch nicht wusste, was ein Übermensch ist.

Und jetzt veranstalten sie gemeinsam eine große Nietzsche-Tagung in Weimar. Oswald Spengler wird den Eröffnungsvortrag halten. Zuvor lädt sie ihre engsten Freunde zum Frühstück ein, und dazu ein paar große Namen, Gerhart Hauptmann etwa. Aber Hauptmann telegrafiert ab. Und der Graf will auch nicht kommen, dabei ist er in der Stadt.

Im letzten Jahr hat sie ihm nicht ohne Stolz erklärt, dass sie mit Mussolini befreundet sei. Kessler antwortete, er habe leider davon gehört, und sprach ihr sein aufrichtiges Bedauern aus: »Mussolini kompromittiere ihren Bruder. Er sei eine Gefahr für Europa, das Europa der guten Europäer, das ihr Bruder ersehnt habe. Die arme alte Dame war ziemlich ›agitated‹.«[801]

Wer ist es unter den Gästen, der Ihnen nicht sympathisch ist?[802], fragt sie ihn nun. Als ob sie das nicht wüsste. Spengler!

Der Graf hat es bislang sorgfältig vermieden, ihm zu begegnen. Aber nicht zum Eröffnungsvortrag der Konferenz zu erscheinen, ist unmöglich. Gesellschaftlich unmöglich, er hat keine Wahl. Das Thema lautet *Nietzsche und das 20. Jahrhundert*. Harry Graf Kessler kann sich kaum vorstellen, dass der Autor des *Untergangs des Abendlandes* dazu etwas zu sagen hat, das auf sein Interesse rechnen dürfte. Natürlich kommt er im letzten Augenblick, der Saal ist überfüllt. Es muss ihm ein Stuhl hereingetragen werden, denn im Stehen hält er das nicht durch. Neben ihm sitzt Frau Kippenberg, deren Mann für die Luxus-*Zarathustras* verantwortlich ist. Er sagt ihr zu ihrer missbilligenden Verblüffung, dass seine Anwesenheit an diesem Ort auf reine Höflichkeit zurückzuführen sei und dass er sich jetzt schon langweile. Als Spengler ans Pult tritt, ist er genauso, wie er ihn sich vorgestellt hatte: »Ein dicker Pfaffe mit einem fetten Kinn und brutalem Mund.«[803] Der Graf fühlt sich intellektuell auf angreifendste Weise unterfordert: »Ein junger Arbeiter aus einem Arbeiterbildungsverein … hätte es besser gemacht.« Zum Urteil des Grafen mag auch der Umstand beitragen, dass seine eigene Nietzsche-Schrift noch immer nicht fertig geworden ist, allerdings ist nachher auch Frau Kippenberg der Ansicht, dass es fürwahr keinen anderen Grund gäbe, einen Spengler-Vortrag zu besuchen, als die reine Höflichkeit. Und selbst die 81-jährige Alterspräsidentin wird dem verächtlichen Urteil des Grafen nicht zu widersprechen wagen, obwohl alles darauf zulief, in Benito Mussolini den Mann von morgen zu identifizieren, als zeitgemäße Inkarnation des Übermenschen. Vielleicht ist es der schlechteste Vortrag, den Oswald Spengler je gehalten hat.

Trotzdem wird die Tagung ein großer Erfolg, das sagt sogar der Graf. Die großen Zeitungen sprechen »von naturgemäß bedeutsamen Ausführungen Spenglers«, Höhepunkt sei aber ohne Zweifel der Vortrag des Frankfurter Gelehrten Hans Prinzhorn gewesen. Nietzsche als Psychologe! Er sei der große Inspirator einer Psychologie von »weltgeschichtlichem Rang«: »Wir hoffen, dass das 20. Jahrhundert stark genug sein werde, die helle Stimme dieses Weckrufes zu ertragen.«[804]

Die Beweislast trägt also das Jahrhundert. Aber wird Elisabeth stark genug sein, den Weckruf zu ertragen, den sie in genau drei Jahren hören wird? Dann ist ihr Bruder dreißig Jahre tot. Ende des Urheberrechts. Ende ihrer Einkünfte. Muss sie das Archiv dann schließen?

Oder wovon soll es leben?

Anfang Februar 1928 schenkt sie dem Grafen ein kostbares Faksimile der *Dionysos-Dithyramben*, gewissermaßen als verspätetes Weihnachtsgeschenk, er ist so überwältigt, dass er sie bittet, sich persönlich bedanken zu dürfen. Sie halten jetzt einen gewissen Abstand zueinander, um einander nicht unerfreuliche Dinge sagen zu müssen. Und doch geschieht genau das. Er schreibt gerade seine *Rathenau*-Biografie; sie schreibt ein neues Vorwort zum *Willen zur Macht*. Das sind die Welten, aus denen sie kommen.

Als der Graf gegangen ist, ist sie unendlich traurig und fängt an, ihm einen Abschiedsbrief zu schreiben. Er beginnt mit den Worten, die Friedrich Nietzsche einst an Richard Wagner richtete: *Wir wollen uns nicht verhehlen, daß wir uns fremd geworden sind.* Sie schreibt ihn nicht zu Ende und am nächsten Morgen kann sie fast gar nichts mehr erkennen, geschweige denn Buchstaben. Statt den Abschiedsbrief zu beenden, fährt sie nach Jena zu ihrem Augenarzt und bleibt dort mehrere Tage. Als sie zurückkehrt, ist bald Ostern, der Graf schickt ihr Blumen als Ostergruß und sie muss weinen. Sie sagt ihm, was sie ihm schreiben wollte. Sie kann es nicht, und: *Ich habe Sie doch immer mit ... meinen innersten Gedanken verbunden, und ich schicke Ihnen heute die neueste Ausgabe des »Willens zur Macht« ... Da habe ich in meiner Einführung eine kleine Stelle rot angestrichen ... und ich darf es Ihnen jetzt sagen, daß ich immer geglaubt habe, Sie würden den Ordensbund jener höheren Menschen begründen, den mein Bruder sich geträumt hat.*[805] Der Graf antwortet, der *Wille zur Macht* sei das Werk Nietzsches, mit dem er sich schon seit Jahren am meisten beschäftigt habe, auch in der letzten Zeit, wie sie aus seinem Rathenau-Buch sehen werde: »Ihr lieber Brief ist mir zugleich schmerzlich und tröstlich; denn er zeigt mir, dass man über manche Dinge sehr verschiedener Ansicht sein und doch auf einer höheren Ebene sich finden kann.«[806]

Daher sei es ihm so wertvoll, dass sie in ihrer Einleitung die Stelle angestrichen habe, in der ihr Bruder davon spricht, »dass er Menschen sucht, die gleich ihm ›jenseits der politischen und religiösen Glaubenslehren zu leben wissen‹«.

So wollen sie es halten.

Er schlägt vor, diese »Ordens-Regel der höheren Menschen« auch im Archiv zu befolgen, doch dann lässt er diese Zeile doch wieder fort. Vielleicht, weil er weiß, wie illusionär sie ist. Vielleicht, weil er sich außerstande sieht, Oswald Spengler diesen Titel zu verleihen. Und Elisabeths faschistoiden Vettern schon gar nicht.

Aber die Veteranin liest jetzt seine Biografie des ersten Außenministers der Weimarer Republik *und ist tief ergriffen von dieser rätselhaften u. doch so anziehenden Gestalt Rathenaus.*

9

Nietzsches Spazierstock

Das Lama in der großen Politik

Das Lama mischt sich in die große Politik. Was hat es da verloren? Will es seinen Bruder besser verstehen, als er sich selbst verstand? Das ist der Ehrgeiz aller Hermeneuten, aber er ist ein hochpräzises Wägen. Hochpräzision zählt gemeinhin nicht zu den Stärken von Menschen, die auf ihr 90. Lebensjahr zugehen und sich seit vielen Jahren in der Gegenwart wie in der Fremde fühlen.

Elisabeth weiß, wie ihr Bruder unter seinem Verkanntsein litt und dass er am Ende einem Geltungsdrang folgte, der beinahe schon komische Züge trug. Elisabeth will ihm posthum all die Ehren verschaffen, die er so sehr vermisste. Das ist ihre Wiedergutmachung an ihm. Aber seine Feindschaften waren ernst gemeint. Schon Ernst Bertram verfehlte diesen Umstand, und sie ist kein Ernst Bertram, das sollte sie wissen.

Sie weiß es nicht. Und Erbitterungen machen nie hellsichtig.

Am Todestag ihres Bruders fährt sie mit einer kleinen Gedenkgesellschaft nach Röcken, sie hängt am Arm des Grafen, den sie als ihren *ältesten Freund* dazu verurteilt hatte, sie zu führen. Kessler war erst losgefahren, als er hörte, dass Spengler nicht kommt.

Der September findet ihn in dem kleinen Schweizer Kurort Kandersteig; er versucht sich über die historische Stunde Rechenschaft zu geben. Steht ein Nazi-Putsch bevor? »Allerdings ist Hitler kein Mussolini; aber die italienischen Faschisten hatten keine 6 Millionen Wähler hinter sich. Wenn sich jetzt nicht alle staatserhaltenden Parteien zu einer eisernen Front zusammenschliessen u. rücksichtslos die wirtschaftlichen u finanziellen Wurzeln des deutschen Faschismus abgraben, werden wir eine neue, revanchistische u antisemitische Revolution erleben.«[807] Er sieht die Mög-

585

lichkeit eines Bürgerkrieges, ja eines neuen Großen Krieges – so nannten die Zeitgenossen den Ersten Weltkrieg – näher, als er es »noch gestern« für möglich gehalten hätte. Der Nationalsozialismus ist ihm eine »Fiebererscheinung des sterbenden deutschen kleinen Mittelstandes«. Zu retten sei diese Klasse nicht, aber ihr Todeskampf könne unnennbares Elend über Europa bringen.

Ist es jemals in der Weltgeschichte vorgekommen, dass der beste Stand eines Volkes, die geistigen Arbeiter und der gebildete Mittelstand, vom Staat einfach ruiniert wird? [808], hatte sie einmal gefragt. Wenn der Stand, dem sie angehört, schon sterben muss, so doch niemals freiwillig. Ob der Graf sie von seiner Diagnose unterrichtet hat?

Die Fiebererscheinung trägt in Thüringen einen großen Sieg davon. Wilhelm Frick wird im Januar 1930 der erste nationalsozialistische Minister der Weimarer Republik.

Elisabeth gratuliert Frick zum Wahlsieg. Das gehört sich. Es ist eine kleine Stadt, jeder kennt jeden, man verkehrt miteinander, und es ist nicht ratsam, den künftigen Kultur- und Bildungsminister Thüringens zu brüskieren. Denn was Kultur, was Bildung ist, definiert, jenseits der Politik, nicht zuletzt ihr Bruder. An ihm kommt keiner vorbei, der Neue sollte das wissen. Ob er das weiß?

Zudem General Hasse, den sie vor fünf Jahren zum großen Missvergnügen Kesslers mit ihrem trommelnden Großneffen begrüßte, gern bei ihr frühstückt. Und da sie eine vollkommene Gastgeberin ist, fragt sie auch ihn wie alle ihre Vorzugsgäste, wen er gern bei ihr sehen möchte. Frick!, antwortete der General. Also lädt sie ihn ein.

Sie hat auch schon einen Auftrag für Wilhelm Frick, aber das muss warten, die Reihenfolge muss stimmen, also erst der Glückwunsch an den ersten nationalsozialistischen Minister dieser Partei mit Ambitionen.

Denen, die weiter oben zu Hause sind, sind Menschen mit Ambitionen immer verdächtig. Das gilt natürlich auch für Parteien. Das Glückwunschschreiben der Archivdirektorin ist nicht erhalten, aber es muss eine gewisse Distanzformel enthalten haben, wie die Antwort des Neuen erkennen lässt.

Der erste nationalsozialistische Minister Deutschlands schreibt:

Hochverehrte gnädige Frau!
Für Ihre freundlichen Glückwünsche zu dem Wahlsieg der
N.S.D.A.P. sage ich meinen verbindlichsten Dank. Ich gebe die
Hoffnung nicht auf, daß auch Sie, gnädige Frau, sich im Sinne
Ihres hochverehrten Bruders, des Kämpfers Nietzsche, noch
zur Freiheitsbewegung des deutschen Volkes bekennen werden.
Mit vorzüglicher Hochachtung
Ihr sehr ergebener
Frick. Staatsminister[809]

Ein wenig anmaßlich ist dieses Schreiben schon. Was im Sinne ihres Bruders ist, war und sein wird, weiß sie schließlich am besten. Und wenn sie ganz aufrichtig wäre, müsste sie dem Minister mitteilen: Volksbewegungen sind nun einmal gar nicht im Sinne ihres hochverehrten Bruders, und nun auch noch eine deutsche? Beides zusammen kann für Friedrich Nietzsche nur die Apokalypse bedeuten. Nein, leider war ihr Bruder nie ein Sympathisant des Volkes und als er entdecken musste, dass diejenigen unter den Deutschen, die er schätzte, ihn nicht schätzten, war er auch kein Sympathisant der Deutschen mehr. Es sieht nicht gut aus. Nun kommt in der Antwort des Bildungsministers aber auch ein anderes, ein drittes Wort vor: »Freiheit«, »Freiheitsbewegung«. Sollte sie dem neuen Minister mitteilen, dass nichts Fataleres für ihren Bruder denkbar ist als ebendies. »Freiheitsbewegung des Volkes«, gar des »deutschen Volkes«, sagen die Wohlmeinenden, bei ihm heißt das in aller erkältenden Nüchternheit: *Sklavenaufstand der Moral.* Ob nun die Frauen, ein ganzes Volk oder sonstige Minderprivilegierte die Aufrührer sind: Es ist das Ende aller Dinge, das Ende alles dessen, was wertvoll war, es ist das Ende der Kultur überhaupt.

Auch Friedrich Nietzsches Reich ist wie das des Bethlehemer Zimmermannssohns nicht ganz von dieser Welt, aber es ist nicht jenseitig. Nur haben bloß Einzelne Zutritt zu ihm.

Sie könnte dem Mann jetzt einen hermeneutischen Brief schreiben, aber will sie das? Nein, auf solche Einsichten, und sie ist nicht dumm genug, sie nicht zu haben, kann sie im Augenblick keine Rücksicht nehmen. Nie weniger als jetzt.

Minister sind praktische Menschen, oder, wenn sie es nicht sind, werden sie dazu gemacht. Trifft es sich da nicht gut, dass die Herrin des Nietzsche-Archivs auch ein praktischer Mensch ist und zudem ein überaus praktisches, ein schon beinahe fatal praktisches Anliegen hat?

Wenn nicht ein Wunder geschieht, muss sie das Archiv schließen. Dreißig Jahre währt der Schutz des Urheberrechts, und die sind jetzt um, genauer: in drei Monaten. Wenn der Minister dieser Partei so anders, so grundverschieden ist von allen Ministern der Parteien, die man zur Genüge kennt, müsste er ihr dann nicht helfen?

Der 85. Geburtstag

Im Juli 1931 wird Elisabeth 85 Jahre alt. Es ist wieder Katastrophenzeit, aber war es denn jemals anders in den letzten fünfzehn Jahren? Nur jetzt ist die Wirtschaftskrise, die eine Weltwirtschaftskrise ist, besonders schlimm. Selbst Ernest Thiel beginnt, sein Vermögen zu verlieren, doch das sagt er ihr noch lange nicht. Welches Vertrauen kann man noch in eine Welt setzen, in der sogar die Millionäre verarmen?

Es würde Tage dauern, wollte sie all ihre Geburtstagspost selbst lesen. Der Hochadel und sogar Staatsoberhäupter gratulieren ihr. Mussolini schickt ein Telegramm und 20 000 Lire. Und Kaiserin Hermine, Wilhelms zweite Frau, nennt sie »meine liebe Freundin«. Elisabeth nennt Hermine nur »Kaiserin!«. Hätte sie je gedacht, als sie sich in Dresden in das Höhere-Töchter-Wesen einführen ließ, dass sie einmal mit einer Kaiserin befreundet wäre? Nun gut, einer Kaiserin, die erst Kaiserin wurde, als es schon keine Kaiserin mehr gab. Und vor allem: keinen Kaiser. Und was ihr Bruder von den Hohenzollern dachte, will sie gar nicht wissen, nicht an ihrem Geburtstag.

Zwei Geburtstagsgeschenke aber sind beinahe noch wertvoller als die Glückwünsche der Kaiserin. Der preußische Innenminister, der Sozialdemokrat Carl Severing, verspricht Unterstützung für das Nietzsche-Archiv, und auch Wilhelm Frick sagt Hilfe zu: 4500 Mark vom Thüringischen Volksbildungsministerium.

Geschenke sollten möglichst zeitnah übergeben werden. Ein Geschenk zum 85. Geburtstag ist eben eins zum 85. und nicht zum 86. oder 95. Geburtstag, die Gratulanten sollten das wissen. Doch nichts geschieht. Das Land, das Reich steht am Abgrund, genau wie das Nietzsche-Archiv. In was für eine Welt ist sie nur geraten? Sie, das Kind des 19. Jahrhunderts, in dem die Dinge noch ihre Ordnung hatten, auch wenn ihr Bruder diese Ordnung nicht ertrug. *Wer das verlor, was du verlorst, macht nirgends Halt,* sagt er in *Vereinsamt.* Aber das ist doch nichts Positives. Haltlosigkeit ist der Schrecken schlechthin. Solche Sätze gehören in die Dichtung, nicht in die Wirklichkeit.

Das Jahr neigt sich. November ist draußen, November ist in der Kasse des Archivs, November wird es in ihr. Und sie selbst, steht sie nicht schon im Dezember ihres Lebens? Elisabeth schreibt Thiel einen ultimativen November-Dezember-Übergangsbrief. Sie werde das Archiv nun wohl im kommenden Februar schließen müssen.

Thiel ist eigentlich der Frühlingsverantwortliche, er weiß es, aber er kann nicht helfen. Er erlebt gerade den November eines Multimillionärs. Die Welt ist aus den Fugen. Er wäre in diesem Jahr so gern nach Weimar gekommen, denn wer so einsam lebe wie er, müsse von Zeit zu Zeit jemandem begegnen, der ihm ganz vertraut ist. »Es ist zwar eine selbstgewollte Einsamkeit, denn von allen meinen früheren Freunden habe ich mich längst losgesagt. Aber man sollte doch kaum meinen, daß ein Wille sich so vollständig hat durchsetzen können.«[810] Es geht ihm wie Nietzsche. Die Einsamkeit, die er liebt, ist zugleich ein Fluch. Ernest Thiel wüsste nicht, was er tun würde ohne seinen zehnjährigen Enkel, »einen herrlichen Bengel ... nebenbei ein musikalisches Genie ... Man lebt in einer Wüste, und wird selbst zur Wüste. Daher möchte ich so gerne wieder nach Weimar, denn jedesmal nach Weimar lebe ich stärker. Alles, was ein Herz nur wünschen kann, das wünsche ich Dir geliebte Seele. Ernest«.

Es ist Advent. Frohe Erwartung? Kein Advent schien ihr ironischer. Aber dann merkt sie auf. Sie ist eine alte Frau. Sie ist in ihr 86. Lebensjahr eingetreten, das Christkind kommt gewöhnlich nicht zu Großmüttern, die sich längst rüsten, diese Welt zu verlassen.

Aber wie soll sie interpretieren, was ihr sechs Tage vor Weihnachten widerfährt?

Sie hat gewonnen! Sie hat den zweiten Prozess gegen ihren Verleger Kröner gewonnen. Solange sie lebe und noch dreißig Jahre danach kann sich das Archiv darauf verlassen, dass es auch künftig die Honorare für den *Willen zur Macht* bekommt. Weil ihr Bruder das nie allein geschafft hätte. Weil die eigentliche Autorin nämlich sie ist.

Lob sei Professor Hans Leisegang von der Universität Jena! Auch wenn er ein arroganter akademischer Purist ist, Lob sei ihm! Wo wäre sie ohne sein Gutachten, das auf dreizehn Seiten in aller wünschenswerten Klarheit nachwies, dass der *Wille zur Macht*, nun ja, ebenso sehr ihr Werk als das Werk Nietzsches sei.[811]

Ein wenig unangenehm war ihr dieser Bericht schon, ziemlich unangenehm. Aber nützlich. Erinnert sie sich noch, wie Vaihinger ihr den Unterschied zwischen dem amerikanischen Pragmatismus und der *Philosophie des Als ob* erklärte? Was nützt, ist wahr. Was wahr ist, nützt, sagen die Pragmatiker. Sie kann sich nicht helfen, diese Position versteht sie. Hätte sie in Amerika gelebt, wahrscheinlich wäre sie Philosophin geworden. Ihr Bruder passt nicht nach Amerika.

Auch die bisher unüberreichten Geburtstagsgeschenke vom Land Thüringen sollen nun bei ihr eintreffen.

Und dann ist da noch eine Gabe, sie kommt einen Tag vor Weihnachten. Es ist ein Scheck über 20 000 Mark. Sie erhält ihn nicht zum ersten Mal, aber sie weiß nicht, von wem er ist. Auch darum hat sie nicht glauben können, dass sich diese Spende wiederholen könne. Und nun ist es schon das vierte Jahr, aber so spät kam sie nie.

Sie ist gerettet, insofern das für eine Frau ihres Alters noch ein angemessene Feststellung sein sollte.

Ernest Thiel freut sich mit ihr, die Botschaft, dass es noch frohe Botschaften gibt, tut ihm gut. Sein Leben, sein Vermögen löst sich gerade auf. Doch ihm ist, als dürften seine »eigenen Sorgen ... vorläufig in den Hintergrund treten«.

Das sagt er ihr am 12. Februar 1932.

Da hatte Elisabeth gerade Besuch von einem kleinen Mann, den ihre Verwandtschaft für den größten hält.

Campo di Maggio

Elisabeth geht ins Theater, im Februar 1932. Es ist ein Stück über Napoleon auf Elba. Sie ist in einem Alter, wo man nicht mehr wissen muss, wie es einem großen Feldherrn in der Verbannung geht. Obwohl Selbstretter immer ihr legitimes Interesse beanspruchen dürfen. Was kann man mehr werden als das? Der Übermensch ist nicht zuletzt ein Selbstretter. Und der Autor, eher der Co-Autor, genauer, der Szenarist, interessiert sie, ja, sie möchte sagen, sie ist mit ihm befreundet, weitläufig befreundet. Es ist Benito Mussolini.

Campo di Maggio ist eine Uraufführung, irgendjemand muss immer das Risiko eingehen, die Zahl der Bühnenstücke zu vermehren, die über ihre Uraufführung nicht hinauskommen. Und der Duce hat ihr im vorigen Jahr 20 000 Lire überwiesen, da hat man doch eine gewisse Verpflichtung.

Im Publikum sitzt ein Mann, der darüber nachdenkt, ob auch er sich mit dem Autor weitläufig befreunden sollte, feindliche Beobachter nennen ihre Namen ohnehin gern zusammen: Benito Mussolini und Adolf Hitler. Sie haben also beide eine künstlerische Neigung.

Adolf Hitler befindet sich jetzt, Anfang 1932, im Präsidentschaftswahlkampf, seine Gegner sind Ernst Thälmann und Paul von Hindenburg, aber für Mussolini und Napoleon macht er eine Wahlkampf-Pause. Nietzsches greise Schwester soll auch im Theater sein, haben sie da etwa eine gemeinsame Nähe zum Szenaristen? Und Adolf Hitler ordert einen prächtigen Strauß Blumen und lässt sich in der Pause in Elisabeth Förster-Nietzsches Loge melden.

Die Herrin des Archivs befindet sich gerade im angeregten Gespräch mit mehreren italienischen Journalisten, ihre Kontakte nach Rom sind mannigfaltig, nicht nur wegen der neuen, endlich autorisierten italienischen Nietzsche-Gesamtausgabe, ja man denkt sogar über die Gründung eines Nietzsche-Archivs in der Ewigen Stadt nach. Natürlich kann sie Hindenburgs Konkurrenten, den dieser vorzüglich »den kleinen böhmischen Gefreiten« nennt, nicht abweisen. Andererseits ist sie Hindenburgianerin, die Anwesenheit des Gegners in ihrer Loge könnte zu Missverständnissen führen, und was soll sie mit dem Mann sprechen? Ja, wenn ihre Vettern hier wären. Die sind alle schon in der NSDAP, sogar der neue Archiv-Diener ist in der NSDAP.

Es war sehr traurig, dass ihr alter Diener Karl im letzten Jahr zu Pfingsten gestorben ist. Dreißig Jahre lang war er bei ihr! Sie hat der Friedhofverwaltung geschrieben, diese möchte ihr doch die Urne ihres eingeäscherten Dieners überstellen, damit sie Karl angemessen beisetzen könne, nämlich in ihrem Garten. Wenn sie schon ihren Bruder dort nicht zur letzten Ruhe betten konnte, Karl soll die Villa nicht verlassen müssen, nur weil er nicht mehr zu den Lebenden gehört. Der neue heißt Paul wie der Noch-Reichspräsident, ist Schuster und braun. Paul von Hindenburg, der ihr den Ehrensold gewährte, stellt sich noch einmal zur Wahl, um »dem Vaterland die Erschütterungen zu ersparen, in die es mit der Wahl eines extremen Parteimannes versetzt werden würde«.

Der extreme Parteimann samt Gefolgschaft betritt nun ihre Loge. Die Italiener verstummen interessiert und Elisabeth registriert nicht ohne Erleichterung, dass es gar nicht so schwer ist, sich mit Adolf Hitler zu unterhalten. Obwohl ihr nicht alles richtig vorkommt, was er sagt, etwa über das Für und Wider des Anschlusses Österreichs. Und das vor italienischen Journalisten! Wie leichtsinnig. Der junge Mann muss noch einiges lernen. Wie ein Staatsmann kommt er ihr eigentlich nicht vor, eher wie ein Religionsführer, mit diesem »durch und durch gehenden« Blick.[812]

Adolf Hitler kann die Unterredung mit Nietzsches Schwester nicht missfallen haben, am 31. Januar 1932 kommt er zum ersten mal den Berg hinauf, den der Graf den »heiligen Hügel« nennt. Welcher Frevel!

Im ersten Wahlgang verfehlt Hindenburg, der auch von den Sozialdemokraten unterstützt wird, um Hitler zu verhindern, nur knapp die absolute Mehrheit. Im zweiten Wahlgang am 10. April erreicht der Garant ihres Ehrensoldes 53,1 Prozent der Stimmen, Adolf Hitler 36,8 Prozent.

Im selben Monat bekommt sie einen Brief von Ernest Thiel, einen Brief, den sie wohl so nie erwartet hätte: »Unser ganzes … Land ist ruiniert, … Familien sind Bettler geworden, Selbstmorde gehören zur Tagesordenung, und man hat den Eindruck in einem Friedhofe zu leben.«[813] Auch er selbst und seine Kinder seien in größten Schwierigkeiten, deutet er an. Das Einzige, was ihn noch aufrecht halte, sei der Gedanke zu ihr zu kommen, vielleicht im Juli zu ihrem Geburtstag. Aber im Juli sagt er ab, jetzt zu reisen wäre, als wolle er desertieren. Aber: »… wenn ich jemals wieder in die Lage komme, eine – und wäre es auch nur eine kurze – Reise zu machen, so geht mein Weg direkt nach Weimar. Vieles habe ich auf dem Herzen, was ich Dir sagen möchte: einige Stunden mit Dir, das war immer meine Sehnsucht. Schreiben kann ich aber nicht.«[814]

Und dann folgt doch ein langer Brief. Elisabeth hat ihm anvertraut, dass sie jetzt Adolf Hitler kenne, und wenn einer diese chaotische Untergangswelt noch befrieden könne, dann wohl einer wie er. Thiel antwortet am 11. August: »Daß Ihr alle von dem Hitler eingenommen seid, wundert mich nicht. Ich kann aber nicht umhin, das Problem mit anderen Augen zu beobachten. Die Schwärmerei für Hitler ist meines Erachtens der natürliche Ausdruck eines leidenden Volkes einerseits, und eines gedemütigten Volkes andererseits. Ersteres bezieht sich auf Menschen, welche zum großen Teil ihr tägliches Brot nicht verdienen oder kaum verdienen können, Letzteres bezieht sich auf ein Volk, dessen Stolz durch den Versailles-Frieden eine tödliche Verletzung erlitten hat. Derartige Schicksalsschläge bringen die Menschen zur Verzweiflung, und wer ihnen günstige Konjunkturen und eine von Allen ersehnte Genugtuung verspricht, dem werfen sie sich in die Arme. Hättet Ihr keine Arbeitslosigkeit und kein Versailles, so wäre ein Hitler undenkbar: denn er ist seinen ›Reformen‹ – wenigstens auf wirtschaftlichem Gebiete – nicht (gewachsen), schon weil dieselben in geschäftlichen Dingen reine Utopien sind. Wenn Hitler in die Lage versetzt wird, seine Experimente mit dem deutschen Volke in Scene zu setzen, dann – armes Volk!«[815] Er klingt fast wie der Graf.

Hans Vaihinger sagt im November die Sitzung der Gesellschaft der Freunde des Nietzsche-Archivs ab: »Da ich nun schon im 81. Lebensjahre stehe, und von vielen lästigen Altersbeschwerden befallen bin, wozu vor allem meine Erblindung, aber auch mein schlechtes Gehör zu rechnen sind, so muss ich leider darauf verzichten, nach Weimar kommen zu können.«[816] Allerdings versäume er so die Gelegenheit, am Beispiel »der verehrten Ehrendoktorin Elisabeth Förster-Nietzsche« zu lernen, wie man noch im 86. Lebensjahr in voller Kraft mitten im Leben steht und Bücher schreibt.

Kurz vor Weihnachten treffen pünktlich die 20 000 RM des anonymen Spenders ein, es ist das fünfte Mal. Inzwischen hat sie sich schon so daran gewöhnt, dass ihr Ausbleiben sie wohl erstaunt hätte. Erst im kommenden Jahr wird sie wissen, wer der Mann hinter den 20 000 ist. Es ist der Hamburger Zigarettenfabrikant Philipp Fürchtegott Reemtsma, der im Ersten Weltkrieg Pilot war, eine schwerste Verletzung erlitten hat, aber im Gegensatz zu vielen anderen findet er die Weimarer Republik gar nicht so übel. Plötzlich rauchen alle, und zwar nicht mehr Zigarre, sondern Zigarette, sogar die Frauen. Eine Zigarette, das ist »Papier, ein Gramm Tabak und viele Werbemillionen«. Philipp Fürchtegott Reemtsma hat die Zigarette rund gemacht und sich selbst unermesslich reich. Da kann man anderen schon helfen zu überstehen.

Eigentlich müsste sie die 20 000 gleich weiterschicken nach Stockholm, Thiels Weihnachtspost ist keine Weihnachtspost, es ist eine Weltuntergangspost: »Liebste Freundin. Ich weiß es allzu wohl: ich hätte Dir längst meinen innigen Dank für Deine lieben Briefe, welche mir stets eine ganz besondere Freude bereiten, darbringen sollen; es ist mir aber nicht möglich gewesen in Ruhe zu denken und zu arbeiten. Unsere Lage ist nämlich überaus traurig, und ich mag auf Einzelheiten nicht eingehen. Nur so viel muß ich Dir wohl gestehen, daß der vorjährige Reichsbankkrach unser kleines Kapital verschlang, dass der darauffolgende … ein Kaos hinterließ, dass mein ältester Sohn seit einem Jahr vergebens eine Stellung sucht, die ihn dürftig ernähren könnte, daß mein zweiter Sohn sein eigenes Unternehmen kaum wird retten können, daß meine älteste Tochter sich hat scheiden lassen müssen, dass die Häuser unserer Kinder, infolge plötzlich herabstürzender Mieten …«[817] Und immer so weiter. Und noch etwas: Er möchte sie einmal noch wiedersehen. Der Freund schließt: »Was das neue Jahr nun bringen wird, wissen wir nicht. Wir wissen nur, dass wir versuchen müssen durchzuhalten. Dein Ernest.«[818]

Das neue Jahr bringt Hitler.

Tristan 1933

Es ist wieder Februar, Adolf Hitler und Elisabeth Förster-Nietzsche sitzen wieder im selben Theater, nur dass der Mann im Publikum diesmal als Reichskanzler gekommen ist. Aus den Händen seines Konkurrenten vom Vorjahr nahm er den Titel entgegen.

Gegeben wird etwas Nichtnapoleonisches schlechthin, vielleicht das nichtnapoleonischste Werk der Musikgeschichte, und was es mit den Menschen macht, die es hören, hat niemand besser beschrieben als sein Urheber: »… meine Musik, die mit ihren feinen, feinen, geheimnisvoll-flüssigen Säften durch die subtilsten Poren der Empfindung bis auf das Mark des Lebendigen eindringt, um dort alles zu überwältigen, was irgend wie Klugheit und selbstbesorgte Erhaltungskraft sich ausnimmt, alles hinwegschwemmt, was zum Wahn der Persönlichkeit gehört, und nur den wunderbar erhabenen Seufzer des Ohnmachtsbekenntnisses übriglässt.«[819] Das Innewerden der Ohnmacht als höchster Augenblick, nicht das der Macht! Wagner contra Nietzsche! An Richard Wagners 50. Todestag wird *Tristan* gegeben. Sich Adolf Hitler bei dieser Musik vorzustellen, ist eigentlich nicht möglich, ja, es ist widerwärtig. Hitlers Lieblingsstück von Wagner wird immer der *Rienzi* bleiben, eine Oper, die Wagner nicht zu den Wagner-Opern zählte. Sein Dirigent Hans von Bülow nannte sie hochironisch Meyerbeers beste Oper, Meyerbeer aber war Jude, doch das führt jetzt zu weit.

Es ist gut, dass Ernest Thiel nicht nach Weimar kommen kann. Hätte er denn sehen wollen, wie seine liebe Freundin Adolf Hitler in ihrer Loge empfängt? Ausgerechnet beim *Tristan*!

Sie muss jetzt ohnehin einiges erklären. Die *plötzliche Judenverfolgung* habe sie tief erschreckt, *denn es leiden darunter ausgezeichnete hochbegabte Menschen, gute Freunde, an denen wir innigsten Anteil nehmen.*[820] Auch habe sie *für die antisemitische Epoche* im Leben ihres Mannes *so wenig Mitgefühl* gehabt, dass er es für nötig hielt, sich bei seinen Kampfgenossen stets für seine Frau zu entschuldigen. Elisabeth kann sich die Heftigkeit dieses Hasses ohnehin nur auf eine Weise erklären: *Unser oberstes deutsches Gericht, das Kammergericht mit seinen dreißig Senatspräsidenten, hat 138 höchste Richterstellen, davon sind 52 mit Juden besetzt. In Berlin gibt es 3800 Rechtsanwälte, davon sind 3000 Juden und nur 800 Deutsche. In dem berühmten großen Virchow-Krankenhaus sind 80 Ärzte angestellt; davon sind 76 Juden und nur 4 Deutsche.*[821] Thiel könne sich wohl vorstellen, was das gerade jetzt bedeute, wo so viele amts- und beschäftigungslos sind. Nur rechtfertige das nicht den Antisemitismus: *Viele unter diesen jüdischen Beamten sind edle und gute Menschen, und nun sollen wir auch gegen sie anders empfinden als bisher. Das bringe ich nicht fertig.*

Wenige Tage später erfährt van de Velde, *sobald Kunst und Wissenschaft mitspricht, kann ich mich nicht dieser antijüdischen Bewegung anschließen. Die Leute meinen immer, weil ich die Witwe des ersten deutschen Antisemitenführers Dr. Bernhard Förster, aus den 70er Jahren des vorigen Jahrhunderts bin, daß ich dieser Bewegung zugetan sein müßte. Aber nein, ich war es niemals, und mein Mann pflegte immer scherz-*

haft zu sagen: »Meine Frau hat kein Talent für den Antisemitismus.«
Das gilt auch jetzt noch, und so ist es wahrhaft rührend, daß verschiedene
gute Freunde und Bekannte, die unter der antijüdischen Bewegung zu
leiden haben, sich vertrauensvoll an mich wenden, ihnen mit meiner Für-
sprache zu helfen. Und ich helfe ihnen auch so viel ich kann, was von an-
derer Seite mit einem gewissen Humor betrachtet wird. Doch möchte ich
noch hinzufügen, daß diese ganze Antisemiterei sich mit der Zeit milder
und verständnisvoller gestalten wird[822]. Hier irrt Elisabeth. Vorsätzlich?
Und glaubt sie wirklich, wie sie van de Velde nahelegt, dass die
Judenverfolgung nicht von *Reichskanzler Hitler ausgegangen* sei?

Sie könnte ihn selbst fragen, im November ist er schon wieder
da. »Der Aufenthalt dauerte eine halbe Stunde. Den Höhepunkt
bildete der Moment, als die Schwester Nietzsches dem Führer einen Degenstock des Philosophen überreichte. Der Führer nahm
ihn mit Rührung«[823], berichtet die *Staatszeitung* vom 3. November.
Das Alte Testament sieht für Frevel wie diese vor, dass dem Täter
der Arm verdorren möge.

Aber nicht nur, dass Adolf Hitler jetzt Nietzsches Spazierstock
hat. Max Oehler trägt Auszüge aus Bernhard Försters antisemi-
tischer Petition an Bismarck vor und überreicht sie dem »Führer«.
Hätte sie das nicht verhindern müssen? Der Führer zeigt sich »erschüttert von der Weitsicht der damaligen antisemitischen Bewegung«.

Am 19. Dezember trifft eine Traueranzeige aus Halle ein. Der
Philosoph des *Als-Ob* Hans Vaihinger ist tot. *Stirb zur rechten Zeit!*,
rät Zarathustra. Es war die rechte Zeit. Was jetzt beginnt, wollte
er nicht mehr erleben.

Der Graf ist von einer Paris-Reise im März nicht wieder nach
Deutschland zurückgekehrt.

Karl Schlechta sieht den Führer
und schreibt einen Bericht

Seit 1930 kann jeder Nietzsches Werke drucken. Alfred Baeumler,
der leider nicht dumme Sohn eines böhmischen Porzellanmalers,

stellte umgehend Texte aus Nietzsches Nachlass zusammen und gab seiner Edition von 1931 den Titel *Die Unschuld des Werdens*. Parallel erschien seine Interpretation dieser Textsammlung *Nietzsche, der Philosoph und Politiker*. Baeumler hat seine Berliner Antrittsvorlesung als Professor für Politische Pädagogik im vergangenen Jahr direkt in die Bücherverbrennung münden lassen. Die Vorlesung trug den Titel *Wider den undeutschen Geist*.

Das Archiv steht unter erhöhtem Beweiszwang.

Wenn nun also alle alles herausgeben können, muss es selbst folgerichtig etwas herausgeben, was nicht alle herausgeben können, und das kann nur eins sein: eine historisch kritische Ausgabe. Der Jenaer Philosoph Leisegang, der aufs Erfreulichste und Bedenklichste zugleich nachgewiesen hatte, dass der Wille zur Macht mindestens so sehr das Werk Elisabeths wie das ihres Bruders ist, weshalb das Urheberrecht für dieses Werk noch immer gilt, sollte der Herausgeber sein. Aber es kam zu Differenzen, die unbeschränkte und vorbehaltlose Herausgabe noch der letzten Nietzsche-Notiz betreffend.

Das Amt des ersten Herausgebers versieht nun ein Nationalsozialist der ersten, oder zumindest zweiten Stunde, der Jenenser Rechtsphilosoph Carl August Emge, einem Typus des Willens zur Macht angehörig, der Nietzsches Aufmerksamkeit entging, obwohl er am häufigsten ist: dem bedingungslosen Karrieristen. Emge kann es schon geschehen, dass er sich als Leiter des Nietzsche-Archivs vorstellt, dabei ist er nur der Herausgeber. Aber was heißt »nur«?

Glücklicherweise ist der Rechtsphilosoph nicht immer da, aber dafür hat sie nun zwei junge Wissenschaftler im Haus, die sind eigentlich immer da: Joachim Mette und Karl Schlechta.

Im nächsten Jahr wird noch einer kommen, der nahm sich vor, den Führer zu führen. Sein Name ist Martin Heidegger. Heideggers Hauptwerk *Sein und Zeit* ist gewissermaßen ein Spezialfall des Spengler'schen Vortrages *Blut und Geld*, es weitet die Gefährdung der Inflationsjahre ins Existentiell-Ontologische. Aber Martin Heidegger kennt Elisabeth noch nicht, dafür kennt sie Karl Schlechta.

Man könnte sagen, diesem jungen NSDAP-Mitglied mangelt es entschieden an dem, was man den Respekt vor dem Alter nennt. Er will von allem die Originale. Und muss sie da nicht gar ein ganz und gar deplaziertes Lächeln bemerken, als sie von *Urabschriften* spricht? Wahrscheinlich glaubt er ihr nicht einmal, dass sie Briefe ihres Bruders in Paraguay verloren hat. Kann sein, sie droht ihm wirklich einmal mit ihrem Krückstock. Andererseits hat er einen bemerkenswerten Stil. Als am 20. Juli 1934 der Führer wiederkommt, schreibt Karl Schlechta einen gar nicht untalentierten Bericht:

»Der Staatsmann im Hause des ersten Staatsdenkers: und doch nicht als Politiker bei dem Philosophen, sondern als gütig-freundlicher und persönlichster Besucher bei der in fast unwirkliches Greisenalter erhobenen ›Schwester‹, deren unvergleichlicher Treue wir das Wissen um die großen Ziele verdanken. So mag in alten Zeiten eine große Mutter ihren großen Sohn, eine Prophetin einen Helden empfangen haben, ein großer Mensch die die Flamme hütende Priesterin begrüßt haben. Die Würde der Begegnung wurde noch durch die von Hitler überbrachten Grüße Mussolinis erhöht: sie hatten zusammen, der Deutsche und der Italiener,

Adolf Hitler besucht das Archiv am 20. Juli 1934

599

während der vertraulichen Gespräche auf dem Lido der alten Frau jenseits der Alpen gedacht und ihr heißer Wunsch, daß die Manen Zarathustras ihre Unterhaltung umschweben mögen, war mehr als nur Wirklichkeit geworden.«

Hitler und Mussolini trafen sich am 14. Juni in Venedig, um ihre Bündnisfähigkeit zu prüfen. Elisabeth hatte ihnen aus diesem Anlass ein ermutigendes Telegramm nach Venedig gesandt: *Die Manen Friedrich Nietzsches umschweben das Zwiegespräch der beiden größten Staatsmänner Europas.*[824] Mussolini antwortete am 17. Juni: »Ihr Gedenken, Ihre Wünsche haben mich tief bewegt u. ich danke Ihnen dafür.«[825] Und das ist der Unterschied, Mussolini schickte nur ein Telegramm, aber er, Adolf Hitler, kommt selbst, und der junge Herausgeber fährt fort: »War es, wie einmal Cosima erzählte, der bedeutendste Augenblick des nachgoethischen Deutschland, als Wagner, mit Nietzsche im Wagen, zur Grundsteinlegung nach Bayreuth fuhr, so hatte wohl das jüngste Deutschland in der gegenwärtigen halben Stunde, in dem geschilderten Zusammensein seinen tiefsten Ausdruck gefunden. Unvergeßlich wird am 20. Juli 1934, jedem, der es sah, bleiben, wie DER Mann, auf den ganz Deutschland in Hoffnung, auf den die Welt mit dem lebendigsten Interesse schaut, von der im hellsten Sonnenlicht stehenden unirdisch zierlichen Greisin Abschied nahm.«[826] Also sprach Karl Schlechta.

Sie droht ihm mit dem Krückstock?

Er wird das nicht vergessen.

Ein letztes Buch.
Letzte Besuche. Letzte Briefe

Am 2. Oktober 1934 wird der Archivherrin ein Überraschungsbesuch angekündigt. Der Führer komme schon wieder, und zwar jetzt gleich. Es ist gewiss nicht leicht für eine 88-jährige, sich binnen kürzester Zeit in einen empfangsfertigen Zustand zu versetzen. Er hat einen jungen Menschen bei sich, keine dreißig Jahre alt, den sie wohl kaum wahrnimmt, was diesen gewiss nicht günstig stimmt. Es ist Albert Speer. Er wird von einem »eigentümlich flachen, verquer laufenden Gespräch«[827] berichten, das sich nun entsponnen habe. Adolf Hitler ist erschienen, um der Schwester persönlich mitzuteilen, dass er »die Finanzierung eines Anbaus an das alte Haus Nietzsches« (Speer) übernehmen wolle. Ab sofort dürfe geplant werden. Speer kommt die Greisin »exzentrisch« und »versponnen« vor.

Exzentrisch? Versponnen? Wahrscheinlich versucht sie, indem sie ihrer überwältigten Dankbarkeit Ausdruck gibt, dem Mäzen sogleich zu erklären, wie das auszusehen habe, was da von seinem Geld entstehen soll. Niemand baut etwas an, vor oder hinter ihrem Haus an den Vorstellungen der Hausherrin vorbei. Mit der ganzen Energie ihrer 88 Jahre wird sie den Reichskanzler über den Grundcharakter des zu errichtenden »Anbaus« unterrichtet haben. Auf keinen Fall protzig. Eher ostentativ bescheiden. Adolf Hitler ist es zwar nicht gewohnt, belehrt zu werden, schon gar nicht von einer Frau, aber es ist Nietzsches Schwester, die da zu ihm spricht, er muss wohl zuhören. Sie hat ihm auch schon erklärt, dass er Schulpforta nicht zu einer nationalsozialistischen Anstalt machen dürfe, denn damit würde er eine vierhundertjährige Tradition vernichten.

Dafür weiß Adolf Hitler, wer Architekt des Anbaus sein soll: Schultze-Naumburg. Paul Schultze-Naumburg, dessen Name die van-de-Velde-Avantgardistin einst aussprach, wenn sie unheilbares Mittelmaß bezeichnen wollte, etwa den Geschmack des Grundstücksspekulanten schräg unter ihr. Aber man verkehrt miteinander, sogar herzlich, schon im gemeinsamen Angedenken an ihren Du-sollst-keine-anderen-Herausgeber-neben-mir-haben-Herausgeber Fritz Koegel, und Adolf Hitler hat unlängst Schultze-Naumburgs Entwurf des »Gauforums« abgelehnt, er würde dem Architekten doch gern seine Wertschätzung ausdrücken.

Seit diesem Tag weiß die 88-jährige, dass ihr Lebenswerk gerettet ist. Weiß sie, dass sie zugleich Verrat begeht? Hat sie denn das Vermächtnis ihres Bruders im *Ecce homo* vergessen? *Ich habe schreckliche Angst davor, dass man mich eines Tages heilig spricht.* Müsste dieser Satz nicht an jeder Nietzsche-Gedenkstätte stehen, die diesen Namen verdiente?

Ihr neues Buch ist fast fertig, *Friedrich Nietzsche und die Frauen seiner Zeit*, sie darf sich ein wenig zurücklehnen, etwas ausruhen. 90 Jahre alt zu werden, ist kein Grund, nichts mehr sehen zu können, beschließt Elisabeth und fährt nach Jena in die Augenklink, um ihren Grauen Star operieren zu lassen. Von ihrem Patientenbett verschickt sie Rundbriefe, in denen sie die Hoffnung ausspricht, dass schon der Juli ihr *die völlige Sehkraft* zurückbringe. Sie ist eine Kämpferin.

Im Juli findet eine erste Versteigerung des Hausrats des Grafen in der Cranachstraße statt, sie erfährt erst im letzten Augenblick davon, kann aber die wertvollsten Teile seiner Bibliothek retten. Wäre sie besser vorbereitet gewesen, *so hätte ich vielleicht versucht, den Ankauf zu ermöglichen ..., denn auch das was zurückgeblieben ist, wäre mir von großem Wert gewesen.*[828] Eigentlich wollte sie den Grafen mit einem langen selbstgeschriebenen Brief überraschen, doch mehr als eine eigenhändige Unterschrift lässt der Jenaer Erfolg nicht zu, das sieht sie im September ein. Sie beschließt nun, sich darüber zu freuen, dass sie dieses Jahr ganz gewiss nicht mehr erblinden werde, und diktiert einen langen Brief an ihren einstigen biobliografischen Berater und designierten Begründer des »Bundes der höheren Menschen«. Der Graf erfährt, dass Adolf Hitler 50 000 Mark aus seinem Privatfonds spendete, um die Raumnot des Archivs zu beheben: *Ich war ganz erschüttert! Aber nun müssen wir mit Eifer daran gehen, den Bau dieses recht notwendigen Vortragsraumes mit Bibliothekszimmer u.s.w. zu beginnen und jeden Nachmittag spaziere ich Pläne machend hinaus auf mein großes Grundstück ... Wenn Sie noch hier wären, mein theurer Freund, was würden wir jetzt für schöne Pläne miteinander machen.* Im Archiv werde jetzt an der großen kritischen Ausgabe gearbeitet, sie wohne inzwischen in den Zimmern ihres Bruders. *Sie sehen verehrter Freund, das Institut Nietzsche-Archiv ist sehr groß ... und steht jetzt wirklich im Mittelpunkt des deutschen Geistes.* Sie unterzeichnet mit *Ihre alte gebrechl Dr h c Förster Nietzsche.* Und natürlich schickt sie dem Grafen ihr neues Buch, *Nietzsche und die Frauen seiner Zeit.*

Der einstige Treuhänder der Bibliothek von Löwen hat soeben auch ein Buch veröffentlicht. Dessen Frontispiz zeigt ein Bild Hitlers, es heißt *Friedrich Nietzsche und die deutsche Zukunft.* Die Geschichte der Bibliothek von Löwen hat seinen Glauben an andere Nationen nicht gehoben. *Furore Teutonica Diruta*, sollte an der wiederaufgebauten Bibliothek stehen, zum ewigen Gedächtnis. Die Deutschen werden das Kainszeichen ewig tragen müssen, wenn sie es sich nicht selbst von der Stirn nehmen, glaubt Richard Oehler.

Friedrich Nietzsche und die deutsche Zukunft? Oswald Spengler ist sich schon längst nicht mehr sicher, ob er diese Zukunft erleben möchte, und die Philosophie des Bibliothekars erträgt er nicht: »Entweder man pflegt die Philosophie Nietzsches, oder die des Nietzschearchivs, und wenn beide sich in dem Grade widersprechen, wie es der Fall ist, muß man sich entscheiden.«[829] Jetzt klingt er wie Kurt Tucholsky, Walter Benjamin und so viele andere, die nicht begreifen können, was mit dem Archiv geschehen ist. Dieses eine Mal hätte Harry Graf Kessler sich über Oswald Spengler gefreut. Der Autor des *Untergangs des Abendlandes* erkennt den Untergang des Abendlandes. Und erklärt seinen Austritt aus dem Vorstand des Nietzsche-Archivs.

Oktober 1935. Die Veteranin will Spengler zurückholen: *Es ist mir mitgeteilt worden, daß Sie sich gegenüber dem Dritten Reich und seinem Führer energisch ablehnend verhalten und Ihr Abschied vom Nietzsche-Archiv, das in herzlicher Verehrung zum Führer steht, soll damit zusammenhängen. Nun habe ich ja selbst erlebt, daß Sie sich mit großer Energie gegen unser höchstverehrtes neues Ideal ausgesprochen haben.*[830] »Höchstverehrtes neues Ideal«! Könnte ihr Bruder das lesen, er hätte vermutlich einmal mehr Lust bekommen, das Lama zu erwürgen, auch wenn es jetzt ein uraltes Lama ist. Wenn er etwas nicht ertrug, dann waren das Menschen mit Idealen. Hat sie das denn vergessen? Vielleicht sagt sie sich, dass eine 89-Jährige ein Recht habe, alles nur Erdenkliche zu vergessen. Oder, was wahrscheinlicher ist, ihre ursprüngliche Gemütsart bricht wieder durch. Sie fragt Spengler, ob er sich noch an seine Schrift *Preußentum und Sozialismus* erinnere? Da könne er doch nachlesen, dass er, das Archiv und der Führer die gleichen Ideale haben. Aber welche auch immer, es stört sie nicht, Elisabeth hat nichts gegen Feinde des Nationalsozialismus, nur wiederkommen solle er. Sie wisse auch, dass ein Buch ihn so über die Maßen erzürnt hat. Aber was um Himmels willen könne ihn an ihren Frauen-Geschichten so aufregen? Richard Oehlers *Friedrich Nietzsche und die deutsche Zukunft* kommt ihr gar nicht in den Sinn.

Spenglers Abschied sei ihr ein zu tiefer Schmerz, sie wartet auf Antwort des Freundes, sie bekommt keine mehr. Es wird November, sie ist ein wenig erkältet.

Niemand ist bei ihr, als sie stirbt: »Wahrscheinlich während der Morgendämmerung, ohne zu klingeln oder Hilfe zu verlangen, hat Elisabeth Förster, geb. Nietzsche ihren zielbewußten Geist aufgegeben. Weder Verwandte noch Freunde hatten Gelegenheit, sich um ihr Bett zu versammeln, niemand hat sie letzte Worte sprechen hören, keine Krankenschwester hat sich um sie bemüht … Falls ihre Seele, die sie ihr Leben lang gepflegt hat, wegen vieler Bosheiten, wegen Heuchelei und Urkundenfälschung vom Teufel geholt worden ist, muss das auf eine rücksichtsvolle Weise geschehen sein – so friedlich und unerschrocken hat ihre Leiche im Himmelbett gelegen.«[831]

Der Graf telegrafiert am 9. November aus Paris: »aufs tiefste erschüttert durch den verlust meiner lieben alten freundin bitte ich mein beileid entgegen zu nehmen harry kessler«[832].

Kommen kann er nicht, will er nicht Adolf Hitler begegnen. Der legt einen Lorbeerkranz mit Chrysanthemen am Sarg nieder. Der *Völkische Beobachter* berichtet auf der ersten Seite.

Aber was zählt das angesichts der Trauer ihrer alten Freunde? Henry van de Velde, dem Archiv längst entfremdet, schreibt im Dezember einen langen französischen Erinnerungs- und Dankesbrief. Was Elisabeth anderen Menschen sein konnte, hat vielleicht niemand so ausgesprochen wie Max Hecker, der Leiter des Goethe- und Schiller-Archivs und Freund seit vielen Jahren: »An diesem dunklen Totensonntag gedenke ich mit erneuter Trauer der bedeutenden Frau, an deren Sarg ich vor kurzem mit zahlreichen Leidtragenden im blumengeschmückten Saale des Nietzsche-Archivs gestanden habe. Nicht das Bild der tatkräftigen Gründerin des Archivs steht mir vor Augen …, der es gelungen ist, die naturgegebene Pflicht schwesterlicher Liebe zu einer Angelegenheit deutscher Bildung überhaupt zu machen – ich denke an die gütige Gönnerin, die mir so oft mit Wort und Tat ihre Teilnahme zugewendet hat, die mir in schlimmen Tagen eine hochherzige Helferin geworden ist. Dieses leuchtende Bild wird in meinem dankbaren Herzen nie verblassen, das Bild einer verstehenden Frauenseele, die über ihrer grossen Lebensaufgabe die zarte Aufmerksamkeit auf das Kleine Loos ihrer Umgebung nie außer Acht gelassen hat … Sie war liebenswürdig: würdig jeder Liebe.«[833]

So hat ihr Bruder nicht für sie empfinden können, er, der menschliche Nähe so entbehrte und sie doch nicht ertrug.

Fünf Jahre zuvor hatte Elisabeth ein Nachbargrab auf dem Röckener Friedhof erworben und den Gedenkstein ihrer Mutter an das Kopfende des väterlichen Grabes versetzen lassen. Auch Nietzsches Sarg ließ sie verrücken, weiter nach außen, nach dreißig Jahren. Sie wollte zwischen den Eltern und ihrem Bruder ruhen. Ihr Grabstein wird dem ihres Bruders Nietzsches genau gleichen: die Geschwister, wieder vereint im Tode.

Was kommt

1937, zwei Jahre nach Elisabeths Tod, im Juli, ihrem Geburtsmonat, treffen die ersten Häftlinge auf dem Ettersberg bei Weimar ein und beginnen mit der Errichtung des Konzentrationslagers Buchenwald.

Der Kosmopolit Harry Graf Kessler ist nicht zurückgekehrt. Er hört im Exil am Silvesterabend 1936 im Radio die Glocken des Berliner Doms, es ist Heimweh. Er stirbt mittellos in tiefster Resignation am 30. November 1937 in Lyon.

Für Oswald Spengler ist der Nationalsozialismus nur noch ein Komplementärphänomen des Bolschewismus, die andere Seite im von Nietzsche prophezeiten europäischen Bürgerkrieg: Pöbelherrschaft. Spengler stirbt in der Nacht vom 7. auf den 8. Mai 1936 an Herzversagen.

Die Bibliothek von Löwen wird beim Einmarsch deutscher Truppen am 17. Mai 1940 zum zweiten Mal zerstört.

Die Nietzsche-Gedenkhalle wird nie vollendet.

Am 6. Dezember 1945 holt eine Dolmetscherin der sowjetischen Besatzungsmacht den Leiter des Nietzsche-Archivs Max Oehler zum Verhör ab. Er kehrt nie zurück.

Das Nietzsche-Archiv wird geschlossen, das Haus unkenntlich gemacht, der Bestand ins Goethe-Schiller-Archiv überführt.

Für die DDR hat es einen Philosophen Friedrich Nietzsche nie gegeben.

Nachwort

Die Wissenschaft denkt nicht, hat Martin Heidegger in seltsamer Übereinkunft mit der Frankfurter Schule gesagt. Heidegger und Adorno kommen beide von Nietzsche her. Sie wissen, dass alles Erkennen, da, wo es wesentlich wird, die Form des Paradoxons trägt. Steht es etwa mit Elisabeth Förster-Nietzsches Schuld ähnlich?

Fälscherin Elisabeth. Jeder, der in Sachen Nietzsche bis drei zählen kann, muss wohl zugeben, dass angesichts der Notiz-Gebirge des Unlesbaren, vor denen sie stand, eine historisch-kritische Ausgabe niemals der erste Schritt sein konnte. Dürfte man nicht auch so formulieren: Elisabeth half, sie vorzubereiten –?

Eine Frau, allein in der Männerwelt der Wissenschaft, in einer historischen Stunde nie gekannter Frauenverachtung, ausgesetzt den härtesten Anfeindungen derer, die den amtierenden Uterus an der Spitze des Archivs für einen grotesken Irrtum hielten. Und sie war umso angreifbarer durch die mitunter maßlosen Schmähungen ihres Bruders. Wie es dazu kommen konnte, haben wir gesehen.

In der alten Bundesrepublik wurde Friedrich Nietzsche auf Kosten seiner Schwester entnazifiziert. Sie war das Bauernopfer, das ihrem Bruder, dem vermeintlichen Philosophen des Dritten Reichs, den Weg frei machte in eine neue Zeit. In der DDR blieb der Philosoph fast bis zum Schluss, was er von Anfang an war: ein Staatsfeind.

Wohl keine Frau hat einen miserableren Ruf als Elisabeth Förster-Nietzsche. Aber ihre Schuld liegt nicht dort, wo man sie bisher allzu absichtsvoll verortet hat. Sie liegt in ihrem Ideal der

Erkenntnis. Sie hat es zum ersten Mal kurz nach der großen Entzweiung der Geschwister formuliert: *Ich will Ihnen ... gern sagen
welchen Ruhm ich von Herzen ersehnte: Ein Leben zu führen in welchem Ideale und Handlungen sich in vollkommener Harmonie befinden,
ein Leben ohne Compromiß, voller Wahrhaftigkeit Menschenliebe nützlicher Arbeit und Religiosität.*[834]

Elisabeths Utopie der Erkenntnis liegt in der Verwirklichung,
in der Einheit von Wort und Tat. Aber teilen nicht die meisten
Menschen dieses Ideal, gestern und heute? Anwenden. Praktisch
werden. Nur eine verwirklichte Erkenntnis ist eine gute Erkenntnis? Unsere Zeit hat schließlich das Wort gefunden, nach dem
schon sie handelte: ergebnisorientiert.

Nein, Elisabeth Förster-Nietzsche war kein Monstrum, sie war
nur, was wir fast alle sind: Durchschnitt. Der Weg des Nietzsche-
Archivs in den nationalsozialistischen Untergang ist trotz seiner Absurdität mitunter von beinahe gespenstischer Folgerichtigkeit. Und die Frau eines Antisemiten ist bei alldem dabei das
Gegenteil einer Überzeugungstäterin. Sie glaubte fest daran, dass
Männer zu Übersteigerungen neigen, ob es der Antisemitismus
des Bernhard Förster ist oder der Deutschenhass ihres Bruders.
Männer neigen zur Maßlosigkeit, mit ihrem Weltverständnis gleichen Frauen diese Extremismen aus, wenden sie ins Lebbare. Und
dennoch ist plötzlich, was gestern noch Lebensklugheit war, Kom-
plizenschaft mit dem Abgrund. Die Trivialität dieser Tragödie
jedoch begreift sie nicht mehr.

Dank

Dieses Buch gäbe es nicht ohne meinen Agenten Thomas Karlauf. Auch ich meinte zu wissen, zumal als Autorin einer Biografie von Lou Andreas-Salomé, was ich von Nietzsches Schwester zu halten habe und zitierte besonders gern Walter Benjamins Wort von der stadtbekannten Schwester des weltbekannten Philosophen. Nie wäre ich auf die Idee gekommen, mich diesem Leben zuzuwenden, doch als Thomas Karlauf mich fragte, wusste ich im gleichen Augenblick, dass hier eine Entdeckung zu machen war.

Ich danke der Klassik Stiftung Weimar, ihrem Forschungsdirektor Professor Thorsten Valk und ihrem Präsidenten Hellmut Seemann für das wunderbare Weimarer Domizil als Goethes Nachbar im Pogwisch-Haus im Park an der Ilm.

Den Chefredakteuren des *Tagesspiegel* Lorenz Maroldt und Stephan-Andreas Casdorff sowie Katja Füchsel von der *Dritten Seite* danke ich für ihr verständnisvolles Entgegenkommen, als ich von heute auf morgen um Arbeitsurlaub bat.

Der Leiter des Berlin Verlags Georg M. Oswald und die Verantwortliche des Ressorts Sachbuch Kathrin Liedtke sahen mit Fassung zu, wie das Manuskript an Umfang stetig zu- und die verbleibende Zeit ebenso abnahm. Ich danke beiden für ihre große Geduld und ihr einfühlsames Lektorat.

Den Mitarbeitern des Weimarer Goethe-Archivs danke ich für ihre freundliche Unterstützung. Meinem Mann Gunnar danke ich, wie immer, für die Begleitung auf allen Wegen, denen des Buches und den anderen.

Anmerkungen

1   Friedrich Nietzsche, Ecce homo, KSA 6, S. 268.

2   Friedrich Nietzsche, Also sprach Zarathustra, KSA 4, S. 49.

3   Ursula Sigismund, Denken im Zwiespalt, Das Nietzsche-Archiv in Selbst-
    zeugnissen, Münster 2001, S. 10.

4   Elisabeth Nietzsche an Clara Gelzer, 24. September bis 2. Oktober 1882,
    in: Friedrich Nietzsche, Paul Rée, Lou Andreas-Salomé. Die Dokumente
    ihrer Begegnung, hrsg. von Ernst Pfeiffer, Frankfurt a. M. 1970, im Fol-
    genden »Dokumente« genannt.

5   Dieses Porträt findet sich in der einzigen Novelle, die Elisabeth Förster-
    Nietzsche geschrieben hat, genauer: Es ist die einzig erhaltene. Carol Diethe
    hat sie 2001 in ihrer Elisabeth-Biografie publiziert, vgl. Carol Diethe, Nietz-
    sches Schwester und der Wille zur Macht, Hamburg/Wien 2001, S. 229ff. Es
    handelt sich auf den ersten Blick um die Beschreibung einer fiktiven Figur,
    ihr Name ist Julie von Ramstein. Das Entstehungsdatum der Novelle ist
    nicht angegeben, aber alles deutet darauf hin, dass sie im Sommer 1882 ver-
    fasst wurde. Schließlich kündigt Friedrich Nietzsche Lou von Salomé an,
    seine Schwester würde nach der Abgeschiedenheit von Tautenburg verlan-
    gen, um dort *auf ihren kleinen Novelleneierchen zu brüten*. (Friedrich Nietzsche
    an Lou von Salomé, 26. Juni 1882, KSA Briefe 6, S. 211.) Im Frühjahr hatte sie
    die ersten Schreibversuche begonnen. Und in der Tat: Die Tautenburger
    Wochen verlangten nach Betätigung, denn in die Lou-Friedrich-Gemein-
    schaft wurde die Schwester nicht aufgenommen. So ist es beinahe unmög-
    lich, diese Vorstellung einer femme fatale polnischer Herkunft (!) nicht auf
    Lou von Salomé zu beziehen, wie wohl jeder zugeben wird, der die Züri-
    cher Lou-Fotografie vom Sommer 1882 vor Augen hat: junges Mädchen mit
    Stuhl und Sekretär.

6   Dokumente, S. 252.

7   Elisabeth Nietzsche an Clara Gelzer, 24. September bis 2. Oktober 1882,
    Dokumente, S. 252.

8   Nietzsche fügt der »Fröhlichen Wissenschaft« in der zweiten Auflage 1887
    noch einen fünften Teil an, vgl. Fröhliche Wissenschaft, Fünftes Buch,
    Aph. 382, S. 635.

9 Friedrich Nietzsche, Fröhliche Wissenschaft, Viertes Buch, Aph. 283, S. 526.

10 Benito Mussolini gibt der *New York Times* 1924 ein Interview über Nietzsche als Erzieher, sein Gesprächspartner ist Oscar Levy, der Herausgeber
der englischen Nietzsche-Gesamtausgabe. Mussolini: »Auch eine positive
Lehre hat tiefen Eindruck auf mich gemacht: ›Lebe gefährlich‹. Ich habe
danach gehandelt.« Oscar Levy, »Mussolinis Bekenntnis zu Nietzsche«,
in: *Deutsche Allgemeine Zeitung* vom 14.10.1924. Vgl. auch den Aufsatz
»Nietzsche und der Faschismus. Eine Politik des Nietzsche-Archivs für
Italien« von Domenico M. Fazio, in: Andreas Schirmer / Rüdiger Schmidt
(Hrsg.), Widersprüche. Zur frühen Nietzsche-Rezeption, Weimar 2000,
S. 221–232.

11 Elisabeth Förster-Nietzsche an Clara Gelzer, 24. September bis 2. Oktober
1882, Dokumente, S. 258.

12 ebd., 258.

13 zit. nach Diethe, S. 231.

14 zit. nach Diethe, S. 231.

15 Friedrich Nietzsche, Notizen für Lou von Salomé, August 1882, KSA
Briefe 6, S. 244.

16 Elisabeth Nietzsche an Clara Gelzer, 24. September bis 2. Oktober 1882,
Dokumente, S. 294.

17 ebd. S. 251.

18 ebd., S. 252.

19 ebd., S. 257.

20 Friedrich Nietzsche, Die fröhliche Wissenschaft, Viertes Buch, Aph. 276,
S. 521.

21 ebd.

22 ebd., S. 257.

23 Franziska Nietzsche an Friedrich Nietzsche, 25. November 1864, KGA
Briefe I, 3, S. 21.

24 Friedrich Nietzsche an Lou Andreas-Salomé, um den 1. September 1882,
Dokumente, S. 224.

25 zit. nach Dokumente, S. 450.

26 Adalbert Oehler, Nietzsches Mutter, München 1940, S. 28.

27 Friedrich Nietzsche an Lou von Salomé, 8./24. August 1882, KSA Briefe 6,
S. 243.

28 Friedrich Nietzsche, Die fröhliche Wissenschaft, KSA 3, S. 482.

29 Friedrich Nietzsche an Franziska Nietzsche, 11. Juli 1882, KSA Briefe 6, S. 221f.

30 ebd.

31 Friedrich Nietzsche an Elisabeth Nietzsche, 14. April 1882, KSA Briefe 6, S. 190.

32 Franziska Nietzsche an Friedrich Nietzsche, 31. August 1877, KGA II, 6/1,
S. 680f.

33 Friedrich Nietzsche an Franziska Nietzsche, 7. August 1882, KSA Briefe 6,
S. 237.

34 Friedrich Nietzsche an Heinrich Köselitz, 25. Juli 1882, KSA Briefe 6, S. 232.

35 Friedrich Nietzsche an Heinrich Köselitz, 14. August 1882, KSA Briefe 6, S. 237.

36 Friedrich Nietzsche an Heinrich Köselitz, 15. März 1882, KSA Briefe 6, S. 177f.

37 Friedrich Nietzsche, Notizen für Lou von Salomé, August 1882, Dokumente, S. 214.

38 Friedrich Nietzsche an Lou von Salomé, 10. Juni 1882, KSA Briefe 6, S. 203.

39 Friedrich Nietzsche an Lou von Salomé, 18. Juni 1882, KSA Briefe 6, S. 206f.

40 Friedrich Nietzsche, Notizen für Lou von Salomé, August 1882, Dokumente, S. 214.

41 Friedrich Nietzsche, Die Fröhliche Wissenschaft, Aph. 71, KSA 3, 428f.

42 Friedrich Nietzsche an Elisabeth Nietzsche, Ende April 1882, Briefe an Mutter und Schwester, Leipzig 1926, S. 309.

43 Friedrich Nietzsche an Franziska und Elisabeth Nietzsche, 15. Mai 1882, KSA Briefe 6, S. 192.

44 Friedrich Nietzsche, Die fröhliche Wissenschaft, KSA 3, S. 649.

45 Friedrich Nietzsche an Franziska und Elisabeth Nietzsche, KSA Briefe 6, S. 103.

46 ebd., S. 104.

47 Friedrich Nietzsche an Franz Overbeck, 23. Mai 1882, KSA Briefe 6, S. 193.

48 Friedrich Nietzsche an Ida Overbeck, 28. Mai 1882, KSA Briefe 6, S. 196.

49 Friedrich Nietzsche an Lou von Salomé, 26. Juni 1882, KSA Briefe 6, S. 210f.

50 Friedrich Nietzsche an Elisabeth Nietzsche, 1. Juli 1882, ebd., S. 215.

51 Friedrich Nietzsche an Elisabeth Nietzsche, 2. Juli 1882, ebd., S. 216.

52 Paul Rée an Lou von Salomé, 6. August 1882, Dokumente, S. 175.

53 Else Lasker-Schüler hat diesen schönen Neologismus zur Kennzeichnung ihr missliebiger, intriganter Angehöriger des Geschlechts erfunden, mit dem sie so wenig als möglich gemein haben wollte. Wir borgen uns das Wort an dieser Stelle aus.

54 Paul Rée an Lou von Salomé, 10. August 1882, Dokumente, S. 178.

55 Paul Rée an Lou von Salomé, 6. August 1882, ebd., S. 175.

56 Paul Rée an Lou von Salomé, 1. oder 2. August 1882, ebd., S. 168f.

57 Friedrich Nietzsche an Heinrich Köselitz, 4. August 1882, Dokumente, S. 174.

58 Friedrich Nietzsche an Lou von Salomé, 4. August 1882, Dokumente, S. 255f.

59 Friedrich Nietzsche an Franz Overbeck, 9. September 1882, KSA Briefe 6, S. 255f.

60 ebd., S. 255.

61 Paul Rée an Lou von Salomé, 15. und 16. August 1882, Dokumente, S. 217.

62 ebd.

63 Friedrich Nietzsche an Paul Rée, Ende August 1882, KSA Briefe 6, S. 246.

64 Friedrich Nietzsche an Carl von Gersdorff, 21. Dezember 1877, KSA Briefe 5, S. 295.

65 Friedrich Nietzsche an Malwida von Meysenbug, Entwurf, vor Mitte Juli 1882, KSA Briefe 6, S. 157.

66 Friedrich Nietzsche an Elisabeth Förster-Nietzsche, November 1888, Entwurf, KSA Briefe 8, S. 473.

67 Friedrich Nietzsche an Elisabeth Förster, Dezember 1888, Briefe an Mutter und Schwester, S. 523f.

68 Friedrich Nietzsche, nachgelassene Notiz, KSA 14, S. 472.

69 Friedrich Nietzsche, Aus meinem Leben. 1844–1858, Der werdende Nietzsche, München 1924, S. 12.

70 ebd.

71 ebd., S. 13.

72 Elisabeth Nietzsche an Clara Gelzer, 24. September bis 2. Oktober 1882, Dokumente, S. 253.

73 Lou von Salomé an Hendrik Gillot, 26. März 1882, Dokumente, S. 102.

74 ebd., S. 102f.

75 Elisabeth Nietzsche an Clara Gelzer, 24. September bis 2. Oktober 1882, Dokumente, S. 254.

76 Friedrich Nietzsche an Paul Rée, 21. März 1882, Dokumente, S. 100.

77 ebd., S. 255.

78 Friedrich Nietzsche an Elisabeth Nietzsche, Mitte Juli 1881, KSA Briefe 6, S. 107f.

79 *Unser Schmeitzner hat ganz gut verstanden, mich an diesem Punkt empfindlich zu berühren, indem er in jedem seiner letzten Briefe betonte, daß »meine Leser keine Aphorismen mehr von mir lesen wollten«.* Friedrich Nietzsche an Heinrich Köselitz, Ende August 1881, KSA Briefe 6, S. 122.

80 Friedrich Nietzsche, Vom Weibe. Notizen für Lou Salomé, August 1882, Dokumente, S. 216.

81 Elisabeth Förster-Nietzsche, Nora, zit. nach Diethe, S. 231.

82 Friedrich Nietzsche an den Convent der Burschenschaft Frankonia, 20. Oktober 1865, KSA Briefe 2, S. 88f.

83 Friedrich Nietzsche an Eduard Mushacke, 19. Oktober 1865, KSA Briefe 2, S. 88.

84 ebd.

85 Friedrich Nietzsche an Hermann Mushacke, 20. September 1865, KSA Briefe 2, S. 85.

86 ebd.

87 Friedrich Nietzsche, Rückblick auf meine zwei Leipziger Jahre, Historisch-

Kritische Gesamtausgabe, Werke 3, München 1933ff., S. 291–315. (Die HKG wurde 1942 abgebrochen, 5 Werk- und 4 Briefbände sind erschienen.)

88 Friedrich Nietzsche an Erwin Rohde, 6. August 1868, KSA Briefe 2, S. 304.

89 Friedrich Nietzsche an Elisabeth Nietzsche, 9. September 1882, KSA Briefe 6, S. 254.

90 Friedrich Nietzsche an Elisabeth Nietzsche, 11. Februar 1882, KSA Briefe 6, S. 170.

91 Friedrich Nietzsche an Franz Overbeck, 17. März 1882, ebd. 6, S. 180.

92 Friedrich Nietzsche an Elisabeth Nietzsche, 9. September 1882, ebd., S. 254.

93 Elisabeth Förster-Nietzsche, Der junge Nietzsche, Leipzig 1912, S. 44.

94 Friedrich Nietzsche an Elisabeth Nietzsche, 9. September 1882, ebd., S. 258.

95 ebd.

96 Friedrich Nietzsche an Lou von Salomé, um den 16. September 1882, Dokumente, S. 231.

97 Friedrich Nietzsche an Paul Rée, 15. September 1882, KSA Briefe 6, S. 258.

98 ebd.

99 Paul Rée an Friedrich Nietzsche, Mitte September 1882, S. 232.

100 Friedrich Nietzsche an Lou Andreas-Salomé, 26. September 1882, Dokumente, S. 233.

101 Friedrich Nietzsche an Elisabeth Nietzsche, September/Oktober 1882, Entwurf, KSA Briefe 6, S. 267.

102 ebd.

103 *Wie in Messina*: Die abenteuerlichste Nietzsche-Deutung war wohl Joachim Koehlers *Zarathustras Geheimnis*: Leben und Werk Nietzsches erklärten sich ihm aus einer Wurzel, seiner Homosexualität. Nun gibt es für diese Vermutung in Nietzsches nachgelassenen Zeugnissen keinerlei Beweise, nur eine Leerstelle der Fantasie: Er schreibt nichts aus Messina! Drei Wochen, und nur die knappsten Mitteilungen. Was macht er da? An Köselitz: *In Wahrheit, ich war noch nie so guter Dinge, wie die letzte Woche, und meine neuen Mitbürger verwöhnen und verderben mich auf die liebenswürdigste Weise.* 8. April 1882, KSA Briefe 6, S. 189.) *Verwöhnen und verderben mich.* War das nicht Geständnis genug? Zumal wenn man weiß, dass Sizilien im 19. Jahrhundert ein beliebtes Reiseziel homosexueller Männer war, deren Geldbeutel am ehesten die schönen Knaben armer Sizilianer erreichten. Egal wie. Dass diese Wendung *wie in Messina* jetzt im Herbst desselben Jahres wiederkehrt, in einem Brief an Mutter und Schwester, legt seinen Bedeutungskern auf undramatischste Weise bloß. Lebensmittel, Unterkunft: alles billig und gut. Nietzsche kann mitunter auf schockierende Weise harmlos sein. Und mit so wenigem zufrieden. Warum er im Frühjahr die überraschend sich bietende Segelschiffgelegenheit nach Sizilien ergriff, ist ohnehin klar: Er wusste Wagners dort. Er wusste, dass die Jahre seiner Freigeisterei gezählt waren. Was, wenn er Cosi-

ma und ihm wie zufällig begegnete, in dem Jahr, in dem der *Parsifal* uraufgeführt werden würde und auch für ihn eine neue Zeitrechnung beginnen sollte? Die alte Wunde: Er war bereit sie zu schließen.

104 Friedrich Nietzsche an Franziska Nietzsche, 1. Oktober 1882, KSA Briefe 6, S. 268

105 Friedrich Nietzsche an Franziska Nietzsche, Ende Januar 1882, KSA Briefe 6, S. 164.

106 ebd.

107 Elisabeth Nietzsche an Clara Gelzer, 24.September bis 2. Oktober 1882, Dokumente, S. 258.

108 Friedrich Nietzsche an Paul Rée, 8. Mai 1882, KSA Briefe 6, S. 191.

109 Friedrich Nietzsche an Franziska und Elisabeth Nietzsche, 17. Oktober 1882, KSA Briefe 6, S. 270.

110 Friedrich Nietzsche an Lou von Salomé, 8. November 1882, KSA Briefe 6, S. 274.

111 Franziska Nietzsche an Friedrich Nietzsche, nach dem 6. November 1882, KGA Briefwechsel III/2, S. 301ff.; alle Zitate bis auf Weiteres ebd.

112 Friedrich Nietzsche an Paul Rée, Ende August 1881, KSA Briefe 6, S. 124.

113 Friedrich Nietzsche an Franz Overbeck, um den 10. November 1882, KSA Briefe 6, S. 276.

114 ebd.

115 ebd., S. 275.

116 Menschliches. Allzumenschliches, KSA 2, S. 277.

117 Friedrich Nietzsche, Notiz Sommer/Herbst 1884, KSA 11, S. 209.

118 Franziska Nietzsche an Friedrich Nietzsche, März 1877, KGA Briefe II/4, S. 516f.

119 Adalbert Oehler, Nietzsches Mutter, S. 55.

120 Friedrich Nietzsche, Ecce homo, KSA 6, S. 294

121 Friedrich Nietzsche an Heinrich Köselitz, 16. September 1882, KSA Briefe 6, S. 262.

122 vgl. Elisabeth Nietzsche an Ida Overbeck, 29. Januar 1883, Dokumente, S. 290.

123 Elisabeth Nietzsche an Heinrich Köselitz, 19. November 1882, Dokumente, S. 248.

124 Elisabeth Nietzsche an Heinrich Köselitz, 23. November 1882, Dokumente, S. 251.

125 Friedrich Nietzsche an Heinrich Köselitz, 20. August 1882, KSA Briefe 6, S. 239.

126 Heinrich Köselitz an Friedrich Nietzsche, 20. September 1882, Dokumente, S. 456.

127 Heinrich Köselitz an eine Freundin, 7. November 1882, Dokumente, S. 242.

128 Elisabeth Förster-Nietzsche, Das Leben Friedrich Nietzsche's, Bd. I, S. 41.

129 Friedrich Nietzsche an Paul Rée, 23. November 1882, KSA Briefe 6, S. 279.

130 Friedrich Nietzsche an Lou von Salomé, 24. November 1882, KSA Briefe 6, S. 281.

131 Friedrich Nietzsche, Briefentwürfe an Lou von Salomé, Ende November bis Dezember, KSA Briefe 6, S. 283ff.; alle Zitate bis auf Weiteres ebd.

132 Friedrich Nietzsche über Lou von Salomé, vor Mitte Dezember 1882, KSA Briefe 6, S. 297ff.

133 Lou von Salomé, Notiz, Oktober 1882, Dokumente, S. 239.

134 Elisabeth Nietzsche an Ida Overbeck, 29. Januar 1883, Dokumente, S. 292. Zwar ist *dieses Jahr*, vom Zeitpunkt dieses Briefes aus betrachtet, bereits das nächste Jahr 1883. Um des Zusammenhangs willen steht diese Selbstauskunft dennoch hier, denn Seelenlagen halten sich nicht an Kalender und die in Rede stehende dürfte ihr zu ihrem Vollbild eben um die Weihnachtszeit 1883 gelangt sein.

135 ebd.

136 vgl. Elisabeth Nietzsche an Heinrich Köselitz, 10. Februar 1883, Dokumente, S. 301.

137 Friedrich Nietzsche an Malwida von Meysenbug, Mitte Dezember 1882, KSA Briefe 6, S. 304.

138 Friedrich Nietzsche an Malwida von Meysenbug, 14. April 1876, KSA Briefe 5, S. 149.

139 Friedrich Nietzsche an Malwida von Meysenbug, Mitte Dezember 1882, KSA Briefe 6, S. 304.

140 Friedrich Nietzsche an Malwida von Meysenbug, Mitte Dezember 1882, Fragment, KSA Briefe 6, S. 305.

141 Friedrich Nietzsche an Paul Rée und Lou von Salomé, um den 20. Dezember 1882, KSA Briefe 6, S. 306ff.

142 Elisabeth Nietzsche an Ida Overbeck, 29. Januar 1883, Dokumente, S. 291. In diesem Brief gibt Elisabeth den Satz als Äußerung *eines Freundes* wieder.

143 GSA 72/BW 1400.

144 Bernhard Förster an Elisabeth Nietzsche, 7. Mai 1880, GSA.

145 Edmund Kantorowicz an den Direktor des Friedrichs-Gymnasiums, 9. November 1880, in: Simplicius Simplicissimus (Friedrich Ferdinand Hempel), Der Fall Kantorowicz als Symptom unserer Zustände. Eine Neujahrsbetrachtung auf Grund harmloser Quellenstudien, Berlin 1881, S. 13.

146 Edmund Kantorowicz an den Börsen-Courier, 9. November 1880, in: Friedrich Ferdinand Hempel, Der Fall Kantorowicz, S. 14ff.; alle Zitate bis auf Weiteres ebd.

147 Kantorowicz wird in seinem Gedächtnisprotokoll Jungfer und Förster verwechseln. Um der Klarheit willen sei dieser »Zwischenschritt« hier übersprungen.

148 Bernhard Förster an Edmund Kantorowicz, 8. November 1880, zit. nach Ferdinand Hempel, Der Fall Kantorowicz, S. 14.

149 ebd., S. 18.

150 *Berliner Tageblatt*, 12. November 1880, zit. nach Ferdinand Hempel, Der Fall Kantorowicz, S. 45.

151 Friedrich Nietzsche an Franz Overbeck, 17. März 1882, KSA Briefe 6, S. 180.

152 Friedrich Nietzsche an Elisabeth Nietzsche, 2. Juni 1877, KSA Briefe 5, S. 242.

153 zit. nach Erich F. Podach, Gestalten um Nietzsche, Weimar 1932, S. 140.

154 vgl. Elisabeth Nietzsche an Ida Overbeck, 29. Januar 1883, Dokumente, S. 291.

155 Friedrich Nietzsche an Hans von Bülow, Anfang Dezember 1882, KSA Briefe 6, S. 290.

156 Friedrich Nietzsche, Ecce homo, KSA 6, S. 323.

157 Friedrich Nietzsche an Franz Overbeck, 25. Dezember 1882, KSA Briefe 6, S. 311f.

158 Elisabeth Nietzsche an Ida Overbeck, 20. Januar 1883, Dokumente, S. 286.

159 ebd., S. 287.

160 Friedrich Nietzsche, Also sprach Zarathustra, KSA 4, S.16f.

161 Friedrich Nietzsche an Franz Overbeck, 10. Februar 1883, KSA Briefe 6, S. 325f.; alle Zitate bis auf Weiteres ebd.

162 Friedrich Nietzsche, Also sprach Zarathustra I, KSA 4, S. 11.

163 Entdeckt hat ihn Nietzsche wohl in der Schrift »Versuche« des amerikanischen Philosophen Ralph Waldo Emerson. Die von Nietzsche hervorgehobene und mit der Bemerkung »Das ist es!« versehene Textstelle lautet: »Wir verlangen, daß ein Mensch so groß und säulenförmig in der Landschaft dastehe, daß es berichtet zu werden verdiente, wenn er aufstünde und seine Lenden gürtete und einem andern solchen Ort zueilte. Die glaubwürdigsten Bilder scheinen uns die von großen Menschen zu sein, die bei ihrem ersten Erscheinen schon die Oberhand hatten und die Sinne überführten; wie es dem morgenländischen Weisen erging, der gesandt war, die Verdienste des Zaratustra oder Zoroaster zu erproben.« Der Prophet Zaratustra trat die Mitte der Versammlung und der Weise sprach bei seinem Anblick: »Diese Gestalt und dieser Gang und Haltung können nicht lügen, und nichts als die Wahrheit kann daraus hervorgehen.« Zit. nach Montinari, KSA 14, S. 279.

164 Friedrich Nietzsche, Also sprach Zarathustra I, KSA 4, S. 67.

165 Elisabeth Nietzsche an Heinrich Köselitz, 10. Februar 1883, Dokumente, S. 300.

166 ebd., S. 301.

167 Friedrich Nietzsche, Die fröhliche Wissenschaft, KSA 3, S. 523.

168 Friedrich Nietzsche an Franz Overbeck, 22. Februar 1883, KSA Briefe 6, S. 337.

169 Richard Wagner an Elisabeth Nietzsche, Frühjahr 1870, in: Elisabeth

Nietzsche, Wagner und Nietzsche zur Zeit ihrer Freundschaft, München 1921, S. 54ff.; alle Zitate bis auf Weiteres ebd.

170 ebd., S. 55.

171 Elisabeth Nietzsche an Friedrich Nietzsche, 11. Januar 1877, KGA Briefe II, 6/1, S. 480.

172 Elisabeth Nietzsche an Friedrich Nietzsche, 8.–11. Februar 1877, KGA Briefe II, 6/1, S. 504.

173 Elisabeth Nietzsche an Heinrich Köselitz, 20.2.1883, Dokumente, S. 302f.

174 Friedrich Nietzsche an Malwida von Meysenbug, 1. Februar 1883, KSA Briefe 6, S. 322.

175 Friedrich Nietzsche an Franz Overbeck, 22. Februar 1883, KSA Briefe 6, S. 337.

176 Nietzsche an Franz Overbeck, 6. März 1883, KSA Briefe 6, S. 338.

177 Friedrich Nietzsche an Malwida von Meysenbug, 3./4. April 1883, KSA Briefe 6, S. 357.

178 ebd.

179 Elisabeth Nietzsche an Franziska Nietzsche, 4. April 1883, GSA

180 ebd.

181 Friedrich Nietzsche an Elisabeth Nietzsche, 27. April 1883, KSA Briefe 6, S. 368.

182 ebd, S. 369.

183 ebd.

184 Elisabeth Nietzsche an Bernhard Förster, begonnen im April, geschlossen am 10. Juni 1883, GSA 72/1158a.

185 ebd.

186 Friedrich Nietzsche, Also sprach Zarathustra I, KSA 4, S. 16ff.

187 Elisabeth Nietzsche an Bernhard Förster, April – 10. Juni 1883, GSA 72/1158a.

188 Elisabeth Nietzsche an Friedrich Nietzsche, 8./9. März 1874, KGA Briefe II/4, S. 403.

189 Elisabeth Nietzsche an Friedrich Nietzsche, Mitte Februar 1874, KGA Briefe II/4, S. 392f.

190 ebd.

191 Friedrich Nietzsche an Reinhart von Seydlitz, 13. Mai 1878, KSA Briefe 5, S. 327.

192 Paul Rée an Elisabeth Nietzsche, 25. Dezember 1876, Dokumente, S. 20.

193 Friedrich Nietzsche, Menschliches. Allzumenschliches, KSA 2, S. 268.

194 Friedrich Nietzsche an Reinhart von Seydlitz, 11. Juni 1878, KSA Briefe 5, S. 332.

195 Elisabeth Nietzsche an Friedrich Nietzsche, 11. September 1879, KGA Briefe II, 6/2, S. 1161.

196 Bernhard Förster, Über nationale Erziehung, S. 41.

197 Elisabeth Nietzsche an Bernhard Förster, April – 10. Juni 1883, GSA.

198 Elisabeth Förster-Nietzsche, Das Nietzsche-Archiv, seine Freunde und Feinde, Berlin 1907, S. 7.

199 ebd.

200 Friedrich Nietzsche an Elisabeth Nietzsche, 15. Juni 1883, KSA Briefe 6, S. 382.

201 Friedrich Nietzsche an Elisabeth Nietzsche, Anfang Juli 1883, Dokumente, S. 316f.

202 Friedrich Nietzsche, Also sprach Zarathustra I, KSA 4, S. 93.

203 Friedrich Nietzsche an Carl von Gersdorff, Ende Juni 1883, KSA Briefe 6, S. 386f.

204 Friedrich Nietzsche an Elisabeth Nietzsche, 6. Juli 1883, KSA Briefe 6, S. 391.

205 ebd., S. 392.

206 ebd.

207 Elisabeth Nietzsche an Bernhard Förster, 21. Juli 1883, GSA.

208 Friedrich Nietzsche an Elisabeth Nietzsche, 10. Juli 1883, KSA Briefe 6, S. 395.

209 Friedrich Nietzsche, Mahnruf an die Deutschen, zit. nach Luitpold Griesser, Wagner und Nietzsche. Neue Beiträge zur Geschichte und Psychologie ihrer Freundschaft, Wien/Leipzig 1923, S. 35ff.; alle Zitate bis auf Weiteres ebd.

210 Elisabeth Nietzsche an Bernhard Förster, 21. Juli 1883, GSA.

211 ebd.

212 Friedrich Nietzsche an Paul Rée, Entwurf, Mitte Juli 1883, KSA Briefe 6, S. 398.

213 Friedrich Nietzsche an Georg Rée, Entwurf, Mitte Juli 1883, KSA Briefe 6, S. 400.

214 Friedrich Nietzsche an Georg Rée, Entwurf, Mitte Juli 1883, KSA Briefe 6, S. 401ff.

215 Friedrich Nietzsche an Elisabeth Nietzsche, Entwurf, Mitte Juli 1883, KSA Briefe 6, S. 406f.

216 Friedrich Nietzsche an Ida Overbeck, 14. August 1883, KSA Briefe 6, S. 421.

217 ebd.

218 Friedrich Nietzsche an Franz Overbeck, 14. August 1883, KSA Briefe 6, S. 427.

219 Friedrich Nietzsche an Franz Overbeck, 26. August 1883, KSA Briefe 6, S. 437.

220 Friedrich Nietzsche an Elisabeth Nietzsche, um den 20. August 1883, KSA Briefe 6, S. 433.

221 Friedrich Nietzsche an Heinrich von Köselitz, 26. August 1883, KSA Briefe 6, S. 435.

222 Friedrich Nietzsche an Elisabeth Nietzsche, 29. August 1883, KSA Briefe 6, S. 440.

223 Friedrich Nietzsche an Malwida von Meysenbug, Anfang November 1883, KSA Briefe 6, S. 453.

224 Elisabeth Nietzsche an Bernhard Förster, 15. September 1883, GSA 72/1158a.

225 Elisabeth Nietzsche an Bernhard Förster, 28. November 1883, GSA 72/1158a.

226 Friedrich Nietzsche an Elisabeth Nietzsche, Anfang November 1883, KSA Briefe 6, S. 451.

227 ebd., S. 452.

228 ebd., S. 451.

229 ebd., S. 452.

230 Friedrich Nietzsche an Malwida von Meysenbug, Anfang November 1883, KSA Briefe 6, S. 453.

231 Friedrich Nietzsche an Franz Overbeck, 25. Januar 1884, KSA Briefe 6, S. 466.

232 Friedrich Nietzsche an Elisabeth Nietzsche, Januar/Februar 1884, Entwurf, KSA Briefe 6, S. 467f.

233 Friedrich Nietzsche an Franziska Nietzsche, Januar/Februar 1884, Entwurf, KSA Briefe 6, S. 469.

234 ebd., S. 470.

235 Bernhard Förster, Der deutsche Prosastil in unseren Tagen, Berlin 1880, Preußische Jahrbücher, Bd. XLVI, S. 109–125, S. 122.

236 Friedrich Nietzsche an Erwin Rohde, 22. Februar 1884, KSA Briefe 6, S. 478ff.

237 Elisabeth Nietzsche an Heinrich Köselitz, 26. April 1884, Dokumente, S. 356ff.; alle Zitate bis auf Weiteres ebd.

238 Friedrich Nietzsche an Malwida von Meysenbug, Anfang Mai 1884, KSA Briefe 6, S. 500f.

239 ebd.

240 Friedrich Nietzsche an Franz Overbeck, 30. April 1884, KSA Briefe 6, S. 498.

241 Franziska Nietzsche an Friedrich Nietzsche, 13. Oktober 1884, KGA III/2, S. 461f.

242 Elisabeth Förster-Nietzsche an Bernhard Förster, 12. Oktober 1884, GSA 72/1158.

243 ebd.

244 Friedrich Nietzsche an Elisabeth Nietzsche, Entwurf, Mitte März 1885, KSA Briefe 7, S. 24ff.; alle Zitate bis auf Weiteres ebd.

245 Friedrich Nietzsche an Malwida von Meysenbug, 26. März 1885, KSA Briefe 7, S. 30.

246 Friedrich Nietzsche an Heinrich Köselitz, 30. März 1885, KSA Briefe 7, S. 32.

247 Friedrich Nietzsche an Bernhard Förster, 16. April 1885, KSA Briefe 7, S. 39.

248 ebd.

249 Friedrich Nietzsche an Franziska und Elisabeth Nietzsche, 16. April 1885, KSA Briefe 7, S. 40f.

250 ebd.

251 Ben MacIntyre, Vergessenes Vaterland. Die Spuren der Elisabeth Nietzsche, Leipzig 1992, S. 23.

252 Elisabeth Förster an Friedrich Nietzsche, 9./10. Februar 1886, KGA Briefe III/4, S. 125.

253 Friedrich Nietzsche an Elisabeth Nietzsche, 7. Februar 1886, KSA Briefe 7, S. 147.

254 Friedrich Nietzsche, Die Geburt der Tragödie, KSA 1, S. 131

255 Friedrich Nietzsche an Franz Overbeck, KSA Briefe 6, S. 148.

256 Franziska Nietzsche an Friedrich Nietzsche, 25. April 1886, KGA Briefe III/4, S. 159.

257 Friedrich Nietzsche an Elisabeth Nietzsche, 7. Februar 1886, KSA Briefe 7, S. 147.

258 Elisabeth Förster an Friedrich Nietzsche, 17.–27. Mai 1886, KGA Briefe III/4, S. 179ff.; alle Zitate bis auf Weiteres ebd.

259 Friedrich Nietzsche an Elisabeth Nietzsche, 7. Februar 1886, KSA Briefe 7, S. 147.

260 Friedrich Nietzsche an Elisabeth Nietzsche, 12. März 1886, ebd., S. 158.

261 ebd., S. 160.

262 Franziska Nietzsche an Friedrich Nietzsche, 11. September 1886, KGA Briefe III/4, S. 159.

263 Franziska Nietzsche an Friedrich Nietzsche, 25. April 1886, KGA III/4, S. 160.

264 Friedrich Nietzsche, Nachgelassene Fragmente 1885–1887, KSA 12, S. 197f.

265 Bernhard Förster an Friedrich Nietzsche, 7. September 1886, KGA Briefe III/4, S. 213f.

266 Friedrich Nietzsche an Elisabeth Förster-Nietzsche, 3. November 1886, KSA Briefe 7, S. 277ff.; alle Zitate bis auf Weiteres ebd.

267 Franziska Nietzsche an Friedrich Nietzsche, 11. September 1886, KGA Briefe III, 4, S. 216.

268 Elisabeth Förster-Nietzsche an Franziska Nietzsche, 18.–28. März 1888, GSA 100/533,1.

269 Julius Klingbeil, Enthüllungen über die Bernhard Förster'sche Ansiedelung Neu-Germanien in Paraguay, Leipzig 1889, S. 36.

270 Elisabeth Förster-Nietzsche an Franziska Nietzsche, 11. April 1888, GSA 100/533,1.

271 Bernhard Förster, Grußadresse an Wilhelm II, in: Der Reichsbote, Berlin, v. 19. August 1888; alle Zitate bis auf Weiteres ebd.

272 Friedrich Nietzsche an Wilhelm II., Anfang Dezember 1888, Entwurf, KSA Briefe 8, S. 503; alle Zitate bis auf Weiteres ebd.

273 Friedrich Nietzsche an Otto von Bismarck, Anfang Dezember 1888, Entwurf, KSA Briefe 8, S. 504.

274 Friedrich Nietzsche, Ecce homo, KSA 6, S. 268.

275 Franz Overbeck an Heinrich Köselitz, 20. Januar 1889, Briefwechsel, S. 212.

276 Elisabeth Förster-Nietzsche an Friedrich Nietzsche, 6. September 1888, KGA Briefe III/6, S. 294ff.; alle Zitate bis auf Weiteres ebd.

277 Martin Buber, Die Schaffenden, das Volk und die Bewegung, in: Die jüdische Bewegung, S. 73.

278 Friedrich Nietzsche an Franz Overbeck, Weihnachten 1888, KSA Briefe 8, S. 549.

279 ebd.

280 Friedrich Nietzsche an Elisabeth Förster, Mitte November 1888, Entwurf, KSA Briefe 8, S. 473f.; alle Zitate bis auf Weiteres ebd.

281 Richard Pohl, Der Fall Nietzsche. Ein psychologisches Problem, Musikalisches Wochenblatt, hrsg. von E. W. Fritzsch, XIX. Jg., Nr. 44, Leipzig, 25. Oktober 1888, zit. nach Janz III, S. 269.

282 Garantie-Fonds für Neu-Germania, Kolonial-Nachrichten, Oktober 1888, in: Dr. Bernhard Förster's Kolonie Neu-Germania in Paraguay, hrsg. von Elisabeth Förster, S. 18.

283 Elisabeth Förster-Nietzsche an Franziska Nietzsche, Ende Oktober bis 13. November 1888, KGA Briefe III/7, S. 1043.

284 Franziska Nietzsche an Friedrich Nietzsche, 30. Dezember 1888, KGA III/6, S. 407ff.; alle Zitate bis auf Weiteres ebd.

285 Julius Klingbeil, Enthüllungen über die Bernhard Förster'sche Ansiedelung Neu-Germanien in Paraguay, Leipzig 1889, S. V.

286 Friedrich Nietzsche an Jacob Burckhardt, 6. Januar 1889, KSA Briefe 8, S. 577f.

287 Friedrich Nietzsche an Franz Overbeck, 4. Januar 1889, KSA Briefe 8, S. 575.

288 Friedrich Nietzsche an Heinrich Köselitz, 4. Januar 1889, KSA Briefe 8, S. 575.

289 Heinrich Köselitz an Friedrich Nietzsche, 9. Januar 1889, KGA Briefe III, 6, S. 419f.

290 Franz Overbeck an Heinrich Köselitz, 15. Januar 1889, Franz Overbeck/ Heinrich Köselitz, Briefwechsel, S. 205.

291 ebd., S. 207.

292 Franz Overbeck an Heinrich Köselitz, 20. Januar 1889, Briefwechsel, S. 212.

293 ebd.

294 Elisabeth Förster-Nietzsche an Franziska Nietzsche, Ende März 1889, GSA 100/533,2.

295 Elisabeth Förster-Nietzsche an Peter Gast, 24. März 1889, GSA 102/302,1.

296 Elisabeth Förster an Franziska Nietzsche, 9. April 1889, GSA 100/533,2; alle Zitate bis auf Weiteres ebd.

297 Heinrich Köselitz an Franz Overbeck, 24. September 1889, Briefwechsel, S. 253.

298 Franz Overbeck an Heinrich Köselitz, 26. September 1889, Briefwechsel, S. 255.

299 Elisabeth Nietzsche an Franziska Nietzsche, 2. Juli 1889, GSA 100/533, 2; alle Zitate bis auf Weiteres ebd.

300 Franziska Nietzsche an Franz Overbeck, Briefe, 1. November 1889, S. 42.

301 Bernhard Förster an Max Schubert, Chemnitzer Kolonialverein, 2: Juni 1889, in: E. F. Podach, Gestalten um Nietzsche, S. 159.

302 ebd.

303 Bernhard Förster an Elisabeth Förster-Nietzsche, 2. Juni 1889, GSA 72/1400.

304 zit. nach Podach, Gestalten um Nietzsche, S. 162.

305 Franziska Nietzsche an Franz Overbeck, 22. März 1890, S. 71.

306 ebd.

307 nach dem Bericht von Max Förster, Nachruf auf Elisabeth Förster-Nietzsche, 30. November 1935, Ruppiner Stürmer, GSA 165/1058.

308 Franziska Nietzsche an Franz Overbeck, Sommer 1890, Briefe, S. 90.

309 Friedrich Nietzsche, Also sprach Zarathustra, KSA 4, S. 19.

310 Franziska Nietzsche an Franz Overbeck, 5. Oktober 1890, Briefe, S. 102.

311 Niels Fiebig hat 2012 den Briefwechsel Richard M. Meyers und Elisabeth Förster-Nietzsches herausgegeben, vermehrt um Nietzsche-Aufsätze des Autors: In Nietzsches Bann. Briefe und Dokumente von Richard M. Meyer, Estella Meyer und Elisabeth Förster-Nietzsche, Göttingen 2012.

312 Elisabeth Förster an Heinrich Köselitz, 8. März 1891, GSA 102/302,1.

313 Heinrich Köselitz an Franz Overbeck, 26. Februar 1891, Briefwechsel, S. 323.

314 ebd.

315 Elisabeth Förster-Nietzsche, Dr. Bernhard Försters Kolonie Neu-Germania in Paraguay, Berlin 1891, S. II.

316 Heinrich Köselitz an Franz Overbeck, 4. April 1891, Briefwechsel, S. 329.

317 Elisabeth Nietzsche an Heinrich Köselitz, 14. Februar 1892, GSA 102/302,1.

318 Franziska Nietzsche an Franz Overbeck, 1. April 1892, zit. nach Janz III, S. 151.

319 Franziska Nietzsche an Franz Overbeck, 3. Juli 1892, in: Podach, Erich F., Der kranke Nietzsche. Briefe seiner Mutter an Franz Overbeck, Wien 1937, S. 145.

320 ebd., S. 144f.

321 Friedrich Nietzsche, Also sprach Zarathustra, KSA 4, S. 82.

322 ebd., S. 69.

323 Elisabeth Förster-Nietzsche an Heinrich Köselitz, Ende November 1892, GSA 102/302,1; alle Zitate bis auf Weiteres ebd.

324 zit. nach Podach, Gestalten um Nietzsche, S. 166.

325 Friedrich Nietzsche, Also sprach Zarathustra, KSA 4, S. 81.

326 Franziska Nietzsche an Franz Overbeck, 29. März 1894, Briefe, S. 172.

327 Friedrich Nietzsche, Morgenröte, Aph. 250, KSA 3, S. 205.

328 »... und je mehr ich ihm zurede, je mehr tut er es, so daß es auch das beste ist, wenn ich ganz allein mit ihm im Krankenzimmer bleibe«, ebd.

329 Franziska Nietzsche an Franz Overbeck, 29. März 1894, ebd.

330 ebd., S. 58.

331 Zarathustra I, Vom Krieg und Kriegsvolke, KSA 4, S. 59.

332 Elisabeth Förster-Nietzsche an Heinrich Köselitz, 17. September 1883, GSA 102/302.1

333 Handschriftliche Bemerkung von Heinrich Köselitz zu Elisabeths Förster-Nietzsches Manuskript »Geschichte der ersten nicht zur Verwendung gekommenen Gesamtausgabe von Friedrich Nietzsche's Werken, herausgegeben von Peter Gast«, EFN-Archiv, Nr. 66, zit. nach Hoffmann, Archiv, S. 143.

334 Elisabeth Förster-Nietzsche an Heinrich Köselitz, 27. September 1883, GSA 102/302.1

335 Heinrich Köselitz an Josef Hofmiller, 17.4.1894, Nachlass Hofmiller, Universitätsbibliothek Basel, zit. nach Hoffmann, Zur Geschichte des Nietzsche-Archivs, S. 13.

336 Heinrich Köselitz an Carl Gustav Naumann, 3. Mai 1994.

337 Elisabeth Förster-Nietzsche an Heinrich Köselitz, 27. September 1893, GSA 102/302,1.

338 Heinrich Köselitz an Elisabeth Förster-Nietzsche, 6. Oktober 1893, GSA 102/303.

339 ebd.

340 ebd.

341 Peter Merseburger, Mythos Weimar. Zwischen Geist und Macht, Pantheon 2013, S. 250.

342 Johannes Schlaf, Rezension zu »Jenseits von Gut und Böse«, Allgemeine Deutsche Universitätszeitung, 1887/2, 8. Januar 1887, in: KGA Briefe, III/7, S. 879.

343 Christian Morgenstern an Franziska Nietzsche, 6. Mai 1895, in: Christian Morgenstern, Ein Leben in Briefen, hrsg. von Margareta Morgenstern, Wiesbaden 1952, S. 97.

344 Franz Overbeck an Elisabeth Förster Nietzsche, November 1893, in: Fritz Overbeck/Erwin Rohde, Briefwechsel, Nachbericht, S. 488ff.

345 Franz Overbeck an Heinrich Köselitz, 27. Dezember 1893, Briefwechsel, S, 396.

346 ebd.

347 Elisabeth Förster-Nietzsche an Franz Overbeck, November 1893, in: Fritz Overbeck/Erwin Rohde, Briefwechsel, Nachbericht, S. 488ff.

348 Heinrich Köselitz an Franz Overbeck, 19. November 1893, Briefwechsel, S. 394f.

349 Elisabeth Förster-Nietzsche an Heinrich Köselitz, 20. November 1893, GSA 102/302,1.

350 Elisabeth Förster-Nietzsche an Heinrich Köselitz, 17. November 1893, GSA 102/302,1.

351 Magazin für Litteratur, Vereinsorgan der Freien Literarischen Gesellschaft zu Berlin, 30.12.1893–12.5.1894.

352 Franziska Nietzsche an Franz Overbeck, 29. Dezember 1893, Briefe der Mutter an Franz Overbeck, S. 171.

353 ebd.

354 Elisabeth Förster-Nietzsche an Carl Gustav Naumann, 3. Mai 1894, in: Gustav Naumann, Der Fall Elisabeth Förster-Nietzsche, abgedruckt bei David Marc Hoffmann, Zur Geschichte des Nietzsche-Archivs, S. 533f.

355 Heinrich Köselitz an Fritz Koegel, 19. Februar 1894, Depositum Bernoulli der Basler Unversitätsbibliothek, zit. nach David Marc Hoffmann, Zur Geschichte des Nietzsche-Archivs, S. 146.

356 ebd.

357 Gustav Naumann, Peter Gast und Nietzsches Schwester, Universitätsbibliothek Basel, Faszikel Gustav Naumann II/2, abgedruckt in: David Marc Hoffmann, Zur Geschichte des Nietzsche-Archivs, S. 567.

358 ebd.

359 ebd.

360 Heinrich Köselitz an Fritz Koegel, 19.2.1894, Depositum Bernoulli der Basler Unversitätsbibliothek, zit. nach David Marc Hoffmann, Zur Geschichte des Nietzsche-Archivs, S. 146f.

361 Heinrich Köselitz an Gustav Naumann, 9.1.1894, Nachlass Gustav Naumann I, zit. nach David Marc Hoffmann, Zur Geschichte des Nietzsche-Archivs, S. 147.

362 vgl. Kerstin Decker, Lou Andreas-Salomé. Der bittersüße Funke Ich, Berlin 2012.

363 Lou Andreas-Salomé, Friedrich Nietzsche in seinen Werken, Frankfurt a. M. und Leipzig 2000, S. 227.

364 Franziska Nietzsche an Franz Overbeck, 29. März 1894, Briefe, S. 174.

365 Elisabeth Förster-Nietzsche, Das Nietzsche-Archiv, seine Freunde und Feinde, S. 17f.

366 ebd.

367 ebd.

368 Elisabeth Förster-Nietzsche an Fritz Koegel, Mitte März 1894, zit. nach Hoffmann, Zur Geschichte des Nietzsche-Archivs, S. 152.

369 Franziska Nietzsche an Franz Overbeck, 3. Juli 1894, Briefe, S. 176.

370 Elisabeth Förster-Nietzsche, Das Leben Friedrich Nietzsche's. Erster Band, Leipzig 1895, VII.

371 Harry Graf Kessler, Das Tagebuch 1880–1937, 28.1.1895, 2. Bd. 1892–1897, hrsg. v. Günter Riederer und Jörg Schuster, Stuttgart 2004, S. 320.

372 Erwin Rohde an Franz Overbeck, 27. Oktober 1890, zit. nach Janz III, S. 125.

373 Erwin Rohde an Franz Overbeck, 27. Dezember 1894, zit. nach Janz III, S. 172.

374 Elisabeth wird später – nach der Entlassung Fritz Koegels – erklären, dass der Plan dieser Gesamtausgabe maßgeblich auf Rohde zurückginge, doch

das ist wenig wahrscheinlich, da dieser zu Nietzsches Schriften seit
Menschliches. Allzumenschliches kein Verhältnis mehr besaß.

375   Rudolf Steiner an Elisabeth Förster-Nietzsche, 28. Mai 1884, zit. nach
      Hoffmann, Zur Geschichte des Nietzsche-Archivs, S. 160.

376   Elisabeth Förster-Nietzsche an Adalbert Oehler, 27. Mai 1894, zit. nach
      Adalbert Oehler, Zur Geschichte des Nietzsche-Archivs, GSA 100/1334,
      S. 55f.

377   Franziska Nietzsche an Franz Overbeck, Anfang Oktober 1894, Briefe,
      S. 178.

378   Franziska Nietzsche an Franz Overbeck, 11. Oktober 1894, Briefe, S. 177.

379   Paul Deussen, Mein Leben, hrsg. von Erika Rosenthal-Deussen. Leipzig
      1922, S. 176.

380   Karin Ellermann, »...Weimar den Vorzug sichern«. Aus der Geschichte
      des Goethe- und Schiller-Archivs 1885–1945, Erfurt 2011, S. 31.

381   nach Adalbert Oehler, Zur Geschichte des Nietzsche-Archivs, S. 58.

382   Fritz Koegel an Elisabeth Förster-Nietzsche, 21. November 1894, zit. nach
      Peters, S. 196.

383   Elisabeth Förster-Nietzsche an Oscar Gutjahr, 15. Februar 1895, zit. nach
      Hoffmann, Zur Geschichte des Nietzsche-Archivs, S. 169.

384   Franziska Nietzsche an Franz Overbeck, 31. Dezember 1894, Briefe, S. 180.

385   ebd.

386   zit. nach Peters, S. 201.

387   Franziska Nietzsche an Franz Overbeck, 28. März 1885, Briefe, S.184.

388   ebd., S.183.

389   Franziska Nietzsche an Franz Overbeck, 31. Dezember 1894, Briefe, S. 180.

390   Franziska Nietzsche an Franz Overbeck, 28. März 1895, Briefe, S. 184f.

391   Franziska Nietzsche, Tagebücher, GSA 100/849.

392   Elisabeth Förster-Nietzsche an Adalbert Oehler, 6. April 1895, in: Adal-
      bert Oehler, Zur Geschichte des Nietzsche-Archivs, S. 87.

393   Elisabeth Förster-Nietzsche an Rudolf Steiner, 26. März 1895, in: Rudolf
      Steiner, Briefe II, S. 553.

394   Rudolf Steiner an Elisabeth Förster-Nietzsche, 10. April 1895, ebd., S. 242f..

395   Elisabeth Förster-Nietzsche an Rudolf Steiner, 11. April 1895, ebd., S. 243f.

396   Rudolf Steiner, Friedrich Nietzsche, ein Kämpfer gegen seine Zeit, Weimar
      1895, S. 10f.

397   Fritz Koegel berichtet über dieses Angebot rückblickend am 18. März
      1896: »Die der Vormundschaft zu zahlenden 30 000 Mk. waren ursprüng-
      lich im Herbst 1895 von einigen Verehrern Friedr. Nietzsches Frau Dr.
      Förster als Geschenk angeboten worden. Als aber die Vormundschaft
      lange Wochen zögerte, das proponierte Abkommen einzugehen, legten
      jene Herren das ihnen unerklärliche Zögern als kränkendes Mißtrauen
      gegen sich aus und zogen das Anerbieten zurück. Das Erbieten eines
      zweiten Konsortiums, das darauf die 30 000 Mk. ebenfalls als Geschenk

anbot, mußte aus sachlichen Gründen abgelehnt werden, weil es mit literarischen und buchändlerischen Gegenansprüchen verbunden war, die die Unabhängigkeit des Archivs und die bisherigen Verlagsverträge in Frage zu stellen drohten.« Föhl I, S. 51.

398 Elisabeth Förster-Nietzsche an Adalbert Oehler, 2. Januar 1894, in: Adalbert Oehler, Zur Geschichte des Nietzsche-Archivs, S. 85; alle Zitate bis auf Weiteres ebd.

399 Adalbert Oehler, Zur Geschichte des Nietzsche-Archivs, S. 72.

400 Elisabeth Förster-Nietzsche an Adalbert Oehler, 14. August 1895, in: Adalbert Oehler, Zur Geschichte des Nietzsche-Archivs, S. 88f.

401 ebd., S. 89.

402 Franz Overbeck an Heinrich Köselitz, 22. Februar 1899, Briefwechsel, S. 471f.

403 Elisabeth Förster-Nietzsche an Adalbert Oehler, 14. August 1895, in: Adalbert Oehler, Zur Geschichte des Nietzsche-Archivs, S. 89.

404 Friedrich Nietzsche, nachgelassene Notiz, Dezember 1887, KSA 13, S, 29.

405 Fritz Koegel an Elisabeth Förster-Nietzsche, 11. August 1895, zit. nach Peters, S. 199.

406 Elisabeth Förster-Nietzsche an Adalbert Oehlers Frau, 21. Oktober 1895, in: Adalbert Oehler, Zur Geschichte des Nietzsche-Archivs, S. 89.

407 Franz Overbeck an Heinrich Köselitz, 26. Dezember 1895, Briefwechsel, S. 416.

408 ebd.

409 Franz Overbeck an Heinrich Köselitz, 11. September 1901, Briefwechsel, S. 520.

410 Franz Overbeck an Heinrich Köselitz, 26. Dezember 1895, Briefwechsel, S. 417.

411 Harry Graf Kessler, Gesichter und Zeiten, Erinnerungen, Frankfurt a. M. 1962, S. 242.

412 ebd., S. 243.

413 Harry Graf Kessler, Tagebuch v. 28. Januar 1895, in: Föhl I, S. 694.

414 Harry Graf Kessler, Tagebuch v. 26. Oktober 1895, in: Föhl I, S. 27f.

415 Franziska Nietzsche an Adalbert Oehler, 10. Dezember 1895, Zur Geschichte des Nietzsche-Archivs, S. 76.

416 Franziska Nietzsche an Adalbert Oehler, 18. Dezember 1895, in: Adalbert Oehler, Zur Geschichte des Nietzsche-Archivs, S. 76.

417 vgl. die Schilderung Franziska Nietzsches in einem Brief an Adalbert Oehler vom 31. Dezember 1895, in: Adalbert Oehler, Zur Geschichte des Nietzsche-Archivs, S. 25.

418 Elisabeth Förster-Nietzsche, Das Leben Friedrich Nietzsche's, Erster Band, S. 64.

419 Rudolf Steiner, Notiz vom 22. Januar 1896, Steiner-Notizbuch-Archiv-Nr. 321, zit. nach Hoffmann, Zur Geschichte des Nietzsche-Archivs, S. 185. Und Hoffmann ergänzt: »Diese Aufzeichnung ist umso bemerkenswer-

ter, als sich in den über 600 Notizbüchern Steiners kaum autobiographische oder persönliche Niederschriften finden, sondern fast ausschließlich Buchexzerpte und Vortragsskizzen.«

420 Bericht des ältesten Sohns der großbürgerlichen jüdischen Familie Specht, die mit einer Baumwollagentur reich geworden war. Steiner war dort seit 1884 »Hofmeister«, Hauslehrer also. Zit. nach Miriam Gebhardt, Rudolf Steiner, Ein moderner Prophet, München 2011, S. 65.

421 ebd.

422 »Mein Buch über N kann ich nicht schreiben, eh nicht die 2. Abtheilung mit der ganzen Umwertung fertig ist: aber das eilt nicht so, weil wichtiger ist; N. selbst mit seinen intimen Aufzeichnungen und seinen letzten Gedanken zu Worte kommen zu lassen ... Und ein Buch, wie ichs plane, braucht Zeit.« Fritz Koegel an Josef Hofmiller, 6. August 1895, zit. nach Hoffmann, Zur Geschichte des Nietzsche-Archivs, 179f.

423 Rudolf Steiner, Mein Lebensgang, Dornach 1925, S. 254f.

424 Fritz Koegel an Elisabeth Förster-Nietzsche, 29. Dezember 1895, zit. nach Peters, S. 210.

425 Elisabeth Förster-Nietzsche an Meta von Salis, 24. Januar 1896, zit. nach Brigitta Klaas Meilier, Hochsaison in Sils Maria. Meta von Salis und Friedrich Nietzsche, Basel 2005, S. 320f.

426 Friedrich Nietzsche, Also sprach Zarathustra II, Auf den glückseligen Inseln, KSA 4, S. 111.

427 Franziska Nietzsche an Franz Overbeck, 2. Juli 1896, Briefe, S. 202.

428 Cosima Wagner an Elisabeth Förster-Nietzsche, 23. September 1894, GSA BW 57/19,1.

429 Franziska Nietzsche an Franz Overbeck, 2. Oktober 1896, Briefe, S. 204.

430 ebd.

431 Rudolf Steiner, Frau Elisabeth Förster-Nietzsche und ihr Ritter von komischer Gestalt. Eine Antwort auf Dr. Seidls »Demaskierung«, Die Gesellschaft, Mai 1900, zit. nach Hoffmann, Zur Geschichte des Nietzsche-Archivs, S. 197.

432 Elisabeth Förster-Nietzsche an Clara Gelzer, 6.–8. Dezember 1896, Nachlass Gelzer, zit. nach Hoffmann, Zur Geschichte des Nietzsche-Archivs, S. 199.

433 Rudolf Steiner, Frau Elisabeth Förster-Nietzsche und ihr Ritter von komischer Gestalt. Eine Antwort auf Dr. Seidls »Demaskierung«, Die Gesellschaft, Mai 1900, zit. nach Hoffmann, Zur Geschichte des Nietzsche-Archivs, S. 197.

434 Ich hatte eigentlich im Scherz gesagt, ehe der zwölfte Band heraus sei, gäbe ich nicht meinen Segen ... Dr Kögel hat aber feierlich versprochen, daß zwischen dem 15.-20. Januar die Bände heraus sollen. Elisabeth Förster-Nietzsche an Gustav Naumann, 26. November 1896, in: Gustav Naumann, Der Fall Elisabeth, S. 11/12.

435 Elisabeth Förster-Nietzsche an Clara Gelzer, 6.–8. Dezember 1896, Nach-
     lass H. Gelzer, zit. nach Hoffmann, Zur Geschichte des Nietzsche-Archivs,
     S. 202.

436 ebd., S. 199.

437 ebd., S. 211.

438 ebd.

439 Fritz Koegel an Rudolf Steiner, 8. Dezember 1896, Rudolf Steiner, Briefe
     II, S. 303.

440 Rudolf Steiner an Fritz Koegel, 9. Dezember 1896, Briefe II, S. 303.

441 ebd.

442 Elisabeth Förster-Nietzsche an Rudolf Steiner, 8.–23. September 1898,
     Nachlass Steiner, zit. nach Hoffmann, Zur Geschichte des Nietzsche-
     Archivs, S. 218.

443 Rudolf Steiner, Das Nietzsche-Archiv und seine Anklagen gegen den bis-
     herigen Herausgeber. Eine Enthüllung, Magazin für Litteratur, 10.2.1900,
     Sp. 145–158, GA 31, S. 505–528, S. 519f.

444 Rudolf Steiner, Das Nietzsche-Archiv und seine Anklagen gegen den bis-
     herigen Herausgeber. Eine Enthüllung, Magazin für Litteratur, 10.2.1900,
     Sp. 145–158, GA 31, S. 505–528, S. 520f.

445 Fritz Koegel an Rudolf Steiner, 10. Dezember 1896, Briefe II, S. 305.

446 So überliefert Steiner den Satz. Rudolf Steiner an A. Eunike, ohne Da-
     tum, wahrscheinlich am 14. Dezember 1896, Briefe II, S. 307.

447 Friedrich Nietzsche, Also sprach Zarathustra, KSA 4, S. 219.

448 Elisabeth Förster-Nietzsche an Rudolf Steiner, 8.–23. September 1898,
     Nachlass Steiner, zit. nach Hoffmann, Zur Geschichte des Nietzsche-
     Archivs, S. 224.

449 Franziska Nietzsche an Friedrich Nietzsche, 31. August 1877, KGA II/6–1,
     S. 680.

450 Elisabeth Förster-Nietzsche an Heinrich Köselitz, 2. Dezember 1898, GSA
     102/301, S. 1.

451 »Es wurde zwischen Mutter und Tochter unter meiner Mitwirkung weni-
     ge Wochen vor dem Tode eine schriftliche Vereinbarung getroffen, die
     die Mutter befriedigte und beruhigte. Aus den Honoraren der verlegten
     Schriften sollten nur noch die Kosten der Erhaltung und Ergänzung des
     Archivs, der Herausgabe der Werke, soweit sie nicht vom Verleger zu tra-
     gen waren, die Zinsen der 30 000 M., ferner ein Gehalt von 2400 M. für
     die Schwester des Kranken und bei Fortfall der Pension aus Basel diese
     erstattet werden, alle Überschüsse an Honoraren aber der Mutter zu ih-
     rer freien Verfügung und als ihr persönliches Vermögen zustehen. Die
     Mutter sollte und wollte so die Freude haben, für die beiden Kinder zu
     sparen, da sie besser sparen könne als die Tochter.« Adalbert Oehler, Zur
     Geschichte des Nietzsche-Archivs, S. 78f.

452 Gustav Naumann, Der Fall Elisabeth Förster-Nietzsche, Dezember 1896,

GSA 72/1066, vollständig veröffentlicht in: Hoffmann, Zur Geschichte des Nietzsche-Archivs, S. 528–561; alle Zitate bis auf Weiteres ebd.

453 Elisabeth Förster-Nietzsche an C. G. Naumann, 26. Januar 1895, Der Fall Elisabeth, S. 7f.

454 Und er fasst zusammen: »Der Commentator konnte schon im Laufe seiner Darstellungen es meist dem Leser selbst überlaßen, die Conclusionen zu ziehen; er denkt, der Leser wird auch bereits das Facit der Conclusionen gezogen haben; deshalb will er mit keinem Resumé nachhinken, das ihm höchstens den Vorwurf beleidigender Weitschweifigkeit ... einbringen könnte. Der Commentator möchte aber nicht unterlassen zum Schluss um Nachsicht zu bitten daß er bei der Fülle und Originalität seines Materiales an psychologischen Dokumenten kein graziöseres und künstlerisch abgerundeteres Schriftchen zu formen wußte ... Und noch Eines: Der Commentator wird, nach Beendigung dieser seiner Streitschrift, die seiner Widerpartnerin hier gemachten Vorwürfe nicht mehr wiederholen.«

455 Elisabeth Förster-Nietzsche an Gustav Naumann, 14. Dezember 1896, in: Der Fall Elisabeth, S. 26f. (556).

456 Franziska Nietzsche an Franz Overbeck, 31. Dezember 1896, Briefe, S. 206.

457 Adalbert Oehler, Zur Geschichte des Nietzsche-Archivs, S. 92.

458 Elisabeth Förster-Nietzsche an Heinrich Köselitz, Dezember 1898, GSA 102/301,1.

459 Franziska Nietzsche an Franz Overbeck, Anfang April 1897, Briefe, S. 208.

460 Erinnerung Ludwig von Schefflers, aufgezeichnet in: Carl Albrecht Bernoulli, Franz Overbeck und Friedrich Nietzsche, eine Freundschaft II, Jena 1908, S. 379.

461 Friedrich Nietzsche an Meta von Salis, 3. Januar 1889, KSA Briefe 8, S. 572.

462 Elisabeth Förster-Nietzsche an Heinrich Köselitz, 3. Dezember 1898, GSA 102/301,1.

463 Elisabeth Förster-Nietzsche an Meta von Salis, 16.–18. August 1897, Föhl II, S. 1276.

464 Erinnerung Ludwig von Schefflers, aufgezeichnet in: Carl Albrecht Bernoulli, Franz Overbeck und Friedrich Nietzsche, eine Freundschaft II, S. 379.

465 Harry Graf Kessler, Tagebucheintrag vom 7. August 1897, zit. nach Föhl I, S. 63.

466 ebd.

467 ebd.

468 vgl. Meta von Salis an Elisabeth Förster-Nietzsche, 13. Mai 1897, GSA 72/BW 4622.

469 Meta von Salis an Elisabeth Förster-Nietzsche, 16. August 1897, GSA 72/BW 4622, auch in Föhl II, S. 1271.

470 Elisabeth Förster-Nietzsche an Meta von Salis, 5. August 1897, zit. nach Peters, S. 226.

471 Meta von Salis an Elisabeth Förster-Nietzsche, 26. August 1887, GSA 72/ BW 4622.

472 Harry Graf Kessler an Elisabeth Förster-Nietzsche, 26. August 1897, Briefwechsel I, S. 82.

473 Elisabeth Förster-Nietzsche an Harry Graf Kessler, 14. August 1897, Briefwechsel I, S. 74.

474 ebd., S. 75.

475 Harry Graf Kessler, Tagebuch v. 2. Oktober 1897, zit. nach Föhl I, S. 90.

476 ebd., S. 91.

477 ebd.

478 Meta von Salis an Elisabeth Förster-Nietzsche, 2. Januar 1898, GSA 72/4622.

479 zit. nach Föhl I, S. 408f.

480 Elisabeth Förster-Nietzsche an Harry Graf Kessler, 16. März 1898, Briefwechsel I, S. 118f.

481 Harry Graf Kessler an Elisabeth Förster-Nietzsche, 3. September 1897, Briefwechsel I, S. 86.

482 Elisabeth Förster-Nietzsche an Harry Graf Kessler, 4. Juli 1897, Briefwechsel I, S. 59.

483 Zu Koegels Lebensweg und frühem Tod siehe Hoffmann, Zur Geschichte des Nietzsche-Archivs, S. 135ff.; zu Elisabeths Angebot S. 272ff.

484 Rudolf Steiner an Elisabeth Förster-Nietzsche, 27. Juni 1898, Briefe II, S. 362ff.; alle Zitate bis auf Weiteres ebd.

485 Elisabeth Förster-Nietzsche an Meta von Salis, 14. Juli 1898, zit. nach Peters, S. 230.

486 Rudolf Steiner an Adalbert Oehler, 9. Juli 1898, Entwurf, GSA 72/117d.

487 Elisabeth Förster-Nietzsche an Rudolf Steiner, 15. August 1898, Nachlass Steiner, zit. nach Hoffmann, S. 279.

488 Elisabeth Förster-Nietzsche an Heinrich Köselitz, 2. Dezember 1898, GSA 102/302,1; alle Zitate bis auf Weiteres ebd.

489 Heinrich Köselitz an Franz Overbeck, 7. Oktober 1897, Briefwechsel, S. 440.

490 Heinrich Köselitz an Franz Overbeck, 14. April 1898, Briefwechsel, S. 449.

491 ebd.

492 Friedrich Nietzsche, Also sprach Zarathustra, KSA 4, S. 160ff.; alle Zitate bis auf Weiteres ebd.

493 Hans Vaihinger an Elisabeth Förster-Nietzsche, 13. April 1899, GSA 72/ BW 5590.

494 Elisabeth Förster-Nietzsche an Harry Graf Kessler, 24. April 1899, Briefwechsel I, S. 183.

495 Elisabeth Förster-Nietzsche an Harry Graf Kessler, 24. April 1899, Briefwechsel I, S. 185.

496 Heinrich Köselitz an Franz Overbeck, 15. November 1899, Briefwechsel, S. 484ff.; alle Zitate bis auf Weiteres ebd.

497 Fritz Koegel, Einleitung zur zweiten Abtheilung der Gesamtausgabe, GAK IX, S. XXIf.

498 Heinrich Köselitz an Franz Overbeck, 7. Oktober 1897, Briefwechsel, S. 440f.

499 Ernst Horneffer, Nietzsches Lehre von der Ewigen Wiederkunft und deren bisherige Veröffentlichung, Leipzig 1900, S. 2f.

500 ebd., S. 43.

501 Ernst und August Horneffer, Vorwort zur 1899 begonnenen Gesamtausgabe, Großoktavausgabe genannt, Band XI, S. XI.

502 Ernst Horneffer, Nietzsches Lehre von der Ewigen Wiederkunft und deren bisherige Veröffentlichung, S. 57.

503 Rudolf Steiner, Das Nietzsche-Archiv und seine Anklagen gegen den bisherigen Herausgeber. Eine Enthüllung, Magazin für Litteratur, 10. Februar 1900, Sp. 145–158, GA Bd. 31, S. 505–528.

504 David Marc Hoffmann, Zur Geschichte des Nietzsche-Archivs, S. 349.

505 David Marc Hoffmann, Zur Geschichte des Nietzsche-Archivs, S. 359.

506 Rudolf Steiner, Das Nietzsche-Archiv und seine Anklagen gegen den bisherigen Herausgeber. Eine Enthüllung, Magazin für Litteratur, 10. Februar 1900, Sp. 145–158, GA Bd. 31, S. 505–528.

507 Ernst Horneffer, Eine Verteidigung der sogenannten »Wiederkunft des Gleichen von Nietzsche«, Magazin für Litteratur, 14. April 1900, Sp. 380.

508 Elisabeth Förster-Nietzsche, Der Kampf um die Nietzsche-Ausgabe, Die Zukunft, 21. April 1900, S. 111.

509 Elisabeth Förster-Nietzsche an Heinrich Köselitz, 15. Februar 1900, GSA 102/301,1.

510 Elisabeth Förster-Nietzsche an Heinrich Köselitz, 8. März 1900, ebd.

511 Elisabeth Förster-Nietzsche an Heinrich Köselitz, 5. Mai 1900, ebd.

512 Elisabeth Förster-Nietzsche an Harry Graf Kessler, 14. Dezember 1901, Briefwechsel I, S. 340.

513 Elisabeth Förster-Nietzsche an Heinrich Köselitz, 5. Juni 1900, GSA 102/301,1.

514 Friedrich Nietzsche, Also sprach Zarathustra, KSA 4, S. 93ff.

515 Elisabeth Förster-Nietzsche an Harry Graf Kessler, 25. August 1900, Briefwechsel I, S. 265f.

516 Harry Graf Kessler, Tagebuch-Eintrag v. 26. August 1900, zit. nach Briefwechsel I, S. 266.

517 Anna Katharina Ehlen, Die Kondolenz-Post an Elisabeth Förster-Nietzsche zum Tode ihres Bruders Friedrich Nietzsche, Diplomarbeit im Studiengang Bibliothekswissenschaften, Fachhochschule Hannover 2001.

518 Ernest Thiel an Elisabeth Förster-Nietzsche, 27. August 1900, GSA 72/BW 5453.

519 Ernst Horneffer, Nietzsches letztes Schaffen. Eine kritische Studie, Jena 1907, S. 50ff.; alle Zitate bis auf Weiteres ebd.

520 Adalbert Oehler, Zur Geschichte des Nietzsche-Archivs, S. 102.

521 Elisabeth Förster-Nietzsche an Harry Graf Kessler, 22. März 1901, Briefwechsel I, S. 298; alle Zitate bis auf Weiteres ebd.

522 Friedrich Nietzsche, Nachgelassene Fragmente, November 1887 – März 1888, KSA 13, S. 29.

523 Ernst Horneffer, Nietzsches letztes Schaffen. Eine kritische Studie, Jena 1907, S. 50ff.; alle Zitate bis auf Weiteres ebd.

524 Ernst Horneffer, Nietzsches letztes Schaffen. Eine kritische Studie, Jena 1907, S. 52f.; alle Zitate bis auf Weiteres ebd.

525 Friedrich Schlegel, Athenäumsfragment 53.

526 Friedrich Nietzsche, Nachgelassene Fragmente, 7/64, KSA 12, S. 318.

527 Friedrich Nietzsche, Nachgelassene Fragmente, 9/164, KSA 12, S. 318.

528 Alfred Baeumler, Nietzsche der Philosoph und Politiker, Leipzig 1931, S. 46.

529 ebd.

530 Ernst Horneffer, Nietzsches letztes Schaffen. Eine kritische Studie, S. 53.

531 Friedrich Nietzsche, Also sprach Zarathustra, KSA 4, S. 111.

532 Friedrich Nietzsche, Nachgelassenes Fragment, Juni–Juli 1885, KSA 11 bzw. Der Wille zur Macht, Stuttgart 1959, S. 696f.

533 Harry Graf Kessler an Elisabeth Förster-Nietzsche, 7. August 1901, Briefwechsel I, S. 304.

534 Elisabeth Förster-Nietzsche an Harry Graf Kessler, 9. August 1901, Briefwechsel I, S. 305.

535 Elisabeth Förster-Nietzsche an Harry Graf Kessler, 22. August 1901, Briefwechsel I, S. 307.

536 Henry van de Velde an Marie-Louise van de Velde, 28. August 1901, zit. nach Föhl I, S. 310.

537 Harry Graf Kessler, Tagebucheintrag vom 28. August 1901.

538 ebd.

539 Elisabeth Förster-Nietzsche an Harry Graf Kessler, 23. September 1901, Briefwechsel I, S. 315.

540 Harry Graf Kessler an Elisabeth Förster-Nietzsche, 27. September 1901, Briefwechsel I, S. 318f.

541 ebd.

542 Elisabeth Förster-Nietzsche an Harry Graf Kessler, 21. Oktober 1901, Briefwechsel I, S. 213.

543 Harry Graf Kessler, Tagebuch vom 4./5. November 1901, zit. nach Föhl I, S. 333.

544 Elisabeth Förster-Nietzsche an Harry Graf Kessler, 7. Januar 1902, Briefwechsel I, S. 351.

545 Harry Graf Kessler an Eberhard von Bodenhausen, 24. Dezember 1901, zit. nach Föhl I, S. 349.

546 Harry Graf Kessler an Elisabeth Förster-Nietzsche, 6. Mai 1902, Briefwechsel I, S. 381.

547 Elisabeth Förster-Nietzsche an Heinrich Köselitz, 23. Mai 1902, GSA 102/301,1.

548 Elisabeth Förster-Nietzsche, Das Leben Friedrich Nietzsche's. Zweiter Band, zweite Abtheilung, Leipzig 1904, S. 403.

549 vgl. Kerstin Decker, Lou Andreas-Salomé, Der bittersüße Funke Ich, Berlin 2010, S. 153ff.

550 Erwin Rohde an Franz Overbeck, 13. März 1891, in: Erich F. Podach, Gestalten um Nietzsche, Weimar 1932, S. 61.

551 Elisabeth Förster-Nietzsche, Das Leben Friedrich Nietzsche's. Zweiter Band, zweite Abtheilung, S. 406.

552 ebd.

553 ebd, S. 408.

554 ebd.

555 Elisabeth Förster-Nietzsche an Heinrich Köselitz, 17. September 1902, GSA 102/301,1.

556 Paul Julius Möbius, Über den physiologischen Schwachsinn des Weibes, 1903, Reprint 2015, S. 17.

557 ebd., S. 6.

558 Paul Julius Möbius, Über das Pathologische bei Nietzsche, Wiesbaden 1902, S. V.

559 ebd., S. 7.

560 ebd., S. 20.

561 ebd., S. 1.

562 ebd., S. 106.

563 Elisabeth Förster-Nietzsche, Das Leben Friedrich Nietzsche's. Zweiter Band, zweite Abtheilung, S. 420.

564 Elisabeth Förster-Nietzsche an Harry Graf Kessler, 4. Dezember 1902, Briefwechsel I, S. 430.

565 Elisabeth Förster-Nietzsche an Harry Graf Kessler, 4. Dezember 1902, Briefwechsel I, S. 431.

566 Elisabeth Förster-Nietzsche an Harry Graf Kessler, 6. Juni 1903, Briefwechsel I, S. 439.

567 Elisabeth Förster-Nietzsche an Harry Graf Kessler, 26. Juni 1902, Briefwechsel I, S. 388.

568 Harry Graf Kessler an Elisabeth Förster-Nietzsche, 11. September 1903, Briefwechsel I, S. 470f.; alle Zitate bis auf Weiteres ebd.

569 ebd., S. 467.

570 Elisabeth Förster-Nietzsche an Harry Graf Kessler, 17. Oktober 1903, Briefwechsel I, S. 478f.

571 Elisabeth Förster-Nietzsche an Max Klinger, 4. November 1903, GSA BW 2787.

572 Ernest Thiel an Elisabeth Förster-Nietzsche, 22. Juni 1904, GSA 72/BW 5453; alle Zitate bis auf Weiteres ebd.

573 Auskunftei W. Schimmelpfennig, Hamburg, 28. September 1907, GSA 72/BW 5453.

574 Bernhard Förster, Unsere Arbeit, unsere Ziele!, Antisemitische Correspondenz und Sprechsaal für innere Partei-Angelegenheiten, hrsg. von Theodor Fritsch, 9. Januar 1887, zit. nach KGA Briefe III/7, S. 890.

575 Ernest Thiel an Elisabeth Förster-Nietzsche, 22. Juni 1904, GSA 72/BW 5453.

576 Ernest Thiel an Elisabeth Förster-Nietzsche, Oktober 1904, GSA 72/BW 5453.

577 Herwarth Walden an Elisabeth Förster-Nietzsche, 14. Januar 1904, GSA 72/BW 5744.

578 zit. nach KSA 14, S. 743; alle Zitate bis auf Weiteres ebd.

579 Friedrich Nietzsche an Heinrich Köselitz, 16. September 1888, KSA Briefe 8, S. 439.

580 ebd.

581 Herwarth Walden an Elisabeth Förster-Nietzsche, 27. November 1904, GSA BW 5744.

582 Herwarth Walden an Elisabeth Förster-Nietzsche, 18. Dezember 1904, GSA BW 5744.

583 Franz Overbeck, Meine Antwort auf Frau Dr. Förster-Nietzsches neueste Publikation ihren Bruder betreffend, *Frankfurter Zeitung*, 10. Dezember 1904, Erstes Morgenblatt

584 Elisabeth Förster-Nietzsche an Harry Graf Kessler, 3. Januar 1905, Briefwechsel I, S. 552.

585 Bericht v. 11. April 1905, *Vossische Zeitung*, 23. April 1905, GSA 165/119.

586 Ellen Key, Das Jahrhundert des Kindes, Berlin 1902.

587 Ellen Key, Das Jahrhundert des Kindes, Weinheim/Basel 1991, S. 46.

588 ebd.

589 Mitschrift des Vortrags vom 11. April 1905 von Ellen Krüger, GSA 165/118.

590 Ellen Key, Das Jahrhundert des Kindes, S. 46.

591 Elisabeth Förster-Nietzsche an Ernest Thiel, 4. April 1905, zit. nach Peters, S. 259.

592 GSA 165/119.

593 Heinrich Köselitz an Franz Overbeck, 21. Mai 1905, Briefwechsel, S. 534f.

594 ebd.

595 Franz Overbeck an Heinrich Köselitz, 23. Mai 1905, Briefwechsel, S. 537.

596 Otto Binswanger an Franz Overbeck, 24. April 1905, in: Briefwechsel Köselitz/Overbeck, S. 541.

597 ebd., S. 541.

598 Franz Overbeck an Heinrich Köselitz, 30. Dezember 1901, Briefwechsel, S. 526.

599 ebd.

600 ebd.

601 ebd.

602 Elisabeth Förster-Nietzsche an Heinrich Köselitz, 20. Oktober 1895, GSA 102/302, 2.

603 ebd.

603 Heinrich Köselitz an Franz Overbeck, 18. Januar 1889 (erhalten nur in der Abschrift Ida Overbecks), Briefwechsel, S. 210f.

605 Elisabeth Förster-Nietzsche, Nietzsches literarischer Nachlaß und Franz Overbeck, *Berliner Tageblatt* vom 26. Juli 1905.

606 Herwarth Walden an Elisabeth Förster-Nietzsche, 8. März 1905, GSA 72/BW 5744.

607 Herwarth Walden an Elisabeth Förster-Nietzsche, 18. April 1905, ebd.

608 Herwarth Walden an Elisabeth Förster-Nietzsche, 25. Juni 1905, GSA BW 5744; alle Zitate bis auf Weiteres ebd.

609 Herwarth Walden an Elisabeth Förster-Nietzsche, 28. Juli 1905, GSA BW 5744.

610 *Vossische Zeitung*, 2. November 1905.

611 Hermann Behmer, Leserbrief, Rubrik »Eingesandt«, Deutschland, 17. Februar 1906, zit. nach Föhl I, S. 617.

612 Hermann Graf von Keyserling an Elisabeth Förster-Nietzsche, 21. März 1906, GSA 72/BW 2721.

612 Hermann Graf von Keyserling an Elisabeth Förster-Nietzsche, 13. Juni 1906, ebd.

614 Harry Graf Kessler an Elisabeth Förster-Nietzsche, 13. Juli 1906, Briefwechsel I, S. 632; alle Zitate bis auf Weiteres ebd.

615 Elisabeth Förster-Nietzsche an Harry Graf Kessler, 14. Dezember 1901, Briefwechsel I, S. 340.

616 Harry Graf Kessler, Tagebuch v. 6. Dezember 1906, zit. nach Föhl I, S. 647; alle Zitate bis auf Weiteres ebd.

617 Harry Graf Kessler an Elisabeth Förster-Nietzsche, Ende Dezember 1906, Briefwechsel I, S. 650.

618 Harry Graf Kessler an Elisabeth Förster-Nietzsche, 11. Januar 1907, Briefwechsel I, S. 651.

619 Friedrich Nietzsche, Nachgelassene Manuskripte, Ende 1886 – Frühjahr 1887, KSA 12, S. 309.

620 Elisabeth Förster-Nietzsche, Das Nietzsche-Archiv, seine Freunde und Feinde, Berlin 1907, S. 68.

621 ebd., S. 15.

622 Franz Overbeck an Heinrich Köselitz, 20. Januar 1889, Briefwechsel, S. 214.

623 Elisabeth Förster-Nietzsche, Das Nietzsche-Archiv, seine Freunde und Feinde, S. 68.

624 Henry H. Petit an Elisabeth Förster-Nietzsche, 6. August 1905, in: Das Nietzsche-Archiv, seine Freunde und Feinde, Berlin 1907, S. 26.

625 ebd., S. 10.

626 Elisabeth Förster-Nietzsche, Das Nietzsche-Archiv, seine Freunde und Feinde, Berlin 1907, S. 41.

627 Elisabeth Förster-Nietzsche, Das Nietzsche-Archiv, seine Freunde und Feinde, Berlin 1907, S. 30.

628 ebd., S. 36.

629 Hans Vaihinger an Elisabeth Förster-Nietzsche, 12. März 1907, GSA 72/BW 5590.

630 Elisabeth Förster-Nietzsche an Harry Graf Kessler, 30. September 1907, Briefwechsel I, S. 663.

631 Richard Oehler an Ernest Thiel, 28. Juni 1907, zit. nach Peters, S. 262.

632 C. A. Bernoulli an Clara Gelzer-Thurneysen, 13. Oktober 1907, Handschriftenabteilung der Universität Basel, Nachlass Bernoulli, G, V, 11a.

633 Conrad, Overbeck und Nietzsche, Münchner Neueste Nachrichten, Nr. 59/ Nr. 61, Februar 1908.

634 Schenkungsurkunde des Originalmanuskripts der *Götzendämmerung*, GSA 72/2834.

635 Gremium der Nobelkomission Stockholm an Professor Hans Vaihinger, 27. Januar 1908, GSA 72/BW 5590.

636 Oscar Levy an Tessie Crosland, 7. August 1908, in: Oscar Levy, Nietzsche verstehen, Gesammelte Schriften und Briefe I, Berlin 2005, S. 287.

637 Oscar Levy an Elisabeth Förster-Nietzsche, 8. November 1908, GSA 72/BW 3190.

638 Elisabeth Förster-Nietzsche an Harry Graf Kessler, 14. Juli 1904, Briefwechsel I, S. 539.

639 Elisabeth Förster-Nietzsche an Heinrich Köselitz, 2. Oktober 1894, GSA 102/301,1.

640 Harry Graf Kessler an Elisabeth Förster-Nietzsche, 30. Dezember 1908, Briefwechsel I, S. 705.

641 Heinrich Köselitz an Elisabeth Förster-Nietzsche, 2. April 1908, GSA 72/127d.

642 Heinrich Köselitz an Elisabeth Förster-Nietzsche, ohne Datum, GSA 72/294b, 186.

643 Heinrich Köselitz an unbekannten Empfänger, 4. April 1911, zit. nach Peters, S. 267.

644 Heinrich Köselitz an Elisabeth Förster-Nietzsche, 7. November 1909, GSA 72/294b, 177.

645 Karl Schlechta gab Mitte der fünfziger Jahre im Hanser Verlag Nietzsches Werke in drei Bänden heraus, dem letzten fügte er einen *Philologischen Nachbericht* an, der nachwies, was gerade hier nicht stimmte. Das Bild der großen Fälscherin Elisabeth geht auf Schlechta zurück, vgl. auch *Der Spiegel*, 29. Januar 1958, S. 32–37.

646 Karl Schlechta, Philologischer Nachbericht zur Nietzsche-Ausgabe in drei Bänden, Hanser ab 1954, auch in: *Der Spiegel* 5, 29. Januar 1958, S. 36.

647 Harry Graf Kessler an Elisabeth Förster-Nietzsche, 20. Juli 1909, Briefwechsel I, S. 724.

648 ebd.

649 Harry Graf Kessler an Elisabeth Förster-Nietzsche, 27. Juli 1909, ebd., S. 725.

650 Elisabeth Förster-Nietzsche an Harry Graf Kessler, 29. Juli 1909, Briefwechsel I, S. 727.

651 Harry Graf Kessler an Elisabeth Förster-Nietzsche, 27. Juli 1909, ebd., S. 725.

652 Elisabeth Förster-Nietzsche an Harry Graf Kessler, 29. Juli 1909, Briefwechsel I, S. 726.

653 Elisabeth Förster-Nietzsche an Harry Graf Kessler, 21. Mai 1910, Briefwechsel I, S. 752; alle Zitate bis auf Weiteres ebd.

654 Elisabeth Förster-Nietzsche an Harry Graf Kessler, 29. Juli 1909, Briefwechsel I, S. 727.

655 vgl. zu Rudolf Eucken und der Verleihung des Nobelpreises auch Ulrich Sieg, Geist und Gewalt. Deutsche Philosophen zwischen Kaiserreich und Nationalsozialismus, München 2013, S. 71ff.

656 vgl. Ulrich Sieg, Geist und Gewalt. Deutsche Philosophen zwischen Kaiserreich und Nationalsozialismus, S. 81f.

657 Uwe Dathe, »Philosophen können den Statuten zufolge mit in Betracht kommen.« Neue Dokumente zur Verleihung des Literaturnobelpreises 1908 an Rudolf Eucken, in: Das kulturhistorische Archiv von Weimar – Jena 2/4 2009, S. 277.

658 Rudolf Eucken an Elisabeth Förster-Nietzsche, 15. Oktober 1910, GSA 72/ BW 1271.

659 Rudolf Eucken, Der Kampf um einen geistigen Lebensinhalt. Neue Grundlegung einer Weltanschauung, Leipzig 1896, S. 365.

660 Elisabeth Förster-Nietzsche an Harry Graf Kessler, 5. Januar 1911, Briefwechsel I, S. 788.

661 Harry Graf Kessler an Elisabeth Förster-Nietzsche, 3. Februar 1911, Briefwechsel I, S. 788.

662 Friedrich Nietzsche, Jenseits von Gut und Böse, Aph. 256, KSA 5, S. 201f.

663 Harry Graf Kessler an Elisabeth Förster-Nietzsche, 18. Februar 1911, Briefwechsel I, S. 810.

664 Harry Graf Kessler an Elisabeth Förster-Nietzsche, 17. März 1911, Briefwechsel I, S. 821f.

665 Elisabeth Förster-Nietzsche an Harry Graf Kessler, 18. März 1911, Briefwechsel I, S. 822f.

666 Harry Graf Kessler an Elisabeth Förster-Nietzsche, 15. April 1911, Briefwechsel I, S. 829.

667 ebd.

668 ebd., S. 831.

669 Harry Graf Kessler an Elisabeth Förster-Nietzsche, 19. April 1911, Briefwechsel I, S. 837.

670 Elisabeth Förster-Nietzsche an Harry Graf Kessler, 19. April 1911, Briefwechsel I, S. 839.

671 Harry Graf Kessler an Elisabeth Förster-Nietzsche, 20. April 1911, Briefwechsel I, S. 845.

672 Harry Graf Kessler, Tagebuchnotiz v. 20. April 1911, zit. nach Föhl I, S. 844.

673 Elisabeth Förster-Nietzsche an Harry Graf Kessler, 19. April 1911, Briefwechsel I, S. 862.

674 ebd., S. 863.

675 Elisabeth Förster-Nietzsche, Der Neue Weg, März 1909, S. 7f.

676 ebd., S. 8.

677 Herwarth Walden an Elisabeth Förster-Nietzsche, 27. Februar 1913, GSA BW 5744.

678 Harry Graf Kessler an Elisabeth Förster-Nietzsche, 15. August 1913, Briefwechsel I, S. 882f.

679 Henry van de Velde, Geschichte meines Lebens, S. 351.

680 David Thatcher, Nietzsche in England 1890–1914, University of Toronto Press, Toronto 1970, S. 268.

681 Friedrich Nietzsche, Nachgelassene Fragmente, Dezember 1888 bis Anfang Januar 1889, KSA 13, S. 637; alle Zitate bis auf Weiteres ebd.

682 Hans Vaihinger an Elisabeth Förster-Nietzsche, 22. September 1914, GSA 72/BW 5590.

683 Elisabeth Förster-Nietzsche an Ernest Thiel, 4. September 1914, GSA 72/838.

684 ebd.

685 Max Oehler an Elisabeth Förster-Nietzsche, August 1914, in: Elisabeth Förster-Nietzsche an Ernest Thiel, 4. September 1914, GSA 72/838.

686 Elisabeth Förster-Nietzsche an Ernest Thiel, 4. September 1914, GSA 72/838.

687 ebd.

688 Hans Vaihinger an Elisabeth Förster-Nietzsche, 22. September 1914, GSA 72/BW 5590.

689 Ernst Haeckel, Erklärung des Verzichts auf englische Ehrungen, 25. August 1914, Ernst Haeckel Haus, Friedrich Schiller Universität Jena.

690 Oscar Levy, Nietzsche im Krieg. Eine Erinnerung und eine Warnung, August 1918, Gesammelte Schriften und Briefe I, S. 39.

691 ebd., S. 42.

692 zit. nach Wolfgang Schivelbusch, Die Bibliothek von Löwen, München 1988, S. 18f.

693 ebd., S. 27.

694 ebd., S. 29.

695 Daily Mail, 27. September 1914, Manchester Guardian, 7. Oktober 1914, zit. nach Steven E. Aschheim, Nietzsche und die Deutschen. Karriere eines Kults, Stuttgart 1996, S. 132.

696 Elisabeth Förster-Nietzsche, Nietzsche und der Krieg, Der Tag, Nr. 12, 10.

September 1914, S. 9; auch in: *Hamburgischer Correspondent*, Nr. 468, 15. September 1914, S. 2.

697 Friedrich Nietzsche an Carl von Gersdorff, 7. November 1870, KGA II, 1, S. 155.

698 Elisabeth Förster-Nietzsche, Das Leben Friedrich Nietzsches, II/2, S. 595.

699 Elisabeth Förster-Nietzsche, Nietzsche und der Krieg, *Der Tag*, Nr. 12, 10. September 1914, S. 9; auch in: *Hamburgischer Correspondent*, Nr. 468, 15. September 1914, S. 2.

700 Harry Graf Kessler an Elisabeth Förster-Nietzsche, 27. November 1914, Briefwechsel I, S. 898f.

701 Friedrich Nietzsche, Nachgelassene Fragmente, Dezember 1888 bis Anfang Januar 1889, KSA 13, S. 640.

702 Romain Rolland, Zwischen den Völkern. Aufzeichnungen und Dokumente aus den Jahren 1914 bis 1919, Bd. 1, Stuttgart 1954, S. 146.

703 Josef Hofmiller an Fritz Koegel, 6. November 1898, Nachlass Gelzer, zit. nach Hoffmann, Zur Geschichte des Nietzsche-Archivs, S. 287.

704 zit. nach Ernst Bertram, Nietzsche. Versuch einer Mythologie, Bonn 1965, S. 375.

705 Josef Hofmiller, Nietzsche und kein Ende, Die Gesellschaft, 1902, Bd. II, H. 7, S. 62.

706 ebd.

707 Elisabeth Förster-Nietzsche, Wagner und Nietzsche zur Zeit ihrer Freundschaft, München 1924, S. V.

708 Elisabeth Förster-Nietzsche an Harry Graf Kessler, 1. Dezember 1914, Briefwechsel I, S. 903.

709 ebd.

710 Rudolf Eucken, Die weltgeschichtliche Bedeutung des deutschen Geistes, Stuttgart/Berlin 1914, S. 14.

711 ebd., S. 23.

712 Hans Vaihinger an Elisabeth Förster-Nietzsche, 31. Dezember 1914, GSA 72/BW 5590.

713 Im Falle dieses Briefes wie vieler anderer haben sich nur die Entwürfe Elisabeths erhalten, nach denen zitiert werden muss.

714 Elisabeth Förster-Nietzsche an Harry Graf Kessler, 30. Dezember 1914, Briefwechsel I, S. 908.

715 Elisabeth Förster-Nietzsche an Harry Graf Kessler, 30. Juli 1915, Briefwechsel I, S. 921.

716 ebd.

717 Elisabeth Förster-Nietzsche an Harry Graf Kessler, 12. November 1915, Briefwechsel I, S. 922.

718 Hans Vaihinger an die Verwaltung der Nobelstiftung, 16. Juni 1915, GSA 72/BW 5590; alle Zitate bis auf Weiteres ebd.

719 Marie Wolterstorff, Ellen Key, *Monatsblatt des deutschen Bundes gegen die Frauenemanzipation*, 11. Mai 1915, GSA 165/118.

720 Bruno Bauch, Vom Begriff der Nation. Ein Kapitel zur Geschichtsphilosophie, Kant-Studien 21/1917, S. 144.

721 Elisabeth Förster-Nietzsche an Harry Graf Kessler, 21. Januar 1916, Briefwechsel I, S. 925.

722 Harry Graf Kessler, Tagebuch, 13. April 1916, Föhl I, S. 929.

723 Der Kirchenhistoriker Paul Delannoy hielt öffentliche Vorträge über das »Martyrium von Löwen«, zit. nach Wolfgang Schivelbusch, Die Bibliothek von Löwen, S. 43.

724 vgl. Wolfgang Schivelbusch, Die Bibliothek von Löwen, S. 44.

725 Erika von Watzdorf-Bachoff, Im Wandel und in der Verwandlung der Zeit. Ein Leben von 1878 bis 1963, 1997, S. 125. Die Autorin und Journalistin Freiin von Watzdorf-Bachoff kam 1904 von München nach Weimar, denn ihr Mann wurde hier Legationssekretär an der sächsischen Gesandtschaft. In ihren sehr viel späteren Erinnerungen gibt sie an, dies sei ihr erster Eindruck von Elisabeth gewesen, doch lässt zumal das Häubchen auf die viel ältere Frau schließen, weshalb er erst an dieser Stelle wiedergegeben sei.

726 ebd.

727 Hans Vaihinger an Elisabeth Förster-Nietzsche, 10. Juli 1916, GSA 72/BW 5590.

728 Hans Vaihinger an Elisabeth Förster-Nietzsche, 20. Juli 1915, ebd.

729 Hans Vaihinger an Elisabeth Förster-Nietzsche, 14. November 1916, ebd.

730 Harry Graf Kessler, Tagebuch, 15. Dezember 1911, zit. nach Föhl I, S. 876.

731 Ernst Cassirer, Zum Begriff der Nation. Eine Erwiderung auf den Aufsatz von Bruno Bauch, Bulletin des Leo Baeck Instituts 34/1991, S. 73–91.

732 Leider ist dieser Brief nicht mehr auffindbar.

733 Hans Vaihinger an Elisabeth Förster-Nietzsche, 23. November 1916, GSA 72/BW 5590; alle Zitate bis auf Weiteres ebd.

734 Hans Vaihinger an Elisabeth Förster-Nietzsche, 30. November 1916, GSA 72/BW 5590.

735 Hans Vaihinger an Elisabeth Förster-Nietzsche, 31. Dezember 1916, GSA 72/BW 5590.

736 Hans Vaihinger an Elisabeth Förster-Nietzsche, 3. Februar 1917, ebd.

737 Hans Vaihinger an Elisabeth Förster-Nietzsche, 25. Mai 1917, GSA 72/BW 5590.

738 zit. nach Steffen Dietzsch und Leila Kais, *I don't fit* oder Oscar Levys europäische Nietzsche-Lektion, in: Oscar Levy, Nietzsche verstehen, S. 279.

739 ebd.

740 Hans Vaihinger an Elisabeth Förster-Nietzsche, 25. Mai 1917, GSA 72/BW 5590.

741 Friedrich Nietzsche, Also sprach Zarathustra, Kriegsausgabe, Leipzig 1918, S.III.

742 ebd., S. V.

743 ebd., S. Vf.

744 Elisabeth Förster-Nietzsche an Ernest Thiel, 19. September 1918, zit. nach Peters, S. 277.

745 Hans Vaihinger an Generalfeldmarschall von Bülow, 11. Januar 1919, GSA.

746 zit. nach Wolfgang Schivelbusch, Die Bibliothek von Löwen, S. 50.

747 Harry Graf Kessler, Tagebuch, 23. Februar 1919, in: Föhl II, S. 944; alle Zitate bis auf Weiteres ebd.

748 »Trotz der zunehmenden Entfremdung zwischen Kessler und EFN, namentlich nach Kesslers offenem Bekenntnis zur Weimarer Republik und zum Pazifismus, bricht die Beziehung nicht auseinander. In EFN erkennt Kessler aber »die Verkörperung gerade dessen, was ihr Bruder bekämpft hat«. David Marc Hoffmann, Zur Geschichte des Nietzsche-Archivs, S. 27.

749 Harry Graf Kessler, Tagebuch, 23. Februar 1919, in: Föhl II, S. 944; alle Zitate bis auf Weiteres ebd.

750 Harry Graf Kessler an Elisabeth Förster-Nietzsche, 24. April 1919, Briefwechsel II, S. 943.

751 Elisabeth Förster-Nietzsche an Harry Graf Kessler, 16. Juni 1919, Briefwechsel II, S. 945ff.; alle Zitate bis auf Weiteres ebd.

752 Harry Graf Kessler, Tagebuch, 9. Juli 1919, Föhl II, S. 952.

753 Elisabeth Förster-Nietzsche an Harry Graf Kessler, 9. Juli 1919, Briefwechsel II, S. 949ff.; alle Zitate bis auf Weiteres ebd.

754 Elisabeth Förster-Nietzsche an Harry Graf Kessler, 16. Juni 1919, Briefwechsel II, S. 946.

755 Elisabeth Förster-Nietzsche an Harry Graf Kessler, 23. Juni 1920, Briefwechsel II, S. 974.

756 Harry Graf Kessler an Elisabeth Förster-Nietzsche, 24. Juni 1920, Briefwechsel II, S. 975.

757 Elisabeth Förster-Nietzsche an Harry Graf Kessler, 1. Mai 1920, Briefwechsel II, S. 968.

758 vgl. Adalbert Oehler, Zur Geschichte des Nietzsche-Archivs, S. 120.

759 Nietzsche-Archiv an Oswald Spengler, November 1919, in: Oswald Spengler, Briefe 1913–1936, München 1963, S. 145f.

760 Oswald Spengler an Hans Klöres, 6. März 1919, ebd., S. 122.

761 Oswald Spengler an Hans Klöres, 1. September 1918, Briefe, S. 107.

762 Oswald Spengler an Hans Klöres, 18. Dezember 1918, Briefe, S. 111.

763 Max Oehler, Archivtagebuch, 14. Mai 1920. Es vermerkt auch die Gegenstimmen von Elisabeth und Adalbert Oehler gegen Rathenau. GSA 72/1595, Bl. 103.

764 Elisabeth Förster-Nietzsche an Harry Graf Kessler, 8. November 1920, Briefwechsel II, S. 979.

765 Elisabeth Förster-Nietzsche an Harry Graf Kessler, 19. Januar 1921, Briefwechsel II, S. 984.

766 Richard Oehler, Unsere Zeit im Spiegel von Nietzsches Kulturphilosophie, in: Den Manen Nietzsches. Weimar, 1921, S. 131.

767 Bruno Bauch, Friedrich Nietzsche und das aristokratische Ideal, in: Den Manen Nietzsches, S. 15.

768 ebd.

769 Das entgeht auch Bauch nicht, doch verweist er bezüglich dieser Deutung nicht auf Lou Andreas-Salomé, sondern auf Alois Riehl.

770 Friedrich Nietzsche, § 284. Das Mittel zum wirklichen Frieden, Menschliches, Allzumenschliches, KSA 2, S. 678f.

771 Elisabeth Förster-Nietzsche an Harry Graf Kessler, 2. Februar 1922, Briefwechsel II, S. 1011.

772 ebd.

773 vgl. GSA 72/1056.

774 Oswald Spengler an Elisabeth Förster-Nietzsche, 31. Mai 1922, Oswald Spengler, Briefe, S. 195f.

775 Oswald Spengler an Elisabeth Förster-Nietzsche, 30. Januar 1923, ebd., S. 237.

776 Elisabeth Förster-Nietzsche an Wilhelm Klemm, 19. Oktober 1922, in: Adalbert Oehler, Zur Geschichte des Nietzsche-Archivs, S. 156.

777 Elisabeth Förster-Nietzsche an Wilhelm Klemm, 15. Januar 1923, ebd., S. 157.

778 Adalbert Oehler, Zur Geschichte des Nietzsche-Archivs, S. 158f.

779 Elisabeth Förster-Nietzsche (Hrsg.), Nietzsche-Worte über Staaten und Völker, Leipzig 1922, S. 80.

780 ebd., S. 8.

781 ebd., S. 7f.

782 Elisabeth Förster-Nietzsche an Harry Graf Kessler, 22. Oktober 1924, Briefwechsel II, S. 1029.

783 Harry Graf Kessler, Tagebuch vom 20. April 1925, Föhl II, S. 1036.

784 Elisabeth Förster-Nietzsche an Rudolf Eucken, 4. Januar 1924, GSA 72/ BW Rudolf Eucken.

785 ebd.

786 Ernst Bertram, Friedrich Nietzsche. Versuch einer Mythologie, Bonn 1965, S. 9.

787 Oswald Spengler, Nietzsche und sein Jahrhundert (Rede, gehalten am 15. Oktober 1924, Nietzsches 80. Geburtstag, im Nietzsche-Archiv), in: Oswald Spengler, Reden und Aufsätze, München 1937, S. 110.

788 ebd., S.111.

789 ebd.

790 Oswald Spengler, Nietzsche und sein Jahrhundert, in: Reden und Aufsätze, München 1937, S. 110ff.

791 ebd. S. 124.

792 Oscar Levy, Mussolinis Bekenntnis zu Nietzsche, Deutsche Allgemeine Zeitung, 4. Oktober 1924.

793 Elisabeth Förster-Nietzsche an Harry Graf Kessler, 30. Januar 1925, Briefwechsel II, S. 1032f.

794 vgl. Testamentszusatz v. 29. Mai 1919, GSA 72/1055.

795 Elisabeth Förster-Nietzsche, Eine kleine Hindenburggeschichte, Hannoverscher Kurier v. 14. September 1916.

796 Harry Graf Kessler, Tagebuch vom 15. Mai 1925, Föhl II, S. 1043f.

797 Benito Mussolini an Elisabeth Förster-Nietzsche, 8. Dezember 1925, GSA 72/482.

798 Petition an den Reichspräsidenten von Hindenburg um die Gewährung eines Ehrensoldes für Elisabeth Förster-Nietzsche, 10. Juli 1926, GSA 72/1058 u. 1734.

799 ebd.

800 Elisabeth Förster-Nietzsche an Harry Graf Kessler, 26. August 1926, Briefwechsel II, S. 1069.

801 Harry Graf Kessler, Tagebuch vom 11. Februar 1926, zit. nach Föhl II, S. 1059.

802 Harry Graf Kessler an Elisabeth Förster-Nietzsche, 12. Oktober 1927, Briefwechsel II, S. 1099f.

803 Harry Graf Kessler, Tagebuch vom 15. Oktober 1924, Tagebücher 1918–1937, Frankfurt a. M. 1961, S. 545.

804 Richard Frank Krummel, Nietzsche und der deutsche Geist, Bd. 3, Berlin/New York 1989, S. 265; Pressestimmen zur Tagung vom 15.–17. Oktober, GSA 165/8388.

805 Elisabeth Förster-Nietzsche an Harry Graf Kessler, 12. April 1928, Briefwechsel II, S. 1120.

806 Harry Graf Kessler an Elisabeth Förster-Nietzsche, 13. April 1928, Briefwechsel II, S. 1122; alle Zitate bis auf Weiteres ebd.

807 Harry Graf Kessler, Tagebuch vom 15. September 1930, Föhl II, S. 1165.

808 Elisabeth Förster-Nietzsche an Rudolf Eucken, 4. Januar 1924, GSA 72/BW 1271.

809 Wilhelm Frick an Elisabeth Förster-Nietzsche, 20. September 1930, GSA 72/BW 1496.

810 Ernest Thiel an Elisabeth Förster-Nietzsche, 16. Dezember 1931, GSA 72/BW 5453.

811 Hans Leisegang, Bericht über den Anteil der Frau Dr. Förster-Nietzsche an den Ausgaben des »Willens zur Macht«, 3. Juni 1930, S. 6, GSA 72/2015.

812 Der Bericht folgt den Notizen Harry Graf Kesslers, dem Elisabeth von diesem Besuch in ihrer Loge erzählte, Kesslers Tagebuch vom 24. Juli 1932, in: Föhl II, S. 1197ff.

813 Ernest Thiel an Elisabeth Förster-Nietzsche, 19. April 1932, GSA 72/BW 5453.

814 Ernest Thiel an Elisabeth Förster-Nietzsche, 7. Juli 1932, GSA 72/BW 5453.

815 Ernest Thiel an Elisabeth Förster-Nietzsche, 11. August 1932, ebd.

816 Hans Vaihinger an Elisabeth Förster-Nietzsche und das Archiv, November 1932, GSA 72/BW 5590.

817   Ernest Thiel an Elisabeth Förster-Nietzsche, 16. Dezember 1932, GSA 72/ BW 5453.

818   Ernest Thiel an Elisabeth Förster-Nietzsche, 16. Dezember 1932, GSA 72/ BW 5453.

819   Richard Wagner an Mathilde Wesendonck, 24. August 1859, in: Richard Wagner an Otto und Mathilde Wesendonck, Tagebuchblätter und Briefe, o. J., S. 178.

820   Elisabeth Förster-Nietzsche an Ernest Thiel, 12. Mai 1933, zit. nach Peters, S. 299.

821   ebd.

822   Elisabeth Förster-Nietzsche an Henry van de Velde, 29. Mai 1933, in: Föhl II, S. 1623.

823   Der Führer besucht das Nietzsche-Archiv, Staatszeitung, 3. November 1933, GSA 72/1596; vgl. Archivtagebuch 2, 1922–1935, S. 227f., GSA 72/ 1596.

824   Elisabeth Förster-Nietzsche an Adolf Hitler und Benito Mussolini, 14. Juni 1934, Archivtagebuch 2 (1922–1935), S. 239, GSA 72/15.

825   Benito Mussolini an Elisabeth Förster-Nietzsche, 17. Juni 1934, Archivtagebuch 2 (1922–1935), S. 240, GSA 72/15.

826   Bericht Karl Schlechtas über den Besuch Adolf Hitlers am 21. Juli 1934, GSA 72/1596.

827   Albert Speer, Erinnerungen, Frankfurt a. Main/ Berlin, 1993, S. 77.

828   Elisabeth Förster-Nietzsche an Harry Graf Kessler, 10. September 1935, Briefwechsel II, S. 1212ff.; alle Zitate bis auf Weiteres ebd.

829   Oswald Spengler an Walter Jesinghaus, 27. Oktober 1935, Briefe, S. 751.

830   Elisabeth Förster-Nietzsche an Oswald Spengler, 11. Oktober 1935, Briefe, S. 749.

831   So schildert Max Oehlers Tochter, die Schriftstellerin Ursula Sigismund, geb. Oehler, in ihrem autobiografischen Roman *Zarathustras Sippschaft. Menschliches, Allzumenschliches von Nietzsches Verwandten* den Tod Elisabeths, die ihr wie eine Großmutter war.

832   Harry Graf Kessler an Max Oehler, 9. November 1935, Briefwechsel II, S. 1223.

833   Max Hecker an Max Oehler, 24. November 1935, GSA 72/1781a, Föhl II, S. 1630.

834   Elisabeth Nietzsche an Heinrich Köselitz, 26. April 1884, Dokumente, S. 356ff.; alle Zitate bis auf Weiteres ebd.

Zeittafel

1846	10. Juli, geboren in Röcken bei Leipzig, als Tochter von Pfarrer Carl Ludwig Nietzsche und Franziska Nietzsche (geb. Oehler), Schwester Friedrich Nietzsches (geb. 15. Oktober 1844)
1849	Tod des Vaters
1850	Tod des Bruders Joseph, Übersiedlung der Familie nach Naumburg, Zusammenleben von Franziska Nietzsche, den Kindern Friedrich und Elisabeth mit Großmutter Erdmuthe Nietzsche und den ledigen Tanten Auguste und Rosalie
1856	nach dem Tod der Großmutter eigener Hausstand von Franziska Nietzsche und ihren Kindern, Elisabeth beginnt schriftliche Zeugnisse ihres Bruders zu sammeln.
1858–1861	Privatschülerin am Institut von Johanna Paraski, während Friedrich Nietzsche Schulpforta besucht.
1862–1864	Mädchenpensionat in Dresden, Rückkehr zur Mutter nach Naumburg
1868	Franziska Nietzsche kauft das Haus am Weingarten 18.
1869	im Frühjahrssemester Gasthörerin an der Universität Leipzig
1870–1879	wiederholte längere Aufenthalte in Basel, auch um den Haushalt des Basler Professors Friedrich Nietzsche zu führen, Freundschaft mit Richard und Cosima Wagner
1876	Sie lernt in Bayreuth den Berliner Gymnasiallehrer Bernhard Förster kennen, eine Brieffreundschaft entsteht.
1885	Heirat mit dem bekennenden Antisemiten Bernhard Förster, der in Paraguay die Gründung einer »arischen« Kolonie Nueva Germania anstrebt.
1886–1890	erster Aufenthalt Elisabeths in Paraguay
1889	im Januar Zusammenbruch Friedrich Nietzsches in Turin, in Basel Einlieferung in die Basler, kurz darauf in die Jenaer Irrenanstalt, im Juni Selbstmord von Bernhard Förster in Paraguay nach Finanzierungsschwierigkeiten seines Kolonialprojekts
890	Rückkehr Elisabeths aus Paraguay, um neue Gelder und Kolonisten

für Nueva Germania zu werben. Elisabeth entdeckt Unregelmä-
ßigkeiten bei der Überprüfung von Verlagsverträgen ihres Bruders.

1892–1893 zweiter gut einjähriger Aufenthalt in Paraguay, nach Verlust fast
aller finanziellen Mittel Rückkehr nach Naumburg, erste Differenzen mit dem Verlag Naumann und Heinrich Köselitz (Peter Gast),
die eine eigenmächtige Nietzsche-Gesamtausgabe drucken. Elisabeth lässt die ersten Bände makulieren.

1894 Elisabeth eröffnet in den unteren Räumen des Hauses Weingarten
18 das Nietzsche-Archiv, dessen Leitung sie übernimmt. Fritz Koegel wird Herausgeber der neuen, von Elisabeth autorisierten Gesamtausgabe.

1895 erster Besuch von Harry Graf Kessler im Archiv, der Elisabeth zum
engen Vertrauten wird. Sie kauft der Mutter mit geborgten 30 000
Mark die Verlagsrechte am Werk ihres Bruders ab.

1897 Meta von Salis erwirbt für Friedrich Nietzsche die Villa Silberblick
in der Weimarer Luisenstraße (heute Humboldtstraße) 36. Hier
entstehen die berühmten Krankenfotos.

1900 Am 25. August stirbt Friedrich Nietzsche.

1901 Kessler, van de Velde und Elisabeth planen ein neues Weimar, das
Nietzsche-Archiv wir ihre *Zitadelle*.

1902 Die Villa Silberblick, Sitz des Nietzsche-Archivs, geht in Elisabeths
Besitz über. Sie wird von van de Velde umgebaut.

1903 Feierliche Neueröffnung des Archivs

1904 Der Schlussband von Elisabeths Nietzsche-Biografie erscheint.

1908 Das Nietzsche-Archiv wird zur Stiftung. Sie wird von deutschen
Professoren für den Nobelpreis für Literatur vorgeschlagen.

1921 Die Universität Jena verleiht Elisabeth an ihrem 75. Geburtstag als
erster Frau den Ehrendoktortitel.

1931–1935 Der Nietzsche-Bewunderer Benito Mussolini schenkt dem Archiv
zu Elisabeths 85. Geburtstag 20 000 Lire. Adolf Hitler besucht
mehrfach das Archiv und stiftet 1934 50 000 RM für eine Nietzsche-
Gedächtnishalle.

1935 8. November, Elisabeth stirbt mit 89 Jahren in der Villa Silberblick,
an der Trauerfeier nehmen u. a. Adolf Hitler und der Thüringer
Gauleiter Fritz Sauckel teil.

Literatur und Quellen
(Auswahl)

Elisabeth Förster-Nietzsche

Dr. Bernhard Försters Kolonie Neu-Germania in Paraguay, Berlin 1891
Das Leben Friedrich Nietzsches, Erster Band, Leipzig 1995, Zweiter Band/1.
    Teil 1897, Zweiter Band/2. Teil 1904
Das Nietzsche-Archiv, seine Freunde und seine Feinde, Berlin 1907
Der junge Nietzsche, Leipzig 1912
Der einsame Nietzsche, Leipzig 1914
Wagner und Nietzsche zur Zeit ihrer Freundschaft, München 1915
Friedrich Nietzsche und die Frauen seiner Zeit, München 1935

Friedrich Nietzsche

Zitiert wird nach der Kritischen Gesamtausgabe (KGA), Berlin/New York, ab
    1967 und der Kritischen Studienausgabe (KSA), Berlin/New York/Mün-
    chen, ab 1980.
außerdem: Der Wille zur Macht. Versuch einer Umwertung aller Werte, aus-
    gewählt und geordnet von Peter Gast unter Mitwirkung von Elisabeth
    Förster-Nietzsche, Stuttgart 1959

Sonstige

Aschheim, Steven A., Nietzsche und die Deutschen. Karriere eines Kults, Stutt-
    gart/Weimar 1996
Baeumler, Alfred, Nietzsche der Philosoph und Politiker, Leipzig 1931
Bernoulli, Carl Albrecht, Franz Overbeck und Friedrich Nietzsche, eine Freund-
    schaft, 2 Bde., Jena 1908
Boehlich, Walter (Hrsg.), Der Berliner Antisemitismusstreit, Berlin 1965
Cancik, Hubert, Der Nietzsche-Kult in Weimar, in: Nietzsche-Studien 16, 1987,
    S. 405–429

Decker, Kerstin, Lou Andreas Salomé. Der bittersüße Funke Ich, Berlin 2010

dies., Nietzsche und Wagner, Geschichte einer Hassliebe, Berlin 2012

Diethe, Carol, Nietzsches Schwester und Der Wille zur Macht. Biographie der Elisabeth Förster-Nietzsche, Hamburg, Wien 2001

Eucken, Rudolf, Der Kampf um einen geistigen Lebensinhalt. Neue Grundlegung einer Weltanschauung, Leipzig 1896

ders., Grundlinien einer neuen Lebensanschauung, Leipzig 1907

Grupp, Peter, Harry Graf Kessler. Eine Biographie, Frankfurt a. M. 1999

Goch, Klaus, Elisabeth Förster-Nietzsche (1846–1935). Ein biographisches Porträt, in: Luise F. Pusch (Hrsg.), Schwestern berühmter Männer: zwölf biografische Porträts, Frankfurt a. M. 1985 N 53692

ders., Hexe und Königin: Elisabeth Nietzsche – ein kleines Psychogramm, in: Nietzsche-Forschung, Bd. 4, Berlin 1998, S. 301–317, ZA 4092

ders., Sternenfeindschaft: Elisabeth Nietzsche contra Lou von Salomé, in: Nietzscheforschung, Bd. 19, Berlin 2012, S. 155–173, ZA 4092

Guthke, Karl Siegfried, Zarathustras Tante. Elisabeth Nietzsche und ihr Bruder im Licht einer unbekannten Selbstdeutung, in: Neue deutsche Hefte 29 (1982), S. 470–483

ders., Die Geburt des Nietzsche-Mythos aus dem Ungeist Elisabeths. »Lebensabriß« aus Paraguay, in: Nietzsche-Studien 26 (1997), S. 537–550

Guzzoni, Alfredo (Hrsg.), 100 Jahre philosophische Nietzsche-Rezeption, Frankfurt a. M. 1991

Hahn, Karl-Heinz, Das Nietzsche-Archiv, in: Nietzsche-Studien 18 (1989), S. 1–19

Hoffmann, David Marc, Zur Geschichte des Nietzsche-Archivs, Berlin, New York 1991

Horneffer, Ernst, Vorträge über Nietzsche. Versuch einer Wiedergabe seiner Gedanken, Göttingen 1900

Fiebig, Nils (Hrsg.), In Nietzsches Bann. Briefe und Dokumente von Richard M. Meyer, Estella Meyer und Elisabeth Förster-Nietzsche, Göttingen 2012

Kessler, Harry Graf, Tagebücher, frühe Tagebücher / Tagebücher 1918–1937, Frankfurt a. M. 1961

ders., Das Tagebuch 1880–1937, mehrere Bde., Stuttgart ab 2004

Kirchner, Christian, Das Nietzsche-Archiv und Italien. Der Plan zur Gründung eines Nietzsche-Instituts in Rom, Weimar 2009

Klaas Meilier, Brigitta, Hochsaison in Sils-Maria. Meta von Salis und Friedrich Nietzsche. Zur Geschichte ihrer Begegnung, Basel 2005

Klingbeil, Julius, Enthüllungen über die Dr. Bernhard Förster'sche Ansiedlung Neu-Germanien in Paraguay, Leipzig 1889

Kraus, Daniela, Bernhard und Elisabeth Försters Nueva Germania. Eine antisemitische Utopie, Dissertation, Universität Wien, Dezember 1999

Krieger, Karsten, Der »Berliner Antisemitismusstreit«, 1879–1881. Eine Kontroverse um die Zugehörigkeit der deutschen Juden zur Nation, zwei Bde., München 2004

Krummel, Richard Frank, Nietzsche und der deutsche Geist, drei Bde., Berlin/New York ab 1998

Levy, Oscar, Gesammelte Schriften und Briefe, hrsg. von Steffen Dietzsch und Leila Kais, Berlin ab 2005

Macintyre, Ben, Vergessenes Vaterland. Die Spuren der Elisabeth Nietzsche, Leipzig 1994

Marelle, Luise, Die Schwester. Elisabeth Förster-Nietzsche, Berlin 1934

Mittmann, Thomas, Vom »Günstling« zum »Urfeind der Juden«. Die antisemitische Nietzsche-Rezeption in Deutschland bis zum Ende des Nationalsozialismus, Würzburg 2006

Moeller van den Bruck, Arthur, Das dritte Reich, Hamburg 1931

Müller-Buck, Renate, »Naumburger Tugend« oder »Tugend der Redlichkeit«. Elisabeth Förster-Nietzsche und das Nietzsche-Archiv, in: Nietzscheforschung, Bd.4, Berlin 1998, S. 319–335

Oehler, Adalbert, Nietzsches Mutter, München 1941 (enthält die 13 Seiten des Biografie-Versuchs Franziska Nietzsches)

Peters, Heinz Frederick, Zarathustras Schwester, München 1986

Podach, Erich F., Gestalten um Nietzsche, Weimar 1932

Riedel, Manfred, Nietzsche in Weimar. Ein deutsches Drama, Leipzig 1997

Salehi, Djavid, Freunde und Herausgeber – zur Geschichte des Nietzsche-Archivs, in: Widersprüche. Zur frühen Nietzsche-Rezeption, hrsg. von Andreas Schirmer und Rüdiger Schmidt, Weimar 2000, S. 187–220

Schlechta, Karl, Der Fall Nietzsche. Aufsätze und Vorträge, München 1958

ders., Werke in drei Bänden, München 1982

Schirmer, Andreas / Schmidt, Rüdiger (Hrsg.), Widersprüche. Zur frühen Nietzsche-Rezeption, Weimar 2000

Sigismund, Ursula, Denken im Zwiespalt. Das Nietzsche-Archiv in Selbstzeugnissen, Münster 2001

Simplicissimus, Simplicius (Friedrich Ferdinand Hempel), Der Fall Kantorowicz als Symptom unserer Zustände. Eine Neujahrsbetrachtung auf Grund harmloser Quellenstudien, Berlin 1881, S. 13

Thatcher, David, Nietzsche in England 1890–1914, University of Toronto Press, Toronto 1970, S. 268

van de Velde, Henry, Geschichte meines Lebens, hrsg. v. Hans Curjel, München 1962

Wollkopf, Roswitha, Das Nietzsche-Archiv im Spiegel der Beziehungen Elisabeth Förster-Nietzsches zu Harry Graf Kessler, Jahrbuch der Deutschen Schillergesellschaft XXXIV, 1990, S. 125–167

dies., »Die Gremien des Nietzsche-Archivs und ihre Beziehungen zum Faschismus bis 1933«, in: Karl-Heinz Hahn (Hrsg.), Im Vorfeld der Literatur.

Vom Wert archivalischer Überlieferung für das Verständnis von Literatur und ihrer Geschichte, Weimar 1991, S. 227–241

Zapata Galindo, Martha, Triumph des Willens zur Macht. Zur Nietzsche-Rezeption im NS-Staat, Hamburg 1995

Bernhard Förster

Der Vegetarismus als ein Theil der socialen Frage, Hannover 1882

Die Vivisektion im Deutschen Reichstage. Ein Stück Kulturkampf, Bayreuth 1882 (Sonderausgabe der Bayreuther Blätter)

Parsifal-Nachklänge. Allerhand Gedanken über deutsche Kultur, Wissenschaft und Kunst, Gesellschaft, Leipzig 1883

Zur Frage der »nationalen Erziehung«, Leipzig 1883

Deutsche Colonien im oberen Laplata-Gebiete mit besonderer Berücksichtigung von Paraguay. Ergebnisse eingehender Prüfungen, praktischer Arbeiten und Reisen 1883–1885, Naumburg 1886

Bernhard Förster. Eine Schrift zum Andenken und zur Rechtfertigung, Leipzig 1889, darin 14-seitiger Aufsatz Elisabeths

Der Fall Kantorowicz und die Judenfrage vor dem Preußischen Abgeordnetenhause, Verlag Werckenthin, Berlin 1881

Briefwechsel

Harry Graf von Kessler/Elisabeth Förster-Nietzsche. Der Briefwechsel 1895–1935, zwei Bde., hrsg. von Thomas Föhl, Weimar 2013

Franz Overbeck/Heinrich Köselitz, Briefwechsel, hrsg. von David Marc Hoffmann, Niklaus Peter, Theo Salfinger, Berlin/New York 1998

Franz Overbeck/Erwin Rohde, Briefwechsel, hrsg. von Andreas Patzer, Berlin/New York 1990

Franziska Nietzsche an Franz Overbeck, Rudolf Steiner, Briefe, zwei Bde., Gesamtausgabe 38/39

Friedrich Nietzsche, Paul Rée, Lou Andreas-Salomé. Die Dokumente ihrer Begegnung, hrsg. von Ernst Pfeiffer, Frankfurt a. M. 1970

Friedrich Nietzsche, Briefe an Mutter und Schwester, Leipzig 1926

Erich F. Podach, Der Kranke Nietzsche. Briefe seiner Mutter an Franz Overbeck, Wien 1937

Goethe-Schiller-Archiv (GSA)

Bauch, Bruno, Briefwechsel mit Elisabeth Förster-Nietzsche und dem Archiv, GSA 72/BW 196,1

Eucken, Rudolf, Briefwechsel mit Elisabeth Förster-Nietzsche, GSA 72/BW

Förster-Nietzsche, Elisabeth, Briefe an Heinrich Köselitz, GSA 102/301,1 (102/302,2)

dies., Briefe an Max Hecker, GSA 160/40

dies., Briefe an Ernest Thiel, GSA 72/838

Förster, Bernhard, Briefe an Franziska Nietzsche, GSA 100/525

Hoffmann, Arthur, Briefe an Elisabeth Förster-Nietzsche, GSA 72/BW 2365

Keyserling, Hermann Graf von, Briefe an Elisabeth Förster-Nietzsche, GSA 72/
    BW 2721

Oehler, Adalbert, Zur Geschichte des Nietzsche-Archivs, GSA 72 100/1334

Oehler, Max, Kurzer Abriss über die Geschichte des Nietzsche-Archivs, GSA
    72/2628

Thiel, Ernest und Signe, Briefe an Elisabeth Förster-Nietzsche, GSA 72/BW 5453

Thiel, Signe, Briefe an Elisabeth Förster-Nietzsche, GSA 72/BW 5456

Vaihinger, Hans, Briefe an Elisabeth Förster-Nietzsche 1899–1933, GSA 72/BW 5590

Walden, Herwarth, Briefe an Elisabeth Förster-Nietzsche, GSA 72/BW 5744

Wagner, Cosima, Briefe an Elisabeth Förster-Nietzsche, GSA BW 57/19,1

Bildnachweis